DIE WELT DER CHRISTLICHEN SYMBOLE

Dorothea Forstner OSB

DIE WELT DER CHRISTLICHEN SYMBOLE

Mit 32 Kunstdruckbildern

Dritte, verbesserte Auflage

TYROLIA-VERLAG · INNSBRUCK — WIEN — MÜNCHEN

Imprimatur der Abtei Seckau vom 25. Februar 1959, Dr. Placidus Wolf, Abt von Seckau
Imprimatur des Bischöflichen Ordinariates Innsbruck Nr. 1287/2 vom 2. September 1966
Msgr. Dr. Josef Hammerl, Kanzler

Abbildungen am Umschlag: Glasfenster der Bildungshauskapelle Schloß Seggau, Leibnitz

ISBN 3-7022-1251-5
1977

Gesamtherstellung in der eigenen Anstalt in Innsbruck

INHALT

VORWORT ZUR ERSTEN AUFLAGE

Die erste Anregung zu einem Buch über Symbole gab zu Anfang der dreißiger Jahre der verewigte Gründer des Volksliturgischen Apostolates, Prof. Dr. Pius Parsch († 11. März 1954). Zu seinem Werk durfte die Verfasserin durch symbolische Darstellungen mit Erklärung und durch Einzelaufsätze über Symbole beitragen. Er hat auch ihr Symbolstudium durch wertvolle Literatur sehr gefördert. Gott möge es ihm überreich lohnen!

Inniger Dank sei auch den verehrten Vorgesetzten und den lieben Mitschwestern, die das Zustandekommen des Werkes ermöglichten!

Die Arbeit am werdenden Buch wurde durch ein dreieinhalbjähriges Exil sowie durch die Folgen des Weltkrieges längere Zeit unterbrochen und 1956 bis 1959 im Auftrag des Verlages „Tyrolia" ausgebaut und vollendet.

Leider mußte auf die geplanten kunsthistorischen Bildtafeln (Titelbild ausgenommen) aus finanziellen Rücksichten verzichtet werden. Dafür wählte der Verlag eine andere Weise der Illustration, die den Vorzug hat, einheitlich zu sein.

Dorothea Forstner OSB
Abtei St. Gabriel zu Bertholdstein, im Februar 1959

VORWORT ZUR ZWEITEN AUFLAGE

Die zweite Auflage dieses Buches, das Gott durch unerwartet rasche Verbreitung gesegnet hatte, enthält manche Verbesserungen, kurze Erweiterungen und einige neue Themen, die nach dem Urteil der Leser oder als Frucht fortgesetzter Studien notwendig erschienen.

Allen Wünschen zu entsprechen war allerdings unmöglich, da das vorliegende Buch niemals als „wissenschaftliches Werk" geplant war. Ursprünglich vom Volksliturgiker Dr. Pius Parsch angeregt, sollte es von jeher leicht verständlich und allen zugänglich bleiben.

Dem Mangel an genaueren Quellenangaben konnte nur durch Ergänzung des Literaturverzeichnisses, soweit möglich und nötig, abgeholfen werden.

Statt der Tuschzeichnungen, die den Text der ersten Auflage illustrierten, konnte die Neuauflage durch 32 Bilder von kunsthistorischem Wert bereichert werden. Maßgebenden Wünschen entsprechend, sollen sie zeigen, wie sich die Symbole von vorchristlicher Zeit bis heute als Ausdrucksmittel religiöser Ideen erweisen. Da gibt es Perioden des Überreichtums, dann aber, infolge des vorherrschenden Realismus, Zeiten der Ebbe. Schließlich kam eine Wendung ins Extrem durch die abstrakten Formen der Gegenwart. Jede Kunstrichtung ist ja ein Abbild der Geistesströmung ihres Zeitalters und daher wandelbar wie alles Irdische. Manche sinnreiche Symbole mußten leider übergangen werden, um jedem Jahrhundert das Wort zu lassen.

Die Verfasserin

VORWORT ZUR DRITTEN AUFLAGE

Bei dieser Auflage, die nach dem Tod der Verfasserin erscheint, waren die Bearbeiterinnen bemüht, das Werk — soweit es nötig schien —, den Erkenntnissen der nachkonziliaren Bibelwissenschaft anzupassen. Gleichzeitig wurden die zitierten Bibeltexte sowie die Abkürzungen der biblischen Bücher der Einheitsübersetzung entnommen. — Ferner wurden manche Aussagen unter Berücksichtigung der seither erschienenen Fachliteratur ergänzt.

Wir haben uns bemüht, auf Kritik und Anregungen der Rezensenten und Leser einzugehen.

Dennoch war es uns ein Anliegen, den meditativen Charakter des Buches zu wahren.

Abtei St. Gabriel
im Mai 1976

EINFÜHRUNG

„Symbol" hieß ursprünglich das abgebrochene Stück eines Würfels oder eines sonstigen Gegenstandes, dessen Bruchrand zu dem seines anderen Teiles paßte und sich zusammenfügen *(συμβάλλειν)* ließ. Gastfreunde gaben einander solche Hälften zum Zwecke des späteren Wiedererkennens. Sie dienten als Ausweis (tessera hospitalitatis), den man in den Familien vererbte. Später benützte man zu solchem Zweck einen Siegelabdruck *(σφραγίς)*.

Im übertragenen Sinn bedeuten Symbole Dinge, die infolge irgendeiner Ähnlichkeit etwas Geistiges vergegenwärtigen [1]. Hier treffen also nicht mehr zwei Teile desselben Gegenstandes zusammen, sondern etwas Konkretes mit einer Realität höherer Ordnung, die es vertritt, ja in den Sakramenten sogar wirksam enthält.

Der Mensch als geistig-sinnliches Wesen bedarf der Sinnbilder, um Geistiges zu erfassen. Sie können ihm in ihrer ahnungsreichen Fülle mehr sagen als Worte, da sie das Verschiedenste zu einem Gesamteindruck verbinden, während die Sprache nur stückweise und nacheinander zum Bewußtsein bringt, was das Symbol mit einem Blick der Seele vorführt.

Wenn wir die unabsehbar weite Welt der Symbole überschauen, so bemerken wir verschiedene Bereiche, die aufeinander beruhen, ineinandergreifen und — abgesehen von allen heidnischen Irrtümern und Entartungen — in aufsteigender Linie fortschreiten: Die Grundlage bildet die *natürliche Symbolik des Kosmos*, durch die jeder Mensch Gott zu erkennen vermag. Diese wird in der Folge durch die biblische Offenbarung und ihre Typen mit dem Sinn einer neuen, heilsgeschichtlichen Symbolik erfüllt, um ihren Höhepunkt im Christusmysterium zu erreichen, das sich in der Kirche und ihren Sakramenten fortsetzt und auswirkt und in der Glorie zur Vollendung gelangt.

Im *Kosmos*, den Gott durch sein schöpferisches Fiat ins Dasein rief, ist alles Sinnbild, denn jedes Ding ist in seiner Weise Ausdruck und Träger einer göttlichen Idee, ein analoges Bild der ewigen Weisheit. Die Idee ist das wahrhaft Reale, das Sinnending ist ebenfalls real, aber in weit schwächerem Grade; „Magis videtur quod non videtur" (Ambros. De Mysteriis III, 15). Für uns aber ist das Abbild Weg zum Urbild. Jedes Sinnending, in dem ewiger Gedanke sich mit vergänglichem Stoff verbindet, wird so zu einem Hinweis auf Ewiges, zu einem „Symbol" im ursprünglichsten Sinn; wir haben in ihm die eine Hälfte, die mit der anderen zusammengefügt, das Ganze ergibt.

Die Symbole haben einen objektiven, wesenhaften Gehalt, der nicht erst durch den Menschengeist in sie hineingetragen wird; sie sind vorhanden, auch wenn er sich ihrer nicht bewußt ist. Dies könnten wir dem ältesten Schöpfungsbericht ent-

[1] Dabei ist aber nach dem bekannten Lehrsatz des 4. Laterankonzils zu betonen, daß „von Schöpfer und Geschöpf keine Ähnlichkeit ausgesagt werden kann, ohne daß sie eine größere Unähnlichkeit zwischen beiden einschlösse" („Inter Creatorem et creaturam non potest tanta similitudo notari, quin inter eos major sit dissimilitudo notanda" [Denzinger 432, p. 192]).

nehmen, der dem ersten Menschen die Fähigkeit zuerkennt, das Wesen der Dinge zu erfassen: „Gott der Herr formte aus dem Ackerboden alle Tiere des Feldes und alle Vögel des Himmels und führte sie dem Menschen zu, um zu sehen, wie er sie benenne. Und wie der Mensch jedes lebendige Wesen benannte, so sollte es heißen" (Gen 2, 19).

Mit der Sünde aber kam Verdunkelung und Verirrung in die Welt. Die Menschen, die Gott aus seinen Werken hätten erkennen sollen, „verfielen in ihrem Denken der Nichtigkeit, und ihr unverständiges Herz wurde verfinstert. Sie vertauschten die Herrlichkeit des unvergänglichen Gottes mit Bildern, die einen vergänglichen Menschen und fliegende, vierfüßige Tiere darstellten" (Röm 1, 21.23). Sie blieben beim Sinnbild stehen und erwiesen ihm göttliche Ehren, anstatt bis zum Schöpfer vorzudringen [2]. Diese Entstellung echter Hierophanien zur Abgötterei macht das eigentliche Wesen des Heidentums aus. Es findet seinen Ausdruck vor allem im Mythos: In diesem wird das biologische Leben mit seiner Regelmäßigkeit und seinem Wechselspiel *selbst* Gegenstand des Kultes und nicht Gott, von dessen Vorsehung dieses Leben Zeugnis gibt. Das ist der Punkt, an dem jedes Heidentum strauchelt. Gewiß fehlten den frühgeschichtlichen Menschen die Kenntnisse einer fortgeschrittenen Wissenschaft. Sie wußten nichts von Elektrizität, Magnetismus u. dgl. Was sie bewunderten und anstaunten, verehrten sie als gutgesinnte Gottheit, was ihnen Furcht einflößte oder Schaden brachte, suchten sie als böse Gewalt fernzuhalten oder gutzustimmen. Überall sahen sie Erscheinungen höherer Wesen: Der Blitz wurde zum Gottespfeil, der Donner zum rollenden Götterwagen, Wolkenbildungen zu Schafherden der Götter, der Sonnenlauf zur Fahrt des Helios in seinem von feurigen Rossen bespannten Wagen oder (in Ägypten) des Ra, der in einer Barke über den Himmelsozean gleitet. An das ungenau wahrgenommene Tierleben knüpften sie die wunderlichsten Fabeln, die sich durch Jahrtausende erhielten und mit neuem Sinn auch in die christliche Symbolik übergingen. Das Werden und Entwerden im Kreislauf der Jahreszeiten bildeten die alten Völker in ihren religiösen Feiern nach und „erlebten" das Neuerstehen in den Mysterien, die ihnen Erlösung und glückliches Fortleben im Jenseits sichern sollten. Die Kulturformen der Heiden waren mannigfach, unzählig die Göttergestalten mit ihren Attributen und Sinnbildern. Davon bedeuteten viele das gleiche unter verschiedenen Namen. Es entstand ein Chaos von Mythen, das sich heute kaum mehr entwirren läßt. Trotz allem muß man zugeben, daß die alten Völker uns manches voraus hatten: „Was die heutige Psychologie mühsam experimentell festzustellen versucht, haben die Alten in ihrem innigen Naturgefühl intuitiv als selbstverständlich empfunden. Die Intuition gab ihnen eine Art Psychosophie, die sie fähig machte, hinter dem Konkreten das Geistige zu sehen. Sie standen (in mancher Beziehung) dem Natürlichen und Göttlichen im Menschen viel näher als die heutige Welt." [3] Sie bewahrten noch ein Urwissen um eine ihnen einstmals eigene göttliche Harmonie und hatten tiefe Sehnsucht, aus den irdischen Gegensätzen wieder in eine höhere Einheit eingehen zu dürfen. Das Sehnen nach einem Erlösung verheißenden Wesen, nach Überwindung der Widersprüche, die sie in den Gegensätzen von Tod und Leben, Licht und Dunkel erlebten, wird auch in ihrer Kunst symbolisch ausgedrückt.

Die Völker der Antike suchten in ihrer Weise den unsichtbaren Gott, „ob sie

---

[2] Vgl. Weish 13, 1—9.

[3] Jeremias, Handbuch altorientalischer Geisteskultur, Aufl. 2, S. 90.

ihn ertasten *(ψηλαφήσειν αυτόν)* und finden könnten" (Apg 17, 27). Dieses „Ertasten" ist buchstäblich zu nehmen: Wer die Himmelsgötter anrief, suchte durch Erheben der Hände sie zu ergreifen; wer zu den Unterweltsgöttern betete, berührte dabei den Boden. Wo sich aber plastische Götterbilder befanden, da galten sie als der Gott selbst, ebenso gewisse Tiere, deren Eigenschaften man bewunderte oder ihres Nutzens wegen schätzte: sie werden in Steigerung und Idealisierung zum mythischen Sinnbild oder zur Verkörperung Gottes, oft auch zu Bildern kosmischer Erscheinungen.

Nach antikem Glauben waren die Symbole nicht bloß Hinweis auf das, was sie darstellten, sondern machten es real gegenwärtig. „Die Eigenart dieses Denkens hängt mit dem eigentümlichen antiken Weltbegriff überhaupt zusammen. Für diesen ist ‚Bild' nicht nur die funktionale Darstellung einer Sache, die im Bewußtsein des Menschen liegt, sondern kann auch eine Ausstrahlung, ein Sichtbar- und Offenbarwerden des Wesens mit substantialer Teilhabe am Gegenstand bedeuten. Das Bild ist also nicht als wirklichkeitsfremde, nur im Denken vorhandene Größe zu verstehen, sondern es hat teil an der Wirklichkeit und ist die Wirklichkeit selbst. In ihm tritt das Wesen einer Sache in Erscheinung. Das Abbild hat somit die gleichen Kräfte, Empfindungen und Wirkfähigkeiten wie das Urbild." [4]

Mit der Wirkkraft des konkreten Symbols hängt die *Magie* zusammen. Sie besteht in Versuchen, durch außerordentliche oder dämonische Kräfte erwünschte Wirkungen zum Nutzen oder Schaden der Menschen zu erzielen. Gewisse Gegenstände, Zeichen oder Namensanrufungen dienten dabei als Mittel. Der Name galt als gleichwesentlich mit seinem Träger. Gab man einem Abbild den Namen eines Individuums, so schuf man ihm einen Doppelgänger, konnte also durch das Symbol auf den Menschen selbst einwirken.

Eine besondere Art der Magie ist der *Analogiezauber*. Er beruht auf dem Grundsatz: „Was am Abbild geschieht, muß sich am Urbild vollziehen". Solcher Aberglaube lebt heute noch in gewissen harmlosen Volksbräuchen, z. B. im brennenden Rad, das man über die Felder rollt, um die Sonne zu nötigen, sie zu bescheinen. Ebenso hat sich der Glaube an die Übertragbarkeit der Kräfte von einem Wesen auf das andere (*Sympathie*) im Volksbrauch erhalten. Ein Beispiel sind die „Antlaseier", die man eingräbt, um den Boden zu befruchten, oder die frischen Zweige, die Glück bringen und das Gedeihen von Menschen und Tieren fördern sollen. Damit verwandt ist die Verwendung von Pflanzen zu medizinischem Zweck auf Grund ihrer *Signatur:* gelbe Pflanzen gegen Gelbsucht, Disteln gegen Seitenstechen usw. Derartige Anschauungen waren im Altertum ganz allgemein verbreitet. Auch die Nachkommen Abrahams waren davon nicht frei. In der Genesis (30, 14) wird z. B. berichtet, daß Ruben seiner Mutter Lea Früchte einer Alraune brachte, deren Wurzel einer kleinen Menschengestalt gleicht. Ihr Genuß sollte ihr Kindersegen verschaffen.

Ein Blick in den Ideenkreis dieses naiven Aberglaubens ist für das Verständnis mancher Symbole unerläßlich, da er in ihrer Vorgeschichte mitspielt.

Die *biblische Offenbarung* gibt den vom Heidentum mythisch gedeuteten Elementen der kosmischen Symbolik wieder ihre wahre Bedeutung als Ausdruck der Schöpfermacht Gottes. Hier offenbart sich Gott in einer neuen Weise, nämlich durch besondere Auserwählungen, Führungen und Wundertaten, die zu heilsgeschichtlichen Ereignissen, zu Typen des Neuen Testamentes werden. Diese Offen-

---

[4] Cf. Kittl, Theol. Wörterb. z. NT, Art. *„Εικών"* S. 386.

barung geht zwar über die Gotteskundgebungen in der Natur hinaus, zerstört sie aber nicht, sondern setzt sie fort und nimmt sie in sich auf. Als Beispiel möge das Wasser dienen: Über diesem Element der Befruchtung schwebt im Anfang Gottes Geist. Bei der Sintflut wird es zum Werkzeug der Sündenvernichtung. Zur Rettung der Kinder Israels vor den nachstellenden Ägyptern teilt sich das Meer und läßt sie durchziehen. Alle diese großen Geschehnisse gestalten sich zu Vorbildern des Taufsakramentes.

Als dann die Fülle der Zeiten gekommen war, in der die Zweite göttliche Person durch ihre huldreiche Ankunft im Fleische die Welt heiligen („consecrare") wollte [5], erfüllte sich das Sehnen aller Kreatur: Durch Christus und in Christus vollzieht sich die große Wandlung der Welt, denn mit der Gründung des Gottesreiches dringt das Gottesleben in den Kosmos ein.

Jesus kleidet seine Lehren zumeist in Bilder aus der Schöpfung und dem täglichen Leben. Er nennt sich selber „Weinstock, Brot, Licht, Türe, Hirt, Eckstein" usw. Seine Taten und Wunder sind wiederum Typen der Gnadenwirkung in den Mysterien der Kirche, deren Aufgabe es ist, die Dinge der Welt in den Bereich des Heilswerkes Christi hereinzuholen. Sie vollbringt diese Aufgabe durch ihre liturgischen Weihen. Da erfüllt sie die irdischen Dinge mit göttlichem Inhalt und macht sie zu Gnadenträgern. Wenn schon alle Wesen und Erscheinungen der geschaffenen Welt als Werke Gottes eine natürliche Analogie zu ihm haben, dann wird in den alles umfassenden Segnungen der heiligen Kirche darüber hinaus die besondere Beziehung der Welt zum fleischgewordenen Gottessohn hergestellt und verkündet. Die Weiheformeln zählen oft eine ganze Reihe alttestamentlicher Vorbilder auf und zeigen damit die wunderbaren Zusammenhänge im Heilsplan Gottes. Die liturgischen Bücher, Missale, Pontifikale, Rituale, geben dafür Zeugnis, wie Naturalien oder Menschenwerke durch das Gebet der Kirche zu Symbolen im Vollsinn werden: Das gilt vor allem von jenen Dingen oder Zeichen, die den Sakramenten als Materien dienen: Bei der Taufwasserweihe wird mit den Worten „Es steige herab in dieses Bornes Fülle die Kraft des Heiligen Geistes" das heilige Pneuma gleichsam eingesenkt, um den heiligen Quell zur Zeugung der Gotteskinder zu befruchten. Ähnlich bei der Weihe der heiligen Öle am Gründonnerstag: Die Präfation bittet, Gott möge dem heiligen Chrisam „die Kraft des Heiligen Geistes beimischen". Die heiligen Öle empfangen durch diese Weihe eine solche Heiligkeit, daß Bischof und Klerus vor ihnen das Knie beugen und sie singend grüßen. Den höchsten Symbolgehalt erreicht einzig die heiligste Eucharistie: In ihr sind Brot und Wein Symbole des Leibes und Blutes Christi, die aber kraft der Konsekrationsworte realiter das enthalten, was sie versinnbildlichen.

In gewisser Beziehung werden sämtliche geweihten Gegenstände zu Trägern und Vermittlern der Gnade. In den Sakramenten und Sakramentalien ist das erreicht, was die Antike erstrebte und nicht erreichen konnte, was sie zu besitzen glaubte und doch nicht besaß.

Die Umwandlung, die das Christentum brachte, zeigt sich auch darin, daß es bisweilen die Erfüllung einer antiken Vorstellung in einer viel höheren Sphäre darstellt: Aus dem mythischen Orpheus, der mit den Klängen seiner Lyra die Geschöpfe anlockt, wird ein Sinnbild Christi, der alles an sich zieht. Aus der Sonne, der die Heiden einen Kult erwiesen, wird Christus, das Licht der Welt,

---

[5] Weihnachtsmartyrologium.

der Aufgang aus der Höhe, den das kirchliche Stundengebet in seinen Hymnen preist und das den Lauf des Kirchenjahres bestimmt.

Welche Bedeutung haben nun die von der christlichen *Kunst* geschaffenen Symbole? — Sie entnehmen ihre Formen der geschaffenen Welt, ihren Ideengehalt aber den heiligen Mysterien, auf die sie andeutend hinweisen. Der Fisch z. B. enthält — um von seinem mehrfachen Sinn nur einen herauszuheben — in seinem griechischen Namen *ΙΧΘΥΣ* eine ganze Christologie und wird in seiner Zusammenstellung mit dem Brotkorb zum Erinnerungszeichen an das Wunder der Brotvermehrung und zum Symbol der heiligen Eucharistie.

Die Symbolkunst hebt an ihrem Naturbild nur das hervor, was zur Andeutung des geistigen Inhalts notwendig ist. Durch Stilisierung zeigt sie an, daß die Dinge der Natur enthoben sind, um etwas Höheres auszudrücken. Bei aller Verhüllung, die dem Symbol eigen ist, muß aber doch sein Sinn für den Eingeweihten klar ersichtlich und durch die Stellung und Umgebung des Motivs oder durch seine Kombinierung mit anderen Sinnbildern gekennzeichnet sein.

Den Christen der ersten Jahrhunderte waren die Symbole geläufig wie das Alphabet, ja noch mehr als dieses, denn nicht alle konnten lesen. Daher pflegten die Kirchenväter in ihren Predigten an das Volk ihre Beispiele aus der symbolischen Welt zu entnehmen. Man verstand sie wie eine Bildersprache, die heute erst wieder erlernt werden muß, und aus der geistigen Atmosphäre, der sie entstammt, verstanden sein will.

Die Malerei und Epigraphik der Katakomben ist äußerst einfach und durchwegs symbolisch. Gegen Ende des 4. Jahrhunderts verschwinden allmählich ihre schlichten Arkanzeichen. Dafür entfaltet die Sarkophagplastik und seit dem 5. Jahrhundert die Mosaikkunst der Basiliken einen größeren Formenreichtum.

„Nirgends ist das Wasser klarer als nahe der Quelle. Wenn überhaupt, so gilt von den altchristlichen Ideen und Motiven, besonders von ihrer Form, daß sie gleichsam unvergänglich bleiben. Hieraus erklärt sich auch die außerordentliche Teilnahme, die sie gerade in unserem Zeitalter wiedererwecken, und nicht nur unter gläubigen Christen“ (aus dem Vorwort zu Van der Meer „Bildatlas der frühchristlichen Welt“).

„Im frühen Mittelalter ist das Symbol vorherrschendes Ausdrucksmittel. Nichts ist um seiner selbst willen da; alle Dinge bestehen nur im Widerschein des Göttlichen, dessen leibhafte Aussage sie sind. Man erfaßt die Erscheinungen der Umwelt nicht denkend und niemals in eindeutigen Begriffen, sondern erschaut sie stets in vieldeutigen Sinnbildern. Vor allem wird das Tier immer wieder der wesensgemäße Ausdruck für die Erlebnisse der Menschen dieser Zeit. In der zweiten Hälfte des 11. Jahrhunderts wird es mit dem Aufkommen der Steinplastik das wesentliche Thema und als Bauornament bevorzugt. Im 12. Jahrhundert erfährt das Tiersymbol seine größte Verbreitung. Im 13. Jahrhundert weicht es der menschlichen Figur:“ [6] Es treten Motive anderen Charakters auf: Personifikationen von Tugenden, Lastern, Künsten, Wissenschaften, Lebensaltern u. dgl. [7]. Auf diese Klasse symbolischer Bilder, die abstrakte Begriffe durch fingierte Persönlichkeiten darstellen, wurde irrtümlicherweise der literarische Terminus „*Allegorie*“

---

[6] Exzerpt aus W. v. Blankenburg, „Heilige und dämonische Tiere“, Leipzig 1943.

[7] Bereits in der frühchristlichen Kunst begegnet man Gestalten der Ecclesia und Synagoge sowie mancher heidnischer Gottheiten geringeren Ranges. Diese sind aber im Christentum nur mehr Personifikationen, z. B. Nike-Victoria, Uranos, Ozeanus usw.

angewendet (vgl. Künstle, Ikonog. I, S. 12). Zyklen marianischer Typen sprossen zu dieser Zeit in Überfülle. Viele Sinnbilder werden aber auch in die Heraldik und damit in profanes Gebiet übertragen (z. B. Löwe, Phönix, Greif, Lilie usw.).

Seit dem 16. Jahrhundert werden die Symbole zu „Emblemen", zu denen meistens ein dem Inhalt des Bildes entsprechender lateinischer Sinnspruch gehört, der in manchen Fällen das Lebensprogramm eines Menschen, einer Familie, eines Ordens oder einer sonstigen Gemeinschaft ausdrückt. In der Barockzeit war die Lust der Renaissance, Rätsel aufzugeben und zu lösen, noch sehr lebendig. In den Emblemen zeigt sich sowohl tiefreligiöser Sinn als Freude am Spiel. Prinzipien des Glaubens und der Moral wurden durch verschiedenartige, bisweilen mit etwas Humor gewürzte Bilder veranschaulicht.

Die folgenden Ausführungen über die einzelnen Sinnbilder beruhen fast durchwegs auf Antike, Bibel, Patrologie, Liturgie und Kunsttradition, denn alle diese Faktoren bauen in ihrer Weise die christliche Symbolik auf und sollten auch für deren weitere Entwicklung trotz aller künstlerischen Inspirationsfreiheit, die heutzutage stark betont wird, grundlegend bleiben.

I. ZEICHEN UND SCHRIFT

1. KREUZZEICHEN

Das Kreuz ist das heilige Zeichen der Erlösung, mit dem die Kirche alles beginnt, segnet und konsekriert. Daher gebührt ihm unter den christlichen Symbolen die erste Stelle.

Die Kreuzigung war die grausamste und entehrendste Todesstrafe der Römer. Nur Sklaven und Verbrecher wurden dazu verurteilt, niemals aber solche, die das römische Bürgerrecht besaßen [1]. Andere Völker, wie die Perser (vgl. 1 Esr 6, 11 und Est 7, 9; 5, 14; 9, 13; 9, 25), kannten ebenfalls die Kreuzigung. Konstantin d. Gr. schaffte sie in seinem Reich ab, denn durch den Tod des Herrn war das Kreuz geheiligt und zum Siegeszeichen geworden.

Noch vor seiner Passion sprach Christus von der „Kreuzesnachfolge" (Mt 10, 38; 16, 24). Wahrscheinlich gebrauchte er einen sprichwörtlichen Ausdruck, denn es war allbekannt, daß die zur Kreuzigung Verurteilten das Marterholz selber auf den Richtplatz tragen mußten. Nur unter dieser Voraussetzung konnten die Hörer die bildliche Redeweise des Heilands verstehen. Erst nach seinem Leiden wurde der volle Sinn dieser Worte klar.

Der hl. Apostel Paulus spricht vom Kreuz als dem Sinnbild der Versöhnung mit Gott (Eph 2, 16), des Friedens (Kol 1, 20), der Gotteskraft (1 Kor 1, 18) und des Ruhmes (Gal 6, 14). Am Weltende aber wird nach der Voraussage des Herrn „das Zeichen des Menschensohnes am Himmel erscheinen" (Mt 24, 30).

Bei den ältesten Völkern war das Kreuz astronomisches Zeichen. Es bedeutete die Sonne oder die Himmelsrichtungen. Nichts lag näher als die Verwendung dieser einfachsten Figur zu symbolischen Ornamenten. Ihre Formen, die als arkane Kreuzessinnbilder vom Christentum übernommen wurden, sind folgende:

1. Das vierspeichige *Radkreuz* ist vorchristliches Licht- und Sonnensymbol der asiatischen Völker wie auch der alten Germanen. Diesen war es zugleich Bild des gesamten Jahreslaufes und des gestaltenden Prinzips im biologischen Sinn. Es bedeutet ihnen Heil und Leben. In der *christlichen* Kunst ergibt sich die Deutung dieses Zeichens, mit Beziehung auf Christus als Licht und Erlöser der Welt, von selber. Es kann aber auch die Alleinherrschaft Gottes in der Welt versinnbildlichen.

---

[1] Der berühmte Philosoph und Redner Cicero kommt an verschiedenen Stellen seiner Werke auf das Kreuz zu sprechen. Das Schärfste, was er darüber gesagt hat, steht in seiner Rede „Pro Rabirio" 5, 16: „Das bloße Wort ‚Kreuz' soll fern sein (nomen ipsum crucis absit) nicht nur vom Körper römischer Bürger, sondern auch von ihren Gedanken, Augen und Ohren. Denn nicht nur die tatsächliche Anwendung dieser Hinrichtungsweise, sondern schon die Art, die Aussicht darauf, ja ihre Erwähnung sind eines römischen Bürgers und freien Mannes unwürdig." In der guten römischen Gesellschaft jener Zeit war es demnach geradezu verpönt, es verstieß gegen Anstand und Sitte, das Wort „Kreuz" in den Mund zu nehmen.

2. Das *Taukreuz* (crux commissa, aneinandergefügtes Kreuz) war den Alten heilig. Es galt als Mittelpunkt der Welt, Sinnbild der alles beherrschenden Sonnenkraft. Assyrische Könige trugen es am Hals oder auf der Brust. Altamerikanische Völker sahen im T das Symbol des Regens und Regengottes; die waagrechte Linie bedeutete die Himmelssphäre, die senkrechte den Wasserstrahl. Nach Isidor v. Sevilla (Etym. I, XXIV, 1. 2) war auf Soldatenlisten ein dem Namen beigefügtes Theta *Θ* das Zeichen der im Krieg Gefallenen, ein *T* Zeichen der Lebenden.

Der Prophet Ezechiel (9, 4) prägt auf Gottes Befehl ein T auf die Stirne der Glaubenstreuen. Es ist nach der Lehre der Väter Hinweis auf das Kreuz, das Zeichen der Erlösung, das Merkmal der Auserwählten (vgl. Offb 7, 2. 3).

Den Mönchsstäben gab man die Form eines Taukreuzes; darum erhielt dieses nach dem hl. Einsiedler Antonius auch den Namen „*Antoniuskreuz*".

3. Das *Henkelkreuz (ἄγχ,* crux ansata), fälschlich Nilschlüssel genannt, bedeutet als ägyptische Hieroglyphe *Leben* oder Befruchtung durch die Sonne. Die waagrechte Linie mit der Schlinge bezeichnet den aufgehenden Sonnenball, die senkrechte den Sonnenstrahl. Auf Gräbern der Kopten (christliche Nachkommen der Ägypter) ist dieses Zeichen als Kreuzessinnbild häufig zu finden.

4. Das *Swastika-* oder *Hakenkreuz* (ursprünglich Feuer- und Sonnenzeichen), auch „crux gammata" genannt, weil es aus vier umgekehrten griechischen *Γ* besteht, geht auf uralteste Zeiten zurück. Bei den Buddhisten ist es Paradiesschlüssel, im Kult der Atargatis Lebenssymbol. Später findet man es auch bei den Germanen. Im Sanskrit ist es heiliges Zeichen, in Skandinavien bedeutet es den Hammer Thors. In der kirchlichen Ornamentik des romanischen Stils, die noch manche althergebrachte magische Figuren enthält, galt das Hakenkreuz als Schutzmittel gegen den Teufel.

Häufiger noch als diese aus dem Heidentum übernommenen Zeichen sah man in den drei ersten christlichen Jahrhunderten Anker, Dreizack und das Christusmonogramm sowie alttestamentliche Typen und Orantengestalten als Symbole des heiligen Kreuzes an. In seiner eigentlichen Form gebrauchte man dieses nur ganz verborgen in vereinzelten Fällen. Der Grund lag in der Vorsicht, die heiligen Glaubensgeheimnisse nicht dem Spott und der Verunehrung durch die Heiden auszusetzen und keine Verfolgung zu veranlassen.

Mit dem Siege des Christentums aber wurde die Arkandisziplin gegenstandslos, und man konnte fortan das Kreuz unverhüllt darstellen. Seine verschiedenen Gestalten sind:

5. Das *gleichschenkelige* oder *griechische Kreuz* (crux quadrata) der christlichen Zeit ist (ohne oder mit Kreiseinfassung) dem Radkreuz gleichgestaltet.

6. Das *lateinische Kreuz* (crux immissa, von immittere, ineinanderfügen).

7. Das *Andreaskreuz* erinnert an das so gestaltete Marterholz des hl. Apostels Andreas. Es heißt auch „crux decussata“ von „decussis“, Zeichen der Zahl Zehn. Dieses Zeichen ist für die jahrtausendelange Entwicklung der Haus-, Gilden- und Grenzmarken sowie der Druckerstempel von großer Bedeutung. Ursprünglich versinnbildlichte es die gekreuzten Hölzer des Feueraltares.

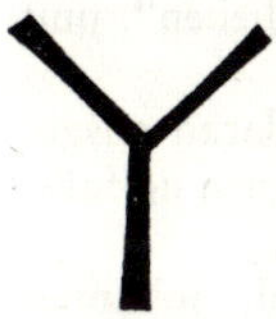

8. Das *Gabelkreuz* dürfte wohl die ursprüngliche Form der Anhauchung des Taufwassers gewesen sein, aus der im Laufe der Zeiten ein griechisches *ψ* wurde. Der wahre Sinn dieses Anhauchungszeichens ist eine Andeutung des Lebensbaumes (siehe Schriftzeichen S. 38 und Baum S. 149).

9. Das *erzbischöfliche* oder *Patriarchalkreuz*, in der Heraldik „Lothringer Kreuz“ genannt. Auch das wundertätige „Scheyrerkreuz“ hat diese Form.

10. Zur Unterscheidung vom Vortragskreuz der Erzbischöfe fügte man dem *päpstlichen* einen dritten Balken ein.

11. Für das *russische Kreuz* und seine Abarten ist der schräggestellte Fußbalken charakteristisch.

12. Das *Krückenkreuz* findet sich bereits auf Münzen der Merowingerzeit. In Österreich war es auf dem Banner der Katholikentage.

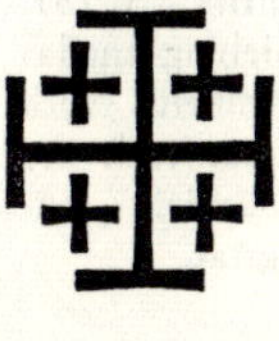

13. Das *Jerusalemer Kreuz* mit vier kleinen Kreuzen in den Winkeln eines großen soll an die fünf hl. Wunden erinnern. Die Ritter vom Heiligen Grab tragen es als Abzeichen auf ihren weißen Mänteln.

14. Die acht Spitzen des *Malteserkreuzes* (heraldisches Abzeichen des Johanniterordens) deutet man auf die acht Seligkeiten.

Wie Kirchenlehrer des 2. bis 5. Jahrhunderts bezeugen, sah die Glaubensfreude der jungen Christen auch in der Natur und in verschiedenen Gegenständen Spuren des hl. Kreuzes. Man erkannte solche in den vier Himmelsrichtungen, im Flug der Vögel, in den Hörnern der Rinder, in der Menschengestalt mit ausgebreiteten Armen, im Heeresbanner, im Tropaion [2], im Schiff mit Mast und Segel, in der Leiter, im Pflug, der die Erde durchfurcht. Mit dem „königlichen Zeichen" wappneten sich die Gläubigen gegen die Dämonen, die „zitternd davor entfliehen", und heiligten sie die gewöhnlichsten Handlungen des täglichen Lebens.

Die griechischen Väter sehen im Kreuz das Sinnbild Christi, der, daran ausgespannt, das ganze Universum in seiner Höhe und Tiefe, Breite und Länge umfaßt, mit seiner Gottheit durchdringt und harmonisch zur Einheit verbindet.

Durch den Triumph des Kreuzes im 4. Jahrhundert, den der hl. Johannes Chrysostomus in verschiedenen seiner Reden mit schwungvoller Begeisterung schildert, war aber die ehrfurchtsvolle Scheu, den Heiland selbst als Crucifixus darzustellen, noch längst nicht überwunden. Das Empfinden der Kreuzesschmach war noch zu lebendig. Bis zum 6. Jahrhundert bleibt also das Kreuz Symbol; es trägt keinen Corpus [3].

Auf altchristlichen Sarkophagen, die mit wenigen Figuren Passionsszenen darstellen, wird die Kreuzigung durch die sogenannte „Anastasis" [4] ersetzt. Dieses Motiv, dem wir noch mehrmals begegnen werden, da es eine Kombination mehrerer Symbole enthält, besteht aus einem Kreuz, das vom konstantinischen Christusmonogramm in einem Siegeskranz überragt ist, an dem Tauben picken. Rechts und links vom Kreuz wachen (wie am Grabe Christi) zwei römische Soldaten. Hier ist also das Zeichen der Schmach in ein Siegeszeichen verwandelt und ist Ausdruck der „Passio gloriosa".

---

[2] Tropaion = Trophäe *(τροπαῖον* von *τρέπω* = wenden, in die Flucht schlagen). Zeichen, daß an diesem Ort der Feind zurückgeschlagen wurde. Es bestand aus einem kreuzartigen Holzgestell, an das die Sieger Rüstung, Schild und Waffen des besiegten Feindes hängten.

[3] Jungmann gibt dafür einen anderen als den bisher angenommenen Grund an: „Nicht die sinnlich faßbare Erscheinung mit ihren zufälligen Nebenumständen wollte man vor Augen haben, sondern vielmehr das dahinter verborgene *Wesen* der Sache, das viel *mehr* war als das Sterben eines gepeinigten Menschen. Dieses verborgene Wesen wurde für das gläubige Denken viel treffsicherer durch das nur hindeutende Symbol bezeichnet" („Symbolik der katholischen Kirche", S. 17).

Zwar nicht mit Bezug auf Darstellungen, sondern auf die *Bezeichnung* mit dem Kreuz beschließt Daniélou das 9. Kapitel seines Buches „Les Symboles chrétiens primitifs", S. 151, mit der Schlußfolgerung, daß das Kreuzeszeichen ursprünglich nicht als Anspielung an das Leiden Christi aufgefaßt wurde, sondern als Sinnbild seiner Gottesherrlichkeit. Auch dort, wo man es auf den Kreuzestod bezog, sah man darin vielmehr den Ausdruck der göttlichen Macht, die durch diesen Tod ihr wunderbares Walten kundgab. Die vier Kreuzesbalken erscheinen dann als Symbol des kosmischen Charakters der Erlösungstat.

[4] *ἡἀνάστασις* = die Errichtung, Auferweckung.

In der Zeitperiode des 5. bis 6. Jahrhunderts sind kostbare Gemmenkreuze vorherrschend; sie hängen als Weihegeschenk in den Basiliken oder dienen als Prozessions-, Altar-, Segens- und Reliquienkreuze. In Malerei und Mosaik nehmen sie an den Wänden heiliger Stätten eine zentrale Stellung ein. Kreuze in allen Größen und Techniken, auf Stufen, auf Thronen, unter Triumphbögen, Ranken und Blüten sprossend, sprechen überall von Sieg, Leben und Freude. Sie sind Typen des verklärten Heilands.

Wo aber Christus selbst dargestellt wird, hält er meistens ein Stabkreuz oder ein Kreuzeszepter in der Hand. Letzteres namentlich auf Darstellungen seiner Wundertaten. Damit ist deren Mysteriencharakter angedeutet: Was der Erlöser in seinem Leben sichtbar tat, das wirkt er unsichtbar in der Liturgie der Kirche.

Einen Schritt näher zur realen Darstellung des Gekreuzigten führen jene Kreuze, die am Berührungspunkt der Balken ein Brustbild des Erlösers, ein Gotteslamm oder eine segnende Christushand in einer Aureole tragen.

Ganz vereinzelt gibt es zwar auch in frühchristlicher Zeit Reliefs des unbekleideten Crucifixus: Die ältesten Beispiele, kleine Gemmen des 2. Jahrhunderts, stammen aus dem Orient. Ein weiteres aus dem 5. Jahrhundert befindet sich zu Rom an der berühmten Holztüre von S. Sabina.

Im 6. Jahrhundert erscheinen Kreuze mit angenageltem Christuscorpus, jedoch mit langer Tunika bekleidet und in sieghafter Haltung.

Auch in der romanischen Periode behält der gekreuzigte Heiland den triumphierenden Ausdruck. Er trägt einen langen Lendenschurz und auf dem Haupte eine Königskrone.

Einen besonderen Charakter tragen die *keltischen Steinkreuze*, denen man in Großbritannien, namentlich in Irland und Schottland, häufig begegnet. Auf dem Kontinent sind sie unbekannt oder anders geartet. Sie haben sich aus den prähistorischen Dolmen entwickelt, indem man in christlicher Zeit solchen unförmigen Gedenksteinen zunächst nur ein Kreuz mit Kreiseinfassung (vielleicht noch vom heidnischen Sonnensymbol beeinflußt), dann allmählich auch spiralförmige Ornamente und Schriftzeichen einmeißelte. Im früheren Mittelalter wurde die Kreuzform bis zu ihrer heutigen Gestalt herausgearbeitet und mit biblischen Szenen, Bandmustern, Spiralen usw. ausgeschmückt. Der Diskus um den Schneidepunkt der Kreuzbalken ist allen gemeinsam. Er umrahmt die verhältnismäßig kleine Hauptfigur des Heilands am Kreuz oder in der Glorie, die aber mehr symbolisch als realistisch dargestellt ist.

Vom ca. 10. Jahrhundert an wird die Darstellung des Kruzifixus realistischer. Dafür gruppiert man um den sterbenden Heiland die symbolischen Gestalten von Sonne und Mond, Ecclesia und Synagoge. Der Sieg wird durch eine überwundene Schlange zu Füßen des Kreuzes angedeutet, die Liebeshingabe durch einen Pelikan, der die Jungen mit seinem Blute tränkt.

Weit hergeholt sind die „lebenden Kreuze", die im 15. Jahrhundert aufkommen: Hier wachsen Arme aus den Kreuzbalken heraus: der oberste öffnet mit einem Schlüssel den Himmel, der unterste schlägt mit einem Hammer gegen die Hölle, der rechte krönt die Ecclesia, der linke schlägt die Synagoge mit einem Schwert.

In der Liturgie jedoch blieb die „Passio beata" immer im Vordergrund. Die Kirche schaut das Kreuz im Verklärungsglanz. In ihm faßt sie alle Christusmysterien zusammen: Passion, Auferstehung, Weltherrschaft, Parusie. Das Kreuzzeichen ist unter allen liturgischen Zeremonien der häufigste Gestus. Es ist sakramentaler Träger der Heilsgnaden, Ausstrahlung göttlicher Kraft und Segnung.

Ihre Gedanken über das Mysterium Crucis entfaltet die heilige Kirche am schönsten in der Liturgie der Passionszeit, des Karfreitags, und des Festes der Kreuzerhöhung (14. Sept.) sowie in den Texten des Pontifikales zur Weihe eines neuen Kreuzes: Hier wird die symbolische Gegenüberstellung des paradiesischen Lebensbaumes und des Erlösungszeichens wunderbar durchgeführt und gebetet: „Durch das Kreuz, das uns im Sieg des Lammes zum Heil geworden ist, möge der Hirt seine Herde unversehrt bewahren."

2. GESTEN

Leib und Seele — das ist wesenhaft der *ganze* Mensch. Darum ist der Leib das Instrument des Geistes, der Gestus Ausdruck des Denkens und Empfindens. Die höchste Vollendung bestünde darin, daß der ganze Körper wie ein Kristall die Seele gleichsam durchscheinen ließe und er in jeder Bewegung und in allem Tun vom Geist durchdrungen wäre. So wird es einst in der Verklärung sein: vollkommenste Harmonie, gegenseitiges Verbundensein ohne Widerspruch.

Gesten begleiten die Rede, machen sie lebendig, können sie zum Teil ersetzen und sind unabhängig von der Sprachverschiedenheit der einzelnen Nationen. Orientalen haben mannigfaltigere Gesten als die Europäer, weil sie ursprünglicher sind. Das Altertum war bedeutend reicher an bezeichnenden, allgemein verstandenen Gebärden als die Gegenwart. Die Bibel erwähnt manche, die uns fremd sind; andere dagegen behielten ihren althergebrachten Sinn bis heute.

Nicht jede Bewegung ist „Gebärde", geschweige denn symbolisch. Der Mensch hat in seinen Bewegungen manches mit den Tieren gemein. Obwohl diese in sehr ausdrucksvoller Weise ihr Empfinden zeigen (z. B. der Hund, der durch Schweifwedeln und Sprünge seine Freude, durch Zähnefletschen seine Wut äußert), so kann man ihre Bewegungen doch nicht als „Gebärden" bezeichnen. Gesten und Gebärden sind nur dem vernünftigen Menschen eigen. Es ist Sache der Erziehung und Selbstbeherrschung, das äußere Gehaben von früher Kindheit an der Menschenwürde entsprechend zu regeln, das Fleisch auch in diesem Punkt dem Geiste zu unterwerfen. Eine gewisse Herrschaft über die Glieder gehört zur Wohlerzogenheit. Viel mehr noch verlangt die Aszese. Einen hohen Grad von Beherrschung erfordern die liturgischen Gesten: Sie sind nicht willkürlich und frei, sondern durch Rubriken und Zermoniale genau vorgeschrieben. Sie gehören wesentlich zur Liturgie, die ohne sie gar nicht denkbar wäre. Hier gilt die Mahnung des hl. Paulus: Bringt euch selbst als lebendiges und heiliges Opfer dar, das Gott gefällt (Röm 12, 1). Hier hat jede Geste (nicht jede „Bewegung"!) eine Bedeutung, sei es, daß sie auf natürlicher Ausdrucksweise beruht, wie das Erheben der Augen oder Hände, oder ein gegebenes heiliges Zeichen im Mysterium darstellt, so, wenn der Priester, um den Herrn nachzuahmen, das Brot und den Kelch in seine Hände nimmt, um darüber die Konsekrationsworte zu sprechen, oder wenn er segnend und weihend das Zeichen des hl. Kreuzes nachbildet. Die liturgischen Gesten und Zeremonien sind nichts Persönliches. Hier handelt vielmehr Christus, der den Menschen als sein Instrument ganz in Beschlag nimmt.

Prostration und Kniebeugung

Die Prostration ist das Sichniederwerfen auf das Angesicht, ein Hinstrecken des ganzen Körpers. In gemäßigter Form besteht sie im Niederknien mit gleichzeitiger tiefer Verneigung des Oberkörpers, so daß die Stirne den Boden berührt, oder der zu verehrenden Persönlichkeit der Fuß geküßt wird. So drückte man in der Antike höchste *Ehrfurcht* oder *Anbetung* aus. Die προσκύνησισ besteht heute noch im Orient. Sie ist das äußere Zeichen der Anbetung Jahwes und der Huldigung, die Heiden ihren Göttern und göttlich verehrten Herrschern erweisen.

In der *Liturgie* ist die Prostration nach römischem Ritus für den Zelebranten und seine Assistenz zu Beginn der Karfreitagszeremonien vorgeschrieben. Personen, die einen höheren Grad kirchlicher Weihe erhalten (vgl. Pontifikale Rom.), prosternieren während der Allerheiligenlitanei des betreffenden Ritus. In manchen Klöstern sind Prostrationen mit den Usanzen der Aufnahme und mit Teilen der Profeßfeier verbunden.

Am *Karfreitag* ist diese Gebärde stummer Ausdruck tiefsten Erschüttertseins, ja des Sichvernichtetfühlens im Gedenken an den Gottmenschen, der für uns am Kreuze starb.

Bei der *Allerheiligenlitanei* und in den erwähnten monastischen Bräuchen drückt das völlige Sichniederwerfen besser als Worte die volle Hingabe aus, das Bewußtsein der eigenen Unwürdigkeit und Ohnmacht. Es verstärkt die Inständigkeit der Bitte.

Das *Knien* (Genuflex) ist entweder ein vorübergehender Akt oder eine länger dauernde Haltung. Es ist eigentlich eine vereinfachte Prostration. Häufig ist es Zeichen der Bußgesinnung. — Knien ist die Haltung, die fromme Christen meistens beim Gebet einnehmen. In der Liturgie ist das Knien je nach den Rubriken zu bestimmten Zeiten, Tagen und Gelegenheiten vorgeschrieben.

Verneigungen

Die *Verneigungen* in ihren verschiedensten Graden sind ebenfalls Ehrfurchtsbezeigungen. Während sie im profanen Leben, je nach den Nationen, meistens nur höfliche Begrüßungsgesten darstellen, werden sie beim Gottesdienst zur geisterfüllten Zeremonie. Die römische Liturgie kennt derlei Verneigungen: kleine, mittlere und tiefe, die bei bestimmten Teilen der Messe, der sakramentalen Feiern und des Chorgebetes vorgeschrieben sind. Bei der kleinen Verneigung beugt man nur das Haupt, bei der mittleren auch die Schultern. Die tiefe Verneigung dagegen erfordert ein rechtwinkeliges Vorbeugen des ganzen Oberkörpers, wobei, wenn nicht andere Vorschriften bestehen, die Fingerspitzen der kreuzweise gelegten Hände die Kniescheibe berühren, ohne sich jedoch darauf zu stützen.

Kreuzzeichen und Segensgestus

Personen, Gegenstände und sich selbst mit dem Kreuz zu bezeichnen ist uralter Christenbrauch, zu dem bereits die kirchlichen Lehrer der frühesten Zeit die Gläubigen wiederholt ermunterten. Dieses Zeichen des Heiles begleitete fast jede Handlung des Christen vom Aufstehen bis zum Schlafengehen, als Wehr gegen die

Dämonen, als Waffe in der Versuchung, zur Stärkung des Glaubens und als offenes Glaubensbekenntnis.

In der Liturgie wird alles mit dem Kreuzzeichen gesegnet und geweiht (vgl. Kreuzzeichen, S. 19).

Der *Segensgestus* bestand, wie aus vielen Stellen des Alten und Neuen Testamentes ersichtlich ist, ursprünglich in einer Handauflegung. Die heute übliche Segensgebärde geht aus dem antiken Redegestus hervor, wie er auf alten Monumenten häufig zu sehen ist, denn der Segen ist meistens mit Worten verbunden. Er besteht im Emporhalten der rechten Hand und der drei ersten Finger, während die übrigen eingebogen bleiben. Diese Weise der Segnung wurde zur Unterscheidung von der griechischen der *lateinische Segen* genannt. Heute werden dabei meistens alle Finger aufrecht gehalten.

Nach *griechischer* Segensweise bleiben Zeige-, Mittel- und kleiner Finger aufrecht stehen, während Daumen und Ringfinger übereinandergelegt werden. So ergeben sich die Buchstaben *XC* = *ΧριστόC*. Nach anderer Deutung sollen die drei aufrechten Finger ein Bekenntnis der Trinität darstellen, die zusammengelegten ein Bekenntnis der zwei Naturen in Christus. Diese Symbolik wurde aber erst später hineingelegt, wie auch die Unterscheidung zwischen lateinischem und griechischem Segen nicht ursprünglich ist.

Händefalten

Das Aneinanderlegen der inneren Handflächen ging aus der germanischen Huldigungsform hervor, bei welcher der Vasall mit dieser Handhaltung vor den Lehensherrn trat und von ihm das äußere Zeichen der Belehnung empfing. Beim Gebet drückt das Händefalten die Erhebung der Seele zu Gott aus: Die Hände scheinen wie vom Herzen auszugehen und dabei den ganzen Menschen samt allen Gebetsmeinungen zusammenfassen und in Gottes Hände legen zu wollen. Was schon nach profaner Sitte die Abhängigkeit von einem Höheren, die Hingabe an ihn bedeutete, das erschien besonders geeignet, diese Gesinnung auch Gott gegenüber zum Ausdruck zu bringen. Das Falten der Hände wurde als Gebetshaltung erst im 12. Jahrhundert zum allgemeinen Brauch und kam erst unter dem Einfluß des germanischen Rechtes in die Kirche.

Dem Händefalten mit verschlungenen Fingern scheint man nach Plinius und Ovid in der Antike magische Bedeutung gegen Dämonen und geheime Kräfte zugeschrieben zu haben. Als Gebetsgeste läßt es sich in altchristlicher Zeit nur vereinzelt nachweisen. Diese Art des Händefaltens ist bloß beim Privatgebet üblich und keine liturgische Zeremonie.

Handauflegung, Hand-Ausstrecken, Hand-Verhüllung, Hände reichen (vgl. Hand, S. 335).

Stehen

Beim Stehen ragt der Körper empor. Es liegt darin Wachsein, Spannung, Aufmerksamkeit, Ehrfurcht vor einem Höheren, Bereitschaft zur Entgegennahme eines Befehls, zur Ausführung eines Dienstes, zum Antritt einer Wanderschaft. Stehen war seit dem höchsten Altertum die Haltung des Opfernden.

Der Getaufte ist mit Christus auf-*erstanden.* Nun zielt sein Leben darauf hin, dem Herrn entgegenzugehen, zu ihm emporzufliegen, wenn er kommt. Dieser vielfache Sinn begründet das teilweise Stehen beim Vollzug der Liturgie, namentlich in der Osterzeit. In den ersten christlichen Jahrhunderten war es die gewöhnliche Gebetshaltung, in der auch die Katakombenkunst die Oranten darstellte.

Sitzen

Sitzen ist eine Haltung der Ruhe und Entspannung. Die Liturgie gestattet sie bei Lesungen (Evangelium ausgenommen) und den darauffolgenden Gesängen sowie bei längerer Psalmodie. Daraus läßt sich ein verborgener Sinn erschließen: „Maria setzte sich dem Herrn zu Füßen und hörte seinen Worten zu" (Lk 10, 39), und im Hohenliede (2, 3) sagt die Braut: „In seinem Schatten begehre ich zu sitzen." Dieses Sitzen hat nichts mit den Trauergesten des antiken Orients zu tun, die in Psalm 137, 1 und in den Klageliedern des Jeremia gemeint sind. Es ist vielmehr ein Bild der Besinnlichkeit im Verkosten der göttlichen Worte.

An die Brust schlagen

Durch diesen Gestus, der beim „mea culpa" des Confiteor und beim „Domine non sum dignus" vor dem Kommunionempfang vorgeschrieben ist, drückt der Christ sein Schuldbewußtsein aus. Er wälzt die Schuld nicht von sich ab, sondern zeigt auf sich und bekennt demütig: *Ich* habe gesündigt! Der Schlag (mit geschlossener Faust) auf die Brust gilt dem Herzen, dem Lebenszentrum, dem Sitz der Affekte. *Dieses* soll gezüchtigt werden für alles, was der ganze Mensch begangen hat. Der Herr sagt ja: „Aus dem Herzen kommen die bösen Gedanken!" (Mt 15, 19).

Kuß

Der Kuß *(φίλημα, ἀσπασμός)* ist eine Äußerung der Liebe oder der Verehrung.

Der *liturgische* Kuß kommt im Ritus der Meßfeier besonders häufig vor. Ausdruck der Verehrung ist das Küssen des Altares, des Evangelienbuches, der Patene, der Paramente. Geküßt werden Gefäße mit den neugeweihten hl. Ölen, das Kreuz bei der Adoratio crucis am Karfreitag, Reliquien und verschiedene geweihte Gegenstände. Auch das Küssen des päpstlichen, bischöflichen und Prälatenringes oder der priesterlichen Hand ist Ehrfurchtsbezeigung [1]. Der Ringkuß unmittelbar vor Empfang der hl. Kommunion war ursprünglich ein Zeichen der Rechtgläubigkeit, der Zugehörigkeit zu einer katholischen Kirche.

Die im Hochamt auf das Agnus Dei folgende Umarmung, der *Friedenskuß* („Pax"), ist ein Zeichen brüderlicher Liebe und Versöhnung. Der Friedenskuß wird mancherorts (seit dem 14. Jahrhundert) durch die „Paxtafel", ein Täfelchen aus Elfenbein, Metall oder Holz mit religiöser Darstellung, vom Altar aus an die beiwohnende Gemeinde weitergegeben.

---

[1] Seit dem 2. Vatikanischen Konzil sind diese Ehrfurchtsbezeigungen teilweise nicht mehr üblich.

Die „Pax" drückt die Gemeinschaft mit Christus aus. Hier empfängt die Ecclesia gleichsam den Kuß des Logos selbst, um den die Braut im Hohenliede (1, 2) bittet. Das „Osculum pacis" ist Unterpfand des *Friedens.* „Nicht darfst du glauben", bemerkte Cyrill von Jerusalem, „dieser Kuß sei derart, wie ihn gewöhnliche Freunde auf dem Marktplatz zu geben pflegen. Solcher Art ist er nicht. Dieser Kuß verbindet die Seelen miteinander und gelobt, alles Unrecht zu vergessen. Der Kuß ist Zeichen der Seelenvereinigung und der Verzeihung jeglichen Unrechtes. Daher sagt Christus: ‚Wenn du deine Opferung zum Altar bringst und dir dabei einfällt, daß dein Bruder etwas wider dich hat, so laß deine Gabe dort vor dem Altar liegen; geh und versöhne dich zuerst mit deinem Bruder, dann komm und opfere deine Gabe (Mt 5, 23 f)' " (Katech. myst. V, 5. 3).

Schreiten

Schreiten ist kein alltägliches Gehen oder Laufen, auch kein gedrilltes Marschieren, sondern ein maßvolles, beherrschtes Gehen in bescheidener, aufrechter Haltung, ohne Lässigkeit, ohne Schlendrian. Schreiten ist weder Stürmen noch Eilen noch auch Sichdahinschleppen und Herumhumpeln.

Im Rahmen der Liturgie sollte das Gehen nicht anders sein als würdig und voller Zucht. Ein Opfergang, eine Prozession, der Einzug des Bischofs in seine Kathedrale, des Papstes in eine Basilika, des Konventes zum Chorgebet gehören zu den eindrucksvollsten liturgischen Zeremonien. Auch für Gott gibt es eine Prachtentfaltung. Sie läßt die künftige Herrlichkeit ahnen, sie ist eine Vorwegnahme des Einzuges in die Civitas sancta, die Einleitung zum himmlischen Reigen.

Tanz und Reigen

Unter Tanz und Reigen (saltatio, chorea, chorus, *χορός)* ist eine geregelte Folge rhythmischer Schritte oder Sprünge zu verstehen, ein Kreisen oder Schreiten in kunstgerechten Bewegungsformen, der Musik nahe verwandt und meistens von ihr begleitet. Tanz ist Gestalt gewordene Freude. Darum pflegte man bereits im Altertum bei freudigen Anlässen, wie auch die Bibel sie erwähnt, Tänze auszuführen. So geschah es bei Siegesfeiern, Festgelagen (Beispiel: Mt 14, 6), Erntefesten und Hochzeiten. Die sakralen Tänze gehörten wohl schon vor 2000 Jahren zu den stärksten Ausdrucksmitteln religiöser Gefühle. Es gibt auch wilde, ungezügelte Tänze, doch kommen solche hier nicht in Betracht.

In der Rhythmik des Körpers und der Töne [1] vereinen sich Möglichkeiten, in sichtbarer Leiblichkeit das auszusprechen, was der Geist meint, und zugleich es keusch zu verhüllen und zu schützen. Die Griechen haben die unsagbaren Dinge der Mysterien in ein Tanzspiel hineinverborgen, wissend, daß es Einsichten und Ahnungen gibt, die man nicht mehr sagen, sondern nur auf schöne Weise „tun" kann. Ein solches Tanzspiel ist sakral, weil es zunächst eine in Geste und Rhythmus verkörperte Nachbildung der Beschwingung ist, die Gott als das schöpferische Prinzip dem Kosmos eingegeben hat. Es ist ein Mitschwingen in jenem Rhythmus der schöpferischen Liebe, welche die Sternenwelt erschuf. Dem antiken Menschen

---

[1] Vgl. Hugo Rahner, Der spielende Mensch, Kap. 4.

war es bei seiner Bewunderung für die funkelnden Himmelslichter vertraut, vom Tanz der Gestirne zu sprechen. „Die Sterne", sagt Philon, „tanzen einen wahrhaft göttlichen Tanz, da sie die Ordnung nicht verlassen, die ihnen der allzeugende Vater im Kosmos angewiesen hat." Auf den Sternen ist nach der Lehre der Pythagoräer der Sitz der Seligen. So muß denn die Seele, die schon hienieden sich mit dem Göttlichen vereinen will, sich dem Reigentanz der Gestirne einfügen, um jetzt schon zu sein, was sie einst war und was sie einst sein wird. „Denn es will Gott", so sagt Philon, „daß die Seele des Weisen ein Abbild des Himmels sei, ein auf die Erde herabgeholter Himmel, sodaß sie das in sich habe, was im Ätherbereich ist: geordnete Bewegungen, harmonische Reigentänze, gottgeordnete Umschwünge und sternengleiches, glanzschimmerndes Gutsein." Lukian weist in diesem Zusammenhang auf die Frömmigkeit der Inder hin, die den Tanz der Sonne in nachahmenden Bewegungen verehren, indem sie in tiefer Stille durch einen Reigen den Tanz des (Sonnen-)Gottes nachahmen. Eine Erinnerung an die antike Astralfrömmigkeit begegnet uns noch in christlicher Zeit in einem Text des Honorius Augustodunensis, der sagt: „Der Chor der Psalterbetenden hat seinen Namen erhalten von der ‚Chorea canentium', von dem Tanzchor der Singenden, den die antike Zeit für ihre Idole gefeiert hat, um auf diese Weise in ihrer Täuschung die Götter mit der Stimme zu loben und mit dem ganzen Körper ihnen zu dienen."

Die Christen haben versucht, auch im Zusammenhang mit christlichen Mysterien dem Tanz seine sakrale Stellung und Begründung zu geben. In frühester Zeit, wo die Orgien des Heidentums noch zu frisch in Erinnerung standen, war dies noch verpönt und wurde von Kirchenvätern und Konzilien strengstens bekämpft. Das Mittelalter aber hat es gewagt: zwar außerhalb des Gottesdienstes, aber doch im Anschluß an diesen. So wurden Ostern und andere Festtage im Kreuzgang des Domes oder im Hof der bischöflichen Residenz durch streng gemessene Reigen und Ballspiel des Klerus gefeiert (Ball, Sphaira = Symbol der steigenden Sonne). Sogar Bischöfe ließen sich herab, dabei mitzutun. In der Kathedrale von Sevilla ist es heute noch Brauch, daß Knaben vor dem Mysterium des Altares einen sakralen Tanz ausführen. Solche Bräuche sollten gleichsam ein Vorspiel himmlischer Freude sein, berechtigt und angeregt durch alttestamentliche Vorbilder: Mirjam, die Schwester des Mose, führte nach dem Durchzug durchs Rote Meer den Reigen der Frauen an unter Gesang und Paukenschlag (Ex 15, 20). David tanzte vor der Bundeslade (2 Sam Kap. 6), und auch manchen Psalmstellen liegt der in den Übersetzungen nicht mehr kenntliche Sinn des Reigentanzes zugrunde, wenn der Beter zum Gotteslob „in choro" oder zur „Exsultatio" (exsulto = emporspringen, aufspringen) aufgefordert wird.

Über die Form der Tänze und Reigen des Altertums ist uns zwar nichts mehr bekannt, doch dürften sie sich von denen der heutigen Orientalen nicht wesentlich unterschieden haben. In letzter Zeit bemüht man sich in verschiedenen Missionsländern wie Indien und Afrika, die traditionellen Kulttänze der Eingeborenen in die Liturgie einzubauen. Ähnliches sah man bereits 1957 in Rom auf dem Petersplatz anläßlich eines Kongresses der katholischen Jugend aus aller Welt. Heute ist es nicht mehr außergewöhnlich, in westlichen Klöstern indische Nonnen während der Messe oder zum Gesang des Magnifikats tanzen zu sehen, selbst europäische Religionsgemeinschaften versuchen da und dort für ihr Gebet auch einen tänzerischen Ausdruck zu finden.

Der hl. Augustinus sieht im Tanz ein Symbol, eine mystische Darstellung „des heiligen Zusammenklanges aller verschiedenen Töne und Gesten im ewigen Frieden". So versteht man, warum das Malerbuch vom Berge Athos für Darstellungen der personifizierten Ecclesia die Beschriftung angibt: „O Kirche, erfreue dich im Herrn, jauchze und tanze!"

Der selige Malermönch Fra Angelico hat die Himmelsfreuden im Bilde eines Reigentanzes dargestellt, zu dem Engel die Gerechten aller Stände einladen, ihnen die Hände reichen und sich mit ihnen im blumigen Paradiesesgarten in kreisender Bewegung ergehen.

3. SCHRIFTZEICHEN

Alphabet

In der Antike galt das ganze Alphabet als Symbol. Die primitiven Menschen staunten vor allem Wunderbaren und sahen darin Sinnbilder einer dunkel geahnten höheren Welt. Auch das Wunder, daß Geistiges durch sichtbare Zeichen wie die Schrift festgehalten werden kann, beeindruckte sie. Die Orientalen schreiben der Schrift sogar göttlichen Ursprung zu. Mit Buchstaben bezeichnete man, wie zum Teil noch heute, Zahlen und Noten. Nicht zuletzt bot auch der vielfache Sinn des griechischen Wortes *στοιχεῖον* Anlaß für die religiöse Symbolik des Alphabets. Stoicheion heißt: einfachster Bestandteil, Element, und zwar:

der *Rede und Schrift* als Buchstabe,
des *Wissens* als Grundbegriff;
der *Praxis* als Grundsatz,
des *Kosmos* als Grundstoff.

Auch für die Himmelskörper und für die Elementargeister, die im Synkretismus die Elemente repräsentieren, wurde gelegentlich die Bezeichnung Stoicheion gebraucht. Diese Sinnfülle des *einen* Ausdrucks konnte dazu führen, daß die einfache Buchstabenreihe zum Symbol anderer Begriffe wurde, die unter dieselbe Bezeichnung fallen.

Im Alphabet sahen die Alten ein geheimnisvolles Ganzes, ein Bild jeglicher Vollendung, die Bestandteile zur Bildung geheimnisvoller Namen und Formeln zur Anrufung der Götter, zur Beschwörung finsterer Gewalten. Der Mensch weiß nicht, wie er diese Wesen nennen, wie er sie ehren oder ihren Zorn abhalten kann; daher lallt er bald als religiösen Sang, bald als Zauberformel ganze Buchstabenreihen in bunter Folge, um damit nur ja *das* zu treffen, was die über ihm stehenden Mächte geneigt machen oder Übles fernhalten kann. Die willkürliche Häufung solcher Laute erfuhr auch verschiedenartige Systematisierungen. Die sieben griechischen Vokale (je zweierlei Buchstaben für E und O), die auch zur Benennung der sieben Töne der einfachen Skala gebraucht wurden, waren Sinnbild der sieben Himmelssphären und der sieben in ihnen kreisenden Gestirne. Zum Verständnis dieser Symbolik muß man das Weltbild des Pythagoras und seiner Schule kennen: Die Pythagoräer hielten die Erde für den Mittelpunkt des Universums, um den sich in konzentrischen Kreisen die gleich ihr kugelförmigen Himmelskörper drehen. Diese dachte man sich befestigt an kristallenen Hohlkugeln, die sich mit ihnen um die Erdachse schwingen. Sie waren etwa in der Reihenfolge Mond, Sonne, Merkur,

Venus, Mars, Jupiter, Saturn übereinander angeordnet, sodaß man im ganzen sieben Planetensphären und als achte die Fixsternsphäre, das sogenannte Primum mobile, annahm. Sonne und Mond zählten also damals zu den Planeten.

Wie schnell umschwingende Räder irgendeiner mechanischen Vorrichtung einen Ton geben, so müssen auch die gewaltigen umschwingenden Planetensphären Töne hervorrufen, die zu einer mächtigen Harmonie zusammenklingen. Diese Idee samt ihrem symbolischen Ausdruck in der irdischen Musik herrscht schon bei den ältesten Kulturvölkern. Der Einklang dieser Sphärenmusik war das Bindeglied des Weltgebäudes. Nur wir Menschen vernehmen den wunderbar harmonischen Ton nicht mehr, weil wir ihn von Geburt an hören und daher gegen ihn abgestumpft sind; er bildet aber das Entzücken der Olympier. Jede Sphäre klingt auf einem anderen Ton der Skala, und jedem Planetengott gehört somit ein bestimmter Vokal mit entsprechendem Ton. Daher schreibt im 4. Jahrhundert v. Chr. Demetrius von Phalera (De elocutione cap. 71): „In Ägypten preisen die Priester auch die Götter mit den sieben tönenden Vokalen *(θεοίς ὑμνοῦσιν διὰ τῶν ἑπτά φωνηέντων)*, indem sie dieselben der Reihe nach *(ἐφεξῆς)* absingen. So vernimmt man anstatt Flöte und Zither den Wohlklang dieser Laute.“ Vergil (6, 646) führt uns den Sänger Orpheus vor, wie er die septem discrimina vocum (die sieben unterschiedenen Töne) unter Lyrabegleitung zum Chore der Seligen singt. Inschriften alter Denkmäler bezeugen, daß man deren Reihefolge zu wechseln pflegte, sodaß bei jeder Wiederholung ein anderer Ton den Anfang bildet. Einerseits wollte man damit die wechselseitigen Stellungen der Planeten zum Ausdruck bringen, damit keiner sich beleidigt fühle. Das klingt lächerlich, war aber bezeichnend für den ängstlichen Aberglauben des Heidentums. Die Gnostiker führten diese Albernheiten fort, setzten aber an Stelle der Götter sieben Äonen oder sieben Engel, welche die Bewegung der Planeten lenken. Mit diesen Buchstaben glaubte man einen geheimen, unaussprechlichen Namen auszudrücken *(τὸ ὄνομα τὸ κρυπτόν)*, ein Wesen, das über menschliche Sprache und Fassung geht. Das war im Grunde ein tiefer Gedanke, ein Tasten nach Großem und Wahrem.

Die Konsonanten bedeuteten dagegen die materiellen Substanzen, wie der Pythagoräer Nikomachos von Gerasa (2. Jahrhundert n. Chr.) bezeugt, und ihre Zusammensetzung mit Vokalen wird zum Symbol göttlichen Schaffens in der sichtbaren Welt, zum Bilde der Vereinigung von Himmlischem und Irdischem, von Geist und Materie. Die nahe Berührung der Buchstabensymbolik mit der Sphärenharmonie erklärt wohl auch manche Bilder, welche diesem Teil der pythagoräischen Orphik gewidmet sind, sowie die als Mauer- und Gefäßschmuck antiker Gräber wiederholt beobachteten Syllabarien: Es ist darin der Konzentus der himmlischen Sphären und die Aufnahme des Eingeweihten in den Chor des himmlischen Heeres angedeutet. Für die Heiden waren ja die Sterne die künftige Himmelswohnung der gerechten Seelen. Eine Lyra über dem Eingang eines Grabes zu Canossa in Italien (von Millin erklärt) dürfte denselben Gedanken nahelegen.

Von einem andern bereits erwähnten Gesichtspunkt aus sollte das Alphabet, dem man exorzistische Kraft zuschrieb, zur Sicherung des damit bezeichneten Grabes oder Baues dienen. Als Abbild des in sich ruhenden Kosmos erschien es auch geeignet, um einem Raum die abgeschlossene Selbständigkeit *(αὐτάρχεια)* eines Mikrokosmos zu geben.

Wie die antike Auffassung des Alphabets als eines geheimnisvollen Ganzen und Bild der Vollendung in christlichem Sinne umgedeutet wurde, ersieht man aus einem Hymnus des hl. Ephräm († 373):

Gleichwie der Körper des Alphabets vollkommen ist in seinen Gliedern und kein Buchstabe sich wegnehmen oder ein anderer hinzufügen läßt, ebenso ist auch die *Wahrheit,* die im hl. Evangelium mit den Buchstaben des Alphabets niedergeschrieben ist, ein vollkommenes Maß, das kein Mehr oder Weniger annimmt (Ephr. Geg. d. Irrl. Hymn. 22, 1; nach Kösel).

Ja, Gott hat die Schriftzeichen wahrhaft zum Sakramental geheiligt und mit göttlichem Inhalt erfüllt, indem er sie benütze, um durch geschriebene Offenbarung den Menschen sein unendliches Leben und sein Heilswerk kundzutun.

Der Brauch, bei der *Kirchweihe* auf den Boden des Gotteshauses das gesamte lateinische und griechische Alphabet in ein aufgestreutes Aschenkreuz einzuzeichnen, beruht auf rein technischem Ursprung. Die Symbolik wurde erst nachträglich hineingelegt und blieb allein bestehen, als die praktische Notwendigkeit längst gewichen und vergessen war: Dieser Ritus geht zurück auf die Gepflogenheiten der alten römischen Feldmesser bei der Besitzergreifung und Abgrenzung eines Grundstückes. Das schräge Kreuz (crux decussata) erinnert an die beiden Transversallinien, welche die römischen Feldmesser zuerst auf jenen Grundstücken, die sei abmessen wollten, zogen. Die Buchstaben, die man auf das Aschenkreuz schreibt, erinnern an die von den Feldmessern zur Abmessung verwendeten, Zahlengrößen darstellenden Buchstaben. Da nun die alten Christen, ganz erfüllt von Liebe zu Christus und seinen Geheimnissen, sehr dazu neigten, in allem Natürlichen eine religiöse Symbolik herauszulesen, so erkannten sie im schrägen Kreuz ein X, den Anfangsbuchstaben des Namens XPICTOC, in den Alphabeten der beiden Weltsprachen ein Symbol der ewig dauernden Weltkirche und in den Buchstaben A und *Ω* die bekannte Beziehung auf Apokalypse 1, 8; 21, 6; 22, 13. Das ursprünglich technische Verfahren wurde so zu einer Zeremonie feierlicher Besitzergreifung des Gotteshauses durch Christus und blieb als solche bestehen. Die antike apotropäische Bedeutung des Alphabets ist dabei nicht zu verkennen: Die Besitzergreifung durch Christus ist ja mit Abwehr dämonischer Mächte verbunden. Mancherorts schrieb man anstatt des ganzen Alphabets nur ABC als Teil fürs Ganze, oder *A und Ω* Zu dieser älteren Symbolik trat noch eine weitere hinzu, seitdem im Mittelalter die Zeremonien der Kirchweihe zu einer Nachbildung der Taufeinweihung geworden waren. Es verbanden sich dabei römische und altgallikanische Elemente. Zur Zeit des hl. Remigius von Auxerre (9. Jahrhundert) glich die damals übliche Form bereits ganz der heutigen. In seiner Schrift „De Dedicatione Ecclesiae" deutet er das Alphabet als *Sinnbild der Einführung in die Glaubenswahrheiten:* „Was anders hat man unter dem Alphabet zu verstehen als die *Anfangsgründe der heiligen Lehre?* Daher der Vorwurf des hl. Paulus an die Hebräer (5, 12): ‚Der Zeit nach solltet ihr schon Lehrer sein; statt dessen bedürft ihr selbst wieder des Unterrichts in den Anfangsgründen der göttlichen Lehre.' Der Bischof schreibt also die Reihenfolge des Alphabets, indem er einfältigen Glauben lehrt und mit dem Apostel spricht: ‚Milch gab ich euch zu trinken, nicht feste Speise, denn die konntet ihr noch nicht ertragen. Auch jetzt seid ihr dazu noch nicht imstande' (1 Kor 3, 2). Wie es also beim Unterricht der Kinder entsprechend ist, daß sie zuerst die bloßen Buchstaben lernen, dann auch Silben und nach den Worten allmählich Sätze, so gibt es auch in der Familie der hl. Kirche verschiedene Stufen des Verständnisses. Auf der ersten stehen jene, die unschuldig leben, aber erst zur Festigkeit des Vollwissens fortschreitend, an den Anfangsgründen gleichsam genug haben."

Um diese Sprache der Alten ganz zu verstehen, muß man in Erwägung ziehen, welch großen Wert sie beim Unterricht gerade auf das Alphabet legten. Die Kleinen mußten es als Gedächtnisübung auch umgekehrt und in verschiedener Umstellung hersagen; es war so recht „Sache der Kinder“, sozusagen ihr Abzeichen und Symbol (vgl. Hieronymus, Brief 17, an Laeta und Erkl. zu Jerem. 25, 26). „Kinder“ im übernatürlichen Sinn sind und hießen auch die Täuflinge, wes Alters sie auch sein mochten.

Auch auf christliche *Gräber* zeichnete man bisweilen das Alphabet. Der bestimmende Grund dürfte wohl in einem Fortleben der antiken Gewohnheit der *Grabsicherung* liegen. Es währte ja bis tief ins Mittelalter, ehe aus dem Christentum ein gewisser Aberglaube, der halb unbewußt fortwucherte und heute noch in manchen Volksbräuchen weiterlebt, ausgerottet war. Manche Beschwörungsformeln der ersten christlichen Jahrhunderte enthalten mit bloßer Änderung des positiv Heidnischen starke Anklänge an antike Zauberformeln. Man kann jedoch bei Deutung christlicher Grab-Alphabete nur Vermutungen aussprechen. Auf Gräbern von Neugetauften mag die *Kindheitssymbolik* mitgespielt haben, die wohl auch im Schmuck eines in Karthago aufgefundenen Taufgefäßes angedeutet ist:

Es trägt auf dem Halse das Zeichen des Kreuzes, daneben zwei Fische, ein sehr verbreitetes Symbol der Täuflinge, und die Buchstaben ABC. Der Fundort lag in der Nähe eines Baptisteriums. Es ist zwar bekannt, daß die Taufe bis zum späten Mittelalter durch Untertauchen gespendet wurde, doch bestand neben der völligen Immersion auch eine andere Praxis, nach welcher der Täufling bis an die Knie im Wasser stand, während das Wasser über sein Haupt gegossen wurde.

Die Symbolik des *musikalischen Alphabets* findet man verchristlicht bei Klemens von Alexandrien (Strom. B. VI, Kap. 16, Abschn. 141/6. 7):

„Die sichtbaren Abbilder der Himmel sind bei uns die tönenden Buchstaben (Vokale). So wird auch der Herr selbst A und O, Anfang und Ende genannt, durch den alles gemacht ist und ohne den auch nicht eines geworden ist.“

Bei den Synkretisten und Gnostikern spielte das musikalische Alphabet eine große Rolle, die aber für unsere Zwecke nicht von Bedeutung ist. In der bildenden Kunst der alten Christen erinnert noch die Darstellung des Orpheus-Christus mit seiner Leier an die alte Symbolik des Einklangs im Weltall.

Was die Sinnbildlichkeit jener eigenartigen Sangesweise der Alten zu Ehren der Planetengötter betrifft (s. o.), so kann daraus manches zu einer vertieften Auffassung des Gregorianischen Chorals gewonnen werden: Auch seine Klänge sind — nicht zwar den Sphären — aber gleichsam dem Himmel abgelauscht und verwirklichen in der Tat den Zusammenklang des Kosmos im Gotteslob, die Verbindung des Logos mit der Menschheit, sein Leben im mystischen Leibe der Ecclesia. Die reichen Melismen des Chorals suchen wie eine Tonmalerei Geheimnisse und Stimmungen auszudrücken, für die es keine menschlichen Worte gibt. „Jubel“, sagt der heilige Augustinus (zu Ps 32), „ist ein Klang, durch den das Herz etwas hervorbringt, das es nicht zu sagen vermag. Und wem gebührt dieser Jubel, wenn nicht dem unaussprechlichen Gott? Ja, unaussprechlich ist er, du bist unfähig, von ihm zu reden. Wenn du ihn aber nicht in Worte fassen kannst und doch nicht schweigen sollst, was bleibt dir übrig als zu jubeln, sodaß dein Herz ohne Worte frohlockt und die unermeßliche Weite der Freuden keine Eingrenzung durch Silben kennt?“

Alpha A

Der griechische Buchstabe A entspricht dem Begriff und der Bedeutung von Anfang *(ἀρχή)*. Er nimmt unter den Buchstaben die erste Stelle ein und sucht vorwiegend den ersten Platz als Anfangs- oder Grundvokal. „A" findet sich in Worten, die das Wasser bezeichnen: Wasser, aqua, Bach, Ach (Gebirgsbach); ebenso in solchen, welche die zeugende Kraft ausdrücken: Mann, mas, *ἀνήρ, ἄρρην*, Abba, Pater, Vater, aries, apis. Im Hebräischen sind die mit A beginnenden Eigennamen am zahlreichsten: Adam, Abraham, Aaron usw. Hier fallen bereits die ersten Strahlen auf die Christus-Symbolik im Sinne von 1 Kor 15, 45 ff.: „Adam, der Erste Mensch, wurde ein irdisches Lebewesen. Der Letzte Adam wurde lebendigmachender Geist ... Der Erste Mensch stammt von der Erde und ist Staub. Der Zweite Mensch stammt vom Himmel. Wie der Erste Mensch irdisch war, so sind es auch seine Nachfahren. Und wie der Zweite Mensch himmlisch ist, so sind es auch seine Nachfahren."

Omega Ω

Omega, der letzte Buchstabe des griechischen Alphabets, galt nach der Pistis Sophia als Vollendung aller Vollendungen. Diese Symbolik scheint dem christlichen Mittelalter geläufig gewesen zu sein, denn in den „Exercitia" der hl. Gertrudis von Helfta (13. Jahrhundert) ist noch daran angeklungen: Die Heilige bittet den Herrn, daß er sie das „Alphabet seiner Liebe" lehre und betet: „Perduc me ad Omega plenae consummationis — Führe mich zum Omega der gänzlichen Vollendung" (5. Übung, Von der göttlichen Liebe).

Alpha und Omega

A und *Ω* nennt sich Christus in der Offenbarung des Johannes 1, 8: „Ich bin das *Alpha und Omega*, der Anfang und das Ende, spricht Gott der Herr, der ist und der war und der kommen wird, der Allmächtige *(παντοκράτωρ)*" (vgl. die fast gleichlautenden Parallelstellen Offb 21, 6 und 22, 13 sowie die sinnverwandten Stellen Jes 41,4; 48, 12).

Diese Gedanken führen bedeutende Kirchenschriftsteller weiter aus: Zuerst *Klemens von Alexandrien* (Strom. IV, Kap. 25, Abschn. 156, No. 2, u. 157, No. 1 u. 2; geschr. zwischen 202 u. 215): „Der Sohn (Gottes) wird nicht einfach zu etwas Einzigem als etwas Einziges, und nicht zu etwas Vielfachem als die Verbindung von Teilen, sondern er wird zu etwas Einzigem als die Vereinigung von allem; ihm entstammt auch alles; denn er ist wie ein Kreis, in dem alle Kräfte in eins zusammengefaßt und vereinigt sind. Deshalb ist der Logos *Alpha und Omega* genannt, da bei ihm allein das Ende zugleich auch Anfang wird und wieder in den ursprünglichen Anfang endigt, ohne daß irgendwo eine Unterbrechung stattfände. Deshalb bedeutet auch der Glaube an ihn und der Glaube durch ihn, daß man etwas Einheitliches wird, indem man ohne jede Ablenkung in ihm vereinigt ist."

Paulinus von Nola (19. Dichtung, 11. Lied, Über den hl. Felix, verf. zw. 394 u. 431):

„Das Alpha ist mir Christus und das O,
Denn Höchstes samt dem Tiefsten er umfaßt,
Der triumphierend fesselt Höllenmacht
Und uns das Himmlische zugleich erwirbt.
In Trümmer schlug er ganz die Unterwelt,
Fuhr dann hinauf durchs off'ne Himmeltor
Und bracht', nachdem bezwungen war der Tod,
Den Sieg des Heils!"

Prudentius, † um 405 (Cathemerinon Hymn. 9 „Omni hora", V. 10):

„Aus dem Vater ist geboren ewig vor dem Weltbeginn,
Der das A und O genannt wird, Er, der Quell, das Einheitsband
Alles Seienden, Gewesnen, wie von dem, was künftig ist."

In Mailand bestand bis zum 11. Jahrhundert der Brauch, den Katechumenen das Christuszeichen mit *A* und *Ω* in feierlicher Weise zu zeigen. Die erklärenden Worte, die diesen Akt begleiten, hat 1100 Landulph von Mailand (Hist. Mediol. Lb. I, 12) aufgezeichnet:

„Ihr, die Gott, der von Anbeginn alles vorhersieht, in seiner Güte nach seinem Bild und Gleichnis erschaffen hat, vernehmet mit dem Herzen und mit den Ohren der Seele, was dieses Zeichen *A* und *Ω* bedeutet. Indem ihr es schauet, glaubt an den Ersten und Letzten, den Schöpfer des Himmels und der Erde, den Urheber alles Geschaffenen. Höret mit Verständnis, was Jesaja, vom Geiste Gottes erfüllt, über ihn sagt: ‚Vor mir ist kein Gott geschaffen und nach mir wird keiner sein. Ich bin allein der Herr, außer mir ist kein Helfer ... Ich feg' deine Frevel wie Wolken hinweg, deine Sünden wie leichtes Gewölk ... Ich bin es, ich, der deine Schuld um meinetwillen tilgt, deiner Sünden nicht mehr gedenkt' " (Jes 43, 10. 11. 25).

Über das Zeichen *A Ω* in der christlichen Epigraphik schreibt Dölger (*ΙΧΘΥΣ*, „Das Fischsymbol in frühchristl. Zeit", B. I [Rom 1910] S. 341):

„Die beiden Buchstaben *A Ω* hat de Rossi bereits in epigraphischen Denkmälern der Priszillakatakombe für das zweite und dritte Jahrhundert nachgewiesen. Auf ein neues Beispiel aus der gleichen Katakombe, ebenfalls dem 3. Jahrhundert zugehörig, machte J. Wilpert aufmerksam („Die Malereien der Katakomben Roms", Freiburg i. Br. 1903, S. 126, A. 4). Diese frühesten Beispiele zeigen die Buchstaben *A Ω* isoliert ohne andere Zeichen. Im 4. Jahrhundert erst scheint es üblich geworden zu sein, sie mit dem Christus-Monogramm zu verbinden. Die Verbindung mit dem Worte *ΙΧΘΥΣ* wird vielleicht auch dem ausgehenden 4. Jahrhundert zuzuweisen sein."

Die Form *Ω* erscheint nur vereinzelt und erst später als die Minuskel *ω*, weil in jener Zeit die Unziale über die Kapitale vorzuwiegen anfing. In der heutigen Kunst bleibt die Wahl frei: *A ω* hat den Vorzug der Angleichung an altchristliche Vorbilder, *A Ω* ist paläographisch richtiger. Sein Gebrauch dauerte auch im Mittelalter fort. Man findet es in der Aureole von Christusbildern, auf Baudenkmälern, Mosaiken, Sarkophagen, Münzen und Anhängern, Ringen, Ampullen, Hostien, Osterkerzen, Hausgeräten usw. Sein beliebtester Platz aber waren die Grabsteine. Es war ja auch besonders geeignet, als trostreiches Glaubensbekenntnis an den allein Ewigen zu dienen, der die Seele des sterblichen Erdenpilgers in sein ewiges Leben aufnimmt. Seit dem Konzil von Nicäa (325) benützte man es gern als Protest gegen den Arianismus.

In den Texten der *Liturgie* ist das *A* und *Ω* ebenfalls vertreten, namentlich in mozarabischen Gebeten. Der Grund hiefür dürfte wohl darin liegen, daß die Lesung der Apokalypse in den mozarabischen Lektionarien einen bedeutenderen Platz einnimmt als in anderen Liturgien.

Tau T

Der griechische Buchstabe Tau ist Symbol des Kreuzes, weil es der „crux commissa" völlig gleichsieht, d. i. jener Kreuzesform, deren Balken sich nicht schneiden, sondern nur zusammengefügt (comissi) erscheinen. Das hebräische Taw hatte in älterer Zeit Kreuzesform ×, auf Münzen vor und nach Chr. +, ×, ×. Es war der letzte Buchstabe des hebräischen Alphabets und galt daher wie das griechische Omega als Sinnbild der Vollendung.

Die Kirchenväter deuten das Tau einstimmig als Typus des Erlösungszeichens, namentlich bei Erklärung von Ezechiel 9, 4: Der Prophet schaut im Geiste das Strafgericht, das jenen Israeliten bevorsteht, die im Tempel des Herrn Götzendienst treiben. Gleichzeitig sieht er, wie ein Engel auf Befehl Gottes diejenigen bezeichnet, die sich von diesen Greueln fernhielten: „Der Herr befahl ihm: ‚Geh mitten durch die Stadt, mitten durch Jerusalem, und zeichne ein Taw auf die Stirne der Männer, die seufzen und klagen über all die Greuel, die in ihr verübt wurden.' "

Dazu bemerkte Origines (Selecta in Ez 9, 4):

„Nachdem man die Hebräer befragt hatte, ob sie über den Buchstaben Taw aus ihrer väterlichen Überlieferung ein Zeugnis erbringen könnten, vernahmen wir Folgendes: Einer sagte, der Buchstabe Taw sei der letzte in der Ordnung, nach welcher die Hebräer die 22 Schriftzeichen einteilen. Der letzte Buchstabe sei also benützt worden, um die Vollkommenheit jener anzudeuten, die als Gerechte unter den Sünden des Volkes leiden, darüber wehklagen und die Fehlenden bemitleiden.

Ein anderer meinte, der Buchstabe Taw sei Sinnbild derjenigen, die das Gesetz beobachteten, da ja das Gesetz bei den Hebräern ‚Thora' heißt. Da der erste Buchstabe dieses Wortes das Taw ist, so bezeichnet es jene, die nach dem Gesetze leben.

Der dritte aber, einer aus der Zahl derer, die sich zu Christus bekennen, bemerkte, daß nach älterer Schreibweise das Taw die Kreuzesform darstellt und jenes Zeichen vorbedeutet, das den Christen auf die Stirne geprägt wird und mit dem sie alles beginnen, was immer sie tun, besonders aber ihre Gebete und heiligen Lesungen."

Tertullian legt die Ezechiel-Stelle kurz in folgender Weise aus (Geg. Marcion, III, 22):

„. . . ‚zeichne ein Tau auf die Stirn der Männer', das ist der griechische Buchstabe Tau, unser T, das wie ein Kreuz aussieht. Er (Ezechiel) weissagte, daß im wahren und katholischen Jerusalem dieses auf unserer Stirn sein werde."

Der hl. Hieronymus um 392 (Tract. in Marc.; Morin, Anecd. Mareds. Vol. 3/2, pag. 369) hebt den apotropäischen Charakter dieses Zeichens hervor:

„Tau . . . wer immer diese Aufschrift trägt, wird nicht getötet. Denn wer das

Kreuzeszeichen auf seiner Stirn hat, der kann vom Teufel nicht geschlagen werden. Nichts kann dieses Zeichen auslöschen als allein die Sünde."

Das „Siegel des lebendigen Gottes" in der Offenbarung des Johannes (7, 2—8) ist im selben Sinne zu verstehen [1].

Da die griechischen Buchstaben auch als Zahlenzeichen dienen, gab dies mitunter Anlaß zu einer zwar gekünstelten, aber der damaligen allegorischen Exegese entsprechenden Symbolik: Die Zahl 300 wird mit T geschrieben; daher sieht z. B. der hl. Augustinus in den 300 Männern, von denen im Buche der Richter 7, 6 die Rede ist und die Gedeon zum Kampfe gegen die Amalekiter folgten, ein Vorbild derer, die an den Gekreuzigten glauben (Quaest. in Hept. VII, 37).

Die Symbolik des T gab Anlaß zu dem Kreuzigungsbild, das jetzt zu Anfang der Kanongebete in jedem Missale zu finden ist. Der anfänglich rein ornamentale Schmuck, den man seit der Karolingerzeit der Initiale T (Te igitur) gab, wurde manchmal als Lebensbaum ausgestaltet, worin die Kreuzessymbolik schon ganz deutlich erscheint. Später wich die Ornamentik vor der realen Darstellung des am Balken des T gemalten leidenden Erlösers. Das früheste Beispiel dieser Art bietet eine aus S. Guillaume du désert (Gellone, daher Sacramentarium Gellonense) stammende Handschrift des 8. Jahrhunderts; es blieb aber lange Zeit vereinzelt. Aus dem 9. Jahrhundert sind nur wenige Exemplare dieser Art bekannt. Erst gegen Ende des 10. Jahrhunderts begegnet man dem Kreuzigungsbild mit wachsender Häufigkeit. Die enge Verbindung zwischen Bild und Initiale löste sich indes allmählich, und es entstand unabhängig vom T das selbständige Kreuzigungsbild.

Chi X

Plato (Tim 36 b c) sagt, Gott habe die Weltseele in zwei Teile gespalten und habe diese Teile oder Linien als Äquator und Ekliptik wie ein Chi übereinandergelegt und zu Kreisen gebogen, die sich in zwei Punkten schneiden. Der hl. Justinus Mart. sieht in dieser Anschauung des großen Philosophen eine von diesem noch unverstandene Symbolik Christi und seines Erlösungszeichens (I. Apologie, 60), denn das X ist sowohl Anfangsbuchstabe des Namens Christi (*XPICTOC*) als auch Symbol des Kreuzes (Andreaskreuz). Diese Kreuzesform heißt „crux decussata" von „decussis", d. i. kreuzweiser Durchschnitt zweier Linien. Als *Christuszeichen* findet man das X selten allein, dafür umso häufiger in Monogrammen und Kreuzformeln. Das Streuen der Asche in Form eines X bei der Kirchweihe und seine Bedeutung wurde im Vorigen bereits besprochen.

---

[1] Es gehörte zu den ältesten, bereits bei den Judenchristen der apostolischen Zeit üblichen Taufriten, die Stirne der Katechumenen mit dem Kreuz zu bezeichnen. Das „Zeichen" oder „Siegel" *(σφραγίς)* tragen, war gleichbedeutend mit Christsein. Diese Signatio muß aber aus ihrem ursprünglichen Sinn heraus verstanden werden: Sie bestand zunächst in dem bei Ezechiel und in der Apokalypse erwähnten Merkmal, dem „Taw", das die Vollendung und folglich auch den Namen Gottes, des unendlich Vollkommenen, versinnbildlichte. „Name" bedeutete aber im Alten Testament das *Offenbarwerden Gottes in der Welt* im Neuen Bund die *Offenbarung des Vaters durch das WORT*, durch den inkarnierten Logos. Da die Griechen den Sinn des hebräischen „Taw" nicht verstanden, gaben sie seiner Kreuzform eine andere Deutung: Sie sahen darin ein Bild des Kreuzes Christi oder auch ein X, den Anfangsbuchstaben des Namens χριστός = Christus). Die „Bezeichnung mit dem Namen" bedeutet aber in beiden Fällen das gleiche: Der Getaufte ist *Christus geweiht*, er ist sein Eigentum (vgl. Daniélou, „Les Symboles chrétiens primitifs", Kap. 9).

Jota I

I (griechisch „Jota") ist Anfangsbuchstabe des Namens Jesu, wird aber in der Kunst mit seltenen Ausnahmen nur in monogrammatischen Verbindungen gebraucht. Die gerade Form des *I* legt der hl. Klemens von Alexandrien (Paidag. I/IX, 85, 3. 4) symbolisch aus:

„Der gerade und naturgemäße Weg, auf dem das Jota im Namen Jesus hinweist, ist seine Güte, die gegen alle, die aus Gehorsam zum Glauben gekommen sind, unveränderlich und ohne Schwanken ist."

Als griechische Ziffer bezeichnet *I* die Zahl 10, daher wurde auch diese angedeutet und in Beziehung zum Namen Jesus gebracht (vgl. Barnabasbrief 9, 7 f., u. Klem. v. Alexandr., Strom. VI/XI).

Ypsilon Y

Y galt den Pythagoräern als Sinnbild des menschlichen Lebens, das bis zum Jünglingsalter ohne Zwiespalt verläuft. Dann aber kommt der Scheideweg zum Guten oder Bösen. Darum teilte sich der untere Schaft des Buchstabens in zwei Teile: der rechte führte zum Guten, der linke zum Laster. Laktantius überträgt diese Philosophenmoral ins Christliche:

„Wir aber nennen diese zwei Wege besser und richtiger Himmels- und Höllenwege, weil den Gerechten die Unsterblichkeit, den Ungerechten die ewige Strafe vorgelegt ist" (Div. instit. lb. VI, De vero cultu c. 3).

Das Y gehört als „Gabelkreuz" ebenfalls zu den Kreuzessymbolen. Die Alten sagen, der Buchstabe Y sei dem fliegenden Kranich nachgebildet.

Psi Ψ

Ψ (das griechische „Psi"): Bei der Taufwasserweihe singt der Priester, während er die Osterkerze in das Wasser senkt, dreimal in steigendem Ton: „Es steige herab in diesen vollen Born die Kraft des Heiligen Geistes." Dann haucht er das Wasser dreimal an in Form eines *Ψ* und fährt fort: „Und befruchte die ganze Substanz dieses Wassers, daß es die Wiedergeburt bewirke." Dieses *Ψ* wird heute ziemlich allgemein auch von bedeutenden Liturgikern als Anfangsbuchstabe des Wortes *ψυχή* (psyché) und Zeichen des Heiligen Geistes gedeutet. Manche wollen auch in seiner Form die Gestalt einer fliegenden Taube sehen. Psyché heißt in seiner Grundbedeutung „Lebensodem", der sowohl dem beseelten Menschen als auch dem Tiere eigen ist. Gottes Lebensodem ist allerdings, bildlich gesprochen, der Heilige Geist, doch wird er in der Heiligen Schrift und Liturgie niemals „Psyché", sondern immer nur „Pneuma" genannt, wie Bauerreis, der dem Zeichen *Ψ* an dieser Stelle eingehende Studien gewidmet hat, bemerkt („Arbor vitae", München 1938, S. 45 ff.). Er sieht vielmehr, mit Berufung auf Eisenhofer und Morin, im *Ψ* ein falsch verstandenes Kreuz, und zwar kein gewöhnliches, sondern das „Lebensbaumkreuz", das man im Mittelalter häufig durch ein hieroglyphenartiges Zeichen, die „Lebensblume", andeutete. Bauerreis belegt seine Ausführungen durch Abbildungen aus Codices des 10. und 11. Jahrhunderts, in welchen das fragliche Zeichen deutlich als stilisiertes Pflanzenmotiv gezeichnet ist. Zieht man dazu in

Erwägung, wie allgemein der Baum in der Antike ein Sinnbild fruchtbaren Lebens war und daß Christus am Kreuzesbaum uns sein göttliches Leben schenkte, dann erschaut man die Tiefe des Symbols, das die Kirche gerade hier gebraucht, wo sie dem Wasser die Befruchtung zum übernatürlichen Leben mitteilt!

Theta Θ

Θ Das griechische „Theta" ist in der Epigraphik nicht Symbol, sondern Anfangsbuchstabe des Wortes *ΘΕΟϹ* (Gott).

Von einer ganz anderen Bedeutung spricht Isidor von Sevilla in seinen „Etymologien", wo er die Wissenschaft älterer Schriftsteller kurz zusammenfaßt. Er zählt fünf mystische Buchstaben der Griechen auf: *Y, Θ, T, A und Ω*. Über das Thema bemerkt er (Etym. I/III 8): Θ Theta bedeutet *Tod.* Die Richter setzten nämlich den Buchstaben Theta zu den Namen der zum Tode Verurteilten. „Theta" wird *(ἀπο τοῦ θάνατου)* vom Tode hergeleitet. Darum geht durch seine Mitte ein Todespfeil (gemeint ist der kleine Strich in der Theta-Majuskel). Ähnlich schreibt Isidor in B. I/XXIV, 1. 2. desselben Werkes: „In den Verzeichnissen, die die Namen der Soldaten enthielten, war ein eigenes Zeichen bei den Alten, durch das man ersehen konnte, welche von den Soldaten den Krieg überlebten und welche im Kampf gefallen waren. *T*, das Zeichen Tau, an die Spitze der Zeile gesetzt, bezeichnete den Überlebenden; Theta wurde zum Namen eines Gestorbenen gesetzt. Daher hat es durch die Mitte einen Pfeil, das Zeichen des Todes." Was Isidor nach älteren Quellen hier von den Soldatenlisten sagt, ergänzt die bildliche Darstellung eines Gladiatorenkampfes auf dem antiken Mosaik Borghese: Der unterliegende Gladiator liegt auf dem Boden, während der siegreiche Gegner stehend mit dem Schwert zum Stoße ausholt. Neben dem Kopf des Gefallenen steht ein Θ mit starkem Querstrich als todbringendes Zeichen" (vgl. Dölger, Antike und Christentum I, S. 49 f.).

4. MONOGRAMME UND KURZFORMEN

Allgemeines

Monogramme (von *μόνος* = allein, einzeln, und *γράμμα* = Buchstabe, Schriftzeichen) sind Namenskürzungen, die zwei oder mehr Buchstaben zu einem einzigen Zeichen verbinden. Das Monogramm ist Kurzform, aber nicht jede Kurzform ist Monogramm, denn sie kann auch in einem nichtverschränkten Nebeneinander bestehen, während beim Monogramm die Buchstaben ineinandergreifen.

Auch die Namen des Herrn, *Jesus* und *Christus,* wurden gekürzt, und zwar so allgemein, daß ein Ausschreiben zu den Ausnahmen gehörte. Dazu bestimmten praktische Gründe und je nach Umständen die Arkandisziplin. Nicht zuletzt lag darin wohl auch eine tiefe Ehrfurcht: Man wollte die heiligsten Namen in den Schleier des Symbols hüllen. Bei Monogrammen außerhalb eines Textes tritt der Symbolcharakter klar zutage. Man wertete das Jesus- und Christusmonogramm, ähnlich wie das Kreuz, als heiliges, wirksames Zeichen und Schutzmittel gegen böse Geister und ihren Einfluß. Der Name war ja im Altertum von viel größerer

Bedeutung als in späterer Zeit. Er bezeichnete das *Wesen,* er galt als Wahrzeichen der Person und ihrer Aufgabe. „Du sollst ihm den Namen Jesu geben", spricht der Engel zu Joseph im Traume, „denn er wird sein Volk erlösen von seinen Sünden" (Mt 1, 21). Die Wesenhaftigkeit vom Namen könnte aus unzähligen Schriftstellen nachgewiesen werden. „Jesus" *(IHCOYC)* steht durchwegs im Evangelium, wo das irdische Leben des Herrn erzählt wird. „Christus" (XPICTOC = der Gesalbte) ist Andeutung seiner Gottesnatur, seines Königs- und Priestertums. Darüber schreibt Ende des 2. Jahrhunderts der hl. Irenäus (geg. d. Häresien III, 18, 3): „Es salbte der Vater, gesalbt wurde der Sohn in dem Geist, der die Salbung ist, gemäß dem Worte des Jesaja, der da spricht: ‚Der Geist des Herrn ruht auf mir, denn er hat mich gesalbt' (Jes 61, 1). Damit weist er hin auf den Vater, der salbt, den Sohn, der gesalbt wurde, und den Geist, der die Salbung ist." Weit häufiger als den alleinigen Namen Jesus gebrauchten die alten Christen den Namen „Jesus-Christus", „Christus" oder „Herr *(κύριος)*" als Titel des Erlösers. In den Briefen des hl. Ignatius von Antiochien (Apostelschüler, † 117) kommt 3mal „Jesus", 7mal „Christus", 13mal „Christus-Jesus" und 112mal „Jesus-Christus" vor!

Der Name Jesus

Der Name *Jesus (IHCOYC)* wurde schon in sehr früher Zeit (um 200) durch zwei Buchstaben gekürzt. Man schrieb die Buchstaben nebeneinander *(IH)* oder ineinander, sodaß der verlängerte Querstrich des Eta (H) das vorangestellte oder eingefügte Jota *(I)* mitumfaßte, wobei auch ein arkanes Kreuz entstand.

Alle drei Beispiele sind von Katakombeninschriften des 3. Jahrhunderts. Auch auf Gemmen begegnet man der *IH*-Kürzung. Sehr verbreitet scheint sie aber nicht gewesen zu sein. Seit dem 4. Jahrhundert fügte man dem *IH* noch das C (= *Σ,* griech. „Sigma") hinzu. Auch die Kürzung *IC (IHCOYC)* fand in der byzantinischen Kunst große Verbreitung, besonders auf Christusbildern. Aus *IHC* entstand durch Latinisierung das vielverbreitete *IHS* das bereits auf Münzen Justinians II. (7.—8. Jahrhundert) vorkommt. Man suchte diese Schreibweise durch die alte Lesart „Ihesus" zu rechtfertigen. Spätere Zeiten übersetzten die drei Buchstaben irrtümlich mit „In hoc signo" (ergänze: vinces), „Jesus hominum Salvator", oder volkstümlich „Jesus, Heiland, Seligmacher", und fügten häufig ein Kreuz und drei Nägel bei, die wohl ursprünglich ein v (vinces) bedeuten sollten. Die Verbreitung und Verehrung des Namen-Jesu-Zeichens *IHS* wurde durch den hl. Bernardin von Siena († 1444) sehr gefördert. Die Gesellschaft Jesu wählte es als ihr besonderes Abzeichen und übersetzte: „Jesu humilis societas".

Das Christusmonogramm

a) gebildet aus den verschränkten Buchstaben *I* und X *(ΙΗΣΟΥΣ ΧΡΙΣΤΟΣ)* heißt auch „sternförmiges Monogramm" und begegnet mitunter in der Katakombenkunst als Stern der Weisen oder Stern Balaams. Der Name „vorkonstantinisches Monogramm" ist unrichtig, da es ebensogut auch nach Konstantin in Gebrauch war, obwohl viel seltener als das sogenannte „konstantinische". Von einem Kreise eingefaßt, in den die Buchstabenenden verlaufen, sieht dieses Monogramm wie ein Rad oder eine Rosette aus; in dieser Form wurde es namentlich in Syrien gerne verwendet. Die Buchstaben sind da kaum mehr als solche erkennbar, sodaß dieses Motiv leicht mit dem Symbol der Rota oder der Rose verwechselt werden kann.

b) „Christos" war schon in der Antike als stenographisches Zeichen für manche mit *XP* beginnende Worte (z. B. *χρόνος, χρυσός)* bekannt. Diese allgemein geläufige Formel übernahmen seit der ersten Hälfte des 2. Jahrhunderts auch die Christen als Kürzung des Christusnamens. Vor Konstantin kommt es, wie auch das sternförmige Monogramm, meistens nur innerhalb epigraphischer Texte (oft mit angefügter Kasusendung) oder im engsten Anschluß an solche vor. Selbständiges Symbol werden sie erst, nachdem Konstantin durch das Zeichen Christi den Sieg über das Heidentum errungen hatte. Der Kirchenschriftsteller Eusebius von Caesarea († 340) schildert in seinem „Leben Konstantins" (I, 29 und 31) die Vision des Kaisers und das Aussehen des Banners (Labarum), das er dem Auftrag des Herrn gemäß anfertigen ließ: „Es war aber das Zeichen auf folgende Art verfertigt: ein langer goldüberzogener Lanzenschaft trug eine Querstange und hatte somit die Gestalt des Kreuzes; am oberen Rande des Ganzen war ein kunstvoll geflochtener Kranz aus Gold und Edelsteinen befestigt, in dem das Zeichen für den Namen des Erlösers angebracht war, zwei Buchstaben, die als Anfangsbuchstaben den Namen Christi bezeichneten, indem das *P* in der Mitte durch das X gekreuzt wurde. Eben diese Buchstaben trug der Kaiser für gewöhnlich in der Folgezeit auch auf seinem Helm, wie es die Prägung konstantinischer Münzen bestätigt. An der Querstange, die an den Lanzenschaft gesteckt war, hing ferner ein Stück Linnen herab, ein kostbares Gewebe, das mit bunt aneinandergesetzten, in den Sonnenstrahlen hell funkelnden Edelsteinen über und über besät und reich mit Gold durchwirkt war, ein unbeschreiblich schöner Anblick für jedes Auge ... Dieses heilbringende Zeichen gebrauchte nun der Kaiser stets als Schutzmittel gegen jede Macht, und er befahl, daß das Abbild desselben allen seinen Heeren vorangetragen werde." Auch auf den Münzen ließ Konstantin das Monogramm, das nun das „konstantinische" heißt, prägen, meist mit einer Umschrift, wie „Gloria exercitus", „spes publica" oder mit der symbolischen Gestalt der „Victoria". Obwohl nach der Beschreibung des Eusebius die Kreuzform mehr in den Stangen des Banners lag, galt auch das Christusmonogramm seiner gekreuzten Striche wegen als verhülltes Kreuzsymbol. Als solches erkennt es auch der hl. Paulinus von Nola († 431), fügt aber unmittelbar die nähere Erklärung des Monogramms bei, aus dem er nicht nur die zwei Anfangsbuchstaben des Namens Christos herausliest, sondern auch alle folgenden: Die gerade Linie des *P* gilt ihm zugleich als Jota (I) und zusammen mit dem oberen Querstrich als Tau (T). In der Rho-Schlinge sieht er ein O und umgekehrtes Sigma *(C)* (vgl. Paulinus v. Nola, Poema 19, Carm. 11 in S. Felic.). Vielleicht ist die fehlerhafte Umkehrung des P in manchen Christusmonogrammen darauf zurückzuführen. Als Darstellung des konstantinischen Labarums ohne Behang mit dem Monogramm in der Kranzeinfassung ist die sogenannte „Anastasis" hervorzuheben, ein besonders schönes Motiv der altchristlichen Sarkophagplastik.

c) Das *monogrammatische* Kreuz war ursprünglich ebenfalls stenographisches Zeichen und wurde von den Christen als arkanes Kreuz- und Christussymbol benützt. Seine starke Verbreitung begann erst

Mitte des 4. Jahrhunderts. Daß es aber schon vor dieser Zeit als christliches Zeichen bekannt war, ist durch seine Auffindung an der Mauer eines vorkonstantinischen Baptisteriums beim Lateran bewiesen, das bei Ausgrabungen zwischen 1923 u. 1929 entdeckt wurde. Das monogrammatische Kreuz ist das Christusmonogramm, ein umgestelltes X mit angefügter Schlinge. Es hat aber noch eine andere, bisher wenig bekannte Bedeutung, die in der Isopsephie, d. i. in der Gleichwertung einer Zahl mit einer entsprechenden Formel, liegt. Über die Zusammenstellung des Buchstabens *P* mit dem Kreuze schreibt Dölger („Sol salutis", Münster 1925, S. 73), indem er mit einem Zitat aus den Oneirokritika (III, 34) des Artemidoros von Daldis in Kleinasien beginnt: „Ganz besonders muß das *P* von der Zahl her beurteilt werden. Für Leute, die ein Unternehmen beginnen, bedeutet es Glück wegen der Isopsephie; denn die Formel *ἐπ' ἀγαθά* (= Glück auf) füllt gerade die durch das *P* bezeichnete Zahl." Die Rechnung ist die:

$$\left.\begin{matrix} \acute{\varepsilon} & \pi' & \acute{\alpha} & \gamma & \alpha & \vartheta & \acute{\alpha} \\ 5+ & 80+ & 1+ & 3+ & 1+ & 9+ & 1 \end{matrix}\right\} = 100 = \varrho$$

Die Gleichung *ἐπ' ἀγαθά* $= \varrho =$ 100 war damals in Asien ganz geläufig. ‚*P*' war also ein Glücksbild im eminenten Sinn. Wie stark diese Anschauung noch im 4. Jahrhundert geläufig war, beweist der Umstand, daß auch das P im Christusmonogramm als Glückssinnbild im Werte des Wortes ‚*βοήθια*' empfunden wurde. Ephräm der Syrer erklärt ausdrücklich: ‚Das *P* (über dem Kreuz) bedeutet *βοήθια* (Hilfe), was dem Zahlenwert von 100 entspricht', d. h. 100 entspricht der Summe der Buchstabenzahlenwerte von *βοήθια:*

$$\left.\begin{matrix} \beta & o & \acute{\eta} & \vartheta & \iota & \alpha \\ 2+ & 70+ & 8+ & 9+ & 10+ & 1 \end{matrix}\right\} = 100\,\varrho$$

Das sogenannte monogrammatische Kreuz bedeutet also für die damaligen Kenner der Isopsephie ‚im Kreuz ist Heil' oder ‚das Kreuz ist unsere Hilfe'."

Mit Ende des 4. Jahrhunderts fügt man dem Monogramm Christi in allen seinen Formen häufig die Buchstaben *A* und *Ω* hinzu, um dadurch die Beziehung zu Christus noch mehr hervorzuheben. Durch Zutaten und Korrumpierung entstanden unzählige Abarten: Durch einen Querstrich mitten durch oder als Verlängerung der *P*-Schlinge wollte man die Kreuzessymbolik verdeutlichen, durch Hinzufügen von Buchstaben den Christusnamen verständlicher gestalten. Sehr häufig, besonders in Syrien, ist die *P*-Schlinge offen und etwas ausgebogen, woraus durch Mißverstehen ein lateinisches R wurde.

Seit nun das Christusmonogramm selbständiges Symbol des Triumphes Christi geworden war, fand es überall zunehmende Verbreitung. Auch in den Katakomben erhielt es ein neues sieghaftes Gepräge, hervorgehoben durch den einfassenden Kranz oder Kreis, und war gleichbedeutend mit dem Wunsche, daß auch dem Dahingeschiedenen der Auferstehungssieg Christi zuteil werde. Es gab überhaupt kein Gebiet der Kunst oder des Kunsthandwerks, in dem das Christusmonogramm nicht seinen Platz fand. Auch Haustüren, Urkunden und gewöhnliche Gebrauchsgegenstände wurden damit versehen, Brote und Amphoren damit gestempelt, sogar den Tieren brannte man es ein. Überall gab es Zeugnis vom Glauben der Christen und sollte als eine Art Sakramentale vor den Nachstellungen der Dämonen und allerlei Übeln bewahren. Der Name galt ja nach antiker Auffassung als Vergegenwärtigung der angerufenen Gottheit. Eine heidnische Exorzismusformel, die man sehr häufig anzuwenden pflegte und die man auch auf der Mauer eines pompejanischen Kaufladens eingeschrieben fand, lautet: „Der Sohn des Zeus, der siegreiche Herakles, wohnt hier, keinerlei Übel dringe ein!" Den bekehrten Heiden war es selbstverständlich nicht mehr gestattet, den Namen des „Unheil abwehrenden Herakles" (*'Ηρακλῆς ἀλεξίκακος*) zu gebrauchen. Die heidnische Sitte schwand indes nicht spurlos, man verchristlichte bloß die alte Formel. So schrieb ein syrischer Christ an seine Türe: „Unser Herr Jesus Christus, der Sohn, das Wort Gottes, wohnt hier, keinerlei Übel dringe ein." Man lebte der Überzeugung, daß die Vergegenwärtigung der Kraft und Macht Christi durch Nennung seines Namens den Teufel in seinen bösen Anschlägen hemme; man schrieb diesem Namen die prophylaktische Kraft des Diamanten zu, von dem man glaubte, daß er das Haus, in dem er aufbewahrt wird, vor den Dämonen zu schirmen vermöge. Der wahre Diamant aber ist, wie der „Physiologus" sagt, unser Herr Jesus Christus.

Wie hoch das Christusmonogramm gewertet wurde, bezeugt u. a. der bereits erwähnte Brauch der Mailänder Kirche, es den Katechumenen bei ihrer Einweihung feierlich zu zeigen und zu erklären. Im Mittelpunkt des Kuppelmosaiks der alten Taufkapelle San Giovanni zu Neapel (4. Jahrhundert) vertritt das monogrammatische Kreuz mit *A* und *ω* auf blauem, gestirntem Hintergrund geradezu die Gestalt Christi in seiner Herrlichkeit, denn die Hand des himmlischen Vaters krönt es mit dem Siegeskranz. Man stellte das Christuszeichen auch vielfach mit anderen Symbolen, wie Tauben, Pfauen usw., zusammen.

IXΘYC

Die Anfangsbuchstaben von *'Ιησοῦς* (Jesus) *Χριστὸς* (Christus) *Θεοῦ* (Gottes) *Υἱός* (Sohn) *Cωτὴρ* (Erlöser) ergeben zusammengestellt das Wort *IXΘYC* (Fisch), daher der enge Zusammenhang dieser Formel mit dem Fischsymbol. Man begegnet ihr aber auch unabhängig von diesem als bloßer Kürzung auf Grabdenkmälern, Gemmen, Enkolpien, als Phylakterion über Haus- und Grabeingängen und vereinzelt in der Innenausstattung von Kirchen. Die Weglassung des einen oder anderen der fünf Buchstaben, die Änderung ihrer Reihenfolge oder auch Trennungspunkte beweisen, daß man dabei mehr an die Bedeutung der gekürzten Namen als an die Beziehung zur Christussymbolik des Fisches dachte. Auf einem Türsturz zu Tell Gharizyé in Syrien fand man eine kreuzförmige Inschrift

I
X
\+ *IXΘYC* +.
Y
C

Die exorzistische Kraft der heiligen Namen ist hier durch das Kreuz verstärkt.

IC XC NIKA

Bei den in der Antike sosehr beliebten Wagenrennen pflegte das begeisterte Volk den Wagenlenkern zuzurufen: „N. N. NIKA" (N. N. siege!). In der Symbolsprache der altchristlichen Glaubenslehre wurde das Bild des Wagenlenkers gelegentlich auf Christus angewendet, der die Menschheit wie ein Gespann zur

Unsterblichkeit führt und so seinen Erlösungssieg vollendet. Dieser Siegesgedanke, der in den frühchristlichen Zeiten alles durchdrang, fand einen Ausdruck in der Formel „IHCOYC XPICTOC NIKA"! Sie wurde seit dem 5. Jahrhundert als Inschrift gebraucht und wird heute noch in Verbindung mit dem Kreuz den eucharistischen Broten der byzantinischen Liturgien aufgeprägt.

Φ
ΖΩΗ
C

In der Antike wurde die „alleszeugende Sonne" das „Licht des Lebens" genannt *(„ζωῆς φως"* Orph. Hymn. VIII [7] 18). „Das Licht oder die Sonne sehen" ist gleich „leben". Wenn in einer antiken Grabschrift der Tote dem Lebenden zuruft: „Sit tibi lux dulcis!", so meint er damit das gleiche wie „lebe glücklich!" Licht und Leben wirken nach lateinischem und griechischem Sprachgefühl als etwas Gleichbedeutendes. Eine altchristliche Grabschrift trägt die Widmung: „Dem lieben Kinde, das mir süßer war als Licht und Leben." Daß die Gleichsetzung von Licht und Leben im Christentum ihren Vollinhalt fand und damit den Höhepunkt ihrer Bedeutung erstieg, ergibt sich aus zwei Stellen des Johannesevangeliums: „In Ihm war das Leben und das *Leben* war das *Licht* der Menschen" (Joh 1, 4), und „Ich bin das Licht der Welt. Wer mir nachfolgt, wird nicht in der Finsternis gehen, sondern er wird das *Licht des Lebens* haben (Joh 8, 12). So wurde „Licht und Leben" im übernatürlichen Sinne eine den Christen Syriens geläufige Formel. Man schrieb sie gerne kreuzweise ineinander, da sie durch das gemeinsame Omega und die ungerade Gleichzahl der Buchstaben dazu geeignet war, und meißelte sie als Schutzzeichen über Türen ein. Man findet sie aber auch auf Grabsteinen, Terrakottalämpchen, Ampullen und anderen Gegenständen.

XMΓ

Die Bedeutung dieser Buchstaben ist Gegenstand mancher Streitfragen. Dölger *(IXΘYC* B. II/I, Kap. 1, Abt. 4, § 5) hält es mit jenen, die „Christus, Michael, Gabriel" lesen, läßt aber auch andere Möglichkeiten offen, wie *Χριστὸς Μαρίας γέννα* oder *Χριστὸν Μαρία γεννᾷ* — „Christus, der aus Maria Geborene" oder „Maria bringt Christus zur Welt", wofür ebenfalls einige Belege sprechen. Die Deutung „Christus, Michael, Gabriel" hat für sich, daß die Anrufung der Engel nach Auffassung der damaligen Zeit eine besondere exorzistische Kraft hatte. Man schrieb sie an den Hauseingang oder auf Amulett-Täfelchen, die man bei sich trug und auch Toten in das Grab legte. In der byzantinischen Liturgie und Kunst, die den Parusiegedanken besonders hervorhebt, sind die Engel häufig als Mitfeierer der heiligen Geheimnisse und Begleiter Christi des Hohenpriesters und Pantokrators dargestellt. Es heißt ja bei Mt 25, 31: „Wenn der Menschensohn in seiner Herrlichkeit kommt und *alle Engel* mit ihm" usw.

Mehrfache Zeugnisse liefern vom 4. Jahrhundert an den Beleg, daß von der gesamten Engelschar Michael und Gabriel, wie es ja nahelag, als die vornehmsten Begleiter Christi besonders häufig genannt, angerufen und dargestellt wurden.

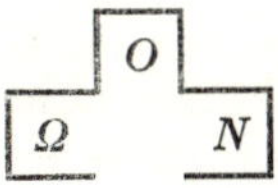

Diese Zusammenstellung wird zwar nie selbständig gebraucht und gehört nicht zu den symbolischen Kurzformeln, könnte aber von Unkundigen mit solchen verwechselt werden und bedarf daher einer Erklärung: In kreuzweise verteilter Anordnung werden diese Buchstaben seit dem Mittelalter (10. oder 11. Jahrhundert) häufig in den Kreuznimbus byzantinischer Christusbilder eingeschrieben und ergeben zusammen den Namen *ὁ ὤν,* „der Seiende". Das Handbuch der Malerei vom Berge Athos, dessen Überlieferungen teilweise wohl bis in das 7. Jahrhundert hinaufreichen, gibt folgende Anweisung:

„Auf das Kreuz, welches auf die drei Kronen (= Aureolen) des Angesichts von Vater, Sohn und Geist gemacht werden, schreibe *ʿO'ΩN*. Denn so sprach Gott zu Moses, als er ihn im Dornbusch schaute: ‚Ich bin der Seiende' (Ex 3, 14). Und schreibe es also: das *Ω* lege zur rechten Seite der Krone (Aureole), das *O* auf den oberen Teil, das N zur linken Seite" (449). Rechts und links sind hier nicht in Beziehung auf den Zuschauer, sondern auf das Bild genommen. Was die tiefsinnigen Betrachtungen des hl. Gregor von Nazianz und des Psd. Dionysius Areopagita über den Gottesnamen „der Seiende" sagen, faßt der hl. Johannes Damascenus (De Fide orth. I, 9) kurz zusammen: „Unter allen Namen, die Gott gegeben werden, erscheint keiner so angemessen wie *ὁ ὤν,* da er selbst dem Moses auf dem Berge (Horeb) antwortete: ‚So sollst du zu den Israeliten sprechen: Der Seiende hat mich zu euch gesandt' (Ex 3, 14). Jegliches Sein nämlich umfaßt er in sich selber wie ein unendliches Wesenheitsmeer, das von keinen Grenzen umschlossen ist." Das Motiv *ʿO'ΩN* ist rein griechisch. Wo griechischer Einfluß hinkam, findet sich auch das *ʾο ὤν*. Es drückt ungefähr denselben Gedanken aus wie *AΩ:* Das Umfassen der Vergangenheit, Gegenwart und Zukunft, das Sein ohne Anfang und ohne Ende, wie ja auch die Apokalypse (1, 8) es ausdrückt: *„Ἐγώ εἰμι τὸ ἄλφα καὶ τὸ ὦ, ἀρχὴ καὶ τέλος, λέγει κύριος ὁ θεός, ὁ ὢν καὶ ὁ ἦν καὶ ὁ ἐρχόμενος, ὁ παντοκράτωρ."* — „Ich bin das Alpha und das Omega, der Anfang und das Ende, spricht Gott der Herr, der ist und der war und der kommen wird, er, der Herrscher des Alls.

יהוה = *Tetragramm*

Zu den ältesten Kurzformen gehört das Tetragramm, das ist der in vier Buchstaben geschriebene hebräische Gottesname (= Jahwe), sein *„Eigenname"* im Gegensatz zu umschreibenden Benennungen Gottes. Im allgemeinen wurde er geheimgehalten und nur bei besonderen Anlässen ausgesprochen. Man weiß von Wundertaten zu berichten, die mit Hilfe des deutlich ausgesprochenen Tetragramms vollbracht wurden. Die jüdische Traditionsliteratur bezeugt es an vielen Stellen. Mit der Heilighaltung dieses Schriftzeichens hängt wohl auch seine Vergoldung in den biblischen Büchern zusammen. Andererseits aber scheint diese der ehrfürchtig verhüllenden Scheu zu widersprechen, denn gerade die Hervorhebung enthüllt und verkündet das, was nur dem Eingeweihten vorbehalten war, und lenkt das Auge des Unberufenen erst recht darauf. — Dennoch bleibt das Mysterium des Tetragramms wegen der Vokallosigkeit der hebräischen Schrift bestehen. Die Aussprache dieses heiligen Zeichens war aus den Konsonanten selbst nicht ohne weiteres ersichtlich. Man mußte es kennen oder lernen (vgl. L. Traube, „Nomina sacra", S. 23 f.).

Das Tetragramm ging auch in die christliche Kunst über. Man findet es besonders auf dem Schilde des hl. Erzengels Michael sowie in Verbindung mit Dreifaltigkeitssymbolen und auf Darstellungen des brennenden Dornbusches.

II. ZAHLEN UND FIGUREN

1. ZAHLEN

Allgemeines

„Du hast alles nach Maß, Zahl und Gewicht geordnet" (Weish 11, 21). Dieser Ausruf des alttestamentlichen Weisen drängt sich dem Menschen auf die Lippen, wenn er die wunderbare Harmonie der geschaffenen Welt betrachtet. Das Verlangen, in die Geheimnisse dieser Zahlen und Maße einzudringen, ist ihm Bedürfnis. Schon seit den ältesten Zeiten versucht er die Gesetzmäßigkeit und die inneren Zusammenhänge des göttlichen „Spieles" (Spr 8, 30 f.) zu erraten, das die ewige Weisheit, bald sich verbergend, bald sich offenbarend, ihm vorspielt. Für die Leute der alten Welt waren die Zahlen noch jene geheimnisvollen Größen, die in sich selbst kein Leben haben und doch überall dabei sind. Manche Ahnungen und Vermutungen aus der ältesten Urzeit über die Bedeutung immer wiederkehrender Zahlen sind in der göttlichen Offenbarung gleichsam bestätigt und lassen vermuten, daß sie wirklich auf tiefere Zusammenhänge zwischen Natur und Übernatur hinweisen sollen. Die letzte Lösung bleibt freilich dem Jenseits vorbehalten, hienieden wird es immer nur bei tastenden Versuchen bleiben, aus den Geschöpfen etwas von Gottes undurchdringlichem Geheimnis zu erkennen (vgl. Röm 1, 20).

Im praktischen Gebrauch tragen die Zahlen rein profanen Charakter; sie sind ein Mittel, um mit dem Vielerlei des täglichen Lebens fertig zu werden. Das Zählen ist ursprünglich kein Denkakt, sondern ein Vorgang in der konkreten Wirklichkeit. Die Primitiven, namentlich die alten Orientalen, waren keine großen Rechner. Sie nahmen zum Zählen ihre Finger und Zehen zur Hilfe, und wenn diese nicht genügten, Steinchen, Stäbchen, Knotenschnüre und Kerbhölzer (Kalkulieren = Steine legen, von „calculus"). So herrschte bei den Ägyptern das Dezimalsystem (nach den Fingern der Hände), das später von den Griechen und Römern übernommen wurde. Bei den Chaldäern wurde es, den Monaten des Jahres entsprechend, mit dem Duodezimalsystem verbunden. Von ihnen übernahmen die Hebräer dieses kombinierte System.

Über den realen Wert der Zahlen hinaus ahnte man noch eine gewisse Regelmäßigkeit von Kraft, zumal in Zahlen, die in Naturereignissen und -vorgängen regelmäßig wiederkehren. Je weniger faßbar nun die dahinterstehende Gesetzmäßigkeit war, umso mehr wurde sie als geheimnisvolle Macht empfunden. Darum ist die Zahlenmystik in der Magie und in allen Religionen zu finden. Es gibt heilige Zahlen, die von den Göttern geoffenbart sind oder durch welche man glaubt, Macht über die Naturerscheinungen erlangen zu können. Schon bei den Chaldäern vermischen sich naturhaft begründete und bizarr-phantastische Vorstellungen über die Zahlen. Nach einer Orientreise im 6. Jahrhundert v. Chr. — also zur Zeit der babylonischen Gefangenschaft der Juden — hat Pythagoras seine philosophischen Prinzipien formuliert, nach denen die „Zahlen die Prinzipien der Dinge sind", also nicht mehr sinnlicher Stoff, sondern ein Gedankending. Gott, die absolute Einheit, ist der Ursprung aller Zahlen. Es ist unsicher, ob für Pythagoras die Zahlen substantielle Elemente und Wirkursachen oder nur Archetypen und Symbole der Dinge sind. Jedenfalls bestehen alle Zahlen aus zwei Prinzipien: dem Eins, der Monas, dem ungeschaffenen, daher vollkommenen Prinzip, und dem Zwei, dem Prinzip, das durch die Leere, durch den Zwischenraum, die Teilung, entsteht und daher unvollkommen ist. In den Zahlen sind nach den Pythagoräern die Gesetze alles Geschehens enthalten, und so kann man aus ihnen alle Erscheinungen der Welt erklären. Die geraden und ungeraden Zahlen stellen das Unbegrenzte und das Begrenzende als die zwei Gegensätze dar, in deren Spannung das All besteht. Dieser Gegensatz zieht sich durch die ganze Natur hin; alles ist in Gegensatzpaaren auszudrücken, die auf zehn zurückgeführt werden, wie etwa: Grenze — Begrenztes, Ungerades — Gerades, Einheit — Vielheit, Rechts — Links, Männliches — Weibliches, Ruhend — Bewegt, Gerade — Krumm, Licht — Finsternis, Gut — Bös, Quadrat — Vieleck. Aus solchen Gegensätzen besteht die Welt. Aber wie in der zeugenden Eins, der ungerad-geraden Urzahl, die Gegensätze zusammenfließen, so sind auch die Gegensätze des Weltalls verbunden zu einer „Ordnung", zum Kosmos. Die Zahl ist Harmonie als Einheit entgegengesetzter Bereiche. Sie verbindet alles, sowohl in der Sternenwelt wie in der Musik, und auch in der menschlichen Seele, und immer kann sie durch Zahlen ausgedrückt werden.

Auch in der späteren platonischen Philosophie spielen die Zahlen, als Ausdruck der Ideen, eine Rolle. Ebenso die Zahlenmystik im Kulturleben aller alten Völker, namentlich im religiösen Kult, in der Dichtung, im profanen Brauchtum und in der Kunst, insbesondere in der Baukunst, die ganz von realen und symbolischen Zahlenverhältnissen geregelt wird.

Das junge Christentum übernahm die biblische und profane Überlieferung der Zahlensymbolik und baute sie in christlicher Deutung weiter aus. Schon Justinus und Irenäus gehen in ihren Streitschriften auf sie ein, obwohl sie auch auf ihre Auswüchse hinweisen. Nicht die Zahlen selber sind von Bedeutung, sondern die Dinge, auf die sich beziehen. Die alexandrinischen Exegeten machten die Zahlenmystik zu einem wichtigen Bestandteil der allegorischen Schrifterklärung. Nach ihnen verwendet sie auch der hl. Ambrosius und besonders der hl. Augustinus, der die Zahlenspekulation am meisten auf die Spitze treibt. Im Mittelalter artet sie vielfach in Spielerei aus. Die kirchliche Baukunst der romanischen und gotischen Zeit bis zum Barock ist stark von der Zahlensymbolik beherrscht.

Eins

Nach den Pythagoräern baut sich das ganze Zahlensystem auf das Gerade und Ungerade auf. Die ungerade Zahl nannten sie vollkommen, weil sie gewissermaßen unteilbar, d. h., nicht ohne Rest in gleiche Teile teilbar ist. Sie hat Anfang, Mitte und Ende. Die gerade Zahl dagegen ist unvollkommen, weil teilbar; sie hat keine Mitte, nur Anfang und Ende. Die Zahl Eins ist nun naturgemäß Symbol der ungeteilten Einheit, Quelle und Wurzel, „Mutter" aller übrigen Zahlen. Denn zu den Geraden hinzugefügt, bedingt sie die Ungeraden, und zu diesen beigestellt, die geraden Zahlen. Jede andere Zahl kann vermehrt oder vermindert werden, nur die Eins steht unverändert fest, abgesondert von den übrigen, aus ihr gezeugten Zah-

1 Helios-Mithras mit Sonnennimbus; als Kupfertransparent. S. Prisca am Aventin, Rom. Ende 2. Jh.

2 Segelschiff mit Christusmonogramm und Taube. Katakombe S. Lorenzo, Rom. 2. Jh.

len. Alles zeugend, von nirgends eine Vermehrung empfangend. Ohne sie kann keine Menge gedacht werden, sie aber steht außerhalb derselben. So ist sie mit Recht Symbol des höchsten Wesens, dessen Macht das Universum begründet hat (Euseb. De laud. Constantini, c. 6).

Zwei

Die Zwei, die erste gerade Zahl, bezeichnet die Trennung von der Einheit, sie ist nicht voll, weil geteilt, daher unvollkommen. Sie enthält auch einen Hinweis auf die Ehe. Alle Tiere, die paarweise in die Arche gingen, sind unrein, die ungerade Zahl ist rein (Hieron. Brief 49; Kösel, Hier. III. 183). Nach Hieronymus sagte Gott am zweiten Schöpfungstag nicht: „Es ist gut“ (Hier. Ep. 58; PL 22, 508). Die schlechte Deutung der Zweizahl geht auf die Wertschätzung der ungeraden Zahlen zurück: „Numero Deus impare gaudet“ (Verg. Eclog. 8). Bei den Vätern kommt jedoch eine günstige Deutung der Zweizahl vor: sie beziehen sie auf die zwei Testamente, die zwei Gesetzestafeln, die zwei Hauptgebote, die zwei Naturen in Christus, auf die zwei Lebensformen des beschaulichen und aktiven Lebens usw. Ihre ungünstige Deutung geht vielfach auch auf je zwei einander gegenüberstehende Prinzipien zurück, z. B. Kirche — Synagoge. — Im moralischen Sinn weist nach Ambrosius die Einheit auf die Gerechtigkeit, die ein „singulare bonum“, ein in sich bestehendes Gut ist. Die Ungerechtigkeit dagegen ist geteilt (De Noe et arca, 12, 40).

Drei

Wenn irgendeine Zahl Anspruch auf Heiligkeit und symbolische Bedeutung hat, so ohne Zweifel die Dreizahl. Ist es doch die höchste Wahrheit der Offenbarung, daß Gott wesentlich als Dreieinigkeit existiert, diese also notwendig zum absoluten Sein gehört. So ist anzunehmen, daß auch dem geschöpflichen Sein ein Gepräge der Dreiheit aufgedrückt ist. Denn, wenn auch das Wirken Gottes nach außen den drei Personen gemeinsam ist, so erfolgt es doch als Wirken einer jeden.

In der Zahlenspekulation galt die Zahl Drei bei allen Völkern als heilig. Nach Pythagoras ist sie die ungerade Zahl schlechthin, denn sie entsteht aus der unteilbaren Eins und der Zwei, die Verdoppelung und Trennung bedeutet, und führt beide in eine höhere Einheit. An Vollkommenheit steht die Drei der Eins nahe, denn sie hat Anfang, Mitte und Ende. „Wie die Pythagoräer sagen, ist das All und alle Dinge durch die Zahl Drei begrenzt. Ende und Mitte und Anfang enthalten die Zahl des Alls, die Zahl der Dreiheit. Da wir von der Natur gleichsam die Gesetze der Dreiheit empfangen haben, so bedienen wir uns zu den Bräuchen der Götter dieser Zahl“ (Arist. De coelo. I. 268 A 12 ff.). Wenn daher in den meisten Religionen Dreiheiten von Göttern oder kultischen Gebräuchen vorkommen, so mag das auf die innere Gesetzmäßigkeit der Natur zurückzuführen sein, von der schon Aristoteles sagte: „Natura perficit omnia ternario numero“ (Thomas v. Aqu. zu Arist. de coelo et mundo 1, 1, 2, lect. 2 und 5). — Dreifache Gottheiten oder Göttergruppen bzw. Götternamen kannte man in China, Tibet, Ägypten, Persien, Babylonien, im Hinduismus, im Mithraskult. Dreifache Anrufungen der Gottheit sollten in der Magie und bei kultischen Akten das Gebet bzw. Zauberwort wirksamer machen.

Im Judentum bezeichnete die Drei den dreimal heiligen Gott (Jes 6, 3). Drei Engel in der Gotteserscheinung an Abraham weisen auf den einen Gott hin (Gen 18, 2). Dreimal mußte der Israelit vor dem Antlitz Gottes erscheinen (Ex 23, 17; 34, 23 usw.). Auch sonst kommt die Dreizahl im Alten Testament vor: die drei Jünglinge im Feuerofen, drei Söhne Noachs, Dreizahl mancher Opfertiere (Gen 15, 9) usw. Doch erst die Offenbarung des dreipersönlichen Gottes besiegelte die Heiligkeit der Dreizahl.

Die Väter bringen die überkommenen Deutungen philosophischen und biblischen Ursprungs mit dem Geheimnis der Heiligsten Dreifaltigkeit in Zusammenhang. „Die Dreizahl kommt an Vollkommenheit der Eins nahe, auch sie kann weder zerschnitten noch geteilt werden. Sie ist das Bild der ursprünglichen Gerechtigkeit des Menschen, denn sie hat Anfang, Mitte und Ende. Sie ist das Bild der geheimnisvollen, hochheiligen und herrschenden Dreieinigkeit, die ohne Anfang und Ursprung existiert und alles Gewordenen Ursprung, Wurzel und Ursache in sich enthält" (Euseb. De laud. Constant. c. 6).

„Die Dreizahl war von jeher für die Mysterien geeignet. Nachdem das Volk aus Ägypten ausgezogen war, opferte es am dritten Tag und wurde ebenfalls am dritten Tag gereinigt. Auch die Auferstehung des Herrn fand am dritten Tag statt, und noch viele andere Mysterien sind an diesem dritten Tag geknüpft" (Greg. in Gen. Hom. VIII, 4).

Vier

Die Zahl Vier bedeutet für die gesamte Antike das Universum, das sich über vier Himmelsrichtungen erstreckt, deren griechische Anfangsbuchstaben *ἀνατολή, δύσις, ἄρκτος, μεσεμβρία,* das Wort „Adam" ergeben. Es ist aus vier Elementen: Wasser, Luft, Feuer, Erde, aufgebaut. Vier Jahreszeiten regeln den Lauf der Zeit, vier Winde beherrschen die Lüfte, vier Weltalter die Gesamtzeit des irdischen Geschehens. So ist die Vier die typische Zahl der Welt, im Gegensatz zur Dreizahl, dem Symbol Gottes. Beide zusammen ergeben die heilige Siebenzahl, die Gott und die Welt vereint. Auch die Zwölf entsteht aus der beiderseitigen Durchdringung von Drei und Vier und weist hin auf Gott und die Welt. — Gott hat sich der Welt mit Vorliebe in der Vierzahl geoffenbart, im Alten Testament im Gottesnamen Jahwe, der aus vier Buchstaben, dem Tetragramm, besteht. Die Vierzahl ist angewandt bei der Wohnung Gottes im heiligen Zelt (vgl. Holzammer). Auf die Gottesnähe des Paradieses weisen die vier Flüsse hin, die ihm entströmten. Im Neuen Testament gibt sich der Herr in den vier Evangelien kund, deren Symbole schon bei Irenäus mit den vier geheimnisvollen Wesen des Ezechiel identifiziert sind.

Die Vierzahl galt den Pythagoräern als heilig, sie schworen bei ihr. Anlehnend an die pythagoräische Spekulation sieht der heilige Ambrosius eine gewisse Vollkommenheit in der Vierzahl, indem sie zur Vollendung der Zehn notwendig ist: die Summe der ersten vier Zahlen (1 + 2 + 3 + 4) ergibt zehn. Vier ist auch die Mitte von sieben bzw. die Mitte der Woche. In mystischer Auslegung sieht der hl. Ambrosius, wie die Kirche Gottes aus den vier Himmelsrichtungen zur Fülle der Einheit zusammenströmt. Vier Bücher machen das ganze Evangelium aus, in vier Lebensaltern (Kindheit, Jugend, Reife, Alter) vollendet sich das Menschenleben.

Schon die griechische Philosophie kannte die vier Kardinaltugenden. Vereint mit den drei göttlichen Tugenden, ergeben sie die Siebenzahl: das Haus der göttlichen Weisheit, das auf sieben Säulen ruht. In der Antike galt die Vierzahl vielfach auch als Unglückszahl, weil sie die ungünstige Zwei verdoppelt. Diesem Aberglauben hält der hl. Ambrosius den Segen des vierten Schöpfungstages entgegen, an dem Sonne und Mond erschienen, ferner das Mysterium des vierzehnten Tages, an dem Pascha gefeiert und die Macht der Dämonen gebrochen wird (Hexam. IV, 9).

Fünf

Nach der Zahlenspekulation der Pythagoräer bedeutet die Fünfzahl: Hochzeit. Die Zahl wird nämlich aus den ersten geraden und ungeraden Zahlen: 2 + 3, zusammengesetzt und daher zum Bild der Verbindung zweier verschiedener Elemente, des Männlichen und Weiblichen. Den Neuvermählten sind fünf Götter nötig, und nach Plato (Ges. 6) müssen fünf Freunde des Bräutigams und fünf Freundinnen der Braut zur Hochzeit eingeladen werden, ebenso viele Blutsverwandte beider Verlobten (Bachofen, Gräbersymbolik S. 29). Mit dieser uralten Hochzeitszahl der Antike soll die Fünfzahl der Jungfrauen in der Parabel (Mt 25) zusammenhängen.

Nach anderen geht die hochzeitliche Symbolik der Fünfzahl auf die sieben Planeten zurück, von denen fünf bei der Vermählung von Sonne und Mond den Chor bilden. Die Gesetzgebung auf Sinai war gleichsam die Hochzeit Gottes mit dem auserwählten Volk und fand unter fünf Stimmen Gottes statt. In der Synagoge heißt der Vorleser heute noch Thora-Bräutigam. Der 19. Psalm preist das Gesetz als hochzeitliche Gabe Gottes in fünfteiligen Versen. Wenn daher Jesus mit fünf Jüngern zur Hochzeit von Kana kommt, so bedeutet dies, daß er selbst der wahre himmlische Bräutigam ist (Jb. f. Litw. 1925, Ltb. Nr. 250). In den Hochzeitsbräuchen spielen Rose, Weinstock, Äpfel und Quitte wegen ihrer fünfteiligen Blüten oder Blätter eine Rolle.

Die Väter sprechen von der Fünfzahl meist in Zusammenhang mit biblischen Begebenheiten. Der hl. Augustinus deutet die Fünf auf die Sinne des Menschen, die fünf klugen Jungfrauen als solche, die sich der Sinnengenüsse enthalten (Aug. Serm. 13 „De verbis Domini").

Sechs

Die Pythagoräer hielten auch die Sechs für vollkommen als Mitte der geraden Zahlen, sofern sie in der Mitte zwischen 2 und 10 steht. Als zeugungskräftig symbolisierte sie, ähnlich wie fünf, die Ehe: dort 2 + 3, hier zweimal drei, also immer die Verbindung der ersten geraden und ungeraden Zahl (Clem. v. Alex. Strom. V, 93, und VI, 139 2 f.).

Auch sonst trieb man mit den Teilen der Sechs, die addiert und multipliziert immer das Ganze ergeben, allerhand spielerische Spekulationen (vgl. Method. Gastmahl, VIII. 11, und August. De civ. Dei, XI. 30).

In der Heiligen Schrift ist die Sechs als Zahl der Schöpfungstage von Bedeutung, der sechste besonders als Tag der Erschaffung des Menschen. Man zählte auch sechs Weltalter, die den sechs Schöpfungstagen entsprechen sollten. Im sechsten Weltalter fand die Menschwerdung statt. In ihr werden auch wir durch die hl. Taufe neugeschaffen nach dem Bilde unseres Schöpfers (August. Serm. 259. 2; PL 38, 1197).

Sieben

Die überragende Stellung der Siebenzahl im semitischen Kulturkreis ist wohl auf die von allen Primitiven gepflegte Beobachtung der Mondphasen zurückzuführen. Dafür spricht die allgemeine Verbreitung der Heilighaltung der Siebenzahl, noch vor der Entdeckung der sieben Planeten, z. B. bei den Griechen vor Pythagoras und bei den Babyloniern, Ägyptern, Persern, Chinesen, Indern und Germanen. Die Babylonier hatten die heilige Siebenzahl wahrscheinlich schon von den Sumerern übernommen. Sowohl das babylonische Schöpfungsepos wie die Bibel zeigen, daß der Mond der Zeitmesser der Alten war. Die Entdeckung der Planeten, die Beobachtung der Siebenzahl in verschiedenen Naturerscheinungen — wie die sieben Farben des Regenbogens —, die sieben Töne der Tonleiter usw. trugen ebenso zu ihrem Ansehen bei wie auch zur spekulativen Begründung, Vertiefung und immer weiteren Ausgestaltung ihrer Mystik.

Von jeher verband sich mit der Siebenzahl der Begriff der Fülle. Im Alten Testament wird beides durch dasselbe Wort ausgedrückt. Die reale Grundlage dazu ist der Ablauf der Zeit in Perioden: sieben Tage machen eine volle Periode aus, die ganze Zeit kann in siebentägige Perioden gefaßt werden. So bezeichnet die Siebenzahl die von Gott gewollte und geordnete Totalität. — Die Babylonier hatten auf Grund der schon damals bekannten sieben Planeten die Vorstellung von sieben Himmeln, die sie durch siebenstufige Türme (Zikkurate) darstellten. Der Lauf der Sonne wurde durch auf und ab laufende Spirallinien dargestellt. Über den sieben Sphären dachte man sich noch eine achte, den Fixsternhimmel. Die sieben Planeten hatten ferner im Mithraskult Bedeutung: durch ihre sieben Sphären reiste die Seele des Mysten gen Himmel, bis sie zum achten, zum Fixsternhimmel, gelangt. Die Kandidaten dieses Kultes mußten sieben Weihegrade bis zu ihrer Vollweihe durchschreiten. Die Siebenzahl spielte auch bei den Ägyptern eine große Rolle. Die Hauptgötter, Ra und Osiris, sind von sieben Gottheiten umgeben.

Nach dem Grundsatz, daß die Zahlen das Grundprinzip des gesamten Seins sind, war es naheliegend, die verschiedenen Naturerscheinungen mit den Zahlen in Verbindung und untereinander in Harmonie zu bringen. Die sieben Töne der Tonleiter entsprachen den sieben Himmelsphären, das menschliche Leben mit seinen sieben Perioden wird von den Sternen beeinflußt usw. Über diese allgemeinzugängliche und aus der Astronomie abgeleitete Symbolik der Siebenzahl hinaus setzte schon früh eine abstrakte Spekulation ein, die ebenfalls orientalischen Ursprungs ist und durch die pythagoräische Philosophie verbreitet wurde. Die Sieben ist die „jungfräuliche" Zahl, „denn sie entsteht weder dadurch, daß man irgendeine Zahl mit einer anderen vervielfacht, noch bringt sie, mit irgendeiner Zahl multipliziert, eine andere Zahl unter der Zahl Zehn hervor" (Clem. Alexandr. Strom. VI. 140, 1). Infolge ihrer Unteilbarkeit ist sie auch voll. Sie setzt sich aus der geraden (4) und der ungeraden (3) Zahl zusammen und gilt daher mit Recht als Symbol der Universalität. Man nannte sie auch Pyramidenzahl, da die Pyramide aus vier Dreiecken besteht.

Im Alten Testament hat die Sieben eine beherrschende Stellung, sie ist schlechthin *die heilige Zahl.* Der biblische Schöpfungsbericht (Gen 1, 3—31) knüpft einerseits an die bekannte siebentägige Woche an, besiegelt dieses Zeitmaß aber auch anderseits durch göttliche Autorität und sanktioniert die Heiligkeit der Siebenzahl. Nicht allein ist der siebte Tag (Sabbat) zur Ruhe bestimmt und Gott zu weihen (Ex 20, 8—10), auch jedes siebte Jahr ist heilig (Ex 23, 10 ff., Lev 25, 3 ff.). Überhaupt findet sich sowohl in den historischen Berichten wie in den gesetzlichen Bestimmungen des Alten Testamentes, mögen sie den Kult oder das Privatleben betreffen, immer wieder die Siebenzahl. Bei den Propheten tritt sie ebenfalls stark hervor.

Auch im Neuen Testament ist die Überlieferung bezüglich der heiligen Siebenzahl zu erkennen. Siebenmal siebzigmal muß man vergeben (Mt 18, 22; Lk 17, 4), sieben noch schlimmere Geister bringt der zurückkehrende Teufel in die abgefallene Seele mit, und sie nehmen Besitz von ihr (Mt 12, 45), sieben Dämonen treibt Jesus aus Magdalena aus (Mk 16, 9). Die Zahl der sieben Diakone in der Apg (6, 3) geht sicher auch auf alte Tradition zurück.

Die Apokalypse ist ganz von der Siebenzahl beherrscht; auch hier bedeutet sie Totalität, Vollendung. Sieben Sendschreiben ergehen an die sieben Kirchen, die von sieben Engeln geleitet werden. Die geheimnisvollen Visionen sprechen von sieben Siegeln, sieben Donnern, sieben Posaunen, Zornschalen und Engeln, sieben Hörnern des Drachen, sieben Hügeln, sieben Königen, sieben Plagen usw.

Nach der Väterlehre ist die Siebenzahl heilig, weil Gott nach der Erschaffung der Welt am siebenten Tage ruhte. Er wollte diesen Tag durch Ruhe heiligen und auch die ewige Sabbatruhe vorbilden, in der die Welt ihre Vollendung erreicht (August. Vom Gottesstaat XI, 31). Darum ist dieser Tag der „Schmuck“ der Tage, wie das siebente Jahr die Zier der Jahre ist. Die Siebenzahl bedeutet das irdische Leben des Menschen, der aus Leib und Seele besteht. Der Leib wird durch die Vierzahl versinnbildet, da er aus vier Elementen aufgebaut und in seiner Entwicklung durch die vier Jahreszeiten bedingt ist. Die Seele aber gehört zur Dreizahl, weil sie etwas Göttliches ist und weil ihr geboten ist, Gott aus ganzem Herzen, aus ganzer Seele und aus ganzem Gemüte zu lieben. Die Gebote des Alten Testamentes haben sich vor allem auf den Leib bezogen, d. h. auf einen mehr äußerlichen Dienst Gottes; das Neue Testament erfaßt dagegen den Geist. Wenn einmal die ganze Weltzeit, die Altes und Neues Testament umfaßt, vorübergegangen und die Siebenzahl erfüllt sein wird, dann kommt der achte Tag, der Tag des Gerichts, der dem Gerechten und Bösen den gebührenden Lohn bringen wird (August. in Ps 6, PL 36, 908).

Die Symbolik der Siebenzahl weist bei den Vätern durchwegs auf die Achtzahl als endgültige Erfüllung hin. Die Siebenzahl ist wohl heilig, sie gehört aber noch dem Alten Bund an. Die Zahl der Vollendung und der Auferstehung aber ist die Acht. „Der siebente Tag wird also im Gesetz als Ruhetag verkündet und soll durch Enthaltung vom Bösen den Tag vorbereiten, der der Uranfang alles Entstehens und unser wirklicher Ruhetag ist, den Tag, der auch in Wahrheit der Schöpfungstag des Lichtes ist, durch das alles geschaut und alles als Erbteil erlangt wird“ (Clem. Alexandr., Strom. VI, 138).

Acht

Bereits in der Antike gilt die Achtzahl als Symbol des Vollkommenen. In dem verbreiteten Weltbild der sieben Planetensphären als sieben Himmel bildet immer eine achte Sphäre, der Fixsternhimmel, als Wohnstätte der Gottheit, den Abschluß. Derselbe Gedanke, nur in anderer Darstellungsweise, kommt in Platos Staat vor, aus dem Clemens von Alexandrien in seinen Stromata zitiert: „ ‚Nachdem aber für jeden, der auf der Wiese war, sieben Tage vergangen sind, müssen sie sich von dort erheben und am achten Tage die Wanderung antreten, um vier Tage später ans Ziel zu kommen' (Plat. Staat, X. p. 616 B.). Unter der Wiese ist der Fixsternhimmel zu verstehen, als ein freundlicher und angenehmer Ort und als Aufenthalt der Frommen, unter den sieben Tagen aber die einzelnen Bewegungen der sieben Planeten und jegliche kunstfertige Tätigkeit, die zum Ziele der Ruhe zu kommen bestrebt ist. Die Wanderung aber, die über die Wandelsterne hinausgeht, führt zum Himmel, d. h. zur achten Bewegung und zum achten Tag" (Clem. A. ex Strom. V, 106. 107. 108. Kösel IV, S. 208 ff.). Die Seele ist durch die sieben Sphären der Planeten von Gott herabgestürzt und muß auf demselben Weg wieder emporsteigen, um jenseits alles Irdischen, das in der Reise von sieben Tagen versinnbildlicht ist, zum ewigen Sein mit Gott im Symbol der „Acht" zu gelangen. Nach Clemens habe Platon das „vom Tage des Herrn geweissagt".

Tatsächlich ist die gesamte alte Kirche einig in der Deutung der Achtzahl auf den „ersten Wochentag" nach den sieben, an dem Christus auferstanden ist. Groß ist das Mysterium dieses achten Tages, der „doch nicht aufhört, der erste zu sein" (Justin. Dial. m. Tryphon 41, 4. Kösel). Er ist das „Mysterium der zukünftigen Welt" (Orig. Komm. z. Römerbrief II, 13) und „Typus des neuen Lebens" (drs. zu den Psalmen). Denn er ist wohl der erste Wochentag und erinnert an den ersten Schöpfungstag, an dem das Licht erschaffen wurde, doch ist er ein neuer erster Tag, nach Ablauf der sieben, Symbol der Neuschöpfung, einer aionischen Welt, jenseits der irdischen Welt, die Tod und Vergänglichkeit begreift. Er ist der Anfang des neuen Aion, an ihm ist das neue Licht, Christus, aus dem Grab aufgestrahlt und hat alles mit sich emporgerissen zu einem neuen Sein jenseits alles Irdischen. Am ersten Wochentag, da Christus von den Toten auferstand, leuchtete aus dem Grabe das neue wahre Licht auf, es begann eine neue Schöpfung jenseits alles Irdischen. Schon Solon hat in seiner Aufzählung der sieben menschlichen Lebensalter auf das achte als das vollkommene und ewige hingewiesen, da wir zu vollkommenen Menschen und zur Erkenntnis Gottes gelangen. In Wirklichkeit hat die Gnade des achten Tages den Menschen über diese Welt hinausgehoben, damit er nicht mehr das eigene Leben, sondern in Christus lebe. Die Hebdomas ist vergangen, die „ogdoas-octava" ist gekommen, vorbei ist das Gestern, angebrochen ist das ewige Heute (Ambr. Ep. 44; PL 16, 1136). An diesem Tag werden wir dem Auferstandenen gleichgestaltet, da wir durch die Taufe im Geiste gestorben und Mitgenossen der Auferstehung geworden sind (Cyrill. Alex. Glaph. in Exod. Ib. II. De consecr. primogen. 2). So wurde die Achtzahl zum Symbol der Auferstehung und der Neuschöpfung in der Taufe. Das Mysterium der Resurrectio Domini am (ersten) achten Wochentag überstrahlt nun alle biblischen Ereignisse, die eine Beziehung zur Achtzahl haben. Schon im ersten Petrusbrief findet sich ein Hinweis auf die acht Seelen, die in der Arche aus der Sintflut gerettet wurden (1 Petr 3, 20). „Sie versinnbildlichten, da sie acht an der Zahl waren, den achten Tag, an welchem unser Christus von den Toten auferstanden und erschienen ist" (Just. Dial. c.

Tryph. 138, 1). Mit Recht wurde auch die Beschneidung der israelitischen Neugeborenen am achten Tag vollzogen, war ja „die ganze Welt in jenen sieben vorhergegangenen Tagen von der Sünde befleckt“ (Ambr. in Ps. 118, Prol. 2), die Beschneidung aber wies auf die wahre Beschneidung in der Taufe hin. An Stelle der Beschneidung des Fleisches, die die Juden vornahmen, ist die Taufe Beschneidung des Herzens und macht uns zu neuen Geschöpfen nach dem Bilde Gottes (Aug. Serm. 260; PL 38, 1202). In sinniger Weise wurden die altchristlichen Taufkapellen in Form eines Oktogons erbaut. Mögen auch altheidnische, namentlich pythagoräische Einflüsse mitgewirkt haben, die Sinndeutung ist christlich.

Volle Wirklichkeit wird das Geheimnis der Achtzahl jedoch erst am Jüngsten Tag. Auf ihn weist die Aufschrift einiger Psalmen hin, die „auf die Oktave“ zu singen sind. Nach dem wechselvollen Ablauf dieser Zeitlichkeit wird der wahre Tag anbrechen, an dem unsere Natur neugeschaffen, das Vergängliche und alle Mühsal abgeschafft werden. An dem „großen Tag des Herrn“ (Joel 2, 11) wird nicht diese sichtbare Sonne, sondern die Sonne der Gerechtigkeit aufleuchten (Greg. v. Nyssa, in Psalmorum inscr. Tr. II, c. 5; PG 44. 503 s). Der Tag des Sabbat deutete nur auf eine vorläufige Ruhe hin: an dem achten Tag des Sabbat wird Gott das ganze All zur Ruhe bringen, mit ihm fängt die neue Weltzeit an (Barnabasbrief, 15, 5; Funk, Ap. Vät. 1924. 23). Er wird das Gericht bringen, das jedem vergilt nach seinen Werken (Aug. im Ps 6; Pl 36, 90), an ihm werden die Gerechten auf dem heiligen Berge Gottes ausruhen, und die sich um Gutestun durch die Siebenzahl der Welttage geübt haben, nun das reine Schauen genießen (Clem. A. Strom. IV, 108, 1; Kösel IV. 311). Auf die Seligkeit der vollkommenen Tugend der Gerechten deutet auch die Zahl der Seligpreisungen hin (Ambros. Luk. V, 50; Kösel Ambr. 2, S. 230).

Neun

Bereits in der Antike erschien die Neunzahl als eine Zahl von besonderer Weihe und Vollkommenheit. Kennzeichnend ist hierfür die bei Seneca vorhandene Überlieferung über den Tod des Philosophen Plato. Danach wäre Plato genau im vollen Alter von 81 Jahren an seinem Geburtstag gestorben. „Deshalb“, so sagt Seneca, „haben Magier, die zufällig in Athen waren, dem Verstorbenen ein Opfer dargebracht, in der Meinung, daß er über die menschliche Natur hinausgeragt habe, da er die vollkommenste Zahl erfüllt habe, die sie in neunmal neun annehmen“ (Seneca, Ep. 58, § 31). Noch weit in die christliche Zeit hinein wirkt diese Schätzung der Neunzahl weiter, liegt sie doch den dreimal drei Engelchören des Pseudo-Dionysios Areop. zugrunde.

„Bei der Bevorzugung der Neunzahl im Kult ergab es sich von selbst, daß auch der Zauber sich der Neunzahl bediente; denn das mit dem Ritual des Gottesdienstes Verbundene galt als besonders wirksam und geheimnisvoll. Der Zauber benützte die Neunzahl für die Wahl der Tage (hierin zuweilen dem Totenkult folgend) und für die Zahl seiner Zauberformeln ... So versteht man auch die hohe Wertung, die man dem Worte Amen

$\left.\begin{matrix} \alpha & \mu & \eta & \nu \\ 1 + & 40 + & 8 + & 50 \end{matrix}\right\} = 99$, entgegenbrachte, denn es enthielt die Zahl 99, und

absichtlich schrieb man das Wort in der Isopsephie = CO. Wie die Schätzung der

Amen-Zahl 99, so wird auch die Zahl von den 99 Namen Gottes bei den Mohammedanern und die dementsprechende Zahl von 99 Perlen in ihrer Gebetsschnur mit einer alten Wertung der Neunzahl zusammenhängen" (Dölger, Sol salutis, § 5, S. 95 ff).

Zehn

Die Zehnzahl hatte als Grundlage des Dezimalsystems von jeher eine besondere praktische Bedeutung. Als Summe der ersten vier Zahlen, der heiligen Tetras (1 + 2 + 3 + 4 = 10), ist sie ein Bild der Vollkommenheit. „Sinn und Ursprung aller Zahlen steigt aus ihr auf" (Orig. in Lev. Hom. XIII, 4). „Zehn ist Ziel aller Zahlen, die alle, die bis zu ihr fortschreiten, abschließt und begrenzt. Mit Recht wird sie voll und vollkommen genannt: sie umfaßt alles einzelne, ist Regel und Maß aller Zahlen, aller Berechnungen und Harmonien. Die durch Zusammensetzung vermehrten Einheiten enden in Zehn, und wenn sie die Zehnzahl, ihre Mutter und Grenze, überschreiten, wie in der Rennbahn des Zirkus, laufen sie um diese ‚Meta' herum, bis sie beim zehnten Umkreisen die Zahl Hundert erreichen" (Euseb. De laudib. Constant. 6).

Im Alten Testament ist Zehn die bevorzugte Zahl für ein abgerundetes Ganzes. Die Zehn Gebote fassen *alle* Gebote Gottes zusammen. Zehn Plagen verhängte Gott über Ägypten (Ex 7, 14—12, 29). Die Israeliten waren zur Darbietung des Zehent verpflichtet (Ex 22, 29). Auch das Evangelium gibt öfters Summen von Zehn an: zehn Minen oder Talente, zehn Jungfrauen, zehn Aussätzige.

In der Apokalypse bedeutet Zehn die Vollzahl des Irdischen im ungünstigen Sinn: „Zehn Tage" muß die Gemeinde von Smyrna Trübsal erleiden (2, 10); „zehn Hörner" trägt der Satansdrache (12, 3), wie auch das Tier aus dem Abgrund (13, 1) und jenes, auf dem die Buhlerin Babylon reitet (17, 3. 7. 12. 16). Von diesem heißt es: „Die zehn Hörner, die du gesehen hast, bedeuten zehn Könige, die noch nicht zur Herrschaft gekommen sind; sie erhalten aber Macht wie Könige für eine einzige Stunde, zusammen mit dem Tier" (17, 12).

Bei den Kirchenvätern steht die Zehnzahl sehr in Ehren. Sie „bedeutet nämlich das Gesetz, das aus zehn Satzungen besteht" (Ambr. De 42 Mansion. fil. Isr. PL 17,21). — Indem Tertullian von der Geburt des Menschen spricht, sagt er, es sei „entsprechend, daß der Mensch im zehnten Monat geboren wird; dadurch sind wir dem Dekalog geweiht. Wir werden in der gleichen Zahl der Zeit geboren, als Gesetze gegeben sind, durch die wir wiedergeboren werden" (vgl. Tertullian, De Anima, cap. 37; PL 2, 758).

Zwölf

Zwölf war von alters her, bei Heiden, Juden und Christen, eine besonders geschätzte Zahl, die typische Zahl der Lückenlosigkeit und Vollständigkeit. Die Einteilung des Jahres in zwölf Monate findet man zuerst in Babylon, dann in Ägypten, später auch bei den Römern. Die zwölf Zeichen des Zodiakus teilen den Sternenhimmel in zwölf Regionen ein, der Tag besteht aus zwölf Stunden, desgleichen die Nacht. Die Zwölfzahl eignet sich zu vielerlei Bemessungen, da sie eine gewisse Mitte zwischen viel und wenig einnimmt, und hauptsächlich, weil sie durch die zwei Hauptzahlen, Drei und Vier, dividiert werden kann. Drei, die Zahl der Gottheit, Vier, die Zahl der Welt, durchdringen einander in der Zwölf. Das tritt auch in der apokalyptischen Schilderung der himmlischen Stadt mit ihren 4 × 3 Toren und 4 × 3 Grundsteinen zutage (vgl. Offb 21, 12—14). Methodius von Olymp (Gastmahl XIII, 11) nennt die Zwölfzahl „übervollkommen". Wenn man nämlich alle Zahlen, in die sie in gleiche Teile zerlegt werden kann, wieder zusammenzählt, überschreiten sie zwölf (1 + 2 + 3 + 4 + 6 = 16).

Der Alte Bund war auf den zwölf Söhnen Jakobs, den Stammvätern der zwölf Stämme, aufgebaut. Die Zwölfzahl wird in der Heiligen Schrift häufig genannt, meistens in Zusammenhang mit den zwölf Stämmen: Wir hören von zwölf Schaubroten (Lev 24, 5), zwölf Kundschaftern (Dtn 1, 23) usw. Zwölf ist die Zahl der kleinen Propheten. Die Kirche des Neuen Bundes ist auf die zwölf Apostel gegründet. Wie der Hohepriester des Alten Bundes auf dem Brustschild seines amtlichen Gewandes die Namen der zwölf Stämme trug, so trägt Christus als der neue Hohepriester der Welt die Namen der Zwölf in seinem Herzen (Gutzwiller, „Jesus der Messias").

Die Kirchenväter suchen zu begründen, warum der Herr gerade zwölf Apostel erwählt hat. Schon Tertullian schreibt (um 208): „Warum beruft Er zwölf Apostel und nicht irgendeine andere Zahl? . . . Ich finde die Vorbilder dieser Zahl bei unserem Schöpfer: Die zwölf Quellen Elims (Num 33, 9), zwölf Edelsteine auf dem Priesterkleide Aarons (Ex 28, 9—12) und zwölf Steine, die von Josue aus dem Jordan gehoben und in die Bundeslade gelegt wurden (Jos Kap. 4). Ebenso viele Apostel wurden damit angekündigt. Gleich Quellen und Flüssen sollten sie den trockenen Boden der Völker, der in bezug auf Gotteserkenntnis eine Wüste war, wieder besprengen, wie auch Jesaja sagt: ‚Im wasserlosen Lande will ich Flüsse erstehen lassen' (Jes 43, 20). Wie Edelsteine sollten sie auf dem Gewand der hl. Kirche leuchten, mit dem Christus, der Hohepriester des Vaters, sich bekleidet. Und wie Steine, die fest sind durch den Glauben, hat der wahre Jesus sie aus dem Bade des Jordan ausgelesen und in das Heiligtum seines Bundes aufgenommen" (Geg. Marcion IV. 13; PL 2, 416).

Der hl. Augustinus stellt sich betreffs der Apostelzahl die gleiche Frage, beantwortet sie aber in anderer Weise: „Warum sind es zwölf Apostel? Weil die Erde vier Teile hat und der ganze Erdkreis durch das Evangelium (zum Glauben) berufen wurde. Darum sind vier Evangelien geschrieben. Die ganze Welt wird im Namen der Dreifaltigkeit gerufen, damit die Kirche sich versammle. Dreimal vier ergibt zwölf" (Enarr, in Ps. 103; PL 37, 1359).

Einen ganz besonderen Platz nimmt die Zwölfzahl in der Apokalypse ein. Sie findet sich in ihr 22mal. Die Schau der Vollendung, das himmlische Jerusalem, ist ganz von der Zwölfzahl beherrscht: die Mauer der Heiligen Stadt hat zwölf Tore; auf den Toren stehen zwölf Engel; die Mauer ruht auf zwölf Grundsteinen. Diese Grundsteine bestehen aus zwölf Edelsteinen, die Tore aus zwölf Perlen. Sie tragen die Namen der zwölf Stämme der Söhne Israels und die Grundmauern die Namen der zwölf Apostel des Lammes. Das Maß der Stadt ist 12.000 Stadien und das Maß der Mauern 144 (12 × 12) Ellen. Der Baum des Lebens, der in dieser Stadt steht, „trägt zwölfmal Früchte; jeden Monat bringt er seine Frucht" (Offb 22, 2). Schon die Angaben von Zahl und Maß überhaupt, dann aber zumal die Wiederkehr der immer gleichen Maße wollen die wunderbar klare Ordnung und feierlich gemessene Schönheit der Heiligen Stadt ins Licht stellen. Daß aber dieses immer gleiche Maß die Zahl Zwölf ist, will diese Stadt als die Kirche der Vollendung deuten (vgl. Kuhaupt, „Der neue Himmel und die neue Erde“, S. 176).

Zwölfmal Tausend ist die Zahl der Auserwählten eines jeden Stammes, was bei Zusammenrechnung aller Stämme (12 × 12.000) 144.000 ergibt. Da sehen wir den Glauben der zwölf Patriarchen in ihrer Nachkommenschaft verwirklicht. Die Festigkeit dieser so vollständig quadratischen Zahl bedeutet die ewige Unveränderlichkeit der Wahrheit und der Verheißungen Gottes. Damit im engsten Zusammenhang ist Hundertvierundvierzigtausend eine heilige Zahl. Sie stellt die Gesamtheit der Heiligen dar (vgl. C. Fouard, „Les Origines de l'Eglise“).

Vierzig

Die Zahl Vierzig wird in der Heiligen Schrift sehr oft genannt und bezeichnet fast immer eine Zeit der Buße, des Fastens und Betens oder der Strafe. Der Regen der Sintflut strömte vierzig Tage und vierzig Nächte lang auf die Erde herab (Gen 7, 12); Mose stieg auf den Berg Sinai, um die Gesetzestafeln zu empfangen, und „blieb dort vierzig Tage und vierzig Nächte“, ohne zu essen oder zu trinken (Ex 24, 18). Dem auf weitem Wege ermatteten Propheten Elija brachte ein Engel Brot und Wasser; „er aß und trank und wanderte in der Kraft dieser Speise vierzig Tage und Nächte bis zum Berge Gottes Horeb“ (1 Kön 19, 8). Erschüttert durch die Predigt des Propheten Jona, tat Ninive vierzig Tage lang Buße und entging so dem göttlichen Strafgericht (Jon Kap. 3). Vierzig Tage fastete der Herr in der Wüste, und nach seiner Auferstehung erschien er den Jüngern vierzig Tage hindurch.

Im Anschluß an diese biblischen Beispiele bereitet sich auch die heilige Kirche alljährlich durch eine vierzigtägige Bußzeit auf das heilige Osterfest vor.

Es ist nur selbstverständlich, daß auch die Kirchenväter sich häufig mit dieser Zahl beschäftigen. Sie versuchen zu erklären, *warum* die Sintflut oder die Fastenzeit gerade vierzig Tage dauert. Der hl. Ambrosius antwortet auf die erste Frage:

„Viele fragen, warum der Sintflutregen vierzig Tage anhielt. — Wir könnten antworten: diese teilbare Zahl eignet sich für traurige Ereignisse, d. h. für die Vernichtung der Schöpfung, die Siebenzahl aber für die Erschaffung der ganzen Welt, d. h. für freudiges Geschehen. Aber vielleicht würde jemand entgegnen: Wie kommt es dann, daß auch das Gesetz in vierzig Tagen gegeben wurde und Mose so lange auf dem Berge Sinai verweilte? ... Mit Recht hat uns die gleiche Zahl die Vorschriften zur Vermeidung der Sünden gegeben, die auch die Strafe für die Sünden gebracht hatte, damit wir erkennen, daß wir in der gleichen Lebenszeit durch Besserung lobwürdig werden sollen, in der wir uns strafwürdiger Vergehen schuldig machen konnten. So sind denn die vierzig Tage (der Fastenzeit) jetzt nicht mehr zur Strafe bestimmt, sondern zum Leben ... Nun ist durch die Auferstehung des Herrn der vierzigste Tag nicht mehr der letzte, sondern der *erste* geworden: Die gleiche Zahl bringt uns das Leben, die vorher zur Vernichtung gegolten hatte“ (De Noe arca, 13, 44; PL 14, 400).

Nach St. Augustinus bedeutet die Zahl Vierzig das diesseitige Leben, während dessen wir uns noch in dieser Welt plagen müssen, solange wir fern vom Herrn als Pilger wandern und dabei zeitweilig der Ausspendung der Wahrheit durch die Predigt bedürfen. Zehn aber ist die Zahl der vollkommenen Seligkeit. Mit Vier, der Erdenzahl (vier Jahreszeiten, vier Weltgegenden), multipliziert, ergibt sie die

Zahl Vierzig. — Daß diese Zahl gleichbedeutend ist mit „immerdar = semper", bemerkt derselbe Kirchenvater in der Erklärung der Psalmstelle (94, 10): „Durch vierzig Jahre war ich nahe diesem Volke; ich sprach: Beständig in die Irre geht ihr Herz ..."

Die Zahl Vierzig weist nämlich hin auf die Vollendung der Zeiten, sodaß ihr Lauf durch diese Zahl zum Abschluß kommt. Während dieser ganzen Zeit, d. i. solange noch Menschen auf Erden leben, schwimmt die Arche der Kirche auf den Fluten, wird sie vom Wind und Sturm, von Mühsal und Trübsal umhergetrieben. Doch wie nach der Auferstehung des Herrn vierzig Tage seines trostreichen Verweilens auf Erden den einstigen vierzig Tagen des Fastens und der Versuchungen in der Wüste entsprachen, so folgt auch für uns der Trost auf die Prüfungszeit.

Fünfzig

Die Zahl Fünfzig hat in der Heiligen Schrift einen besonders freudigen, fröhlichen Charakter. Überall bedeutet sie eine Zeit der Freude. Im *Alten Bund* ist der fünfzigste Tag nach Ostern ein fröhliches Erntefest (ursprünglich war es von Ostern unabhängig, der fünfzigste Tag nach Erntebeginn). Alles Männliche mußte nach Jerusalem pilgern, um die Erstlinge der Ernte vor den Herrn zu bringen und „fröhlich zu sein vor Gott dem Herrn" (vgl. Dt 16, 11). Erst als nach der Zerstörung Jerusalems die Darbringung der Erstlinge dortselbst nicht mehr möglich war, trat der Gedanke an die Gesetzgebung auf Sinai, fünfzig Tage nach dem ersten Osterfest in Ägypten, mehr in den Vordergrund.

Jedes fünfzigste Jahr war ein „Jobeljahr". Nach Pseudo-Hippolyt (Griech. Einleitung zu Ps. 9) bedeutet „Pentekoste die Befreiung von Mühsal, bedeutet Freude ... Das Jobeljahr der Hebräer war ein Jahr der Befreiung der Sklaven, ein Jahr des Schuldenerlasses, der Ruhe von Ackerbau und jeglicher Feldarbeit, ein Jahr des Wiedergewinnens der von den Vätern ererbten Äcker und Häuser, die wegen Notlage in fremde Hände gekommen waren. — Das Evangelium erwähnt ebenfalls einen Schuldenerlaß von fünfzig (Denaren) ... Fünfzig beträgt sieben mal sieben, d. i. sieben Sabbatjahre und, nach vollendeten Sabbaten, über die Sabbate hinaus, den Anfang der Zahl Acht, der wahrhaft neuen Ruhe."

Das erste Pfingstfest des *Neuen Bundes* war der fünfzigste Tag nach der Auferstehung des Herrn, der zehnte nach seiner Himmelfahrt, an dem der verheißene Geist Gottes auf die erste kleine Christengemeinde herabkam (vg. Apg Kap. 2). Es ist der eigentliche Geburtstag der Weltkirche. In den ersten christlichen Jahrhunderten waren die ganzen fünfzig Tage der Osterzeit ein einziges Freudenfest und daher ein geeignetes Sinnbild des ewigen Lebens in ewiger Freude und ewigem Frohlocken.

„Wenn wir nun die ‚Vierzig' gut verbracht, d. h. durch Wandel nach den Geboten Gottes in der Besorgung zeitlicher Dinge hienieden gut gelebt haben, so erhalten wir den Denar der Getreuen. Füge also zu den wohlbenützten ‚Vierzig' den Lohn eines Denars hinzu, so ergibt es die Zahl Fünfzig, welche die Kirche des Jenseits bedeutet, in der Gott immerdar gepriesen wird ... Denn die fünfzig (Tage), in denen wir nach der Auferstehung des Herrn das Alleluja singen, sollen kein Ende, keine vorübergehende Zeit versinnbildlichen, sondern jene selige Ewigkeit, in der nach der Mühsal des diesseitigen Lebens den Gläubigen — den letzten wie den ersten — vom Hausvater der gleiche Lohn zuteil wird" (Augustinus, Srm. 252, 10; PL 38, 1177, und Enn. in Ps 110; PL 37, 1463).

Hundert und Tausend

„Hundert galt in den hellenistischen Kreisen, zu denen Philo von Alexandrien gehörte, als vollkommene Zahl, die das ‚vollkommene Gute' bedeutet; aus der gleichen Zahlensymbolik schöpft Origenes, wenn er Hundert als volle und vollkommene Zahl versteht, die das Geheimnis der gesamten vernünftigen Schöpfung (Engel und Menschen) umfaßt und sie als heilige, Gott zugehörige Zahl bezeichnet. Er begründet dies durch die evangelische Parabel vom guten Hirten, der die 99 Schafe zurückläßt, um das eine verlorene zu suchen. Die Gesamtzahl der Schafe betrug also hundert und ist ‚totius creaturae rationabilis numerus'. Die Zahl Hundert als Zahl der Heiligen erscheint auch in den Märtyrerakten des hl. Maximilianus und als Sinbild von Himmel und Seligkeit bei dem von Origenes abhängigen Ambrosius" (Dölger, Sol salutis S. 71). „Da Tausend sich in zehn Hunderter zerlegen läßt, so umfaßt es eine vollkommene und volle Zahl" (Methodius von Olymp, Gastmahl VII. 11). Der hl. Augustinus bemerkt in der Erklärung des Psalmverses (104, 8): „In Ewigkeit gedenkt er seines Bundes, und der Verheißung bis ins tausendste Geschlecht": Tausend Geschlechter sind wegen der Vollkommenheit dieser Zahl als Gesamtheit aller zu verstehen.

2. GEOMETRISCHE FIGUREN

Allgemeines

Die geometrischen Figuren sind die erste Verkörperung der unkörperlichen Zahl, gleichsam Werkzeuge, mit denen der Schöpfer die sichtbaren Dinge gestaltet und ihnen sein Siegel aufdrückt, Fußspuren der göttlichen Weisheit, die er „ausgegossen hat über alle seine Werke" (Sir 1, 9).

„Alle Wesen haben Gestalten, weil sie Zahlen haben; nimm ihnen diese und sie werden nichts sein. Woher anders sind sie also, als daher, woher die Zahl? Ist doch in ihnen so viel vom Sein, als sie abgemessen (numerosa) sind" (Augustinus, De libero arbitrio, Lb II, 16/43; PL 32, 1263).

In den symbolischen Zahlen und Figuren ist also alles enthalten. Alles ist von ihnen getragen, belebt und geregelt. Den Pythagoräern war das Messen ein schöpferischer Akt der Gottheit. Platos Wort: „Ὁ Θεὸς ἀεὶ γεωμετρεῖ" (Gott befaßt sich allzeit damit, die Erde nach Maßen zu gestalten), besagt dasselbe.

Zu allen Zeiten gab es Philosophen, Theologen und Mystiker, die in verschiedenster Weise tiefe, auch religiöse Gedanken durch die Geometrie zu veranschaulichen suchten. Für Nikolaus von Kues sind mathematische Zeichen und Figuren die höchsten göttlichen Symbole, in denen die himmlische Welt sich selbst auf Erden unmittelbar widerspiegelt, vollkommenste menschliche Gedankenbildungen, durch die wir zur genauen Erkenntnis des sichtbaren Universums gelangen (vgl. D. Mahnke, „Unendliche Sphäre und Allmittelpunkt", S. 80).

So sind denn Maß und Form das ausgeprägteste Abbild der göttlichen Schöpferideen und als solches Quellpunkt der Schönheit eines jeden Dinges. Im unendlichen Weltall regeln sie den Stand und die Bewegungen der Himmelskörper. In unserer nächsten Umgebung aber lassen sie sich an den Pflanzen, besonders an den Blumen, beobachten: der Kreis beherrscht Winden und Korbblütler, das Sechseck die Konstruktion der Lilien, die Vierzahl zeigt sich an den Kreuzblütlern, das Fünfeck an den Rosaceen und vielen anderen. Diese Maße und Zahlen wiederholen sich nicht allein in der Blüte, sondern auch in der Samenanlage und Frucht, deren Querschnitt verborgene Schönheiten offenbart. Ebenso zeigen die Blätter, ihre Ansätze, Adern und Formen eine wunderbare Gesetzmäßigkeit, desgleichen die Kristalle, die Spirallinie des Schneckenhauses, die Muscheln, Seesterne und Pflanzen der Meerestiefe. Je höher die Ordnung, der ein organisches Wesen angehört, desto verborgener sind seine Maße, oft auch *verdorben* durch allerlei Folgen der Erbsünde. Und dennoch steht das Ebenmaß der ursprünglichen Typen unbestreitbar fest und tritt, obwohl sehr selten, auch an vollkommen wohlgestalteten Menschen zutage. Die geometrischen Figuren kommen vor allem in der Außen- und Innenarchitektur zur praktischen Anwendung. Sie lassen sich an den ägyptischen Pyramiden, an den Maßen der Stiftshütte und des Tempels von Jerusalem nachweisen.

Vitruvius Pollio, den Kaiser Augustus zu seinem Architekten bestellt hatte und der zwischen 16 und 13 v. Chr. ein Werk über Baukunst verfaßte, schreibt, daß die alten Griechen ihre wunderbaren Tempelbauten nach den Maßen des Menschen gestaltet haben. Dieses Wort blieb unverständlich, bis der Altmeister der Beuroner Kunstschule, P. Desiderius Lenz OSB (1832—1928), den Kanon des Menschen, d. h. die Konstruktion seines Körpers nach geometrischen Maßen, wieder entdeckte und mit staunender Bewunderung erkannte, wie Gott auch den *Leib* des Menschen „nach seinem Ebenbild“ erschaffen hat, da Kreis und Dreieck, die Symbole der Ewigkeit und Dreieinigkeit, seinem Aufbau zugrunde liegen.

Es ist hier nicht der Raum, den Ausführungen dieses tiefsinnenden Künstlers nachzugehen, der von frühester Jugend an aus der Geometrie eine wahre Theologie und Mariologie herauszulesen wußte, in die er sich in frommer Betrachtung vertiefte. Im folgenden soll nur die Symbolik der wichtigsten Figuren in großen Zügen dargelegt werden.

Fast jede geometrische Konstruktion beginnt mit dem Kreuz: Wo seine Balken sich schneiden, liegt das Zentrum der Formen, von dem, wie von einem wirkenden Lebensherd, die Ordnung in das All hinausstrahlt.

In Gottes Plänen liegt also eine wunderbare Einheit: Der Schöpfer hat dem ganzen Universum *das* Zeichen zugrunde gelegt, durch das sich einstens die Erlösung vollziehen sollte.

„In der deutschen Romantik ist uns eine Reihe sehr verschiedener Deutungen der mystisch-geometrischen Symbole begegnet. Bald veranschaulichen sie die unendliche Allwirksamkeit Gottes, bald die innere oder äußere Unendlichkeit der Geisterwelt oder der Allnatur, bald außer deren einheitlicher Totalität auch die vielfältige, individuelle Unendlichkeit der Einzelglieder des universellen Ganzen. Zweifellos ist die religiöse und die universelle Deutung die ursprüngliche, von der die weltlichen und individuellen Deutungen erst nachträglich abgezweigt sind“ (Mahnke, a.a.O., S. 15).

Kreis und Kugel

Der Kreis *(κύκλος)* als eine in sich selbst zurückkehrende Linie, deren sämtliche Punkte gleich weit vom Zentrum entfernt sind, ist nicht nur die einfachste, sondern auch die vollkommenste Figur. In ihm gibt es kein Vor- oder Hintereinander, nichts Größeres oder Kleineres. Er verbindet die höchste Ruhe mit angespanntester Kraft und stellt somit die Fülle *(πλήρωμα)* und Vollkommenheit dar. Er ist, weil ohne Anfang und Ende, ein Bild der Ewigkeit. — Aus dem Kreis lassen sich alle weiteren geometrischen Figuren konstruieren.

Das gleiche gilt von der Kugel *(σφαίρα):* Alle übrigen regulären Körper vermag sie zu bilden und zu umschließen. Sie ist gleichsam „das allbildende Urei, der große Anfang, das Eins ohne Maß und Ende, das die ganze übrige Formenwelt hervorbringt" (P. D. Lenz). Die Sphaira ist „Symbol der absoluten Allgegenwart und Allwirksamkeit Gottes. Der uralte Satz: ‚Deus est sphaira, cujus centrum ubique, circumferentia nusquam' wurde von unzähligen Philosophen und religiösen Mystikern der verschiedenen Jahrhunderte immer wieder zitiert. In ihm kommt die ursprüngliche Bedeutung des Kreissymbols zum treffendsten Ausdruck" (Mahnke).

Kreis und Kugel wurden nicht allein als Symbol der Ewigkeit *Gottes* angesehen, sondern auch auf den aionischen Kreislauf des Kosmos bezogen: Wie die Kreislinie wieder in ihren Ausgangspunkt zurückkehrt, so auch das Leben der tellurischen Schöpfung. In diesem Sinn wird die Figur zum Ausdruck des höchsten, alles Leben beherrschenden Naturgesetzes und somit Darstellung jener Unsterblichkeit, die in stets wiederholter Verjüngung des Lebens aus dem Sterben der Natur hervorgeht.

So aufgefaßt, erscheint der Kreis auf antiken Grabmonumenten als Symbol der Apotheose. Aus den Gräbern der Toten, wo sie Aschenurnen usw. schmückt, ging die Kreisfigur in verschiedenen Ableitungen in die Ornamentik und Architektur der Wohnhäuser über, zunächst als Bild tiefsinniger religiöser Ideen, die aber mit der Zeit verblaßten. Die Formen in ihrer Schönheit blieben zwar bestehen, doch ihre Symbolik wurde allmählich nicht mehr verstanden.

Das schon bei den alten Griechen so beliebte Ball- und Diskusspiel hatte, wenn auf Gräbern dargestellt, dieselbe Bedeutung. Eine begleitende Inschrift legt in fehlerhaftem Griechisch dem Verstorbenen die Worte in den Mund: „Man hat mir den Ball zugeworfen!" Das will sagen: Ich bin zur Unsterblichkeit in den höchsten Sphären des Alls berufen. Unter dem Spiel verbirgt sich also höchste Hoffnung.

Zahlreich sind die Vasenbilder und Grabsteine, auf denen die Sphaira für sich allein, als selbständiges, zu keinem Bilde gehörendes Symbol auftritt. Wie die Mehrzahl bedeutender Sinnbilder, so wird auch der Ball aus Terrakotta in Gräbern gefunden und häufig als Gefäßform verwendet.

Das Symbol der Sphaira ging auch in das Christentum über. Nach Millins Zeugnis pflegten die Geistlichen der Kathedrale von Auxerre noch im 15. Jahrhundert das Ballspiel: Indem es am Ostertag im Chor der Kirche ausgeführt wurde, bekundet es seine überlieferte Beziehung zur Unsterblichkeit des künftigen himmlischen Daseins noch unter der Herrschaft des katholischen Glaubens (Bachofen-Bernoulli, Urreligion und Symbole).

Für Pseudo-Dionysios Areopagita ist der *„κύκλος"* Ausdruck überaus tiefer Gedanken über den göttlichen Eros, der, ohne Anfang von Gott ausgehend, sich in nie endenden Kreisen bewegt: Als Liebeskraft tritt er hinaus bis zur äußersten Peripherie aller Wesen, um sie zu einigen und sie in seinem Kreislauf mit in den ewigen Ursprung hineinzuziehen (cf „De divin. Nomin." IV, § 14 und 17).

An anderer Stelle beleuchtet derselbe Autor das Symbol von einer anderen Seite: Alle Radien eines Kreises sind im Mittelpunkt zur Einheit verbunden: eins untereinander, eins mit dem Zentrum. Entfernen sie sich nur ein wenig von diesem, so sind sie auch voneinander nur wenig geschieden. Je weiter sie sich aber vom Mittelpunkt fortbewegen, desto größer wird auch ihre gegenseitige Trennung. Kurz, in dem Maße, als sie sich dem Zentrum nähern, sind sie mit diesem und untereinander geeint. Der Abstand vom Mittelpunkt bedingt auch ihre gegenseitige Distanz (a.a.O. V, § 6).

Spirale

Die Spirale ist eine Figur, die bereits in der Steinzeit auf Felsen Südschwedens eingemeißelt wurde. Ebenso trägt der Megalith, der dem Eingang des Kuppelgrabes von New-Grange in Irland vorgelagert ist, ein ganzes Muster aneinandergereihter Spirallinien (Abb. in W. Krause, Religion der Kelten, No 12, nach Ebert, Reall. VIII Taf 152). An ihrem symbolischen Sinn ist nicht zu zweifeln: Religionsgeschichtliche und archäologische Studien haben erwiesen, daß die Spirale als Zeichen des Lebens, der vegetabilischen und organischen Fruchtbarkeit sowie der Sonne als Beherrscherin des Zeitenlaufes zu deuten ist. In der Bronzezeit schmückte dieses Motiv Fibeln und verschiedenartige Ringe. In der keltischen Kunst wurde es mit Vorliebe angewendet. Man versteht, daß diese einfache und doch so dekorative Figur schon die naturverbundenen Menschen der Urzeit zu Vergleichen mit dem Leben und der Zeit anregte: Wie die kreisende Linie aus einem Zentrum ununterbrochen weiterläuft und dabei ihren räumlichen Umfang erweitert, so vermag *ein* Lebenskeim sich ins Unermeßliche zu entfalten und Generationen zu erzeugen. Wunderbar ist auch das spiralenförmige Aufwärtsstreben vieler Schlingpflanzen und die Form des Schneckengehäuses; ferner beachtenswert die treibende Kraft, die metallenen Spiralen („Federn“) in der Mechanik eigen ist, z. B. in den Uhren, sowie die Festigkeit, mit der angeschraubte Gegenstände zusammenhaften.

Mit Beginn des Christentums erscheint die Spirale auch in Verbindung mit dem Kreuzeszeichen, das keltischen Gedenksteinen (Dolmen späterer Zeit) eingemeißelt wurde, aus denen sich die typischen irländischen Steinkreuze herausbildeten (vgl. Art. „Kreuz“, S. 23). Auf Säulenkapitälen frühromanischer Kirchen lassen spiralförmige Ornamente den gleichen Sinn vermuten, der diesem Motiv mit Bezug auf Sonne und Zeitenlauf von alters her eigen war. Was aber als kosmisches Zeichen galt, das konnte in christlicher Schau zum Symbol der Mysterienfolge im Kirchenjahr werden.

Pseudo-Dionysius (De div. nom. IV, § 9) und nach ihm Thomas von Aquin (Summa th. 2/2, qu. 180, a. 6) und andere sehen in der Spirale ein Bild der Kontemplation. Ersterer sagt: „Spiralenförmig wird die Seele bewegt, insofern sie ihrer Natur gemäß mit göttlichen Erkenntnissen erleuchtet wird, nicht auf geistige und geeinte Weise (d. h. nicht durch plötzliche, direkte Eingebung), sondern durch diskursive Schlußfolgerung, gleichsam durch gemischte und wechselnde Tätigkeit.“ Diese Definition erinnert an die vertikale Kreisbewegung der Schlingpflanzen und der Schrauben. Betrachtet man aber die Spirale als eine auf gleicher Ebene dem Mittelpunkt zulaufende, oder aus ihm sich entfaltende Linie, so kann man in der Kontemplation einerseits ein Bestreben erkennen, das Äußere aus dem Sinn zu schlagen [1], oder die Schöpfung als Bild ewiger Liebe und Schönheit mit in die

---

[1] Nach Thom. v. Aq., a.a.O.: „Introitum ipsius (animae) ab exterioribus ad seipsam.“

Betrachtung einzubeziehen, um die Konzentration in Gott zu erreichen. Anderseits läßt sich der umgekehrte Weg ins Auge fassen, der aus dem Vergessen des Ego-Zentrums bis zum Eingehen in die Weite des unendlich Heiligen führt.

Dreieck

Ganz anders als das Viereck in seiner stabilen Ruhe erweckt das Dreieck den Eindruck von *Leben* und Bewegung. Im Altertum war es *Lichtsymbol,* weshalb man Lampen und Leuchter meistens mit drei Füßen oder drei Ketten versah.

Das gleichseitige Dreieck, das in seinen Linien die Einheit dreier gleicher Größen darstellt, wurde zum Symbol des *dreieinigen Gottes.* Da hier jede Seite vermittelndes und einigendes Element für die beiden anderen ist, zeigt sich die Dreiheit als Einheit. Noch stärker wird dies betont, wenn ein Kreis das Dreieck umschließt. Nimmt man die oben angeführten Begriffe von Licht und Leben dazu, so ist die tiefste Bedeutung gegeben.

In vereinzelten Fällen wurde das Triangulum altchristlichen Grabsteinen eingemeißelt. Lange Zeit blieb es von den Archäologen unbeachtet, teils seiner Seltenheit wegen, teils weil es als manichäisches Trinitätssymbol von der Kirche verworfen wurde (vgl. Augustinus c. Faustum Manich. XVIII, 23). Erst De Rossi lenkte die Aufmerksamkeit auf orthodoxe Grabtitel Nordafrikas, die das Dreieck trugen. Der berühmte Forscher wies nach, daß diese Grabsteine aus der Zeit der Vandalenherrschaft stammen und ein Bekenntnis der Heiligsten Dreifaltigkeit gegen die arianischen Vandalen darstellten.

Nach dem Zeugnis des hl. Zeno von Verona gab man in den ersten christlichen Jahrhunderten den Neophyten Medaillen oder Enkolpien mit eingeprägtem Dreieck. Dieses Zeichen sollte die Christen erinnern, daß sie auf den Namen der Heiligsten Dreifaltigkeit getauft sind. Solche Dreiecke, in welcher Form sie vorkommen mögen, sind stets mit einem Christusmonogramm oder mit *A* und *ω* verbunden, wohl als Anspielung an die Worte des Kolosserbriefes (2, 9): „In Christus allein wohnt die ganze Fülle des göttlichen Lebens."

Vom Mittelalter an wird das Dreieck als Sinnbild der Trinität bisweilen von einem sonnenartigen Strahlenkranz eingefaßt, meistens aber mit anderen Symbolen (Hand Gottes, Auge Gottes, Geistestaube, Tetragramm) verbunden. Die Spitze sollte immer nach oben stehen, um das christliche Sinnbild vom Abzeichen der Freimaurer zu unterscheiden, das durch ein umgestürztes Dreieck die gottesfeindliche Richtung dieser Sekte andeutet.

Nimmt man die drei Ecken der Figur als Zentren und zieht um diese drei verschlungene Kreise oder Ringe, so ergibt sich ein weiteres Dreifaltigkeitssymbol. — Der Dreipaß, eine im gotischen Maßwerk häufig wiederkehrende Form von drei einander berührenden Halbkreisen, hat die gleiche Konstruktion.

Quadrat, Kubus, Oktogon

Die Bedeutung der Vierzahl (s. S. 50 f.), die im Gegensatz zum Gottessymbol, der heiligen Drei, die *Welt* darstellt, wird in den sichtbaren Gestalten des Quadrates und des Kubus oder Würfels durch neue Gesichtspunkte bereichert. Auf breiter Grundlage stehen diese Figuren da und erwecken den Eindruck von Ruhe, Festig-

3 Orante. Priscilla-Katakombe, Rom. 3. Jh.

4 Mahlszene. Priscilla-Katakombe, Rom. 2. Jh.

keit und *Stabilität*. Daher schaut der hl. Apostel Johannes in der Apokalypse (21, 16. 17) das himmlische Jerusalem in Form eines Kubus: „Die Stadt war viereckig angelegt und ebensolang wie breit ... ihre Länge und Breite und Höhe sind gleich."

Nach St. Augustinus ist das Quadrat, an dem die Seite der Seite, der Winkel dem Winkel in vollkommenem Gleichmaß gegenübersteht, Sinnbild der *Gerechtigkeit*, d. i. jener Tugend, die jedem das Seine gibt (vgl. De Quant. animae IX & X; PL 32, 1043).

Origines und Gregor v. Nyssa sehen im Kubus ein Bild vollkommener *Beständigkeit*, denn wie man ihn auch wenden mag, steht er sicher, ohne zu wanken.

In der Architektur hat das Viereck die Bedeutung des Festen, Fundamentalen. Anderseits liegt (nach Menzel, Christliche Symbolik II) „in der Überwindung der steifen viereckigen Form, in der die gotische Baukunst sich auf mannigfache Weise gefällt, der Grundgedanke einer Heiligung der Welt durch die Kirche, einer Überwindung des Profanen durch das Heilige (NB: Solche Ausdeutung jeder Einzelheit entspricht dem Geist des Mittelalters). Zu den Motiven dieser Art gehört die Querstellung des kleineren Vierecks im gerade stehenden großen Viereck mit rundlich-blätterartigen Ornamenten, die sich über jede seiner vier Seiten hinschmiegen."

Auf alten Mosaiken und Malereien zeigt die viereckige Aureole gewisser Gestalten an, daß hier eine (damals) noch lebende Person, meistens ein Stifter, ein regierender Papst oder Herrscher, dargestellt wurde. Er trägt also noch die *Zahl „dieser Welt"* an sich und ist damit von den Engeln und Heiligen des Himmels unterschieden, die ein runder Nimbus auszeichnet.

Im Quadrat liegt ein Geheimnis verborgen, das sich aber durch eine sehr einfache Weiterführung der Konstruktion leicht finden läßt: Es ist der *„goldene Schnitt"* (sectio aurea), d. h. die Teilung einer Linie, deren kleinerer Teil (m = minor) sich zum größeren (M = Major) verhält wie dieser zum Ganzen (Mm = Maximus). Nach diesem Maß ist eine Unmenge von Naturdingen gebildet. Es ist in Gottes Werken das Kennzeichen richtiger *Proportion* und wiederum ein Sinnbild der ewigen Schönheit. Nicht selten ist die Sectio aurea — sei sie beabsichtigt oder durch Begabung des Künstlers von selbst getroffen — Ursache des harmonischen Eindrucks, den ein Kunstwerk hervorruft.

Aus dem Quadrat oder dem Kreis wird mit Hilfe der Kreuzlinien das *Achteck* (Oktogon) konstruiert. Die Bedeutung dieser Figur ergibt sich aus der Symbolik der Zahl Acht (s. S. 54 f.), die auch zeigt, warum altchristliche Baptisterien meistens in Form eines Oktogons erbaut wurden.

Eine dem hl. Ambrosius (oder Ennodius) zugeschriebene Inschrift in der Taufkapelle der Mailänder Theklakirche spricht diese Symbolik deutlich aus:

„Achteckig drin ist der Taufborn; es kommt ihm ja zu dieses Maß:
Der Taufspendung heiligem Raum gebührt mit Recht diese Zahl
Im Licht des erstandenen Christus, der sprengte die Tore des Todes.
Sein Weckruf — er führt die Entseelten heraus aus verschlossenem Grab."

Pentagramm

Der *fünfzackige Stern* (Pentagramm) ist nicht allein in der Symbolik der Zahl Fünf (vgl. S. 51) miteinbegriffen und enthält mehrfach den goldenen Schnitt, sondern hat seine eigene Bedeutung als uraltes *Zauberzeichen* (Drudenfuß), das die bösen Gewalten fesselt. Was sein Bannkreis umschließt, das wird, so glaubt man, unwirksam gemacht.

In der Symbolik der Pythagoräer wurde das Pentagramm für das Wort *„Gesundheit"* *(ὑγιεία)* gebraucht. Die Mitglieder dieser Schule pflegten es (nach Lukian von Samosata) als Wunschformel an den Beginn ihrer Briefe zu setzen. Sie hielten diesen Wunsch am angemessensten für Leib und Seele, da er ihnen alles zu enthalten schien, was für den Menschen gut ist: Glück im Handeln, Freude und physisches Wohlbefinden. Mit diesem Gedankeninhalt wurde also das geometrische Zeichen identifiziert. Es hieß einfach „ὑγιεία" und war im Kreise der Pythagoräer ihre Erkennungsmarke (vgl. Dölger, Antike u. Christentum I).

Als Heilszeichen scheint das Pentagramm oder Pentalpha sehr verbreitet gewesen zu sein: Es heißt vom Syrerkönig Antiochus *Σωτήρ* († 261 v. Chr.), daß Alexander d. Gr. ihm vor einer Schlacht gegen die Galater im Traum erschienen sei und ihm die Weisung gegeben habe, sein Heer mit dem althergebrachten Zeichen *‚ΥΓΙΕΙΑ'* auszurüsten, dessen spitze Winkel in ihrer unlösbaren Verbindung ein fünffaches Alpha bilden. Auch den Münzen dieses Königs war das Pentagramm mit Unterschrift eingeprägt.

Im Heere der byzantinischen Kaiser, also bereits in christlicher Zeit, trugen die Vorkämpfer, die allen voran den Truppen zum „Heile" verhelfen sollten, kleine Schilder mit dem *Pentalpha* in den drei Farben: Grün und Hellblau mit Purpurrand. Nach Cornelius a Lapide galt dieses Zeichen als *Symbol Christi:* Er ist das *Alpha* und Omega, und seinen *fünf heiligen Wunden* entströmt das Heil der Welt.

Hexagon und Hexagramm

Die Symbolik der Zahl Sechs (vgl. S. 51) gilt auch für die von ihr gebildeten Figuren des Hexagons (Sechseck) und Hexagramms (sechszackiger Stern). Letzteres besteht aus zwei verschränkten gleichseitigen Dreiecken und hat als uraltes heiliges Zeichen der Pythagoräer wie der Israeliten eine hervorragende Bedeutung: Heute noch leuchtet es von allen Synagogen entgegen und stand nach jüdischer Überlieferung bereits über der hohen Pforte des Tempels von Jerusalem. Als Beleg dafür ist eine Münze aus dem Jahr 132 n. Chr. zu erwähnen, deren Prägung das Tempelportal mit dem Sechsstern trägt. In der Legende reicht das Hexagramm bis auf Salomo und David zurück. In der jüdischen Literatur wird es zuerst im Jahr 1148 als „Schild Davids" genannt. Das Zeichen scheint als Symbol des geheimnisvollen Engels „Metatron" *(μετάθρονος* = der dem Throne Gottes Zunächststehende) gegolten zu haben, der mit dem „Engel des großen Rates" ziemlich gleichbedeutend ist. Nach der Ansicht vieler Kirchenväter ist unter diesem die zweite göttliche Person zu verstehen, wie sie schon im Alten Bunde dem auserwählten Volke nahe war.

Immer noch verwenden die Juden unsrer Zeit das Hexagramm als Ornament ihrer Sabbatlampen und anderer Geräte und als Talisman über den Türen. Der Name „Schild Davids" oder „Siegel Salomos" ist dunkel, doch läßt die Stellung dieses Zeichens im jüdischen Kult vermuten, daß es eine geheimnisvolle Bezeichnung Gottes enthält, vielleicht sogar eine Andeutung des Trinitätsgeheimnisses. In der Schlußbenediktion der jüdischen Morgenliturgie wird nämlich Jahwe unter dem Titel „Schild Davids" gepriesen. Der Kreis aber, als Symbol des unwandelbaren einen Gottes, samt den gleichseitigen Dreiecken, die der κύκλος umschließt, dürfte eine Anspielung an den größeren Gottesnamen enthalten, der aus 24 Buchstaben besteht und lautet: „Drei in Einem, Einer in Dreien."

Die Araber nennen das Hexagramm „Siegel des großen Königs". Es bildet auch vielfach das offizielle Siegel der Rabbiner. Salomo soll mit einem Ring, der den Namen Gottes in Form einer aus zwei gleichseitigen Dreiecken gebildeten Figur trug, die bösen Geister bewältigt und in seinen Dienst gebracht haben (vgl. P. O. Wolff OSB, „Der Tempel von Jerusalem").

Labyrinth

Als „Labyrinth" bezeichnete man im Altertum einen Bau mit vielen irreführenden Gängen und Kammern. Plinius (N. H. 36, 19) erwähnt vier solcher Anlagen, von denen 3 wirklich existierten. Vom *ägyptischen* Labyrinth hat Lepsius (1810—1884) noch Reste entdeckt und durchforscht. Creuzer hält die Meinung, daß es eine symbolische Darstellung des Tierkreises gewesen sei, für die wahrscheinlichste. Dagegen ist das *kretische* Labyrinth nur aus dem Mythos bekannt. In ihm hauste der Minotaurus, ein Ungeheuer, halb Mensch, halb Stier, das von Theseus besiegt wurde.

Schon früh begann man den Grundriß dieses Baues auf kretischen Münzen, später auf griechischen Vasen und in Mosaik darzustellen. Die christliche Kunst der Spätantike und des Mittelalters übernahm dieses Motiv zunächst als Schmuck von Kirchenfußböden, den man aber bald symbolisch deutete, DACL [2] zählt nicht weniger als 25 solcher Labyrinthe auf, die dem 4. bis 16. Jahrhundert entstammen und größtenteils noch bestehen. Die Figur ist gewöhnlich in schwarzen und weißen Steinchen ausgeführt und umfaßt quadratische, runde, seltener ovale oder achteckige Flächen von verschiedenem Ausmaß, bis zu mehreren Metern. Man könnte die verwirrenden Mäanderlinien, die zum zentralen Zielpunkt führen, fast für ein Spiel halten, doch deutet man sie als Sinnbild des menschlichen Lebens, das nur durch vielerlei Hindernisse und Geduldsproben sein ewiges Ziel erreicht. Daß dieser christliche Gedanke zugrunde liegt, dafür bietet der Bodenbelag der 324 erbauten Basilika von Orléansville in Algerien das älteste Beispiel: Hier umschließt das quadratische Labyrinth in seiner Mitte ein Buchstabenrätsel, dessen Lösung die Worte „SANCTA ECCLESIA" (dort nur mit *einem* C geschrieben) ergibt. Gläubige, Neophyten und Häretiker sollten daraus lesen, daß sie aus Irrwegen durch die wahre Kirche zu Gott gelangen.

Auch mehrere Heiligtümer Italiens, Frankreichs und Deutschlands enthalten Labyrinthe. Die bekanntesten sind: S. Maria in Trastevere zu Rom, S. Vitale in Ravenna, St. Gereon in Köln, die Kathedralen von Chartres und Reims in Frankreich. In S. Michele zu Pavia bildet der Sieg des Theseus über den Minotaurus den Mittelpunkt des Linienkomplexes, wodurch die Lebensbahn als *Kampf* gekennzeichnet wird.

Die Wege des Labyrinths zu durchschreiten oder sie mit dem Finger nachzufahren galt im Mittelalter, besonders in Frankreich, als fromme Übung und als Ersatz für eine Pilgerfahrt nach Jerusalem. Auch Teile von Gärten und Parks wurden mitunter in Form solcher „Jerusalemswege" angelegt.

---

[2] „DACL" = übliche Kürzung für Dictionnaire d'Archéologie chrétienne et de Liturgie" von Cabrol und Leclercq (VIII, Art. „Labyrinthe").

III. KOSMISCHE ERSCHEINUNGEN

1. ELEMENTE

Wasser

Das Wasser gehört zu den von der Vorsehung besonders bevorzugten Elementen. Es reinigt und löst, tränkt und erfrischt, es bedingt die Entwicklung der Pflanzen, dämpft Hitze und Sonnenbrand und ist für die Hygiene von großer Bedeutung. Ohne Wasser läßt sich kein Leben denken, und darum hat Gottes Weisheit, dessen Gnade die Natur voraussetzt, es in den Dienst der übernatürlichen Ordnung gestellt. „O Wasser", ruft der hl. Ambrosius aus, „das du gewürdigt wurdest, Gnadenmittel Christi zu sein! Du wäschst alles ab und wirst nicht gewaschen. Du beginnst die ersten und vollendest die vollendeten Mysterien! Von dir kommt der Anfang, in dir ist das Ende. Vielmehr: Du bewirkst, daß wir kein Ende kennen" (Comm. in Luc. lib. X, 48).

Um die vielseitige Symbolik des Wassers zu verstehen, müssen wir auf die Schöpfungsgeschichte zurückgehen. Da steht das bedeutsame Wort: „Der Geist Gottes schwebt über den Wassern" (Gen 1, 2). Es waren die Gewässer des Chaos. Diese tobenden Wasser hat die Heilige Schrift in einem gewissen poetischen Dualismus geschildert: „Indem sie in wildem Brausen und Branden ihre Wogen gleichsam bis zu Gottes Thron emporschleudern, sind sie zum Symbol der gottfeindlichen Mächte geworden (vgl. Ps 93, 3 f; 46, 3f). Doch gerade darin zeigt sich Gottes Allmacht am stärksten, daß er alle diese Gewalten gleich der Urflut bannt, durch den Geist, der über den Wassern schwebt" (vgl. P. Athanasius Miller, Bened. Monatschr. 1935). Zu jeder Zeit kann das Wasser vernichtend wirken: Das sturmgepeitschte Meer mit seinen haushohen Wogen versenkt selbst die größten Schiffe. Ein Hochwasser, eine Sturmflut bricht über Menschensiedlungen herein, und nichts kann der entfesselten Gewalt widerstehen. Da wiederholt sich auf begrenztem Gebiet, was einst bei der Sintflut in weitestem Ausmaß geschah. Daher haben die Alten im Meer mit allen seinen Gefahren etwas Unheimliches gesehen und in den „vielen Wassern", die das Leben bedrohen, ein Bild der Leiden und Prüfungen oder auch hereinbrechender Strafgerichte (vgl. Ps 69, 13; 42, 8; 88, 18; 124, 5; 32, 6; Jes 8, 6—8; Hld 8, 7). Hier liegt also die *negative* Bedeutung der Symbolik, während die *positive* das Wasser als Lebensquelle betrachtet. Auch sonst dient das Wasser in der Bildersprache der Hl. Schrift zu vielerlei Vergleichen: Sie spricht von den Strömen der Weisheit und der weisen Rede (Spr 18, 4; Sir 21, 16), von der Ehegattin und den Nachkommen als Quellen natürlichen Lebens (Spr 5, 15—18; Num 24, 7), vom Wasser als Bild des Vergänglichen oder der wogenden Völkerscharen (Offb 17, 15), die mit brausender Vielstimmigkeit das himmlische Alleluja singen (Offb 19, 6). Diese Bedeutung „Wasser = Menschen" begründet die Beimischung eines Wassertropfens zum Meßwein im Opferkelch: Sie versinnbildlicht die hypostatische Union in Christus und unsere Einheit in Ihm.

Um aber den wesentlichsten Punkt der Symbolik darzulegen, müssen wir weit zurückgreifen:

Im ursprünglichen „Chaos“ waren die Stoffe zur Bildung der einzelnen Wesen als deren Voraussetzung vorhanden. Daher lassen die Kosmogonien der alten Heidenvölker alles aus dem Wasser entstehen. Wir finden speziell bei den Ägyptern, Babyloniern und Phöniziern, die zu den Israeliten in besonderer Beziehung standen, in mythologisierter Form manche Anklänge an den biblischen Schöpfungsbericht. Alle sprechen von einem Urmeer. Das Wasser repräsentiert ihnen die Substanz, aus der alle Formen entspringen und in die sie bei ihrer Auflösung zurückkehren. Es bildet also den Anfang und das Ende jedes kosmischen Kreislaufes, es ist keimtragend, Mutter von allem, was existieren kann. Die antike Symbolik beruht somit auf dem allmählichen Werden aus dem flüssigen Urzustand. Sie kommt besonders darin zum Ausdruck, daß ein rituelles Bad als Rückbildung in das Vorformale und aus diesem heraus als gänzliche Neuwerdung und Neugeburt gilt. Das Untertauchen bedeutet hier Auflösung der Formen, Reintegrierung im undifferenzierten Sein der Präexistenz. Das Auftauchen dagegen wiederholt den kosmogonischen Akt der Formwerdung. Auf diese Weise bewirkt also das Wasser in den Initiationsriten eine Neugeburt.

In seiner Weiterführung bedeutet dieser Gedanke Neubelebung, Verjüngung und Heilung durch die magische Kraft des Wassers, und zwar nicht allein im Diesseits, sondern auch nach dem Tode (vgl. Mircea Eliade, Die Religionen und das Heilige, Kap. V; Salzburg 1954). So erklärt sich die Besprengung der Verstorbenen, wie die Ägypter sie vornahmen und in ihrer Kunst häufig darstellten. Die beigefügten Hieroglyphen „Leben“ und „Gesundheit“ kommentieren den Inhalt der Szene: Das Wasser soll hier eine Wiedergeburt und Neubelebung nach dem Tode sichern. Auch bei den Babyloniern bestand die Hauptsorge der Hinterbliebenen in der Wasserspende für die Toten. Inschriften auf Tonzylindern, die man in Gräbern fand, wünschen jenem, der das Grab unversehrt läßt, „daß einst sein Totengeist klares Wasser trinken möge“. Solche Quellen oder Ströme der Erquickung sind nach Schilderung der Mythen von Wunderbäumen umsäumt und nur auf Wegen voller Prüfungen und Schwierigkeiten erreichbar.

Die Idee der Formenauflösung und Neuschöpfung durch Wasser liegt auch den Reinigungsriten zugrunde: Was vor dem Eintauchen bestand, existiert nicht mehr. Wer untertaucht, stirbt, und wenn er dem Wasser entsteigt, ist er gleich einem neugeborenen Kind ohne Sünde (vgl. M. Eliade, a.a.O.). Nach einer anderen Vorstellung wirkt dieser Ritus weniger durchgreifend: so nämlich, daß alles vor Gott Verunreinigende, sei es ritueller oder sittlicher Art, sich gleich physischem Schmutz abwaschen lasse (vgl. Kittel, Theol. Wörterb. z. NT I, 530).

Diese verschiedenen Aspekte antiker Symbolik erscheinen wie ein Vorahnen der christlichen Wirklichkeit. Doch war der heidnische Standpunkt ein ganz verschiedener: Er sieht im Wasser das allesschaffende, mit magischer Kraft geladene Element, dem selbst Götter entstammen und in dem Götter wohnen. Daher erwies man Quellen und Flüssen einen Kult durch Hinstellen von Opfergaben und Lichtern. In der wahren Religion dagegen ist *Gott,* dessen Geist über den Wassern schwebte, der Schöpfer und Bildner, der auch allein von Sünde und Schuld reinigen kann.

Der Alte Bund ist reich an Typen des künftigen heilbringenden Wassers: Die vier Paradiesquellen (Gen 2, 10—14) werden als Sinnbilder der vier Evangelien gedeutet, die sich in die vier Weltgegenden ergießen. Die Wasser der Sintflut spülen die Laster der sündigen Welt hinweg, als Vorbild unsrer Wiedergeburt. Im gleichen Sinn begräbt das Rote Meer die Ägypter in seinen Fluten, während die Kinder Israels trockenen Fußes hindurchziehen. Das Quellwunder des Mose (Ex 17, 1—8) weist auf alle sakramentalen Heilsquellen hin, die Christus uns erschlossen hat. Auch die Brunnen der Patriarchen haben ihren tiefsymbolischen Sinn mit Bezug auf die unerschöpflichen Tiefen heiliger Geheimnisse, und die vielen Waschungen und Besprengungen der jüdischen Liturgie bereiten auf das vor, was der Neue Bund an Gnade und innerer Reinheit bewirkt. An das frohlockende Wasserschöpfen am Laubhüttenfest — ebenfalls ein vorbedeutender Ritus — knüpft später Christus selbst an, indem er ausruft: „Wer durstig ist, komme zu mir und trinke! Wer an mich glaubt, dem gilt, was die Schrift gesagt hat: Aus seinem Innern werden Ströme von lebendigem Wasser hervorfließen. Dies sagte er von dem Geist, den alle empfangen sollten, die an ihn glauben ..." (Joh 7, 37).

Schon im Alten Bund waren physische Heilungen durch Wunderkraft eines Propheten oder durch Einwirkung eines Engels mit einem Bad verbunden: so die Heilung Naamans des Syrers im Jordan (2 Kön 5, 1—15) und die Genesung jener, die in den Teich Betesda hinabstiegen (Joh 5, 4). Alle diese Vorbilder stellt die heilige Liturgie der Quadragesima den Taufbewerbern vor Augen.

Als Johannes, der Vorläufer des Herrn, im Jordan taufte, war sein Tun unmittelbare Vorbereitung auf das Größte, das sich nun vollziehen sollte: „Zusammen mit dem ganzen Volk ließ auch Jesus sich taufen. Und während er betete, öffnete sich der Himmel, und der Heilige Geist kam sichtbar in Gestalt einer Taube auf ihn herab, und eine Stimme aus dem Himmel sprach: Du bist mein geliebter Sohn, an dir habe ich Gefallen gefunden" (Lk 3, 21—22).

Zum zweiten Mal also schwebt hier Gottes Geist über den Wasserfluten. „Im Anfang" geschah es beim Werden der *Natur,* doch schon als Vorbedeutung des künftigen Mysteriums; jetzt aber beim Werk der *Übernatur,* zum Heile der Menschheit. Jetzt erscheint die reine Geistestaube über dem Gottessohn, der durch sein Hinabsteigen in den Jordan sämtliche Gewässer für die Wiedergeburt der Menschen geheiligt hat — ein Gedanke, den die Kirchenväter oft ausführen. Durch dieses Element empfangen wir von nun an die Gotteskindschaft. In dem wunderbaren Gebet, das die hl. Kirche in der Osternacht über das Taufwasser spricht, redet sie es an, wie etwas Lebendiges, Persönliches. Sie zählt alttestamentliche Vorbilder auf, erinnert an die Verwandlung des Wassers in Wein bei der Hochzeit zu Kana, an das Schreiten des Herrn über die Wogen des Sees Genesareth, an das Hervorquellen von Blut und Wasser aus der durchbohrten Seite des Erlösers am Kreuz, an den Befehl Christi, alle Völker zu taufen im Namen des Vaters, des Sohnes und des Hl. Geistes. Und dann vollzieht sich jeweils ein neues Einströmen des Hl. Geistes in den Mutterschoß der Ecclesia: Während der weihende Priester die brennende Osterkerze, das Symbol Christi, in den Taufquell senkt, singt er dreimal in steigendem Ton „Es steige herab in diesen vollen Born die Kraft des Heiligen Geistes". Dann haucht er dreimal das Lebenszeichen des hl. Pneuma in das Wasser und fährt fort: „Und sie befruchte die ganze Substanz dieses Wassers, auf daß es Wiedergeburt bewirke." So wird das Wasser zu einem wahren inhaltserfüllten Symbol, zum Sakramentale, das Gnade und Heil vermittelt.

Die griechische Liturgie weiht das Taufwasser zur Erinnerung an die Taufe Christi im Jordan am Fest der Erscheinung des Herrn (6. Jänner). Die tieftheologischen Gebete dieses Ritus erflehen mehrmals das „Schweben des Hl. Geistes" über das sakramentale Wasser [1]. Auch in der römischen Kirche ist am Vigiltag des Epiphaniefestes die Weihe des sogenannten „Dreikönigswassers" üblich. In der orientalischen Kirche wurde sie schon im 4. Jahrhundert, in der abendländischen seit dem 15. Jahrhundert vorgenommen.

Wie die Taufe die Weihe des lebendigen Gottestempels vollzieht, so wird zur Konsekration des steinernen Tempels das sogenannte „Gregorianische Wasser", dem die eigens geweihten Substanzen von Salz, Asche und Wein beigemischt werden, zur Besprengung des Altares und der Kirchenwände gebraucht.

Jedes natürliche Wasser hat durch seinen Symbolcharakter an der sakralen Bedeutung des geweihten in etwa teil. Ja es kann im Notfall das Taufwasser zur Spendung des Sakramentes ersetzen. *Wasser ist Sinnbild der Gnade* und des Heiles, Bild des Hl. Geistes (vgl. Joh 3, 5), den der Pfingsthymnus „Veni Creator" — „fons vivus, lebendigen Quell" — nennt.

Die Taufwasserweihe verleiht dem Element seine höchste Bedeutung. Ihr schließt sich als sonntägige Tauferneuerung und Weiterführung in den Alltag wie auch zur rituellen Heiligung verschiedener Dinge die Segnung des Weihwassers an, deren Gebete ihren Sinn erklären: Dieses geheiligte Wasser soll „alle Macht des Feindes und seines Anhanges in die Flucht schlagen und sie völlig entwurzeln". Es soll mit göttlicher Segenskraft erfüllt sein, Krankheiten vertreiben, Gnaden vermitteln, und „was immer dem Heil oder dem Frieden der Hausbewohner entgegen ist, soll durch Besprengung mit diesem Wasser entfliehen".

Die Propheten des Alten Bundes, besonders Jesaja, haben die Wasser des Heiles jubelnd verkündet: „Nun schöpft ihr voll Freude das Wasser aus den Quellen des Heils" (Jes 12, 3). „Auf, ihr Dürstenden, kommt zum Wasser" (Jes 55, 1). Wiederholt zeichnet Jesaja gerade das Wunderbare, ganz Ungewöhnliche dieser ersehnten Quellen. Sie entspringen „in der Wüste, im lechzenden Land" (44, 3). Mit Gewalt brechen sie sich Bahn, „wie ein eingeengter Strom" (59, 19). Dann wieder schauen die heiligen Seher die Gottesstadt (Ps 46, 5) und den Tempel als Quellenursprung: „An jenem Tag wird lebendiges Wasser von Jerusalem (= Kirche) ausgehen" (Sach 14, 8). „Lebendig" bezeichnet den Gegensatz des sprudelnden, fließenden Wassers zum stehenden der Zisternen und Teiche. Ausführlicher wird das Bild bei Ezechiel 47, 1—12: Der Prophet sieht hier eine Quelle, die der rechten Seitenwand des Tempels entspringt und allmählich zum Strom wird, der sich nicht mehr durchwaten läßt. Überall zeugt er Leben: Fruchttragende Bäume sprossen an seinen Ufern, und wo er eindringt, werden schädliche Gewässer gesund und reich an Fischen. Die Fische sind Symbol der Getauften; sie kennzeichnen den Strom als ein Wasser, das nicht allein „lebendig" *(ὕδωϱ ζωῆς),* sondern „leben*spendend*" *(ὕδωϱ ζῶν)* ist [2]. Dieser Ezechielstelle entnimmt die hl. Liturgie mit veränderten Worten den Gedanken jener Antiphon, die während der Osterzeit bei der sonntägigen Weihwasserbesprengung gesungen wird: „Vidi aquam egredientem de templo a latere dextro." Dieser Gesang enthält eine verborgene Anspielung an die Seitenwunde des Herrn und drückt hier das Glück der Erlösten über die empfangene

---

[1] *„Ὑπὲϱ τοῦ ἁγιασθῆναι τὰ ὕδατα τῇ δυνάμει, καί ἐνεϱγεία καί επιφοιτῆσαι τοῦ ἁγίου πνεύματου τοῦ κυϱίου δεηθῶμεν."*

[2] Ausführliches darüber: siehe Daniélou, „Les Symboles chrétiens primitifs", Kap. III, „L'Eau vive et le poisson".
Vgl. auch Offb 22, 1—3.

Taufgnade aus, während in der Zeit „per annum" die Antiphon „Asperges me" aus Ps 51 mehr das Reinwerden von Schuld betont.

Jesus selbst spricht zur Samariterin am Jakobsbrunnen von den wunderbaren Quellen des Lebens: „Wer von dem Wasser trinkt, das ich ihm geben werde, wird nicht mehr durstig sein, vielmehr wird das Wasser, das ich ihm gebe, in ihm zur Quelle werden, die Wasser für das ewige Leben ausströmt" (Joh 4, 14).

Die Apokalypse schildert die eschatologische Erfüllung dieser göttlichen Verheißung in ihrer ganzen beseligenden Herrlichkeit: „Das Lamm in der Mitte vor dem Thron wird sie (die Erlösten) weiden und zu den Quellwassern des Lebens führen" (7, 17). Dann wieder zeigt Gott dem Seher „einen Strom, das Wasser des Lebens, klar wie Kristall; er fließt vom Thron Gottes und des Lammes her. In der Mitte des Platzes der Stadt und in der Mitte des Stromes zu seinen beiden Seiten steht der Baum des Lebens" (22, 1—2).

Diese Bilder, die an bereits erwähnte antike Vorstellungen erinnern, hatten sich den Gläubigen der Urkirche tief eingeprägt. Wir finden sie daher in den Märtyrerakten, deren Arkansprache die Himmelswonnen als ein Trinken aus klarem Wasser schildert. Wir können sie wohl auch in den Grabinschriften erkennen, die den Verstorbenen das „Refrigerium" wünschen, von dem die griechische Totenliturgie noch heute spricht: „An der Erquickung Ort, wo das lebendige Wasser fließt, mög' Christus dich geleiten" (Matzerath, Die Totenfeier der byz. Kirche, S. 62). In den neuesten Ausgrabungen beim Petrusgrab drückt eine wasserschöpfende Frauengestalt auf christlichem Grabstein diesen Gedanken im Bilde aus. — In der Katakombenmalerei und Sarkophagplastik spricht eine Reihe biblischer Szenen in einfachster Darstellung (Quellwunder des Mose, Durchgang durch das Rote Meer, Christus am Jakobsbrunnen usw.) von den Wassern des Heiles im christlichen Mysterium.

Ungehemmt konnten sich diese Gedanken in der nachkonstantinischen Mosaikkunst und Plastik entfalten: Da nahen sich Lämmer oder Hirsche (vgl. Ps 42, 1) als Symbol der heilsbegierigen Seelen, den vier Quellen, die einem Hügel entspringen, auf dem das Gotteslamm steht, oder es strömt ein Fluß, den die Inschrift als „Jordanes" bezeichnet, am Saume des Apsidenmosaiks (Lateranbasilika). Er ist durch allerlei Wassertiere und Schifflein belebt, um anzudeuten, daß diese Fluten Sinnbild des lebenspendenden Heilswassers sind.

Auf allen Zweigen christlicher Kunst findet man häufig das Motiv trinkender Tauben oder Pfauen. Im Mittelalter, besonders in der karolingischen Buchmalerei, hat es sich zur Darstellung des Lebensbornes erweitert, dem Tiere aller Art sich nahen, um ihren Durst zu löschen.

Luft und Wind

Luft ist feinste Substanz. Unbewußt lebt man in ihr und empfindet sie erst, wenn sie weht, wenn sie Gerüche zuträgt oder — wenn sie entzogen wird, und das kann zum Tode führen. Im Freien ist die Luft in fast ständiger Bewegung. Je nach der Stärke bewirkt diese sanftes Säuseln, Wind, Sturm oder Orkan. Den vier Weltgegenden entsprechend kennt man seit dem höchsten Altertum vier Hauptwinde: Nordwind (aquilo, arcturus, boreas, *βορρᾶς, ἄρκτος),* Südwind (auster, notus, *νοτός),* Ostwind (Eurus, *εὖρος),* Westwind (zephyrus, *ζέφυρος).* Außerdem kennt man noch viele, meist lokale Winde, deren Namen aber für unser Thema bedeutungslos sind. Dagegen haben sanftes Wehen oder Sturm, kalter Nord- oder warmer Südwind einen besonderen Symbolsinn.

Die Ursachen der Winde, die vom Einfluß der Gestirne oder von ungleichen Temperaturen abhängen, waren im Altertum unbekannt. In diesen geheimnisvollen Naturerscheinungen, die bald wohltuende Wirkungen durch Luftreinigung und Befruchtung der Vegetation, bald verheerende Folgen von Schiffbruch und Schäden an Bäumen und Gebäuden hervorrufen, sahen die Heiden der Antike göttliche Wesen. In Griechenland opferte man ihnen auf eigenen Altären. Die Römer verehrten sie wegen ihrer Wichtigkeit für den Landbau und die Schiffahrt. Flottenführer opferten vor ihren Seefahrten schwarze Lämmer, um die „Tempestates" günstig zu stimmen. Homer und Vergil erwähnen in ihren Dichtungen „Aiolus", den König der Winde, und umweben ihn mit allerlei Mythen. Viele andere Völker hatten ihre Sturmgötter und Windgeister. Im deutschen Gebiet ist Wotan (Odin) besonders bekannt.

Über dieser Vielheit vergöttlichter Naturgewalten steht der *eine* Schöpfer. „Seines Donners Stimme läßt die Erde beben, mit seiner Kraft erschüttert er die Berge. Sein Wort hetzt den Südwind auf" (Sir 43, 17 a. 16). „Er fuhr auf dem Kerub und flog daher, er schwebte auf den Flügeln des Windes" (Ps 18, 11; vgl. Ps 104, 3), und „um ihn stürmt es gewaltig" (Ps 50, 3).

Solche Bilder der Hl. Schrift drücken die Macht und Größe der göttlichen Majestät aus, der nichts widerstehen kann, und deuten die Geistigkeit des höchsten Wesens an. *Theophanien* waren häufig mit Wettersturm verbunden: Ezechiels Vision kündet sich durch einen Sturmwind an (Ez 1, 4), und auf die Klagen des Dulders Ijob antwortet der Herr „aus dem Wettersturm" (38, 1). Als Elija auf der Flucht vor Jezabel am Berge Horeb angelangt war, „zog der Herr an ihm vorüber. Ein gewaltiger Sturmwind, der die Berge zerriß und die Felsen spaltete, fuhr vor dem Herrn einher. Aber der Herr war nicht im Sturm." Er kündet durch dieses Zeichen nur seine Nähe an, doch wollte er sich dem verfolgten Propheten nicht in furchterregender Weise offenbaren, sondern ihm seine Milde und Güte zeigen: „Nach dem Sturm kam ein Feuer, aber der Herr war nicht im Feuer. Nach dem Feuer kam ein leises, sanftes Säuseln", und erst in diesem vernahm Elija die Stimme Gottes (vgl. 1 Kön 19, 11—14). Hier zeigt also die verschiedene Stärke des Windes die verschiedene Weise des göttlichen Waltens an.

Strafgerichte und *Leiden* aller Art werden in der gehobenen Sprache der Propheten häufig als Stürme dargestellt: „Siehe ein Sturmwind vom Herrn, sein Zorn bricht los, ein Wirbelwind braust dahin über der Gottlosen Haupt" (Jer 23, 19; vgl. Jes 28, 2; 66, 15; Jer 18, 17; Klgl 5, 10; Dan 7, 2; Hos 13, 15; Tob 3, 22; Ps 69, 4; 83, 16). Solche Bilder sind auch der heutigen Redeweise eigen: Wir sprechen vom „Sturm der Verfolgungen, der Leidenschaften, der Versuchungen, der Begeisterung usw.".

Von einem anderen Gesichtspunkt betrachtet, bezeichnet Wind oder Hauch an vielen Stellen der Heiligen Schrift das *Nichtige*, Leere, rasch *Vergängliche, Vergebliche, Unbeständige,* das sich rasch und unversehens wendet. Ijob klagt dem Herrn: „Bedenke, daß mein Leben nur ein Hauch ist" (7, 7).

„Was hat einer davon, daß er sich müht für den Wind?" spricht der Prediger (5, 15).

Dagegen ist bei Ezechiel 37, 9 der Wind Sinnbild des *göttlichen Lebensodems,* der die verdorrten Totengebeine wiedererweckt: Gott befiehlt dem Propheten:

„Rede, Mensch, sag zum Geist: So spricht Gott, der Herr: Geist, komm herbei von den vier Winden! Hauch diese Toten an, damit sie lebendig werden."

Diese prophetische Vision ist Vorbild sowohl der künftigen Auferstehung des Fleisches als auch der geistigen Wiedergeburt der Seelen zum Gnadenleben, das sie durch die Sünde verloren hatten. Deshalb zählte dieser Schriftabschnitt einst zu den zwölf Prophetien, die in der Osternacht die letzte Vorbereitung der Katechumenen auf den Empfang der hl. Taufe bildeten.

Im Gespräch mit Nikodemus will Christus diesen jüdischen Ratsherrn über das Geheimnis der Wiedergeburt aus Gott aufklären. Dabei gebraucht er einen Vergleich: „Der Wind *(πνεῦμα)* weht, wo er will. Du hörst sein Brausen, weißt aber nicht, woher er kommt und wohin er geht. So ist es bei jedem, der aus dem Geist *(ἐκ τοῦ πνεύματος)* geboren ist" (Joh 3, 8). „Der Geist Gottes hat mit seinem Sinnbild so viele Berührungspunkte, daß beide mit demselben Namen ‚Spiritus, Pneuma' bezeichnet werden. Wind und Geist sind unsichtbar und nur aus ihren Wirkungen zu erkennen; beide folgen ihren eigenen Gesetzen. ‚Der Wind bläst, wo er will', der Geist Gottes teilt sich mit, soweit es ihm gefällt. ‚Du hörst sein Brausen', du kannst seine Gegenwart wahrnehmen, seine Macht und das Maß eines Wirkens erkennen, du weißt aber weder, woher er kommt — dazu müßte man die Tiefen Gottes durchforschen können —, noch weißt du, wohin er geht, denn er dringt bis ins Innerste des Menschen und erfüllt das ganze Universum" (Delatte, L'Evangile de N. S. Jésus Christ, p. 122; Tours 1922).

Im Sturmwind offenbarte sich auch die Vollendung aller Gotteswerke in der Zeit, als die Apostel und Jünger am Pfingstfest mit der Mutter Jesu und den heiligen Frauen im Coenaculum zu Jerusalem den verheißenen Tröster erwarteten: „Da erhob sich plötzlich vom Himmel her ein Brausen, wie wenn ein heftiger Sturm daherfährt, und erfüllte das ganze Haus, in dem sie weilten. Und es erschienen ihnen Zungen wie von Feuer, die sich verteilten, und der Heilige Geist ließ sich auf jeden von ihnen nieder. Alle wurden mit Heiligem Geist erfüllt" (Apg 2, 2—4).

Das Verlangen nach diesem heiligen Pneuma ist bereits im Hohenliede ausgedrückt, wo die Braut (= Kirche) seinen heilsamen Einfluß ersehnt: „Nordwind, erwache! Südwind, herbei! Durchweht meinen Garten, läßt strömen die Balsamdüfte!" (Hld 4, 16).

„Was anders ist durch den Nordwind (aquilo), der Kälte und Erstarrung bewirkt, angedeutet, als der unreine Geist, der alle Verworfenen, wenn er ihrer mächtig wird, zur Übung des Guten unfähig macht? Der Südwind (auster) dagegen bedeutet den Heiligen Geist: Wenn dieser die Seelen der Auserwählten berührt, löst er in ihnen jegliche Starrheit und läßt sie erglühen zur eifrigen Ausübung alles Guten. Darum heißt es: ‚Wende doch, Herr, unser Geschick, wie du versiegte Bäche wieder füllst im Südland' (Ps 126, 4). Es weiche also der Nordwind, es komme der Südwind und durchwehe den Garten des Bräutigams, auf daß ihm Wohldüfte entströmen. Weichen soll nämlich der böse Geist von der Kirche und von jeder einzelnen Seele, der Heilige Geist aber komme. Durch seine Gegenwart möge er den Fähigkeiten das Feuer der Liebe eingießen und durch seinen Einfluß sie von der Erstarrung der Lauheit befreien. Wenn dies geschieht, dann fluten die Wohlgerüche" (Gregor, Magn., Super Cant. IV, 21; Pl 78, 516—517).

Die christliche *Kunst* übernahm von der Antike die Personifikation der Winde. Sie werden als Ganz- oder Halbfiguren dargestellt, die aus vollen Backen in eine Muschel oder Horntrompete blasen. Das frühe Mittelalter reduziert die Personifikation meist auf geflügelte blasende Köpfe. Im 10. und 11. Jahrhundert tritt die Eigentümlichkeit zutage, daß der Kopf neben der menschlichen auch tierische Form annimmt. In den folgenden Jahrhunderten bleibt die Darstellung des Windes als eines geflügelten Kopfes, von dessen Mund ein Hauch ausgeht, die herrschende.

Feuer

„Elementorum nobilissimum" nennt ein Exeget des 17. Jahrhunderts mit Recht das Feuer. Es ist das lebendigste, reinste, feinste und wirksamste unter den in der Antike so genannten „Elementen", Quelle des Lichtes und der Wärme, die es von der Sonne in den Weltenraum entsendet und als Erdenfeuer auf mannigfache Weise ausstrahlt. Im Menschenleben ist es unentbehrlich. Feuer läßt sich weder vermischen noch verunreinigen. Es vermindert sich nicht, wenn neue Flammen an ihm entzündet werden [1]. Es erfaßt alles, was ihm nahekommt, um es zu verzehren oder zu durchglühen. Immer strebt seine Flamme nach oben, mit größter Schnelligkeit greift es um sich. „Das Feuer sagt niemals ‚Es ist genug!'", heißt es im Buch der Sprüche (30, 16). Gewisse Materien bringt es zum Schmelzen, andere härtet es. Als Reinigungsmittel ist Feuer dem Wasser neben-, wenn nicht übergeordnet. Auch heilt es manche Krankheiten: mittelbar durch Einfluß von Wärme, unmittelbar (nach veraltetem System) durch Ausbrennen von Wunden. Umläufe mit Fackeln sollten nach antikem Aberglauben Seuchen vertreiben.

Zu den segensreichen Wirkungen des Feuers steht die Furchtbarkeit seiner entfesselten Gewalt und seines schmerzlichen Brennens im grellsten Gegensatz. Schärfer noch als in der Natur tritt dieser in der Symbolik hervor: Hier kontrastieren Gott und Hölle, Heiliges und wilde Leidenschaft.

Vielen Heidenvölkern war und ist das Feuer nicht bloß Gottes Sinnbild, sondern wesenhaft göttlich und verehrungswürdig. Feuerkulte waren in der Antike sehr zahlreich und bestehen in manchen Ländern heute noch. Auch im christlichen Europa erinnern Volksbräuche, wie das *Johannisfeuer*, an die magische Wirkung, die man dem „Element", sei es zur Förderung der Sonnenkraft oder zur Abwehr dämonischer Einflüsse, zuschrieb.

Die alten Inder nannten das Feuer „Agni". Es repräsentierte ihnen die Substanz der Gottheit, die im Opferfeuer die dargebrachten Gaben verzehrt.

Im Feuerkult der Parsen vermeiden die Priester sorgsam alles, was das heilige „Element" verunreinigen könnte. Kein Hauch darf ihm nahekommen, nur mit duftendem Holz wird es gespeist.

Dem *Herdfeuer* erwies man im Altertum einen besonderen Kult als dem Lebenssymbol der Familie wie des Staates und als Offenbarung der göttlichen Lebenskraft. Seine Personifikation als Gottheit, der bei den Griechen und Römern eigene Heiligtümer geweiht waren, ist Hestia (Vesta). In Rom bedienten sechs jungfräuliche Priesterinnen (Vestalinnen) das heilige Feuer. Zu Beginn eines jeden Jahres (1. März) entzündete es der Pontifex maximus mittels eines Brennspiegels von neuem an den Sonnenstrahlen oder durch Bohren an einem fruchttragenden Baum, niemals aber mit der Glut eines anderen Feuers, denn die heilige Flamme mußte unbefleckt sein.

---

[1] „Qui licet sit divisus in partes, mutuati luminis detrimenta non novit." (Praeconium paschale)

Den römischen und byzantinischen Cäsaren wurde als besondere Auszeichnung Feuer vorangetragen.

Bei den Griechen herrschte die Sitte, daß die Mutter ihre neuvermählte Tochter mit brennender Fackel in das Brautgemach geleitete, um dort am Herd der neuen Familie die Flammes des alten Heimes zu entzünden. Auch auswandernde Kolonisten entnahmen dem Prytaneion (öffentliches Gebäude mit Hestiatempel), das sich in jeder griechischen Stadt befand, einen Brand, um ihn an fremder Stätte fortzupflanzen.

Im Alten Testament hatte Jahwe das Feuer, das herrlich und furchtbar zugleich die göttlichen Eigenschaften am besten ausdrückte, zu seinem sprechenden Symbol erwählt. Im Zeichen des Feuers schritt Gott zwischen den Stücken der von Abraham geopferten Tiere hindurch, um so den Bund mit ihm zu bekräftigen (Gen 15, 17. 18). Im brennenden Dornbusch erschien er dem Mose und berief ihn zum Führer Israels. Vierzig Jahre lang zog er seinem Volk im Symbol einer Wolke, die nachts feurig wurde, durch die Wüste voran.

Die gewaltigste göttliche Feuererscheinung erlebten die Israeliten bei der Gesetzgebung am Berge Sinai (Ex 24, 17). Als Mose gegen Ende der Wüstenwanderung nochmals an alle Wundertaten des Herrn erinnern wollte, sprach er zum Volke: „Der Herr, dein Gott, ist ein verzehrendes Feuer, ein eifernder Gott (Dtn 4, 24; vgl. Hebr 12, 29) ... Vom Himmel her ließ er dich sein gewaltiges Feuer schauen, und aus dem Feuer hörtest du seine Worte" (Dtn 4, 36).

In den mosaischen Kultgesetzen steht die Bestimmung, das Feuer auf dem Altar solle stets in Brand gehalten werden und niemals erlöschen. „Ignis est iste perpetuus, qui nunquam deficiet in altari" (Lev 6, 13). Diese ständig brennende Opferflamme war gleichsam die Gegengabe für das Feuer der göttlichen Gegenwart. Es war Ausdruck der Hingabe, die Gottes Volk beseelen sollte, und vor allem Vorbild der Geistesglut, in der sich das neutestamentliche Opfer vollzieht.

Nach Aarons Priesterweihe geschah es, daß „Feuer vom Herrn ausging" und zum Zeichen der Annahme das bereitete Opfer verzehrte. „Als das ganze Volk dies sah, jubelte es und fiel auf sein Angesicht nieder" (Lev 9, 24). Auch im weiteren Verlauf der Geschichte Israels offenbarte der Herr mehrmals in ähnlicher Weise sein Wohlgefallen an dargebrachten Opfern (vgl. Ri 6, 21; 13, 20; 1 Kön 18, 38; 2 Chr 7, 1—3; 2 Makk 1, 19—22).

Das heilige Feuer wurde aber zu einem furchtbar rächenden, wenn die Israeliten Unrecht verübten: So geschah es, als Aarons Söhne in ihren Weihrauchgefäßen dem Herrn „ein ungehöriges Feueropfer" (ignem alienum) bereiteten: „Feuer ging vom Herrn aus und verzehrte sie" (Lev 10, 1. 2). Ähnliches ereignete sich, als das Volk gegen den Herrn murrte (Num 11, 1—3).

Daß Feuer auch zur Reinigung von ritueller Befleckung angewendet wurde, zeigt die Anordnung, daß alle in der Amalekiterschlacht erbeuteten Metallgegenstände einer solchen Läuterung unterzogen werden mußten (Num 31, 23).

Gottesoffenbarungen durch ein Feuer, das, wie die angeführten Beispiele zeigen, auch wirkliche, materielle Verbrennungen bewirkte, sind den alttestamentlichen Geschichtsbüchern eigen. Dagegen handelt es sich an anderen Stellen der Heiligen Schrift des Alten und Neuen Bundes stets um immaterielle Feuererscheinungen, die nicht brennen, sondern nur leuchten, oder um bildliche Ausdrucksweise.

Die *Herrlichkeit des Herrn* schauen Ezechiel (Kap 1) und Daniel (7, 9. 10) im Feuerglanz, und der hl. Johannes (Offb 1, 15; 2, 18) schildert den „Menschensohn" mit Augen wie Feuerflammen und Füßen wie glühendes Golderz, Bilder seiner

Allwissenheit, die in die Tiefen der Seelen hineinleuchtet und seiner Allmacht, die alles niedertreten und vernichten kann, was sich ihm widersetzt.

Auch *Engel* erscheinen mitunter in Feuergestalten oder mit Feuersymbolen (vgl. Gen 3, 24; 2 Kön 2, 11; 6, 17; Offb 10, 1). Die Psalmstelle 103, 4 wird nach dem Wortlaut der Vulgata „Qui facis angelos tuos spiritus, et ministros tuos ignem urentem" auf die himmlischen Gottesboten bezogen.

Häufig ist in der Hl. Schrift vom Feuer des *göttlichen Zornes* die Rede, das richtet oder straft, oder von den *brennenden Pfeilen* des Herrn. Diese Glut wird zum *Höllenfeuer,* das die Gottlosen verzehrt, und dieses ist nicht mehr Bild, sondern furchtbare Wirklichkeit (vgl. Ps 7, 14; 12, 7; 50, 3; 79, 5; 97, 3; 140, 11; Jes 33, 12; 33, 14; Jer 4, 4; 5, 14; 17, 4; 21, 12; Mal 4, 1; Lk 3, 17; Offb 14, 10; 20, 9 ff; 21, 8).

Oft sprechen die hl. Bücher vom *läuternden Feuer* der Leiden und Prüfungen, durch die Gott die Seelen gleich dem Edelmetall im Schmelzofen erprobt (vgl. Spr 17, 3; Sir 2, 5; Ijob 23, 10; Ps 17, 3; 66, 10; Klgl 1, 13; Mal 3, 2. 3). Ein solches ist auch das *Fegefeuer,* dessen Natur für die Lebenden ein Geheimnis bleibt.

In seiner Wahrheit und Treue ist *Gottes Wort* „im Feuer wohlgeläutert" (Ps 119, 140; 11, 7; Spr 30, 5); ja es ist selber ein Brand, dem nichts widerstehen kann (Jer 23, 29).

Feuer ist Sinnbild der *Liebe* und des *Eifers.* Doch kehrt es sich ins Gegenteil, wenn es *Haß* und niedere *Leidenschaft* bedeutet.

Die übernatürlich stärkste und realste Symbolkraft enthielten die *Feuerzungen,* in deren Gestalt der Hl. Geist am Pfingstfest auf die Apostel herabkam. Auch sie deuteten etwas vom Wesen Gottes an, doch nicht mehr furchterregend wie im Alten Bund, sondern beseligend, „nicht verbrennend, sondern erleuchtend, nicht verzehrend, sondern lichtspendend" (Brev. Rom. Fer V. infr. Oct. Pent., Resp. I). Sie zeigen an, was sie geben: als Zungen die Rede in allen Sprachen zur Verbreitung der Glaubenslehre; als Flammen Licht und glühender Liebeseifer. In diesem Pfingstwunder vollzog sich, was Johannes der Täufer vorausschaute: „Es kommt aber Einer, der stärker ist als ich ... Er wird euch mit heiligem Geist und mit Feuer taufen" (Lk 3, 16).

Da erfüllte sich auch das drängende Verlangen des Erlösers, das er in den Worten äußerte: „Ich bin gekommen, um Feuer auf die Erde zu werfen; wie froh wäre ich, wenn es schon brennen würde" (Lk 12, 49).

Dieses Feuer erfaßte die junge Kirche. Allzeit brennt es in ihr und immer wieder erfleht sie die Erneuerung seiner Glut, nicht allein in der Pfingstliturgie, sondern sooft sie etwas Großes beginnt: Vor einem Konzil, vor heiligen Weihen, vor Wahlen geistlicher Vorsteher ertönt das „Veni Creator", vor einer feierlichen Primiz und sooft die Seelen erleuchtet und entflammt werden sollen, das innige Gebet: „Komm, Heiliger Geist, erfülle die Herzen deiner Gläubigen und entzünde in ihnen das Feuer deiner Liebe!"

In der hl. Osternacht wird das Feuer aus einem Stein geschlagen und mit folgendem Gebet geweiht:

„Gott, Du hast durch Deinen Sohn, den wahren Eckstein, den Gläubigen das Feuer Deiner Herrlichkeit mitgeteilt; heilige dieses aus dem Kieselstein gewonnene neue Feuer zu unserem Gebrauch und Nutzen und laß uns durch diese Osterfeier so zu himmlischen Begierden entflammt werden, daß wir mit reiner Seele zur ewigen Festfeier Deiner lichten Herrlichkeit gelangen können."

Das Feuer ist hier Sinnbild Christi, der wie der Funken aus dem Stein, aus dem verschlossenen Felsengrab zu neuem, verklärtem Leben hervorging. An seiner Flamme wird die Osterkerze entzündet, sodann alle Lampen und Kerzen ringsum in der Kirche. Man trägt von dem geweihten Feuer auch in die Häuser, damit es Segen bringe und Unheil fernhalte. Im frühen Mittelalter war es Brauch, vorher alle Herdfeuer und Lichter in den Häusern zu löschen, um mit dem Osterfeuer gleichsam ein neues Leben zu beginnen.

Die altchristliche Kunst stellte in der Katakombenmalerei und Sarkophagplastik mit Vorliebe die drei Jünglinge im Feuerofen dar, zur Ermutigung der Gläubigen in der Verfolgungszeit.

Abgesehen von Opferszenen mit flammenden Altären oder ähnlichen Motiven, die in biblischen Zyklen vorkommen, begegnet man in der mittelalterlichen und neueren Kunst am häufigsten den Darstellungen des Pfingstwunders. Nach Künstle hat die syrische Kleinkunst des 6. Jahrhunderts dieses Bild geschaffen und in der Folgezeit wurde es vornehmlich durch illustrierte Bibelhandschriften verbreitet (Näheres darüber vgl. Ikonogr. d. christl. Kunst, Bd. I, S. 517 f). Auch einzelne Feuerzungen können in der liturgischen Kunst, besonders in der Paramentik, als Symbol des Heiligen Geistes oder der Glaubensverkündigung wirksam und passend angewendet werden.

Symbol der glühenden Liebe sind die Flammen auf Bildern der heiligsten Herzen Jesu und Mariä; ein flammendes oder von einem brennenden Pfeil getroffenes Herz ist im selben Sinn Attribut mancher Heiligen.

Glühende Kohle

Die Eigensymbolik der glühenden Kohle hat eine vom Feuer bereits durchdrungene Materie zum Gegenstand, in der es weiterglüht, aber auch neue Brände entfachen kann, wenn ein Zündstoff in die Nähe kommt.

An mehreren Stellen (vgl. Spr 6, 28; 25, 22; 26, 21; Sir 8, 13 [hebr. 10] vergleichen die Weisheitsbücher drohende Gefahren oder Gemütserregungen mit Kohlenglut. Von diesen Stellen ist eine als Mahnung zur Feindesliebe im Neuen Testament angeführt: „Wenn dein Feind Hunger hat, gib ihm zu essen, wenn er Durst hat, gib ihm zu trinken; tust du das, wirst du glühende Kohlen auf sein Haupt sammeln" (Röm 12, 20; vgl. Spr 25, 22); d. h., das Unrecht seiner gehässigen Gesinnung wird ihm durch die Liebestat des Nächsten in schmerzlich-beschämender Weise zum Bewußtsein gebracht und brennt in seinem Gewissen.

Das Bild der glühenden Kohlen wird konkreter, wenn es den *göttlichen Zorn* veranschaulicht, der durch einschlagende Blitze (Ps 18, 9; 2 Sam 22, 9. 13) oder sonstige Strafgerichte über die Sünder hereinbricht. In Ps 120, 4 soll Ginsterkohlenbrand, der als besonders intensiv und nachhaltig galt, die Verleumder des Psalmisten treffen. Psalm 140, 11 spricht einen ählichen Fluch aus, und der Prophet Ezechiel (1, 13) schaut inmitten der Kerubsgestalten, die Jahwes Herrlichkeit tragen, „etwas wie glühende Kohlen", die Gottes furchtbare Majestät widerspiegeln. Ein in Linnen gekleideter Mann (= Engel) erhält (Ez 10, 2) den Befehl, seine Hände mit diesen glühenden Kohlen zu füllen und sie über die Stadt Jerusalem hinzustreuen, die durch Götzendienst Gottes Strafgericht auf sich herabgerufen hatte.

[1] Im Hebr. rißpāh = Glühstein.

Ein neuer Sinn ergibt sich aus der Schilderung der Berufsvision des Propheten Jesaja: „Da flog einer der Serafim zu mir; er hatte in seiner Hand eine glühende Kohle, die er mit einer Zange vom Altar genommen hatte. Er berührte meinen Mund mit der Kohle und sagte: Sie hat deine Lippen berührt: Deine Schuld ist getilgt, deine Sünde gesühnt" (Jes 6, 6—7).

Während der Literalsinn des Schriftwortes sich hier auf die reinigende Kraft des Glühsteines bezieht, sehen orientalische und griechische Kirchenväter in dieser glühenden Kohle ein *Symbol Christi, des Gottmenschen,* wie auch der *hl. Eucharistie.*

„Wenn Feuer Holz ergreift, durchdringt und umfaßt es dasselbe. Das Holz hört dabei nicht auf zu sein, was es ist, das Feuer aber verändert dessen Kraft und Aussehen, denn es teilt sich völlig dem Holze mit und scheint mit ihm eins zu sein.

So mögest du Christus betrachten: In ihm ist Gott auf unbegreifliche Weise mit der Menschheit vereint. Er läßt ihr zwar ihre Eigentümlichkeit, verbleibt jedoch selber, was er war. Nach Vollzug dieser Vereinigung erscheint er eins mit der Menschheit, indem er sich das Ihre zu eigen macht, ihr aber die Wirkkraft seiner Gottesnatur mitteilt" (Cyrillus Alexandr. Schol. IX; PG 75, 784).

Als Träger der Glut des Hl. Geistes läutert und verklärt auch der sakramentale Leib Christi die Seelen. Diesem Gedanken begegnet man häufig in den Kommuniongebeten der Ostkirche. In der Jakobusliturgie spricht der Priester vor dem Austeilen der konsekrierten Brote:

„Der Herr wird uns segnen und uns würdig machen, mit den reinen Zangen der Finger die feurige Kohle zu nehmen und auf die Zunge der Gläubigen zu legen, zur Reinigung und Erneuerung ihrer Seelen und Leiber, jetzt und allezeit und in Ewigkeit."

Ein (privates) Vorbereitungsgebet der Chrysostomusliturgie lautet:

„Betracht das Gottesblut und zittre, Mensch;
wie eine Kohle brennt es, tilgt das Böse.
Der Gottesleib vergöttlicht mich und nährt;
es sättigt staunend sich mein Geist, die Seele wird zu Gott."

Die lateinischen Väter beziehen das Sinnbild der glühenden Kohle auf das *Leiden Christi:* „Wozu neigt unsre Liebe so sehr", schreibt der hl. Ambrosius, „als in diesem Mysterium offenbar zu erkennen, daß gleich dem Munde des Jesaja alle Menschen durch das Leiden Christi gereinigt werden sollen? In seinem Fleisch hat er wie eine Kohle unsere Sünden verbrannt, wie bei Sacharja (3, 2) geschrieben steht: ‚Ist dieser nicht ein dem Feuer entrissenes Brandscheit?' " (De Spir. scto lb. I, X, 113; PL XVI, 731). Über den am Kohlenfeuer gebratenen Fisch (Joh 21, 9) vgl. Art. „Fisch", S. 257.

Asche

Das Haupt mit Asche[1] zu bestreuen, Erde zum Himmel zu werfen oder sich im Staub zu wälzen ist bei den primitiven Völkern Ausdruck der Trauer, des Schmerzes und der Reue. Die Angst vor dem Toten veranlaßt die Menschen, sich mit der Asche des Totenopfers oder mit Erde vom Grabe zu bestreuen, womit man

[1] Vgl. Beitrag von Anselm Rüd OSB in Bibel und Liturgie, Februar 1956.

glaubte, den Geist des Toten abwehren zu können. Ja der Mensch fühlte sich gesichert vor diesem hinter der Maske von Asche und Staub. Und wenn in Syrien die Leidtragenden auf den Aschenhaufen flüchteten, auf dem vor den Toren der Stadt die Asche der häuslichen Herde abgeladen wurde, so war auch das Flucht vor dem Geist des Toten, der in den bekannten Wohnräumen des Totenhauses geistern konnte.

Andere Völker, die die Furcht vor den Toten nicht kannten, sondern sogar in Beziehung zu ihnen traten, ließen sich sogar mit der Asche des verbrannten Leichnams impfen, um die guten Eigenschaften des Verstorbenen in sich aufzunehmen. Noch Beda erzählt, daß die Asche des Königs von Northumberland von seinen Untertanen mitgenommen wurde und viele heilte.

Sind solche Anschauungen dem heutigen Menschen auch fremd und zum Teil kaum mehr verständlich, eines bringt die Asche auch uns in Erinnerung: daß alles Irdische, namentlich aber der stoffliche Teil unserer Natur, wie er aus dem Staub und Lehm der Erde gebildet ist, auch wieder in diese Stoffe zerfällt. Da dieser Zerfall aber eine Folge der Sünde ist — erschuf doch der Schöpfer den Menschen mit leiblicher Unsterblichkeit —, bezeugt der, welcher am Aschermittwoch das Aschenkreuz nimmt, daß er mit der büßenden Kirche „umdenken" will, durch Buße und Reue zu Gott zurückkehren will, den er durch die Sünde verlassen hat. Er wird sich bewußt, daß er durch Abkehr von Gott den Tod dem Leben vorgezogen hat, durch Rückkehr zu Gott durch Buße aber Leben und Unsterblichkeit zurückgewinnt.

Deshalb ist die Asche auch Sinnbild der Läuterung und Auferstehung. Feuer reinigt. Die Asche ist der durch Feuer gereinigte Erdenstoff. Durch die Verbrennung der Leichen meinten die Heiden der Seele zu helfen, daß sie sich schneller von allem Körperlichen, Unreinen lösen könne. Die alten Römer warfen bei ihren großen Reinigungsfesten Asche hinter sich ins Wasser, zu Ehren der Götter und der Verstorbenen. Und wenn die Inder ihren ganzen Körper einrieben und die Mexikaner den Körper mit Asche bestreuten, so wollten sie durch den reinen Erdenstoff die Reinheit der Seele bewirken.

Bei den Juden hatte Mose die Asche der roten Kuh als Reinigungsopfer für diejenigen bestimmt, die sich durch Leichenberührung verunreinigt hatten. Die Asche des geweihten Opfertieres wurde mit kristallklarem Wasser vermischt, als verdoppele sich dadurch seine Reinigungskraft. Auch sollte die Asche, die bei jüdischen Hochzeiten auf den Brautkranz der Braut gestreut wurde, an den zerstörten Tempel erinnern. Doch nicht seiner Zerstörung wegen, sondern wegen der Hoffnung auf seine Wiederherstellung. So hat hier schon Asche auf die Auferstehung hingewiesen.

Einst soll aber die ganze Welt durch Feuer gereinigt werden, doch aus der durch Feuer gereinigten Erde — also aus ihrer Asche — soll der neue Himmel und die neue Erde erstehen. Die Asche ist demnach das Letzte: der unverbrennbare Bestandteil der Erde. Und sie ist das Erste: da sie als reiner Erdenstoff wieder in die Erde übergeht und mit ihrem reinen Stoff die Erde durchsetzt und neues Leben gebiert.

So ist sie dem Büßer das Letzte: Tod und Vergänglichkeit, und sie ist ihm das Erste: die erste Stufe unter seinem zur Unvergänglichkeit ansteigenden Schritt. Darum haben die Büßer der Kirche in früheren Zeiten in einem mit Asche bestreuten Gewand vor der versammelten Gemeinde ihre Sünden bekannt, um dann, versöhnt mit Gott, den neuen Weg zu beginnen. Auch haben die Sterbenden im Mittelalter sich nach dem Ambrosianischen Ritual ihr Haupt mit Asche bestreuen lassen oder sich in einem mit Asche bestreuten Sack zum Sterben auf die Erde gelegt. Nach diesem Ritus sterben noch heute die Mönche der strengen Observanz des Zisterzienserordens — gemäß den Bestimmungen ihres Reformators de Rancé. Ihre körperliche Sterblichkeit und die Sünde als seelischen Tod haben sie in dieser Weise Gottes Barmherzigkeit empfohlen, damit er ihre Seele als Phönix aus der Asche aufsteigen lasse.

Mit dieser ernsten Aschensymbolik führt die Kirche ihre Kinder am Aschermittwoch in die hl. Quadragesima ein. Was sie früher nur an den Büßern vornahm, das tut sie nun an jedem einzelnen Christen, der sich für die 40 Tage vor Ostern zur Buße verpflichtet. Nachdem die Asche unter Gebeten, die die Grundgedanken der Aschensymbolik: Vergänglichkeit und Tod, Reinigung und Auferstehung, zum Ausdruck bringen, geweiht ist, reicht die Kirche uns das Aschenkreuz mit den Worten: „Gedenke, o Mensch, daß du Staub bist und zum Staub zurückkehren wirst" (Gen 3, 19). Die Gebete bei der Aschenweihe gehen bis ins 10. Jahrhundert zurück.

Erde

„Im Anfang schuf Gott Himmel und Erde" (Gen 1, 1) — zwei Gegensätze. „Himmel": die Welt der unsichtbaren Geister; „Erde": unser Planet als Teil des sichtbaren Universums. Die Erde ist das Untere, Niedere, der Himmel das Hohe, über ihr Stehende, beide aber sind geschaffen zur Verherrlichung des Schöpfers.

Aus dieser Erde, die alle Mineralien enthält, ließ Gott nach dem Wortlaut der Genesis alle organischen Wesen, Pflanzen und Tiere hervorgehen (vgl. Gen 1, 11. 24). „Da formte Gott der Herr den Menschen aus Erde vom Ackerboden und blies in seine Nase den Lebensatem" (Gen 2, 7). Er schuf ihn „als sein Abbild" (Gen 1, 26. 27). Im Menschen verbinden sich bereits die beiden Gegensätze zum Symbol: der Himmel im begnadeten Ebenbild Gottes mit der Erde, dem materiellen Leib. Durch die Sünde aber wich der Himmel aus der Menschenseele, wenn auch in den Geisteskräften die natürliche Gottebenbildlichkeit verblieb. Und über den tief Gefallenen verhängte der Herr das Strafurteil: „So ist verflucht der Ackerboden deinetwegen ... Mit Schweiß im Gesicht wirst du dein Brot essen, bis du zurückkehrst zum Ackerboden. Von ihm bist du ja genommen. Denn Staub bist du, zum Staub mußt du zurück" (Gen 3, 17. 19). An dieses Urteil erinnert uns die heilige Kirche alljährlich am Beginn der Fastenzeit, indem sie Asche auf das Haupt der Gläubigen streuen läßt (vgl. S. 86 f). Staub ist trockene, in feinste Teile zerfallene Materie, ebenso die Asche, doch hat hier Feuer die Auflösung vollzogen, sodaß sie noch stärker die Vernichtung versinnbildet. „Staub und Asche" werden oft zusammen genannt, wo es sich um äußerste Erniedrigung und Buße handelt (vgl. Ijob 42, 6; Sir 10, 9).

Das allgemeine Todesurteil trifft jeden Menschen, darum ist die Erde jetzt in doppeltem Sinne *„Mutterschoß":* Ihr entkeimt Leben, und aus ihr, dem Acker Gottes, sollen dereinst alle Menschen zu neuem Leben auferstehen. Der Rechtgläubige weiß, durch wessen Machtwort und Kraft dies geschieht. Die Heiden aber erhoben ihre Gedanken nicht über das Sinnfällige hinaus zum Schöpfer aller Dinge, sondern verehrten die „Mutter Erde" (Tellus Mater, *Γῆ-Μήτηρ,* oder *Γαία)* als die Urgottheit. Diese jugendlich-schöne Göttin, die alle beschenkt und von allen andern Göttern mit Gaben überhäuft wird, hatte bei den Griechen noch den Nebennamen „Pandora", die Allgeberin. „Mutter Erde", galt als Urgrund und unversiegliche Quelle aller Existenzen. Aus dieser Einheit des Ursprungs folgte in gewissem Sinn das Einssein von allem, was auf Erden besteht. Im Bewußtsein dieser einen großen Ganzheit fühlten sich die antiken Menschen mit ihrer kosmischen Umgebung viel enger verbunden, als unsre heutige Denkweise es fassen kann: Sie hielten sich in ganz konkretem Sinn für „Kinder ihrer Heimat", d. h. Kinder, die irgendwie in der Erdmaterie präexistiert hatten, ehe sie ihren Eltern geschenkt wurden. So erklärt sich der mancherorts heute noch bestehende Brauch, die neugeborenen Kinder, sobald sie gebadet und gewickelt sind, auf die bloße Erde zu legen, von welcher der Vater sie aufhebt und anerkennt. Im ursprünglichen Sinn des Heidentums war dieser Ritus eine Konsekration an die Erde als die eigentliche Mutter des Kindes, damit sie es legitimiere und beschütze. Eine ähnliche Sitte war es, Säuglinge in Erdwiegen zu legen, d. i. in Gruben, die mit einer Schicht von Asche, Stroh oder Blättern bedeckt wurden. Derartige Bräuche sollten zugleich einen Kontakt mit den magischen Kräften des Bodens herstellen. Deshalb legte man auch Kranke und Sterbende auf die Erde, was einer Neugeburt gleichkam. Sogar Sünder glaubte man durch solche Erdneugeburt rechtfertigen und retten zu können. Der Glaube an die Kraft der Erde als konkretes, wirksames Symbol ging aber noch weiter: Wenn die Erde „Mutter" ist, d. h. lebende Gestalten aus ihrer eigenen Substanz gebiert, so ist sie lebendig und ist alles, was aus ihr hervorgeht, dem Leben geweiht. Auch wenn der Mensch tot in sie zurückkehrt, soll und kann er aufs neue leben, *weil* er aus der Terra-Mater geboren ist. War die Geburt zum Leben ein Loslösen aus dem Inneren der Erde, so ist der Tod ein Zurückkehren „zu sich", sobald das einem jeden zugemessene Maß des Lebens erschöpft ist. Der Mensch wird also in die Erde gesenkt, *um* wiedergeboren zu werden, um vor dieser Wiedergeburt zu ruhen, rein zu werden, sich zu regenerieren (vgl. Mircea Eliade, Die Religionen und das Heilige, Kap. VII).

Mit der Zeit verblaßte die Gestalt der „Tellus-Mater" und die Fruchtbarkeitsköniginnen traten in den Vordergrund. Doch klingt im Namen der Vegetations- (besonders Getreide-)göttin „Demeter" (bei den Römern Ceres), die im griechischen Kult stets eine hervorragende Stelle einnahm, das ursprüngliche „Gemeter" nach.

Die Auffassung der Erde als Mutter kommt vereinzelt auch in der Hl. Schrift zum Ausdruck, freilich nicht im heidnischen Sinn, sondern ganz gottbezogen: Der schwergeprüfte Ijob spricht (1, 21) nach dem Verlust alles Irdischen: „Nackt kam ich hervor aus dem Schoß meiner Mutter, nackt kehre ich dahin zurück." Das kann nach der Meinung namhafter Exegeten nur den Schoß der Erde bedeuten, wie auch der hl. Gregor d. Gr. (Moralia II, 17) es umschreibend auslegt: „Nackt hat die Erde mich, als ich ins Leben trat, hervorgebracht, nackt nimmt sie mich auf, wenn ich von hinnen scheide." Sirach nennt die Erde „Mutter" (40, 1), zu der die Menschenkinder zurückkehren, und das 4. (apokryphe) Buch Esras (5, 48) läßt den Herrn sprechen: „So hab auch ich die Erde selbst zu einem Mutterschoß gemacht, für alle, die zu ihrer Zeit in sie gesät sind."

„Erde" bedeutet an unzähligen Stellen der Bibel nicht allein die Scholle, sondern zugleich alles, was sie hervorbringt und was auf ihr lebt, besonders die Gesamtheit der Menschen (Bsp.: Ps 24, 1; 100, 1; 95, 4 u. a.). Häufig steht „Erde" für Land, Gebiet, Besitz. „Heiliger Boden" (Ex 3, 5) ist jener, den Gott durch sein Erscheinen, seine Gegenwart und sein Wirken geheiligt hat. Nachdem Naaman der

Syrer durch die Wunderkraft des Propheten Elisäus und das Bad im Jordan vom Aussatz geheilt und zum Glauben an den wahren Gott gekommen war, erbat er sich, Erde vom Lande Israel mitnehmen zu dürfen, so viel, als zwei Maultiere zu tragen vermögen. Er wollte fortan den wahren Gott auf dieser „heiligen" Erde verehren, nicht auf dem unreinen Boden des Götzenkultes (vgl. 2 Kön 5, 17). Dieser Zug ist typisch für die konkrete Symbolauffassung der Antike.

Dem Israeliten war seine Heimat die „terra viventium", das Land der Lebendigen (vgl. Ps 27, 13; 52, 7; 142, 6; Jes 38, 11), im Gegensatz zum heidnischen Land seiner Verbannung oder zur „terra oblivionis" (Ps 88, 13), des Totenreiches. Im übertragenen Sinn bedeutet „Land der Lebendigen" das Messiasreich (Jes 66, 22) oder die „neue Erde" im seligen Jenseits, die der apokalyptische Seher (21, 1) und der hl. Petrus in seinem 2. Brief (3, 13) verheißen.

Wahrhaft „neu" und wahrhaft „heilig" ist die Erde in der *Inkarnation* des Ewigen Wortes geworden. Im Gottmenschen sind Himmel und Erde in unendlich höherem Grade verbunden, als es durch den Gnadenstand der ersten Menschen gewesen war. „Die Erde gab ihre Frucht" (Ps 67, 7), dieses Psalmwort hat in Christus seinen Vollsinn erreicht. Darum gehört auch Ps 85, der an vier Stellen vom gottgesegneten Erdreich spricht, zu den Psalmen der Weihnachtsmette und werden Teile desselben im Poprium der Adventsmessen gesungen.

„Erde ist die heilige *Maria,* von unserer Scholle, von unserem Samen, aus diesem Lehm, aus diesem Schlamm, aus Adam. Dieses Erdreich gab seine Frucht. Was es im Paradies verloren hat, das fand es im Sohn ... Wollt ihr wissen, was diese Frucht ist? — Jungfrau ist sie aus der Jungfrau, der Herr aus der Magd, Gott vom Menschen, Sohn aus der Jungfrau, Frucht aus der Erde. Hört, was diese Frucht selber spricht: Wenn das Weizenkorn nicht in die Erde fällt und stirbt, kann es nicht viele Früchte bringen (vgl. Joh 12, 24 ff)... *Weil* (aber) dieses Weizenkorn in die Erde fiel und starb, *darum* bringt es viele Frucht. In der Ähre ist es vervielfältigt. Was in den Boden fiel, ist in vielen auferstanden ... Darum preisen Dich die Völker, Herr, es loben Dich alle Völker, weil die Erde ihre Frucht gespendet hat" (St. Hieronymus, Brev. in Ps 66; PL 26, 1071).

Wie Christus einst durch seine Taufe im Jordan alle Gewässer geheiligt hat, so heiligte er auch die Erde durch die Berührung seiner heiligen Hände und Füße, durch das Herabträufeln seines kostbaren Blutes und durch seine dreitägige Ruhe im Grabe.

„Die Grablegung des Herrn zeigt seine kosmische Verbundenheit. Seine Fleischwerdung ist ein Kommen in die Welt, eine Teilnahme an der Erde. Mit dieser Erde wird nun sein toter Leib verbunden und ruht in ihr. Wenn er dann aus dem Schoß dieser Erde hervorgeht, hat er den tödlichen Charakter des Kosmos überwunden und die Erde zum Mutterschoß gemacht, aus dem neues Leben geboren wird. Das „sepultus est" des Credo ist nicht etwas Nebensächliches. Es enthält das Stehen des Herrn unter dem Gesetz der Sünde, aber auch die Erdverbundenheit des menschgewordenen Gottes und zugleich die Weihe der Erde und ihre Umgestaltung zum fruchtbaren Boden, aus dem das Leben erwächst" (R. Gutzwiller SJ — „Meditationen über Lukas", S. 239).

Bei der *Weihe eines Gottesackers* erhält die materielle Erdscholle eine eigene Segnung. Unter den Gebeten der „Benedictio Coemeterii" im Pontificale Romanum drückt folgendes die Symbolik am schönsten aus:

„Herr Jesus Christus, der Du den menschlichen Leib aus Erde gebildet hast, um die Reihen der gefallenen Engel auszufüllen, der Du ihn zur Erlösung des Menschengeschlechtes selbst angenommen hast, ihn nach dem Lose allen Fleisches wieder in Staub auflösest und aus der Erde zur Unsterblichkeit auferweckst; würdige Dich, diese Erde *durch die Segnung Deines begrabenen Leibes* zur Begräbnisstätte zu weihen, und gewähre allen, die in der hl. Taufe mit Dir begraben wurden und nach dem Lose des Fleisches hier begraben werden, im Vertrauen auf Deine Auferstehung und in der Barmherzigkeit Deiner Erlösung zu ruhen. Der Du kommen wirst zu richten die Lebendigen und die Toten und die Welt durch Feuer. Amen."

Ehe die irdischen Bande gelöst sind, tragen die mystischen Glieder Christi „den Schatz" des göttlichen Lebens „in irdenen Gefäßen" (2 Kor 4, 7). Das Erdhafte steht der Übernatur hindernd und beschwerend entgegen, daher die Mahnung des hl. Paulus: „Richtet euren Sinn auf das Himmlische und nicht auf das Irdische" (Kol 3, 2). Die Hindernisse der Gnade zeichnet das hl. Evangelium in Gleichnisform. Wie in der Natur das Gedeihen der Saat von der Bodenbeschaffenheit abhängt, so in der Übernatur. Der Heiland hat die tägliche Erfahrung aus dem Landleben zu einer Parabel benützt und das verschiedene Erdreich mit der Aufnahmebereitschaft des menschlichen Herzens für das Gotteswort verglichen (Lk 8, 4—15).

Die *Kunst* drückt die Weltherrschaft des Erlösers durch die Erdkugel aus, die der Majestas Domini zuweilen als Sitz oder Fußschemel dient, wie es bei Jesaja 66, 1 heißt: „Mein Thron ist der Himmel, spricht der Herr, und meiner Füße Schemel die Erde." Das schönste Beispiel dieser Art bietet das Apsidenmosaik von S. Vitale zu Ravenna, wo der bartlose Christus auf einem Erdball thront (6. Jh.). Auf späteren Kunstwerken ist die Erdkugel nach Art eines Reichsapfels in oder unter der Hand des Christkönigs zu sehen.

Die Buchmalerei der Karolingerzeit weist analoge Darstellungen der Majestas Domini auf. Die Erde ist aber hier nicht Kugel, sondern Scheibe, die durch konzentrische Farbkreise belebt wird.

Nicht als Göttin, sondern als bloße Personifikation ist „Mutter Erde" auch in die christliche Kunst übergegangen. Sie erscheint da als Frauengestalt mit Füllhorn, Früchten, Ähren oder mit zwei Kindern, die an ihrer Brust saugen. Häufig ist ihr eine Schlange, das Erdensymbol der Mithrasreliefs, als Attribut beigegeben. Manche dieser Darstellungen gleichen jenen der Naturgöttin Kybele, mit Mauerkrone und allerlei Tieren, andere der Jagdgöttin Diana. Auf christlichen Bildern hat diese Gestalt aber immer eine ganz untergeordnete Stellung, entweder unter den Füßen Christi oder als Zeugin seines Kreuzestodes.

Wüste

Die Wüste, dieses Meer aus Sand und Fels, unfruchtbar, daher nicht gesegnet, hat für den Menschen etwas Bedrückendes. Die großartige Weite ängstigt und fasziniert ihn. Sie ist der Bereich des Bösen, der Dämonen und Drachen, des Hungers und des Durstes. In der Wüste wird das Böse abgeladen: „Aaron soll seine beiden Hände auf den Kopf des lebendigen Bockes legen und über ihm alle Sünden der Israeliten, alle ihre Frevel und alle ihre Fehler bekennen. Nachdem er sie so auf den Kopf des Bockes geladen hat, soll er ihn durch einen bereitstehenden Mann in die Wüste treiben lassen, und der Bock soll alle ihre Sünden mit sich in die Einöde tragen" (Lev 16, 21. 22 a).

Der Mensch kann sich in der Wüste nicht niederlassen, er kann sie nur mühselig durchwandern, in der Hoffnung, wieder in fruchtbare Gegenden zu kommen. So ist der Aufenthalt in der Wüste der Versuchung und der Prüfung gleichzusetzen, und Gott wollte sein Volk Israel erst „durch diese ganze, große, furchterregende Wüste" (Dtn 1, 19) hindurchziehen lassen, bevor er es in jenes Land führt, das von Milch und Honig fließt.

Die Wüste ist aber nicht nur ein Ort des Schreckens, sondern auch der Ort höchster Gotteserfahrung. Am Sinai hat Gott die Gesetze gegeben und seinen Bund mit dem auserwählten Volk geschlossen. In der Wüste fällt das Volk von Gott ab, in der Wüste findet es seinen Glauben wieder. Sie ist der Ort der Entscheidung (vgl. Dtn 30, 15 ff.).

Da die Strafen allein nicht ausreichten, um Israel, die treulose Braut, zur Rückkehr zu bewegen, will Gott sie in die Wüste führen und zu ihrem Herzen sprechen (Hos 2, 16).

„Der sein Volk durch die Wüste führte, denn seine Huld währt ewig" (Ps 136, 15). Wer Gott sucht, muß sich in die Wüste begeben. Wenn Elija eine Wanderung zum Berg Horeb unternahm, so geschah es nicht nur, um in der Wüste Zuflucht zu finden. Was er suchte, war vor allem eine Stätte, wo er Kraft schöpfen konnte. So haben auch die Aszeten in der Wüste zwar den Ort der Weltflucht und Buße, in erster Linie aber den Ort der Gottesbegegnung gesehen. Es ist die Einsamkeit, die brutale Nacktheit der Landschaft, die den Menschen zwingt, auf Gott zu hören, sich ihm auszuliefern, den Teufel und das Böse zu bekämpfen.

Das Erlebnis der Wüste ist auch eine Vorbereitung. Johannes der Täufer geht in die Wüste, bevor er sein Amt als Verkünder der Zeit des Heils antritt (vgl. Mk 1, 2 ff.). Der Geist, der auf Christus herabgekommen ist, treibt ihn hinaus in die Wüste, wo er der Versuchung durch Satan ausgesetzt wird. Wie mit unwiderstehlicher Gewalt führt er ihn in die Einsamkeit, fern von den Menschen, allein mit Gott. „In der ‚Wüste' erfüllt sich, wie in einem vorbezeichneten Raum, Gottes Heilshandeln; von ihr nimmt daher auch der Messias seinen Ausgang, empfängt Weisung und Stärke durch Gott, sammelt Kraft zu seinem Werk und Weg" (Schnackenburg). Sich immer tiefer „ad interiora deserti" zurückziehen, in die innersten Räume der Wüste (Vitae Antonii), in eine abgründige Einsamkeit, wo der Mensch eine noch tiefere Schicht seiner Innerlichkeit erreichen kann, rät der Abt André Louf. Das heißt, daß der Mensch in sich selbst die Wüste trägt.

„Erst in der letzten Tiefe der Seele, in die keine lärmende Geschäftigkeit mehr dringt, enthüllt sich dem Menschen die Größe und Gefahr seines eigenen Seins, seine Ausgespanntheit zwischen Himmel und Hölle, Gott und Satan. Der Weg durch die Wüste ist der Weg Christi" (Feldhohn).

Als der Mönch Heliodor nicht in der Wüste leben wollte, richtete der hl. Hieronymus die folgenden Worte an ihn:

„Du fürchtest die Armut?
Christus aber nennt die Armen selig.
Du schreckst vor der Mühsal zurück?
Aber kein Athlet wird ohne Schweiß gekrönt.
Du denkst an die Nahrung?
Doch der Glaube fürchtet den Hunger nicht.
Du scheust dich, dir mit den vom Fasten abgezehrten Gliedern auf dem harten Erdboden wehe zu tun?
Doch der Herr liegt bei dir.
Es starrt das wirre Haar des ungewaschenen Hauptes?

Doch dein Haupt ist Christus.
Dich schreckt die endlose Weite der Wüste?
Durchwandle im Geist das Paradies. Sooft du in Gedanken
dorthin emporsteigst, sooft bist du nicht in der Wüste."

Berg

Zu allen Zeiten fühlten sich die Menschen durch den Anblick von Bergen beeindruckt, gehoben und zu religiösen Vorstellungen angeregt. Die wuchtige Masse des Berges imponiert schon an sich als Bild und Ausdruck höherer Macht. Wegen ihres Emporragens in die Lichtregion des Himmels galten Berge als Wohnsitz der Götter. Auf Höhen errichteten die Völker Vorderasiens mit Vorliebe ihre Kultstätten, wie auch die Hl. Schrift es bezeugt (vgl. Num 33, 52; Dtn 12, 2. u. a.).

Viele Mythologien haben ihren „heiligen Berg", der als Mitte der Welt, als Berührungspunkt zwischen Himmel und Erde angesehen wurde. Ihm wird jeder Tempel oder Palast und in der Folge jede heilige Stadt assimiliert und dadurch jeweils eine „Mitte", eine „Axis mundi", ein Treffpunkt der sichtbaren und unsichtbaren Welt. Namen von Tempeln, heiligen Türmen und Städten zeugen von dieser Identifizierung mit dem kosmischen Berg. So hieß z. B. Babylon „Haus des leuchtenden Berges", „Haus, auf dem Himmel und Erde gründen", „Band zwischen Himmel und Erde". Die Höhe des Berges galt den Alten als sakrale Eigenschaft, und alles, was dem Himmel näher ist, hatte in verschiedenem Grade teil an dieser Transzendenz (vgl. Mircea Eliade, Die Religionen und das Heilige §§ 31 u. 143).

Doch das in Mythen befangene menschliche Empfinden wurde von Gott auf sicheren Grund gestellt: Er zeigte, daß die naturgegebene Symbolik der Höhen seinem Gedanken entsprach, indem er sich selber seinen Auserwählten auf bestimmten Bergen offenbarte: Von Abraham verlangte er die Opferung Isaaks „auf einem Berg", den er ihm „nennen werde" und der fortan den Namen „Berg, wo der Herr erscheint" behielt (Gen 22, 2. 14). Am Berge Horeb erhielt Mose vom Herrn, der aus dem brennenden Dornbusch zu ihm sprach, seine Sendung als Führer Israels (Ex 3, 2—15), und auf Sinai (mit Horeb identisch) gab Jahwe unter Blitz und Donner das Gesetz des Alten Bundes (Ex 19, 2—25). Als die zwölf Stämme im Besitz des Heiligen Landes waren, erwählte er zur Zeit Davids den Berg Sion, dann bis zum babylonischen Exil den Berg Moria, auf dem Salomon den herrlichen Tempel erbaut hatte, zur Stätte seiner Gegenwart. Zu diesem religiösen Zentrum pilgerten die Juden zu allen Festzeiten. Es war „der Berg, den Gott zur Wohnung sich erkoren, auf dem er thronen will für immer" (Ps 68, 17).

Dieses „für immer" verwirklichte sich aber nicht am Heiligtum auf dem Berg Morija, das nur Vorbild war, sondern an jenem unvergänglichen, das Jesaja verheißt:

„Am Ende der Tage wird es geschehen, daß der Berg mit dem Hause des Herrn festgegründet dasteht zu Häupten der Berge, erhaben über die Höhen. Dann strömen zu ihm alle Völker zusammen. Viele Nationen wallen dorthin und sprechen: Kommt, laßt uns hinaufziehen zum Berge des Herrn, zum Hause des Gottes Jakob!" (Jes 2, 2. 3.)

Der Prophet schaut hier im Geiste die Ecclesia des Neuen Bundes: Christus hat sie auf ewig festgegründet und zum überragenden Weltmittelpunkt bestellt, als er zu seinem Apostel sprach: „Du bist Petrus, *auf diesen Felsen* werde ich meine Kirche bauen, und die Mächte des Todes werden sie nicht überwältigen (Mt 16, 18).

Hier ist vor allem die Unüberwindlichkeit, das ewige Bestehen der Kirche ausgedrückt, während das Wort der Bergpredigt, „Eine Stadt, die auf einem Berg liegt, kann nicht verborgen bleiben" (Mt 5, 14), das Emporragen und Hervorleuchten der Jünger Christi durch das Beispiel heiligen Lebenswandels andeutet.

Im Leben des Herrn stehen Berge mit der geistigen Höhe, auf die er die Seinen führen will, häufig in Beziehung, als wollte er die Erhabenheit seiner Taten und Worte durch die Symbolik des Rahmens betonen, in dem er handelte und redete. Nicht nur zog er sich gerne zum Gebet in Bergeinsamkeit zurück: Auf einem Berg gab er die Grundgesetze seiner Lehre (Mt 5, 1 ff), auf einem Berg erwählte er aus seiner Jüngerschar die zwölf Apostel (Mk 3, 13 ff), auf dem Gipfel des Tabor wurde er verklärt (Mt 17, 2 ff), auf dem Ölberg begann er in bitterer Todesangst sein Leiden (Lk 22, 39 ff), auf Kalvaria vollendete er das Erlösungsopfer und sprach sein „Consummatum est". — Dieselbe Anhöhe, die Zeuge des furchtbaren Ringens Jesu gewesen war, sollte auch zum Schauplatz seiner glorreichen Himmelfahrt werden (vgl. Apg 1, 12).

Während es im Alten Bund, wie wir gesehen haben, Berge gab, die durch eine Offenbarung Jahwes ausgezeichnet und von seiner Gegenwart wahrnehmbar erfüllt waren, ist die Bedeutung der Höhen, die Jesus geheiligt hat, eine verborgene, die erst der betrachtende Geist der Kirchenväter hervorhob.

Was aber die Menschen seit Urzeiten auf Bergeshöhen zu erreichen glaubten, das zeigt die Offenbarung des Johannes in der himmlischen Herrlichkeit erfüllt: Da steht das Gotteslamm „auf dem Berg Sion", umringt von der Schar der 144.000 Jungfräulichen, die ein neues Lied singen, das Harfenklängen gleicht (vgl. 14, 1—5). Und wieder erblickt der Seher „einen hohen Berg": Auf ihm stehen, „aus lauterem Gold erbaut", die Mauern der heiligen „Stadt Jerusalem", wie sie aus dem Himmel von Gott herabkam (21, 10 ff).

Um den Schlüssel zum übertragenen Sinn der Berge und Hügel zu finden, die in der Hl. Schrift genannt sind, genügt ein Blick in den Psalmenkommentar des hl. Augustinus:

„Im Berg", so heißt es dort, „sieht der Prophet *den Herrn selber,* wie es vom Stein geschrieben steht (Dan 2, 34. 35), der, ohne Zutun von Menschenhänden losgelöst, zur Größe eines Berges angewachsen ist" (Enarr. in Ps 3, 5).

Da die *Kirche* als der mystische Christus sich mehr und mehr über die ganze Welt verbreitet, ist auch sie unter diesem Berg zu verstehen, der „die irdischen Reiche zerschlägt und eine Größe erreicht, daß er den gesamten Erdkreis erfüllt" (cf Enarr. in Ps 42, 3).

„Berge Gottes" sind auch „die großen *Verkünder der Glaubenslehre:* Wie die Sonne bei ihrem Aufgang zuerst die Berge überflutet und von da bis in die tiefsten Niederungen der Erde scheint, so bestrahlte unser Herr Jesus Christus, als er kam, zumeist die Höhen der Apostel. Als erstes erleuchtete er die Berge und sandte so sein Licht herab ins Erdental" (Enarr. in Ps 3, 7).

Sankt Augustinus zeigt aber auch das Gegenbild: „ ‚Es erbeben die Berge', das will sagen, die *Machthaber dieser Welt.* Anders sind nämlich die Berge Gottes, anders die Berge der Welt: Berge der Welt — ihr Haupt ist der Teufel. Berge Gottes — ihr Haupt ist Christus" (Enarr. in Ps 45, 4).

„ ‚Wie Wachs zerfließen vor dem Angesicht des Herrn' die Berge der *Stolzen,* alle Höhen, die sich erheben wider Gott. Feuer ward ihnen der Herr; vor seinem Blick zerschmolzen sie wie Wachs" (Enarr. in Ps 96, 5).

Die altchristliche Sarkophagplastik und Mosaikkunst stellt Christus — thronend oder stehend — häufig auf einer felsenartigen, einen Berg andeutenden Erhöhung dar, ebenso das apokalyptische Lamm oder bisweilen ein Gemmenkreuz, wie es in der Apside der Lateranbasilika zu sehen ist. Meistens entströmen diesem Hügel die vier Paradiesesquellen als Sinnbild der vier Evangelien.

Mittelalterliche Symboliker beziehen den Ambo im Kirchenschiff auf den Berg, von dem aus Jesus predigt.

Weg

Der Begriff „Weg" (via, *ὁδός)* ruft eine zweifache Vorstellung hervor: zunächst jene der materiellen Strecke, die örtlich verbindet und eine Weiterbewegung ermöglicht. Anderseits beinhaltet er eine Allegorie, die das Bild konkreter Wege ins Geistige überträgt und in der Hl. Schrift wie im profanen Gebrauch unzählige Male vorkommt.

Es gibt Wege über Land, durchs Wasser oder durch die Luft; doch nur die Landwege, Straßen oder Pfade haben eine bestimmte Prägung, während die beiden anderen Elemente, kaum durchschnitten, wieder zusammenfluten, so daß keine Spur der durchzogenen Bahn zurückbleibt. Darum sind nur feste Wege zu „heiligen Straßen" geworden, deren Bedeutung aber nur auf ihrem religiösen Zweck und ihrer Symbolik beruht.

„Weg" hat neben dem *örtlichen* auch den *aktiven* Sinn des Unternehmens eines Marsches, einer Reise. Wirklichkeit und Bild sind in diesem Thema oft so eng verbunden, daß man sie kaum trennen kann; Unterschiede gehen oft ineinander über.

1. Heilige Wege der Urzeit und im Alten und Neuen Bund: Nach der Schilderung der Genesis gab es im Paradies Wege, auf denen man umherwandeln konnte. Die Vorstellung eines solchen Schreitens wird anthropomorphistisch auf Gott selbst übertragen. Denn, so heißt es in der Bibel (Gen 3, 8): „Als sie Gott den Herrn im Garten gegen den Westwind einherschreiten hörten, versteckten sich der Mensch und seine Frau vor Gott dem Herrn unter den Bäumen des Gartens."

Mit der Vertreibung aus dem Wonnegarten aber begann die Zeit der beschwerlichen Arbeit. Es gab keine Möglichkeit einer Rückkehr zum verlorenen Glück, denn Gott hatte „im Osten des Gartens von Eden die Kerubim aufgestellt und das zuckende Flammenschwert zur Bewachung des *Weges* zum Baum des Lebens" (Gen 3, 24). Hier spricht die Hl. Schrift zum erstenmal ausdrücklich von einem „Weg"; er blieb aber versperrt, bis die Erlösung in ganz neuem bildlichen Sinn den Zugang zum wahren Lebensbaum eröffnete, von dem der paradiesische nur Vorbild war.

Man kann sich vorstellen, daß die weite Erde manche naturgegebene Wege bot. Der Bedarf erforderte aber auch solche, die erst durch Schwerarbeit zweckdienlich gemacht werden mußten, denn der zunehmenden Zahl der Menschen entsprechend, wuchsen auch die Bedürfnisse und die Kulturen. So entstanden Handels- und Karawanenstraßen, Heeres- und Triumphstraßen. „Via Regia" (vgl. Num 21, 2) hieß die durch Vorsorge der Könige angelegte allgemeine Verkehrsstraße. Die

Religionen hatten ihre „heiligen Straßen“: Auf der „via sacra“ pilgerte man prozessionsweise zu den Heiligtümern. Um die Wende des 19. zum 20. Jahrhundert wurden zwei solcher „heiligen Straßen“ aufgefunden: Eine französische Expedition entdeckte die des Nationalheiligtums von Delphi, das vom 7. Jh. vor, bis zum 2. Jh. nach Christus ein Zentrum griechischer Religiösität bildete (erwähnt bei Herodot 6, 34). Die bedeutend ältere Prozessionsstraße von Babylon, aufgefunden durch den deutschen Forscher Koldewey, führte zur Ziggurat (Stufenturm mit Heiligtum) des Gottes Marduk empor. Sie enthüllte sich — was Ausschmükkung betrifft — als die prächtigste der bisher bekannten antiken Welt, großartiger noch als die berühmten Römerstraßen: Auf beiden Seiten von hohen, dicken Festungsmauern eingefaßt, war sie mit glänzenden Farbenreliefs von 120 Löwen auf blauem Grund verziert. Jeder dieser 2 m langen Löwen schien drohend, mit dem offenen Rachen, dem Feind entgegenzutreten, der in dieses heilige Gebiet einzudringen wagte.

Doch kann nur da von wirklich „heiligen“ Straßen oder Wegen die Rede sein, wo der Herr die Schritte der Menschen nach seinen besonderen Absichten angeordnet und geleitet hat, oder wo es sich um den Kult des wahren Gottes handelt: Abraham folgt dem Ruf des Allerhöchsten, der zu ihm spricht: „Zieh weg aus deinem Land, aus deiner Heimat und aus deinem Vaterhaus in das Land, das ich dir zeigen werde!“ (Gen 12, 1). Dann wieder pilgert er in heroischem Gehorsam auf den Berg Morija, bereit, den Sohn der Verheißung zu opfern (Gen 22). — Geheiligt wurde auch Jakobs Flucht, auf der ihm die Schau der himmlischen Stufenleiter zuteil wurde, ebenso sein Rückweg in die Heimat (vgl. Gen Kap 31 u. 32), auf der er mit dem Engel rang.

Heiliger Weg war Israels Auszug aus Ägypten, als es, von der Gegenwart des Herrn in der Wolkensäule geleitet, trockenen Fußes das Rote Meer durchschritt und nach vierzigjähriger Wanderschaft allmählich das Gelobte Land eroberte. Dieses Wandern zwischen Lagerpausen war eine ständige Prozession mit der Bundeslade, die den Mittelpunkt des Marsches bildete. Durch siebenmaligen Umzug mit ihr fielen die Mauern von Jericho (Jos Kap. 6). Die gewaltigen Wunder, die Gott bei diesem Zuge an seinem Volke vollbrachte, waren Vorbild und Beginn des *Heilsweges* [1], auf dem er die Menschheit dem ewigen Ziele entgegenführen wollte. Immer wieder gedenkt die Hl. Schrift dieser grundlegenden Ereignisse (vgl. Neh 9, 9—11; Ps 77, 20; 78, 13 ff; Weish 19, 7; Jes 11, 16; 43, 16; 51, 10 usw.). „Statt jener Finsternis gabst du den Deinen eine flammende Feuersäule als Führerin auf unbekanntem Weg, als freundliche Sonne auf ihrer ruhmvollen Wanderung“ (Weish 18, 2). — „Was ist mit dir, Meer, das du fliehst, und mit dir, Jordan, daß du zurückweichst? — Ihr Berge, was hüpft ihr wie Widder und ihr Hügel, wie junge Lämmer? — Vor dem Herrn erbebe, du Erde, vor dem Antlitz des Gottes Jakobs...“ (Ps 114, 5—7). Schon war ja der verheißene Messias in diesem Volk verborgen, aus dem er einst in Menschengestalt hervorgehen sollte. Sogar die Feinde mußten „bekennen, daß dieses Volk *Sohn Gottes* sei“ (Weish 18, 13).

---

[1] Der Ausdruck „Heilsweg“ ist auch den heidnischen Religionen Indiens bekannt: Der Hinduismus unterscheidet vier Heilswege: 1. den der Taten (Pflichterfüllung, Sittlichkeit), 2. des Wissens, der die Taten überflüssig macht (!), 3. der Versenkung, die in Askese besteht, 4. der Hingabe an Gott und seine Gnade. Ähnlich der Buddhismus.

Auch die Bücher der Könige sprechen von Wegen, die Gottesmänner im Auftrag des Herrn unternahmen.

Als „heiligen Weg" bezeichnet Jesaja die Rückkehr der Juden aus dem babylonischen Exil. Er schaut aber darin noch mehr ein Bild des messianischen Heiles und des Eintritts aller Völker in das Gottesreich, ja den *Weg Gottes selbst*, der in seinem Volk zugegen ist:

„Eine Straße wird es dort geben; man nennt sie den Heiligen Weg ... Kein Mensch ohne Erkenntnis irrt dort umher ... Dort gehen nur die Erlösten, die vom Herrn Befreiten kehren zurück und kommen voll Freude nach Zion" (Jes 35, 8. 10).

„Eine Stimme ruft: Bahnt für den Herrn einen Weg durch die Wüste! Baut in der Steppe eine Straße für unseren Gott! Alle Täler sollen sich heben, alle Berge und Hügel sich senken. Was krumm ist, soll gerade werden, und was hüglig ist, eben" (Jes 40, 3—4).

Sobald der Ersehnte der Völker selber im Fleisch unter uns weilte, begann seinetwegen, als er noch unsichtbar oder kaum erschienen war, ein heiliges Wandern. Dieses Umherziehen auf konkreten Pfaden setzte er selber während seines ganzen irdischen Lebens fort. Jeder Weg, den er betrat, wurde durch ihn geheiligt: Von Bethlehem bis Golgota und bis zur Stätte der Himmelfahrt „frohlockte" der Erlöser „wie ein Held zu durcheilen die Bahn" (Ps 19, 6), den Weg unseres Heiles. „Vom obersten Himmel ist sein Ausgang und sein Endziel wiederum des Himmels Höhe!" (Ps 19, 7). Als die Vollendung seiner Sendung nahte, sprach er zu den Aposteln: *„Ich bin der Weg,* die Wahrheit und das Leben. Niemand kommt zum Vater als durch mich" (Joh 14, 6). Das gilt für *alle* Menschen, zunächst aber für die Glieder seines mystischen Leibes, die er *in sich selbst* zum Vater trägt.

Diesen Heilsweg, den Christus uns eröffnet hat, setzten seine Apostel fort, als sie in alle Welt ausgingen, um das Evangelium zu verkünden. Auf diesem Weg [2] führen sie und ihre Nachfolger alle Auserwählten ans Ziel, in das himmlische Jerusalem, in dessen 12 Tore alle gottgewollten Wege einmünden, um überzugehen in „die Straßen der Stadt", die da sind „reines Gold wie aus klarem Glas" (Offb 21, 21) und in deren Mitte der Baum des Lebens steht" (Offb 22, 2). So ist denn der verschlossene Weg zum Paradies wieder weit geöffnet! Es ist (nach Hebr 10, 20) der *„neue und lebendige Weg"*, den Christus, der Hohepriester des Neuen Bundes, „uns durch den Vorhang hindurch, das heißt durch sein Fleisch, erschlossen hat".

II. Prozessionswege: Seit Urzeiten gab es in der Geschichte der Menschheit besondere Anlässe zu Kundgebungen durch Umzüge des Volkes. Im gemeinsamen Voranschreiten einer Menge liegt eine Ausdrucksmöglichkeit, eine gewaltige Kraft, die der einzelne niemals hervorbringen kann. Auf religiösem Gebiet äußert sich diese, wie bereits erwähnt, in den *Prozessionen.* Schon in der heidnischen Antike

---

[2] Im griechischen Urtext der Apostelgeschichte, und zwar nur hier, wird die Lebensweise der Christen und damit das Christentum selber als „der Weg" *(ὁδός)* gekennzeichnet (vgl. Apg 9, 2; 18, 25. 26; 19, 9. 23; 22, 4; 24, 14. 22). Dieser Terminus wird in den Versionen nicht immer wörtlich übersetzt.

Um im einzelnen zu entsprechendem „Wandeln" auf diesem „Weg" zu ermahnen, gebraucht der heilige Paulus in seinen Briefen wiederholt das Wort ‚περιπατεῖν' (z. B. Gal 5, 16; I Thess 2, 12; Eph 4, 1; 5, 8; Kol 1, 10 usw.). Ebenso der heilige Johannes.

sind solche bezeugt, ebenso im Kult Jahwes. Die biblischen Geschichtsbücher berichten, daß David die Bundeslade, deren Standort nach der Einnahme des Landes Kanaan mehrmals gewechselt hatte, zweimal, begleitet von Reigen und Gesängen mit Instrumentalmusik sowie mit Einschaltung zahlreicher Opferhandlungen, aus ihrer provisorischen Stätte übertragen ließ (2 Sam Kap 6), bis sie unter Salomo nach Vollendung des Tempels in das neue Heiligtum gebracht werden konnte (1 Kön 8, 3—6). Fortan pilgerten die Israeliten Psalmen singend nach Jerusalem (vgl. Jes 30. 29), um dort die großen Festtage zu feiern, zu deren Liturgie auch rituelle Prozessionen gehörten: Am Laubhüttenfest z. B., das zugleich als freudiger Erntedank wie als Erinnerung an die Befreiung aus der Knechtschaft Ägyptens und an das Lagern in Zelten zur Zeit der Wüstenwanderung eingesetzt war, umkreiste das ganze Volk, Palmen schwingend, den Brandopferaltar und sang dabei Vers 25 des 118. Psalms. Ebenso hielt man es während der Festoktav. Nach der neuesten Version ist dieser Umzug um den Altar in Vers 27 sogar ausdrücklich erwähnt.

Die *christliche Liturgie* ist reich an Prozessionen verschiedenen Charakters: Im Kirchenjahr ist die Lichterprozession am Fest Mariä Reinigung die erste. Sie ist Symbol des Lichtes, das Christus im Weihnachtsmysterium der Welt gebracht hat. Die Palmprozession am zweiten Passionssonntag (früher „Palmsonntag" genannt) vergegenwärtigt den Einzug des Herrn in Jerusalem vor seinem Leiden. Die Gläubigen begleiten den Sieger über die Gewalt des Todes zu seinem Erlösungswerk. Die Stationsprozessionen der Fastenzeit haben Bußcharakter, ebenso die Bittprozessionen (Litaniae majores und minores), die am 25. April und an den 3 Tagen vor Christi Himmelfahrt stattfinden. Durch sie erfleht die Kirche Gottes Beistand in allen geistigen und leiblichen Nöten und bittet um Segen für die sprossende Natur, auf daß sie eine gute Ernte hervorbringe. Die sakramentale Prozession am Fronleichnamsfest ist eine Verherrlichung, ein Triumphzug des Herrn in der eucharistischen Brotsgestalt und zugleich eine Heiligung des betretenen Gebietes.

„Heiliger Weg" ist jedes feierliche Schreiten zu liturgischen Funktionen, besonders zum hl. Opfer oder innerhalb desselben. Der Einzug des Papstes, eines Bischofs oder Prälaten bei festlichen Gelegenheiten entfaltet sich in besonders eindrucksvoller Weise.

„Heiliger Weg" ist auch die Übertragung der Verstorbenen auf den Gottesacker oder in die Gruft. Er versinnbildlicht den Einzug ins himmlische Paradies.

An manchen Orten finden Prozessionen mit Reliquien oder Gnadenbildern statt, Pilgerzüge zu heiligen Stätten, theophorische Prozessionen oder solche ohne das Allerheiligste, die von einer Volksgruppe — etwa zur Erfüllung eines Gelübdes oder in Zeiten der Not — gehalten werden. Alle sind sie „heilige Wege", mögen sie, vom Klerus angeführt, zur lokalen Liturgie gehören oder privaten Charakter tragen. Sie entsprechen einem religiösen Bedürfnis, das Gott ins Menschenherz gelegt hat.

An die Kreuzwegandacht, die man in Gemeinschaft oder allein verrichten kann, hat die Kirche besondere Ablässe geknüpft.

III. „Wege" im bildlichen Sinn: Rein bildlich genommen begegnet man dem Ausdruck „Weg" oder „Pfad" in der Hl. Schrift wie in der Literatur und im täglichen Sprachgebrauch überaus häufig. In den Psalmen kommt er mehr als 80mal vor, davon allein etwa 20mal in Ps 119. Die Unzahl der verschiedenen

Bedeutungen, von denen nur wenige Beispiele angeführt werden können, läßt sich jedoch von bestimmten Gesichtspunkten aus überschauen und in große Gruppen einreihen, innerhalb welcher der Sinn sich in vielen Fällen deckt oder Unterschiede aufweist, die sich aus dem Zusammenhang ergeben.

a) *Wege Gottes* sind seine Ratschlüsse und Taten (vgl. Röm 11, 33) sowohl bezüglich der Gesamtschöpfung (vgl. Spr 8, 22 Vulg; Ps 144, 17) als betreffs der Menschen im Besonderen (vgl. Ps 95, 11; Jer 10, 23; Dan 5, 23). Gott lenkt nicht allein ihre natürlichen Geschicke (vgl. Ps 139, 1—5), sondern leitet auch ihre Sitten durch heilige Gesetze nach seinem Willen.

b) *Weg und Gebot* Gottes erscheinen daher in der Hl. Schrift oft als gleichbedeutend (vgl. Dtn 8, 6; 10, 12; 11, 22; 19, 9; 30, 16). Das bekannteste Beispiel bietet Ps 119: Er beginnt mit einer Gleichsetzung, die sich im weiteren Text in verschiedenen Variationen wiederholt:

„Wohl denen, deren Weg ohne Tadel ist, die leben nach der Weisung des Herrn" (Ps 119, 1). Dieser Psalm ist wie ein Geleitlied auf dem gottgewollten Lebensweg. Der Erdenpilger ist ganz erfüllt von Liebe zum göttlichen Gesetz und von Verlangen, ihm in allem zu entsprechen. Er bekennt aber auch seine Verfehlungen, denn der Psalm schließt mit den Worten: „Ich bin verirrt wie ein verlorenes Schaf. Suche deinen Knecht! Denn deine Gebote habe ich nicht vergessen" (Ps 119, 176).

Die alttestamentliche Gleichbedeutung von *„Weg"* und *„Religion Jahwes"* entspricht dem neutestamentlichen Synonym von *„Weg"* = *„Christentum"*, dem wir in der Apostelgeschichte mehrmals begegnen (vgl. I. Teil, Anm. 2). Wer auf dieser Bahn wandelt, ist auf dem „Weg des Friedens" (Lk 1, 79; vgl. negativ Ps 14, 3).

c) Unter *„Menschenwegen"* ist in vielen Fällen der gewöhnliche *Lebenslauf* mit seinen Wechselfällen, Unternehmungen usw. zu verstehen, häufig aber das *moralische Verhalten*, der verkehrte Eigenwille des Menschen. In seinen verschiedenen Formen kann dieser zur völligen Abkehr, zur Gottlosigkeit und Bosheit führen (vgl. Jes 53, 6). Solche Menschenwege stehen zu den Gotteswegen in himmelweitem Gegensatz:

„Meine Gedanken sind nicht eure Gedanken und eure Wege sind nicht meine Wege" spricht der Herr. „So hoch der Himmel über der Erde ist, so hoch erhaben sind meine Wege über eure Wege und meine Gedanken über eure Gedanken" (Jes 55, 9). „Sie suchen mich Tag für Tag, denn sie wollen meine Pläne erfahren. Wie ein Volk, bei dem Gerechtigkeit herrscht und das vom Recht seines Gottes nicht abläßt" (Jes 58, 2). In ihrer Lebensweise aber kümmern sie sich nicht darum. Ihre Richtschnur ist vielmehr das eigene Gelüste.

d) Die Propheten zeigen auch, wie Gott die verkehrten *Menschenwege durch Strafen versperrt:* „Drum will ich", spricht der Herr, bei Hosea (2, 6), „mit Dornen den Weg dir verzäunen, eine Mauer aufbauen, daß deine Wege du nimmer findest." Und in den Klageliedern (3, 9) trauert Jerusalem: „Er (Gott) vermauert meine Wege mit Quadern, riß auf meine Pfade."

e) Dagegen aber *„schützt der Herr die Pfade* des Rechts und hütet den Weg seiner Frommen" (Spr 2, 8). „Denn er befiehlt seinen Engeln, dich zu behüten auf all deinen Wegen" (Ps 91, 11; vgl. auch Ex 23, 20).

Stimmt der Lebenswandel des Menschen mit dem göttlichen Willen überein, dann schwinden die Gegensätze und gehen Menschenwege über in das große Eins der Gotteswege. Daher schließt Ps 139, 23 mit der Bitte: „Erforsche mich, o Gott und prüf mein Herz, frag mich und prüfe meine Wege, und siehe, ob ich den Weg der Bosheit wandle und führ mich auf den *Weg der Ewigkeit!*"

f) „*Weg, den alle Welt gehen muß*" ist ein Ausdruck, mit dem die Hl. Schrift an mehreren Stellen den Tod bezeichnet (vgl. Jos 23, 14; 1 Kön 2, 2; Ijob 16. 23). Es entspricht diesem Gedanken, wenn die hl. Kirche den Sterbenden die hl. Eucharistie als „*Viaticum*", als Wegzehrung reicht, um sie für den Hinübergang zu stärken.

g) Die „*Wahl zwischen zwei Wegen*": Sowohl in der Hl. Schrift als in der außerbiblischen Literatur ist die Rede von den entgegengesetzten Wegen, zwischen denen der Menschenwille schwankt. Der Sophist Prodikos hat die von Homer besungenen Taten des griechischen Nationalhelden Herakles durch die von ihm hinzugefügte Fabel „Herakles am Scheideweg" bereichert (aufgezeichnet bei Xenophon, Mem. 2, 1, 11): Dem jungen Helden erscheinen zwei Frauengestalten, die personifizierte Tugend *(ἀρετή)* und die Schlechtigkeit *(κακότης)* oder Weichlichkeit *(ἡδονή)*. Sie legen ihm die Wahl zwischen einem Leben üppiger Freuden und einem mühevollen Aufstieg zum wahren Ruhm vor. Der Held entscheidet sich für letzteren.

In der Bibel liegen diese Gegensätze den Wegen zu Gott oder *gegen* Gott zugrunde, obwohl dabei nicht ausdrücklich von einer *Wahl* die Rede ist. Deutlich treten die Kontraste in Ps 1 hervor: „Dem Manne Heil, der nicht dem Rat der Frevler folgt, der nicht am Weg der Sünder steht ... Der vielmehr seine Lust hat am Gesetz des Herrn" ... „Weiß doch der Herr um der Gerechten Weg; der Pfad der Frevler aber mündet ins Verderben" (Ps 1, 1. 2. 6). Ebenso klar sprechen Ps 119, Vers 1—3 und 28 f, sowie mehrere Stellen im Buch der Sprüche. Hier wird dem Hörer seine Aufgabe, zu wählen durch die Gegenüberstellung, die im Gegensatz von zwei Spruchgliedern liegt, zum Bewußtsein gebracht.

Im hl. Evangelium ruft Christus selber uns zu: „Geht durch das enge Tor! Denn das Tor ist weit und der Weg ist breit, der ins Verderben führt und viele gehen auf ihm. Aber das Tor ist eng und der Weg ist schmal, der zum Leben führt, und nur wenige finden ihn" (Mt 7, 13. 14). In den jüdischen Apokryphen wird das Zwei-Wege-Motiv mehrmals angeklungen. Bei den Apostolischen Vätern findet es sich in der Didaché I. 1—6, 1; ähnlich im Barnabasbrief 18, 1—2: „Es gibt zwei Wege der Lehre und Macht, nämlich den des Lichtes und den der Finsternis. Der Unterschied zwischen den beiden Wegen aber ist groß: Auf dem einen sind nämlich lichttragende Engel Gottes aufgestellt, auf dem andern aber Engel des Teufels." Anschließend folgt in den nächsten Kapiteln wie auch in der Didaché, eine Aufzählung der Tugenden, die den Weg des Lebens auszeichnen und der Sünden, die dem Weg des Todes eigen sind. Sinnverwandt ist die ausführliche Stelle im Hirten des Hermas (Gebote VI, 1 u. 2 ff). Man erkennt in diesen Gedanken die Verchristlichung der altgriechischen Sage. Sie klingt auch nach in der Homilie des hl. Basilius zu Ps 1 (PG 29, 222 D).

Der hl. Augustinus unterscheidet in der Erklärung zu Ps 24, 4 zwischen „Wegen" und „Pfaden": „Herr, tu mir deine Wege kund und zeig mir deine Pfade, die weder breit sind noch die Menge der Menschen dem Untergang entgegenführen; sondern lehre mich die engen Pfade, die nur wenige kennen! (PL 36, 184 f).

Die hier angeführte Psalmstelle bildet den Versikel des Introitus und des Graduale am ersten Adventsonntag. Daraus ist deutlich zu erkennen, daß die hl. Kirche das *heilige Jahr* als einen *stets neu beginnenden Weg* auffaßt: Um den unendlichen Heilsplan Gottes im Nacheinander der Zeiten und Geschlechter zu vergegenwärtigen und die hl. Mysterien für alle Leben und Wirklichkeit werden zu lassen, führt die hl. Liturgie uns das große Geschehen immer wieder in allen seinen Teilen vor. Namentlich ist seine Einleitung, der Advent, als „Weg" und „Wegbereitung" gekennzeichnet, was besonders in den genannten Meßgesängen, in den Evangelien, die von Johannes dem Täufer als dem großen „Wegbereiter" des Messias handeln, und in der Oration des zweiten Sonntags klar hervortritt.

2. GESTIRNE

Licht und Sonne

Als der Herr „im Anfang" Himmel und Erde erschuf, herrschte noch tiefe Finsternis über dem Urmeer. „Gott sprach: ‚Es werde Licht!' und es wurde Licht. Gott sah, daß das Licht gut war. Gott schied das Licht von der Finsternis. Und Gott nannte das Licht Tag und die Finsternis nannte er Nacht" (Gen 1, 3—5).

Trotz aller physikalischen Analysen bleibt das Licht ein Geheimnis des Schöpfers. „Wo ist der Weg zur Wohnstatt des Lichts? Die Finsternis, wo hat sie ihren Ort, daß du sie einführst in ihren Bereich, die Pfade zu ihrem Haus sie führst? (Ijob 38, 19—20), frägt Gott den Dulder Ijob.

Keiner ist, der das Licht nicht kennt; keiner ist, der es kennt. Keiner, der es nicht kennt in seinen wunderbaren Wirkungen, keiner, der es kennt in seinem Wesen.

Das Licht allein ermöglicht das Schauen von Schönheit und Farbe. „Augenlicht" heißt das Sehvermögen, mit dem man es aufnimmt. Alles, was lebt und wächst, drängt sich dem Licht entgegen, sogar die künstliche Leuchte wird von Insekten umschwärmt.

Als die immateriellste Erscheinung der gesamten Schöpfung eignet sich das Licht besonders, Symbol der Geistigkeit Gottes zu sein. Darum schreibt der hl. Apostel Johannes (1 Joh 1, 5): „Dies ist die Botschaft, die wir von ihm gehört haben und euch verkünden: Gott ist Licht und Finsternis ist nicht in ihm." „Du hüllst dich in Licht wie in ein Kleid" (Ps 104, 2); er „wohnt im unzugänglichen Licht" (1 Tim 6, 16). Licht und Leben bezeichnen sein Wesen. Die alten Christen Syriens setzten darum die griechischen Worte

Φ
ΖΩΗ
C

Licht und Leben in Kreuzform als segen- und schutzbringenden Gottesnamen über die Türen ihrer Häuser (vgl. S. 44). Licht und Leben bezeichnen nicht allein das Wesen Gottes, sondern hängen auch auf natürlichem Gebiet zusammen, wie es sowohl in der Hl. Schrift als in der gewöhnlichen Redeweise zum Ausdruck kommt: „Das Licht der Welt erblicken" ist z. B. gleichbedeutend mit „geboren werden", „Licht" bezeichnet in der alttestamentlichen Bildersprache häufig ein Leben des Glücks und Wohlergehens (vgl. Ijob 18, 5. 6; 21, 17; Spr 13, 9), aber auch im übernatürlichen Sinn die Erleuchtung durch Gottes Huld und Gnade, seine Führung durch das Gesetz (vgl. Ps 27, 1; 43, 3; 119, 105; Spr 6, 23).

Durch die Sendung des Ewigen Wortes auf unsere Erde wurde der Gottmensch selbst das „wahre Licht, das erleuchtet jeden Menschen, der in diese Welt kommt" (Joh 1, 9). Im Alten Bund erscheint es verhüllt unter dem Namen der „Weisheit": Sie ist „der Widerschein des ewigen Lichtes" (Weish 7, 26). Die Propheten verkünden das „große Licht" (Jes 9, 2; 60, 19. 20), nach dem die Menschheit, die „in Finsternis und Todesschatten sitzt" (Lk 1, 79), sich sehnt. Als der Erlöser gekommen war, begrüßt ihn der greise Simeon als „das Licht zur Erleuchtung der Völker" (Lk 2, 32), und Christus selber bezeugt sich als solches, indem er ausruft: „Ich bin das Licht der Welt, wer mir nachfolgt, wird nicht in der Finsternis gehen, sondern er wird das Licht des Lebens haben" (Joh 8, 12; vgl. 9, 5). Dieses Licht ergießt sich bei der Taufe in die Seele des Katechumenen. Darum hieß dieses Sakrament in der Frühkirche „Erleuchtung" (Illuminatio, *φωτισμός*, vgl. Justinus Mart. Apolog. 1).

„Einst wart ihr Finsternis", schreibt der hl. Paulus an die Epheser (5, 8), „jetzt aber seid ihr durch den Herrn Licht geworden. Lebt als Kinder des Lichtes." Unzählig sind die neutestamentlichen Schriftstellen, die in diesem Sinne sprechen. „Licht ist das Element, in dem das Leben des Christen verläuft und erfüllt wird" (Pinsk). Auf die Vollendung, die es in der Ewigkeit durch Christus erfährt, weist die Offenbarung des Johannes (21, 23) hin: Die himmlische Stadt bedarf weder der Sonne noch des Mondes, denn sie wird erhellt von der Herrlichkeit Gottes. Daher reden wir im Hinblick auf die Vollendung in der Ewigkeit vom Glorienlicht und beten für unsere Verstorbenen, daß ihnen „leuchte das ewige Licht".

Nicht minder zahlreich als die Schriftstellen sind die liturgischen Texte, die vom göttlichen Lichte sprechen, es in Hymnen begrüßen und preisen oder bei der Weihe von Kerzen (Lichtmeß, Osternacht) seine Symbolik darlegen.

Aus der Patrologie sei unter vielen Methodius von Philippi angeführt, der die Ecclesia in ihrem Vollglanz schaut und jubeln läßt:

„ ‚Licht umfließt mich, das keinen Abend mehr kennt, das Leuchten des Logos umkleidet mich wie ein Gewand.' — ‚Wo wäre je ein Geschmeide so wertvoll, so nur einer Königin würdig, wie der Mantel des Lichts, den der Vater ihr umlegt bei der Brautfahrt zu Christus dem Herrn.' — Kommt nur und seht sie: Da schreitet sie her, die erhabene Frau, die wunderschön Prächtige, makellos rein und blinkender als die Gestirne des Himmels, denn es umkleidet sie der, dessen Wesen das ewige Licht ist" (vgl. Hugo Rahner, „Mater Ecclesia", S. 117).

Obwohl man die Sonne nicht mit dem Licht gleichsetzen kann, hängt die Symbolik beider aufs engste zusammen.

Am vierten Schöpfungstag rief Gott diese wunderbare Himmelsleuchte zugleich mit den andern Gestirnen ins Dasein. Daß sie in der Reihenfolge nicht an erster Stelle steht, zeigt, daß die Sonne nicht nach heidnischem Glauben das Prinzip der erschaffenen Dinge ist, sondern selber ein bloßes Geschöpf, dem Gott zu seiner Zeit seine besondere Aufgabe zugewiesen hat. Zwar gibt es im undurchforschbaren Weltall unzählige Sonnen, doch für uns ist nur die *eine* von Bedeutung, ohne die kein Leben auf Erden bestehen könnte. Diese Sonne ist nach St. Ambrosius „das Auge der Welt, die Freude des Tages, des Himmels Schönheit, die Anmut der Natur, das Bedeutendste unter den (leblosen) Geschöpfen". — Die Heidenvölker aber blieben bei der Herrlichkeit dieses Gotteswerkes stehen und beteten es in ihrer Bewunderung als Gottheit an, anstatt bis zum Schöpfer vorzudringen.

5 Anastasis. Monogrammkreuz vom Passionssarkophag, Lateranmuseum, Rom. 4. Jh.

6 Dextrarum junctio (Händereichung). Sarkophagplastik, Lateranmuseum, Rom. 4. Jh.

Es gab in der Antike vielerlei Sonnenkulte, auch die Israeliten hatten sich trotz des strengen göttlichen Verbotes (vgl. Dtn 4, 19) dazu verführen lassen (vgl. 2 Kön 23, 5. 11). Mehr als irgendeine Religion der Welt war Ägypten vom Sonnenkult beherrscht: Man verehrte dort die Sonne unter mehreren Göttergestalten mit verschiedenen Namen und Symbolen. Zu den bedeutendsten zählen: die Sonnenbarke, die geflügelte Sonnenscheibe mit der Uräusschlange, das Auge, der Falke und der Skarabäus mit der Sonnenkugel. In Babylonien war Schamasch der Sonnengott, in Griechenland und Rom Helios, der mit seinem weißen Viergespann über den Himmel fährt und dessen Umläufe die Zirkusspiele symbolisch darstellten (vgl. Helios, S. 321 ff). Es ist bei der Überfülle des Stoffes kaum möglich, hier näher auf diese Kulte und Bräuche einzugehen. Der Eindruck, den man angesichts ihrer Menge gewinnt, „ist der einer vielstimmigen und doch im tiefsten einmütigen frommen Sehnsucht, die um die Sonne als den realen Inbegriff und das Symbol alles dessen kreist, was der antike Mensch liebt und erstrebt" (H. Rahner).

Die Hl. Schrift spricht oft mit bewundernder Freude von der Sonne (vgl. Sir 43, 2—5), von ihrem Vollglanz (Sir 42, 16), von ihrer göttlichen Bestimmung (Jer 31, 35; Sir 33, 7). Ihren sieghaften Lauf beschreibt Ps 19, den die Liturgie stets auf Christus bezieht, der als Bräutigam aus dem Brautgemach des jungfräulichen Mutterschoßes hervorging. Jesaja schaut das herrliche Gestirn als Bild Gottes, das im messianischen Reich den Gerechten leuchtet (Jes 60, 19. 20). Die göttliche Weisheit ist „schöner als die Sonne" (Weish 7, 29), die Braut im Hohenliede (6, 9) wird gepriesen als „electa ut sol" (angewendet auf Maria und die Kirche). „Sonnengleich erstrahlt der Hohepriester in seinem Ornat (Sir 50, 7) und leuchten die Gerechten im Reiche des Vaters" (Mt 13, 43). In der Apokalypse (12, 1) erscheint am Himmel das „große Zeichen" einer Frau „mit der Sonne bekleidet" als Bild der Gottesmutter und der Ecclesia. Der Sonne gleicht das Antlitz Christi bei der Verklärung auf Tabor (Mt 17, 2), und in der himmlischen Glorie schaut es der Seher von Patmos strahlend „wie die Sonne in ihrer vollen Kraft" (Offb 1, 16).

Die Begegnung der Kirche mit dem antiken Sonnenkult bedeutete zunächst eine Hinführung aller heidnischen Sonnenverehrung zu Christus, der „Sonne der Gerechtigkeit" (Mal 4, 3), dem „aufstrahlenden Licht aus der Höhe" (Lk 1, 78). Diese Umlenkung zeigt sich in mehrfacher Weise: fürs erste im Einsetzen christlicher Feste an Stelle der heidnischen Sonnentage: Wenn die Römer am 25. Dezember das Wiederzunehmen der Tage als den „Geburtstag der unbesiegten Sonne" (solis invicti) feierten, so stellte die Kirche diesem das Lichtfest der Epiphanie und seit dem 3. Jahrhundert das Fest der Geburt Christi entgegen, an dem „die Sonne der Gerechtigkeit aus der jungfräulichen Wolke hervorging" (Proclus, Or IV in Nat. Dom. PG 65, 714). In der Nacht des Todes ist diese göttliche Sonne untergegangen, und zugleich verhüllte ihr Symbol, die natürliche Sonne, in tiefster Trauer ihr Angesicht. Doch dieser Untergang war nur der Weg zur glorreichen Auferstehung, zum Aufgang im Vollglanz jenes Tages, von dem die Kirche singt: „Das ist der Tag, den der Herr gemacht hat, laßt uns jubeln und fröhlich sein an ihm!" (Ps 118, 24). Diesen Jubelvers wiederholt sie die ganze Osteroktav hindurch in der Messe und in jeder Tageshore.

Christus ist nicht am jüdischen Sabbat auferstanden, sondern am Tag, der dem Helios geweiht war, den auch wir *Sonntag* nennen und an dem Gott das Licht erschaffen hat. Seit dem 1. Jahrhundert vor Christus war nämlich die chaldäische

Zueignung der Wochentage an die Planetengötter so allgemein geworden, daß auch das Christentum, trotz seines Kampfes gegen den astrologischen Aberglauben, nichts dagegen vermochte.

Die Parallelen zwischen Antike und Christentum erstrecken sich aber in der Sonnensymbolik noch weiter: Der Heiland errang seinen Erlösungssieg in *dem* Monat, der sowohl bei den Juden wie im Römerreich der erste Jahresmonat war, in dem die Sonne mehr und mehr zur sommerlichen Höhe ansteigt und in der Natur neues Leben erweckt. Dieser Frühling ist ein Bild dessen, was die Gnadensonne in den Seelen bewirkt. Die Lichtsymbolik hat uns bereits gezeigt, warum die Taufe „Erleuchtung" hieß. In den sogenannten Oden Salomos (15, 1. 2. 6) spricht ein vom Tauferlebnis erfüllter Christ der Urkirche von der gnadenhaften Umwandlung, die ihm durch das Mysterium zuteil wurde:

> „Gleichwie die Sonne Freude ist für die, so ihren Tag ersehnen,
> ist *meine* Freud' der *Herr,* denn *Er* ist meine Sonne.
> Es haben Seine Strahlen mich geweckt,
> Sein Licht hat alle Finsternis von meinem Angesicht vertrieben,
> durch Ihn hab' Augen ich erhalten, nun schaue ich den Tag;
> den Weg des Irrtums habe ich verlassen: zu *Ihm* bin ich gegangen!"

Bei den Gläubigen der frühchristlichen Zeit war es Brauch, sich, wie die Sonnenanbeter der Antike, zum liturgischen und privaten Gebet gegen *Osten* zu wenden. Diese Gepflogenheit ist in der altkirchlichen Literatur vielfach bezeugt und ihre Bedeutung erklärt. Origenes sagt in der 8. Homilie zum Buch der Richter: „Ein jeder, der auf irgendeine Art den Namen Christi empfängt, wird ein Sohn des Sonnenaufgangs. So steht nämlich von Christus geschrieben: Siehe, ein Mann, Aufgang ist sein Name" (Sach 6, 12). Im Buch über das Gebet (32) schreibt derselbe Autor: „Wer sollte nicht ganz von selbst zugestehen, daß die Himmelsrichtung gegen Osten sinnenfällig kundtut, daß wir dorthin gewendet unser Gebet verrichten sollen, zum Sinnbild, daß die Seele nach dem Aufgang des wahren Lichtes hinsieht."

Die Gebetsostung war zugleich Ausdruck der Sehnsucht nach dem Paradies, denn man nahm an, daß der Aufenthaltsort des verklärten Herrn, wie einst das irdische Paradies (nach Genesis 2, 8 im Urtext), sich im Osten befinde und von dort her seine Wiederkunft am Jüngsten Tag zu erwarten sei. Diese in mehrfacher Weise tiefsinnige Symbolik begründet auch die Ostung unserer Gotteshäuser und der christlichen Gräber, wo eine solche möglich ist. Sie bestimmte auch die altliturgische Praxis betreffs Haltung der Katechumenen beim Ablegen des Taufgelöbnisses: Um dem Satan, dem Geiste der Finsternis, zu widersagen, sollten sie gegen Westen, der Region des Sonnenunterganges, gewendet stehen, um dann in der Richtung nach Osten (Sonnenaufgang) Christus die Treue zu schwören.

Die Symbolik Sonne = Christus beherrscht nicht nur, wie wir bereits sahen, das Kirchenjahr und manche liturgische Bräuche und Zeremonien, sondern auch das kirchliche Stundengebet, das sich von alters her ganz nach dem Stand der Sonne regelt und namentlich in seinen Hymnen ihre Beziehung zu Christus aufs schönste ausdrückt. Die Worte „Sonne" und „Licht" wechseln darin ständig, denn hier verschmilzt ihre Bedeutung. Besonders tritt sie im Morgenlob (Laudes) hervor. Da hier nicht der Raum ist, auf dieses reichhaltige Thema näher einzugehen, müssen wir es auf zwei Strophen aus dem ambrosianischen Laudes-Hymnus der Feria II (Montag) beschränken:

Splendor paternae gloriae De luce lucem proferens, Lux lucis et fons luminis, Diem dies illuminans:	Du Glanz von Vaters Herrlichkeit, Vom Licht ausströmend neues Licht, O Licht vom Licht, des Leuchtens Quell, Den Tag machst, wahrer Tag Du, hell.
Verusque sol illabere, Micans nitore perpeti: Jubarque Sancti Spiritus Infunde nostris sensibus.	Du wahre Sonne, neige Dich Zu uns mit ewigen Lichtes Schein, Ergieß des Heiligen Geistes Strahl In unsre Herzen tief hinein.

Die Morgenröte, die uns die Christussonne brachte, war Maria, die unbefleckte Gottesmutter, deren jungfräuliche Geburt mit dem Sonnenstrahl verglichen wird, der durch ein Glas dringt, ohne es zu brechen: „Transit, sed non frangit", heißt es bei einem mittelalterlichen Autor.

In der Kunst wird die Sonne oft als strahlende Scheibe dargestellt oder durch Strahlen allein angedeutet. Ihre Personifikation und Zusammenstellung mit dem Mond bespricht der folgende Artikel („Mond").

Die verschiedenfarbigen Licht-Aureolen oder Gloriolen, mit denen man die Bilder heiliger Gestalten auszeichnet, sind bei Christus und den beiden anderen göttlichen Personen, denen ebenfalls der Kreuznimbus zukommt, Symbol der Gottheit und Herrlichkeit, bei Engeln und Heiligen Zeichen der himmlischen Glorie. Das Christentum übernahm den Nimbus aus der heidnischen Antike, wo er nicht allein Lichtgottheiten, sondern alle Wesen kennzeichnet, denen eine höhere Würde zuerkannt wurde.

Die große, die ganze Figur umrahmende Gloriole (in ovaler Form „Mandorla" genannt) gebührt nur Christus und seiner heiligsten Mutter. Auch Christussymbole (Kreuz, Gotteslamm usw.) werden häufig von einem Nimbus eingefaßt.

Mond

Der Mond hat in der altorientalischen Astronomie sowie im volkstümlichen religiösen Bewußtsein eine größere Bedeutung als die Sonne, was zunächst überraschen mag, aber verständlich ist. Die primitive Zeitrechnung gründet nämlich überall auf dem Mondwechsel, denn seine Phasen sind ein objektives Zeitmaß. Bereits in der Eiszeit hatte der Mond magische Bedeutung. Er wurde allmählich schlechthin zum Meßinstrument der Zeit, was selbst in seinem „indogermanischen Namen zum Ausdruck kommt, in dem die Wurzel „me", messen, verborgen ist (mâs, mêna, mên, mensis). Der Mond gebietet über alles, was im Kosmos dem Gesetz zyklischen Werdens unterworfen ist. Die Verbindung alphabetischer Zeichen und Töne mit den Mondphasen, wie sie im alten Orient versucht wurde, soll den Zugang zu kosmischen Geheimnissen und Energien öffnen. Durch seinen Wechsel zeigt sich der Mond als etwas Lebendiges. Drei Tage lang fehlt er am Sternenhimmel, er ist wie tot. Dann steht er auf zu neuem Leben und wächst bis zur Fülle, um wieder abzunehmen und nach kurzer Frist die Wandlungen aufs neue zu beginnen. So wurde er zum Gestirn der Lebensrhythmen und allmählich zur Quelle alles Lebens und aller Fruchtbarkeit. Der allgemeinen volkstümlichen Beobachtung zufolge bringt der Mondwechsel Regen und damit das Gedeihen der gesamten Vegetation. Daher der alte Brauch, bei wachsendem Mond zu säen, bei abnehmendem die Früchte einzuernten, um im Rhythmus des natürlichen Wachstums mitzuschwingen und ihn nicht zu stören.

Die Beobachtung des Einflusses auf Ebbe und Flut ist ebenfalls alt. Auch die Fortpflanzung der Menschen und Tiere wurde dem Mond zugeschrieben, schon auf Grund der ebenfalls von alters her angenommenen Einwirkung auf den weiblichen Organismus. Die reiche Vorstellungswelt über den Mond ist jedoch keine selbständige Größe. Sie steht in innigster Beziehung zur Mythologie der Sonne, dem Bruder und Ehegemahl der später allgemein weiblich gedachten Selene. (Die deutschen Namen mit umgekehrten Geschlechtern sind für das Verständnis der mythologischen Spekulation irreführend, daher ist es zweckmäßig, in diesem Fall die griechischen bzw. lateinischen Bezeichnungen beizubehalten.)

Schon Empedokles spricht von den scharfen Geschossen des Helios im Gegensatz zu dem milden, heiteren Licht der Selene. Sie fängt die sengenden Sonnenstrahlen auf und gibt sie liebevoll gemildert weiter. Sie hat kein eigenes Licht, wie mit einiger Unsicherheit bereits die Alten festgestellt haben, sondern sie empfängt es in weiblicher Hingabe vom Helios, um es fruchtbar zu machen. Immerfort kreist sie schüchtern und sehnsuchtsvoll um den Geliebten und verschwindet gerade in der engsten Sonnennähe. In dieser Synodus des Neumonds, da die Selene wie ausgelöscht, wie tot erscheint, empfängt sie in bräutlicher Vereinigung mit Helios ihre zeugende Kraft. Darum hielt man z. B. in Athen den Neumondtag am geeignetsten für die Eheschließung. Selene wurde so zum mütterlichen Prinzip, zur gütigen Mittlerin zwischen den kosmischen Sphären und der Erde, der sie am nächsten steht. Sie nährt sich aus dem Wasser der Erde, das sich mit den starken, trockenen Strahlen der Sonne mischt, und es entsteht das feuchtwarme Mondwasser, nach dem pythagoräischen System die Quelle alles Lebens. Aus ihm stammt auch der in hellen Mondnächten besonders reichlich fallende Tau, gleichsam die Milch, mit der die mütterliche Luna alles Lebendige nährt. Von Aristoteles und Theophrastos angefangen bis Cicero, Plutarch und Plinius geht durch die gesamte antike Naturwissenschaft, durch medizinische, landwirtschaftliche, astrologische Handbücher und Rezepte, durch den mit Magie und Zauberei gemischten Volksglauben die Überzeugung, daß Selene die Mutter alles Lebendigen, die Herrin der Geburten sei. Sogar die Entstehung von Mineralien, namentlich von Edelsteinen, das Wachsen der Perle in der Muschel, die Krisen der Krankheiten, günstige und ungünstige Tage und das gesamte Schicksal auf Erden untersteht ihr. Aber nicht nur über das vergängliche Leben herrscht Luna. Ihr Kreis ist die Grenzscheide zwischen der dunklen, vom Fatum bestimmten Erdenregion und der Himmelssphäre, wo alles Feuer und Licht ist. Von dort sind die unsterblichen Seelen wie Feuerfunken oder himmlische Wassertropfen auf die finstere Erde gefallen, sie sehnen sich aber ständig nach ihrer wahren Heimat zurück.

Nach dem Abscheiden der Gerechten fahren ihre Seelen zuerst in die lichte Region der Selene, um von dort in noch höhere Welten emporzusteigen. So wurde Luna auch Symbol der Unsterblichkeit, des Glückes und des Schutzes gegen die sublunaren Dämonen. Schmuckstücke und Amulette in der Form von Möndchen waren allgemein beliebt (selbst bei den Juden, vgl. Jes 3, 18) und passende Geburtstagsgeschenke, wie man auch Glückskinder „Kinder des Mondes“ nannte. Die elfenbeinerne Lunula auf den Schuhen der römischen Patrizier war ein Symbol für das einstige Wohnen auf dem Mond und dafür, daß nach dem Tod die Seelen wiederum den Mond unter den Füßen haben, d. h. in seinen seligen Regionen wohnen werden. Der Neumondtag war schon bei Homer von religiöser Bedeutung (Od 20, 56, 276—278).

Vor allem aber erkannte der antike Mensch im wechselvollen „Leben“ der

Luna sein eigenes Schicksal und knüpfte an ihre immer wiederkehrenden Regenerationen seine Hoffnung auf Unsterblichkeit. Der tiefste Sinn aller lunaren Symbolik ist, daß alles irdische Dasein einem steten Wechsel, einem rhythmischen Werden unterworfen ist, daß aber die Polarität zwischen Wachstum und Leben einerseits, Vergehen und Tod anderseits durch periodische Regeneration und schließlich durch ewiges Leben abgelöst wird.

Die *Hl. Schrift* sagt von den Himmelskörpern ausdrücklich, daß Gott sie zu Zeitzeichen geschaffen hat (Gen 1, 14). Der Mond als „kleine Leuchte" sollte der Nacht vorstehen (Ps 136, 9). Als Zeitmaß hatte er also auch bei den Juden große Bedeutung. Der Neumondtag als Monatsbeginn wurde durch besondere Opfer (Num 28, 11), durch Blasen der Trompeten (Num 10, 10; Ps 81, 4) ausgezeichnet und festlich begangen. Der Neumond des siebten Monats galt als ein besonderer Feiertag. Freilich waren die Vorstellungen der umwohnenden Völker auch bei den Israeliten verbreitet. Das Gesetz (Dtn 4, 19; 17, 3) und die Propheten (Jer 8, 1 f; 7, 18 usw.), ja selbst noch Paulus in der christlichen Ära (Gal 4, 10; Kol 2, 16) eiferten unermüdlich gegen den Astralkult und andere abergläubische Bräuche im Dienste der „Himmelskönigin". So ist im alttestamentlichen religiösen Bewußtsein für die von den Kirchenvätern so reich ausgebaute Symbolik des nächtlichen Gestirns kein Anhaltspunkt zu finden. Die Bibel liefert nur nüchterne Angaben über seine Bestimmung und zieht es öfters als Vergleich heran. Der Tor wandelt sich wie der Mond (Sir 27, 12). Umgekehrt ist die stete Wiederkehr des Mondes ein Bild der Unvergänglichkeit des messianischen Reiches (Ps 72, 5; vgl. Ps 89, 38). Die Braut des Hohenliedes ist schön wie der Mond (6, 9) usw. In das große Bild der apokalyptischen Frau (Offb 12, 1) spielen schon hellenistische Vorstellungen hinein: Das messianische Reich ist eine kosmische Größe, die Wandelbarkeit alles Irdischen ist ihm untertan.

Schon im 2. Jahrhundert sieht Theophilos von Antiochien in Sonne und Mond ein „großes Geheimnis", nämlich das Bild des unveränderlichen Gottes und des Menschen in seiner Geburt, seinem Wachstum, Abnehmen und Absterben und seiner endzeitlichen Auferstehung (Ad Autolycum II, 15; Frühchristl. Apologeten II, S. 45, BKV). Origenes war der erste, der in diesem „großen Geheimnis" das Mysterium Christi und der Kirche entdeckte, in tiefsinniger Mystik auslegte und der späteren Theologie über die Kirche überlieferte: „Wie es zwei große Leuchten am Firmament gibt, so auch in uns, nämlich Christus und die Kirche" (in Gen. Homilie 7). Sonne und Mond erleuchten die Körper, Christus und die Kirche aber unsere Seelen (ebda.). Die Kirche empfängt ihr ganzes Licht von Christus und gibt es den Gläubigen weiter.

Auch für sie gilt das zwischen Sonne und Mond waltende Gesetz: Je näher die Kirche Christus gekommen ist, je mehr sie in Seine Vernichtung eingeht, umso mehr nimmt ihr Licht ab, bis sie, vollständig unsichtbar geworden, im Lichtmeer des Bräutigams untergeht. Dies wiederholt sich in der irdischen Geschichte der Ecclesia immer wieder, besonders zur Zeit der Verfolgungen. „Gleich dem Monde scheint sie abzunehmen, nimmt aber tatsächlich nicht ab. Dunkle Schatten können sie verhüllen, abnehmen kann sie nicht. Sie nimmt mit dem Abfall des einen und andern bei Verfolgungen nur ab, um mit dem Bekenntnisse der Märtyrer zum Vollglanz zu gelangen; um vom Ruhme des sieghaft für Christus vergossenen Blutes überstrahlt, noch herrlicheres Licht der Frömmigkeit und des Glaubens über den ganzen Erdkreis auszuströmen" (Ambros. Hexam. IV, 7).

Aber nicht nur die Kirche als Gemeinschaft der Heiligen, auch jedes ihrer Glieder muß in diesem mystischen Sterben untergehen. Das ist das wahre Neumondfest der Christen, an dem die Luna erneuert wird, indem sie dem Sol so nahe kommt, daß sie sich „in seiner Klarheit verbirgt". Einzelseele und Kirche sind bei den Vätern in einer einzigen Schau vereint. Nach Ambrosius weist das Leiden der Luna auf das große Geheimnis Christi hin, das ist das Mysterium des hl. Pascha. Die Sonne hat ihren Untergang erkannt (Ps 104, 19), d. i. Christus hat seinen Kreuzestod anerkannt, bejaht, sagt der hl. Augustinus, und Luna steht da als Zeichen.

Ostern ist der „Übergang" Christi durch das Leiden zur Herrlichkeit des Vaters, das Mitsterben der Kirche ist ihr Übergang zum Vollmond, zur Heimkehr in die himmlische Seligkeit. Es steht geschrieben: Der Tor wandelt sich wie der Mond. Adam war dieser Tor, in dem das ganze Menschengeschlecht zum Bösen geneigt ist, vom inneren Licht der Weisheit abfiel und sich in das Äußere stürzte. Durch das Pascha, den transitus Christi, kehrt es heim zum Vater, verläßt den Trug irdischer Dinge und erhebt sich zur Schau der ewigen Weisheit (August. Epist. 55, 5. 8). Das ist zwar der Verfall des äußeren Menschen, aber der innere wird Tag für Tag erneuert, bis er der Welt ganz abgestorben und sein Leben mit Christus in Gott verborgen sein wird. Das Wandern zur Sonne, das Pascha, endet mit dem vollen Ausgelöschtwerden der Kirche, „bis Luna getötet wird" in der endzeitlichen Herrschaft des Antichrist, da sie aller irdischen Hoffnung und Hilfe entblößt wird. Doch das Ende ist das ewige Ostern. „Einen deutlichen Beweis für die Auferstehung von den Toten sollst du haben. Der Himmel und die Gestirne geben dir den Beweis Monat für Monat. Ist der Mond so vollständig verschwunden, daß nichts mehr von ihm zu sehen ist, dann wird er wieder voll und wird wieder zu dem, was er war ... Dies ist von Gott so geordnet, damit du, o Mensch, der du aus Blut bestehst, fest an die Auferstehung von den Toten glaubst und das, was du an dem Mond beobachtest, auch von dir selbst annimmst" (Cyrill v. Jerus. Katech. XVIII. 10).

Die Beziehung des Mondes zum Wasser und zur Fruchtbarkeit war den Vätern zunächst Anlaß, um gegen den abergläubischen Mondkult zu kämpfen und zu zeigen, daß nicht Luna, sondern der Schöpfer allein Ursprung der Fruchtbarkeit ist. Aber die diesbezüglichen Vorstellungen wurden allmählich auch in die Kirchentheologie der Luna-Ecclesia aufgenommen. In der liebenden Umarmung des Logos und im Eingehen in sein Sterben wird die Ecclesia fruchtbar, sie empfängt und gebiert die Gläubigen in Kraft des *Taufwassers*. „Sie steht auf dem Mond. Mit dem Mond will die Schrift bildlich den Glauben der in der Kraft des Taufbades vom Verderben Gereinigten bezeichnen. Denn das Licht der Selene hat eher Verwandtschaft mit lauwarmem Wasser, und von Selene hängt alles ab, was immer von feuchter Substanz ist. Es steht also die Kirche fest auf unserem Glauben und auf unserer Kindesannahme, und so lange, bis die Fülle der Völker heimgekehrt ist, liegt sie in mütterlichen Wehen und schafft gebärend die Psychiker um zu Pneumatikern. Aus diesem Grund ist sie eine wahre Mutter" (Method. v. Philippi, Symposion VII. 6). In der „Erleuchtung" der Taufe mildert sie das unzugängliche Licht des Sol justitiae und bewirkt aus dem Wasser die Neugeburt. Ihre Kinder sind Kinder des Lichtes, nicht den dunklen Mächten des Schicksals unterworfen, sondern gehören schon jetzt zu den lichten Regionen des Mondes.

Im *Mittelalter* trat die tiefe Symbolik des Mondes als Bild der Kirche mit dem verblassenden Kirchenbegriff immer mehr in den Hintergrund. Zum Teil wurde sie auf die allerseligste Jungfrau übertragen, die auch immer häufiger als das apokalyptische Weib mit der Mondsichel unter den Füßen abgebildet wurde. So sah sie in neuester Zeit auch die hl. Katharina Labouré in ihrer Vision der „wunderbaren Medaille". Eine Erwägung aus dem Mittelalter verdient auch die Vision der hl. Juliana von Lüttich, der eine Lücke im Vollmond gezeigt wurde, die auf das Fehlen des Fronleichnamsfestes im kirchlichen Kalender hinweisen sollte. Dante hat in der Divina Commedia den Mond mit der Philosophie verglichen, die ewig zwischen der matten Erkenntnis der göttlichen Sonne und der immer wiederholten Verdunkelung schwankt.

In der mittelalterlichen Kunst wurden auf Kreuzigungsbildern häufig Sonne und Mond dargestellt, oft als menschliche Gesichter oder Büsten. Sie verfinstern sich und verhüllen das Antlitz, denn, wie schon der hl. Hieronymus sagte (PL 25, 1082 C; 26, 212 A), „die Sonne schämt sich, den Gekreuzigten zu sehen, und der Mond seufzt nach der Erlösung"! Besonders häufig begegnen sie uns in der Karolingerzeit, in der sie oft zusammen mit Personifikationen von Erde und Meer angebracht sind und die Trauer der ganzen Natur versinnbildlichen. In den Darstellungen hat sich der antike Einfluß lange erhalten: Als Mann und Frau zu Wagen, als Phöbus und Selene, wie etwa auf dem Konstantinsbogen und später auf dem Portalrelief am Baptisterium zu Parma, erscheinen die beiden Gestirne auf dem Bamberger Evangeliardeckel. Am häufigsten sind die Brustbilder von Mann und Frau, die Sonnenscheibe bzw. die Mondsichel auf dem Haupte (vgl. Kraus, Realenzyklopädie II). Sonne und Mond bedeuten in diesen Darstellungen Christus und die Kirche oder, im späteren Mittelalter, Kirche und Synagoge. In der Anwendung dieser beiden Gestirne mögen auch antike Vorstellungen mitgespielt haben: Sonne und Mond waren als Herrscherinsignien namentlich im Mithraskult häufig (vgl. Sauer, Symbolik des Kirchengebäudes, S. 224). Das Bild der Luna war in der Antike ein beliebter Grabschmuck und wies auf die Unsterblichkeit hin: Der Abgestorbene weilt in der Sphäre der Luna. Selene wird auf einem Zweigespann in der Begleitung von Hermes abgebildet. Monddarstellungen auf Grablampen sind häufig (Bachofen-Bernoulli, Bd. I, S. 489).

Sterne und Sternbilder

„Des Himmels Schönheit und Pracht sind die Sterne, ein strahlender Schmuck in den Höhen Gottes" (Sir 43, 9).

In der gesamten heidnischen Antike galten die Gestirne als vernunftbegabte Lebewesen, die um die Welt Sorge tragen und von allem Bösen völlig unberührbar sind (vgl. Philo, Op. mund. 73). Die Urvölker verehrten sie als Götter. „Das Gotteszeichen in der Keilschrift ist ein Stern. Wenn man das übersinnliche große Wesen bezeichnen wollte, wies man auf den Himmel" (Schedl). Die Astrologie beherrschte die ganze alte Welt. Zufolge dieses Aberglaubens hielt man das Lebensschicksal eines jeden Menschen für abhängig von dem Gestirn, unter dem er geboren wurde.

Wie die Pythagoräer sich das Weltbild vorstellten und wie sie den Schwingungen der Planeten das Hervorbringen wunderbarer Töne zuschrieben, die vereint die Sphärenharmonie bilden, wurde bereits (vgl. Schriftzeichen, S. 30 f) erwähnt. Was die Sternbilder betrifft, so zeigten sie niemals die Umrisse der Gestalten, von denen sie heute noch den Namen führen. Der Grund der Sternbenennung lag teils in religiösen Vorstellungen (vgl. Evangelistensymbole, S. 311), teils in Beziehungen zum Leben der Menschen, die ihr Tun nach den Gestirnen regelten.

Das Buch Deuteronomium 4, 19 warnt die Israeliten vor dem Sternenkult: „Wenn du die Augen zum Himmel erhebst und das ganze Himmelsheer ansiehst, Sonne, Mond und Sterne, so laß dich nicht verführen. Du sollst dich nicht vor ihnen niederwerfen und ihnen nicht dienen. Denn Gott hat sie allen anderen Völkern unter dem ganzen Himmel zugewiesen."

Nach Klemens von Alexandrien (Strom VI, 110, 3 ff) hatte Gott den Astralkult zugelassen, damit die Heiden „nicht gänzlich gottlos würden und gänzlich zugrunde gingen ... Er war ein Weg, der ihnen gegeben worden war, damit sie sich durch die Verehrung der Gestirne zu Gott emporarbeiten sollten."

Dieser Kult stand jedenfalls bedeutend höher als der Fetischdienst und hatte für den antiken Menschen etwas Bezauberndes. Die wunderbare Schönheit des nächtlichen Himmels ist ja im Orient bedeutend größer als in Europa. Auch die Anbeter des einen wahren Gottes waren von seinem Anblick überwältigt, sodaß der Psalmist ausrief: „Seh' ich den Himmel, das Werk deiner Finger, Mond und Sterne, die du befestigt: was ist der Mensch, daß du an ihn denkst, des Menschen Kind, daß du seiner dich annimmst?" (Ps 8, 4. 5). Trotz des strengen göttlichen Verbotes verfielen aber auch die Juden unter gottlosen Königen dem Sternenkult (vgl. 2 Kön 17, 16; 21, 3. 5; 23, 4. 5).

Die gemeinsame Symbolik der Gestirne liegt darin, ein Abbild jener göttlichen Idee zu sein, nach welcher das geschöpfliche Leben dem Plane Gottes gemäß um ihn sich bewegt und die Bestimmung erfüllt, die Gott ihm angewiesen hat. *Er* ist das unsichtbare Zentrum aller geschaffenen Dinge. Alles Leben muß nach *Ihm* hin gravitieren, um *Ihn* sich bewegen.

In der Hl. Schrift erscheinen die Gestirne als Geschöpfe, die freudig dem Befehl des Schöpfers gehorchen: „Froh leuchten die Sterne an ihren Orten. Ruft er sie, so antworten sie: Hier sind wir! Sie leuchten mit Freude für ihren Schöpfer" (Bar 3, 34). Er hat „ihre Zahl bestimmt, Er ruft sie alle mit Namen" (Ps 147). Das Buch Ijob (38, 7) spricht vom „Jauchzen der Morgensterne" und Psalm 148 fordert alle Gestirne auf, den Herrn zu preisen.

Zu einer Stunde, da sich der nächtliche Himmel mit seinen flimmernden Lichtlein in stiller Pracht über die Erde breitete, führte einst Gott selbst den glaubensstarken Patriarchen Abraham ins Freie und sprach: „Blicke empor zum Himmel und zähle die Sterne, wenn du sie zählen kannst! — So zahlreich werden deine Nachkommen sein" (Gen 15, 5). Der Wortsinn meint hier die unabsehbare Menge. Ist aber dereinst die Zahl derer vollendet, die durch den Glauben Kinder Abrahams geworden sind, dann enthüllt sich ein Jenseitsgeheimnis, das der Sternenglanz schweigend kündet: Dem hl. Paulus werden die Himmelsleuchten zum Bild der *Auserwählten* in der Ewigkeit, wo jeder seine besondere Herrlichkeit besitzt: „Der Glanz der Sonne ist anders als der Glanz des Mondes und der Glanz der Sterne; denn auch die Gestirne unterscheiden sich durch ihren Glanz. So ist es auch mit der Auferstehung der Toten" (1 Kor 15, 41. 42).

Der bedeutendste Inhalt des biblischen Sternsymbols liegt aber in seiner Beziehung auf *Christus:* Der moabitische Seher Balaam prophezeit über den Messias: „Ich sehe ihn, doch nicht jetzt, ich schaue ihn, doch nicht nahe: Ein *Stern* geht in Jakob auf, ein Zepter erhebt sich in Israel" (Num 24, 17). In dieser Vision ist zugleich das Königtum Christi angedeutet, denn im Orient huldigte man dem König, indem man ihn „Sonne", „Stern" oder „Sonnenaufgang" nannte.

Als die Fülle der Zeiten gekommen war, erschien den drei Magiern aus dem Morgenland, die den neugeborenen König der Juden suchten, ein außergewöhnlicher Stern: Es war eine besondere, von Gott bewirkte Lichterscheinung in der irdischen Atmosphäre, die sich allen astronomischen Mutmaßungen entzieht.

Der heilige Bischof und Märtyrer Ignatius von Antiochien preist diesen Stern als eine Offenbarung des Mysteriums Christi: Er war „heller als alle Sterne. Sein Licht war unbeschreiblich und seine Neuheit rief Staunen hervor; alle übrigen Sterne aber, samt der Sonne und dem Mond, führten einen Reigen auf vor diesem Stern, und sein Licht überstrahlte alle; und es herrschte Bestürzung darüber, woher diese unter ihnen neue Erscheinung sei" (Ep. ad Eph. 19). „Christus im Geheimnis der Menschwerdung ist selbst der Stern ... Mit dem eigenen Licht weist er also auf sich selber hin" (Ambr. in Luc. II, 45).

Der Epiphaniestern wird auch moralisch als *Glaubenslicht* oder *Ruf der Gnade* gedeutet.

In der Offenbarung des Johannes (22, 16), die uns einen Blick in die endzeitliche Vollendung tun läßt, nennt sich Christus „der glänzende *Morgenstern*" *(ὁ ἀστὴρ ὁ λαμπρὸς ὁ πρωϊνός),* und der hl. Petrus ermahnt die Gläubigen, sich im Dunkel dieser Zeit an die Leuchte des prophetischen Wortes zu halten, „bis der Morgen anbricht und der *Morgenstern* (lucifer, φωσφόρος) in ihren Herzen aufgeht" (2 Petr 1, 19).

„Mit Recht wird Christus als der Morgenstern bezeichnet, den wir Lichtträger (lucifer) nennen. Wie nämlich dieser bei seinem Anfang am Morgen der Welt seinen Glanz schauen läßt, so hat auch Christus, als er auf diese Erde kam, ihr Angesicht vollends erleuchtet ... Von diesem Morgenstern sagt Ijob (38, 32): ‚Er bringt zur rechten Zeit den Lichtträger hervor' ... (dann nämlich) als der Vater zur vorgesehenen Zeit zum Heil der Welt seinen Sohn entsandte" (Ambr. in Apoc. 22, 16; PL 17, 967).

„Morgenstern wurde Christus vor allem durch seine Auferstehung. Indem er uns sich selbst als Beispiel derselben erwies, zeigte er, was für ein Licht dereinst folgen werde" (Greg. Magn. Mor. in Ijob 38; PL 76, 520).

In der hl. Osternacht singt auch die Liturgie im „Exultet" von „jenem Morgenstern, der keinen Untergang kennt; jener, der aus dem Totenreich wiedergekehrt, dem Menschengeschlecht aufleuchtet in mildem Glanz".

Wenn Christus in der Apokalypse (2, 28) an den „Engel der Kirche von Thyatira" die Verheißung ergehen läßt: „Ich werde ihm den Morgenstern geben", so bedeutet dies den Besitz und die Anschauung des verklärten Herrn, die Teilhabe an Seinem Glorienlicht nach der dunklen Nacht dieser Zeit.

Es würde zu weit führen, auf die unzähligen Schriftauslegungen einzugehen, in denen die Kirchenväter Stellen aus Ijob (9, 9; 38, 7. 31 f) und der Offenbarung des Johannes (1, 16; 12, 1) auf die Engel, die einzelnen Chöre der Heiligen und Gerechten, die Kirche und ihre Vorsteher und Lehrer beziehen. Letzterer Sinn ist bereits bei Daniel (12, 3) angeklungen: „Die Verständigen werden strahlen, wie der Himmel strahlt; und die Männer, die viele zum rechten Tun geführt haben, werden immer und ewig wie die Sterne leuchten."

Am hellsten unter allen Auserwählten leuchtet *Maria,* die Mutter der Gnade, als *Morgenstern,* der dem Aufgang der Christussonne vorangeht und sie hervorbringt. Eine mittelalterliche Sequenz drückt dies in Kürze aus: „Genuisti prolem, nova stella solem" („Ein Kind hast du geboren, du neuer Stern: die Sonne"!) Auch in der Lauretanischen Litanei wird die Gottesmutter als „Stella matutina" angerufen.

Der Vesperhymnus „Ave maris stella" grüßt Maria an ihren Festen als *„Meeres-*

stern", der wegweisend und trostreich über den Wogen der Welt erstrahlt. Der hl. Bernhard von Clairvaux erweitert dieses Bild in einer Homilie über das Fest Mariä Verkündigung („Super Missus est" II), in der es heißt: „Wenn sich die Stürme der Versuchung erheben, wenn du an die Klippen der Trübsale stoßest, schau auf den Stern, rufe Maria!" (vgl. Brevier, lect. II Noct., 12. Sept.).

In dichterischer Redeweise — auch in kirchlichen Hymnen — wird oft „Sterne" für „Himmel" gebraucht. — Die hieratische *Kunst* stellt durch einen gestirnten Himmel oder ein Segment desselben die Glorie des Herrn und seiner Heiligen dar. Auch in der altchristlichen Sarkophagplastik, Epigraphik und Kleinkunst (= Lampen, Gemmen u. dgl.) sinnbilden Sterne die ewige Seligkeit. Oft genügen ganz wenige (1—7), um dies anzudeuten.

Bemerkenswert sind einige Katakombenfresken, auf denen der Stern der drei Magier in Form eines Christusmonogramms gezeichnet ist, auf den diese hindeuten. Dadurch ist hervorgehoben, wer in diesem Symbol gemeint ist. Der Stern kommt auch auf einigen Reliefbildern mit den drei Jünglingen vor, welche die Anbetung der Statue Nebukadnezzars verweigern (vgl. Dan Kap. 3) und dabei auf den Stern hinweisen, den einmal das Christusmonogramm vertritt. Die drei Jünglinge verweigern also die Anbetung der Statue eines irdischen Königs mit dem Hinweis auf *Christus,* dem allein Anbetung gebührt (Wilpert).

In der gesamten mittelalterlichen Kunst sind Bilder des *Tierkreises* (Zodiakus) eine sehr häufige Erscheinung. Oft sind sie mit Darstellungen der Monatsarbeiten verbunden oder mit solchen der zwölf Apostel, auf die Zeno v. Verona sie bezieht. Ursprünglich vorchristlichen mythischen Vorstellungen entsprungen, zeigen die Tierkreisbilder durch die Art ihrer Anbringung als plastischer Außenschmuck an Gotteshäusern, daß sie als christliches Sinnbild des Jahresablaufes mit seinen Festen und wechselnden Tätigkeiten aufzufassen sind. Ist dieser Sternbildzyklus mit dem Bilde der Majestas Domini zusammengestellt, so weist er darauf hin, daß Christus, der ewige Gott, in seiner Unwandelbarkeit über dem Wechsel der Zeiten thront.

3. NATURERSCHEINUNGEN

Wolken und Regen

„Wer zählt in Weisheit die Wolken und die Schläuche des Himmels, wer schüttet sie aus?" (Ijob 38, 37). — Bald eilen sie dahin, bald stehen sie wie drohende Riesen am Himmel, dann wieder lagern sie droben gleich einer Herde weißer Schäflein oder leuchten beim Auf- und Untergang der Sonne in herrlichster Farbenpracht wie eine Vision aus der anderen Welt.

In diesen phantastischen Gebilden haben die primitiven Menschen mythische Gestalten gesehen; zwar nicht die Gottheit selbst, aber etwas zu ihr Gehörendes: ihren Wagen, ihr Zelt, ihre Hülle. Ein Kult wurde den Wolken nur in der Orphik zuteil, wo sie unter Rauchopfern und wortreichen Gebeten angerufen wurden, die „Mutter Erde" zu befruchten.

Doch über diesen Verirrungen leuchtet die Wahrheit, daß Gottes Allmacht die Wolken zum Segen für die Erde geschaffen hat. Sie beschatten die glühende Sonne, sie spenden erfrischenden Regen, der die Pflanzenwelt tränkt (vgl. Sach 10, 1). Ohne Wolken kein Gedeihen. Sie sind gleichsam die gewaltigen Wasserreservoire des Himmels, von denen sich das Altertum naive Vorstellungen machte (vgl. Spr 30, 4; Sir 43, 16; Ijob 26, 8). Ihre eigenartige Poesie gab den biblischen Autoren Anregung zu manchem Vergleich: Auch ihnen erschienen die Wolken Gottes *Wagen* (Jes 19, 1; Ps 104, 3) oder als seine *Hülle* (Ps 97, 2), hinter welcher sich der im Himmel Wohnende dem Flehenden verbirgt (Ijob 22, 14; Klgl 3, 44). Wohltuenden Regenwolken zur Zeit der Dürre gleicht Gottes Huld (Sir 35, 26). Vor seiner Verzeihung schwindet die Sünde wie eine Wolke (Jes 44, 2). Himmelhoch „bis an die Wolken" ragt seine Treue (Ps 36, 6; 57, 11; 108, 5), aber auch sein Gericht (Jer 51, 9). Das Menschenleben und sein Wohlergehen ist *vergänglich wie die Wolke,* die dahinzieht und zerfließt (Ijob 7, 9; 30, 15), die Treue Israels gegen Gott wie „Morgengewölk, wie vergehender Frühtau" (Hos 6, 4). Ein Mann, der mit Geschenken prahlt, die er nie gibt, gleicht Wolken, die keinen Regen spenden. Zwei Apostelbriefe bezeichnen die trügerisch redenden Irrlehrer als „Nebelwolken vom Sturmwind gejagt" (2 Petr 2, 17) und „Wolken ohne Wasser" (Jud 12). Doch sind das alles nur Metaphern.

Der Herr selber aber hat im Alten Bund die Wolke zu einem wahren, heiligen Symbol, zum Sitz und sichtbaren *Zeichen seiner Gegenwart* gemacht. „Auf einer Wolkensäule stand mein Thron", spricht er im Buche Sirach (24, 4) und erinnert damit, wie er seinem auserwählten Volk in dieser wunderbaren Erscheinung durch das Rote Meer und vierzig Jahre lang durch die Wüste voranzog. Bei Tag war die Wolke dunkel, bei Nacht feurig leuchtend (Ex 13, 21). Während das Volk lagerte, stand sie über dem „Zelt der Offenbarung" oder an dessen Eingang, sooft Mose mit Jahwe redete (Ex 33, 9 f.; Dtn 31, 15). Manches Mal erfüllte sie sogar das ganze Heiligtum (Ex 40, 32 f). Wenn sie sich erhob, war es das Zeichen zum Aufbruch; senkte sie sich über die Bundeslade nieder, so mußten die Zelte wieder aufgeschlagen werden (Ex 40, 34—36; Num 9, 15—23). Sie war dem ganzen Lager wie auch dem ganzen langen Zug der wandernden Israeliten sichtbar. Aus ihr gab Jahwe dem Mose seine Weisungen (Ps 99, 7) und tadelte zürnend die Vergehen des Volkes. Unabhängig vom Willen der Menschheit war sie Kundgebung des Willens Gottes und Zeichen seiner Führung. Sie bot Schatten vor der Sonne (vgl. Weish 19, 7), Schirm und Schutz vor den verfolgenden Feinden und änderte ihre Gestalt je nach den Umständen (Ex 14, 19). Bei der Gesetzgebung auf dem Berge Sinai aber wurde sie zur schweren, von Blitzen durchzuckten Gewitterwolke, sodaß die Israeliten vor Schrecken erbebten (Ex 19, 16; 24, 16). Das war so von Gott beabsichtigt, denn das wankelmütige Volk mußte durch gewaltige Eindrücke in Zucht gehalten werden. Beim Einzug der Israeliten in das Land der Verheißung verschwand die führende Wolke, denn das Ziel war erreicht. Nur einmal noch, bei der Einweihung des salomonischen Tempels, erfüllte die Herrlichkeit des Herrn im Zeichen der Wolke das neue Heiligtum (1 Kön 8, 10—12; 2 Chr 5, 13—14). Gott wollte durch diese nach so vielen Jahrhunderten erneute Offenbarung seiner Gegenwart bezeugen, daß der großartige steinerne Tempel rechtmäßig an die Stelle des beweglichen Bundeszeltes getreten sei, das Mose einst errichtet hatte.

War nun die Schechina in ihrer konkreten Sichtbarkeit entschwunden, so blieb doch ihr Symbolgehalt bestehen, um im Messiasreich erst recht seinen vollen Sinn zu entfalten. Er schimmert bereits durch in der Prophezeiung des Jesaja: „Über dem ganzen Gebiet des Berges Zion und seinem Festplatz erscheint bei Tag eine Wolke und bei Nacht Rauch und eine strahlende Feuerflamme" (Jes 4, 5).

Die Wolke, in der Jahwe sich verbarg, ist *Vorbild der Gegenwart des Herrn in der Kirche des Neuen Bundes.* Er hat ihr seinen Beistand versprochen mit den Worten: „Und ich bin bei euch alle Tage bis zur Vollendung der Welt" (Mt 28, 20). Verhüllt ist seine Gottheit in der Menschennatur, verhüllt der ganze Christus in den eucharistischen Gestalten, verhüllt seine Mysterien in der Wolke des Glaubens und dennoch helleuchtend von seinem Licht, von der heiligen Flamme des Pneuma. Licht und Dunkel zugleich — solche Gegensätze verbindet allein die Übernatur zu wunderbarer Einheit. So führt denn die hochragende Wolkensäule, die nach der Väterlehre sowohl *Christus* als den *Hl. Geist* bedeutet, die Kirche als Ganzes und in ihren einzelnen Gliedern durch die Mysterien und das unfehlbare Lehramt dem himmlischen Lande der Verheißung entgegen.

In den biblischen Büchern, die jünger sind als der Pentateuch, finden sich immer wieder Rückbeziehungen auf die großen Ereignisse des Exodus. Nicht allein sind es historische Erinnerungen (vgl. Ps 99, 7; 105, 39; Weish 19, 7; Sir 45, 5), sondern auch in den Visionen der Propheten leben die überlieferten Eindrücke der Vorfahren weiter. Ezechiel (1, 4) sieht eine gewaltige Wolke voll flackernden Feuers und darin eine wunderbare Gotteserscheinung. Dann wieder schaut er im Geiste den Tempel, erfüllt von der Herrlichkeit des Herrn in der Schechina, wie einst am Tage der Einweihung.

Als eine den Gottesglanz verhüllende Wolke wird auch die Menschennatur des kommenden Messias vorausgeahnt. Daher sieht die christliche Exegese in dem Wölkchen, das „klein wie eine Menschenhand" auf das Gebet des Propheten Elija nach langer Dürre aus dem Meere aufstieg und den ersehnten Regen brachte (vgl. 1 Kön 18, 44), ein Vorbild des verheißenen Erlösers. Ähnlich deuten die Kirchenväter die „leichte Wolke" (Jes 19, 1 nach Vulg: Dominus ascendet super nubem levem), auf welcher der Herr dahinfährt und nach Ägypten kommt, auf den menschlichen Leib, den er annahm, oder auf die jungfräuliche Mutter, die ihn trug. Wie nämlich die Wolke durch Dunst und Luft zustande kommt, so wurde der Leib Christi durch den Hl. Geist aus irdischer Substanz unter dem Einfluß der göttlichen Sonne gebildet und brachte den *Regen der Gnade* und der heiligen *Lehre.* Dem heißen Verlangen der dürstenden Welt gab Jesaja (45, 8) Ausdruck im Sehnsuchtsruf, der auch das deutsche Adventslied „Tauet Himmel, den Gerechten, Wolken regnet ihn herab!" einleitet (vgl. auch Jes 55, 10 f und Ps 72, 6).

Den Regen der *Frohbotschaft* ergossen die *Apostel* über das dürre Erdreich der erlösungsbedürftigen Welt. Darum werden gelegentlich auch sie mit Wolken verglichen. Die Jesajastelle (60, 8): „Wer sind diese, die heranfliegen wie Wolken?" findet im Benediktinerbrevier (Resp. 11, Apostelkommune) in diesem Sinne ihre Anwendung.

Im Neuen Testament war es eine „lichte Wolke", die bei der Verklärung Christi auf dem Berge Tabor die himmlische Vision den Augen der drei Apostel wieder entzog (Mt 17, 5; Mk 9, 6; Lk 9, 34 f.). Ähnlich bei der Himmelfahrt des Herrn: „Eine Wolke nahm ihn auf und entzog in ihren Blicken" (Apg 1, 9). Sie deckte gleichsam die Herrlichkeit, in die er einging.

Häufig repräsentieren Wolken den *sichtbaren Himmel* und die Majestät des kommenden Christkönigs. So sah bereits Daniel den „Menschensohn" (7, 13), so verkündet der Herr selbst seine Ankunft zum Weltgericht (Mt 24, 30; 26, 64; Mk 13, 26) und so schildert ihn die Apokalypse (1, 7), wie er am Ende der Zeiten wiederkommt und dann, auf einer weißen Wolke sitzend, mit scharfer Sichel die Frucht der Erde aberntet (Offb 14, 14—16). Nach Sankt Paulus (1 Thess 4, 17) sollen auch wir dem Herrn am Tage seiner Parusie „entgegengehen und auf den Wolken in die Luft entrückt werden".

Auch in der Kunst deuten seit frühester Zeit Wolken den Himmel an, bald als Träger der Majestas Domini, bald als Hintergrund oder Umrahmung Christi und der Heiligen in der Glorie. Je nach Zeitalter und Stil sind sie mehr oder weniger stilisiert oder realistisch (Barockkunst) dargestellt. Oft erscheint über heiligen Gestalten aus den Wolken die Hand des himmlischen Vaters, segnend oder einen Siegeskranz reichend (vgl. Art. Kranz und Hand).

Regenbogen

„Schau den Regenbogen an und preise seinen Schöpfer, denn überaus schön und herrlich ist er. Über den Himmelskreis erstreckt er sich in seiner Pracht..." (Sir 43, 11. 12).

Nicht nur das auserwählte Volk sah in dieser wunderbaren Naturerscheinung ein Bild der Größe und Schönheit Gottes: Auch bei den antiken Heiden weckte der leuchtende Bogen, dessen Enden den Horizont zu berühren scheinen, religiöse Gedanken und Empfindungen. Sie erlebten in ihm die Verbindung der Götterwelt mit den Menschen. Die Griechen personifizierten ihn als „Götterbotin Iris". So wurde im hellenischen Gebiet „Iris *(ἶρις)*" der Hauptname der siebenfarbigen Himmelserscheinung. Im weiteren Sinn bezeichnet er auch jeden Strahlenkranz oder Hof um einen Lichtkörper sowie die Regenbogenhaut im Auge und den Farbenring auf den Pfauenfedern.

Die drei Hauptfarben des Regenbogens sind: oben Rot, dann Gelb und Blau. Jede derselben verschmilzt sich in weichen Übergängen mit der nächsten, und so entstehen dazwischen die Mischfarben: Orange, Grün, Indigo (als vertieftes Blau), zuunterst Violett (Purpur), das wieder ins Rot hinüberspielt. Diese Farben wurden in der Antike allerdings nicht wie heute erkannt und unterschieden. Aristoteles ließ nur Rot, Grün und Violett gelten, Plinius Rot, Violett und Blau. Auch die Symbolik nahm häufig darauf Bezug: Blau bedeutet das Wasser der Sintflut, Rot den künftigen Weltbrand, Grün die neue Welt.

Als Noe nach der Sintflut die Arche verlassen und ein Dankopfer dargebracht hatte, erhob Gott selbst den Regenbogen zum heiligen Symbol seines Bundes, indem er sprach:

„Hiermit schließe ich meinen Bund mit euch und mit euren Nachkommen und mit allen Lebewesen,... die bei euch sind...: Nie wieder sollen alle Wesen aus Fleisch vom Wasser der Flut ausgerottet werden; nie wieder soll eine Flut kommen und die Erde verderben. Weiter sprach Gott: Das ist das Zeichen des Bundes, den ich stifte zwischen mir und euch und den lebendigen Wesen bei euch für alle kommenden Generationen: Meinen Bogen setze ich in die Wolken; er soll das Bundeszeichen sein zwischen mir und der Erde" (Gen 9, 9—17).

An sämtlichen Stellen des Alten Testaments, die den Regenbogen erwähnen (vgl. Gen 9, 8—17; Sir 43, 12; 50, 8; Ez 1, 28), bezeichnet der ursprüngliche Wortsinn den Bogen eines Kriegers oder Jägers. Das erinnert an die uralte Vorstellung von dem in die Wolken versetzten und damit seiner feindlichen Wirkung beraubten Bogen des Kriegsgottes oder auch des Gewittergottes. Die Septuaginta hat den hebräischen Ausdruck durchwegs mit *„τόξον"* übersetzt, die Vulgata mit „arcus". In der Apokalypse aber (4, 3; 10, 1) gebraucht sowohl die griechische als die lateinische Version die Bezeichnung „Iris".

Die Ideenverbindung, die in den Synonymen liegt, ist in einer apokryphen Schrift, betitelt „Die Schatzhöhle", Kap. 20, 10. 11. deutlich ausgesprochen: „Er (Gott) entfernte das Geschoß des Zornes vom Bogen in den Wolken, löste von ihm die Sehne des Grimmes und spannte ihn in den Wolken aus; da war kein Geschoß und keine Sehne mehr an ihm" (P. Rießler, Altjüd. Schrifttum außerh. der Bibel, S. 965; Vlg. Filser, Augsburg 1928). Das Strafgericht der rächenden Flut kam aus den Regenwolken, und ebendort, am Sammelpunkt der drohenden Wassermassen, leuchtet nun der Friedensbogen.

Von diesem „Bogen ohne Geschoß" spricht auch der hl. Ambrosius in der Schrift „Über Noe und die Arche" (Kap. 27; PL 14, 428). Er sieht aber dabei vom Literalsinn einer Naturerscheinung vollständig ab.

Eine zweifache Bedeutung liegt also im Regenbogen: Er ist sowohl Zeichen der Huld und Gnade Gottes als Erweis seiner Herrlichkeit. Bald tritt das eine mehr hervor, bald das andere, dann wieder vereinigt sich beides im selben Bild.

Im 50. Kapitel des Buches Sirach (Vers 8) wird das Auftreten des Hohenpriesters Simon in der bunten Pracht seiner Amtskleidung bei der Ausübung des heiligen Tempeldienstes unter anderem mit dem „Regenbogen im Gewölk" verglichen. Sofern aber der Alte Bund Typus des Neuen ist, kann die Symbolik im weiteren Sinn auf Christus, den obersten Liturgen, bezogen werden wie auf jene, die sein Werk in der Kirche fortsetzen.

Zwei Schriftstellen, die eine Vision des Gottesthrones schildern (Ez 1, 28 und Offb 4, 3), zeigen diesen von einem regenbogenartigen Lichtglanz umgeben. Im 4. Kapitel der Apokalypse (Vers 3) ist er nicht siebenfarbig, sondern smaragdgrün, leuchtet also in der Farbe der Hoffnung, was seine Bedeutung als Hinweis auf die stets neue und nie alternde göttliche Barmherzigkeit noch verstärkt.

Ein letztes Mal erwähnt die Heilige Schrift den Regenbogen über dem Haupte des Engels (Offb 10, 1), der dem Seher von Patmos verkündet, daß fürder „keine Zeit mehr sein" und das Mysterium Gottes zur Vollerfüllung gelangen wird. Dieses Mysterium ist der ewige Heils- und Gnadenwille des Herrn. Am Jüngsten Tag erreicht es seine Vollendung. Der Regenbogen kennzeichnet also den machtvoll erscheinenden Engel als Boten der Gnade und Barmherzigkeit, denn was er zu künden hat, ist Ratschluß göttlicher Liebe und Huld. „Iris" ist also in der Apokalypse mit dem Begriffsinhalt des alttestamentlichen „Bogens" gefüllt und mit diesem in das Licht der Christusoffenbarung gestellt worden, als Zeichen der nicht nur verheißenen, sondern gewährten Gnade Gottes. Der hl. Johannes will ja in seinem eschatologischen Buch der Kirche bezeugen, daß Gott auch als Richter *derselbe* bleibt, der seinem Volke gnädig ist (vgl. Kittel, Theolog. Wörterb. z. NT, Art. *„ἶρις")*.

Je mehr die symbolischen Auslegungen der Väter und späteren Exegeten der Urbedeutung des Regenbogens gedanklich nahekommen, desto treffender sind sie. Zu diesen gehört in erster Linie die Deutung auf *Christus;* Er ist die inkarnierte *Erbarmung* Gottes. So wie die Sonne nach dem Gewitter in eine Wolke leuchtend den Regenbogen bildet, so ist durch Einstrahlung des Ewigen Wortes in die verhüllende Wolke des Fleisches Christus in Menschengestalt erschienen. Er umspannt das All, er allein bringt der Welt die Versöhnung mit Gott.

Dieses großartige Bild wurde im Detail weitergesponnen durch Ausdeutung einzelner Regenbogenfarben: Blau soll die himmlische Herkunft Christi versinnbilden, Rot die Passion, Grün sein Wirken auf Erden.

Nach anderer Auffassung, die als erster der hl. Basilius d. Gr. vertritt (Brief

18, 5 an seinen Bruder Gregor), ist der Regenbogen Symbol der Heiligsten Dreifaltigkeit: Wie der eine Bogen drei Grundfarben zeigt, so ist Gott eins in drei Personen. Es ist nicht möglich, die Farben der Iris scharf zu unterscheiden. So gibt es auch in der Trinität zwar keine Trennung, doch leuchtet in jeder Person die eine Gottheit in verschiedenen Proprietäten.

Eine schöne Anwendung auf den Heiligen Geist und das Taufsakrament verdanken wir dem hl. Gregor d. Gr.: „Im Regenbogen erscheinen Wasser (Blau) und Feuer (Rot). So erstrahlt nach der Ankunft des Mittlers durch ihn im Menschengeschlecht die Kraft des Heiligen Geistes, durch die er die Auserwählten Gottes im Taufwasser reinwusch und mit dem Feuer des Paraklet durchglühte. Als die Wahrheit sprach: ‚Wenn jemand nicht aus Wasser und Geist geboren wird, kann er in das Reich Gottes nicht kommen' (Joh 3, 5), da war es, als erschiene durch Farbenmischung von Wasser und Feuer in den Wolken ein Bogen der Huld" (in Ezech. Hom. 4; PL 76, 815).

Mittelalterliche Bilder stellen die Majestas Domini manches Mal so dar, daß Christus auf einem Regenbogen thront. Auch Regenbogen-Aureolen kommen vor. Die Farben entsprechen dabei nicht immer der Wirklichkeit.

Die Iris wurde auch zum Sinnbild Mariä, der Vermittlerin der Gnade und Versöhnung; darum nennt sie ein alter Hymnus „arcus pulcher aetheri".

Jahreszeiten

In den verschiedenen Regionen des Erdkreises hat die regelmäßige Folge der Jahreszeiten ihre besondere Eigenheit: In Ägypten, wo die Nilüberschwemmungen alles regeln, kannte man drei Jahresperioden: Bewässerung, Wachstum und Ernte, im Reich der Chaldäer nur zwei: die Regenzeit (November—Mai) und den heißen Sommer (Mai—November). Für Palästina galt das gleiche mit geringer Verschiebung der Termine.

Die Hl. Schrift berichtet in der Genesis (8, 22), mit welcher Feierlichkeit Gott die unabänderliche Folge der Jahreszeiten verspricht, nachdem die Sintflut eine gewaltige Störung der Naturgesetze verursacht hatte. Doch aus der entsühnenden Flut sollte alles neu erstehen. Als Noach die Arche verließ und ein Dankopfer darbrachte, schwur ihm der Herr: „Solange die Erdentage dauern, sollen nicht aufhören Aussaat und Ernte, Kälte und Hitze, Sommer und Winter, Tag und Nacht." Psalm 74, 16. 17. preist den Herrn als den Urheber der wechselnden Naturerscheinungen: „Dein ist der Tag, dein auch die Nacht, hingestellt hast du Sonne und Mond. Du hast die Grenzen der Erde festgesetzt, hast Sommer und Winter geschaffen."

Im Hohenlied ist der freudige Ruf des Bräutigams bereits eine symbolische Verkündigung der Heilszeit nach dem Winter der unerlösten Welt: „Vorbei ist der Winter — vorüber, verrauscht der Regen. Auf der Flur zeigen die Blumen sich schon" (Hld 2, 11. 12). An keiner Bibelstelle ist von der Vierteilung der Jahreszeiten die Rede. Im babylonischen Reich aber setzte sich eine solche durch, seitdem man die Äquinoktien als besondere Wendepunkte beachtete. Griechen und Römer und die ganze Folgezeit hielten an dieser Vierteilung fest.

Schon in urältester Zeit gab der Kreislauf des Jahres mit seinem Neuwerden der Vegetation unter fortwährendem Kampf zwischen lichten und dunklen Mächten den Kultfeiern der Babylonier einen dramatischen Charakter. Die Vorgänge der Kalenderfestspiele stellten im mythischen Gewande Heilstatsachen dar: das Kommen des „Heilbringers“ als Retter, seinen Kampf, sein Leiden und seinen Sieg. Von den sumerischen Anfängen an ziehen zwei Typen des „Erlösers“ nebeneinander her und ergänzen sich: Der eine ist der leidende, sterbende, in die Unterwelt fahrende und auferstehende Heilbringer, der andere der kämpfende, siegende, der seine Apotheose feiert. — Die bekannteste Gestaltung des ersten Typus ist Tammuz, der getötet wird und aufersteht. Mit seiner Unterweltfahrt erstirbt alles Leben, mit seinem Auferstehen erwacht es von neuem (vgl. Jeremias, Handb. Altoriental. Geisteskultur).

Doch dieser Tammuzmythos und die analogen Göttermythen des Adonis, der Persephone usw. enthüllen etwas, das über den rein kosmischen Bereich hinausgeht: einerseits die Einheit von Leben und Tod, andererseits die Hoffnung, die den Menschen berechtigt, diese Einheit auf sein eigenes Leben nach dem Tode zu beziehen. In diesem Sinn kann man den Mythos der Passion, des Todes und der Wiederauferstehung der Vegetationsgötter als Analogie des menschlichen Geschickes ansehen. Um das Gedenken daran aufrechtzuerhalten und zu erneuern, muß der Mythos gefeiert und wiederholt werden. Er transfiguriert das, was in der Natur geschieht, und so werden Tod und Auferstehung der Vegetationsgötter den Völkern der Antike zum Vorbild alles Sterbens und Wiedererstehens, zum Unterpfand der eigenen Wandlung zu einem besseren Leben im Jenseits. Es liegt darin etwas wie ein dunkles Ahnen der künftigen Heilsmysterien, deren Feier ewiges, göttliches Leben verleiht und alles Sehnen erfüllt.

Es gibt kein Volk, das nicht das zunehmende Sonnenlicht, die Frühlingsblüte, das Reifen der Früchte festlich begrüßt, das Sterben und Verblühen der Natur beklagt. Ein Blick in die Missionsländer zeigt, daß heute noch den verschiedensten religiösen Kundgebungen ähnliche Ideen zugrunde liegen wie in der Antike. Auch in unseren Volksbräuchen leben sie fort, obwohl der ursprüngliche Sinn verblaßt ist. Doch lassen diese Bräuche durchblicken, daß die Menschen im Geheimnis der Zeit ihr eigenes Geschick erschauten.

Neben der idealen Auffassung des Jahreszeitenwechsels als eines göttlichen Geschehens voll der Hoffnungsfreude bemerken wir aber im altheidnischen Glauben auch eine pessimistische, die den düsteren Gedanken in den Vordergrund stellt: „Alles ersteht nur, um immer wieder zu sterben“ und daraus den Schluß zieht: „Genieße das Leben, denn morgen bist du tot!“ Beide Auffassungen gaben Anlaß zu Darstellungen von Jahreszeitmotiven in den heidnischen Begräbnisstätten.

In der *christlichen Kunst* gehören derartige Symbole nach Wilpert zum ältesten Bestand. Die Christen konnten sie aus den heidnischen Grabstätten auch für die ihren unbedenklich übernehmen, da sie nichts Anstößiges enthielten noch an Götterkult erinnerten. Man findet diese Motive häufig in der Katakombenmalerei und Sarkophagplastik sowie in Kunstschöpfungen der nachkonstantinischen Zeit. Sie erhielten aber einen neuen Gedankeninhalt als Symbol der *Auferstehung des Fleisches* und des heiligen *Jahreskreises*. Zahlreich sind die Schriftsteller und Prediger der Urkirche, die in diesem Sinne sprechen. So schreibt Tertullian (De Resurr. carnis, cap. 12) zu Beginn des 3. Jahrhunderts:

„Gar nichts geht zugrunde, als nur zum Zwecke neuen Lebensheiles. So ist denn dieser ganze Kreislauf der Natur ein Zeugnis für die Auferstehung von den Toten. Früher als in Buchstaben hat Gott sie in seinen Werken niedergeschrieben, früher als in Worten sie durch seine Kräfte verkündet.“

Eusebius von Caesarea spricht in einer nur mehr als Bruchstück erhaltenen

7 Fußbodenmosaik von Teurnia bei Spittal a. d. Drau. Um 500

8 Kampf zwischen Hahn und Schildkröte. Fußbodenmosaik in der Theodorus-Basilika, Aquilea. 4. Jh.

Schrift über das Osterfest *den* Gedanken aus, der in den Mosaikbildern usw. eine Parallele gefunden hat:

„Im Frühlingsschmuck wurde einst die Erde geschaffen. In dieser Zeit vollzog der Heiland des ganzen Kosmos das Mysterium seines eigenen Festes, wie einst zu dieser Zeit der Typus gefeiert wurde. Alles dies wurde bei dem Heilsfest erfüllt. Das Lamm war Er selbst in dem Leibe, den Er sich umlegte; Er war auch der Helios der Gerechtigkeit, da ein göttlicher Frühling und eine heilbringende Wende das Leben der Menschen vom Schlechteren zum Besseren emporführte ... *Eine Ernte neuer Früchte bekränzt* mit mannigfachen Charismen des heiligen Pneuma *die Ecclesia Gottes* ... Wir wurden am Tage Gottes des Lichtes der Gnosis gewürdigt. Das sind die Erkenntnisse, von alters her durch Symbole verborgen, jetzt aber ins klare Licht gestellt ... Auch wir begehen immer wieder das Fest selbst *in der sich stets erneuernden Zeit*" (PG 24, 694 ff).

Die Jahreszeiten sind in der Kunst fast immer durch dieselben Attribute charakterisiert: *Blumen* (besonders Rosen und Lilien) kennzeichnen den Frühling; *Getreideähren* (manchmal mit Blumen zusammen) den Sommer; Früchte, namentlich *Weintrauben*, den Herbst; *Oliven* den Winter, da ihre Ernte in die zwei letzten Monate des Jahres fällt. Man benützte zwar auch Tiere als Attribute: z. B. Zicklein für den Frühling, Jagdbeute für den Winter, doch herrschten die Pflanzenmotive vor. Verschieden ist nur die Art ihrer Zusammenstellung, die man in vier Klassen scheiden kann: 1. Köpfe oder Büsten mit Jahreszeitprodukten bekränzt; 2. Jünglingsgestalten als Träger der betreffenden Abzeichen; 3. Szenen, in denen kleine Genien die jeweilige Erntearbeit ausführen; 4. ornamentale Streifen, Kränze, Sträuße und ähnliches, bestehend aus den Produkten der Jahreszeiten. Neben dem eschatologischen Sinn, und mit ihm eng verbunden, enthalten diese Darstellungen aber noch den anderen, bereits angedeuteten Sinn, der besonders schön im *Jahreskranz* hervortritt: Dieser besteht aus den vier typischen Pflanzenmotiven und umrahmt das siegreiche Gotteslamm. Davon befindet sich ein klassisches Beispiel zu Rom in einer Seitenkapelle des Lateranbaptisteriums (Mosaik des 5. Jahrhunderts). Ein weiteres, für die Deutung ausschlaggebendes Vorbild bietet ein Diptychon aus dem Mailänder Domschatz, mit Elfenbeinschnitzereien, die spätestens aus der ersten Hälfte des 5. Jahrhunderts stammen. Hier bildet der Kranz mit dem Lamm den Mittelpunkt einer Serie von acht kleinen Bildern, die das Epiphanie- und Ostergeheimnis darstellen. Die Einzelheiten der Gesamtkomposition stehen zueinander in engster Beziehung und beweisen, daß der Kranz liturgisch zu deuten ist. Man erkennt darin ein Sinnbild des *Kirchenjahres*, das in stets erneutem Kreislauf die Heilsmysterien vergegenwärtigt. Ihr Mittel- und Höhepunkt ist das Ostergeheimnis (Lamm). Der jährliche Festkreis aber führt die Gläubigen zum Endziel der seligen *Auferstehung*. So ist der Jahreskranz in seinem zweifachen Sinn unter den christlichen Symbolen eines der tiefsten und wichtigsten.

Die Reihenfolge der Jahreszeitattribute ist in den verschiedenen Kompositionen nicht immer gleich und sehr frei gehalten. Es gibt auch Erntekränze ohne die genannte Vierteilung: Im Zentrum des Deckenmosaiks im Presbyterium von S. Vitale in Ravenna besteht die Einfassung des Gotteslammes nur aus Phantasiefrüchten in einem grünen Gewinde.

Im Mittelalter verschwinden die einfach gehaltenen Jahreszeitmotive und es bleiben nur mehr die Erntearbeiten bestehen.

Mit den Jahreszeitdarstellungen sind die auf antiken Vorbildern beruhenden Tierkreis- und Monatsbilder verwandt. Letztere haben die Beschäftigung des

Menschen im betreffenden Monat zum Gegenstand. Ursprünglich sakral, nehmen sie im Mittelalter profane Gestalt an. Dennoch wurden sie an Fassaden der Kathedralen, an Chorstühlen und im religiösen Buchschmuck häufig angebracht. Sie waren das Kalendarium des Volkes. Vielleicht wollte man durch ihre Einbeziehung in das sakrale Gebiet die Heiligung des Tagewerkes betonen. Die hl. Kirche gibt den vier Jahreszeiten durch die Feier der Quatembertage eine besondere Weihe.

IV. FARBEN

Allgemeines

Der Eindruck von Farben wird in unserem Auge durch elektromagnetische Lichtwellen erzeugt, die je nach ihrer Länge oder Kürze verschiedene Empfindungen hervorrufen. Das weiße Licht der Sonne und der Beleuchtungskörper enthält *alle* Wellenlängen. Scheint es aber durch ein Glasprisma oder durch Wassertropfen, so zerteilt es sich in die sieben Regenbogenfarben. Weiß und Schwarz sind darin nicht enthalten; sie nehmen eine besondere Stellung ein: Was keinerlei Licht aussendet, empfindet man als schwarz, die Lichtfülle dagegen beeindruckt das Auge als weiß.

Die Hauptfarben haben ihre eigenen Namen. Will der Mensch aber die unzähligen Varianten ihrer Mischungen und Schattierungen bestimmen, so fehlen ihm die Ausdrücke, und man gibt ihnen Benennungen nach Dingen, denen sie eigen sind, nach der Herkunft eines künstlichen Farbstoffes oder nach der Empfindung, die sie auslösen.

„Die Schönheit der Farbe ist ihrer Natur nach einfach; sie hat ihren Grund darin, daß das Dunkle des Stoffes überwunden wird durch die Gegenwart des Lichtes, das gewissermaßen unkörperlich, geistig und ideal ist" (Plotin, De pulchritudine C. 3).

Die Farbe erscheint zuerst am Feuer; von ihm empfangen die übrigen Dinge ihr Kolorit, indem die feurige Sonne oder eine glühende Leuchte sie bestrahlt. Als verschiedene Erscheinungen und dabei doch integrierende Elemente des einen, reinen Lichtes bewahrt jede Farbe in ihrer Art dieselben Vorzüge. Und wie das Licht im allgemeinen uns den über den Stoff erhabenen, reinen, lebendigen Geist darstellt, so sind einzelne Farben Analogien oder Symbole besonderer Gegenstände oder, auf ethischem Gebiet, gewisser Tugenden und entsprechender Gesinnungen.

Farben gehören zu den stärksten, sprechendsten Ausdrucksmitteln. Sie werden zum Abzeichen von Persönlichkeiten, Nationen, Gemeinschaften und Familien, zur Kundgebung religiöser und politischer Einstellung, von Trauer, Freude oder Huldigung, die aller Welt durch Fahnen, Wappen, Bänder u. dgl. kenntlich wird.

Oft bestimmt, verstärkt oder ändert die Farbe den Sinn eines Symbols. Als Beispiele unter vielen seien die vier apokalyptischen Reiter auf verschiedenfarbigen Rossen (Offb 6, 3—8) und die grüne Iris um den Gottesthron (Offb 4, 3) angeführt.

Zu den ältesten Zeugnissen von Farbensymbolik gehört die Zueignung bestimmter Farben an die sieben Hauptgestirne im Astralkult der Babylonier. An den spiralförmig aufsteigenden Planetentürmen (Zikkuraten) trug jede Stufe ihre besondere Farbe: Schwarz bedeutete Saturn, Dunkelrot Jupiter, Hellrot Mars, Gold die Sonne, Weißgelb Venus, Blau Merkur, Silber den Mond. Am Stufenturm von Borsippa fand man noch Spuren dieser Farben.

In der Hl. Schrift sind die Vorschriften des mosaischen Gesetzes für die Anfertigung der Vorhänge des hl. Zeltes und der hohenpriesterlichen Gewänder von grundlegender Bedeutung: Da wiederholen sich nebst Gold immer wieder dieselben

Farben: Weiß (Byssus), Purpur, Hyazinth (Blaupurpur) und Karmesinrot (coccus). Das zweite Buch Mose (25, 3. 4; 26, 1; 27, 16; 28, 5. 6. 8. 15. 31. 33. 37) enthält die göttlichen Anordnungen, deren Ausführung in den Kapiteln 36, 38, 39 berichtet wird.

Josephus Flavius (Antiq. jud. III, 7, 7) legt diesen Farben einen symbolischen Sinn bei, der auf uralter Tradition beruht: Der Byssus, ein feines, weißes Linnen, bedeutet die Erde, die den Flachs hervorbringt; der dunkelrote Purpur das Meer, in dem die Purpurmuschel gefunden wird; der Blaupurpur (Hyazinth) die Luft, Karmesinrot das Feuer. Die beiden ersten Deutungen beziehen sich allerdings auf das Material, nicht auf die Farbe. Die Entsprechung von vier Hauptfarben und den vier Elementen war übrigens in der Alten Welt allgemein angenommen. — Der hl. Hieronymus (Brief 64, 19 an Fabiola; PL 22, 617) wiederholt die Auslegung des Josephus Flavius und fügt als Begründung des kultischen Gebrauches hinzu, es sei geziemend, daß der Hohepriester nicht allein für das Volk Israel, sondern für die ganze Welt bete, „denn diese Welt besteht aus Erde, Wasser, Luft und Feuer, den vier Elementen des Alls", an welche diese Farben erinnern.

Auch in der Summa des hl. Thomas v. Aq. (1ª, 2ªᵉ, CII, IV ad 4) begegnen wir nochmals der Deutung des Jos. Flavius und etwas weiter im selben Abschnitt einer moralischen Anwendung, die sich ähnlich bereits bei Origenes vorfindet und die mit unwesentlichen Verschiedenheiten zur stehenden Symbolik der alttestamentlichen Kultfarben in ihrer christlichen Beziehung wurde: Weiß ist Sinnbild der Reinheit, Purpur des Martyriums, Karmesin der Liebe, Hyazinth(blau) der Himmelsbetrachtung.

Auf die Farben an anderen Bibelstellen, besonders im Hohenlied und in der Apokalypse, kommen wir gelegentlich zurück.

Der liturgische Farbenkanon der Paramentik wurde erst im letzten Viertel des 12. Jahrhunderts festgelegt. Er entstand aus der symbolisierenden Tendenz des Mittelalters und aus mystischen Anschauungen und Betrachtungen, die eine gewisse Verwandtschaft fanden zwischen den Farben, ihrer Wirkung auf das Gemüt und dem Inhalt der kirchlichen Feste und Zeiten mit ihrem besonderen Charakter [1]. In frühchristlicher Zeit und im frühen Mittelalter, wie jetzt noch in der Ostkirche, gab es keine diesbezüglichen Regeln. Die heiligen Gewänder waren verschiedenfarbig, doch herrschte Weiß vor. Innozenz III. (1198—1216) spricht von vier Kirchenfarben: Weiß, Rot, Schwarz und Grün, die er der alttestamentlichen Vierzahl gegenüberstellt und deren Verwendung in der Liturgie er mit symbolischen Begründungen erläutert (vgl. die folgende Symbolik einzelner Farben). Violett scheint damals für Paramente noch nicht gebräuchlich gewesen zu sein; statt dessen verwendete man Schwarz. „Auf diese vier Farben" — beschließt Papst Innozenz seine Ausführungen — „werden die anderen zurückgeführt: auf Dunkelrot das Hellrot, auf Schwarz das Violett, auf Grün das Gelb" (De sacro Altaris Mysterio, lib. I, cap. 65; PL 217, 799 f.).

Blau

Blau ist die Farbe des Firmamentes, daher Sinnbild des *Himmels* und des *Himmlischen.* Den Indern ist es als Farbe der Regenwolken Symbol des Krishna. Daß

---

[1] Betreffs liturgischer Farben sind in Ausführung der Bestimmungen des 2. Vatikanischen Konzils Sonderregelungen durch die nationalen Bischofskonferenzen möglich.

es vor bösem Blick schütze, ist im heutigen Orient allgemeiner Aberglaube, während im Altertum Rot als übelabwehrend galt.

Nachdem Jahwe den Bund mit seinem Volk geschlossen hatte, stieg Mose mit Aaron und mehreren Ältesten auf den Berg Sinai. „Sie sahen den Gott Israels. Die Fläche unter seinen Füßen war mit Saphir ausgelegt und glänzte hell wie der Himmel selbst" (Ex 24, 10). Nach antiker Naturanschauung war das Himmelsgewölbe etwas Feststehendes. „Das Wort des Herrn hat *festgefügt* die Himmel", heißt es in Ps 33, 6. Daher ist Blau auch Sinnbild der *Dauer,* der *Festigkeit* und *Treue.*

Der im jüdischen Kult gebrauchte „Hyazinth" *(ὑάκινθος),* eine blaue Purpurart, sollte den Israeliten an den Gott des Himmels erinnern und das blaue Oberkleid des Hohenpriesters Symbol seines unmittelbaren Verkehrs mit dem Allerhöchsten sein.

Hyazinthblau kam im Altertum fast der Wertschätzung des dunkelroten oder violetten Purpurs gleich. Die Vulgata erwähnt es als königliche Farbe im Buch Sirach 40, 4 sowie Ezechiel 23, 6 und Ester 1, 6, wo von den Vorhängen im prunkvollen Palast des Artaxerxes die Rede ist.

Wie Blau einerseits an der Bedeutung des Purpurs teilhat, so anderseits an jener der weißen Farbe, sofern es *Unberührtheit, Unabhängigkeit* und *Reinheit* versinnbildlicht, die allem Himmlischen eigen ist. Darum hat sich Blau zur *Muttergottesfarbe* herausgebildet und Blau-Weiß zum Zeichen der besonderen Weihe an die Unbefleckte Jungfrau. Seit dem 15. Jahrhundert wird die Gottesmutter in der Kunst häufig, aber nicht ausschließlich mit hell- oder mittelblauem Mantel dargestellt, während die ältere, byzantinische Richtung durch schwärzlichdunkelroten oder dunkelblauen Purpur die königliche Würde der Theotokos betont.

Gelb

Gelb (gallus, *ἴκτερος)* erschien in der ältesten asiatischen Kultur und Religion so herrlich wie Purpur, sowohl an sich wie als Ausdruck des *Lichtes* und der *Majestät.* Es kam der Symbolik der weißen Farbe in manchen Punkten sehr nahe. Das beliebteste Gelb gewann man aus der Blütennarbe des duftenden Crocus sativus (= Safran, vgl. S. 196). Gewänder, Säume, Schleier und Schuhe wurden damit gefärbt und bildeten die Lust der Phrygier. Safrangelbe Fußbekleidung gehörte zur Tracht der Perserkönige, die der älteren babylonisch-medischen nachgeahmt war. Den Abglanz orientalischer Wertschätzung des lichten, reinen Safrangelbs zeigen die ältesten mythisch-poetischen Vorstellungen der Griechen: Dionysos-Bacchus trägt den *κροκωτός,* das Safrankleid, ebenso die Teilnehmer seiner Feste. Besonders Göttinnen, Königinnen und Jungfrauen werden mit safrangelbem oder safranverziertem Kleide gedacht. Attische Jungfrauen sticken der Pallas Athene ein buntdurchwirktes Krokusgewand. Im Mittelalter mußten die Juden nebst anderen Erkennungszeichen einen gelben Spitzhut tragen. Das 4. Laterankonzil (1215) hat diesen von den Mauren eingeführten Brauch allgemein vorgeschrieben.

Gelb ist auch die Farbe des reifen Getreides und des Goldes und nimmt in der Kunst an der Symbolik des letzteren teil.

Wie Gold, so kann Goldgelb, sofern es der Farbe des Edelmetalles nahekommt, in der liturgischen Paramentik seiner inhaltlichen Fülle wegen jede andere Kirchenfarbe ersetzen: Es spricht ja vom ewigen Licht, von Herrlichkeit, Würde und Macht.

Daß Gelb sprichwörtlich zur Farbe des Neides geworden ist, dürfte wohl daher kommen, daß diese Leidenschaft in ihrem höchsten Grad die Galle angreifen und schlechtes Aussehen bewirken kann.

Grün

„Nach Anmut und Schönheit verlangt dein Auge. Doch über beiden steht die grüne Saat!" (Sir 40, 22).

Grün ist die Farbe der frischsprossenden Vegetation, der Erwartung kommender Ernten, daher Symbol der *Hoffnung.* Aus diesem einheitlichen und doch verschieden grüngetönten Grunde von Gräsern, Kräutern und Blättern leuchtet die Mannigfaltigkeit der Blüten und Blumen, entwickeln sich die Früchte zur Farbe der Reife.

Nach Dalmann tragen Bräute in der Gegend von Jerusalem ein grünes buntverziertes Hochzeitskleid. Dieser Brauch legt den Gedanken an junges Lebensglück und Hoffnung nahe: Die Farbe, die in der Pflanzenwelt das fruchttragende Leben anzeigt, soll analog auch für die Braut den Kindersegen vorbedeuten, ja nach altem Volksaberglauben ihn magisch bewirken.

Grün tut dem Auge wohl. Es stimmt freudig und beruhigend, es spricht von Leben und Jugend, macht die Seele frei und lenkt den Sinn auf die unvergänglichen Güter. „Frischgrünend ist jemand in dem Maß, als er die Wurzel seines Denkens in den Anteil am unverwelklichen Erbe einsenkt" (S. Gregor M., Moralia, lb 30, 27, 280; PL 75, 569).

Smaragdgrün leuchtend schildert die Apokalypse den Regenbogen um den Gottesthron. Er ist Bild der Hoffnung auf die Erbarmungen des kommenden Richters.

Innozenz III. bezeichnet in seinen Ausführungen über die Kirchenfarben Grün als „color medius". Es steht „in der Mitte" der anderen Farben, mild und versöhnend, Komplementärfarbe zu Rot, da es aus Blau und Gelb besteht und so den Dreiklang der drei Hauptfarben herstellt. In den liturgischen Bestimmungen über die Paramente ist es für die Tage ohne eigenen Charakter vorgeschrieben. Der geistige Blick ist da durch kein spezielles Festgeheimnis gefesselt. Er richtet sich mehr allgemein vertrauend auf Gottes Barmherzigkeit, in Erwartung der einstigen Vollendung.

Rot

Helleuchtendes Rot gehört zu den vom göttlichen Gesetze vorgeschriebenen Farben für die Gewebe, die man im jüdischen Kult gebrauchte. Karmesinrot wurde von der Kermes-Schildlaus gewonnen, die sich auf der palästinensischen immergrünen Eiche findet, das Cochenillerot von einem Insekt, das auf einer Kaktusart lebt. Im Rot sah man die Farbe des *Blutes,* in dem „das Leben eines jeden Lebewesens liegt" (Lev 17, 14) [1]. Es ist Zeichen der Kraft und Jugendfrische, Farbe

[1] In prähistorischer Zeit sollte die Bestreuung der Verstorbenen mit roter Ockererde das Leben im Jenseits erhalten und hing immer mit Jenseitsvorstellungen zusammen. Rot ist die Farbe des glühenden Lichtes. Mehrfache Funde von Skeletten zeigen, wie wichtig den Jungpaläolithikern das Rot um den Toten erschien und mit welcher Regelmäßigkeit und Umsicht sie für diese Bestreuung sorgten, die das Leben nach dem Tode sicherte (vgl. I. Lissner, „Aber Gott war da").

des *Feuers,* im übertragenen Sinn auch des *Liebesfeuers.* Rot erinnert an die Gluten der auf- und untergehenden Sonne. Unter allen Farben ist es die grellste, die am meisten in die Augen sticht. Stiere und Elefanten reizt es zum Kampf. Götzenbilder wurden damit angestrichen (vgl. Weish 13, 14), besonders jene, welche die zeugende Naturkraft, das volle Leben, darstellen. Huren pflegten sich in feuriges Rot zu kleiden, um aufzufallen und anzulocken (vgl. Jer 4, 30). Die Apokalypse zeichnet im Bilde eines solchen Weibes „das große Babylon, die Mutter der Buhlerinnen und der Greuel der Welt" (Offb 17, 1—6). Auch das siebenköpfige Tier, auf dem sie sitzt, ist scharlachfarbig (17, 3). Rot trugen Krieger als Zeichen des Blutvergießens, des Lebenseinsatzes und feurigen Mutes (vgl. Nah 2, 4). „Ignei animi sit index et stimulus", bemerkt Cornelius a Lapide zur angeführten Stelle. Sich selbst wollten die Kämpfenden dadurch aneifern, den Feinden aber durch ihr Aussehen Furcht einjagen. Die römische Kohorte legte Jesus zum Spott eine rote Chlamys an.

Im Altertum herrschte der Aberglaube, daß Rot vor Verwundung und allen Gefahren schütze, ja dämonenabwehrend sei. Noch in christlicher Zeit rügt der hl. Johannes Chrysostomus das Tragen roter Schnüre als Phylakterien. Nicht allein in bezug auf Menschen schrieb man der Farbe diese Wirkung zu: Es heißt, daß die Ägypter alljährlich auch Bäume, Tiere und anderes mit Rot bestrichen, um ihre Habe vor Brand und sonstigen Schäden zu bewahren und die Fruchtbarkeit zu fördern. Man sagt, sie hätten dabei die Juden nachahmen wollen, die durch Bestreichen der Türpfosten mit dem Blut des Passahlammes sich vor dem Würgeengel geschützt hatten (vgl. Corn. a Lap. a.a.O.).

Bei Hochzeitsfeiern spielte Rot eine große Rolle: Wie Plinius und andere alte Schriftsteller bezeugen, trugen römische Bräute einen feuerroten Schleier, das „Flammeum". Nach Dalmann, dem genauen Kenner der Sitten Palästinas, gebrauchen die Bewohner dieses Landes heute noch rote Brautkränze und -baldachine mit Goldfäden. Im deutschen Volksbrauch schreibt man jetzt noch der roten Farbe bei Hochzeiten wie auch Geburt und Tod prophylaktische Wirkungen zu. Bei Bestattungen vertrat in der Antike die rote Farbe das Blut. Durch das rote Gewand wurde der Tote als geweihtes Opfer bezeichnet, damit er, versöhnt mit den Unterirdischen, in das Totenreich hinabkomme (Jahrb. f. Litw. 1924, Lb 179).

In der Bibel ist Rot die Farbe der Sünde (vgl. Jes 1, 18), der Sühne, des blutigen Opfers. Bei gewissen Typen beziehen es die Exegeten auf die menschliche Natur und das erlösende Blut Christi: so den karmesinroten Wollfaden, mit dem die Ysopzweige zur levitischen Reinigung vom Aussatz zusammengebunden waren (Lev 14, 4. 49), die rote Schnur, die Rahab bei der Belagerung von Jericho als rettendes Kennzeichen an das Fenster ihres Hauses band, und die rote Kuh, deren Asche dem Reinigungswasser beigemischt wurde (Num 19, 2). Diese „Juvenca rufa" bedeutet nach St. Augustinus „das Fleisch Christi. Rot ist sie seines blutigen Leidens wegen" (Quaest. in Hept. IV, 33; PL 34, 733). Auch die geröteten Kleider des keltertretenden Messias (Jes 63, 1—3) versinnbilden seine Passion. Die Stelle des Hohenliedes 5, 10 „Mein Geliebter ist weiß und rot" erläutert in Kürze der hl. Ambrosius: „Weiß (ist der Bräutigam) in seiner göttlichen Herrlichkeit, rot des menschlichen Aussehens wegen, das er im Mysterium der Incarnation angenommen hat" (in Ps 118, Srm 5, 8; PL 15, 1253). Zu einer anderen Stelle desselben Buches (4, 3), „Deine Lippen sind rot wie eine Schnur", bemerkt der hl. Hippolyt mit Bezug auf die Ecclesia: „Schnur bedeutet die Richtigkeit (der Rede), die aus dem Herzen kommt, rot aber, weil sie mit dem Blute des unsterblichen Lammes gefärbt wird." Den zweimal gefärbten Coccus (Karmesinrot), die vierte der Farben im alttestamentlichen Heiligtum, deuten die Kirchenväter und nach ihnen der hl. Thomas v. Aquin auf die Gottes- und Nächstenliebe: „Ad significandam charitatem geminam, Dei et proximi" (Summa theol. 1ª 2ªᵉ CII, IV, ad. 4).

In der Liturgie wird die Symbolik der roten Farbe in ihrer Beziehung auf den Hl. Geist in besonders helles Licht gesetzt: Er ist ja das Liebespfand in der hlst. Dreifaltigkeit, er entzündet in den Gläubigen das Feuer der Liebe und kam in Gestalt von Feuerzungen auf die Apostel herab. Rote Paramente werden daher am hochheiligsten Pfingstfest und während seiner Oktav sowie zu Votivmessen des Hl. Geistes angelegt. Sie sind ferner vorgeschrieben für alle Passions- und Kreuzfeste sowie für jene der Apostel, Evangelisten und anderer Märtyrer.

In S. Maria Maggiore zu Rom haben die Mosaikkünstler des 5. Jahrhunderts die Engel mit feuerfarbigen Gesichtern dargestellt, um ihre rein-geistige Natur hervorzuheben.

Auf den Ikonen der Ostkirche trägt die Gottesmutter immer ein rotes Gewand. Es setzt wohl die Bedeutung des ursprünglich schwärzlich-dunkelroten oder dunkelblauen Purpurs fort, mit dem die ältere Kunst (Mosaike und Malereien) die Madonna auszeichnete.

Purpur und Violett

Die kostbare Purpurfarbe galt im Altertum als die schönste und vornehmste. Sie wurde aus den Purpurschnecken (murex, *πορφύρα)* gewonnen, die einst in vier Arten an den Küsten des Mittelländischen Meeres, besonders in Phönizien, in großen Mengen vorkamen, jetzt aber infolge Ausbeutung selten geworden sind. Je nach der Gattung dieser Muscheltiere und nach der Zubereitung und Mischung der Substanz ergaben sich verschiedene Färbungen: vor allem der dunkelrote oder violette, ins Schwärzliche spielende Purpur, der gestocktem Blute glich, ferner Blaupurpur in dunkler und heller Schattierung und ein lebhaftes Rot, ähnlich dem „Coccus" oder Karmesin. Es ist heute nicht mehr möglich, genau die Unterschiede festzustellen, die in der Alten Welt bestanden.

Da jeder Murex nur ein ganz geringes Maß von Farbstoffen enthält, brauchte es im Gewichtsverhältnis zum Stoff, der gefärbt werden sollte, das sechsfache Quantum solcher Schnecken. Haltbarkeit und Lichtbeständigkeit des Purpurs waren unbegrenzt, ja sein schillernder Glanz nahm im Sonnenlicht sogar zu. Der Wert war entsprechend groß, sodaß nur reiche Leute sich Purpurstoffe beschaffen konnten. Purpur war die *heilige, göttliche, königliche* Farbe, *Leben* versinnbildend, wegen der Ähnlichkeit mit dem lebentragenden Blut. Götterstatuen wurden mit ihr bekleidet. Besonders war sie den Unterweltsgöttern zugeeignet. In Rom war Purpur seit jeher gebräuchlich (Plinius Nat. Hist. IX, 39). Eine *vollständige* Purpurgewandung aber war einziges Vorrecht der Cäsaren. Niemand anders durfte sich anmaßen, eine solche zu tragen, sonst verfiel er als Hochverräter der Todesstrafe. Teilweiser Gebrauch von Purpur war jedoch erlaubt, besonders für die „Clavi", d. s. die zwei schmalen, von den Schultern bis zum Saum der Tunika parallel laufenden Streifen. Solche waren bei den Römern ursprünglich auszeichnendes Standesprivileg, später in wohlhabenden Kreisen ziemlich allgemein üblich.

Wegen der Eigenschaften des Purpurs und seiner Symbolik schrieb das göttliche Gesetz vor (cf Ex 21, 1; 28, 5. 6), daß er auch im *Kult Jahwes*, des einzig wahren

Gottes und Königs der Könige, nebst Gold, Byssus und Scharlach zur Anfertigung der Vorhänge für die Stiftshütte und der hohenpriesterlichen Gewänder verarbeitet werde. Da die Israeliten seit ihrem Auszug aus Ägypten beständig in der Wüste umherwanderten, ist es sehr wahrscheinlich, daß sie das Material zu diesen Webereien aus Ägypten mitgenommen oder von vorüberziehenden Karawanen erworben hatten.

Als Farbe Gottes ist der Purpur auch in den hyazinthfarbigen Schnüren jener Quasten zu deuten, welche die Israeliten an den Zipfeln ihrer Mäntel anbringen sollten, um sich als Geheiligte des Herrn zu bekennen und seiner Gebote zu gedenken (vgl. Num 15, 38—41; Dtn 22, 12).

Purpur wird auch außerhalb der alttestamentlichen Liturgie in der Heiligen Schrift häufig erwähnt: Purpurgewänder besiegter Könige fielen den Juden als Beute zu (Ri 8, 26; 1 Makk 4, 23). Mit Purpur war Salomos Thron gepolstert (Hld 3, 10). Daniel (5, 7. 16. 29) und Mordechai (Est 8, 15) erhielten Purpurkleider als königliche Auszeichnung. Die „starke Frau" (Spr 31, 22) ist zum Zeichen ihres Wohlstandes in Byssus und Purpur gekleidet, ebenso der reiche Prasser in der evangelischen Parabel (Lk 16, 19).

Dem rötlichen Römisch-Violett, das Bischöfe und andere kirchliche Würdenträger je nach Rang und Gelegenheit in verschiedenen Abstufungen tragen, dürfte wohl die antike Bedeutung des Purpurs zugrunde liegen. Hier ist die Farbe nicht allein Zeichen des hohen geistlichen Standes, sondern mehr noch, wie im alttestamentlichen Kult, Farbe Gottes, dem diese Gesalbten des Herrn und Ausspender seiner Mysterien in besonderer Weise angehören. „Der Name der Kurie, zu der du gehörst", sagt Tertullian, „ist: Kirche Christi! . . . Dort ist dein Purpur: *Christi Blut,* dort dein Purpursaum: an Seinem *Kreuz!*" (Tertullian, Vom Kranze der Soldaten, 13).

Die Symbolik des hochroten *Kardinalspurpurs* reicht noch weiter und greift über in die der roten Farbe. Er bedeutet Geist, Feuer und Blut und ist Zeichen der *Bereitschaft zum Martyrium.* Die Worte, mit denen der Papst einem neuernannten Kardinal den roten Hut auf das Haupt setzt, sagen es deutlich: „Zum Lobe Gottes und zur Zierde des Apostolischen Stuhles empfange den roten Hut, das Zeichen der Kardinalswürde. Damit soll angedeutet sein, daß du *bis zur Vergießung des Blutes* für die Erhöhung des heiligen Glaubens, für den Frieden und die Ruhe der Christenheit, für das Wachstum und den sicheren Bestand der Hl. Römischen Kirche dich unerschrocken erweisen mußt. Im Namen des Vaters . . ."

Im Violett der liturgischen *Paramentik* ist die ursprüngliche Symbolik ganz verändert. Die Farbe wird — Feste ausgenommen — im Advent, in der Fastenzeit, an Quatembertagen und bei allen Anlässen mit *Buß- und Sühnecharakter* getragen.

Die byzantinische *Mosaikkunst* versinnbildet die erhabene Würde des Christkönigs, des wahren „Kyrios" (dieser Titel war kaiserliches Vorrecht und bedeutete göttliche Ehrung), häufig durch ein rötlich-violettes Purpurgewand mit goldenen Clavi, wie der Kaiser sie trug. In Ravenna geschah es durchwegs, auch dort, wo es sich um Szenen aus dem Leben Jesu (Fischfang, Brotvermehrung) handelt.

In der alten *Buchmalerei* kam die Zeit, da diesen Malern mit der gesteigerten Glut ihrer eigenen Schau ins Jenseits der einfache weißliche Pergamentgrund nicht mehr genügte, ein Bild zu tragen, wie sie es durch die heiligen Texte hindurch schauten, die sie womöglich selber kalligraphisch vollendet schrieben, wollten ihre Bilder den „kaiserlichen Herrn der Schöpfung", den „König des Himmels" würdig umfassen, und darum entstand als Träger eines solchen Bildes — und nun setzt die geheimnisvolle Sprache der Farbe ein — der purpurfarbige Grund. Da wurde das Pergament mit dem Saft der Purpurschnecke wein- oder blaurot gefärbt, wie es seit der Antike Brauch war, die selbst noch einige Purpurschriften hinterlassen hat. Wenn aber einer späteren Zeit selbst diese purpurne Folie noch nicht „überirdisch" genug erschien, dann wurde Gold an ihre Stelle gesetzt, was bedeutete, daß das Pergament auf weite Flächen zu Goldgrund gemacht wurde, den eine hochentwickelte Technik sogar zu einem goldenen Spiegel zu verwandeln verstand (Manuskript P. Dr. Frowin Oslender OSB).

Schwarz

Das lichtlose Schwarz (ater, niger, *μέλας)* tritt im Vergleich zu den bunten Farben zurück, obwohl es, mit ihnen zusammengestellt oder als Kontrast sehr schön wirken kann. An sich ist es düster, Farbe der *Nacht,* der *Vernichtung,* der *Trauer,* vor allem Farbe des *Todes* und des *Totenreiches* und darum auch der Unterweltsgötter und ihrer Opfertiere. Als Gegensatz des natürlichen Lichtes ist es auch im geistigen Sinn Symbol der ewigen *Finsternis,* der *Sünde* und des *Teufels.* Der Ausdruck „schwarze Seele" bedeutet „sündige Seele", und der Satan heißt im Volksmund „der Schwarze". In der antiken Sprache ist *ὁ μέλας* und *ὁ πονερός* gleichgesetzt und steht „schwarz" mit „böse, gefährlich und schrecklich" auf einer Linie.

Schwarze Stoffe wurden im Altertum aus den Haaren schwarzer Ziegen gewonnen und daraus Trauer- und Bußgewänder angefertigt, von denen die Heilige Schrift an mehreren Stellen spricht. So heißt es in der apokalyptischen Schilderung des Weltendes (Offb 6, 12): „Die Sonne wurde dunkel wie ein schwarzer Sack", und im Buche Judit (10, 2): „Sie zog ihr Bußgewand aus und legte ihre Witwenkleider ab." Angeklagte hatten, wie Josephus Flavius bezeugt, in Schwarz vor Gericht zu erscheinen, Schuldgedrückte oder um Gnade Flehende kleideten sich ebenfalls in Schwarz. Im jüdischen Kult war diese Trauerfarbe ausgeschlossen.

In der Liturgie werden schwarze Paramente am Karfreitag und zu allen Totenfeiern getragen. Früher gebrauchte man solche auch zu den Anlässen, für die seit Ende des 12. Jahrhunderts Violett vorgeschrieben ist. Darin wird wohl der Grund zu suchen sein, warum Violett in der Paramentik seine ursprüngliche Bedeutung als „Purpur" verloren hat und zum Symbol der Buße und Sühne geworden ist: Der Trauercharakter des Schwarz ist hier auf das Violett übergegangen.

Mittelalterliche Kirchenschriftsteller sehen in der schwarzen Farbe ein Sinnbild der Weltverachtung, der Demut und Bescheidenheit, weshalb sie zumeist von Priestern, Klerikern und Ordensleuten getragen wird.

Weiß

Weiß ist die Farbe des ungebrochenen *Lichtes.* Es trägt den Charakter der *Freude* und *Festlichkeit.* „Alle Zeit seien weiß deine Kleider", ermuntert der Prediger (9, 8), indem er zum Genuß der Lebensfreuden aufruft. Im *christlichen* Sinn aber schreibt Klemens von Alexandrien: „Für Menschen, die den Frieden und das Licht lieben, ist Weiß die passende Farbe" (Paidag. III, 54, 2). In Griechenland und

Rom herrschte es in der Kleidung vor, besonders für Festgewänder. Die heidnischen Priester trugen solche bei Opfern an die Lichtgötter.

Das griechische „λεύκος" bezeichnet die weiße Farbe in ihren verschiedenen Abstufungen bis zu Grau. Es hat also innerhalb der Farbenskala einen verhältnismäßig großen Bedeutungsbereich. „Weiß" umfaßt auch Hellgelb, sodaß ein gelblicher Schimmer doch das reine Weiß vertreten kann.

Der Stoff, den das mosaische Gesetz für den Gebrauch im Heiligtum vorschrieb, war größtenteils feines weißes Linnen (Byssus).

Bei der Verklärung Christi auf Tabor „wurden seine Kleider weiß wie Schnee" (Mt 17, 2; Mk 9, 3; Lk 9, 29). Ähnlich schildern die Evangelisten die Gewänder der Engel bei der Auferstehung und Himmelfahrt des Herrn (Mt 28, 3; Mk 16, 5; Joh 20, 12. Apg 1, 10). Am häufigsten erscheint Weiß als Farbe der *Verklärung* in der Apokalypse, wie es ja dem eschatologischen Inhalt entspricht. Es versinnbildet dort vollkommene *Reinheit, Sieg* und ewige *Herrlichkeit:* Weiß gekleidet sind die 24 Ältesten (4, 4), ebenso „die große Schar, die niemand zählen kann" (7, 13. 15). Mit reinem, weiß-glänzendem Byssusleinen ist die Braut des Lammes angetan. Dieses Linnen bedeutet „die gerechten Werke der Heiligen" (19, 8) (vgl. auch Offb 3, 4. 5; 6, 2; 15, 6; 19, 11. 14).

Weiße Steinchen oder weiße Bohnen sind bei Abstimmungen günstiges, zustimmendes Zeichen.

In der *Liturgie* sind *weiße Paramente* als Symbol des Lichtes, der Glorie und Reinheit für Feste vorgeschrieben, die sich auf Gott und Christus beziehen, mit Ausnahme solcher, die auf die Passion hinweisen. Weiß wird getragen an Festen der Gottesmutter, der Engel, Bekenner und Jungfrauen, am Geburtstag des hl. Johannes d. T., am Allerheiligen- und Kirchweihfest, zu allen sakramentalen Feiern, zu den meisten Weihen und zur Spendung der Sakramente, mit Ausnahme der Buße und hl. Ölung. In alter Zeit erhielten die Neophyten ein weißes *Taufkleid,* das sie während der Festoktav trugen. Noch jetzt wird dem Täufling ein solches gereicht oder wenigstens ein Ende der weißen Priesterstola auferlegt mit den Worten: „Nimm hin das weiße Kleid und bringe es unbefleckt vor den Richterstuhl unseres Herrn Jesus Christus, auf daß du das ewige Leben habest. Amen."

Mehrere Orden tragen einen weißen Habit. Der weiß-*seidene* Talar ist Vorrecht des Papstes.

Die weißen Feierkleider der *Bräute,* sowohl bei Hochzeiten als bei der Einkleidung von Klosterkandidatinnen, bedeuten *Unschuld* und *Jungfräulichkeit.* Das gleiche gilt für die Gewandung der Mädchen bei Erstkommunion, Firmung und anderen religiösen Anlässen.

V. STEINE UND METALLE

1. STEINE

Allgemeines

Der Stein weist mit seiner Härte und Rauheit, mit der Unveränderlichkeit seines Stoffes, häufig durch seine eigenartige, geheimnisvolle Gestalt auf das Dasein einer übermenschlichen Kraft und Macht hin, die das primitive Bewußtsein mit religiöser Scheu erfüllt. Der Stein, insbesondere der majestätisch aufragende Felsen, offenbart eine höhere Seinsweise, die keiner Veränderung unterworfen ist, er gibt eine Ahnung vom absoluten Sein, das die hinfällige Existenz des Menschen überragt. Die Andacht des Primitiven bezieht sich also nicht auf den Stein als solchen, sondern auf eine Realität, die hinter der stofflichen Erscheinung steht, auf das „Andere" einer höheren Welt. In vorzüglicher Weise gilt dies von den „himmlischen Steinen" (Meteoren). Wo sie herunterfallen, öffnet sich der Himmel, da ist die „Pforte des Himmels" und in gewisser Beziehung die „Mitte der Erde". Solche Steine offenbaren die göttliche Gegenwart, die Möglichkeit einer Verbindung zwischen Himmel und Erde, man betrachtet sie als „Haus Gottes", salbt sie mit Öl und verehrt sie kultisch (z. B. die Kaaba der Mohammedaner usw.). Der Kult gilt der im Stein stattgefundenen Gottesoffenbarung oder dem Andenken eines an dieser Stelle mit Gott eingegangenen Bundes. Erst durch das Herabsinken der religiösen Vorstellung wurde der Stein bzw. das steinerne Kultbild mit der Gottheit identifiziert. In dieser Begriffswelt wurzeln auch die vielfachen Götterdarstellungen der klassischen Antike. Ursprünglich war ein unbehauener Stein das Symbol des Hermes oder Apollo, erst später entwickelte sich die menschenförmige Darstellung der Götter.

An der Heiligkeit der Theophanien an Steinen nehmen auch die Totensteine teil: auch der Tod bedeutet den Einbruch einer anderen Welt. So gilt auch der Grabstein als eine Einbruchstelle des Jenseits, als Zeichen göttlicher Gegenwart. Im Totenkult soll der aufgerichtete Stein eine Abwehr gegen Geistererscheinungen aus dem Totenreich oder eine Verteidigung des Toten gegen feindliche Mächte sein. In dem Stein soll die Kraft des Toten weiterleben, in heiligen Steinen sind die Geister der Ahnen lebendig [1]. Für die primitive Naturschau ist der Stein nichts Totes, vielmehr ein Zeichen geballter Kraft und des Lebens. Darum bringt seine Brührung Fruchtbarkeit. Nach einer weitverbreiteten Sitte berühren unfruchtbare

[1] Ein sprechendes Beispiel bieten die prähistorischen *Dolmen* (vgl. S. 23) in den Gebieten, die einst die Kelten bewohnten. In den Dolmen war gelegentlich ein rundliches oder eckiges sogenanntes „Seelenloch" angebracht, das dem Geist des Toten einen Ausgang aus dem Grab bieten sollte und den Glauben der primitiven Völker an das Fortleben der Seele beweist (vgl. ausführlich W. Krause, Religion der Kelten, S. IV, in „Bilderatlas zur Religionsgeschichte", Lief. 17).

Frauen heilige Steine, um Kindersegen zu erlangen. Auch der Gesundheit der Kinder sollte eine solche Berührung oder ein Durchziehen durch heilige durchlöcherte Steine förderlich sein.

In dieser Vorstellungswelt der Primitiven und der antiken Kulturvölker lebte auch das auserwählte Volk. Sein religiöses Bewußtsein war jedoch durch die Offenbarung geläutert und vergeistigt. Freilich war die Versuchung groß, in die grobe stoffliche Auffassung der benachbarten Heidenvölker zurückzufallen. Der Kampf gegen den Götzendienst, gegen den Kult der Steine zieht sich wie ein roter Faden durch das Alte Testament (Lev 26, 1; Num 33, 52; Dtn 4, 28; 28, 36. 64; 29, 17; Jes 37, 19; Jer 2, 27; 3, 9; Ez 20, 32; Dan 5, 23 usw.). Dagegen war es auch bei den Israeliten Brauch, als Erinnerung an ein bedeutendes Ereignis *Gedenksteine* zu errichten (z. B. Gen 35; 14; 31, 45; Jos 24, 26. 27). Die im Buch Josua erwähnten 12 Steine wurden als Symbol der 12 Stämme Israels in Galgala aufgestellt. Die gleiche sinnbildliche Bedeutung haben die 12 Steine, aus denen Elija (1 Kön 18, 31. 32) einen Altar errichtete. Für die geläuterte Anschauung der Bibel ist der *Fels*, der *Stein* ein treffendes *Sinnbild Gottes* als der uneinnehmbaren Festung, der Zufluchtsstätte seines Volkes. Jahwe ist im Vollsinn des Wortes „der Fels Israels", unter dessen Schutz man geborgen ist (Gen 49, 24; Jes 30. 29; Ps 9, 10; 18, 3; 27, 6; 31, 4; 1 Sam 2, 2; 2 Sam 22, 2; Jes 17, 10 usw.). In der Furcht, dem Götzendienst oder heidnischen Vorstellungen Nahrung zu geben in einer Zeit des Kultes von Stelen usw., ersetzt die Septuaginta an allen diesen Stellen das Konkretum durch Abstrakta, wie: Schutz, Stärke, Hort usw., wodurch die plastische Anschaulichkeit freilich verliert. Zum Beispiel in der Wendung: Unser Gott ist nicht wie ihre Götter, anstatt: Unser Fels ist nicht wie ihre Felsen (Dtn 32, 31).

In der Wüste hat Mose auf Gottes Geheiß zweimal Wasser aus dem Felsen geschlagen (Ex 17, 6; Num 20, 11; vgl. Ps 114, 8). Nach der jüdischen Legende begleitete der Fels das Volk auf der ganzen Wüstenwanderung. Manche meinten, es sei ein kleiner Stein gewesen, den Maria, die Schwester des Mose, bei sich getragen hat. Auch Tertullian spricht von der „comite petra" (De Bapt. 9. PL 1, 1216). Nach anderen wurde das Wasser aus dem Felsen zu einem Fluß, der den Israeliten nachfolgte. In der spätjüdischen Spekulation nahm die Legende geradezu groteske Formen an: Sie spricht von einem Brunnen, der mit Israel in der Wüste war: Er glich einem Felsen, der voller Löcher war wie ein Sieb, und das Wasser tröpfelte und stieg empor wie aus der Öffnung einer Flasche. Er ging mit ihnen hinauf auf die Berge und stieg mit ihnen hinab in die Täler. Der hl. Paulus beruft sich 1 Kor 10, 4 auf diese Legende und korrigierte sie gleichzeitig: Es war ein *geistiger* Felsen: Derselbe Christus, der in seiner göttlichen Präexistenz das auserwählte Volk in der Wüste begleitete und nährte, ist in seiner Kirche in sakramental-mystischer Weise zugegen. Schon die betreffende alttestamentliche Stelle ist aus der Vorstellung: Jahwe = Fels besser zu verstehen. Gott stellte sich Mose gegenüber auf den Felsen, während dieser daraufschlug. Die symbolische Handlung sollte bedeuten, daß Gott selber das Wasser spendete.

Der heilige — und ebenfalls wasserspendende — Fels stand noch in einem anderen Zusammenhang im Mittelpunkt des religiösen Weltbildes Israels. Nach primitiver Vorstellung ragte die Erde als hoher Berg aus der Urflut heraus. „Einen Stein warf der Heilige, gepriesen sei er, ins Meer; von ihm aus wurde die Welt gegründet; denn es ist gesagt: ‚Worauf sind ihre (der Erde) Fundamente eingesenkt, oder wer hat ihren Schlußstein gelegt?' (Ijob 38, 6). Was tat der Heilige? gepriesen sei er. Mit seinem rechten Fuß senkte er den Stein bis zu den Tiefen der

Urflut und machte ihn zum Schlußstein für die Welt, wie ein Mensch, der einen Schlußstein in ein Gewölbe einsetzt. Deshalb ist dort der Nabel der Erde, und von dort wurde die ganze Welt ausgebreitet und auf ihm steht das Tempelhaus" (Jeremias, „Golgotha", angeführt in Kittel, Bd. VI, 35). Der Felsen im Allerheiligsten ist demnach der Ursprung der Welterschaffung und zugleich die höchste Stelle der Erde, er ist die Himmelspforte und gehört zum zukünftigen Paradies. Zugleich ist der Felsen als Verschlußstein der Urflut der Ursprung der Gewässer der Erde und die Pforte zur Totenwelt. Aus diesem Felsen des Allerheiligsten ergoß sich der Wassersegen auf die ganze Welt, wenn am Laubhüttenfest das aus der Quelle Siloe geschöpfte Wasser auf den Brandopferaltar ausgegossen wurde. Diese Wasserspende, ursprünglich ein Regenritus, war später Symbol der Ausgießung des Hl. Geistes (vgl. Jes 12, 3) und ein Hinweis auf die Endzeit, in der sich nach Ez 47, 1 der messianische Segen auf die ganze Welt ergießen wird. Wenn Jesus am Laubhüttenfest anläßlich dieses feierlichen Ritus ausrief: „Wer dürstet, der komme zu mir" (Joh 7, 37), dann stellt er sich diesem heiligen Fels gegenüber als den wahren Felsen und Wasserspender hin, als den Messias, der alle an ihn geknüpften Ahnungen und Weissagungen erfüllt.

An die Bedeutung des Felsens als Symbol Jahwes, als Mitte und Schlußstein der Welt, als Fundament des Allerheiligsten, schließen sich noch andere Deutungen des *Steins,* die sich nicht nur auf den Naturstein, sondern auch auf den behauenen, zum Bau verwendeten Stein beziehen (vgl. Sach 3, 9; 4, 7; 10, 4). Besondere Wichtigkeit hatte in dieser Hinsicht der Grundstein oder *Eckstein* und der Schlußstein des Gebäudes. Der Eckstein spielte in der altorientalischen Baukunst eine bedeutende Rolle. Er hielt zwei Mauerteile, ja eigentlich das ganze Bauwerk zusammen. Er wurde eigens mit Sorgfalt ausgewählt und war unter Umständen von beträchtlicher Größe, zum Beispiel beim Tempel von Jerusalem 6—7 m lang, 2—3 m breit. Auch die Assyrer verwendeten außergewöhnlich große Ecksteine, wenn auch nur aus Ziegel. Man bewahrte Täfelchen mit Erinnerungsschriften im Eckstein auf. An diese Sitte spielt die Stelle bei Jesaja an: „So spricht Gott, der Herr: Seht her, ich lege einen Grundstein in Zion, einen harten und kostbaren Eckstein, ein Fundament, das sicher und fest ist: Wer glaubt, der geht nicht unter" (Jes 28, 16). In der Gefahr der hereinbrechenden Assyrer sollen die Israeliten keinen anderen Schutz suchen als Jahwe, der den künftigen Tempel auf einen Eckstein mit der Inschrift: „Wer glaubt, der geht nicht unter" gründen wird.

Sicherer als alle Bündnisse mit dem Totenreich (Ebd. Vers 18) ist der Schutz des Felsens Israel. Für die Ungläubigen allerdings wird Er „ein Stein des Anstoßes, ein Fels des Strauchelns" (Jes 8, 14). Infolge der Auserwählung durch Jahwe ist auch das Volk Israel zum „Stein" geworden. Es nimmt in der Gesellschaft der großen Weltreiche nur einen bescheidenen, ja verachteten Platz ein, es ist „ein Stein, den die Bauleute verworfen haben, ist aber zum Eckstein geworden. Vom Herrn ist's geschehen, ein Wunder vor unseren Augen" (Ps 118, 2). Im Traum des Königs Nebukadnezzar (Dan 2, 24—44) bedeutet der Stein, der sich ohne menschliches Zutun vom Berge löst, alle Weltmächte zertrümmert und schließlich selber zu einem mächtigen Berg wird, ebenfalls das zukünftige Reich Israel. Eine endzeitliche, messianische Deutung all dieser Stellen war naheliegend und wurde tatsächlich zum Allgemeingut der spätjüdischen Exegese.

Das Wort des Herrn im Evangelium zeigt die Erfüllung: „Habt ihr niemals in der Schrift gelesen: Der Stein, den die Bauleute verworfen haben, ist zum Eckstein geworden; durch den Herrn ist dies geschehen und es ist wunderbar in unsern

Augen? Darum sage ich euch: das Reich Gottes wird euch genommen und einem Volke gegeben werden, das seine Früchte bringt. Wer auf diesen Stein fällt, wird zerschmettert werden, und auf wen er fällt, den wird er zermalmen" (Mt 21, 42 ff und Parall.). Auf Grund der allgemeinen Tradition war es daher klar, daß Jesus diese Stelle auf sich bezog, um sich als den Messias auszuweisen. In der Auslegung der Parabel von den bösen Winzern zitiert er Ps 118, 22 und wendet ihn auf seine Person an (Mt 21, 42; Mk 12, 10). Bei Lukas (20, 18) verbindet er mit dem Psalm noch die Danielstelle über den herabrollenden Stein: auf wen er fällt, den zermalmt er. In der apostolischen Glaubensverkündigung gehörten diese Zitate zu den wichtigsten Schriftbelegen für die Auferstehung und für die Messianität Christi (Apg 4, 11). Im Römerbrief (9, 33) und dem ersten Petrusbrief (2, 7 f) sind die zwei Jesajastellen und Psalm 118, 22 in ihrer an sich verschiedenen — negativen und positiven — Bedeutung zu einem eindrucksvollen Ganzen verbunden. Christus ist der Eck- und Schlußstein des messianischen Reiches, Ruhm der Gläubigen, dagegen Stein des Anstoßes und des Ärgernisses denen, die nicht an ihn glauben. Dieser Eckstein steht aber nicht allein da: er trägt ein geistliches Gebäude und ist gleichzeitig als Schlußstein dessen Krönung: „Ihr seid Mitbürger der Heiligen und Hausgenossen Gottes, aufgebaut auf dem Grund der Apostel und Propheten, indes Christus Jesus selbst der Eckstein ist. Auf ihm ruht der ganze Bau und wächst heran zu einem heiligen Tempel im Herrn" (Eph 2, 19 ff). „Lasset euch nun selbst als lebendige Steine aufbauen zu einem geistigen Tempel, zu einer heiligen Priesterschaft ..." (1 Petr 2, 5).

Ein Stein dieses Tempels ragt durch seine Bedeutung besonders hervor: Petrus, der Felsenmann, auf den Christus seine Kirche bauen und den Er zu seinem Stellvertreter auf Erden einsetzen wollte (Mt 16, 18). Er allein ist durch seinen Namen dem göttlichen Eckstein gleichgestellt; er ist der Fels, die übrigen Gläubigen nur lebendige Steine. An diesem Felsen zerschellen die Angriffe der Hölle, hier ist wahrhaft die Pforte des Himmels, die Petrus durch die ihm übertragene Schlüsselgewalt bewacht (vgl. die antike Vorstellung vom heiligen Felsen).

Die Kirchenväter bauen die Symbolik der Kirche als lebendigen Gottestempel noch weiter aus (s. Gottesstadt). Nach dem hl. Ignatius von Antiochien (Eph 9, 1) werden die lebendigen Steine, die Gläubigen, durch das Hebewerk des hl. Kreuzes in die Höhe gezogen; als Seil dient der Heilige Geist. Nach Origenes eignen sich jene Gläubigen, die sich ganz dem Gebet hingeben, dazu, Altarsteine in der Kirche Gottes zu werden: „Jene, die eines Geistes, mit einer Stimme und einem Geiste beten, sind würdig, einen Altar zu errichten, auf dem Jesus dem Vater das Opfer darbringt" (in libr. Jesu Nave. Hom. IX, 1. 2). Besonders anschaulich schildert der „Pastor des Hermas" den Aufbau der Kirche: Aus der Meerestiefe ragt ein hoher Turm empor, der von Engeln aufgebaut wird. Die Steine werden aus dem Wasser gezogen und in den Bau eingefügt, sie passen sich dem Mauerwerk so vollkommen ein, daß man keine Fugen sieht. Sie sind so miteinander verbunden, daß der Turm wie aus *einem* Stein hergestellt aussieht. Der Turm und die Steine kommen aus dem Wasser, denn die Kirche ist durch die Taufe geboren. Nicht alle Steine sind für den Bau geeignet. Manche müssen beiseitegelegt, behauen und zugerichtet, manche überhaupt entfernt werden. Mit großem Ernst weist der Seher immer wieder darauf hin, daß man nur durch Buße und gerechten Wandel zum geeigneten Baustein werden kann (Pastor d. Hermas, Ges. III).

Der Ritus der Kirchweihe beruht ganz auf der Symbolik: Christus der Eckstein, die Gläubigen als lebendige Bausteine, verbunden durch das Bindemittel der Liebe, behauen und eingefügt durch die Hand Gottes.

Auch der Stein Jakobs, als „Bet-El" Haus Gottes und Pforte des Himmels, wird als Vorbild immer wieder im Kirchweihritus und Offizium besungen. „Voll Schauer ist dieser Ort. Gottes Haus ist hier und die Pforte des Himmels, sein Name ist: Wohnung Gottes. Wahrhaft, der Herr ist an diesem Ort und ich wußte es nicht..." (Resp. im Brev. u. Intr. der Messe).

Außer der großen, einheitlichen Symbolik des Steines: Gott, Christus, Kirche, gibt es davon in der Heiligen Schrift noch verschiedene andere Deutungen. Der Stein in seiner realen Erscheinung ist Bild des Leblosen, Toten, Gefühllosen, Schweren. In diesem Sinn stellt die Bibel besonders die Götzenbilder als leblose Steine dem lebendigen Gott gegenüber (s. o.). Die religiöse Gefühllosigkeit und Herzenshärte des Menschen macht ihn den Steinen ähnlich. Die Propheten geißeln häufig diese Laster und schildern die messianische Zeit, in der Jahwe die steinernen Herzen seines Volkes hinwegnehmen und ihm Herzen aus Fleisch geben wird. Auch Jesus zieht in der Parabel vom Sämann den steinigen Boden Palästinas zum Vergleich heran: das Samenkorn des Gotteswortes, das auf verhärtete Herzen fällt, bringt keine Frucht (Mt 13, 5). „Der Fels, auf dem nichts gedeiht, ist das Symbol der Unfruchtbarkeit" (Wörterbuch zur biblischen Botschaft).

Das Gewicht und die verletzende Kraft des Steines macht ihn zum treffenden Bild bösartiger Angriffe auf den Nächsten. „Wer einen Stein in die Höhe wirft, dem fällt er auf den Kopf, und ein heimtückischer Streich schlägt den Heimtückischen" (Sir 27, 28), und „Wer seinem Nächsten einen Stein legt, stößt selber daran" (ebd. Vers 29; ähnlich auch Spr 26, 27, und Prd. 10, 9).

Als Angriffswaffe gegen den Bösen bedeutet aber der Stein wiederum Christus: „Der wahre David, Christus, trifft den geistigen Goliath, den Teufel, gerade an der Stirn, die das Zeichen des Kreuzes nicht trägt, mit dem Stein, der Ihn selber vorgebildet hatte" (Cäs. v. Arles).

Als fester, dauerhafter Stoff eignete sich der Stein zur Verewigung denkwürdiger Texte. Mose schrieb die Gesetze Gottes auf Steintafeln. Auch diesen stellt im Neuen Testament der hl. Paulus die Fleischtafeln des Herzens gegenüber, die besser als Stein das Wort Gottes bewahren sollen (2 Kor 3, 3 u. 7).

Mit Steinen werden auch Gräber verschlossen, so das Grab des Lazarus (Joh 11) und des Herrn selber (Mk 15, 46; 16, 3 und Parallelstellen). Die Magnifikat-Antiphon des Ostersonntags weist eigens auf den *großen* Stein hin, der vom Grabe Christi weggewälzt war: ein sprechendes Symbol der Sündenlast, die auf der Menschheit gelegen hatte. Im Zusammenhang mit dem Grab und der Auferstehung Christi ist noch eine symbolische Bedeutung des Steins zu erwähnen, die sonst selten vorkommt: Die Oration zur Feuerweihe in der Osternacht nennt Christus „Eckstein", geht aber dann auf einen anderen Gedanken über und schaut in dem Feuerfunken, den man dem Kieselstein entlockt, das Bild der glorreichen Auferstehung des Herrn.

In den Zusammenhang: Christus — Fels — Auferstehung, gehören endlich auch die lieblichen, bereits bei Ambrosius anklingenden Auslegungen vom Hohenlied 2, 14: „Meine Taube in den Felsenritzen, in der Mauerhöhlung, zeig mir dein Angesicht, laß mich deine Stimme hören!" Die Felsenritzen und die Mauerhöhlung sind die heiligen Wundmale des Auferstandenen. Sie sind der Zufluchtsort und die ständige Wohnung der Braut. Die Betrachtung der Leiden Christi und die Teilnahme daran ist der Inhalt ihres Lebens und ihres Liebesliedes, das sie Ihm in unaussprechlichen Seufzern darbringt.

Schließlich ist noch des geheimnisvollen weißen Steines der Apokalypse (2, 17) zu gedenken: „Allen, die siegen, werde ich von dem verborgenen Manna geben. Ich werde jedem von ihnen einen weißen Stein geben, und auf dem Stein ist ein neuer Name geschrieben, den nur der kennt, der ihn empfängt" (Offb 2, 17). In der Antike war ein weißer Stein ein gutes Omen: in Gerichtsverhandlungen bedeutete er die Freisprechung des Angeklagten (Ovid. Met. 15), bei Wettkämpfen bezeichnete man mit ihm den Sieger, bei den Magistratswahlen den gewünschten Kandidaten. Glückliche und festliche Tage wurden ebenfalls mit weißen Steinen vermerkt. Alle diese Bedeutungen sind im weißen Stein vereint, den Christus seinen Siegern geben wird. Ein glückliches Los wird ihnen zuteil: das Erbe des Gottesreiches, in dem jeder einen besonderen Platz einnimmt und mit eigenem Namen gerufen wird, einem Namen, in dem die schöpferische Liebe Gottes das Wesen des geliebten Menschen ausspricht: ein ewiges Geheimnis zwischen Ihm und dem Empfänger.

Salz

Die große Bedeutung des Salzes im Haushalt der Natur und insbesondere für das organische Leben war den primitiven und Kulturvölkern von alters her bekannt. Seine konservierende Eigenschaft, seine würzige Schärfe ließen auf eine besondere Konzentration von Lebenskraft schließen, umso mehr, als man im menschlichen und tierischen Blut, dem Träger des Lebens, und überhaupt im lebenden Organismus den Salzgehalt und entsprechend auch den Bedarf von Salz entdeckte. „Ohne Salz kann das menschliche Leben nicht bestehen" — sagt Plinius (N. H. 31) —, „es ist ein himmlisches Element, den Irdischen geschenkt. Während des Lebens erhält es den Menschen in den Schranken der Vernunft. Nach dem Tode hält es die Verwesung ab. Lange kämpft es wider die Auflösung und den Zerfall des Leibes im Grabe und vollzieht so nach Kräften die Funktionen der Seele." So bedeutet das Salz gleichsam künstliches Leben nach dem Entschwinden des natürlichen und ist ein Bild der den Leib belebenden Seele. „Nichts ist den Körpern nützlicher als Salz und Sonne" — so faßt Plinius die Weisheit der Alten zusammen. Es steigere den Appetit der Viehherden und damit ihre Milchleistung und ihre Fruchtbarkeit. Vor allem aber schrieb man ihm die mannigfachste medizinische Wirksamkeit zu. Es war eine verbreitete Sitte, Neugeborene mit Salz einzureiben zur Stärkung der Haut, wie auch Galenus bemerkt, und um den Körper zu trocknen (vgl. Ez 16, 4). Die Araber verwenden es heute noch, mit Öl oder Wasser gemischt, zu diesem Zweck.

Neben dem vielfachen praktischen Gebrauch gewann das Salz schon ziemlich früh symbolische Bedeutung. Metaphorisch bezeichnete man den geistreichen Humor, heitere und spritzige Reden, die Würze der Unterhaltung, als „Sal" oder „Sales" (vgl. auch Kol 4, 6). Wegen seiner Unentbehrlichkeit bildete das Salz einen wichtigen Teil der Entlohnung von Soldaten und Beamten, daher der Name des Soldes „Salarium" (vgl. Esr 4, 14). Als notwendige Würze aller Speisen wurde es zusammen mit dem Brot zum Symbol der einfachen, natürlichen Lebenshaltung (Plin. 31, 39). Ein Väterspruch aus späterer Zeit gibt noch diese Auffassung wieder: „Die Nahrung des Mönches ist Brot und Salz." Vor allem aber sah man im

Salz das Bild der Dauerhaftigkeit und Unverweslichkeit. Als solches spielte es bei Bündnissen eine Rolle. Dem Brautpaar gab man es bei der Eheschließung zu kosten, Freundschaften und Verträge wurden durch das gemeinsame Genießen von Brot und Salz besiegelt (vgl. 2 Chr 13, 5; Esr 4, 14). Die Araber beschwören noch heute denjenigen, von dem sie etwas erlangen wollen: „Durch das Brot und Salz, das zwischen uns ist, ... tue das!" — „Setzt Salz auf! Salem apponite!" sagte der römische Hausherr, wenn es galt, Gastfreundschaft zu üben. Daher auch der heute noch lebendige Aberglaube, daß ein Verschütten von Salz oder das Umwerfen des Salzgefäßes Unglück, Bruch der Freundschaft bedeute. Der Schwur beim Salz galt als besonders heilig. So gewann dieses Mineral auch kultische Bedeutung. Da die Opfer meist als Mahl der Götter gedacht waren, mußten sie schmackhaft und gewürzt sein und durfte ihnen — namentlich den Speiseopfern — das Salz nicht fehlen, wie bei den Griechen schon Homer es bezeugt. Bei den Römern war die „mola salsa", gesalzenes Opferschrot, ein wesentlicher Bestandteil aller Opfer und wurde sogar den Opfertieren zwischen die Hörner auf die Stirn gestreut. Davon erhielt der Opferakt den Namen „immolare". Neugeborenen Kindern streute man am 8. bzw. 9. Tag etwas von diesem Opfermehl auf die Lippen zur Reinigung und zur Abwehr dämonischer Einflüsse.

Dieselben Auffassungen über das Salz sind auch aus der Heiligen Schrift zu ersehen. Nach Sir 39, 31 und Ijob 6, 6 gehört es zur unentbehrlichen Nahrung des Menschen. Auch das mosaische Gesetz schreibt es für alle Opfer vor: „Welche Speiseopfer du bringst, du sollst sie mit Salz würzen und das Salz des Bundes deines Gottes nicht weglassen von deinen Speiseopfern. Bei allen deinen Opfern sollst du Salz opfern" (Lev 2, 13. Vgl. Ez 43, 24; Mk 9, 48). Nach der Rückkehr der Juden aus dem Exil gab daher Artaxerxes eigens den Befehl, ihnen das zu den Opfern nötige Salz zu geben (Esr 6, 9; 7, 22). Es war vor allem ein Zeichen der Dauerhaftigkeit und Unverweslichkeit des Dargebrachten und dadurch Symbol der unverbrüchlichen Treue im Bund mit Gott. Auch Gott bekräftigt seine Verheißung an die Söhne Aarons als Priester mit einem „Salzbund" (Num 18, 19), ebenso sein Versprechen an David über die ewige Königsherrschaft seines Hauses (2 Chr 13, 5).

So förderlich das Salz in kleiner Menge für die Vegetation und die Gesundheit ist, so zerstörend kann es in großer Menge wirken. In der Heiligen Schrift kommt das Bild der unfruchtbaren Salzsteppe öfter vor (Ijob 39, 6; Ps 107, 34). Bei Jeremia (17, 6) bedeutet es den Menschen, der sein Vertrauen auf das Geschöpf und nicht auf Gott setzt. Jahwe droht seinem Volk die Strafe an, das Land zur salzigen Einöde zu verwandeln (Dtn 29, 23; Zef 2, 9). Salzstreuen auf eroberte Städte und Länder ist eine symbolische Handlung und soll die vollkommene Zerstörung versinnbilden (Ri 9, 45).

In der Bergpredigt (Mt 5, 13) sagt der Herr zu den Aposteln (bei Lukas 14, 34 allen Jüngern): „Ihr seid das Salz der Erde, wenn das Salz seinen Geschmack verliert, womit soll man salzen?" Die Christen, namentlich aber die Apostel und alle, die dazu berufen sind, andere zu unterweisen und zu führen, müssen die Kraft des Evangeliums unverfälscht in sich bewahren, sonst können sie die ihnen Anvertrauten nicht von der Fäulnis der Sünde und des Irrtums hüten, ja sie sind zu nichts tauglich, als hinausgeworfen und zertreten zu werden. Das Schalwerden des Salzes ist aus den damaligen Verhältnissen zu verstehen. Man gewann es gewöhnlich durch Verdunstung aus dem Toten Meer, dessen Salz nicht lange haltbar ist. In einem anderen Zusammenhang (Mk 9, 48) spielt der Herr auf den Opferbrauch des Alten Bundes an und will sagen, daß die Apostel und alle Christen zu Opfern auserwählt sind und ihr Leben durch Leid, Kämpfe und Trübsal aller Art „gesalzen" werden muß, um die Unverweslichkeit des ewigen Lebens zu erlangen.

Das Gleichnis der Bergpredigt wendet die Liturgie auf die Kirchenlehrer an. In diesem Sinn erklären es auch die meisten Väter. „Sind wir also Salz, so müssen wir die Herzen der Gläubigen würzen. Ihr Hirten bedenkt daher, daß ihr Gottes Tiere weidet... Oft sehen wir, daß den Tieren ein Stück Salz hingelegt wird, damit sie daran lecken und kräftiger werden. Das gleiche soll der Priester unter dem Volke sein. Muß er ja doch darauf achten, was er den einzelnen sage, wie er einen jeden ermahne, damit, wer immer mit dem Priester zusammentrifft, wie durch Berührung mit Salz, vom Wohlgeschmack ewigen Lebens gewürzt werde" (Gregor d. Gr., Hom. 17, in Ev.).

Im Vollsinn ist natürlich Christus selbst das Salz der Erde, das wahre „himmlische Salz, das nicht nur die irdischen Dinge, sondern auch die himmlischen mit Seiner Kraft durchdringt" (Hieron. in Ez. 4, 16). In negativem Sinn deutet Origenes das Salzmeer auf die Fluten dieser Welt, die jeder durchqueren und überwinden muß, um in das wahre gelobte Land zu gelangen (Hom. in Jesu Nave 19, 4).

Salz wird auch dem Weihwasser beigemischt. Der Exorzismus des Salzes, der die Weihwasserweihe einleitet, erwähnt das Wunder des Propheten Elisäus (2 Kön 2, 21), der auf die Bitte der Prophetenschüler die ungesunde Quelle von Jericho durch Beimengen von Salz gereinigt hatte, ferner auf die Worte des Herrn (Mt 5, 13) und des hl. Paulus (Kol 4, 6). Das darauffolgende Weihegebet über das Salz bittet um dessen heilsame Wirkung für Leib und Seele und um Fernhaltung teuflischer Einflüsse. Das geweihte Salz stand beim gläubigen Volk immer in hoher Ehre. Man gebrauchte es als Heilmittel, besonders gegen Augenkrankheiten, zum Schutz gegen Besessenheit und gegen Hexen und verwendete es gern in Feld und Stall. Es gab eigene Formeln zur Weihe von Salz für das Vieh. Die mittelalterliche Volksfrömmigkeit war mit diesen allgemeinen Formeln nicht zufrieden, sondern wünschte genaue Anwendung auf die vielgestaltigen Bedürfnisse des Lebens, besonders für die Gesundheit von Mensch und Tier und das Gedeihen der Feldfrüchte. So entstand die sogenannte Benedictio maior salis et aquae, die mancherorts außerordentlich reich ausgestaltet war und die kirchliche Weihe nachahmte, ja mit der Meßliturgie verbunden war, mit eigenem Introitus, vielen Orationen, Lesungen, Evangelium, Präfation usw. — Im Leben der Heiligen werden oft Wunder erzählt, die sie mit geweihtem Salz gewirkt hatten.

2. EDELSTEINE

Allgemeines

Die Edelsteine gehören zu jenen Wunderwerken der Natur, die von jeher eine große Anziehungskraft auf den Menschen ausgeübt haben. Ihr schöner Glanz, der durch kunstvollen Schliff zu einem unvergleichlichen Feuer gesteigert werden kann, ihre bunte Farbenpracht, ihre Härte und Haltbarkeit und nicht zuletzt ihre Seltenheit verleihen ihnen einen eigenen Reiz und einen geheimnisvollen Zauber. Werden sie auch im harten Gestein der Erde gefunden, scheint ihr Leuchten doch auf eine Verwandtschaft mit den strahlenden Himmelskörpern hinzuweisen, und so brachte die primitive Naturschau sie als irdische Sterne in direkten Zusammenhang mit den Himmelslichtern, auf deren Einwirkung sie im Schoße der Erde entstanden sein sollen, als „Tropfen aus dem Himmel" ähnlich wie das Harz aus den Bäumen. Sehr verbreitet war der Glaube, daß die Edelsteine aus verschiedenen Tieren, besonders aus Schlangen, Drachen, Kröten, Schwalben, Hyänen, Gemsen, Schnecken, Adlern, Luchsen usw. stammen. Es gibt tatsächlich Steine solcher organischer Herkunft, die durch ihre Seltenheit und ihre eigenartige Entstehung der primitiven Phantasie umso reichere Nahrung gaben. Sie waren es insbesondere, denen man märchenhafte Wunderkräfte zueignete. Viele dieser Sagen sind Entstellungen des alten Glaubens, daß Kostbarkeiten von Drachen oder Greifen bewacht werden.

Nach einer anderen Vorstellung, welche die hl. Hildegard vertritt (Physica Lib. IV; PL 197 1247—1250), entstehen die Edelsteine im heißen Orient durch die Kraft von Wasser und Feuer. Von der Sonnenhitze erglühen die Berge und die Flüsse, der Schaum der an die Bergwände schlagenden Wellen verhärtet sich durch die Wärme zu Stein, fällt in den Sand herunter und wird allmählich in ferne Gegenden geschwemmt. Je nach der Temperatur bilden sich Edelsteine von verschiedener Farbe, Größe und verschiedenen inneren Kräften, die zum Nutzen der Menschen dienen sollen. Der Teufel verabscheut diese Steine, weil sie ihn an seine eigene frühere Herrlichkeit und durch ihre Zusammensetzung an das Element erinnern, durch das er gestraft wird: an das Feuer. Edelsteine anderer Herkunft und anderer Zusammensetzung benützt er daher zu seinen teuflischen Werken. Nach einer anderen Sage habe Gott die Edelsteine den Juden auf der Wüstenwanderung geschenkt, um am Sabbath ihre Langeweile zu vertreiben. Sie sammelten die bunten Steine, welche durch die Paradiesesflüsse in jene Gegend verschwemmt waren, und fanden je nach der eigenen Gesinnung irdische oder religiöse Bilder in ihnen.

All diese Sagen zeugen von einer Vorstellung über die Edelsteine als Boten himmlischer Herkunft, als Träger geheimnisvoller Kräfte, ja von Zaubergewalt. Sie wurden mit der Zeit ins Märchenhafte, ja Phantastische ausgeschmückt. Die antike Naturwissenschaft brachte die Edelsteine mit den Sternen des Zodiakus in Zusammenhang und machte sie so zu wichtigen Elementen ihres Weltbildes, in dem beobachtete Tatsachen mit philosophischer, religiöser und magischer Spekulation in eigenartiger Durchdringung vereint waren. Sehr viele Werke alter Naturforscher beschäftigten sich mit der geheimnisvollen Wissenschaft der Steine bis hinauf zu den mittelalterlichen Lapidarien und magischen Zauberbüchern der Alchimisten. Die christliche Symbolik der Edelsteine geht hauptsächlich auf Aristoteles, Theophrastus, Damigeron und Plinius zurück. Hinsichtlich der alten Beschreibung und symbolischen Deutung der Edelsteine ist jedoch zu beachten, daß im Altertum nur eine rein äußerliche Bestimmung derselben nach Farbe, Größe, Form, eventuell nach der Härte möglich war, niemals aber nach der chemischen Zusammensetzung. So identifizierte man oft ganz verschiedene Edelsteine. Auch die Benennungen haben sich im Laufe der Zeit geändert.

Bei den alten Orientalen galten die Edelsteine als große Kostbarkeiten, man konnte ihrer nicht genug erwerben. Der erstaunliche Reichtum alter Begräbnisstätten beweist die Wahrheit der Schilderungen altorientalischer und antiker Literaturdenkmäler von derartigen Schätzen. Der Antrieb zu ihrem Erwerb war jedoch nicht in erster Linie die Schönheit der Edelsteine und das Verlangen, sie als Schmuck zu verwenden, vielmehr die magischen und medizinischen Kräfte, die man ihnen zuschrieb. So galten einzelne als Mittel gegen Verwesung und wurden daher den Leichen bei der Bestattung in großen Mengen beigegeben.

Die Juden lernten die Edelsteine in Ägypten kennen und hatten nach der Eroberung des Heiligen Landes ständig Gelegenheit, durch Karawanen aus Phönizien, Ägypten, Arabien und Indien solche zu erwerben (vgl. Ez 27, 16. 22). Sie selber hatten kunstfertige Juweliere, die das Schleifen besorgten (Ex 35, 33). Das 2. Buch Samuel berichtet von der edelsteingeschmückten Königskrone, die David vom König von Rabba erobert hatte (12, 30). Unter den kostbaren Geschenken der Königin von Saba an König Salomo sind auch Edelsteine (1 Kön 10, 2). Salomon selbst ließ sich solche aus Ofir herbeischaffen (1 Kön 10, 11. 12; vgl. 2 Chr 32, 27; Jdt 10, 19; Hld 5, 14). Die wichtigste Erwähnung von Edelsteinen geschieht im Exodus, 28, 17—20 (39, 10—13), wo sie als Schmuck des hohenpriesterlichen Brustschildes aufgezählt sind. Diese Edelsteine beherrschen in ihrer symbolischen Bedeutung sehr stark die ganze spätere Tradition. Das Vorbild des Brustschildes lernte Mose in Ägypten kennen, wo hohe Persönlichkeiten, namentlich Priester, durch ein solches ausgezeichnet waren. Das „chosen" (griech. *λογεῖον,* lat. fälschlich mit „rationale" übersetzt), eine mit dem Ephod verbundene Tasche aus Goldbrokat, war mit vier Reihen von je drei Edelsteinen geschmückt, auf welche die Namen der zwölf Stämme Israels eingraviert waren. Zwischen den Edelsteinen und den betreffenden Stämmen dachte man eine gewisse Beziehung, die in der mittelalterlichen Exegese oft behandelt wurde, jedoch heute nicht mehr zu erkennen ist. Nach Josephus Flavius (Antiq. jud. III. 7) sei das Ephod ein Abbild der ganzen Natur, das Brustschild die Erde, die zwei Sardonyxe auf der Schulter des Hohenpriesters Sonne und Mond, die 12 Edelsteine hätten eine Beziehung zu den 12 Monaten oder seien die Bezeichnung der 12 Sternbilder des Tierkreises. Solche Hinweise auf kosmische Zusammenhänge sind seit der neuplatonischen Spekulation Philos Gemeingut der jüdischen Exegese geworden und sind auch in die christliche Schriftdeutung eingedrungen [1]. Die Steine des Brustschildes waren: Karneol, Topas, Smaragd, Rubin, Saphir, Jaspis, Hyzinth, Achat, Amethyst, Chrysolith, Beryll, Onyx. Sie sollten bei den amtlichen Funktionen des Hohenpriesters die 12 Stämme Israels darstellen und sie Jahwe in Erinnerung bringen. — In der Apokalypse (21, 19) bilden, mit einigen Veränderungen, dieselben 12 Edelsteine die Fundamente des himmlischen Jerusalem. Sie tragen die Namen der 12 Apostel in tiefsinniger Symbolik der Einheit zwischen Altem und Neuem Testament, denn der Hohepriester Israels war nur Vorbild des einen wahren Mittlers, Christus, der die Namen der zwölf Apostel über dem Herzen trug, der auch das ewige Fundament der Gottesstadt ist, die Apostel aber nur Bausteine. Doch nicht nur die Apostel, auch die anderen Gläubigen sind Edelsteine im Bau der himmlischen Gottesstadt (Offb 21, 11 ff). Die Väter betonen es gern, daß es nicht genug sei, als lebendiger Stein auf Christus aufgebaut zu sein, wir sollen auch Edelsteine sein durch die Reinheit des Glaubens und die Heiligkeit des Lebens. In der unübersehbaren Schar der Seligen hat jeder einzelne Edelstein seinen eigenen Glanz, seine

---

[1] Die jetzt vorhandenen Monatssteinlisten sind sowohl aus historischen Gründen als auch wegen ihrer inneren Unzulänglichkeit von der Wissenschaft abzulehnen (Dr. W. Koch in Zeitschrift „Zenit", 1938, Art. Monatssteine).

eigene Farbe und den nur ihm eigenen Schliff, ist unersetzlich und trägt in seiner Eigenart zur Harmonie des Ganzen bei. — Auch sonstigen biblischen Aufzählungen von Edelsteinen liegen, wenigstens teilweise, die Steine des Rationale zugrunde (Ez 28, 13; Tob 13, 21). Die Väter sehen in dem gestürzten König von Tyrus, dessen Schmuck nach Ez 28, 13 aus neun Edelsteinen bestand, den Fürsten der gefallenen Engel, der mit dem ganzen Gnadenreichtum der neun Engelchöre ausgestattet gewesen war (Greg. Moral. 32, 23).

Im übertragenen Sinn gelten die Edelsteine in der Bibel immer als Bilder großer Kostbarkeit. Ihre schönste und treffendste Deutung ist es wohl, wenn man sie als Symbol der *göttlichen Weisheit* betrachtet. In seinem Gebet um Weisheit preist sie Salomo: „Ich flehte, und der Geist der Weisheit kam zu mir ... keinen Edelstein stellte ich ihr gleich; ... Ich zog ihren Besitz dem Lichte vor; denn niemals erlischt der Glanz, der von ihr ausstrahlt" (Weish 7, 7. 9. 10). Ähnlich im Buch Ijob: „Die Weisheit aber, wo ist sie zu finden? ... Nicht wiegt sie Gold aus Ofir auf, kein kostbarer Karneol, kein Saphir ... Weit über Perlen geht der Weisheit Besitz. Äthiopiens Topas kommt ihr nicht gleich ..." (Ijob 28, 12. 16. 18. 19). Die Weisheit ist in der Tat das kostbarste Geschenk Gottes, sie leuchtet in der Seele des Gerechten auf und erstrahlt im Lichte der ewigen Gottesweisheit in den verschiedenen Farben, wie es der Heilige Geist einem jeden zuteilt. Die ewige Weisheit hat sich in der Offenbarung in menschliche Worte gekleidet, darum ist das *Gesetz* und jedes *Wort Gottes* dem Gläubigen kostbarer als Edelsteine (vgl. Ps 19, 11; 119, 127). Die Edelsteine in der Krone des Messiaskönigs (Ps 21, 4) sind nach St. Augustinus (Enarr. in Ps 20; PL 36) die Apostel, in weiterem Sinn die Gläubigen und die ganze triumphierende Kirche.

Noch weit mehr als die symbolische Deutung der Edelsteine war ihre von der gesamten Antike angenommene Heilkraft Anlaß zu besonderem Interesse und zu vielen Werken naturkundlichen, medizinischen und magischen Inhalts. Besonders die zwölf Steine des Rationale und ihre verschiedenen Wirkungen wurden oft in den Lapidarien behandelt. Die Ansicht Marbods von Rennes (12. Jahrhundert) war allgemein, daß die Heilkraft der Steine größer sei als selbst die der Heilkräuter: „Ingens est herbis virtus data, maxima gemmis" (PL 171, 1738). Doch soll ihre natürliche Wirkung durch Gebete und Segnungen flüssig gemacht werden. Diese Auffassung vertreten alle mittelalterlichen Werke über die medizinische Wirkung der Steine. Sie wollen im Geist der Kirche dem öffentlich und verborgen wuchernden Aberglauben entgegenarbeiten und die Zaubersprüche, Inkantationen und magischen Künste durch kirchliche Weihen ersetzen. So gab es verschiedene Weiheformeln für Edelsteine, die in vielen Handschriften verbreitet waren. Nach vereinzelten Nachrichten fand die Weihe von Edelsteinen vorzugsweise an Epiphanie statt. Nach der Messe, während der die Steine in einem Tuche auf dem Altar liegen, soll der Priester, noch mit dem Meßgewand bekleidet, folgendes Gebet sprechen: „Gott, allmächtiger Vater, Du zeigtest den Menschen Deine Macht auch durch leblose Geschöpfe, Du hast Deinem Diener Mose befohlen, unter den anderen priesterlichen Gewändern das Rationale mit zwölf Edelsteinen zu schmücken, und ebenso dem Evangelisten Johannes gezeigt, daß die himmlische Stadt Jerusalem auf Tugenden aufgebaut wird, die jene Steine vorgebildet haben: wir bitten Deine Majestät demütig, Du wollest diese Steine heiligen und weihen durch die Anrufung Deines heiligen Namens, auf daß sie heilig und geweiht seien und die Wirkung jener Kraft erlangen, die Du in sie hineingelegt hast — wie die Erfahrung der Weisen bestätigt — damit ein jeder, der sie tragen wird, durch sie

Deine Kraft gegenwärtig wisse und durch Deine Huld Deine Gnadengaben und Deinen machtvollen Schutz erlange, durch Jesus Christus, Deinen Sohn, in dem alle Heiligung besteht, der mit Dir usw. . . .“ (Thomas von Chantimpré, um 1270, zitiert bei Franz, Kirchl. Benediktionen im Mittelalter, Bd. I, S. 439).

Amethyst

Der Amethyst galt in der Antike als Mittel gegen Trunkenheit. Diese Annahme hängt entschieden mit seinem griechischen Namen zusammen: *ἀμέθυστος* ein Privativum von Trunkensein. Es ist jedoch nicht klar, ob diese Bedeutung erst später hineingetragen wurde und ob nicht Plinius die richtige Etymologie überliefert hat, nach der die Farbe des Edelsteines seinen Namen bestimmte: das ins Rötliche spielende Violett, doch nicht bis zum Weinrot (Nat. hist. 37, 40). Der orientalische Amethyst ist fast so hart wie der Diamant, er war seiner Schönheit wegen sehr geschätzt. Plinius nennt ihn auch „gemma Veneris“. Man schrieb ihm die vielfältigste Kraft zu: gegen Gift, Hagel, Heuschrecken usw. In der Heiligen Schrift gehört er zu den Steinen des Rationale und zum Fundament des himmlischen Jerusalem. Spätere Exegeten sehen in ihm die *Demut* der ganz auf himmlische Dinge gerichteten Seele, welche die Trunkenheit des Stolzes nicht kennt.

Diamant

Der Diamant ist durch seine Seltenheit, seine außerordentliche Härte — er ritzt sämtliche Mineralien — und durch seinen feurigen Glanz der kostbarste Edelstein „regina gemmarum“. Er wurde schon in der *Antike* bekannt und hauptsächlich wegen seiner Härte hochgeschätzt und zur Bearbeitung anderer Edelsteine verwendet. Da er aber mit den gewöhnlichen Mitteln nicht zu schleifen war, kannte man ihn nur im Naturzustand und wußte nichts vom unvergleichlichen Feuer eines Brillanten. Die alten Beschreibungen heben seinen Glanz nie besonders hervor und vergleichen ihn mit einem Kristall. Trotzdem galt er als große Kostbarkeit. Nach Plinius (Hist. nat. 37) waren vier Arten des Diamanten bekannt, der indische als der wertvollste, der arabische, mazedonische und cyprische, die sich durch verschiedene Härtegrade und eine leichte Färbung unterschieden. Sein Name *ἀδάμας* drückt sein Wesen aus: indomitus, indomabilis, unbezwingbar, weil er den härtesten Elementen und nach antikem Glauben selbst dem Feuer widerstehe. Zur Prüfung der Echtheit schlug man ihn auf dem Amboß mit dem Hammer. Man glaubte, eher zerbreche der Amboß als der Diamant. Als besondere Eigenschaft erwähnt Plinius, daß er im Widerstreit mit dem Magneten stehe: in der Nähe des Diamanten kann der Magnet das Eisen nicht an sich ziehen, vielmehr entreißt ihm der Diamant das bereits erfaßte Eisen. Außerdem vermag er Gifte zu entkräften, magischen Künsten zu widerstehen, Gespensterfurcht und Wahnsinn zu vertreiben. Zur sagenhaften Ausstattung dieses „Unbezwingbaren“ im Reiche der Gesteine gehört, daß er auch eine „Achillesferse“ haben muß: unverletzlich durch alle Elemente, soll er sich im Blute eines Hirschen lösen. Diese Eigenschaften des Diamanten wurden schon in der Antike sinnbildlich angedeutet und später insgesamt von der christlichen Symbolik übernommen. Als Schmuck der Kaiserkrone war dieser Edelstein ein Symbol der Kühnheit, Standhaftigkeit und

Unüberwindbarkeit, man trug ihn aber auch als Abwehr gegen Unheil und alle Angriffe.

Der Diamant wird in der Heiligen Schrift des Alten Testamentes mehrmals genannt. Das Wort „samir" bedeutet einen sehr harten Stein, dessen Eigenschaften sich mit denen des Diamanten decken. Ob aber wirklich dieser gemeint ist, steht nicht fest. Die Symbolik in den Bibelstellen ist aber jedenfalls identisch mit der des Diamanten. Die Sünde Judas ist, nach Jeremia 17, 1, mit diamantenem Griffel, d. h. unaustilgbar, in sein Herz geschrieben; nach Sacharja (7, 12) ist das Herz des Volkes in seiner Verhärtung gegen das Wort Gottes einem Diamanten ähnlich. In Anlehnung an diese zwei Stellen sahen die Väter in diesem Stein das Symbol der Herzenshärte, der Verstocktheit und Grausamkeit. Das Herz der gewalttätigen Tyrannen ist unbezwingbar, erliegt jedoch der Wollust, angedeutet durch das heiße Blut des Hirsches. — Viel häufiger ist jedoch die Deutung des Diamanten in gutem Sinn, entsprechend der Stelle bei Ezechiel (3, 9), wo Gott das Antlitz des Propheten einem Diamanten gleichmacht, damit er jeder Anfechtung widerstehe. In diesem Sinn ist der „Adamas" Symbol der ungebrochenen Tapferkeit, Kühnheit und Standhaftigkeit, namentlich im Leiden. Nach dem hl. Ephrem ist die Wahrheit wie ein Diamant, sie läßt sich nicht meißeln und umformen (Hom. 41, gegen die Irrlehrer, Kösel, Ephrem II, S. 150).

Der *wahre* Diamant ist *Christus*. Er hat sich im Leiden erniedrigt bis zum Tode am Kreuze, Er machte Sein Antlitz zum harten Diamant und ertrug hochgemut alle Leiden. So gab Er uns ein Beispiel, auf daß auch wir in Seiner Hand Diamanten gleichen, und je mehr wir geschlagen werden, umso größere Widerstandskraft zeigen. Wie der Diamant nur durch seinesgleichen geschliffen werden kann, so pralle von unserer unbezwingbaren Geduld die härteste Verstocktheit der Feinde zurück. Die Apostel und Märtyrer haben sich in der Verfolgung als echte Diamanten erwiesen; nicht nur verachteten sie die Qualen, sie rissen das Leiden sogar an sich, um es in der Kraft Christi zu überwinden. Insbesondere müssen sich die Vorsteher der Kirche und die Prediger durch diamantengleiche Standhaftigkeit auszeichnen. Hart in der Rüge, ohne Furcht im Widerstand gegen die Feinde der Kirche dürfen sie weder die ihnen erwiesene Ehre in falscher Demut abweisen noch sich durch Drohung und Verachtung einschüchtern lassen. Die Diamanten und Edelsteine in ihren Brustkreuzen sowie jene in den Königskronen sollen ihre Träger an die Festigkeit dieser Kostbarkeiten erinnern. Aber auch die gewöhnlichen Gläubigen sind Diamanten in der Hand Christi: „Die Gnade Gottes macht uns härter als Diamanten, und wenn wir wollen, ganz unüberwindlich. Wie jener, der einen Diamanten schlägt, diesem nichts anhaben kann, sondern nur sich selber ermüdet, so ergeht es auch mit unseren Feinden, wenn wir uns mit den Waffen rüsten, die Gottes Gnade uns verleith" (Chrysost. Hom. 4 in Gen.).

„Die Edelsteinhändler prüfen die Diamanten in der Weise, daß sie sie auf dem Amboß schlagen. Ehe der Stein die Schläge ausgehalten hat, erkennen sie nicht, ob er echt ist. So ist es auch mit dem Menschen. Erst wenn er die Prüfung ausgehalten hat, offenbart sich, was er ist. Gott allein kennt die Natur seiner stahlharten Steine. Ich selber weiß nicht, ob ich zerbrochen und zermalmt werde, wenn der Hammer auf mich losschlägt und zeigt, daß ich kein Diamant bin, oder ob ich beim Einstürmen der Verfolgung den Gefahren und Prüfungen standhalte und als echt befunden werde" (Orig. Hom. in Jerem. 20, 1; PG 13, 527). Diese Festigkeit kann uns freilich nur Christus selber verleihen. „Wenn der stahlharte Stein sich in einem Hause befindet, vermag kein Teufel dort einzudringen, noch wird irgend etwas Böses hier vorgefunden. Der stahlharte Stein ist unser Herr Jesus Christus. Hast du Ihn in deinem Herzen, wird dir niemals etwas Böses begegnen" (Physiologus 42; Lauchert S. 271).

Im Mittelalter besangen die Dichter den Diamanten als Symbol der *Treue*. In eigenartiger Umdeutung der Sage über das Bocksblut bzw. Hirschblut sagt Hugo v. Trimberg: „Bocksblut zerbricht den Adamas, mit dem man hartes Glas durchgräbt und Edelsteine. Weine, sündiger Mensch, weine, daß das Blut des Sohnes der Jungfrau nicht erweichen kann deinen Sinn und deines harten Herzens Kiesel."

Jaspis

Der Jaspis gehört zu den geschätztesten Edelsteinen der Alten. Plinius hebt sein Alter hervor. Wegen seines häufigen Vorkommens und seiner verschiedenen Farben war er allbekannt und galt als Träger vielfacher Kräfte. Namentlich ist er *Fruchtbarkeitsstein* und wurde bei der Geburtshilfe angewendet. Man trug ihn auch gern als Amulett um den Hals als Schutz gegen wilde Tiere, Krankheiten und Gift, auch schrieb man ihm die Kraft zu, Rednergabe zu verleihen. Er ist der erste Edelstein, sowohl des Rationale als des himmlischen Jerusalem, dessen Leuchten eigens mit einem glänzenden Jaspis verglichen wird (Offb 21, 11).

Rubin

Der Rubin war in der Antike unter diesem Namen unbekannt. Man zählte ihn zu den roten Steinen, doch seine nähere Bezeichnung läßt sich nicht nachweisen.

Saphir

Der Saphir der Antike und der Bibel ist nur in den seltensten Fällen mit dem Edelstein identisch, der heute diesen Namen trägt. Die meisten alten Beschreibungen reden von einem sehr schönen, blauen, nicht durchsichtigen Edelstein, der mit goldenen Pünktchen übersät, leicht zu schleifen, daher zu Siegeln verwendbar ist und in ziemlich großen Stücken vorkommt. Alles das paßt genau auf den Lapislazuli, der somit der eigentliche Träger der an den Saphir geknüpften Symbolik ist. Doch da diese sich hauptsächlich auf die blaue Farbe beider Edelsteine bezieht, bleibt sie trotz des Irrtums auch für den Saphir bestehen. Die folgenden Betrachtungen beziehen sich also auf beide. Umso mehr, als in einzelnen Fällen sicher der Saphir gemeint war, so, wenn von mehreren Arten desselben die Rede ist und die durchsichtigen, ohne Goldpünktchen, als die kostbarsten gepriesen werden. Diese galten auch als unschleifbar — die Antike kannte das Schleifen mit Diamantenpulver nicht —, was tatsächlich allein für den Saphir in Frage kommt.

Der sogenannte „Saphir" war bei den Alten hoch in Ehren, man nannte ihn „gemma gemmarum". Seine blaue Farbe und die eingestreuten goldenen Pünktchen waren ein selten eindeutiges Bild des Himmels mit den funkelnden Sternen. Daher war er ein heiliger Stein, den Göttern besonders genehm, sodaß sie nur jene Opfergaben wohlgefällig ansahen, die auf einer Patene aus Saphir dargebracht wurden. Zumindest mußte der Priester einen Saphir im Ring haben. So wurde dieser Stein den Hohenpriestern und Königen zugeeignet als Zeichen der Heiligkeit und des himmlischen Schutzes. Die ägyptischen Richter trugen ihn um den Hals mit der Inschrift „Wahrheit". Epiphanius erzählt von einem Tempel des Bacchus bei den Indern, zu dem 365 saphirene Stufen emporführten. Selbstverständlich schrieb man dem Saphir auch große Heilkraft und verschiedene andere Wirkungen zu: er stärke das Herz, heile die Schwermut, sei gut gegen Hitze, Gewitter und Schweiß, pulverisiert und in Milch gemischt gegen jede Art von Geschwüren. Doch vor allem bewirkt er das Wohlgefallen der Götter, ist ein kräftiger Schutz und unentbehrlich für die Wahrsagerei aus Wasser. Auch Knaben hängte man gern als Schmuck und Schutz einen Saphir um.

In der Bibel kommt der Saphir 13mal vor, doch ist bestimmt in fast allen Fällen der Lapislazuli gemeint. Auch hier gilt er als Bild des *Himmels.* Mose und die Ältesten „sahen den Gott Israels. Die Fläche unter seinen Füßen war wie mit Saphir ausgelegt und glänzte hell wie der Himmel selbst" (Ex 24, 10). Ezechiel sah oberhalb des Firmaments, über den Häuptern der Kerubim „etwas, das aussah wie Saphirstein und einem Thron glich" (1, 26; 10, 1). Der Saphir gehört auch zu den Steinen des Rationale (Ex 28, 18; 39, 11) und zu den Fundamenten des himmlischen Jerusalem (Offb 21, 19). Hier wie bei Jesaja 54, 11 und Tob 13, 21 mag er auch als Hinweis auf die besondere Heiligkeit des vollendeten Gottesreiches gelten. (Diese Vorstellung wirkte noch im Mittelalter nach: die Kuppel der Gralsburg Montsalvage ist aus Saphir.) An anderen Stellen gilt der Saphir, wie alle anderen Edelsteine, als Bild besonderer Schönheit und Kostbarkeit (Ijob 26, 16; Klgl 4, 7; Hld 5, 14; Ez 28, 13).

Die christliche Symbolik sieht im Saphir das Bild jener, deren Sinn auf das Himmlische gerichtet, deren „Wandel im Himmel", deren Festigkeit ungebrochen ist, deren Liebe wie Gold leuchtet. Alle diese Eigenschaften sollen in hervorragender Weise die Prälaten und Fürsten zieren, darum tragen sie Saphire in ihren Ringen. Ein erhabener Geist, vollkommenes Leben, große Heiterkeit des Sinnes und des Antlitzes muß sie auszeichnen, damit sie mit Recht „Serenissimus" genannt werden können und gleichsam die Heiterkeit des Himmels widerstrahlen, verbunden mit dem Eifer für die Ehre Gottes und mit Erhabenheit über alle irdischen Wechselfälle.

Eine spätere Deutung sah im saphirblauen Fußschemel Gottes (Ex 24, 10) die allerseligste Jungfrau Maria.

Smaragd

Schon Plinius weist dem Smaragd unter allen grünen Edelsteinen den ersten Platz zu und reiht ihn bezüglich der Kostbarkeit unmittelbar nach dem Diamanten und den Perlen ein. Er sei sehr hart und soll einen herben Geschmack haben. Seine schöne grüne Farbe erquickt das Auge, darum ist es den Edelsteinschleifern eine angenehme Erholung, während ihrer Arbeit ab und zu auf einen Smaragd zu blicken. Größere Smaragde sollen sich als Spiegel eignen. So soll Kaiser Nero die Gladiatorenspiele durch einen Smaragd betrachtet haben. Es gibt zwölf Arten dieses Steines; der kostbarste ist der scytische. Durch Wein und grünes Öl können Smaragde noch verschönert werden. Die Erwähnung von zwölf Arten läßt darauf schließen, daß man verschiedene grüne Steine mit diesem Namen bezeichnete. So mag der Spiegel des Kaisers Nero ein anderer Stein gewesen sein (Beryll), da der Smaragd in solcher Größe kaum vorkommt.

Nach Theophrast ist der Smaragd ein seltener, sehr kleiner Stein von vielseitiger Heilswirkung. Damigeron schreibt ihm besondere Kraft der Weissagung zu, ferner verleihe er Rednergabe und Vermehrung jeglichen Besitzes. Man soll ihm einen Scarabäus und die Figur der Isis eingravieren und ihn in einer Fassung als Amulett tragen. Die späteren Beschreibungen schöpfen zum größten Teil aus diesen Angaben bzw. aus ihren früheren Quellen und bereichern sie noch in phantastischer Weise. Die Erwähnung des sagenhaften Landes Scythien wird wohl Anlaß gewesen sein zu dem Märchen über den Kampf der Greifen. Diese schauerlichen Vögel mit Löwenkörper und Adlerkopf bewachen die Smaragde und führen einen erbitterten Kampf mit den einäugigen Urbewohnern des Landes. Die mittelalterlichen Lapidarien versäumen nicht, diesen Kampf moralisch auszudeuten und in den Greifen den Teufel, den Feind christlicher Einfalt, zu sehen, der die Schätze des Glaubens und der Tugenden rauben will.

Der *biblische* Name des Smaragds „baréquét" bedeutet: Feuer werfen, glitzern. Er weist also auf den besonders schönen Glanz dieses Edelsteines hin. Freilich wird man auch unter den in der Hl. Schrift erwähnten Smaragden oft etwas anderes verstehen müssen; z. B. Est 1, 6: Der smaragdene Fußboden, von dem die Septuaginta und die Vulgata reden, ist eigentlich Porphyr. Der Smaragd wird — wie auch der Saphir — in der Bibel öfters bloß als Hinweis auf besondere Kostbarkeit erwähnt (Tob 13, 21; Sir 32, 8). Im smaragdgrünen Regenbogen der Apokalypse (4, 3) sieht man gern das Symbol der göttlichen *Gnade* und *Barmherzigkeit*. Als Schmuck des Rationale nimmt der Smaragd den dritten Platz ein und vertritt nach den alten Auslegern den Stamm Juda, dessen Zepter kraftvoll bis zum Messias blühte und aus dem der Herr selber entstammte. Als Fundament der Gottesstadt (Offb 21, 19) deutet er auf den Lieblingsjünger Johannes hin, der als Donnersohn ein wahrer „Baréquét", ein Feuerwerfer, war, mit seinen unsterblichen Worten: „Im Anfang war das Wort ..." Die grüne, blühende Farbe weist auf seine Liebe und insbesondere auf seine Jungfräulichkeit hin, ebenso auch die außerordentliche Härte und Unvergänglichkeit dieses Steines. Doch auch abgesehen von der Person des hl. Johannes sieht man im Smaragd ein Symbol der Jungfräulichkeit. Die grüne Farbe weckt unwillkürlich die Vorstellung der unberührten, blühenden Frühlingsnatur. Die Alten meinten auch, der Smaragd sei von kühler Natur und mache seinen Träger keusch. Nach der Theorie der hl. Hildegard entstehe der Smaragd in der Morgenfrühe, da die Luft noch kühl, die Sonne aber schon warm ist. Daher habe er die Kraft gegen allerlei Krankheiten.

Topas

Auch der Topas der Alten ist mit dem heutigen nicht identisch. Man unterschied zwei Arten: eine grünlich-gelbe und eine goldgelbe. Seine Schönheit und Seltenheit sicherten ihm einen vornehmen Platz unter den Edelsteinen, und zwar war man der Ansicht, daß er in der Naturform am schönsten sei und durch Schleifen nichts gewinne. Unter vielen anderen Wunderkräften wurde ihm Empfindsamkeit für den Einfluß des Mondes zugeschrieben, ferner, daß er die Meereswogen beschwichtige, beim Wahrsagen behilflich sei, die Leidenschaften der Seele beruhige, Wahnsinn, Mondsucht und Augenkrankheiten heile und Gift erkennen lasse. In der Bibel ist der Topas der neunte Edelstein des Rationale (Ex 28, 17) und der Gottesstadt (Offb 21, 20). Ijob vergleicht ihn mit der Weisheit (28, 19) und der Psalmist mit den Geboten Gottes, die er mehr liebt als Topas (Ps 119, 127). Der hl. Ambrosius sagt zu dieser Stelle: „Es ziemt sich nicht, daß wir uns zu lange bei königlichen Schmuckstücken aufhalten, da wir das Kreuz Christi in den Händen haben, das nach dem Propheten dem Topas vorzuziehen ist, das uns von allem Irrtum und aller Sünde fernhält und bessert. Welcher Gerechte verlangt nicht im Tod nach dem Trost in der Auferstehung, nach der Gemeinschaft Christi?" (in Ps 118 Srm. 16, 43; PL 15, 1513). Rhabanus Maurus (PL 111, 468) sieht im Topas ein Symbol des kontemplativen Lebens, das im Goldglanz der vorausgenommenen Ewigkeit erstrahlt. Er ist auch ein Bild der starken, unbesiegbaren Seelen, die tapfer über allen Widerwärtigkeiten stehen.

3. METALLE

Blei

Das Blei (plumbum, *μόλυβδος)* wurde im Altertum hauptsächlich als Nebenprodukt aus dem Silber gewonnen. Die Israeliten hatten es schon in Ägypten kennengelernt. Während der Wüstenwanderung fanden sich unter den von den Midianitern erbeuteten Gegenständen auch solche aus Blei (vgl. Num 31, 22). Ezechiel erwähnt (27, 12), daß Tarschisch solches Metall an Tyrus verkaufte.

Seines Gewichtes wegen wird das Blei in der Hl. Schrift als Bild für *Schweres* und *Lästiges* gebraucht, z. B. für das Ertragen eines Toren (vgl. Sir 22, 17). Es veranschaulicht das rasche Versinken der Ägypter in den Fluten des Roten Meeres: „Sie sanken wie Blei ins tosende Wasser" (Ex 15, 10), heißt es im Siegeslied des Mose.

Mit weichem Blei, auf dem Eingeschriebenes sich leicht wieder auslöschen läßt, vergleicht der hl. Gregor der Große (Moralia lb 14, 53; PL 75, 1071) die Juden: Sie nahmen Gottes Worte ohne Mühe auf, doch ohne sie sich wirksam einzuprägen. In anderem Sinn deutet derselbe Kirchenvater (a.a.O., 1072) das Schwergewicht des Bleis auf die Habsucht: Sie beugt die Seele, die von ihr beherrscht wird, so zum Irdischen nieder, daß sie sich nicht zum Verlangen nach himmlischen Dingen erheben kann.

Überhaupt bedeutet Blei den von Sünden belasteten Menschen: „Wie man Silber, Erz, Eisen, Blei und Zinn im Schmelzofen zusammentut . . . so werde ich euch in meinem Zorn und meinem Grimm zusammentun, will euch in den Ofen legen und zum Schmelzen bringen", so spricht der Herr im Buche Ezechiel (22, 20). Der hl. Gregor gibt zu dieser Stelle die Auslegung: „Blei ist schwerer als die übrigen Metalle. Im Schmelzofen wird demnach jener als Blei befunden, der so sehr vom Gewicht der Sünde niedergehalten wird, daß auch die Trübsal ihn nicht von irdischen Wünschen läutert" (Reg. pastor. III, 13; PL 77, 71).

Nach St. Hieronymus pflegte man Blei den verdorbenen Metallen beizumischen, um die Ausscheidung fremder Materien zu fördern. „Bleibt diese Reinigung unwirksam, so zehrt das Blei sich auf und wird zu nichts. So ist auch jedes belehrende

Wort und alles Reden der Propheten umsonst, bei solchen, die es verachten" (vgl. Hieron. in Jerem. lb. II, 6; PL 24, 756).

Der Prophet Sacharja (5, 7) schaut im Geiste ein „Epha" (Hohlmaß, das zirka 36 Liter faßt), dessen Öffnung mit Blei verschlossen wird. Das Gefäß bedeutet nach Cornelius a Lapide das Vollmaß der Gottlosigkeit Israels, die Bleimasse das göttliche Strafgericht, dem keiner entkommt.

Eisen und Magnet

Die Menschen der Steinzeit kannten weder Eisen (ferrum, *σιδήρος)* noch Metalle. Wenn die Genesis „Tubal-Kajin, der die Geräte aller Erz- und Eisenhandwerker schmiedete" (4, 22), erwähnt, so darf dies selbstverständlich nicht als geschichtlicher Hinweis gedeutet werden. Eisen wird häufig in der Bibel erwähnt. Das Buch Sirach (39, 31) zählt es zu den Hauptbedürfnissen des menschlichen Lebens. „Aus Eisen bestehen", wie Plinius schreibt, „die besten wie die schlimmsten Gebrauchsgegenstände: Wir ziehen damit Ackerfurchen, pflanzen junge Bäume, legen Fruchtgärten an und verjüngen alljährlich die Weinreben durch Beschneiden der Schößlinge; wir benützen eiserne Werkzeuge zum Behauen von Felsblöcken, zur Errichtung von Bauten und zu vielen anderen Zwecken. Eisen dient aber auch im Krieg und auf Raubzügen, nicht bloß für die Nähe, sondern auch zu Wurfgeschossen für die Ferne" (N. H. 34, 14).

Seine Härte und Dauerhaftigkeit machten es zum Symbol der Stärke, der Unbeugsamkeit im guten und schlechten Sinn (Jer 1, 18; 6, 28; Jes 48, 4) und der Macht, der nichts zu widerstehen vermag. „Mit eisernem Herrscherstab wirst du sie leiten", spricht Jahwe zum Messiaskönig (Ps 2, 9 nach Vulg.). Ein „eisernes Joch" ist Bild unerträglicher Härte und Unterdrückung (Dtn 28, 48). Einen sehr treffenden Vergleich bringt das Buch der Sprüche: „Eisen wird am Eisen geschärft; so schärft ein Mensch sich am andern" (27, 17). Das „Eisen" im Psalm 105, 18 (nach dem Vulgatatext: „Ferrum pertransiit animam eius") deutet der hl. Augustinus im Sinne von schwerer Not und Trübsal, Rhabanus Maurus das „Gebanntsein in Elend und Eisen" (Ps 107, 10) auf die Fesseln sündiger Gewohnheit, die geistiges Elend und Verhärtung zur Folge haben.

Eine in der Natur vorkommende Eisenverbindung ist der *Magneteisenstein.* Er besitzt die Fähigkeit, anderes, gewöhnliches Eisen anzuziehen und festzuhalten, woraus der griechische Philosoph Thales und nach ihm Lukanus den Schluß zogen, der Magnet müsse lebendig sein, da er andere Dinge in Bewegung setzt. Die Alten nannten ihn „lapis amoris", weil die Liebe Anziehung bewirkt. Christliche Deutung prägte daraus den schönen Spruch: „Amor amoris magnes; si vis amari, ama." — „Liebe ist der Liebe Magnet; willst du geliebt werden, so liebe!" Auch die Gnade zieht Seelen an, daher wurde der Magnet symbolisch zum „lapis gratiae", zum „Stein der Gnade"; denn, wie der Physiologus sagt: „Wenn Geschöpfe einander so anziehen, um wieviel mehr wird Gott uns an sich ziehen, er, der alles erschaffen und den Himmel über die Erde ausgespannt hat" (vgl. Lauchert, Gesch. d. Physiol. 38). Eine antike, im Mittelalter sehr verbreitete Fabel erzählt von einem Magnetberg im Meer, der alles Eisen der Schiffe mit solcher Gewalt an sich zog, daß sie mit reißender Schnelligkeit ihm zuflogen und an seinem harten Felsen zerschellten. Dieser Berg wurde zum Symbol der Sünde, an der das Lebensschiff zugrunde geht, Maria aber, der Meeresstern, rettet es aus den Fluten.

Elektrum

Elektrum *(ἤλεκτρον)* bedeutet in griechischer und lateinischer Sprache zunächst „Bernstein", bei mehreren alten Autoren eine Art von Metall, eine feinere Bronze (aurichalcum), im Mittelalter sogar Email. Doch die meisten Exegeten und Philologen verstehen unter „Electrum" eine Mischung von Gold und Silber („Bleichgold"). Diese ist auch in der Natur, besonders in Lydien, zu finden, meistens aber wurde sie künstlich erzeugt. Der Glanz dieser Legierung ist besonders stark und gefiel den antiken Menschen. Ihr hellgelber oder gelblichweißer Farbton hing von dem Maß ab, in welchem Gold und Silber darin vertreten waren. In Ägypten wie in Chaldäa war dieses gemischte Metall allgemein bekannt und wurde oft verwendet. Die Römer glaubten, Elektrum besitze die Fähigkeit, durch Erzeugung von Regenbogenfarben in Flüssigkeiten Gift anzuzeigen, und benützten es darum gerne zur Anfertigung von Trinkbechern [1]. Daß Schliemann bei den Ausgrabungen zu Troja ebenfalls einen solchen fand, läßt schließen, daß wohl auch die Griechen diese Vorsichtsmaßregel kannten.

In der Heiligen Schrift ist nur in der Vision Ezechiels (1, 4. 27) vom „Elektrum" die Rede. Der Prophet ringt nach Vergleichen, um das Herrliche zu schildern, das Gott ihm zeigt: „Auf dem, was einem Thron glich, saß eine Gestalt, die wie ein Mensch aussah. Oberhalb von dem, was wie seine Hüften aussah, sah ich etwas wie glänzendes Gold in einem Feuerkranz" (Ez 1, 26—27).

Die Stelle wird dem christlichen Denken durch den Kommentar des hl. Gregor d. Gr. erschlossen: „Warum anders ist die Menschengestalt auf dem Throne dem Glanzerz ähnlich anzusehen, als weil diese Mischung von Gold und Silber zwei Metalle zur Einheit verbindet? In dieser wird durch das Silber der Goldglanz gedämpft, des Goldes Schönheit aber durch jene des Silbers erhöht. In unserem Erlöser ist nun jede der beiden Naturen, die göttliche und die menschliche, unvermischt und untrennbar miteinander verbunden, sodaß seiner Gottheit Leuchten für unsere Augen durch die Menschheit gemildert erscheint, die Gottheit aber seine Menschennatur besonders auszeichnet und ihr in der Erhöhung eine Herrlichkeit verleiht, die seine geschöpflichen Vorzüge weit überragt" (Gregor. M. In Ezech. lb. I, Hom. VIII; PL 76, 865).

Erz

Was die Antike unter „Erz" (aes, *χαλκός)* verstand, ist nicht genau bestimmbar. Kupfer, Bronze, überhaupt jedes gelbliche oder rötliche Metall fiel unter diesen Begriff. Ursprünglich bedeutete „aes" nichts anderes als Kupfer, so auch das „Erz", das im 5. Buch Mose (8, 9) unter den besonderen Reichtümern des Gelobten Landes erwähnt ist, die „eherne" Schlange und manche Einrichtungsgegenstände des heiligen Zeltes.

Die eigentliche Bronze, eine Legierung von Kupfer und Zinn, war in Assyrien und Babylonien schon zu Beginn des 3. Jahrtausends v. Chr., in Ägypten tausend Jahre später und im Reiche Israel erst zur Zeit Davids und Salomos allgemein

---

[1] Plinius, Hist. Nat. XXXIII. 23.: Natürliches (d. i. nicht erzeugtes) Elektrum ist durch Gift beeinflußbar. So nämlich, daß in solchen Bechern regenbogenartige Kreise erscheinen und man zugleich Brandgeruch empfindet. Diese beiden Anzeichen lassen es erkennen.

bekannt. Dieser ließ daraus den Brandopferaltar, das Eherne Meer und vielerlei Utensilien für den Tempeldienst anfertigen sowie die zwei mächtigen Säulen, die vor dem Tempel standen (vgl. Ex 30, 18 u. 1 Kön 7, 15 f). Zur Bearbeitung aller dieser Dinge bestellte der König einen phönizischen Künstler. Von diesem „Hiram von Tyrus" heißt es (a.a.O., Vers 14): „Er hatte großes Verständnis und Geschick für die Ausführung von allerlei Erzarbeiten. Der kam nun zum König Salomo und führte alle Arbeiten für ihn aus."

In der Bildersprache der Heiligen Schrift wird Erz meistens als Symbol der Kraft, der unbeugsamen Festigkeit oder Härte gebraucht (Jer 1, 18; 15, 20; Ps 107, 16). Das treulose Israel ist wie Erz (Jer 6, 28; Ez 22, 18), hartnäckig und verstockt. Eine „Stirne wie Erz" bedeutet Starrsinn (Jes 48, 4), „Fleisch von Erz" ist empfindungslos (Ijob 6, 12), ein „Ackerboden aus Erz" bringt keine Frucht hervor (Lev 26, 19), aus „ehernem Himmel" kommt kein Regen (Dtn 28, 23). In Psalm 18, 35 heißt es vom starken Kämpfer, der Christus und die standhaft duldende Kirche vorbildet: „Er übte meine Hand zum Streit, ließ meinen Arm den ehernen Bogen spannen." Rhabanus Maurus wendet die Stelle auf die Glaubensboten an: „Hier zeigt der Prophet, wie man gegen den Teufel kämpfen soll. Christi Arme sind die Propheten und Apostel. Diese vergleicht der Psalmist mit dem ehernen Bogen, denn die Diener Gottes kennen in der Verkündigung des Gotteswortes keine Schwäche. Vielmehr verharren sie in himmlischer Stärke und entsenden gleich wohlgezielten Pfeilen die Worte des Heiles, mit denen sie die Herzen der empfänglichen Menschen treffen" (De Universo, lib. 17, 14; PL 111, 476).

Der hl. Paulus betrachtet das Erz von einem anderen Gesichtspunkt. Er schreibt an die Korinther: „Wenn ich in den Sprachen der Menschen und Engel redete, aber die Liebe nicht hätte, wäre ich tönendes Blech oder lärmendes Schlagzeug" (1 Kor 13, 1).

In ganz anderem, d. h. im schönsten Sinn sind auch unsere Kirchenglocken „tönendes Erz": geheiligt durch besondere Weihe werden sie zum Sakramentale, und ihre feierliche Stimme ruft zum Dienst des Allerhöchsten.

Gold

Das Gold (aurum, *χρυσός*) als edelstes Metall hält seit den ältesten Zeiten das Herz der Menschen gefangen. „Quid non mortalia pectora cogis auri sacra fames?" läßt Vergil schon den „frommen Aeneas" klagen (Aen. III, 57). Nicht nur seine Schönheit, auch seine anderen Eigenschaften machten es von jeher begehrenswert. Dem Feuer, Rost und allen ätzenden Flüssigkeiten unzugänglich, symbolisiert es bereits dem primitiven Denken etwas Hohes und Wertvolles, dessen Besitz Macht und Ansehen verleiht. So hatte es besonders im Kult eine hervorragende Rolle, ferner als Insignie der Herrscher zur Darstellung ihrer Macht und ihres Reichtums, als Geld und als Schmuck. Der Reichtum des alten Orients an Gold war geradezu unermeßlich, die Beschreibungen der Götterstatuen und Tempel, der Prunkgegenstände und Geldschätze antiker Herrscher übersteigen jede Vorstellung späterer ärmerer Zeiten. So hatten die Pharaonen Ramses II. und III. nicht nur massives Goldgeschirr, sondern Throne aus purem Gold und Edelsteinen usw. Die Funde in ihren Gräbern bestätigen dies vollauf. Über die babylonischen Kolossalstatuen berichtete der alte Historiker Diodorus von Sizilien und beschreibt drei solche, die mit den dazugehörigen Altären 143.559 kg wogen. Auch Herodot erzählt von

9 Kreuz als Lebensbaum. Apsidenmosaik S. Clemente, Rom. 4. — 12. Jh.

10 Guter Hirte. Mausoleum der Galla Placidia, Ravenna. 5. Jh.

solchen Riesenstatuen. In den indischen Tempeln sind noch heute unvorstellbare Schätze zu finden. Freilich ist bei diesen Kostbarkeiten nicht immer an massives Gold zu denken, vielmehr handelt es sich oft um die Vergoldung hölzerner oder aus billigerem Metall gefertigter Gegenstände. Dieses Verfahren war bereits den Alten bekannt infolge der früh erkannten großen Dehnbarkeit des Goldes. Im altorientalischen kosmisch-religiösen Weltbild hatte das Gold wie die übrigen Metalle seinen bestimmten Platz und seine Beziehung zu den Planeten. Es wurde der Sonne zugeordnet, die mit ihrem goldigen Licht das tiefe Blau des Himmels übergießt.

Die Goldfarbe war aber auch schlechthin Symbol des Himmels, daher die häufige Verwendung vergoldeter Dachbalken und Dächer an Tempeln, Palästen usw., wie sie altrömische Kirchen noch heute aufweisen. Der Goldgrund der Mosaike, besonders in der byzantinischen Kunst, weist auch auf das himmlische Element des reinen Lichtes hin, in dem Gott mit seinen Heiligen wohnt. Sie sollen daher nicht in einer irdischen Umgebung, sondern in ihrem eigenen Element dargestellt werden. Der goldene Nimbus um ihr Haupt hat dieselbe Bedeutung.

Die Israeliten lernten das Gold wohl erst in Ägypten näher kennen. Zu Abrahams Zeiten dürfte davon noch nicht viel im Lande gewesen sein, denn er bezahlte die Begräbnisstätte der Sara in Silber (Gen 23, 15). In Ägypten erlernten die Juden auch die Goldschmiedekunst, deren erstes Erzeugnis das goldene Kalb in der Wüste war (Ex 32, 4). Für das heilige Zelt ließ Mose Gold einsammeln; das Ergebnis war erstaunlich groß (vgl. Ex Kap. 25). Die reiche Verwendung von Gold im alttestamentlichen Kult sollte ein sprechender Beweis dafür sein, daß Jahwe nicht hinter den Göttern zurückstand, deren protzige Statuen und Kultstätten den Israeliten wohlbekannt waren. Auch für die Juden war Gold das Symbol des göttlichen Lichtes und der Eigenschaften Gottes. Der salomonische Tempel war mit diesem Edelmetall überreich ausgestattet (1 Kön 6, 20—35); schon David hatte dazu das Nötige vorbereitet (1 Chron 22, 14; 28, 14—18). Salomo aber holte in regelmäßigen Expeditionen Gold aus Ofir (1 Kön 9, 28; 10, 14). Er hat auch für seinen Palast und Thron viel Gold verwendet und viel verschwendet. Seine Pferdelenker bestreuten ihre Haare mit Goldstaub, damit sie in der Sonne glitzern (vgl. Jos. Flavius Antiq. Jud.). — Der Tempel nach dem Exil war wohl etwas bescheidener, aber ebenfalls von reichen Spenden aufgebaut. Der herodianische hatte (nach Josephus Flavius) goldüberzogene Türen (Jüd. Krieg 5, 5. 3). Im Innern funkelte alles von Gold, desgleichen leuchtete das goldene Dach im schönsten Sonnenglanz. Nach der Zerstörung Jerusalems führten Vespasian und Titus den goldenen Tisch und den siebenarmigen Leuchter nach Rom.

Diese reiche Verwendung des Goldes im Kult ist eine symbolische Handlung: sie will den Allerhöchsten mit dem Kostbarsten ehren, was die Erde bietet. In der prophetischen Schau der messianischen Endzeit gehören daher die Gaben und Schätze der Heidenvölker, die in das Reich des wahren Gottes wallen, mit zum Bild endzeitlicher Herrlichkeit: „Sie alle kommen von Saba, Gold und Weihrauch werden sie bringen und freudig verkünden sie Ruhmestaten des Herrn" (Jes 60, 6, vgl. Ps 72). „Deine Tore werden beständig geöffnet sein, bei Tag und bei Nacht nicht geschlossen werden, einzulassen in dich die Schätze der Völker ..." (a.a.O., V. 11). Die erste, zunächst nur symbolische Erfüllung dieser Weissagung sehen die Kirchenväter in den Gaben der Magier an den neugeborenen Messiaskönig: „Die Weisen bringen Gold, Weihrauch und Myrrhe dar. Gold gebührt dem König ... Die Weisen verkünden also den, den sie anbeten, auch mit geheimnisvollen Geschenken: durch das Gold den König. Auch wir opfern dem neugeborenen Herrn Gold, indem wir ihn als den König des Weltalls anerkennen" (Gregor d. Gr. Hom. 10 in Ev.). Die endgültige Erfüllung aber schaut die Apokalypse im Bilde des siegreichen Menschensohnes, dessen Haupt eine goldene Krone ziert (14, 14), und in den großartigen Szenen der Anbetung der 24 Ältesten, die ihre goldenen Kronen vor dem Throne und dem Lamme niederlegen und in goldenen Schalen Räucherwerk opfern (4, 10; 5, 8). Das Reich des Lammes aber, das himmlische Jerusalem, ist aus reinem Gold und gleicht dem durchsichtigen Kristall (21, 18. 21), es vereinigt also die Eigenschaften beider Elemente: es ist glänzend und fest wie Gold, aber durchsichtig wie Glas.

Auch in der biblischen Symbolik bedeutet Gold immer etwas Kostbares, ja den höchsten Wert schlechthin. Am häufigsten ist es ein Bild der *Weisheit*, die goldenen Schätzen vorgezogen wird. Die heiligen Bücher preisen die Weisheit in unerschöpflichen Wendungen: „Weisheit erwerben ist besser als Gold, und Einsicht gewinnen ist mehr wert als Silber" (Spr 16, 16; vgl. ebd. 3, 14; 8, 10. 19; 20, 15; Weish 7, 9; Bar 3, 30; Ijob 28, 15 usw.). Die göttliche Weisheit ist den frommen Israeliten vor allem im Gesetz Gottes gegeben: „Viel lieber ist mir deines Mundes Lehre als Gold und Silber tausendweis" (Ps 119, 72; vgl. Vers 127; Ps 19, 11). Viel inniger noch als im Gesetz ist aber die Begegnung mit der göttlichen Weisheit im menschgewordenen Worte Gottes, von dem schon die Braut des Hohenliedes sagt: „Sein Haupt ist reines Gold" (5, 11). „Das Haupt des Leibes der Kirche ist Christus ... der gotttragende Mensch, ... in dem die ganze Fülle der Gottheit leibhaftig wohnte, aus der gemeinsamen Masse die Erstlingsfrucht, durch welche das Wort unsere Natur anzog, sie unversehrt und rein von allen mit ihr verbundenen Leiden gestaltend ... Das Haupt der Kirche ist also der Anfang unserer ganzen Natur, ist reines und mit keiner Bosheit gemischtes oder je vermischbares Gold ..." (Greg. v. Nyssa; Hom. 13 zum Hohenlied).

Aber auch große menschliche Werte vergleicht die Heilige Schrift mit Gold. Der wahre Freund (Sir 6, 15), eine brave Frau (a.a.O., 7, 21) sind nicht mit Gold abzuschätzen. Das Buch Tobias empfiehlt das Gebet mit Fasten und Almosen mehr als das Sammeln von Goldschätzen (12, 8). Auch die Zucht (Sir 21, 24) und die Gesundheit (30, 15) sind Goldes wert.

Das Gold erstrahlt aber nicht von selbst in seiner Reinheit und Schönheit. Es muß durch Feuer von seinen Schlacken befreit werden. Die Heilige Schrift sieht in diesem Vorgang die reinigenden Prüfungen des Gerechten: „In Gottes Hand ruhen die gerechten Seelen ... in den Augen der Toren scheinen sie tot zu sein ... sie aber sind in Frieden ... Nach kurzer Lebenszeit empfangen sie großes Glück; denn Gott prüfte sie nur und fand sie seiner schon würdig. Wie Gold im Ofen erprobte Er sie und nahm sie an wie ein Brandopfer" (Weish 3, 1—6). Ist das Gold ganz schlackenfrei, dann bleibt sein Gewicht nach der Feuerprobe dasselbe, weil nichts auszuscheiden ist. So erprobt auch Gott die Gerechten: bleibt sich ihre Kraft und Ausdauer in den größten Anfechtungen gleich, dann war ihre Tugend echt, da sie keiner Versuchung erlag.

Doch betrachtet die Heilige Schrift das Gold auch von negativer Seite. Sie warnt vor der Gier, die selbst Könige ins Verderben stürzt (Sir 8, 3). Die Heiden setzen das Vertrauen auf Gold (Bar 3, 18), nicht so die Gerechten (Ijob 31, 24). Darum: „Selig der Reiche, der schuldlos befunden wird und dem Gold nicht nachgeht!" (Sir 31, 5—8). Im übertragenen Sinn ist Gold, nach St. Gregor d. Gr., auch jede glänzende natürliche Begabung, die durch das Feuer der Liebe geläutert und wie ein Geschmeide auch mit Edelsteinen geschmückt werden soll. Wie das Gold den Gemmen als Unterlage dient, so soll der Mensch seine natürlichen Anlagen demütig durch die Gaben der Gnade zieren und erhöhen lassen.

Der Aufwand an Gold und Silber zu *kirchlichen Geräten* im Zeitalter Konstantins und der byzantinischen Kaiser steht in keinem Vergleich zu dem, was heute in dieser Beziehung möglich ist. Man staunt, wenn man die Listen von Spenden an Lampen, Leuchtern, Kelchen, Reliquiarien usw. liest, mit denen die alten Basiliken bereichert wurden. Diese Zeiten werden nie mehr aufleben. Die Welt ist verarmt, die Goldgruben ausgebeutet. Wer Reichtum besitzt, verwendet ihn nur selten mehr zur Ehre Gottes. Doch bestehen liturgische Vorschriften, die den Gebrauch von Gold für jene heiligen Geräte verordnen, die unmittelbar mit dem Sanctissimum in Berührung kommen.

Silber

Das Silber (argentum, *ἄργυρος)* leitet in mehreren alten Sprachen seinen Namen von der weißen Farbe ab, an die sein heller Glanz erinnert. Im Orient war es seit ältester Zeit bekannt und geschätzt wie Gold. Ehe man Münzen prägte, war Silber in Barren, in Form von Ringen und Draht oder als Hacksilber, dem Wert entsprechend abgewogen, in Umlauf. Silberne Gegenstände sind in der Heiligen Schrift zum erstenmal unter den Brautgeschenken genannt, die Rebekka erhielt (vgl. Gen 24, 53). Meistens werden Silber und Gold zusammen erwähnt. Geräte des heiligen Zeltes und des salomonischen Tempels waren größtenteils daraus verfertigt. Ihre Zahl ging in die Tausende (vgl. Esr 1, 7—10). Ja „Salomo brachte es dahin, daß Silber in Jerusalem so reichlich war wie die Steine“ (1 Kön 10, 27). Von den vielen silbernen Idolen der Heiden berichtet die Apostelgeschichte (19, 24 ff.) ein Beispiel: „Ein Silberschmied namens Demetrius verschaffte durch Anfertigung silberner Artemistempelchen den Handwerkern reiches Verdienst.“

Seines Weißglanzes wegen wurde dieses Metall zum Symbol der Klarheit und *Reinheit.* Seine Läuterung im Feuer versinnbildlicht die Läuterung der Seele durch göttliche Heimsuchungen: „Wohl hast du uns geprüft, o Gott, im Feuer uns geläutert, wie man Silber läutert“ (Ps 66, 10). Der Prophet Maleachi sieht im Geiste den „Boten des Bundes“, den kommenden Messias, wie er „schmelzt und reinigt das Silber, reinigt die Söhne Levis. Wie Gold und Silber reinigt er sie“ (Mal 3, 3). Vollkommenste Reinheit ist allein den Worten des Herrn eigen: „Die Worte des Herrn sind lautere Worte, Silber, geschmolzen im Ofen, von Schlacken geschieden, geläutert siebenfach“ (Ps 12, 7). Der hl. Augustinus gibt dazu folgende moralische Erklärung: „Lauter sind des Herrn Worte, nichts Falsches trübt sie! Sünder werden durch Prüfungen fähig gemacht, sie aufzunehmen; siebenfach gereinigt durch die Furcht des Herrn, durch Frömmigkeit und Wissenschaft, durch Rat und Stärke, Verstand und Weisheit, das ist, durch die sieben Gaben des Heiligen Geistes“ (Enarr. in Ps 11, 7; PL 36, 139).

Das Buch der Sprüche (10, 20) vergleicht „des Gerechten Zunge“ mit „erlesenem Silber“: Seine Rede glänzt, sein weises Wort ist wertvoll, gediegen, ohne Falsch, ohne Prahlerei, ohne Schmeichelei. Es wird gerne gehört, denn es hat einen „guten Klang“. Silber besitzt nämlich vor allen anderen Metallen den Vorzug, besonders rein zu klingen. Nach dieser Eigenschaft pflegten Münzbeamte seine Echtheit zu prüfen, ehe die Prägung vollzogen wurde. Des schönen Klanges wegen befahl auch der Herr dem Mose, *silberne* Trompeten anzufertigen (Num 10, 2). Ihre Signale sollten „die Gemeinde zusammenrufen und das Zeichen zum Aufbruch geben", wenn die führende Wolke sich wieder erhob. Die Israeliten waren Gottes eigenes Volk, darum sollten die edelklingendsten Laute ihnen den Ausdruck des göttlichen Willens vermitteln. Auch dem Erz unserer Kirchenglocken mischt der Gießer Silber bei. Je mehr die Legierung davon enthält, desto voller und schöner wird der Klang.

In der Bibelsprache dienen Gold und Silber häufig als Bild für Dinge, die hoch einzuschätzen sind. Israel selbst glich infolge seiner Auserwählung solchen Edelmetallen, verlor aber durch Gottlosigkeit und Sittenverderbnis allen Wert: „Vergeblich ist alles Schmelzen. Ausscheiden lassen die Schlechten sich nicht. Man nennt sie verworfenes Silber, denn verworfen hat sie der Herr" (Jer 6, 29. 30; vgl. Jes 1, 22). Auch die Weisheit (Spr 8, 19) oder ein guter Name (Spr 22, 1) sind Gegenstand solcher Vergleiche.

Beim Propheten Haggai (2, 8) spricht der Herr: „Mir gehört das Silber" — nämlich Gottes Gesetz und Lehre, Gnaden und Gaben, mit denen er die Kirche bereichert und schmückt — fügt der hl. Ambrosius hinzu (vgl. Ep. cl. I, Ep. 30, 13; PL 16, 1109).

Der hl. Paulus (1 Kor 3, 12) nennt Silber unter dem verschiedensten Material, das ein jeder als Bild seiner Werke auf das Fundament Christi aufbaut. Am Tag des Herrn wird das Gericht durch Feuer feststellen, ob es standhält.

VI. PFLANZEN

1. BÄUME

Allgemeines

Der Baum (arbor, lignum, *δένδρον*), dieses hervorragendste Produkt der Pflanzenwelt, war schon an sich dazu angetan, die primitiven Menschen in staunende Bewunderung zu versetzen. Sie ahnten in ihm den Ausdruck einer höheren Macht. In der Geschichte einer jeden Religion, in den Volksüberlieferungen, in der Archäologie und Kunst der ganzen Welt findet man *heilige Bäume*. Der Baum ist den alten Völkern Offenbarung Gottes, Bild des Kosmos, Symbol des Lebens, Mittelpunkt der Welt, Sinnbild der sich stets erneuernden Natur. Niemals ist ein Baum um seiner selbst willen angebetet worden, sondern um dessentwillen, was er bedeutet und offenbart: Unter seiner Gestalt verbirgt sich eine geistige Realität; er ist von „heiligen" Kräften erfüllt. Durch sein alljährliches Sterben und Wiederaufstehen manifestiert er eine außermenschliche Wirklichkeit und wiederholt das, was im Kosmos als Ganzes vor sich geht. Darum ist der Baum Symbol des Alls. Ja im religiösen Bewußtsein des archaischen Menschen, in das wir uns nur mehr schwer hineindenken können, ist er das Universum, weil er es symbolisiert und wiederholt. Jeder Baum in der Eigenheit seiner Art ist also „kosmischer Baum", sofern er dasselbe kundtut wie der Kosmos. Doch im Mittelpunkt des Weltalls trifft man immer *einen* Baum, den Baum des ewigen Lebens oder des Wissens. Es ist der „Yggdrasil" der Nordländer, der seine Wurzeln bis ins Herz der Erde senkt. Bei ihm befindet sich der Lebensbrunnen, und Tiere wohnen in seinen Zweigen.

Die indische Tradition aber stellt seit ältester Zeit den Kosmos in der Gestalt eines *umgekehrt* stehenden Riesenbaumes dar. Dieser taucht seine Wurzeln in den Himmel und breitet seine Zweige unter der Erde aus. Eine ähnliche Idee finden wir bei Dante ausgedrückt: Er schildert die Himmelssphären in ihrer Gesamtheit als Krone eines Baumes, dessen Wurzeln nach oben gerichtet sind (cf. Mircea Eliade, Die Religionen und das Heilige, Kap. VIII).

Griechen und Germanen glaubten an die Abstammung der Menschen von der Esche, und eine analoge Vorstellung herrschte auch in Italien. Anderseits kennt die Mythologie Rückverwandlungen von Menschen in Bäume, zum Beispiel Daphne in einen Lorbeerbaum.

Mit dem Kult der Bäume waren Opfermahlzeiten verbunden. Man hielt sie im Schatten des „heiligen Baumes", der vom „heiligen Hain" umgeben war, und setzte sich dabei nicht allein mit dem Leben und der Kraft des Baumes in Verbindung, sondern auch mit der Erdmutter und den Himmelskörpern. Als die Völker sich verstreuten und umherwanderten, vertraten je nach dem Landstrich verschiedene Bäume den einen Urbaum. Das gesonderte Mahl der Stammesmitglieder blieb jedoch Anknüpfung und Erinnerung an das allgemeine Opfermahl unter dem Urbaum. Die einzelnen Völker knüpften an diese religiösen Mittelpunkte die Idee der Gottesnähe, ihres Schutzes, ihrer Orakel. Die Fortdauer eines Stammes, seine Freiheit und Einheit sind an den Baum in der Mitte des Haines gebunden, wie Dauer und Fortbestand des Universums an den Weltenbaum (cf. J. Görres, Christl. Mystik III.).

Man erkennt daraus, daß der älteste Baumkultus trotz heidnischer Abirrungen noch ein edles, reines Gepräge trug. Ja zum Teil zeigt sich darin wie ein Vorahnen eucharistischer Symbolik. — Als aber der Kult zu einer Huldigung an die „zeugende“ Naturkraft herabsank, kam es zu allerlei Greueln, denen auch viele Israeliten, von den Kanaanitern verführt, sich hingaben (vgl. 2 Kön 16, 4; 2 Chr 28, 4). Daher das Gebot, solche Bäume und Haine zu zerstören (Dtn 7, 5), sowie die Klagen und Strafreden der Propheten (vgl. Jer 2, 20; 3, 6. 13; Hos 4, 13).

Neben diesen durch Götzendienst berüchtigten Bäumen gab es auch solche, die durch denkwürdige Ereignisse eine gewisse Berühmtheit erlangt hatten (vgl. Gen 35, 4. 8; Jos 24, 26; Ri 4, 5; 5, 11. 19; 9, 6; 1 Kön 13, 14; 1 Chr 10, 12). Ob diese Bedeutung ihnen noch aus der Zeit der Kanaaniter anhaftete, oder ob sich eine biblische Begebenheit an sie knüpfte, ist nur in Gen 21, 33 nachweisbar, wo von einer Tamariske (Vulg.: Hain) die Rede ist, die Abraham zu Beerscheba pflanzte und „daselbst den Namen des Herrn, des ewigen Gottes anrief“.

Daß auch die Ursprünge der Mai- und Richtbäume, ja auch des trauten Christbaumes heidnisch waren, ist eine wenig bekannte Tatsache. Man begegnet hier wieder dem alten Aberglauben an die Übertragbarkeit der Naturkräfte von einem Wesen auf das andere: Indem man Zweige oder Bäume mit Menschen in Berührung brachte, wollte man das frischblühende Leben der Natur und ihre Fruchtbarkeit auf sie übertragen und böse Einflüsse fernhalten. Namentlich in den sogenannten „Rauhnächten“ zwischen 25. Dezember und 6. Jänner, in welchen man die Umtriebe böser Geister besonders fürchtete, pflegte man als Abwehrmittel grüne Zweige in den Häusern aufzuhängen und Lichter anzuzünden. Später benützte man Bäume zu demselben Zweck und besteckte sie mit Kerzen. So wurden zwei verschiedene Schutzmittel zu einem Ganzen vereint. Die Kirche ließ solche eingewurzelte Bräuche bestehen, gab ihnen aber einen neuen Sinn als Symbol Christi, des wahren Lebensbaumes und Lichtes der Welt.

Die Stellen, an welchen die *Hl. Schrift* teils im realen, teils im bildlichen Sinn von Bäumen spricht, sind überaus zahlreich. Die erste und wichtigste handelt von den Paradiesbäumen:

„Gott der Herr legte in Eden, im Osten, einen Garten an und setzte dorthin den Menschen, den er geformt hatte. Gott der Herr ließ aus dem Ackerboden allerlei Bäume wachsen, verlockend anzusehen und mit köstlichen Früchten, in der Mitte des Gartens aber den Baum des Lebens und den Baum der Erkenntnis von Gut und Böse“ (Gen 2, 8—9).

„Gott der Herr nahm also den Menschen und setzte ihn in den Garten von Eden, damit er ihn bebaue und hüte. Gott der Herr gebot dem Menschen: ‚Von allen Bäumen des Gartens darfst du essen, doch vom Baume der Erkenntnis von Gut und Böse darfst du nicht essen! Denn wenn du davon ißt, wirst du sterben‘ “ (Gen 2, 15—17).

Im dritten Kapitel läßt die Genesis den Bericht über den Sündenfall der Stammeltern und ihre Bestrafung folgen: Verurteilung zu Mühsal und Tod, Vertreibung aus dem Paradies.

Der Lebensbaum und der Baum der Erkenntnis sind Symbole im Vollsinn des

Wortes, d. h., sie besitzen realen Gehalt und üben reale Wirkung aus: Der eine führt zum Leben, der andere zu seelischem und leiblichem Tod.

Während der Lebensbaum, wie jedes andere Nahrungsmittel, seine Wirkung durch den Genuß der Frucht hervorbrachte, führte beim Baum der Erkenntnis nicht die Frucht an sich, sondern die *Sünde* des Ungehorsams das Unheil herbei. Nur von *diesem* Baum allein durften die Menschen nicht essen; alle anderen, der Lebensbaum nicht ausgenommen, waren erlaubt.

Nach der Lehre des hl. Thomas v. Aquin und des hl. Augustinus war es dem Lebensbaum eigen, nach Art eines Medikamentes den Zerfall des menschlichen Körpers, der bei zunehmendem Alter naturgemäß eintritt, zu verhindern und den Menschen auch gegen Krankheit und äußere Schädigungen gefeit zu erhalten. Gewöhnliche Nahrungsmittel und Getränke genügten zum normalen Aufbau des Organismus; der Lebensbaum aber setzte da ein, wo andere menschliche Mittel versagen, indem er allein vollständige Erneuerung und Kräftigung hervorbrachte. Infolge der Sünde für die gefallene Menschheit fern und unzugänglich geworden, lebt das wunderbare Unterpfand des Heiles in ihrer Erinnerung und in ihrem Sehnen weiter: Sein Bild wird zum Inbegriff alles Guten und Wünschenswerten (Spr 11, 30; 15, 4), vor allem aber zum Bild der *Göttlichen Weisheit:*

„Ein Lebensbaum ist sie für den, der sie ergreift" (Spr 3, 18).

„Selig der Mann, der über die Weisheit nachsinnt ... der seine Kinder unter ihr Obdach bringt und in ihren Ästen weilt; der in ihrem Schatten vor der Hitze sich birgt und rastet in ihrer Pracht" (Sir 14, 22. 26. 27).

In den Gedankenkreis dieser Schriftstellen gehört auch jene des Hohenliedes, die zwar nicht vom „Lebensbaum", aber von einem Schatten und Erquickung spendenden Apfelbaum als dem Symbol des Gott-Bräutigams spricht (Hld 2, 3).

In seiner endzeitlichen Erfüllung finden wir den Lebensbaum als Siegespreis der Seligen in der *Apokalypse* wieder (2, 7; 22, 14), am ausführlichsten in Kapitel 22, 2, wo er im Bilde der „heiligen Stadt" erscheint:

„In der Mitte des Platzes der Stadt und in der Mitte des Stromes zu seinen beiden Seiten steht der Baum des Lebens. Er trägt zwölfmal Früchte: jeden Monat bringt er seine Frucht, und die Blätter des Baumes heilen die Völker."

Eine ähnliche Stelle im Buche Ezechiel 47, 12 bezieht sich auf die Heilsgüter der messianischen Zeit.

Eine weitere Gruppe bilden jene Schriftstellen, in welchen der Baum als Allegorie des Menschen seiner Vergänglichkeit (Sir 14, 18), seines Wertes oder Unwertes (Sir 27, 7; Mt 3, 10; 7, 17; 12, 33), seines Endgeschickes (Ijob 19, 10; Koh 11, 3) und seiner Auferstehungshoffnung (Ijob 14, 7—9) gebraucht wird. Während der Gottlose samt seiner Nachkommenschaft eine Zeitlang emporschießt, dann aber ohne Frucht zu tragen samt der Wurzel abstirbt und verdorrt (Ijob 18, 16; 24, 20; Ps 52, 7; Weish 4, 3—6; Sir 6, 3; Jes 40, 24; Jdt 12), trägt der Gerechte immergrünes Laub und reiche Früchte (Ps 92, 13—15). Tief und fest ist er eingewurzelt am Rand der Gnadenwasser, die ihn tränken. Am schönsten drücken Ps 1 und Jer 17, 8 diese Gedanken aus: Der Psalm betont das Verwurzeltsein im *Willen* Gottes (Gesetz), der Prophet das *Gottvertrauen.*

Ijob 14, 7—9 stellt das Wiederaufsprossen des gefällten Baumes dem Menschen gegenüber, der erst am Ende der Zeiten zum Leben wiedererwacht. Hier ist der Baum Sinnbild der Auferstehung. Es liegt darin der gleiche Gedanke wie in der Symbolik der Jahreszeiten:

„Ja, dem Baum bleibt ein Hoffen! Wird er gefällt: er schlägt wieder aus, sein

Schößling säumt nimmer! — Wird alt in der Erde sein Wurzelstock, stirbt ab im Boden sein Stumpf — hat er nur Feuchte, er sproßt aufs neu, setzt Zweige an wie ein junges Reis!"

Schon im Literalsinn weisen drei Prophetenstellen direkt auf den Messias hin: Jesaja zeigt ihn als kleines Reis, das hervorgeht aus der Wurzel Jesse (11, 1) und im Kap. 53, 2 als Trieb einer Wurzel in dürrem Erdreich. Bei Ezechiel 17, 3—6 ist es ein Zedernreis, das zum weitverzweigten, schattigen Baum heranwächst. Die Stelle erinnert an die Parabel vom Senfkörnlein (Mt 13, 31. 32). Das „Reich Gottes", von dem diese handelt, ist ja nichts anderes als die Weiterentfaltung Christi in der Kirche.

Christus selbst verglich sich auf seinem Leidenswege mit einem Baum, als er zu den Frauen Jerusalems, die über ihn weinten, sprach: „Wenn es so dem grünen Holz ergeht, was wird dann mit dem dürren geschehen?" (Lk 23, 31).

Die Schriften der *Kirchenväter* sind überreich an symbolischen Deutungen des Baumes, namentlich des paradiesischen Lebensbaumes als Sinnbild des Kreuzes und des Altares, der im „Paradies" der Kirche steht.

„Das *Kreuz Christi* hat uns das Paradies zurückgegeben. *Das ist der Baum, den der Herr dem Adam als Lebensbaum inmitten des Paradieses bezeichnete* ... Darum hat der Herr in Christus das Fleisch mit dem Holze verbunden, auf daß der Hunger der Urzeit aufhöre, die Gnade des Lebens wieder geschenkt werde. O seliger Baum des Herrn, der alle Sünden gekreuzigt, o seliges Fleisch des Herrn, das allen Lebensnahrung dargeboten hat!" (Ambrosius zu Ps 35, 2; PL 14, 954).

„Gott wollte, daß der Mensch auch im Paradies nicht ohne die Mysterien geistlicher Dinge in sinnfälliger Darbietung lebe. Die übrigen Bäume waren ihm also Nahrungsmittel (alimentum), dieser aber *heiliges Symbol* (sacramentum). Was bedeutet er anderes als *die Weisheit,* von der geschrieben steht: ‚Ein Baum des Lebens ist sie jenen, die sie umfassen'? (Spr 3, 18) ... So ist die Weisheit *Christus selbst, der Lebensbaum im geistigen Paradies,* in welches er vom Kreuze aus den Schächer sandte. Um sie zu versinnbilden, wurde der Lebensbaum auch im sinnfälligen (corporali) Paradies erschaffen ... Dieser Baum bot zwar leibliche Nahrung von solcher Art, daß sie den Menschen in dauernder Gesundheit festigte, jedoch nicht so, wie es durch andere Speise geschieht, sondern durch Einflößung (inspiratione) geheimer Heilkraft" (St. Augustinus, Über den Literalsinn der Genesis, VIII, 4; PL 34, 375 f.).

Diese Symbolik des Lebensbaumes tritt auch bei der Weihe eines neuen Kreuzes (Pontificale Romanum) besonders hervor, desgleichen in den liturgischen Texten des Festes der Kreuzerhöhung (14. September), dessen Hymnen uns auch durch die ganze Passionszeit begleiten.

Der hl. Johannes Damascenus und andere Kirchenlehrer preisen Maria als die Paradieseserde, die Christus, den wahren Lebensbaum, hervorgebracht hat.

Der Baum wird auch als Bild menschlichen Lebenswertes gedeutet:

„Weil unser neues Leben verborgen ist mit Christus in Gott (Kol 3, 3), ... darum können die Leute im Winter (des gegenwärtigen Lebens) sagen: Dieser Baum ist abgestorben. Ein Feigenbaum, ein Birnbaum oder ein anderer Obstbaum z. B. ist (zu dieser Zeit) einem dürren Baume ähnlich, und so lange der Winter währt, fällt nichts auf. Der Sommer zeigt es, das Gericht zeigt es. Unser Sommer ist das Erscheinen Christi: ‚Unser Gott kommt und schweigt nicht' (Ps 50, 3). ‚Feuer wird vor ihm hergehen, dieses Feuer wird seine Feinde entzünden' (Ps 97, 3). Die dürren Bäume ergreift das Feuer. Dann erweisen sie sich als dürr, wenn zu ihnen gesagt wird: ‚Ich war hungrig, und ihr habt mir nicht zu essen gegeben' (Mt 25, 42). Auf der anderen Seite aber, d. i. auf der rechten, wird sich eine Menge von Früchten und die Schönheit der Blätter zeigen. Ewig dauert dann die Blütezeit. Zu jenen aber, als den dürren, wird gesagt: „Gehet in das ewige Feuer' " (Mt 25, 41) (St. Augustinus, Vortr. 28, 11, über Johannes).

Seit den Uranfängen der christlichen Kunst wird *das himmlische Paradies durch Bäume und Blumen angedeutet.* In der Katakombenmalerei und auf Goldgläsern ist die Ausführung unbeholfen und unbestimmt, in der Sarkophagplastik und Epigraphik derb stilisiert. Auf den Mosaiken der Basiliken sind es meistens Palmen, die Christus und die Heiligenfiguren umgeben.

In den biblischen Zyklen der altchristlichen Steinsarkophage stehen die Stammeltern neben dem *Baum der Erkenntnis,* der meistens von einer Schlange umwunden ist.

Als Symbol der *Auferstehung* kann man den Baum dort ansehen, wo seine Umgebung diesen Gedanken nahelegt; zum Beispiel auf einem Goldglas, wo aus dem architektonisch gehaltenen Grabmonument des auferstandenen Lazarus seitlich ein belaubter Baum hervorwächst.

Auf zwei von bedeutenden Forschern erwähnten Katakombengrabsteinen, die über der Inschrift einen Baum zeigen, ist dieser durch die apokalyptischen Buchstaben *AΩ* als Christussymbol gekennzeichnet.

Gegenüberstellungen eines belaubten und dürren Baumes versuchte man als Darstellung des Gnaden- und Sündenzustandes zu deuten.

Der *Lebensbaum* als christliches Symbol ist entweder mit dem Kreuz ganz zur Einheit verschmolzen oder durch Gegenüberstellung mit ihm in engste Beziehung gebracht. Seit dieses überhaupt offen und nicht mehr in der Hülle der Arkanzeichen (Anker usw.) dargestellt wurde, bekundet sich das Bestreben, seine tiefe Symbolik als Leben tragendes und Leben spendendes Siegeszeichen zu veranschaulichen. Man gab ihm vegetabilische Formen eines Palmbaumes (Orient), eines Schachtelhalmes (Abendland), oder man ließ aus dem Stamm Ranken, Blätter und Blumen hervorsprießen. Das älteste Beispiel befindet sich in der Pontianuskatakombe (4. Jahrhundert). Am großartigsten kommt diese Entfaltung auf dem Apsidenmosaik von S. Clemente in Rom zum Ausdruck: Dort ragt das Kreuz aus einer üppigen Akanthuspflanze empor, die in stilisierte, schön geschwungene Ranken und Voluten auswächst und so die ganze Concha ausfüllt.

An dem Gemmenkreuz auf dem Apsidenmosaik der Lateranbasilika bleibt von einer Pflanzenform nur mehr die schachtelhalmartige Gliederung übrig.

Vom Mittelalter an bis hinauf in die Barockzeit begegnet man häufig Kreuzen mit Astansätzen oder vegetabilischen Formen nach Art der Schlinggewächse. So entstanden die vielgestaltigen Baumkreuze, zu denen auch die sogenannten Gabelkreuze gehören.

Es gibt keinen Zweig der darstellenden Kunst, in dem das Motiv des Lebensbaumes nicht irgendwie vertreten wäre. In der romanischen Periode wurde es gern auf Türbogenflächen (Tympana) angebracht. Auch seine Verwendung für Taufsteine entspricht vollkommen der Symbolik. Mit der Zeit wurde es so stark stilisiert oder reduziert, daß nur mehr ein Kennerauge es herauszufinden und von einem bloßen Ornament zu unterscheiden vermag. Die Verkürzung ging so weit, daß aus dem Lebensbaum eine Blume, ein Blatt, eine Ranke, eine Palmette oder ein Pinienzapfen wurde.

Seltener als die Verschmelzung von Kreuz und Lebensbaum ist die Gegenüberstellung beider, ziemlich häufig dagegen die Darstellung des Kreuzes inmitten des Lebens- und Todes-(Erkenntnis-)baumes. Ersterer ist oft von Tieren flankiert, auch von solchen in Kampfstellung, die des Teufels Feindschaft gegen Christus versinnbildlichen.

Mit den grotesken Entartungen, die vom späten Mittelalter an aufkommen und aus dem Lebensbaum Arme oder Köpfe herauswachsen lassen, brauchen wir uns hier nicht zu befassen. Auch das Behängen des Lebensbaumes mit Hostien gehört wohl eher in den Bereich frommer Geschmacklosigkeiten.

Eine Ordnung für sich bilden die pflanzenartig verzierten Familienstammbäume, zu welchen vielleicht die uralte Ideenverbindung zwischen Mensch und Baum Anlaß gab.

Seit dem 12. Jahrhundert spielt in den verschiedensten Gebieten der bildenden Kunst der *Jessebaum* eine besondere Rolle: Jesse, der Stammvater des davidischen Geschlechtes, liegt schlafend da als Wurzel des Baumes, der aus ihm entsprießt. In den belaubten Ästen sind die weitern Ahnen des Messias als Blüten oder Früchte eingefügt, während im Gipfel die Allerseligste Jungfrau mit dem göttlichen Kinde thront.

Sehr beachtenswert zur Richtigstellung einer eingebürgerten Auffassung sind die Ausführungen von P. R. Bauerreis („Arbor vitae", Der Lebensbaum und seine Verwendung in Liturgie usw., S. 43 bis 49) über das Anhauchungszeichen im Ritus der Taufwasserweihe (vgl. S. 38).

Gewisse Bäume haben neben der allen gemeinsamen Symbolik noch ihre besondere Bedeutung, die auf bestimmten Eigenschaften beruht.

Eine eigene Gruppe bilden die immergrünen Bäume, zu denen Palme, Olive, Zeder, Zypresse, Pinie, alle Koniferen, mit Ausnahme der Lärche, Lorbeer, Steineiche, Myrte und Buchs gehören. Zu ihnen gesellen sich noch der Efeu sowie einige kleinere Pflanzen, die allerdings in sehr verschiedenem Grade als Sinnbilder gelten.

„Was *immer grün* ist und nimmer sein Laub verliert", sagt der hl. Ambrosius, „soll dich gemahnen, daß du niemals deine Hoffnung aufgebest, sondern daß dir immerdar durch den Glauben die Hoffnung des Heiles erblühe" (Hexam. II. 53).

„Immergrün heißt, was nicht durch Vergänglichkeit dahinwelkt" (Gregor d. Gr., Moralia XXX, 20, 65; PL 76, 560).

„Immergrün sind jene, die an dem Erbe festhalten, das der Apostel ein ‚unvergängliches, unbeflecktes und unzerstörbares' nennt (1 Petr 1, 4). Solche grünen umso mehr, als sie die Wurzeln ihres Denkens in diesen unverwelklichen Anteil einsenken" (a.a.O., 27, 80; PL 76, 569).

Dieses Grün wird frisch erhalten durch das Wasser der heiligen Lehre: „Das Herz jener, die in der Hoffnung auf das ewige Leben grünen, vertrocknet, sobald ihm die Unterweisung der Prediger entzogen wird. Wird dem Intellekt der Hörer die Gnade des Heiligen Geistes vorenthalten, so verdorrt sogleich das Verständnis, das durch die Hoffnung schon zu grünen begann" (a.a.O., XI. 10, 14; PL 75, 960).

Apfelbaum und -frucht

In der griechischen und lateinischen Sprache bezeichnen die Namen *„μῆλον"* und „malum" im allgemeinen jede größere Baumfrucht. Nicht nur die Äpfel — auch Zitronen, Orangen, Birnen und Granatäpfel fallen unter diesen Begriff. Erst ein Beiwort bestimmt die besondere Art, wie „mala cydonia" die Quitten, „mala punica“ oder „mala granata“ die Granatäpfel. Die Eigenschaften dieser Früchte, Form, Farbe, Duft, Süßigkeit, Nährgehalt usw., spielen in der Symbolik ihre Rolle.

Im Altertum war der Apfel, besonders der Granatapfel, Fruchtbarkeitssymbol und fand deshalb Verwendung bei Hochzeitsbräuchen. Persephone, die Göttin der sprossenden Natur, galt als dem Hades vermählt, da sie gezwungen worden war, in seinem Bereich Kerne des Granatapfels zu genießen. Solche uralte Sinnbilder erhalten sich samt einem gewissen Aberglauben an ihre physische oder glückbringende Wirkung beim einfachen Volke durch alle Zeiten. Noch heute besteht in der Uckermarkt (bei Essen) der Volksbrauch, der Braut beim Hochzeitsmahl den sogenannten „Brautapfel“ vorzusetzen. Er steht auf drei Goldstücken, die von den nächsten Verwandten gespendet werden, und auch die anderen Hochzeitsgäste fügen ihren Beitrag hinzu. Mit der Kugel *(σφαῖρα)* hatte die Apfelfrucht in der Antike die Beziehung auf die anfang- und endlose Ewigkeit gemein.

Bei den Kirchenvätern erhält auch das Hängen der Frucht am Baum und der Schatten, den dieser spendet, eine besondere Bedeutung:

„Wie im Gehölz ein Apfelbaum, ist mein Liebster unter den Jünglingen. In seinem Schatten sitz ich mit Lust. Seine Frucht schmeckt süß meinem Gaumen“ (Hld 2, 3).

„Dem Apfelbaum unter den Waldbäumen gleicht Christus unter den Menschenkindern, das Ewige Wort der Wahrheit unter den Irrtümern der Häretiker. In seinem Schatten, im Schutze des Gottessohnes, verlangt die Kirche und die Seele zu ruhen, da sie die Lüge flieht und allein dem Worte Gottes anhängt. In diesem Schatten will sie sich niederlassen, in ihm leben. Ja er *bringt in ihr das Leben hervor,* wie in Maria, als sie Christus empfangen sollte. Da erging an sie das Wort: ‚Der Heilige Geist wird über dich kommen und die Kraft des Allerhöchsten dich überschatten.‘ Wenn also bei der Empfängnis seines Leibes eine Überschattung stattfand, so wird sein Schatten auch den Menschengeschlechtern das Leben spenden. Mit Recht also sehnt sich seine Braut, die Kirche, danach, im Schatten des Apfelbaumes zu sitzen, auf daß sie des Lebens teilhaft werde, das sein Schatten hervorbringt.

Christi Geburt nahm also im Schatten ihren Anfang. Aber nicht nur in Maria, sondern auch in dir wird das Wort Gottes geboren, wenn du dessen würdig bist. Sorge also, daß du seinen Schatten zu fassen vermögest, auf daß, wenn du würdig geworden, sein Leib sich mit dir vereinige, der durch die Überschattung empfangen wird.

Die *Frucht* des Apfelbaumes, zugleich wohlschmeckend und wohlduftend, ist Bild der Lehre Christi. Süß ist sie der Braut-Kirche, die sie genießt. Sie weiß, daß im Wort nicht allein ihre ganze Nahrung, sondern auch ihre ganze Freude ist ...“

„Weiß und rot ist der Apfel. Wie mir scheint, zeigt das Rot im Sinnbild eine Eigentümlichkeit des Blutes an. Da aber alles Fleisch zustande kommt, indem für alle, die in dieses Leben treten, die Ehe der Geburt den Weg bereitet, und damit niemand die Entstehung des Leibes im hochheiligen Mysterium (der Menschwerdung) falsch auffasse, indem er sie jeder anderen Geburt gleichstellt, darum bezeichnet die Braut jenen als weiß und rot, der durch Annahme unseres Fleisches und Blutes ein Erdenpilger wurde. Unter allen Menschenmyriaden ging er als einzig Erlesener aus jungfräulicher Reinheit hervor, er, dessen Empfängnis ohne Verbindung von zweien, dessen Geburt ohne Makel, dessen Hervorgehen ohne Schmerz sich vollzog. Sein Brautgemach ist die Kraft des Allerhöchsten, die einer Wolke gleich die Jungfrau überschattete, seine Hochzeitsfackel der Strahlenglanz des Heiligen Geistes, sein Brautbett leidenschaftslose Gelassenheit, seine Hochzeit die Unversehrtheit" (Zusammenfassung von Gedanken des Origenes in seiner Auslegung des Hohenliedes).

„An das Kreuz geheftet hing Christus einem Apfel gleich am Baum und strömte den Duft der Welterlösung aus. Er hat ja den üblen Geruch der schweren Sünde hinweggenommen und das Aroma des Lebenstrankes ergossen ... Allein nicht bloß Wohlgeruch, auch süße Labung bietet der Apfel: — Diese köstliche Nahrung ist Christus!" (St. Ambrosius über Ps 118, Rede 5, 9; PL 15, 1254).

„Preis sei also jener Frucht, die sich zu unserem Hunger herabließ!" (St. Ephräm, 2. Gesang über die Geburt des Herrn).

Eiche

Schon der mächtige Wuchs der Eiche und die Härte ihres Holzes erscheint als ein Bild der Kraft. Deutlich drückt auch der lateinische Name „quercus *robur*", der unsere wohlbekannte mitteleuropäische Eichenart bezeichnet, die Stärke des knorrigen Baumes aus, der ebenso in Westasien wie in Nordamerika vorkommt. Die andere Hauptgattung, die Steineiche oder Grüneiche (Ilex), gedeiht nur in wärmeren Gegenden und ist besonders im Mittelmeergebiet sehr verbreitet. Ihre immergrünen Blätter erinnern in etwas kleinerem Maße an jene des Lorbeers; die Früchte sind eßbar.

Die Eiche war den Gewittergottheiten geweiht: in Griechenland und Rom dem Zeus-Jupiter, dem Entsender des Blitzes, im germanischen Gebiet dem Donnergott Donar (Thor). Das älteste Orakel war zu Dodona, wo Zeus durch das Rauschen seines Baumes, der so leicht vom Blitz getroffen ward, seinen Willen kundtat. Den Pelasgern galt er als Baum des Lebens, und der Gott, der ihn den Sterblichen verlieh, als Nährvater (Zeus Phegos, Jovis fagutalis). Wenn zu Delos die Fragenden die heilige Stätte des Orakels betraten, bewegte sich die tönende Eiche, und die Peleiaden, die heiligen Tauben, die in ihren Zweigen wohnten, sangen: „Dies spricht Zeus." Am Fuße des Baumes sprudelte ein klarer Quell, aus dessen Gemurmel die begeisterte Priesterin ebenfalls weissagte.

In der Heiligen Schrift begegnen wir der Eiche an mehreren Stellen, erstmals in der Genesis (35, 8): Rebekkas Amme war gestorben „und wurde unterhalb von Bet-El unter der Eiche begraben; man nennt sie seither Klageeiche". Das Begraben im Schatten großer Bäume war bei den Nomadenvölkern, zu denen Abrahams Nachkommen bis zur Eroberung des Heiligen Landes gehörten, allgemein Brauch und geschieht heute noch für arabische Stammeshäupter.

Die Eichen sind in den biblischen Geschichtsbüchern einige Male als lebendes Denkmal erwähnt, zur Bezeichnung eines Ortes, an den sich ein Ereignis knüpfte: Als das Volk Israel Gott seine Treue erneuerte, errichtete Josua einen Gedenkstein „unter der Eiche, die im Heiligtum des Herrn stand" (Jos 24, 26). Der Engel des Herrn, der Gideon erschien, setzte sich bei Ofra „unter die Eiche" und erteilte ihm dort die Sendung, Israel zu retten (Ri 6, 11).

Was die berühmte Abrahamseiche im Tale Mamres bei Hebron betrifft, so ist der noch bestehende mächtige Baum nicht ursprünglich. Die Versionen der Schriftstellen, die vom Wohnsitz Abrahams handeln, sind verschieden: Wo die Vulgata, ohne einen Baum anzugeben, von einem Aufenthalt des Patriarchen „im Tale Mamres zu Hebron" spricht (Gen 13, 18; 14, 13; 18, 1), schreiben die Übersetzer des hebräischen Urtextes: „bei den Terebinthen Mamres", die Septuaginta aber durchwegs „δρῦς" = Eiche.

Erst in den prophetischen Büchern tritt die *Symbolik* der Eiche hervor als ein Bild der gewaltigen Kraft der Israel umwohnenden Heidenvölker (Jes 2, 13; Am 2, 9; Sach 11, 2), aber auch als heiliges Zeichen der Lebensfülle des Gottesvolkes, das nach vielfacher Prüfung und Läuterung sich im Messias und seinem Reiche erst zur vollen Herrlichkeit entfalten wird: „Wie beim Terebinthenbaum, *wie bei der Eiche,* von denen beim Fällen ein Wurzelstock blieb, *ist ihr Wurzelstock heiliger Name*" (Jes 6, 13), und Jes 61, 3: „ 'Eichen der Gerechtigkeit' wird man sie nennen, eine Pflanzung des Herrn zu seiner Verherrlichung."

In unserem Heimatland wird Eichenlaub nicht allein wie Tannenreis zu schmukken Kranzgewinden bei religiösen und profanen Anlässen gern benützt; bei festlichen Kundgebungen pflegen tapfere Männer Eichenzweiglein auf Helme, Hüte und Kappen zu stecken, als Zeichen der Treue, Stärke und sieghaften Freude.

Feigenbaum und -frucht

Der Feigenbaum stammt aus dem semitischen Vorderasien und verbreitete sich von dort in das Mittelmeergebiet. Seine Früchte bildeten ein Hauptnahrungsmittel, nach einer alten Tradition sogar die erste Speise der primitiven Menschen und konnten selbst Brot ersetzen. Mit Feigenblättern deckten Adam und Eva nach dem Sündenfall ihre Blöße. Daß der Feigenbaum in der Antike als „heiliger Baum" und in der indischen Mythologie als der „Weltenbaum" angesehen wurde, verdankt er seinen hohen Vorzügen. Bei den Griechen gehörten Feigen zu den Fruchtbarkeitssymbolen und zum Inhalt der „mystischen Kiste", die man den Eingeweihten eröffnete. Der Feigenbaum ist nämlich überaus produktiv: Schon beim ersten Erwachen der Natur bildet er Fruchtansätze, die das Hohelied (2, 13) als Frühlingszeichen erwähnt. Ihnen folgen alsbald die Blätter. Christus gebraucht ihr Erscheinen bei nahendem Sommer als Bild für die Anzeichen des Weltendes (Mt 24, 32; Mk 13, 28; Lk 21, 29). Die im Juni reifenden Frühfeigen sind zwar gering an Zahl, aber wegen ihrer Seltenheit und vorzüglichen Qualität umso mehr geschätzt. Daher vergleicht Hosea (9, 10) Israel zur Zeit seiner Auserwählung, Jeremia (24, 5) den besseren Teil des exilierten Volkes und Micha (7, 1) die wenigen Guten mit Frühfeigen. Vom August bis Dezember ist die Erntezeit der Spätfeigen. Einzelne Früchte überdauern sogar den Winter und reifen erst, wenn im Frühjahr die Triebkraft des Baumes neu erwacht. So erwartet der Herr wohl etwas Seltenes, aber nichts Unmögliches, wenn er am Osterfest Feigen am Baume sucht (Mt 21, 18; Mk 11, 13). Seine Verfluchung erfolgt aus rein symbolischem Grunde: Der Baum war Vorbild der unbußfertigen Synagoge, ebenso in der Parabel (Lk 13, 6—9).

Vom medizinischen Wert der Feigen zur Behandlung von Geschwüren (noch heute angewendet, besonders im Orient) berichtet das 2. Buch der Könige, wo Jesaja dem todkranken König Hiskija eine Feigenmasse auflegen läßt und ihn damit heilt (2 Kön 20, 7; vgl. Jes 38, 21).

Feigen gehören zu den typischen Gütern des Gelobten Landes, die Mose (Dtn 8, 8) dem Volke in der Wüste verheißt und das Buch Numeri (13, 24) unter den Früchten nennt, welche die Kundschafter aus dem Tale Eskol mitbrachten. Ihr Fehlen in der Wüste wird vom Volke schwer beklagt (Num 20, 5), ihr Verlust durch Mißernte und Verwüstung durch Feinde oder Heuschrecken ist als Folge göttlichen Strafgerichtes in den Psalmen und den prophetischen Büchern genannt (Ps 105, 33; Hos 2, 12; Hab 3, 17; Joel 1, 7; Am 4, 9). Feigenkulturen werden im Bestand des königlichen Besitztums aufgezählt (1 Chr 27, 28).

Das „Sitzen eines jeden unter seinem Weinstock und unter seinem Feigenbaum" ist ein stehender Ausdruck, den die Heilige Schrift gebraucht, um eine Zeit ungestörten Friedens zu kennzeichnen, sei es in der Gegenwart, wie unter Salomo (1 Kön 4, 25) und später unter dem Makkabäer Simon (1 Mk 14, 12), sei es, geistig verstanden, im künftigen Messiasreich (Mich 4, 4; Sach 3, 10). Man pflanzte nämlich gern die Feigenbäume in die Weingärten (vgl. Lk 13, 6), sodaß die Reben sich in die Zweige des Baumes emporrankten und mit ihnen vereint ein dichtes Schattendach bildeten, unter dem es sich angenehm ruhen ließ. Unter einem Feigenbaum saß Nathanael, bevor ihn der Herr zu seiner Nachfolge berief (Joh 1, 48). Auf einem assyrischen Relief (abgebildet in Vigouroux, „Dict. de la Bible", Art. Figues) sieht man Weinstock und Feigenbaum nebeneinander gepflanzt.

Die Vorzüglichkeit der palästinensischen Feigen ist in einer Parabel im Buch der Richter (9, 8—15) hervorgehoben: Olive, Weinstock und Feigenbaum werden nacheinander aufgerufen, König über die Bäume zu werden, doch jeder lehnt die Würde ab. Der Feigenbaum antwortet: „Soll ich meine Süße lassen und meine köstliche Frucht und hingehen, um über die Bäume zu herrschen?"

Ohne im einzelnen auf die bisweilen etwas weitschweifige Symbolik einzugehen, welche die Kirchenväter an die biblischen Feigenbäume knüpfen, wollen wir nur drei Hauptpunkte herauslesen, auf die sie sich bezieht:

1. Die Feigen*blätter* in Genesis 3, 7 werden als Sinnbild der Sünde angesehen, da die Stammeltern sich nach ihrem Fall damit bedeckten.

2. Unter dem *unfruchtbaren Feigenbaum* des Evangeliums ist, wie schon angedeutet, das verstockte Volk Israel zu verstehen, aber auch jede Seele, die anstatt Früchte der Buße und Tugend nur Blätter äußeren Scheines und schöner Worte trägt.

3. Die Feigen*frucht* deuten die Väter wegen ihrer Süßigkeit als Symbol des Heiligen Geistes und seiner Früchte. Diese positive Deutung ist die anziehendste und läßt sich auch am besten verwerten.

„Unter dem Feigenbaum ruht", sagt der hl. Hieronymus, „wer die Süßigkeit des Heiligen Geistes genießt und sich sättigt an seinen Früchten" (in Isaiam 18, 35; PL 24, 673).

Origenes wendet die Güter des irdischen Gelobten Landes auf die himmlischen Freuden an:

„Im himmlischen Gelobten Land sproßt jener Feigenbaum, der nicht unfruchtbar und nur mit Blättern geschmückt ist, sondern aus seiner reichen Fülle die Süße des Pneumas hervorbringt" (Selecta in Deut. 8, 8; PG 12, 809).

Methodios v. Olymp stellt dem Weinstock (Christus) den Feigenbaum des Pneuma gegenüber:

„Es kommt oft vor, daß der Weinstock auf den Herrn selbst bezogen wird und der Feigenbaum auf den Heiligen Geist, weil der Herr die Menschenherzen erheitert und der Geist sie heilt. Und darum erhält zuerst Ezechias die Weisung, sich einen Feigenkuchen aufzulegen, d. h. die Frucht des Geistes, damit er geheilt werde durch *Liebe,* würde der Apostel sagen. Er spricht ja: ‚Die Frucht des Geistes ist Liebe, Freude, Friede, Langmut, Güte, Glaube, Milde, Enthaltsamkeit.' . . . Und Micha sagt: ‚Es wird jeder ruhig wohnen unter seinem Weinstock und jeder unter seinem Feigenbaum und es wird keiner sein, der ihn erschreckt.' Es ist klar: die unter des Geistes und des Logos Schutz flüchten und dort Ruhe suchen, die werden nicht zagen und nicht zittern vor dem Verwirrer der Herzen" (Symposion, 10, 5).

In der *christlichen Kunst* sind bisher nur die zwei ersten Bedeutungen verbildlicht worden. In Fruchtkränzen (Jahreszeitsymbol) und Füllhörnern spielen Feigen eine untergeordnete Rolle.

Auf Darstellungen des *Sündenfalles*, die schon in der altchristlichen Sarkophagplastik ziemlich häufig vorkommen, sind die *Feigenblätter*, mit denen sich die Stammeltern bedeckten, deutlich hervorgehoben.

Das *Wunder vom Feigenbaum*, der nach seiner Verfluchung durch den Herrn sogleich verdorrte, findet man bisweilen in Zyklen des Lebens Jesu. Ein Beispiel bietet die Bernwardsäule (1022), die jetzt im Hof des Hildesheimer Domes steht: Um diese schlingen sich (nach dem Muster der Trajansäule) 24 Reliefbilder aus dem Leben Christi.

Granatbaum und -frucht

Daß der Granatapfel neben der allgemeinen Symbolik des Apfels noch eine ganz betonte Bedeutung hat, ergibt sich aus seiner besonderen Beschaffenheit. Schon die leuchtend roten Blüten des Granatbaumes fesseln den Blick durch ihre Pracht. Die Früchte werden je nach der Sorte mehr als faustgroß. Das lebhafte Rot des *„φοινικιόν μῆλον"* (Purpurapfels) wird in den symbolischen Anwendungen immer wieder hervorgehoben. Die Frische der Farbe geht aber bei vollends ausgereiften und abgelegenen Früchten in bronzefarbige Töne über. Die lederartige Schale birgt eine große Menge kleiner Früchte. Diese sehen aus wie rundgeschliffene Rubine oder Granaten und liegen dicht aneinander wie die Körner des Maiskolbens, aber zu Gemeinschaften in Abteilungen eingeordnet, deren hellgelbe Wände vom Zentrum zur Peripherie gehen. Das Fleisch der durchscheinenden Fruchtperlen enthält einen erfrischenden, säuerlichsüßen Saft, der sich zur Mostbereitung besonders eignet (vgl. Hld 8, 2). Bemerkenswert ist auch der Blütenkelch, der als steifes Zackenkrönlein wie ein königlicher Schmuck zurückbleibt, während er bei gewöhnlichen Äpfeln vertrocknet und einer Narbe gleicht.

Läßt man den Granatapfel bis zur Überreife am Baum, so springt die Schale auf und läßt durch senkrechten Spalt einen Teil seiner verborgenen Purpurgemmen sichtbar werden (vgl. Hld 4, 3; 6, 6). Die eigentliche Heimat des Granatapfels ist Kanaan. Die Römer aber nannten ihn „malum punicum", weil er aus den afrikanischen Kolonien durch Handel zu ihnen kam und in Afrika die feinsten Sorten gedeihen.

In der heidnischen *Antike* ist der Granatapfel seines Samenreichtums wegen Symbol der Lebensfülle und Fruchtbarkeit und zählt zu den Attributen griechischer und orientalischer Vegetationsgottheiten (Hera, Adonis, Baal usw.). Dafür liefern u. a. einige noch erhaltene Stelen aus Phönizien den Beweis. Die rote Farbe machte den Purpurapfel auch zum Symbol feuriger Liebe [1], daher zum Attribut der Aphrodite — aber auch zum Zeichen von Blut und Tod. Griechische Sagen, die den Granatapfel aus Menschenblut entstehen lassen, wie auch der bereits erwähnte

[1] Heute noch schenkt man einander in Griechenland Granatäpfel als besonderes Liebeszeichen.

Mythos von der ehelichen Verbindung Persephones mit dem Unterweltgott, beeinflußten den chthonischen Charakter der Frucht. Der scheinbare Widerspruch, der hier zwischen Lebens- und Todessymbolik besteht, löst sich, wenn man in Erwägung zieht, daß es sich in der Mythologie vielfach um Personifizierung von Naturkräften handelt, und daß Sterben Vorbedingung ist für neues Leben und Blut für Lebenserzeugung. Man könnte also die tönernen Granatäpfel, die man in alten Gräbern Italiens fand, als Symbole jenseitiger Lebenshoffnungen deuten, ebenso jene auf den Darstellungen von Totenmahlszenen.

Im syro-phönizischen Götterkult war der Granatapfel von so hoher Bedeutung, daß sein Name „Rimmon" mit dem des Sonnengottes gleichlautend ist. Eine von einem Granatapfel gekrönte Säule bedeutet bei den Phöniziern „Leben, Macht, Erneuerung".

Eine ganz andere Richtung schlägt jene Symbolik ein, die den Granatapfel in der Hand Junos, der Allbeherrscherin, auf ihr „Reich" bezieht, das eine Vielheit von Städten und Bürgern umfaßt. Als Attribut des Hermes wird die Frucht nach Klemens von Alexandrien zum Sinnbild des vielfachen Sinnes, der im Wort verborgen liegt. Wir werden in der Folge beobachten können, wie das Christentum auch hier auf der Antike aufbaut, sie umstellt und gleichsam „tauft".

In Palästina gehört der Granatapfel zu den ausgezeichnetsten Landesprodukten und wird in der *Heiligen Schrift des Alten Bundes* mehrmals erwähnt. Er ist aufgezählt unter den Früchten, welche die Kundschafter aus Kanaan mitbringen (Num 13, 24). Granatäpfel und Glöckchen schmückten den Saum des hohenpriesterlichen Gewandes (Ex 28, 33. 34; 39, 24; Sir 45, 10), und Reihen plastischer Granatäpfel krönten als Kranzgesims die Säulenkapitäle des Salomonischen Tempels (1 Kön 7, 20. 42; 2 Chr 3, 16; 4, 13; Jer 52, 22. 23).

Sehen wir vorläufig von der Beziehung auf Christus und die Kirche ab, die nach Gottes Absicht in den Einrichtungen des Alten Bundes lag und von der christlichen Exegese ins Licht gesetzt wird, so hatten die Granatäpfel doch bereits im Sinne des Volkes Israel ihre aktuelle Bedeutung, besonders jene am Gewand des Hohenpriesters. In der Antike war die Ideenverbindung zwischen Granatapfel und Fruchtbarkeit ganz allgemein. Dem auserwählten Volke aber war diese ein Zeichen göttlichen Segens, der verheißungsgemäß an die Gesetzestreue geknüpft war.

Im Hohenlied, das schon im Literalsinn mystisch zu deuten ist, da es im Bilde bräutlicher Liebe vom Bunde Gottes mit dem auserwählten Volke handelt, ist sechsmal von Granatäpfeln die Rede. Sie bezeichnen die Liebe der Braut und die innere Schönheit, die in ihrer äußeren Anmut verborgen liegt.

„Wie ein Granatapfel glühen deine Wangen hinter dem Schleier hervor" (Hld 4, 3; 6, 6).

„Ein Lustgarten sproßt aus dir, Granatbäume mit köstlichen Früchten" (4, 13).

„Zum Nußhain stieg ich hinab, mich zu erfreuen am sprossenden Grün im Tal, zu schauen, ob der Weinstock schon sproßt, ob die Granaten in Blüte stehn" (6, 11; ähnlich 7, 12).

„Ich gäbe dir Würzwein zu trinken, Most von Granaten" (8, 2).

Die Erklärungen, welche die *Kirchenväter* an die heiligen Schrifttexte knüpfen, sehen im Granatapfel ein Symbol der Ekklesia, die durch das Leiden des Herrn und seiner Märtyrer in schönstem Rot leuchtet. Sie trägt in der Hülle heiligen Schweigens die Fülle der Mysterien und die Hoffnung auf die jenseitigen Güter. Sie umfaßt in der Einheit des Glaubens und der Liebe die vom Blute Christi ge-

11 Christus als Kämpfer. Erzbischöfliche Kapelle, Ravenna. 5. — 6. Jh.

12 Kantharus mit Weinreben und Pfauen. S. Apollinare, Ravenna. 6. Jh.

rötete Schar der Erlösten, die wie die Zellen im Granatapfel wiederum verschiedene Gemeinden und Stände bilden und fruchtbar sind durch vielerlei Gnadengaben, Tugenden und Verdienste. — Was hier nur kurz zusammengefaßt werden kann, das führen die heiligen Schriftsteller oft bis ins einzelne aus. Manche betrachten das Symbol mehr vom Standpunkte der Aszese: Wie der Granatapfel in ungenießbarer Schale seine Schätze birgt, so trägt der vollkommene Christ seine innere Schönheit verborgen und geschützt durch die Herbheit einer strengen Lebensführung, spendet aber seine Reichtümer hingebend aus, wo die Liebe es erfordert. Der hl. Ambrosius wendet diese Gedanken speziell auf den Priesterstand an:

„Die Priester sind es, in welchen die Schönheit der Kirche liegt. An ihnen ist die Blüte besonders anmutend, die Reife erst recht vollendet. Ihre Würde bekunden sie durch aszetischen Lebenswandel, der mit der äußeren Schale des Granatapfels zu vergleichen ist. Den Angriffen der Welt zwar preisgegeben, spenden sie die Mysterien aus, die sie verborgen tragen."

Ebenfalls St. Ambrosius sieht im Granatapfel ein Bild für den vielfachen Sinn des göttlichen Wortes in der Heiligen Schrift.

In der *christlichen Kunst* begegnet man dem Granatapfel als symbolisch-ornamentalem Motiv auf Fußbodenmosaiken, Stoffen, Randleisten und unter den Pflanzen, die das Paradies andeuten, oder im Zyklus der Jahreszeiten mit Weintrauben usw. den Herbst vertreten. Besonders sinnvoll erscheint er auf dem Relief einer Marmorplatte des 12. bis 13. Jahrhunderts [2]. Im unteren Teil bemerkt man einen Löwen, der ein Rehkitz verzehrt. Das bedeutet in der antiken Symbolik den Sieg des Lichtes über die Finsternis. Das gefleckte Fell der jungen Rehe war nämlich Zeichen des Sternenhimmels, der Löwe aber (vgl. das gleichnamige Sternbild) Zeichen der stärksten Sonnenglut. Über dem Rücken des Löwen erhebt sich ein Säulenschaft mit einem Gefäß, aus dem ein rankentreibender Stamm emporwächst. Auf den zwei untersten Trieben stehend, flankieren ihn zwei Pfauen (Unsterblichkeitssymbol!). Seine Spitze aber krönt ein *Granatapfel* als Sinnbild der Lebensfülle und scheint das Pflanzenmotiv als „Lebensbaum" zu kennzeichnen. Damit ist wohl auch der Schlüssel zur ganzen Komposition gegeben: „Triumph des ewigen Lebens über Tod und Finsternis." — Interessant ist auch ein altchristliches Tonlämpchen aus Theben, das mit vier kreuzweise gestellten Granatäpfeln verziert ist. Wahrscheinlich soll es den Gedanken an die Gnadenfülle und übernatürliche Lebenskraft andeuten, die der Kreuzestod des Herrn uns brachte. — Ein Granatapfel, der durch einen Spalt seine Fruchtkörner zeigt, ist das Abzeichen der Barmherzigen Brüder. Er bedeutet die Liebe, die sich dem Nächsten öffnet und hingibt.

Lorbeer

Der Lorbeer (laurus, *δάφνη*) wurde wegen des aromatischen Geruches und Geschmackes seiner immergrünen Blätter und schwärzlichen Beeren schon in ältester Zeit zu einem Götterbaum, dessen Duft Moder und Verwesung verscheucht. Besonders war er dem Apollo geweiht, der als Personifizierung der Sonnenglut Seuchen sendet und wieder abwendet. Der Lorbeer diente ihm als Mittel, die Menschen von Epidemien wie auch von sittlicher Befleckung zu reinigen. Daher wurde der Baum zum *Sühnebaum*. Der lateinische Name „laurus", von „luo, lavo", steht zu

[2] Berlin, Kaiser-Friedrich-Museum, Abb. in Wulff, Altchr. u. ma. Bildwerke.

dieser reinigenden Kraft in engster Beziehung. Man schrieb dieser Pflanze auch die Fähigkeit zu, Weissagungen und dichterische Inspirationen zu fördern. Den Heiligtümern des Apollo fehlte nie das Lorbeerwäldchen. Zu Delphi saß die Seherin (Pythia) auf einem lorbeerumschlungenen Dreifuß und bereitete sich auf ihre Orakelsprüche durch Kauen von Lorbeerblättern vor. Mit solchen bekränzte sich auch, wer durch das Orakel eine günstige Antwort erhalten hatte; und wer Träume von guter Vorbedeutung wünschte, legte sie sich unter das Bett. Als Vorzeichen galt auch das Verbrennen von Lorbeer: brannte er knisternd, so war das Omen gut, andernfalls schlecht.

Bei apollinischen Festzügen, Opfern, Wettspielen, Anrufungen und Besprengungen, bei Riten, die Krankheiten und andere Übel abwehren sollten, dienten Lorbeerzweige als Vergegenwärtigung des Gottes. Den Ärzten galt die aromatische Pflanze als Universalmittel. Das wird wohl der Grund sein, warum man ihre Zweige an die Türen der Krankenzimmer steckte und auch Statuen des Äskulap (Gott der Heilkunde) damit schmückte.

Durch griechische Ansiedlungen kam mit dem Apollokult der Lorbeer auch nach Italien. Bald fand er dort seine Stelle in den Lustrations- und Sühnegebräuchen der lateinisch-sabinischen Religion. Der ursprüngliche Grund seines Gebrauchs bei Triumphzügen siegreicher Heere lag darin, sich von dem im Krieg vergossenen Blut zu *reinigen.* Der Gedanke an Sieg und Ruhm, der sich naturgemäß damit verband, kam erst an zweiter Stelle, behielt aber in der Folge allgemein die Oberhand.

Nach Plinius ist der Lorbeer der einzige größere Baum, der nie vom Blitz getroffen wird: „Fulmine sola non icitur" (Hist. nat. 15, 30).

Hatten Diktatoren und Consules Hervorragendes geleistet, so wurden ihre Fasces mit Lorbeer umschlungen. Der Brauch, Siege sowie große Erfolge auch auf dem Gebiet der Wissenschaft und Kunst durch Lorbeerkränze auszuzeichnen, erhielt sich durch alle Jahrhunderte. „Baccalaureus" heißt darum heute noch, wer sich an der Universität einen Grad erworben hat.

Schon in den biblischen Büchern des Neuen Testamentes und in der kirchlichen Kunst und Literatur der ersten Jahrhunderte ging der Siegeskranz in die *christliche Symbolik* über (vgl. Art. „Kranz und Krone").

Mandelbaum und Nuß

Noch ehe das Frühjahr andere Fruchtbäume zu neuem Leben erweckt, entfaltet der Mandelbaum seine zart-rosenfarbigen Blüten. In seiner Heimat Asien und im Mittelmeergebiet, wo er als Kulturpflanze sehr verbreitet ist und auch wild wächst, beginnt seine Blüte schon im Jänner. Daher wurde er bei den alten Völkern, die jedes Naturding als symbolischen Vertreter seiner besonderen Eigenschaften ansahen, zum Sinnbild der Wachsamkeit und hieß im Hebräischen „Schaqed", der „Wachende". Der hl. Cyrillus von Alexandrien († 444) erwähnt in seiner Schrift „Über die Anbetung im Geiste und in der Wahrheit" (10. Buch), daß es in der Antike Brauch war, Herrscherstäbe aus Mandelholz zu schnitzen. Man glaubte nämlich, daß die göttliche Vorsehung in den Mandelzweig eine geheime Kraft hineingelegt habe, Wachsamkeit zu bewirken, wenn man sich einen solchen an das Haupt legt. Namhafte Exegeten nehmen darum an, daß nach damaligem Brauch nicht nur der Stab Aarons (Num 17), sondern sämtliche Stäbe der israelitischen Stammesfürsten aus Mandelholz waren.

Was die Mandel*frucht* betrifft, so bezeichnet die Antike, deren Naturkunde sich im Christentum noch lange erhielt, alle Früchte, die den genießbaren Kern in harter, holziger Schale enthalten, mit dem gemeinsamen Namen: „Nux". Daher ist die Symbolik der Nuß, einerlei ob Mandel- oder Walnuß, von diesem Gesichtspunkt aus die gleiche. Alte heidnische Schriftsteller erwähnen die Sitte, bei Hochzeitsfeiern Nüsse zu streuen, da diese „mit der doppelten Umhüllung, einer weichen und einer harten Schale, von der Natur besonders ausgestattet sind. Sie haben darum bei Hochzeiten eine geheimnisvolle Bedeutung, weil sie ihre Frucht auf mehrfache Weise schützen" („Quae causa eas nuptiis fecit religiosas, tot modis foetu munito" — Plinius, Nat. hist. lib. XV, 22). So war also die Nuß, die den Keim neuen Lebens in besonders sicherer Hut geborgen trägt, Symbol des Kindersegens, den man den jungen Eheleuten wünschte, ja vermitteln wollte, denn es scheint sich auch hier um ein antikes Sympathiemittel zu handeln.

Die Nuß im allgemeinen galt auch als Symbol der Geduld, weil der genießbare Kern erst aus seinen Schalen herausgearbeitet werden muß. Daher sagt der Dichter Plautus (in Curculio): „Qui e nuce nucleum esse (= edere) vult, frangat nucem. — Wer den Kern der Nuß essen will, zerbreche die Nuß", d. h., wer einen Vorteil wünscht, scheue nicht die Mühe. Die Nuß versinnbildet also die Härten, mit denen die Erreichung eines Gutes verbunden ist.

Als die Israeliten sich in der Wüste gegen ihre Führer empörten und die priesterlichen Vorrechte Aarons und seines Stammes nicht anerkennen wollten, befahl der Herr, daß jeder Stammesfürst seinen Stab, mit dem eigenen Namen versehen, dem Mose bringen solle. Dieser legte die zwölf Stäbe vor die Bundeslade, und am anderen Morgen hatte Aarons Stab „ausgeschlagen, Sprossen getrieben, Blüten hervorgebracht und trug reife Mandeln" (Num, Kap. 17). Der Vorzug Aarons wäre schon durch das liebliche Wunder allein, ohne Bestimmung der Pflanzenart, bezeugt gewesen. Daß der Stab aber ein aufsprießender *Mandelzweig* war, verstärkt die Bedeutung: Wie der Mandelbaum der zuerstblühende aller Bäume ist, so soll Levis Stamm durch seine priesterliche Würde der erste sein unter den Stämmen Israels. Unter den Schriftstellen, die den Mandelbaum erwähnen, ist diese die wichtigste.

Mandelzweige sind auch genannt in Genesis 30, 37 unter den Hölzern, die Jakob in die Tränkrinnen seiner Herden legte, um durch einen schlauen ökonomischen Kunstgriff den ihm zugestandenen Anteil an gefleckten Vieh zu mehren.

Nochmals finden wir den Mandelzweig in der Vision des Propheten Jeremia (1, 11. 12): „Darauf erging an mich das Wort des Herrn: Was siehst du, Jeremia? Ich antwortete: Einen Mandelzweig sehe ich. Da sprach der Herr zu mir: Du hast richtig gesehen; denn ich wache über mein Wort und führe es aus."

Durch den im Vorfrühling erblühenden Mandelbaum will Gott seinem Propheten das unmittelbar bevorstehende Strafgericht ankündigen.

In einem mystischen Nußgarten ergeht sich die Braut im Hohenlied, welche die Kirche versinnbildet: „In den Nußgarten stieg ich hinab, nach dem Sprossen der Palme zu sehen" (Hld 6, 11).

In den Kommentaren der Kirchenväter wird das Früherwachen der Mandelblüte am kahlen Baum zum Auferstehungs- und Taufsymbol, der dürre Zweig zum jungfräulichen Reis, das uns Christus, die Lebensblüte und Lebensfrucht, geschenkt, der erstorbene Ast in seiner Neuentfaltung zum Kreuzesgeheimnis, die Bitterkeit und Härte der Fruchtschalen zum Leidensbild, der Nußkern zum göttlichen Leben, das im Kleide des unscheinbar Menschlichen oder in den Hüllen der Glaubenslehre und Askese verborgen liegt. So erscheint der Mandelzweig wahrhaft als die „Virga sacerdotalis“ Christi und des königlichen Priestertums seiner Glieder, die Mandelnuß aber als „pontificalis fructus“, wie Origenes sie nennt.

Während manche dieser Väterstellen der allgemeinen Symbolik des Baumes ziemlich nahekommen, setzen folgende Beispiele mehr die Eigentümlichkeit der Mandel und ihre Beziehung zum *priesterlichen Stabe* ins Licht:

„Was anders bedeutet jener Stab (Aarons), als daß die Gnade des Priestertums niemals welkt und ihr Inhaber kraft seines Amtes trotz seiner Geringheit mit der Blüte der ihm verliehenen Gewalt geschmückt ist? Oder könnte man wohl das Symbol auch auf das Mysterium beziehen? ... Damit wir erkennen, daß in den Priestern mehr die göttliche Gnade als Menschengunst wirksam ist, erblühte Aarons Stab als einziger unter allen, die Mose von den Stämmen erhalten und hinterlegt hatte“ (Ambros. Epist. 62, 58).

„Durch den Stab scheint nämlich angedeutet, daß die Weissagung wie auch die priesterliche Autorität gerade auf ihr Ziel hinstreben soll, sodaß sie nicht das Angenehme, sondern das Nützliche lehre (persuadeat). Darum wird dem Propheten befohlen, einen Mandelzweig zu nehmen, weil die Frucht des genannten Baumes in bitterer Hülle und harter Schale den Fruchtkern enthält. Desgleichen soll auch der Prophet das Bittere und Harte vorhalten und sich nicht scheuen, Schmerzliches anzukündigen. Ebenso der Priester: Mag seine Unterweisung im gegenwärtigen Augenblick bitter erscheinen, sieht es aus, als wäre Aarons Stab auf lange Zeit in den Ohren der Widerstrebenden beiseite gelegt, einst wird er trotz seiner scheinbaren Verdorrung wieder aufblühen“ (Ambros. Epist. 41, 2 et sq).

„Aus der Fruchtart, die der Stab des Hohenpriesters hervorbrachte, kann man also erkennen, wie der Lebenswandel des Priesters beschaffen sein muß: enthaltsam, geordnet, zurückhaltend sei das äußere Gebaren, sein Inneres aber umschließe eine unsichtbare Nahrung, die erst enthüllt wird, wenn mit der Zeit die Speise gereift, die Hülle zersprungen und die Holzschale des eßbaren Kernes zerbrochen ist“ (Greg. Nyss. De vita Moys.).

„Der Mandelzweig ist Christus, weil die Mandel
Die Nahrung innen birgt in fester Schale,
Umkleidet von der bittern, grünen Hülle.
Schau Gott darin im Schleier unseres Leibes,
Sieh Christum, schwach im Fleisch, im Worte Nahrung
Und voller Bitterkeit in Kreuzesqual.

Die Kreuzespredigt auch ist harte Schale,
Als Kern enthaltend Christi Himmelsspeise.
Auch sie ward süß am Kreuz, da von dem Baume,
Das Leben sproßt — Gott, unser Leben!
Mein Leben hing am Kreuz, daß ohne Wanken
Mein Christusleben stehe fest in Gott!“

(Paulinus von Nola, Natal. S. Felicis carm 9)

Der Auferstehungssymbolik des hohenpriesterlichen Stabes, die schon ältere Väter erwähnen, fügt der hl. Gregor d. Gr. (540—604) noch besondere Gesichtspunkte hinzu: „Was anders soll dieses Zeichen (des aufsprossenden Stabes) andeuten, als daß wir alle, die wir bis zum Weltende im Grabe liegen, den übrigen Stäben gleich in abgestorbenem Zustand verharren? Während nun alle Stäbe dürr bleiben, blüht

Levis Stab wieder auf, da ja aus dem Leibe des Herrn, unseres wahren Priesters, als er in Todesstarre lag, die Blüte der Auferstehung hervorbrach. An dieser Blüte wird mit Recht Aarons Priesterwürde erkannt, denn diese Auferstehungsherrlichkeit bekundet, daß unser Erlöser, der aus dem Stamme Juda und Levi hervorging, unser Mittler ist. Sieh also: Aarons Stab erblüht, nachdem er verdorrt gewesen; die Stäbe der zwölf Stämme aber bleiben dürr, da zwar Christi Leib nach dem Tode bereits zum Leben zurückkehrt, für *unsere* Leiber aber die Herrlichkeit der Auferstehung bis zum Weltende aufbehalten bleibt“ (Gregor d. Gr., Moralia 14, 55).

Myrte

Eine Zierde meerumspülter Landstriche des Südens sind die verschiedenen Myrtenarten. Sie wachsen dort als Sträucher oder niedrige Bäume. Ihre immergrünen Blättchen duften, wenn man sie reibt. Ein aus ihnen gewonnenes Öl diente schon in der Antike zu medizinischen Zwecken und die schwärzlichen Beeren zur Bereitung eines Weines. In Mitteleuropa ist die Pflanze meistens nur in Treibhäusern zu treffen, bleibt klein und gelangt nicht leicht zur vollen Blüte. Anders im warmen Klima, wo ihre Krone zirka 3 m Durchmesser erreichen kann und sich gegen Ende Juni über und über in zarten weißen Blütenflor kleidet.

Als Bild jungfräulicher Anmut haben schon die alten Griechen und Römer die liebliche Myrte angesehen und sie darum der Schönheits- und Liebesgöttin Aphrodite (Venus) geweiht, deren ursprüngliche Bedeutung noch frei war von dem üblen Klang, der sich in der Folge mit ihrem Namen verband. Die Venus der Römer war der Grundidee nach eine Göttin der blühenden, sprossenden Natur wie auch des Lebensfrühlings und des Ehebundes. Bei den Aphrodite-Tempeln pflanzte man stets Myrten. Im Kult der Göttin trugen die eingeweihten Mysten Myrtenkränze. Als Symbol der Freude schmückten solche auch die römischen Krieger, wenn sie, ohne Blut vergossen zu haben, von einem gewonnenen Feldzug heimkehrten, während der Lorbeer den Siegern in blutigen Kämpfen vorbehalten war.

Nach Plinius (Hist. nat. 15, 29) bewirkte ein Myrtentrank Reinigung der Galle und führte daher nach dem Raub der Sabinerinnen zur Besänftigung der Gemüter und zur Versöhnung der Entzweiten.

Wie Plutarch bezeugt, pflegte man sich bei heiteren Gelagen mit Myrten zu bekränzen. Sie galten als Zeichen der Freude. Das war auch der Sinn jenes Myrtenzweiges, den man bei gleicher Gelegenheit umhertrug, um die Beteiligten zum Singen aufzufordern. Wer etwas anstimmte oder ein Solo sang, nahm dabei den Myrtenstab in die Hand.

Der Myrtenkranz, den die Braut bei der Hochzeitsfeier trägt, geht auf die Beziehung der Pflanze zur Ehegöttin Aphrodite zurück. Ihm liegt nebstbei der Glaube an die Fähigkeit immergrüner Gewächse zugrunde, ihre Lebenskraft dem Träger mitzuteilen. Nach heutiger christlicher Auffassung aber ist dieser bräutliche Schmuck Symbol unberührter Jungfräulichkeit.

In der Hl. Schrift sind Myrten einige Male erwähnt: Im Buche Levitikus (23, 40), wo es sich um die Feier des Laubhüttenfestes handelt, heißt es zwar: „Ihr sollt euch am ersten Tage die schönsten Früchte, Palmwedel und *Zweige von dichtbelaubten Bäumen* und von Bachweiden holen und sieben Tage lang vor dem Herrn, eurem Gott, fröhlich sein.“ Daß aber unter diesen „dichtbelaubten Bäumen“ Myrten zu verstehen sind, erhellt aus einigen Versionen dieser Stelle sowie aus Nehemia 8, 15, wo nach der Heimkehr aus dem babylonischen Exil eine Laubhüttenfeier verordnet und die Pflanze unter den Zweigen ausdrücklich genannt wird. Auch spätere jüdische Quellen bezeugen ihre Verwendung bei diesem Anlaß. Die Zweige hatten einen doppelten Zweck: Sie dienten zum Bau der Laubhütten, in denen die Juden sich während der Festoktav aufhalten sollten, um die Erinnerung an ihre Befreiung aus Ägypten und an ihr Lagern in der Wüste zu begehen. Ferner trug jeder Teilnehmer einen Strauß (Lulab) solcher Zweige während des Gottesdienstes in der Hand, um ihn nach Vorschrift des Zeremoniells während des Gesangs von Psalm 118, Vers 1 und 25 in bestimmter Weise freudig zu schwingen (vgl. Allioli, Handbuch der bibl. Altertumskunde, Bd. I/2, § 193, S. 219, Landshut 1844). Dadurch bekundete man den Dank gegen Gott, der sein Volk in das Land der Verheißung geführt und ihm reichen Erntesegen gespendet hatte.

Jesaja (41, 19 und 55, 13) nennt die Myrte unter den Bäumen des messianischen Wonnegartens, der an Stelle des Wüstenlandes und Dorngestrüpps erstehen soll.

Dem Propheten Sacharja (1, 8. 10. 11) erscheint der „Engel des Herrn", der die frohe Botschaft von der Wiederherstellung Jerusalems und seines Tempels kündet, „zwischen Myrten im Talgrund". Ob sich nun tatsächlich solche Bäume am Ort der Vision befanden oder nicht — *mystisch* bedeuten sie nach Cornelius a Lapide den freudigen Charakter der Verheißung, denn die Myrte ist ‚hilaritatis indicium", ein Anzeichen der Freude und durch ihr lebenskräftiges Immergrün, ihren Duft und ihre Schönheit hier Bild jener Israeliten, die Gott die Treue wahrten.

Der Name der Königin Ester (Edissa, Hadassah) ist abgeleitet von „Hadas" = Myrte; ebenso in der assyrischen Sprache das Wort „hadasatu" = Braut. Der Name war also sehr bezeichnend für die Schönheit, Anmut und jungfräuliche Reinheit der Retterin Israels. Ester ist ein Vorbild der allerseligsten Jungfrau Maria und jener, die ihrer Tugend nachstreben. Maria ist die liebliche Myrte des Herrn, die Ursache unserer Freude. In seinem Jesajakommentar sieht der hl. Hieronymus in der Myrte ein Bild des Wohlduftes Christi, den die Ecclesia ausströmt und verbreitet. Der hl. Gregor aber faßt besonders die besänftigende Wirkung der Myrte ins Auge (vgl. oben Plinius) und nimmt sie als Bild für die Tugend der Maßhaltung und Selbstbeherrschung sowie des Mitleids mit den Nöten des Nächsten.

Olivenbaum und Öl

„Arbor foeta alma luce	„Fruchtbar durch der Sonne Strahlen,
Hoc sacrandum protulit	Bot ein Baum die Gabe dar,
Fer hoc prona praesens turba	Die zur Weihe dem Erlöser
Salvatori saeculi."	Freudig hinträgt unsre Schar!"

(aus dem Prozessionsgesang der Chrisamweihe)

Der Olivenbaum nimmt in der Pflanzenwelt nach dem Weizen und dem Weinstock, welche die eucharistischen Gestalten liefern, den höchsten Rang ein, da aus ihm eine der wichtigsten sakramentalen Materien, das Salböl, gewonnen wird. Zwar reicht der Ölbaum nicht an die Pracht der Palme und so mancher anderer Bäume heran, hat aber seine ganz eigenen Reize. Er ist außerordentlich lebenskräftig und kann mehrere hundert Jahre alt werden. Sein von Natur aus schöner Wuchs wird durch vieles Beschneiden unregelmäßig, der Stamm im Alter zerklüftet. Die Zweige lassen das Sonnenlicht durchscheinen. Die schmalen, immergrünen

Blätter sind lederartig, fallen nicht ab, und ihre hellgraue Unterseite, die harmonisch zum milden Dunkelgrün der Oberseite stimmt, verleiht dem Baum ein silberiges Aussehen. Die ausgereiften grünlich-schwarzen Früchte gleichen kleinen Pflaumen von 2 bis 2,5 cm Länge und liefern alle zwei Jahre reiche Ernte. Aus ihrem Fleisch und dem harten Kern wird durch Zerstoßen oder Zerdrücken mit schweren Steinwalzen und Pressen das Öl gewonnen, das den Orientalen und Mittelmeerbewohnern lebensnotwendig ist. Man kocht damit, trinkt es sogar, benützt es als Zukost und als Brennstoff für Lampen. Die Öllämpchen der Antike, von denen man so viele in den Katakomben fand, haben einen eigenen Charakter, eigenen Reiz und ihre eigene Symbolik (vgl. Art. „Lampe"). Als erprobtes Heilmittel lindert das Öl Schmerzen, heilt Wunden (vgl. Lk 10, 34), stärkt müde Glieder und macht sie gelenkig. Es kühlt und glättet die Haut und schützt sie vor schädlichen Einflüssen. Im Altertum salbte man sich nach jedem Bad (vgl. Dan 13, 17). Das gleiche taten die Athleten vor dem Wettkampf, um ihre Geschicklichkeit und Ausdauer zu erhöhen und dem zufassenden Gegner leichter zu entschlüpfen. Diesen Vorteil suchten die Kämpfenden allerdings zu vereiteln, indem sie sich gegenseitig mit Sand bewarfen. Öl dringt in die meisten Körper ein und verbreitet sich. Auf wässerigen Substanzen schwimmt es obenauf und läßt sich nur mit Gleichartigem mischen, z. B. mit Balsam bei der Chrisamzubereitung. Die Alten behaupteten, daß sogar stürmische Meereswogen sich besänftigen lassen, wenn man Öl darauf gießt. Auf diesen natürlichen Eigenschaften und Verwendungen baut die Symbolik auf.

Die alte und neue Völkerkunde bezeugt, daß Heiden dem Öl göttliche Wirkungen zuschreiben. Sie salben Könige und hervorragende Persönlichkeiten, um sie mit der Gottheit in besondere Beziehung zu setzen. Durch Salbungen glauben sie neugeborenen Kindern göttlichen Segen zum Beginn des Lebens, den Toten aber Frieden am Lebensende zu vermitteln. Eine *christliche* Totensalbung erwähnen übrigens mehrere alte Quellen. Nach Pseudo-Dionysius bedeutet sie, „daß der Entschlafene in den heiligen Kämpfen gerungen habe und vollendet erfunden sei". Den heidnischen Griechen galt der Ölbaum als heilig. Da er den Unterhalt des Lampenlichtes liefert, war es der Athene, der Göttin geistiger Helle, geweiht und wegen der lindernden Eigenschaften des Öles Symbol des *Friedens*, des *Erbarmens* und der *Versöhnung*. Auch die Wortverwandtschaft zwischen *ἐλαία* = Ölbaum, Olivenfrucht und *ἐλεέω* = ich bemitleide, erbarme mich, drückt diesen Sinn aus. Griechische Priester, Schutzflehende und Friedensboten trugen Olivenzweige *(ἱκετηρία ἐλαία)*. Auch gab man Toten solche mit ins Grab oder bettete sie auf Olivenblätter, damit sie durch dieses versöhnende Zeichen vor den Göttern der Unterwelt Gnade fänden. Mit Zweigen vom wilden Ölbaum (Oleaster), dessen Blätter und Früchte kleiner sind als jene der Olive, wurden die Sieger in den olympischen Spielen bekränzt. Bei Triumphen siegreicher, lorbeergeschmückter Feldherrn trugen Diener oder Anordner des Triumphes, die nicht selber die Schlacht mitgemacht hatten, Kränze aus Olivenzweigen.

Wie dieses Sinnbild sieghaften Friedens von jeher auch den Alten und Neuen Bund durchzieht, zeigt uns die Hl. Schrift und Liturgie. Von Ewigkeit her schauen die Augen des Herrn alles, was er je in seinem Reiche vollbringen will, als eine große Einheit. Er läßt im Alten Bund durch Zeichen vorahnen und vorbilden, was wir jetzt im Vollicht der Erfüllung erfahren dürfen. Ein solches Zeichen war jener Olivenzweig, den die ausgesandte Taube nach der Sintflut dem Patriarchen Noach brachte (Gen 8, 11). Sie kündete das Ende des furchtbaren Strafgerichtes. Gott zürnte nicht mehr. Er ließ auf Erden wieder den Friedensbaum sprossen, der den

Menschen seit ihrer Erschaffung so vielseitigen Nutzen bringt und der am Ende der Zeiten durch die Geistestaube den Erlösten die „spiritalis unctio", die Salbung Christi, vermitteln sollte. Der Name *Χριστός* heißt ja „der Gesalbte", da die Gottheit die heiligste Menschheit des Erlösers so durchdringt wie das Öl die Körper, mit denen es in Berührung kommt. „Gesalbt ist er mit dem Öl der Freude, auf daß wir an die Gnade des hl. Geistes denken, die uns zum guten Eifer und zur beständigen Freude führt" (S. Cyrillus von Alexandrien).

Der Olivenbaum wird in der Hl. Schrift zusammen mit dem Getreide und Wein als Zeichen der Segensfülle und Fruchtbarkeit friedlicher Zeiten genannt. Die heiligen Bücher ziehen ihn auch zu Vergleichen heran, die im geistigen Sinne etwas besonders Ausgezeichnetes bedeuten sollen. Zum Beispiel nennt Sir 24, 19 die Olive unter anderen erlesenen Pflanzen als Sinnbild der Ewigen Weisheit (in der Liturgie auch auf Maria übertragen). Vom auserwählten Volke heißt es bei Jer 11, 16: „Einen üppigen Ölbaum von schöner Gestalt hatte der Herr dich genannt." Auch der Gerechte wird mit einem fruchtbaren Ölbaum verglichen (Sir 50, 11; Ps 52, 10; 128, 3). — Bereits im Alten Bund wird der liturgische Gebrauch des Öles von Gott vorgeschrieben. Es diente zur Salbung der Hohenpriester, Könige und Propheten sowie der Bundeslade, des heiligen Zeltes und seiner Geräte. Es gehörte zu jedem unblutigen Opfer und unterhielt die Lampen des Heiligtums. Nach Ps 45, 8 und 104, 15 sprechen die Väter und die Liturgie wiederholt vom Öl der Freude; ein Ausdruck, den wir im *übernatürlichen* Sinne wohl verstehen, obschon dessen natürliche Grundlage uns nicht so nahe liegt wie der Antike.

Durch die Segnung, die das Öl während des feierlichen Pontifikalamtes am Gründonnerstag erhält, wird es so durchtränkt mit göttlicher Gnadenwirkung, daß der Bischof, der allein die Vollmacht besitzt, es zu weihen, den Chrisam wie auch das Katechumenenöl mit dem dreimaligen, in steigendem Ton gesungenen Rufe grüßt: „Ave sanctum Chrisma" und „Ave sanctum Oleum"! Danach wiederholen die zwölf assistierenden Priester der Reihe nach denselben Gruß, indem sie vor den heiligen Gefäßen das Knie beugen und den Rand der Ampullen küssen. So wird das Öl wahrhaft mit göttlicher Kraft erfüllt, durch die Gott in der Übernatur etwas Analoges wirkt, wie das ungeweihte Öl im natürlichen Gebrauch. „Mit irdischer Salbe wird der Körper gesalbt, mit dem heiligen, lebensspendenden Geist wird die Seele geheiligt" (Cyrillus v. Jerusalem, Mystagog. Katech. III. 1). Das Öl ist ja Sinnbild der *Gnade* und ihres Spenders, des *Hl. Geistes!*

Bei vier Sakramenten, Taufe, Firmung, Priesterweihe und Krankenölung, werden Salbungen vorgenommen. Außerdem wird das heilige Öl bei einer ganzen Reihe großer Weihen gebraucht. Strömt eine solche Segensfülle nicht aus der Todesangst Christi im Ölgarten, wo die Blut- und Schweißtropfen des Erlösers auf die Wurzeln der Olivenbäume niederträufelten und in diesen Zeugen seines Ringens alle Oliven heiligten?

Eine Salbung mit *Katechumenenöl* rüstet bereits den Taufkandidaten zum Kampf gegen die Mächte der Finsternis und schützt ihn gegen ihre Angriffe. Mit dem *Chrisma* der Gnade, der Verähnlichung mit Christus, der Stärke und des Lichtes wird der *Neophyt* unmittelbar nach dem heiligen Taufbade gesalbt. Und wiederum weiht ihn das vom Pneuma durchflutete *Chrisma* bei der *Firmung* zum Streiter und Bekenner Christi. Es teilt ihm die Gnadenfülle des Hl. Geistes mit, die von Christus, dem Haupte, auf die Glieder fließt (vgl. Ps 133), die nach Ihm „Christen", Gesalbte, heißen. Bei der *Priester- und Bischofsweihe* werden die Hände der zum höchsten heiligen Dienst Berufenen gesalbt und ihnen damit die

Vollmacht verliehen, zu segnen, zu weihen und Gnaden zu vermitteln. Die Salbung bedeutet hier die „Gnadengewalt". Liegt der Christ schwerkrank darnieder, so bringt ihm die Salbung der fünf Sinne mit dem *Krankenöl* (oleum infirmorum) Linderung der seelischen und oft auch der physischen Leiden, nicht selten sogar die Genesung. Dieses heilige Sakrament verleiht Beruhigung, Frieden und Freude und rüstet den Sterbenden zum letzten Kampf.

In altchristlicher Zeit wurden auch Büßer und Apostaten bei ihrer Wiederaufnahme in den Schoß der Kirche gesalbt.

Zur Erinnerung an den festlichen Einzug Jesu in Jerusalem vor seinem Leiden weiht die heilige Kirche am *Palmsonntag* Palm- und *Olivenzweige.*

Die Gläubigen tragen sie bei der folgenden Prozession in Händen und nehmen sie zum Schutz und Segen ihrer Wohnungen mit nach Hause.

In der altchristlichen *Kunst* kommen Olivenornamente, Ölbäume und Tauben mit Ölzweig auch außerhalb des Jahreszeitenzyklus, besonders in der Katakombenmalerei, auf Grabsteinen und Sarkophagen, sehr häufig zur Anwendung. Oft umgeben Olivenbäume den Guten Hirten oder die Oranten als Zeichen des ewigen Friedens, in den die hier beigesetzten Gläubigen eingegangen sind.

Im Kranz der Jahreszeitsymbole deuten Oliven den *Winter* an, da ihre Früchte als letzte reifen und geerntet werden.

Palme

Unter den vielen Palmenarten ist namentlich die Dattelpalme eines der bedeutendsten Symbole im Pflanzenreich. Sie ist nicht allein, wie ihre Schwestern, von edler Schönheit, sondern übertrifft sie alle durch vielfachen Nutzen. Ein altbabylonischer Hymnus zählt nicht weniger als 360 Verwendungsmöglichkeiten der Dattelpalme auf. Während sie in den europäischen Südländern unfruchtbar bleibt und eine nur mäßige Höhe erreicht, erhebt die orientalische Palme ihren schlanken, elastischen Stamm, von dichtem Blätterkranz gekrönt, 10 bis 25 m hoch zur glühenden Sonne und spendet reichen Fruchtertrag. Ihre Wurzeln aber treibt sie in die Tiefe nach verborgenen (auch salzigen) Quellen. Von ihr sagt der Araber: „Der König der Oase taucht seine Füße in Wasser und sein Haupt in das Feuer des Himmels." Kein Sturm vermag den herrlichen Baum zu brechen, zu entwurzeln oder zu entlauben. Mag seine Gewalt ihn fast zu Boden beugen, er hält ihm stand. Wird der Palme nicht zur Bereitung eines Getränkes allzuviel Saft entzogen, so kann sie ein Alter von 200 bis 300 Jahren erreichen. An ihr gibt es nichts, was der Orientale nicht nutzbar zu machen weiß. Daher galt sie den Babyloniern als Gnaden-, ja als Gottesbaum. Bei den Griechen und Römern war sie Baum des *Lichtes* und dem Lichtgott (Helios, Apollo) heilig. Daher wohl auch ihre enge Verbindung mit dem Lichtvogel Phönix *(φοῖνιξ),* der ihr im Griechischen gleichnamig ist. Den Siegern bei den großen nationalen Spielen der Griechen wurde vor ihrer Bekränzung ein Palmzweig überreicht. Daß man auf gleiche Weise auch Herrscher ehrte, deren Gunst man erwerben wollte, erwähnt 2 Makk 14, 2. Im Jahre 461 nach Erbauung der Stadt Rom übernahmen nach dem Zeugnis des Livius auch die Römer die hellenische Sitte. Daher kommt es, daß im dichterischen Sprachgebrauch „Palme" für *Sieg* und *Siegespreis* gesetzt wird. Die Palm*zweige* in ihrer immergrünen Lebensfrische sind somit Vertreter des von Stürmen und Sonnenglut unbesiegten und daher siegkündenden Baumes, der sie hervorbringt. Die Symbolik unverwelklichen Lebens teilen sie mit allen Arten immergrüner Zweige.

Das bisher Gesagte bildet die Grundlage für den christlichen Sinn und wirft bereits einiges Licht auf Stellen der *Hl. Schrift* und *Liturgie*, die von Palmbaum oder Palmzweigen handeln:

Im Psalm 92, 13 ist der Palmbaum Bild des Gnadenlebens in seiner Fülle: „Der *Gerechte* blüht wie eine Palme... Gepflanzt im Hause Gottes blühen sie, in unseres Gottes Tempelhöfen. Im späten Alter tragen sie noch reiche Frucht, voll Lebenssaft und immer grünend" (vgl. auch Ps 1, 3 und Jer 17, 7. 8). Die Väter knüpfen an diese Stellen ins einzelne gehende moralische Betrachtungen. Manche lenken den Blick aber noch höher und beziehen sowohl Psalm 92, 13 als Hld 7, 8: „Ich steig hinauf zur Palme und greif nach ihrer Frucht", auf *Christus*, der am Baum des *Kreuzes* der nach ihm verlangenden Braut-Kirche die Frucht seines Erlösungstodes bietet. Mehrmals wird die Palme in der Hl. Schrift als Bild des Hohen und Erhabenen gebraucht. So bei Sir 24, 18: „Wie eine Palme bin ich erhöht in Kades." Im Literalsinn spricht diese Stelle von der Ewigen Weisheit, doch die Liturgie überträgt sie an einigen Muttergottesfesten auf die allerseligste Jungfrau Maria. Palmzweige gehörten zum Feststrauß, den die Israeliten am Laubhüttenfest trugen. Palmenschwingend huldigte im Neuen Bunde die Volksmenge mit Hosannarufen dem Heiland bei seinem Einzug in Jerusalem. „Die Palmzweige", sagt der hl. Augustinus, „sind die Lobpreisungen, die den Sieg anzeigen, weil der Herr den Tod durch seinen Tod überwinden und mit der Kreuzestrophäe über den Teufel, den Fürsten des Todes, triumphieren sollte." Darum jubeln auch die Gläubigen am Palmsonntag dem Christkönig mit ihren Zweigen zu und bezeugen, daß auch sie mit den Märtyrern und allen Heiligen den Sieg über die Welt und über sich selbst erringen wollen, um am Auferstehungssiege Christi teilzuhaben.

Der Seher von Patmos schaut am Ende der Zeiten die unzählbare Schar der Erlösten, die da „standen vor dem Thron und vor dem Lamm, angetan mit weißen Kleidern und mit *Palmen* in den Händen (Offb 7, 9) als Sinnbilder des *Endsieges* und des *ewigen Lohnes.*

Die häufige Darstellung von Palmen in der christlichen *Kunst* illustriert die heiligen Texte: Meistens sind die Palm*zweige* Abzeichen der Märtyrer und die Palm*bäume* als Umrahmung von Heiligengestalten Andeutung des himmlischen Paradiesgartens. Auf Katakombengrabsteinen hielt man den Palmzweig für das sichere Kennzeichen eines Märtyrergrabes. Seitdem man aber dasselbe Symbol auf Steinen fand, die das Datum der nachkonstantinischen Friedensperiode tragen, muß der Sinn weiter gefaßt und unter der Palme der Siegespreis verstanden werden, den jeder Christ erreicht, der den guten Kampf gekämpft, den Lauf vollendet und den Glauben bewahrt hat (vgl. 2 Tim 4, 7).

Pinie

Unter „Pinie" (*πίτυς, πεύκη,* pinus) verstand man im Altertum alle zapfentragenden Nadelbäume, also auch Tannen, Fichten, Kiefern usw. Heute bezeichnet man mit diesem Namen besonders die im Mittelmeergebiet heimische Schirmpinie, die in Italien zum malerischen Schmuck der Landschaft gehört. Meistens steht sie vereinzelt oder in kleineren Gruppen, seltener bildet sie kleine Wälder. Der größte ist die Pineta bei Ravenna.

Die Zapfen dieser Pinienart mit kieferähnlichen Nadeln sind größer und schöner als die der anderen Nadelbäume. Sie hängen vier Jahre geschlossen am Baum, dann öffnen sie sich von selbst und spenden die mandelartig schmeckenden Samen, Pignolen genannt. Plinius (Hist. nat. 16, 26) bewundert die immerwährende Produktivität dieses Baumes; keinen Monat ist er ohne Frucht.

Der Pinienzapfen war daher in der Antike Symbol der Fruchtbarkeit und der Gnadenspendung seitens der Götter. Man stickte oder wob dieses Sinnbild in die Gewänder der assyrisch-babylonischen Priester; Könige hielten es dem Götterbild entgegen, wenn sie opfern wollten, und der gnadenspendende Gott wird dargestellt mit diesem Zeichen in der Hand, als Ausdruck der Annäherung der Götter an die Menschen.

Eine Hauptrolle spielte die Pinie im Kult der beiden im Mythos engverbundenen Naturgottheiten Kybele und Attis, des Jünglings, der in diesen Baum verwandelt wurde.

Der Thyrsosstab des Dionysos (Bacchus) und seines Gefolges ist von einem Pinienzapfen gekrönt, und auch in christlicher Zeit begegnet man ihm noch auf der Spitze von Königszeptern.

In der *christlichen Symbolik* verbindet sich der Pinienzapfen aber meistens mit dem Lebensbaum, dessen Krone, stilisiert und zusammengepreßt, einem Zapfen mit seinen Schuppen gleicht. Die Gedanken „Fruchtbarkeit" und „Lebensspendung" fallen hier zusammen und werden noch verstärkt in den Fällen, wo ein bronzener Zapfen in Riesenformat als Wasserspender benützt wird. Zu Rom, im „Pinienhof" des Vatikans, steht noch der Pinienbrunnen, der sich im Vorhof der alten Peterskirche befand. Auch die Stadt Aachen besitzt ein ähnliches Exemplar.

Interessant sind zwei Steinplatten des Kaiser-Friedrich-Museums in Berlin: Die eine, orientalischer Herkunft aus dem 5. bis 6. Jahrhundert, stellt den Lebensbrunnen mit zwei kelchförmigen, auf Säulen hoch übereinanderstehenden Schalen dar. Aus der unteren, in die sich das Wasser aus einem kleinen Pinienzapfen in langen Strahlen ergießt, trinkt ein Hirsch, aus der kleineren des oberen Teiles zwei Pfauen.

Auf der anderen Marmorplatte (12. bis 13. Jahrhundert) krönt ein Pinienzapfen einen Schaft, der nach Art der Schachtelhalme gegliedert ist und den Lebensbaum darstellt. Auf seinen Ranken sitzen Pfauen (Unsterblichkeitssymbol), je drei auf jeder Seite paarweise übereinander. Die einstige Verwendung dieser beiden Reliefs ist uns zwar nicht bekannt, doch ist ihr christlich-religiöser Charakter unverkennbar und ihre Bedeutung als Sinnbilder der Vita aeterna, die in der Gnade grundgelegt und im seligen Jenseits vollendet wird, deutlich herauszulesen.

Auf dem Mosaik der Johanneskapelle im Lateranbaptisterium bildet ein Pinienzapfen den Abschluß eines zepterartigen Schaftes. Aus ihm sprießen schöngewundene Ranken, welche die ganze Concha ausfüllen. Bauerreis deutet das Motiv als Lebensbaum.

Der hl. Ambrosius sieht in der beständigen Fruchtbarkeit der Pinie ein Bild des aionischen Lebens der Natur, das wiederum Symbol des kommenden ewigen Lebens ist:

„Wer müßte nicht beim Anblick einer Pinie staunen über die große Kunstmäßigkeit, die Gottes Anordnung ihrer Natur verlieh? Wie sie von der Mitte aus, wenn auch in gemessenen Abständen, mit ihrem ebenmäßig geformten Geäst, worin sie ihre Frucht hegt, aufstrebt? Also wahrt sie rings die gleiche Form und Anordnung. Und an jeder Stelle reift eine Überfülle von Fruchtkernen, verjüngt sich im Kreislauf (der Jahre) der Segen der Frucht. So scheint denn die Natur in dieser Pinie ein Bild von sich selbst auszuprägen: Auch sie wahrt vom Augenblick jener ersten göttlichen und himmlischen Anordnung an die eigentümlichen Vorzüge, die sie empfangen, und bringt im Wechsel und in der Folge der Jahre ihre Erzeugnisse hervor, bis das Ende der Zeit sich erfüllt“ (Hexameron III, Kap. 16, § 68).

Weide

Die Weide [1] galt von jeher als „lebensfrohes“ *(φιλόζωον)* Gewächs, das am Wasser grünt und wie von selbst aus Ablegern neu aufsproßt. Sie wächst so rasch, daß man ihr den lateinischen Namen „salix“ (von salire = springen) und den griechischen *„ἰτέα“* (von *ἵημι* = ich entsende) gab. Auf dieser Lebensfrische der Weide beruht ihre Symbolik im „Pastor des Hermas“. Sie bedeutet dort „das Gesetz Gottes, das für die ganze Welt gegeben ist. Dieses Gesetz aber ist der Sohn Gottes, der bis an die Grenzen der Erde verkündet worden ist“ (Gleichnis VIII, 3, 2). Darunter ist ohne Zweifel das hl. Evangelium zu verstehen: Jeder, dem die Frohbotschaft verkündet wird, erhält, wie das Gleichnis weiter ausführt, einen Zweig dieses Baumes, den er durch seine Mitwirkung zur Entfaltung bringen soll. Trotz der vielen Zweige, die der Engel abgeschnitten hat, bleibt der Baum unversehrt (a.a.O., 1, 3; 3, 1): ein Bild der unwandelbaren Lehre Christi in der hl. Kirche.

Der zweite Punkt der Weidensymbolik hat einen sehr eigentümlichen Ursprung: Das naiv beobachtende Naturvolk des Altertums glaubte wahrzunehmen, daß die Weide ihren Samen in unreifem Zustand abwirft und nannte sie darum *„ὠλεσίκαρπος“* — fruchtzerstörend — und „frugiperda“ — fruchtverlierend. Das führte zum sonderbaren Aberglauben, daß sowohl die Weide als der Agnosbaum [2], den die Antike für das gleiche hielt, im Menschen sinnliche Begierden zu ertöten vermögen. Von diesen Bäumen entnahm man daher allerlei Mittel, die zur Bewahrung der Keuschheit verhelfen sollten. Aus den Blüten wurde ein Trank bereitet, die Blätter oder Zweige streute man unter das Lager. Besonders taten das die Griechinnen am großen Fest der Frauen, den Thesmophorien, an dem Demeter und Kore, die Jungfrau, gefeiert wurden. Männern war die Teilnahme daran verboten. Der griechische Arzt Dioskorides Pedanios, der selbst nur ein Erbe älterer Weisheit ist, schrieb im Jahre 50 n. Chr. in seinem medizinischen Werk *„περὶ ὕλης ἰατρικῆς“* das erste Zeugnis für die Wirkung der Weidenblüten. Ein weiteres gibt Plinius in seiner Naturalis Historia (16, 26 und 24, 9).

Dieser vermeintliche Einfluß von Weide und Agnos auf die sinnlichen Triebe war auch im Christentum allbekannt und macht es erklärlich, daß die Väter in ihren Schriften den Baum als Symbol der Keuschheit erwähnen. Sie tun es in der ihr eigenen Verschmelzung antiker, erdhafter Symbolik mit der übernatürlichen Geistigkeit christlicher Begriffe. Einige knüpfen dabei an Ps 137, 1. 2 an: „An den Strömen von Babel, da saßen wir und weinten, wenn wir an Zion dachten. Wir hängten unsere Harfen an die Weiden in jenem Land.“ Der für unsere Zeit fremdartige und etwas komplizierte Gedankengang ist folgender:

In der Antike pflanzte man Weiden mit Vorliebe in die Nähe der Weinberge und Rebgärten. Das Volk glaubte, daß sie einen günstigen Einfluß auf das Reifen

---

[1] Vgl. Hugo Rahner, Die Weide als Symbol der Keuschheit in der Antike und im Christentum. Zeitschr. f. kath. Theologie, 1922, Heft 2.

[2] Vitex agnus castus: Baum oder Strauch, wächst vom Mittelmeergebiet bis Zentralasien. Ein stark aromatischer Busch mit blaugrünen, gefiederten Blättern und wohlriechenden blauen Blütentrauben. Im Altertum Antiaphrodisiacum.

der Trauben ausüben. Zudem war es sehr bequem, ihre biegsamen Zweige für das Aufbinden der Reben zur Hand zu haben. An dieses jedermann verständliche Bild konnte die Symbolik anknüpfen, und in Ps 137 fand man dafür eine Analogie. Hier war es aber anstatt des Aufbindens der Rebzweige ein Festbinden der Harfen, die bei den Vätern den menschlichen Leib bedeuten, an den Baum der Enthaltsamkeit.

Im Anschluß an die erwähnte Psalmstelle ist dieser Gedanke im „Gastmahl der zehn Jungfrauen" des hl. Methodius v. Olymp (IV, 3) ausgeführt:

„... Wir rufen mit Tränen zu Gott: Laß unsre Harfen nicht herabstürzen, losgerissen durch die Wogen der Lust (= Babylons Flüsse), vom Baume der Keuschheit! Die Heilige Schrift nimmt ja durchwegs die Weide zum Sinnbild der Jungfräulichkeit. Wenn nämlich die Weidenblüte in Wasser zerrieben und getrunken wird, dann löscht sie alle Glut der Sinnlichkeit und Leidenschaft aus, sodaß sie völlige Unfruchtbarkeit bewirkt und jedem Verlangen nach Fortpflanzung seine Wirkung nimmt. So hat auch Homer es überliefert, der deshalb die Weiden ‚Früchte tötend' nennt. Und in Jesaja heißt es: ‚Die Gerechten wachsen wie Weiden am fließenden Wasser' (44, 4). Denn erst dann wächst das Reis der Jungfräulichkeit zu mächtiger und herrlicher Höhe, wenn der Gerechte, der Jünger, der sie bewahrt, sie tränkt mit den selig-sanften Wassern Christi, sie begießt mit der Weisheit. Wie dieser Baum, weil er am Wasser wächst, mit Grün sich schmückt und Sprossen treibt, so kommt die Jungfräulichkeit zu immerwährendem Blühen und üppigem Wachstum, wenn sie genährt wird mit Worten. Dann kann jeder seine Harfe an ihr aufhängen."

Methodius beruft sich zwar hier auf die Hl. Schrift, doch in dieser ist die Weide niemals als Sinnbild der Keuschheit erwähnt. Wohl aber fügt die Septuaginta in Lev 23, 40, in der Aufzählung jener Zweige, welche die Israeliten am Laubhüttenfest tragen sollen, zur Weide auch den Agnosbaum hinzu *(καί ἰτέας καὶ ἄγνου κλάδους),* der seine Symbolik *(ἄγνος* von *ἀγνεία* = Keuschheit) schon im Namen trägt. In der hellenistischen Botanik aber hielt man Weide und Agnos, wie bereits erwähnt, für dieselbe Pflanze.

Origenes spricht vom Laubhüttenfest der Ewigkeit, das wir feiern, wenn wir die Weidenzweige der Keuschheit unversehrt bewahren: „Wenn du diese unversehrt und frisch dir wahrst, dann wirst du einst teilnehmen können an dem köstlichfrischen Schatten der Bäume, die das ewige Leben sind, dann, wenn dich der Herr am Ort der Ruhe zu den erquickenden Wassern führt durch Christus, unsern Herrn" (in Exod. Hom. IX; PG 12, 369).

An die Jesajastelle, die bei Methodius auf die Entfaltung der Jungfräulichkeit bezogen wird, knüpfen manche Väter eine tiefsinnige *Taufsymbolik.* In seinem Kommentar zu Ps 137, 2 sagt der Hl. Hilarius:

„Den Weidenbäumen ist es eigen, daß sie auch im Zustand der Dürre grünen, sobald sie bewässert werden. Ihre abgeschnittenen Reiser aber treiben von selber Wurzeln, sobald man sie in feuchtes Erdreich setzt. Daß die Natur dieses Baumes die Heiligen und Gläubigen versinnbildet, dafür bürgt das prophetische Zeugnis. Denn Jesaja sagt: ‚Sie sollen sprossen wie Gras am Bach, wie Weiden an Wasserläufen. Wer zuvor durch Sünden verdorrt war, ersteht vom Tode, und abgeschnitten von der Wurzel seines früheren Wandels lebt er wieder auf durch das Wort Gottes und das lebendige Wasser des Taufsakramentes' " (PL 9, 780).

Weinstock, Traube, Wein

Der Weinstock (vitis, ἄμπελος) nimmt seiner sakramentalen Bestimmung wegen neben dem Weizen den ersten Rang in der Pflanzenwelt ein. Aus Genesis 9, 20 wissen wir, daß Noe anfing, Landbau zu betreiben und einen Weinberg anlegte. Reben, Trauben oder Wein werden in den heiligen Büchern immer wieder sinnbildlich gebraucht. Heute, da Traubensaft als Christi Blut den Opferkelch der Ecclesia füllt, ist der konsekrierte Wein ein Symbol, das wirklich *ist*, was es bedeutet: der *göttliche Lebenstrank*. Wie nun der alttestamentliche Weinstock seinen Vollsinn in Christus, seinem Urbild, erhält, so strahlt die im Mysterium Christi erreichte Erfüllung auf das Natursymbol zurück und erschließt seine Bedeutung in vielen Bibelstellen.

Um den Sinn der Symbole, die in den Bildkreis des Weinstocks gehören, besser zu verstehen, muß man die Pflanze in der Pracht ihrer vollen Entwicklung kennen, die sie nur im Orient, ihrer Heimat, und bis zu einem gewissen Grad in Südeuropa erreicht. Da schlingt sich die Rebe mit armdicken Ästen von Baum zu Baum (vgl. Art. „Feigenbaum") bis zu den höchsten Wipfeln oder bildet dichte, schattige Lauben und Gänge. Die Verbindung des fruchtbeladenen Weinstockes und der Ulme, die keine eßbaren Früchte trägt, wird in der christlichen Symbolik bereits im „Pastor des Hermas" (2. Jh.) als Bild der gegenseitigen Hilfe von Reichen und Armen gebraucht: Der Reiche (= Weinstock) kleidet den Armen (= Ulme) und dieser stützt den Reichen durch sein Gebet und gibt ihm Gelegenheit zu seelischem Wachstum durch gute Werke. — In primitiv angelegten Weingärten Südeuropas werden die Reben heute noch von gestutzten niedrigen Bäumen getragen. In Asien können Weintrauben eine Länge bis zu 50 cm erreichen und haben Beeren von der Größe eines Taubeneies. Da versteht man, warum zwei Männer die Traube aus dem Gelobten Land an einer Stange tragen mußten (vgl. Num 13, 24 f).

Solcher Üppigkeit entsprechend ist auch der Wein in heißen Ländern bedeutend stärker, süßer und aromatischer als in unseren Gegenden. Mit Maß genossen, wirkt er kräftigend und anregend. Das Buch J. Sirach sagt: „Wie Lebenswasser ist der Wein dem Menschen, wenn er ihn mäßig trinkt... Frohsinn, Wonne und Lust bringt Wein, zur rechten Zeit und genügsam getrunken" (Sir 31, 27. 28; vgl. auch Spr 31, 6. 7). Die Heiden, die Naturkräfte vergöttlichten, hielten auch die begeisternde und aufheiternde Wirkung des Weines für göttlich. Die Griechen verehrten im Dionysos (= Bacchus), dem Gott der Weinkultur, eine Art Erlöser, der von Sorgen befreit und Lebensfreude bewirkt. — „Im alten Orient war der Weinstock identisch mit dem ‚Kraut des Lebens', und das sumerische Zeichen für ‚Leben' war ursprünglich ein Weinblatt. Der Weinstock bildet den pflanzlichen Ausdruck der Unsterblichkeit, so wie der Wein in den archaischen Überlieferungen immer das Symbol der Jugend und des ewigen Lebens gewesen ist" (vgl. Mircea Eliade, Die Religionen und das Heilige, Kap. 8, S. 324).

Dem Südländer ist Wein eine alltägliche Lebensnotwendigkeit und bei jeder Mahlzeit unentbehrlich. Darum war auch zu jedem alttestamentlichen Opfer eine kleine Beigabe von Wein vorgeschrieben, denn die Opfer des Alten Bundes waren gleichsam ein Gottesmahl.

Weinstöcke gehörten in Palästina zum Wohlstand einer jeden Familie. Wiederholt spricht die Hl. Schrift des Alten Bundes vom friedlichen Leben „unter dem eigenen Weinstock und Feigenbaum" als von einem Gottessegen, dessen sich der gesetzestreue Israelit erfreut. Der Weinberg war sorgsam bebaut, gehütet und mit

Umfassungsmauer, Wächterturm und Kelter versehen (vgl. Art. „Kelter", S. 374). Solch eine wohlgepflegte Pflanzung wurde zum Sinnbild des auserwählten Volkes, der „vinea electa", die Gottes liebevolle Fürsorge in reichstem Maß erfahren durfte, ihr aber nicht entsprach (vgl. Jes 5, 1—7; 27, 2—6; Ez 15, 2—8; Hos 10, 1; Mt 12, 1—12). In Ps 80, 18 klingt die Klage über die Zerstörung dieses Weinstockes in die Bitte aus: „Deine Hand schütze den Mann zu deiner Rechten, den Menschensohn, den du für dich groß und stark gemacht." Es sollte ja Christus aus ihm hervorgehen! Als Mensch ist er Sproß seines Stammes, als *Gottmensch* aber ist er die *Wurzel* und der Stamm, der die Rebe der Kirche des Alten und Neuen Bundes, im weiteren Sinn auch das ganze Menschengeschlecht, trägt. Darum sprach der Herr in der Nacht vor seinem Tode, nachdem er soeben beim hl. Abendmahl den Traubensaft in sein Blut verwandelt und den Jüngern dargereicht hatte: „Ich bin der wahre Weinstock ... ihr seid die Rebzweige" (Joh 15, 1—11). In diesem Vergleich ist die organische, lebensvolle Einheit veranschaulicht, die zwischen Ihm, dem Haupt, und uns, den Gliedern seines mystischen Leibes, besteht. Er ist der *wahre* Weinstock, weil Urbild des Sinnbildes. Nur wer in Ihm ist, kann Früchte, d. h. Werke von ewigem, übernatürlichem Wert hervorbringen.

In derselben denkwürdigen Stunde sprach der Herr: „Von jetzt an werde ich nicht mehr von diesem Gewächs des Weinstocks trinken, bis zu dem Tage, da ich es ganz neu mit euch trinke im Reich des Vaters." — „Im Gottesreich des Jenseits wird ein Wein von ganz neuer Beschaffenheit und in einer ganz anderen Seinsweise als hienieden vorgesetzt werden: es ist der ewige neue Wein der beseligenden Liebe, der immerfrische Trank der göttlichen Freude, die des Menschen Auge nie geschaut, sein Ohr nie gehört und sein Herz niemals empfunden hat" (Huby S. J. — „Verbum salutis II, S. 372).

Bereits im Segen, den Jakob, der Patriarch, über Juda als den Stammvater des Messias sprach, zeichnen sich im Dunkel der Prophezeiung die Schattenrisse des künftigen Mysteriums:

„Er wäscht im Wein sein Kleid, in der Traube Blut sein Gewand" (Gen 49, 11). Der hl. Märtyrer Justinus (Mitte 2. Jh.) erklärt diese Stelle als „Offenbarung, daß Christus durch sein Blut die, welche an ihn glauben, reinwaschen werde. Jene nämlich, die durch ihn Nachlaß der Sünden erhalten haben, nannte der Hl. Geist dessen Gewand; in ihnen ist er ja stets mit seiner Kraft, und in ihnen wird er bei seiner zweiten Ankunft sichtbar wohnen. Wenn der Logos vom Blut der Traube sprach, so hat er sinnreich geoffenbart, daß Christus zwar Blut habe, aber nicht durch Menschensamen, sondern durch Gottes Kraft. Gleichwie nämlich nicht ein Mensch, sondern Gott das Blut der Traube hervorbringt, so stammt nach der Prophezeiung das Blut Christi nicht von menschlichem Geschlechte, sondern von Gottes Macht" (Dial. m. Tryphon, 54, 1 f). Die Vätertexte über das Thema „Weinstock" und seine Zusammenhänge könnten allein ein Buch füllen. Doch gerade der Überreichtum nötigt zur Einschränkung. Die Patrologie bezieht den biblischen Weinberg oder den Weingarten der Propheten und des Hohenliedes auf die heilige Kirche, erweitert das Gleichnis des Herrn im Johannesevangelium (15, 1—11) durch theologische Betrachtungen, erkennt in der Traube der Kundschafter, die an der Tragstange hängt, ein Symbol des Erlösers am Kreuz und sieht im Wein entsprechend der Gedankenverbindung in Apg 2, 15—18 und Eph 5, 18 die Glut des Hl. Geistes sowie ein Bild der Einheit, wie es der hl. Augustinus in einer Predigt darlegt:

„Erinnert euch, Brüder, auf welche Weise der Wein bereitet wird: Viele Beeren hängen an der Traube, doch ihr Saft fließt in eins zusammen. Damit hat Christus, der Herr, *uns* versinnbildet. Er wollte, daß wir mit Ihm verbunden seien, Er hat das Mysterium unsrer Einmütigkeit und Einheit bei Seinem Abendmahl konsekriert" (Srm CCLXXII; PL 38, 1248).[1]

Die hl. Liturgie gebraucht Spr 9, 5 und Ps 104, 15 im eucharistischen Sinn und wendet Sir 24, 23 auf die Gottesmutter an.

In der *Kunst* findet man seit frühester Zeit Rebengewinde, Trauben und Weinleseszenen nicht nur im Zyklus der Jahreszeitsymbole, wo sie den Herbst vertreten, sondern auch selbständig verwendet. Oft füllen die Ranken ganze Wandflächen, z. B. im Mausoleum der Konstantia zu Rom (4. Jh.).

Die neuesten Ausgrabungen zur Erforschung des Petrusgrabes brachten unter heidnischen Grabkammern auch eine christliche ans Licht, die als solche durch das Motiv des Guten Hirten und des Fischers gekennzeichnet ist. Über die ganze Decke dieses kleinen Raumes, deren Mosaikschmuck zum Teil noch gut erhalten ist, zogen sich Weinranken auf Goldgrund. Der dionysische Seligkeitsbegriff ist hier verchristlicht und zu einem Symbol himmlischer Wonne geworden. Sehr häufig begegnet man dem Motiv von Weinranken, die aus einem Kelch oder Kantharus herauswachsen. An den Trauben picken Vögel, besonders Tauben oder Pfauen. Solche Kompositionen sind sowohl Sinnbilder der Eucharistie als auch der himmlischen Erquickung, an der sich die Seelen hienieden beim hl. Opfermahl und einst im seligen Jenseits erlaben. Diese beiden Bedeutungen bringt Christus selbst einander nahe, wenn er beim hl. Abendmahl den Einsetzungsworten sofort die bereits angeführten Worte (Mt 26, 29) anschließt.

Doppelten Sinn hat auch die Traube der Kundschafter, die man auf altchristlichen Sarkophagen öfters anbrachte. Sie ist Hinweis auf das wahre Land der Verheißung, in das der Verstorbene eingegangen ist. Dort findet er Christus, der einst seine Arme gleich Ranken am Kreuzesholz ausspannte und sich der Welt als jene große Frucht darbot, die alle Süßigkeit enthält (Nicetas v. Aquileja).

Auch in biblischen Zyklen des Mittelalters ist die Wundertraube des Gelobten Landes vertreten. So auf dem berühmten „Verduner Altar" des Stiftes Klosterneuburg, einem Emailwerk des 12. Jahrhunderts. Das Bild trägt dort die Inschrift: „Vecte crucis lignum, botro Christi lege signum."

Sowohl ihres tiefen Sinnes als der dekorativen Wirkung wegen sind Weinranken und Trauben auch heute in der kirchlichen Kunst beliebt. Seit dem Mittelalter steht ihre eucharistische Bedeutung im Vordergrund.

Zeder

„Zedern Gottes!" — So bezeichnet Psalm 80, 11 diese herrlichen Bäume, die in der Hl. Schrift mehr als siebzigmal genannt werden. Hoher gerader kräftiger

[1] Wie Daniélou nachweist (vgl. „Les symboles chrétiens primitifs", Kap. 33), gebraucht die Urkirche häufig das Bild der Pflanzung *(φυτεία)*, um damit das Wesen der Ecclesia auszudrücken. *„φυτεία"* ist ein Kollektivbegriff, der eine Vielfalt verschiedener Pflanzen bezeichnet. Der Herr hat jeden einzelnen der Berufenen durch die Taufe in seinen Garten eingepflanzt, daher der Name *„νεόφυτοι"* = Neugepflanzte (Neophyten) für Neugetaufte. Diese Gottespflanzung erscheint bald als Paradies, bald als Weinberg. In ersterem ragt Christus als Lebensbaum hervor, in letzterem als der mystische Weinstock. Vor diesem Sinnbild des Weinberges und des Weinstockes tritt das der „Pflanzung" in der Sprache des christlichen Altertums schließlich zurück.

Wuchs, Wohlduft sowie Unverweslichkeit des Holzes, das kein Schädling angreift, zeichnen die Zeder aus und geben ihr den praktischen und symbolischen Wert. Sie kann eine Höhe von über 30 m erreichen. Plinius erwähnt ein Exemplar, dessen Stamm die Spannweite von drei Männern maß. Die immergrünen Nadeln stehen in Büscheln, wie die unserer Lärchen, sind aber länger als diese. Die Zapfen stehen aufrecht; sie werden 8 bis 10 cm lang und 5 bis 6 cm breit. Aus ihnen gewinnt man das Zedernöl (cedrium, *Κεδρέλαιον)*. Es wurde im Altertum ebenso wie das Harz (cedria, *Κεδρία)* zu Konservierungszwecken und als Heilmittel gegen Zahnschmerzen benützt, was Plinius eigens bemerkt. Zedernsägespäne usw. benützten die Ägypter bei der Bereitung der Mumien. Der Lack, mit dem sie die Mumiensärge bestrichen, bestand aus einer Mischung von Zedernharz und Naphtaöl. Buchrollen und andere Gegenstände imprägnierten die Alten mit Zedernöl, um ihnen eine lange Haltbarkeit zu verleihen, die Plinius „ewig" nennt. Sie wurden dadurch vor Moder, Maden- und Mottenschäden usw. bewahrt. Mit Zederspänen und einer Art Zedernsalbe schützte man sich gegen Schlangenbisse.

Vor allem waren die Zedern als dauerhaftes und schönes Bauholz für Tempel und Paläste sowie zur Herstellung kostbarer Möbel und zum Schnitzen von Götterbildern beliebt. Tyrer und Sidonier leisteten sich diesen Luxus sogar zum Bau großer Schiffe. Als man an der Ruinenstätte der altassyrischen Residenz Kalach (30 km südlich von Ninive) den Palast Assurbanipals ausgrub, waren die Zedernbalken nach 2700 Jahren noch vollkommen erhalten und ließen sich neu polieren. Ins Feuer geworfene Bruchstücke gaben einen angenehmen Geruch. Dieses Duftes wegen benützte man nach dem Zeugnis von Homer, Ovid und Plinius das Zedernholz auch zu Opfern an die Götter und bei Totenfeiern. Die unverwüstliche Haltbarkeit und der starke Duft sind aber nur den orientalischen Zedern eigen; die abendländischen kommen ihnen darin nicht gleich.

Im Altertum gab es besonders auf dem Libanon ausgedehnte Zedernwälder mit prachtvollen Exemplaren. Sie bildeten die „gloria Libani", die Jesaja (35, 2; 60, 13) und Ezechiel (17, 22—24) als Sinnbild des Gottesreiches schauen. David und Salomo bestellten durch freundschaftlichen Vertrag mit Hiram, König von Tyrus (Phönizien), der über besonders geeignete Arbeiter verfügte, Unmengen von Libanonzedern und Zypressen für den Tempel- und Palastbau. Die Bücher der Könige nebst Parallelen in Paralipomenon berichten darüber an vielen Stellen, besonders 2 Sam 5, 11 und ausführlich 1 Kön, in den Kapiteln 5, 6, 7. Die „Herrlichkeit des Libanon" wurde aber von den alten Völkern schonungslos und ohne Sorge für die Nachpflanzung ausgebeutet. Jesaja (14, 8) schildert in dichterischer Weise die Freude der Zedern und Zypressen über den Sturz des Königs von Babel und läßt sie sprechen: „Seit du am Boden liegst, kommt keiner mehr her, um uns zu fällen!"

In der biblischen Symbolik ist die Zeder Bild des Hohen, Erhabenen und Unvergänglichen: „Ich wuchs empor einer Zeder gleich auf dem Libanon, einer Zypresse gleich auf den Gipfeln des Hermon" (Sir 24, 17), spricht die Ewige Weisheit [1]. Und im Preisgesang des Hohenliedes (5, 15) auf die erlesene Gestalt des gottmenschlichen Bräutigams heißt es: „Sein Wuchs ragt auf wie der Libanon, wie Zedern so herrlich." Auch der Gerechte „wird wie eine Palme blühen, wie eine Zeder auf dem Libanon wird er gedeihen" (Ps 92, 13).

Auf „Größen" im schlechten Sinn wird das Bild ebenfalls angewendet: „Ich sah einen Frevler, bereit zu Gewalttat, er reckte sich hoch wie eine grünende Zeder"

[1] Die Stelle wird in der Liturgie auf die Gottesmutter bezogen.

(Ps 37, 35). — „Denn der Tag des Herrn der Heere kommt für alles Stolze und Erhabene, und alles Hohe wird erniedrigt: Er kommt für alle hochragenden Zedern des Libanon und alle Eichen von Baschan" (Jes 2, 12—13). Besonders schön ist bei Ezechiel (Kap. 31) die Schilderung des Sturzes Pharaos unter dem Bilde einer Zeder, die unter dem Beile fällt.

Die Unverweslichkeit der Zeder findet ihren tiefsten symbolischen Ausdruck in zwei alttestamentlichen Gesetzesvorschriften: nämlich bei der Reinigung vom Aussatz (Lev 14, 4 ff, 49 ff) und bei der Zubereitung des Lustrationswassers, das nach einer Leichenberührung zur Reinigung von Menschen und Gegenständen angewendet wurde (Num 19, 6). In beiden Fällen bildete Zedernholz einen der für die Besprengung vorgeschriebenen Bestandteile und wurde so — liturgisch ausgedrückt — zu einer Art „Sakramentale", das nicht allein etwas *bedeutet,* sondern bei gläubiger Gesinnung auch heiligend wirken konnte. Gott paßte sich in der Wahl solcher Mittel den Begriffen des Volkes an: Die Unverweslichkeit des Zedernholzes sollte der *Todesverwesung* und jener Fäulnis, die beim Aussatz die Glieder ergreift, gleichsam entgegenwirken oder wenigstens symbolisch entgegenstehen. Im Alten Bund hat nach Gottes Absicht alles figürlichen Charakter, soweit es auf die Mysterien des Neuen Bundes hinweist. Bei der levitischen „Verunreinigung", die von der Teilnahme am Gottesdienst ausschloß, handelte es sich in den meisten Fällen gar nicht um persönliche Sünde und Schuld. Abgesehen von hygienischen Maßregeln, die auch bei Heidenvölkern bestanden, sollten die Vorschriften des göttlichen Gesetzes bloß die Erinnerung an die furchtbare Tatsache der Erbsünde wachhalten, die solche Folgen hervorgebracht hatte. Diese Folgen waren Bild der Sünde überhaupt und die rituelle Reinigung Vorbedeutung der künftigen Sündentilgung durch Christus. Durch gläubigen Hinblick auf den kommenden Messias konnten die Menschen schon im Alten Bund Anteil an seinen Verdiensten gewinnen. So wurden sie „aus dem Glauben an Christus" gerechtfertigt. Zur Bezeugung dieses Glaubens aber gehörte die Beobachtung der rituellen Vorschriften, sofern sie Christus und seine Heilstaten versinnbildeten [2]. Nach S. Cyrillus von Alexandrien war das Zedernholz, das bei den genannten Riten in Anwendung kam, Vorbild des Fleisches Christi, „das keine Verwesung erlitt" und durch das Kreuzesholz im Mysterium der Passion für uns der Weg zum Leben und zur Unverweslichkeit geworden ist [3].

Im Hohenliede wird das Bild dieses Edelholzes zum Ausdruck der ewigdauernden Herrlichkeit der heiligsten Menschheit des Herrn (5, 15) sowie der Unvergänglichkeit und Unüberwindlichkeit der Kirche (1, 16; 8, 9).

Selbst die schön geordneten Reihen der Zedernpflanzungen haben die Seher inspiriert: Balaam (Num 24, 6) preist die Zelte Israels, „die schön sind wie Zedern am Wasser entlang", und der Ecclesiasticus (50, 13) rühmt die Söhne Aarons (Sir 50, 13), die „wie Zedernschößlinge auf dem Libanon den Opferaltar umstehen".

So wurden den naturverbundenen Orientalen der Antike die Naturbilder zum Ausdruck von höherer Ordnung, dem Christen aber „erschließt der Glaube den Sinn der Schöpfung" [4].

---

[2] „Poterat autem mens fidelium tempore legis per fidem conjungi Christo incarnato et passo; et ita *ex fide Christi* justificabantur. Cujus fidei quaendam protestatio erat hujusmodi caeremoniarum observatio, inquantum erant figura Christi" (S. Thomas Aq., Summa theol. I, II, Quaest. CIII, Art. II).

[3] Cf. S. Cyrill. Alex. Glaph. in Lev. 2 et in Num. 2; PG 69, 559 et 631.

[4] „La foi nous donne le sens de la création" (Délatte, Ep. de S. Paul, tome IV, p. 158).

Zypresse

Bild der heiligen Feuerflamme war in der iranischen Religion die schlanke, obeliskenartig zum Himmel strebende Gestalt der „immerlebenden" Zypresse (cupressus sempervivens). Sie prangte durch ganz Persien, in alten, ehrwürdigen Exemplaren vor den Feuertempeln, in Palasthöfen und Gärten. Mit den ältesten assyrisch-babylonischen Eroberungszügen kam sie in die Länder des aramäisch-kanaanitischen Stammes, auf den Libanon und nach Zypern (daher ihr Name) und wurde auch hier zu einem heiligen Baum, in dem man die „Naturgöttin" gegenwärtig glaubte. Die Zypresse wird bis zu 20 m hoch und kann ein Alter von mehreren hundert, ja tausend Jahren erreichen. Sowohl bei den Phöniziern als durch das ganze griechisch-römische Altertum besaß sie hohen praktischen Wert. Ihr Holz ist hart und, wie das der Zeder, duftend, unverweslich und unzerstörbar. Daher wurde es zum Teil zu den gleichen Zwecken verwendet wie diese, diente aber auch zur Herstellung von Lanzenschäften und Musikinstrumenten. In der Hl. Schrift wird die Zypresse oft zusammen mit der Zeder erwähnt, doch soll ihr Holz das der Zeder an Dauerhaftigkeit noch übertreffen. Die Arche Noach sei angeblich aus Zypressenholz gewesen. Auch Särge, denen man besondere Haltbarkeit verleihen wollte, wurden daraus verfertigt [1]. In Zypressenkästchen verschlossen die Römer alles, was sie vor Würmern und Insekten zu schützen gedachten.

Nach Plinius war die Zypresse den Unterweltgöttern geweiht und wurde zum Zeichen der Trauer vor die Häuser gestellt, in welchen ein Vornehmer gestorben war. Als Todessymbol galt sie besonders deswegen, weil sie, abgehauen, nie mehr nachwächst. Varro berichtet, daß man zur Leichenverbrennung den Scheiterhaufen mit Zypressenholz besteckte, das durch seinen Wohlduft den üblen Geruch mildern sollte. Im Volksglauben der Antike wurden Bestandteile der würzigen Pflanze zu medizinischen Zwecken gebraucht sowie als Abwehrmittel gegen Zauber und Nachstellungen böser Geister.

Im südlichen Europa wächst die Zypresse nicht so hoch wie im Orient, wo balsamisch duftende, ewiggrüne Haine solcher Obeliskengestalten über die weißen Gräber der Gläubigen ihre liebliche Dämmerung verbreiten und im Angesicht des Todes die Gedanken zum ewigen, unvergänglichen Leben emportragen. Orientalische Dichter vergleichen seit ältester Zeit die Jungfrauen mit diesem schlanken Baum.

In der Hl. Schrift ist seine Symbolik fast gleich mit jener der Zeder (vgl. Sir 24, 17; 50, 11; Hld 1, 16); daher auch die liturgische Anwendung auf die allerseligste Jungfrau an ihren Festen. Beim Propheten Hosea (14, 9 im hebräischen Urtext) spricht der Herr: „Ich bin die immergrüne Zypresse." Damit bezeichnet er seine unwandelbare Treue gegen das auserwählte Volk.

---

[1] Der Sarg, in dem Papst Paschalis I. (817—824) in der Kallistuskatakombe die Gebeine der heiligen Jungfrau und Märtyrerin Cäcilia auffand, war ebenfalls aus Zypressenholz.

2. BLUMEN

Allgemeines

In den verschiedenen Jahreszeitsymbolen der Antike wie des Christentums ist der Frühling durch Blumen gekennzeichnet. Diese Kinder des Lichtes, die ihren Kelch der Sonne öffnen, sind Boten und Sinnbild des Lenzes. Sie sind der Hochzeitsschmuck der erwachenden Natur, die Hoffnung auf kommende Frucht, ein verbliebenes Stück des verlorenen Paradieses und vielleicht — soweit nicht der Mensch sie mißbraucht — unter allen Geschöpfen am wenigsten vom Sündenfluch getroffen. Jede, von der kleinsten bis zur größten, ist in allen Teilen nach geometrischen Maßen gebildet, und doch gibt es da nichts Starres, nichts Steifes, nur Grazie und Lieblichkeit, Duft und Farbenpracht in endloser Mannigfaltigkeit. Gewiß hat Gott in jeder Pflanze ein Sinnbild seiner Geheimnisse verborgen! Die Zahlen- und Farbensymbolik könnte uns helfen, dieser Spur nachzugehen.

Das lateinische „flos" und das griechische *„ἄνθος"* bedeuten sowohl Blume als Blüte. Im Altertum hat man diese schönsten Sprosse der Natur ebenso geliebt wie heute, sie gerne gezüchtet und als Schmuck verwendet. In Griechenland gab es ein eigenes Fest der ersten Blüte, die „Anthesterien" (Ende Februar). Die antike Welt, auch der nüchterne Römer, brauchte die Farbigkeit und den berauschenden Duft der Blumen, um sich in gehobene Stimmung zu versetzen und seiner Lebensfreude Ausdruck zu geben. Daher die reiche Verwendung von Streublumen und Kränzen bei Trinkgelagen. Sieger im Wettkampf wurden mit Blumen und Blättern beworfen. Daß Blumenläden im Stadtbild des antiken Rom eine bekannte Erscheinung waren, ergibt sich aus Sarkophagdarstellungen. Wie die alten Heiden sich die Sterne, Gewässer und Bäume beseelt dachten, so auch die Blumen. Daher jene Darstellungen, auf denen ein Genius aus einer Blume hervorwächst.

Blumen wurden bereits im heidnischen Kult als Schmuck von Tempeln, Altären, Götter- und Heroenstatuen, Opferpriestern und Opfertieren sowie von Mysten verwendet und den Göttern als Spenden dargebracht, und zwar meistens in Kranz- und Girlandenform (vgl. Art. „Kranz", S. 376). Bei Prozessionen war es üblich, die Straßen mit Blumen zu bestreuen. Im Totenkult sind solche als Schmuck der Bahren und Gräber besonders stark bezeugt.

Wie die Römer der klassischen Zeit die Blumen zu würdigen wußten, berichtet Plinius (Nat. hist. 21, 1 f). Seine Ausführungen ergehen sich darüber, wie die Natur in den Blumen ihre Malkunst und ihren verschwenderischen Reichtum zeigt. Anderseits wird auch dieser Naturkundige durch die Erfahrung beeindruckt, daß gerade diesen vollkommenen Geschöpfen eine so kurze Lebensdauer beschieden ist, die sie zum nachdrücklichen Hinweis auf die Hinfälligkeit aller Dinge werden läßt.

Die Symbolsprache der Hl. Schrift gebraucht die Blumen als Bild der Vergänglichkeit alles Irdischen und der Kürze des Menschenlebens: „Alles Fleisch ist Gras, all sein Liebreiz wie die Blume des Feldes. Das Gras verdorrt, die Blume verwelkt, wenn der Atem des Herrn darüberweht ... doch das Wort unsres Gottes bleibt ewig bestehen" (Jes 40, 8; vgl. Ijob 14, 2; Ps 103, 15; Jak 1, 10).

Doch nicht die *Vergänglichkeit* will unterstrichen sein, wenn man Totenbahren und Gräber mit Blumen schmückt; der Tod spricht ja von selber laut genug! — Es liegt vielmehr der Gedanke zugrunde, die Liebe für die Dahingeschiedenen zu zeigen, ihnen eine letzte Ehrung zu erweisen und die Furchtbarkeit des Todes zu verschleiern. Nach tieferer christlicher Auffassung aber sollte man den Brauch in *höherem Sinn* deuten und darin *Auferstehungshoffnung, ewigen Frühling und himmlische Paradiesesfreuden* versinnbildlicht sehen. Damit ist nun der Kernpunkt der christlichen Blumensymbolik berührt.

Christus selbst ist die aus dem Reis der Wurzel Jesse entsprossene Blume (vgl. Jes 11, 1). Als Bräutigam der Ecclesia spricht er im Hohenliede (2, 1): „Ego flos campi et lilium convallium." Auf kurze Zeit schien diese Blume verwelkt zu sein im Leiden und Tode, wie altchristliche Exegeten, namentlich der hl. Ambrosius, an verschiedenen Stellen ihrer Werke ausführen. Doch neu erblühte Christi Fleisch (vgl. Ps 28, 7), und der auferstandene Herr brachte nach dem Winter des Unglaubens und der Laster den Frühling des Gnaden- und Tugendlebens in die erlöste Welt. In dieser Vorausschau jubelt der Hochzeitsgesang des Hohenliedes, der die Vermählung Christi mit der Kirche preist: „Vorüber ist der Winter ... schon zeigen sich die Blumen auf der Flur ... Steh auf, meine Freundin, meine Schöne, so komm doch!" (Hld 2, 10—13). Kein Buch der Hl. Schrift spricht so viel von Blumen und Blühen wie gerade das Hohelied (vgl. 1, 15; 2, 5 usw.). Blumen gehören ja zu jeder Hochzeit, wie überhaupt zu jedem Fest; sie strahlen Freude aus, wo immer sie sein mögen.

Daß der Ernst der alten christlichen Lebensanschauung der Freude an den Blumen nicht entgegen war, bezeugt Minucius Felix (Dial. Octavius 38, 2—4):

„Wer möchte daran zweifeln, daß wir (Christen) die Frühlingsblumen lieben? Wir pflücken ja die Frühlingsrose und die Lilie, überhaupt jede Art von Blumen mit reizender Farbe und angenehmem Wohlgeruch" ... Nur eines lehnt Minucius Felix ab: die Benützung der Blumen im Geiste heidnischen Aberglaubens und heidnischer Üppigkeit. Freilich wird auch heute noch viel Luxus und Mißbrauch mit ihnen getrieben, und nicht am wenigsten läßt sich auf *sie* die Stelle des Römerbriefes (8, 21. 22) beziehen, die vom Seufzen der Schöpfung spricht, von ihrem Harren, frei zu werden von der Knechtschaft der Vergänglichkeit und teilzunehmen an der Herrlichkeit der Gotteskinder! In etwa jedoch kann der Mensch diese Teilhabe vorausnehmen, im voraus sie mitteilen, indem er in den Kreaturen den Schöpfer preist und Bilder der Übernatur in ihnen schaut. Christus selbst fordert im Evangelium (Mt 6, 28. 29) auf, die Blumen zu bewundern: „Lernt von den Lilien, die auf dem Feld wachsen ... selbst Salomo war in all seiner Pracht nicht gekleidet wie eine von ihnen!" — Den Heiligen war ein besonderer Tiefblick in die Natursymbole eigen. Mit begeisterten Worten begrüßte der hl. Zeno von Verona den Ostertag als wahren Lenz, der Blumen weckt:

„Als heiligen Frühling müssen wir den Brunnen der Taufe ansehen. Aus seinem reichen Mutterschoße, nicht vom wehenden Westwind befruchtet, aber vom Heiligen Geiste gezeugt, wohl verschieden an Geistesgnade, aber doch in *einer* Geburt, gehen hervor die überaus herrlichen *Blüten der Kirche:* unsere viellieben *Taufkinder.* In seligem Glauben atmen sie aus den göttlichen Wohlduft" (Tract. 45).

In den Blumen liegt aber auch eine verborgene Beziehung zum Sakrament der *Ehe:* Von den Blüten als dem Symbol der Täuflinge geht ja auch ein Strahl über auf diesen heiligen Bund. Ihm entkeimen die jungen Sprößlinge, die im Taufquell, dem Mutterschoß der Kirche, zum Leben der Gnade und Gotteskindschaft wiedergeboren werden. So stehen die beiden Sakramente, Taufe und Ehe, natürlich und symbolisch in engem Zusammenhang. Der hl. Klemens von Alexandrien (Protrept. II, 71, 2) nennt die Kinder „Blumen der Ehe, vom göttlichen Gärtner von den Fluren des Fleisches gepflückt".

So erblüht physisch und geistig junges Leben in der Kirche, die von den Vätern mit einem blühenden Garten verglichen wird. Umso mehr gilt dies vom himmlischen Paradies. So hat es im 2. Jahrhundert die hl. Perpetua vor ihrem Martyrium in einer Vision geschaut, und noch manche Zeugnisse aus den ersten Jahrhunderten des Christentums sprechen im selben Sinn. Unter diesen nehmen die Wandmalereien und Grabsteine der Katakomben eine wichtige Stelle ein: Blumen und Bäume, die den Guten Hirten oder die Oranten umgeben oder als Gewinde Flächen einfassen, sagen im Bilde, was ein Gebet der Commendatio animae des vorkonziliaren „Rituale Romanum" in Worten ausdrückt: „Christus, der Sohn des lebendigen Gottes, führe dich ein in die immerblühenden Auen seines Paradieses!"

Als Schmuck der Gotteshäuser sind Blumen seit jeher eine stille Huldigung an den Herrn, zu der bereits die Kirchenväter in ihren Predigten die Gläubigen ermunterten. Rosen und Lilien zählten sogar zu den Gaben, die man beim Opfergang darbringen durfte.

Stilisierte Blumen und Blättermotive waren bei allen Kulturvölkern und in allen Zweigen der Kunst bis heute als Ornamente sehr verbreitet (über einzelne Blumensymbole vgl. die betreffenden Artikel).

Krokus

Unter den etwa 50 Krokusarten, die sich von ihrer orientalischen Heimat aus in Europa verbreiteten, nahm der „Crocus sativus" oder Safran im Altertum den ersten Rang ein. In der Schilderung der blühenden Wiesen, auf denen sich der Raub der Persephone abspielte, nennt Homer eigens den Krokus. Persephone (identisch mit Kore und Proserpina), die Tochter der Erdgöttin Demeter, pflückte mit ihren Gespielinnen Blumen auf diesen mythischen Auen, als Hades sie in die Unterwelt entführte.

Der köstlich duftende Safran blüht im Herbst. Sein langer, orangegelber Stempel ist dreiteilig und diente sowohl zur Bereitung eines gelben Farbstoffes als auch wohlriechender Pulver und Essenzen. Beide Erzeugnisse waren in der Antike und noch im Mittelalter sehr beliebt. Die Wertschätzung der Safranblüte kam jener der Rose gleich, übertraf sie aber wegen ihres technischen Nutzens. Safrangelbe Gewänder und Verzierungen erschienen den Alten als Symbol des Lichtes und der Majestät und kleideten, ähnlich dem Purpur, Götter und Könige.

Die Hl. Schrift erwähnt den Safran (Vulg.: Crocus) ein einziges Mal, und zwar im Hohenliede (4, 14), wo die mystische Braut mit einem Garten verglichen wird, der „Zyperblumen, Narde und Safran, Gewürzrohr und Zimt, Myrrhe und Aloe mit allerlei feinsten Balsamen" hervorbringt.

Nach Plinius (Nat. hist. XXI, 6) gedeiht diese Pflanze am besten, wenn sie getreten und gerieben wird. Das gab Anlaß, sie als Sinnbild der Geduld und Demut anzusehen. Den meisten Exegeten aber ist sie ein Symbol der *Liebe*, wie Cassiodor zur angegebenen Schriftstelle ausführt:

„Der Crocus hat einen goldfarbigen Blütenstempel. Daher versinnbildet er die *Liebe*. Wie nämlich Gold das kostbarste aller Metalle ist, so nimmt die Liebe unter allen Tugenden die erste Stelle ein, nach den Worten des Apostels: Also bleiben Glaube, Hoffnung, Liebe, diese drei, am größten unter ihnen ist die Liebe" (1 Kor 13, 13).

Lilie

„Frühlingsherrlich ist die Reinheit und üppig sprießt aus ihren weißen Kelchen allzeit die Unvergänglichkeit“ (Methodius v. Olymp.). Die Symbolik der Lilie (lilium, *κρίνον*) stammt aus den sonnendurchstrahlten Regionen der persischen Königsstadt Susa (vgl. Buch Esther 1, 2), die nach ihr benannt ist. Der griechischen Sage nach war Memnos, der Sohn Eas (der personifizierten Morgenröte), ihr Erbauer. Die Lilie trägt den Gedanken der Lichtgeburt des Menschen aus dem Schoß der Erde und der Nacht in sich. Den ersten Menschen hatte ja Gottes Hand aus Erde gebildet. Die primitiven Völker, in deren Sagen die Uroffenbarung bisweilen durchschimmert, stellten sich das vor wie das Hervorwachsen einer Pflanze aus dem Boden. Auch in der Symbolik des Baumes findet man diese Idee. Von Asien aus verbreitet sich die Lichtsymbolik der Lilie in die Gebiete Griechenlands, dessen Religionen deutlich die Beeinflussung durch den asiatischen Orient zeigen. Das Prachtgewand des olympischen Zeus war mit Lilien verziert. Die „königliche Lilie“, wie ein alter griechischer Dichter sie nennt, nahmen von alters her Könige und Fürsten unter die Abzeichen ihrer Würde, krönten damit ihre Zepter und trugen sie im Wappen. Heute noch gehört die Lilie zu den heraldischen Zeichen.

Die Hl. Schrift, die Väter und mit ihnen die Liturgie entnehmen dieser edlen Blüte überaus anmutige Vergleiche. Fast alle beruhen auf Stellen des Hohenliedes. Da spricht Christus, der Bräutigam der Kirche: „Ich bin die Krokusblüte auf Scharons Gefild, eine *Lilie* im Talgrund“ (Hld 2, 1 im Urtext). Er, das Ewige Wort, kam hernieder in das Erdental und bekleidete sich mit dem Gewande der Menschennatur. *Sein* Fleisch aber war frei von jedem Makel, daher liliengleich (nach Origenes). Während des irdischen Lebens Christi war diese Lilie gleichsam noch geschlossen. Bei seiner glorreichen Auferstehung und Himmelfahrt aber öffnete sie ihren Kelch, ließ im blendenden Weiß des verklärten Leibes die himmlischen Scharen das schimmernde Gold der Gottheit schauen und verströmte ihren geistigen Duft in alle Welt. Diesen lebenspendenden Hauch der Gnade und des Glaubens aufzunehmen wird der Taufkandidat befähigt, wenn er mit dem Kreuz bezeichnet und zu ihm gesprochen wird: „Ephpheta, öffne dich dem lieblichen Wohlgeruch!“

Weiter heißt es im Hohenlied (2, 2): „Eine Lilie unter Disteln ist meine Freundin unter den Mädchen!“ In Palästina ist die Lilie tatsächlich als „lilium inter spinas“ unter Dornengestrüpp zu finden und wächst dort, z. B. in der Libanongegend, sehr üppig. Eine solche Lilie ist *Maria*. Als unbefleckt Empfangene erblühte sie unter den Disteln und Dornen des sündigen Menschengeschlechtes. Sie allein unter allen Müttern blieb Jungfrau. Daher grüßt sie die griechische Kirche in einem ihrer schönsten Gesänge (Hymnus Akathistos): „Freude dir *(Χαῖρε)*, süßduftende Lilie! Herrin, erfülle mit Düften die Gläubigen!“

Lilie ist auch die heilige *Kirche*, „Jungfrau unter den Juden und Heiden, die sie mit Verfolgung schlugen. Sie aber ist blendend weiß und leuchtet durch den Glauben“ (Hippolyt, z. Hohenl., 19).

Liliengleich ist ferner der *jungfräuliche Stand* und jede Seele, die aus erdgebundener Wurzel „zur himmlischen Schönheit emporsprießt, an Leib und Seele das leuchtende Weiß der Reinheit bewahrt und den Nächsten stärkt durch den Wohlduft guten Beispiels“ (vgl. Gregor d. Gr. zum Hohenl. II, 1, 16—17; PL 79, 494. 501).

Eine von den bekannteren Auslegungen abweichende Erklärung zur folgenden

Stelle des Hohenliedes gibt Gregor von Nyssa: „‚Mein ist mein Liebster und ich bin sein! Hirte ist er auf Liliengefilden‘ (Hld 6, 3). Er ist der Gute Hirte, der seine Herde nicht auf gewöhnlichen Triften, sondern auf Liliengefilden weidet. Vernunftlose Tiere nähren sich von Gras, des geistbegabten Menschen Speise aber ist der *Logos,* der sie zu Kindern des Lichtes umgestaltet“ (vgl. In Cant. Hom. VI; PG 44, 883).

Auf allen Gebieten der bildenden *Kunst* ist die Lilie seit ältester Zeit ihrer edlen Formen und vielleicht ihrer antiken Lichtsymbolik wegen ein sehr verbreitetes Motiv. Klassisch ist ihre Stilisierung bei den Ägyptern, Assyrern und Griechen. „Lilia“ nennt Exodus, Kap. 25, 31—34, die Blütenkelche des siebenarmigen Leuchters und 1 Kön 7, 19. 22 die Ornamente der Säulenkapitäle des Salomonischen Tempels. Doch glichen diese wohl eher den ägyptischen Lotosblumen (vgl. Art. „Seerose“). In der altchristlichen Symbolik gehören Lilien und Rosen zu den Frühlingsattributen des Jahreskranzes. Die Künstler des Mittelalters, besonders zur Zeit der Gotik, verwerten das Lilienmotiv in mannigfacher Weise. Für seine Verwendung in der Paramentik und sonstigen sakralen Kunst ist strenge Stilisierung geraten.

Rose

Unter den Blumen, die im Zyklus der Jahreszeitsymbole den Frühling darstellen, nimmt die Rose ihrer Schönheit und ihres Duftes wegen die erste Stelle ein. Die Griechen leiten ihren Namen *ῥόδον* von *ῥέειν,* fließen, strömen, ab mit der Begründung, daß sie einen wahren Strom von Duft entsendet, dabei aber ihre Lebenssubstanz verflüchtigt und darum so schnell welkt. Klemens von Alexandrien erwähnt gleichfalls diese Etymologie in Paidagogos II, 71, 5.

Die Rose sproßt in südlichen Ländern schon von April an mit einer Üppigkeit, von der man sich in unsern Gebieten kaum eine Vorstellung machen kann: Sie klettert an Pinien hoch empor, um wie ein Wasserfall ihre blühende Fülle herunterzuschütten. Sie bedeckt Hauswände oder bildet ganze Lauben und Arkadengänge. Wahrlich, ein bezauberndes Frühlingsbild!

Ebenso wie von der Pracht waren die Alten aber auch von der Kurzlebigkeit der Rose beeindruckt. Plinius der Ältere schreibt: „Wie in der Natur das, was am auffallendsten blüht, wie Rosen, Lilien, Veilchen, auch am schnellsten welkt, so nehmen gerade die schönsten Blüten des Menschenlebens ein besonders rasches Ende“ (Nat. Hist. XVI, 15).

In der Antike trieb man mit den Rosen besonders viel Luxus. Bei üppigen Mahlzeiten war das Bekränzen des Hauptes mit Rosen, Veilchen oder Efeu allgemein Sitte. Das Buch der Weisheit (2, 7. 8) legt den gottlosen Schlemmern folgende Worte in den Mund: „Kostbaren Wein und Salben laßt uns in Fülle brauchen, keine Blume des Frühlings soll uns entgehen. Bekränzen wir uns mit Rosen, ehe sie verblühen.“ Die Bekränzung des Hauptes war aber nicht nur Luxus, sondern hatte nach der Meinung der Alten auch einen medizinischen Grund: Rosen und bestimmte andere Pflanzen hielt man für gehirnstärkend und kühlend. So glaubte man, den Folgen übermäßigen Weingenusses entgegenwirken zu können. Die Römer feierten alljährlich ein eigenes Rosenfest (Rosalia), das in Bekränzung der Gräber mit Rosen bestand und mit Gastmählern verbunden war.

Interessant ist die zweifache Bedeutung, die sich aus der Konstruktion der Hekkenrose ergibt: Die erste steht zum erwähnten Bilde der Vergänglichkeit in geradem Gegensatz. Die fünf, auf rundem Grundriß stehenden Blütenblätter versinnbilden den unwandelbar wiederholten Kreislauf des Kosmos, der nach Aristoteles aus fünf Elementen (als fünftes galt ihm der Äther) besteht und eine immerwährende Wiederholung bestimmter Zeitabschnitte bedingt. Da diese regelmäßige Wiederkehr gleicher Zeitperioden sozusagen eine irdische Ewigkeit bildet, wurde indirekt auch die Rose zum Symbol des Aion, also ein *Ewigkeitsbild.*

Die zweite morphologische Bedeutung ist die des *Rätselhaften, Geheimnisvollen.* Wenn man im Grundriß der Rose den Mittelpunkt eines jeden Kelchblattes durch eine Linie mit dem übernächsten verbindet, so ergibt sich der fünfzackige Stern (Pentagramm oder Drudenfuß), die uralte Zauber- und Bannfigur, das Symbol und Siegelbild des Geheimnisvollen. Darum wurde die Rose schon im Altertum bei Gelagen über der Tafel aufgehängt als Zeichen, daß die hier „sub rosa" gehaltenen Gespräche nicht weitergesagt werden sollen. Das Anbringen einer plastischen Rose an der Decke altdeutscher Ratssäle, Weinstuben, ja sogar Beichtstühlen wurde noch später im selben Sinn gepflegt.

Die Hl. Schrift zählt die Rose unter jenen aromatischen Pflanzen auf, mit welchen sie die *Ewige Weisheit* vergleicht (vgl. Sir 24, 18). Der prophetische Blick schaut in diesen Bildern das Geheimnis der Menschwerdung und seiner Weiterentfaltung in der Kirche, dem mystischen Leibe Christi, besonders im Hinblick auf den Wohlduft, von dem der hl. Paulus spricht (vgl. 2 Kor 2, 14 ff). Nach Sir 39, 17 sollen die *Gotteskinder* blühen „einer Rose gleich".

Die hl. Märtyrerin Perpetua sieht in ihrer *Paradiesesvision* einen Lustgarten, in welchem „Rosenbäume" und Blumen aller Art blühen (Acta 11, 12). Die Vorstellung des himmlischen Paradieses als Garten im Schmucke ewigen Frühlings tritt uns auch in den Katakombenfresken entgegen. Allerlei Blumen, darunter häufig Rosengewinde, schmücken die Wände der dunklen Totengrüfte wie mit Verklärungsschimmer.

Mit einem blühenden Garten vergleicht der hl. Märtyrerbischof Cyprian von Karthago auch die *Kirche* seiner Zeit: „Strahlte sie vordem durch die guten Werke der Brüder in glänzendem Weiß, so ist sie nunmehr im Blute der Märtyrer purpurn gefärbt. An ihrem Blumenschmuck fehlen weder Lilien noch Rosen" (Brief 10, 5; angeführt von Pseudo-Beda Ven. in „Sermo 18 de Sanctis"; vgl. Brevier, II. Noct. des Allerheiligenfestes). Der Vergleich Rose = *Martyrium* ist ein Grundpfeiler in der christlichen Symbolik dieser Blume und geht bald über auf den König der Märtyrer, *Christus, in seiner Passion.*

Auch die *Dornen* haben ihre Symbolik (vgl. d. Art.). Sie bedeuten die *Sünde* und ihre Folgen, *Schmerz* und *Leid.* Sie fügen sich gut in das Gesamtbild ein: Unter den Dornen der Verfolgung ist die Rose des Martyriums entsprossen; Dornen krönen den leidenden Heiland, und aus den Dornen der Verderbnis leuchtet die dornenlose Jungfräulichkeit hervor.

Vor allem ist die unbefleckte Jungfrau *Maria* wahrhaft „Rose unter den Dornen". Zu den ältesten Belegen für diese marianische Symbolik zählt eine Strophe aus dem „Carmen paschale" (II, 28—31) des Dichters Sedulius (ca. 430):

„Wie unter den spitzigen Dornen die Rose so arglos erblüht,
Die ohne verletzenden Stachel den Mutterstrauch ehrenvoll krönt,
So kam aus dem Stamme der Eva Maria ganz heilig hervor;
Es sühnte die Jungfrau, die neue, der früheren Jungfrau Vergehn."

Im Mittelalter kommt die Anwendung auf die Passion Christi und auf die Gottesmutter zu besonders reicher Entfaltung. Je jünger die Symbolik, desto mehr häuft sie die Vergleichungspunkte, zergliedert, analysiert und knüpft an die Einzelheiten mystische und moralische Anwendungen. Beim hl. Bernhard und Petrus von Capua z. B. werden die fünf Blütenblätter der Rose zum Bilde der fünf Wunden Christi, in den Staubgefäßen erkennt man das verborgene Gold seiner Gottheit, usw.

Schön ist das Jenseitsbild, das Dante (um 1300) in seinem „Paradiso" (30. und 31. Gesang) entfaltet: Er stellt die Schar der Erlösten im Himmel als eine riesige, gefüllte Rose dar, deren Blumenblätter die stufenweise Rangordnung der Seligen bildet:

„So denn als weiße Rose schaute
Mein Blick die heilige Kriegerschar, die Christus
In seinem Blute sich als Braut antraute."

Engel fliegen wie ein Bienenschwarm darüber her und senken sich in die Rose hinein, um überall Zuwachs an Liebe und Frieden zu vermitteln. Vielleicht klingt in diesem Ewigkeitssymbol, obwohl in ganz anderer Weise, jenes der Antike nach.

Die Beziehung auf Christus tritt in der *Goldenen Rose* des Sonntags Laetare besonders schön hervor. Mitte des 11. Jahrhunderts finden wir in einem Brief Papst Leos IX. die älteste Erwähnung des Brauches, daß der Statthalter Christi an diesem Tage eine goldene Rose trägt, mit der Begründung: „Quia eo tempore victoria recensetur Domini nostri Jesu Christi, qui in te passus est, o crux sacratissima."

Im selben Sinn drückt sich Sicard von Cremona in seinem „Mitrale" und Durandus von Mende im „Rationale" aus: „Flos iste aureus est, quia Rex regum et Dominus dominantium (significatur) cujus rubor apparuit in insignibus Passionis, et odor in gloria Resurrectionis." Das Gold wird also auf Christi Königtum, die rote Farbe auf sein Leiden, der Duft auf die Herrlichkeit seiner Auferstehung bezogen.

Das Gebet der aus dem 16. Jahrhundert stammenden Weihe der goldenen Rose sieht in diesem Symbol ein „Zeichen der geistlichen Freude" und bittet, „daß die Kirche durch die Frucht guter Werke dem Salbenduft jener Blume nacheile, die der Wurzel Jesse entsprossen, mystisch die Blume des Feldes und die Lilie der Täler genannt wird, und daß diese Kirche im Schoße der himmlischen Herrlichkeit die unendliche Freude zu kosten verdiene in der Gemeinschaft aller Heiligen und jener geistlichen Blume, die da mit dir lebt und regiert in der Einheit des Heiligen Geistes, von Ewigkeit zu Ewigkeit, Amen".

Seerose (Lotosblume)

Zu den schönsten Blumen in Gottes Schöpfung gehört die Seerose (Nymphea), die über ruhige, nicht allzu tiefe Gewässer ihre großen runden Blätter breitet. Aus ihrem dunklen Grün leuchten die herrlichen Blüten hervor, die, stets der Sonne geöffnet, ein Abbild ihres strahlenden Antlitzes zu sein scheinen.

In Europa ist nur die *weiße* Seerose (Nymphea Lotus) und die gelbe Teichrose bekannt, während in Amerika die „Victoria regia" ihre tellerförmigen Riesenblätter von 1 bis 2 m Durchmesser samt den prachtvollen rosafarbigen Blüten entfaltet, deren Radius bis zu 40 cm mißt.

In Ägypten blühten sowohl die weiße als die hellblaue Lotosblume (Nymphea stellata) und die rote indische Seerose (Nelumbo nucifera oder speciosa) mit trichterförmigen Blättern. Die zwei letzteren Arten erheben sich beträchtlich über den Wasserspiegel, während die anderen auf ihm ruhen. Alle Gattungen sind von schlauchartigen Stengeln getragen, die dem armdicken, quer im Wasser liegenden Wurzelstock entspringen. Bei allen ist auch die Form der Früchte, die einem Mohnkopf ähnlich sind und nur unter Wasser reifen, ungefähr gleich.

Das Wunderbarste an dieser einzigartigen Pflanze ist ihre enge Beziehung zum Sonnenlicht: Nicht nur, daß die Blüten sich am Abend *schließen,* wie so viele andere, sondern sie ziehen sich so tief ins Wasser zurück, daß man sie mit der Hand nicht mehr erreichen kann. Beim ersten Morgengrauen aber streben sie, gegen Osten gerichtet, allmählich empor, tauchen bei Sonnenaufgang aus dem Wasser und öffnen sich dem Licht — am stärksten zur Mittagszeit.

Wurzel und Samen der Nymphea sind eßbar und waren in Ägypten ein beliebtes Nahrungsmittel. Die herrlichen Blüten aber bildeten nicht allein das verbreitetste stilisierte Motiv in der ägyptischen Kunst und Industrie, sondern sie wurden frisch den Toten ins Grab gelegt, wie aufgefundene vertrocknete Reste bezeugen.

Der speziell *sakrale* Lotos der Ägypter war die *rote* indische Seerose (in Ägypten jetzt ausgestorben). Diese wurde, gerade wegen ihres sakralen Charakters, nicht als Totenschmuck verwendet, dafür aber umso mehr in der Tempelornamentik, besonders als Säulenkapitäl. Der Grund dieser Heilighaltung lag in folgendem: Den Ägyptern galt der alles befruchtende Nil, der die Fülle des Jahressegens hervorbringt, als *göttlich,* daher auch sein unmittelbarstes Erzeugnis, die Lotosblume. Sie erschien als Verkörperung der Gottheit, als Symbol des Osiris und der Isis. Daher die überragende Bedeutung des Melilotum in Religion, Leben und Kunst des Nillandes.

Mit dieser auf den heiligen Strom bezogenen Symbolik verbindet sich noch eine ebenso wichtige, die den Sonnengott zum Gegenstand hat:

Wie bei den Indern die heilige Lotos- oder Padmablume Sinnbild der Schöpfung der Welt aus dem Wasser ist und Buddha der Sage nach aus ihr hervorging, so bildet die Sumpflilie, die dem ersten Sonnenstrahl ihren Kelch öffnet und mit dem letzten, wie die Sonne selbst, in die feuchte Tiefe untergeht, in der ägyptischen Kosmogonie eine Hauptrolle. In einer Inschrift von Dendehrah überreicht ein Pharao dem Sonnengott, „dem aus der Lotosblume aufleuchtenden herrlichen Knaben", eine Nymphea mit den Worten:

„Ich reiche dir die Blume, welche im Anfang entstand, die herrliche Lilie auf dem großen See. Du tratest heraus in der Stadt Chmun aus der Mitte ihrer Blätter und erleuchtetest die Erde, die noch in Finsternis gehüllt war."

Da die ägyptischen Könige göttliche Ehrungen anstrebten, ließen sie sich gerne mit Lotosblumen bekränzen. Einige Götter halten solche als Zepter in der Hand.

Der Ägyptologe, Prisse d'Avennes, sieht in der Sonnenverbundenheit der Nymphea ein Bild der Seele, die sich dem übernatürlichen Lichte öffnet; eine Symbolik, die fast christlich anmutet.

In der Hl. Schrift ist die Lotosblume nicht als solche genannt, sondern wird mit dem gleichen Namen bezeichnet wie die Lilie (hebräisch Šušan, griechisch *κρίνον,* lateinisch [Vulgata] lilium). Daher sind im 1. Buch der Könige, Kap. 7, unter den in Vers 19, 22, 26, 49 erwähnten „Lilien" architektonisch stilisierte Lotosblumen zu verstehen. Bei Assyrern, Babyloniern und Phöniziern — Völker, die mit den Juden in enger Beziehung standen — war das Lotosmotiv nicht selten. Hiram, der den Bau des Salomonischen Tempels und die Anfertigung seiner Geräte leitete, war ein Phönizier. So ist anzunehmen, daß vor allem die Kunst dieses Landes diese Arbeiten beherrschte. Selbstverständlich konnte bei den Juden von der heidnisch-sakralen Bedeutung der Lotosblume keine Rede sein. Sie wurde nur ihrer stilvollen Schönheit wegen benützt, wie es auch seit den letzten Jahrzehnten des 19. Jahrhunderts in der Kunst der Beuroner Benediktiner häufig geschah.

Plinius, der ältere Quellen gesammelt hat, erwähnt den Gebrauch von Wurzeln und Samen der Nymphea als Mittel zur Beruhigung sinnlicher Triebe. Daher wurde im Mittelalter den Mönchen und Nonnen der Genuß dieses Medikamentes zur Bewahrung der Keuschheit angeraten.

Unter einem ganz anderen als diesem merkwürdigen Gesichtspunkt betrachtet man in Indien die Lotosblume (wie in Europa die Lilie) als *Symbol der Reinheit:* Die neueste christliche Kunst schuf dort Darstellungen, auf welchen die unbefleckt empfangene Jungfrau auf einer *Seerose* steht. Die Zeitschrift „Fede e arte" (Glaube und Kunst), die in der Vatikanstadt erscheint, hat im Maiheft 1954, das ganz der Missionskunst gewidmet ist, zwei solche Madonnen abgebildet: eine Elfenbeinstatue „Unsere Liebe Frau von Malabar" und ein Gemälde „Maria, die Königin Indiens". Kardinal Celso Costantini, als Präsident der Zentralkommission für sakrale Kunst in Italien, gab dazu folgende Erklärung:

„Die Lotosblume erscheint wie ein Wunder auf den Gewässern, ohne sichtbare Verbindung mit dem Erdboden. Wer also auf der Lotosblume steht, ist frei von aller irdischen Unvollkommenheit und Unreinheit."

Lebend im Wasser (Taufbeziehung!), gelöst von der Erde, dem Sonnenlicht allein erschlossen, so erscheint die Lotosblume als Symbol, das von selber spricht und zur Betrachtung anregt. Sie wäre wert, wie es vereinzelt bereits geschieht, einen Platz in der liturgischen Kunst einzunehmen!

Veilchen

Das Veilchen (viola, *ἴον*) ist eine der ersten und lieblichsten Frühlingsblumen und war den alten Griechen als Symbol der wiedererwachenden Erde heilig. Bei manchen westeuropäischen Völkern gilt es als Liebeszeichen, das der Mutter vom Kinde, der Braut vom Bräutgam dargebracht wird.

Unter den medizinischen und magischen Einflüssen, die das Altertum den Violen zuschrieb, nennt man vor allem die kühlende Wirkung. Daher legte man diese Blumen auf die Stirne oder flocht sie zu Kränzen, als Mittel gegen Kopfschmerzen und Trunkenheit.

In der christlichen Symbolik wird das Veilchen seines verborgenen Duftes und seiner dunkelvioletten Farbe wegen als Bild der *Demut* angesehen. Auch Gregor d. Gr. (in Ezech. lb. I, Hom. 5, 4; PL 76, 830) erwähnt es in diesem Sinn, während Augustinus (Srm. 304, 3; PL 38, 1396) die *Witwen* und Eucherius v. Lyon (Lib. Formul. IV; PL 50, 744) die *Bekenner* als Veilchen im Gottesgarten der Kirche bezeichnet. Letzterer sagt lakonisch: „Violae confessores, ob similitudinem lividorum corporum." — Er meint also Aszeten, deren Haut infolge ihrer Kasteiungen eine „bläuliche" Farbe angenommen hat! Dann fügt er eine Stelle aus dem Hohenliede (2, 12) bei: „Flores in terra visi sunt" (Vulg.: „Flores apparuerunt in terra nostra"). Unter diesen „Erstlingsblumen" werden also hier die Veilchen verstanden. Daraus ergibt sich die Gedankenverbindung, daß nach den Winterstürmen der Christenverfolgungen die ersten Bekennerheiligen in der Kirche erblühen.

Die mittelalterliche Symbolik, die sich nichts Schönes und Anmutiges entgehen läßt, ohne es auf die Allerseligste Jungfrau anzuwenden, preist in ihren geistlichen Liedern Maria als Veilchen der Demut.

3. VERSCHIEDENE PFLANZEN

Efeu

Ob der Efeu sich auf waldigem Boden hinzieht, Baumstämme, Felsen, Ruinen oder Grabstätten mit dem dunklen Immergrün seiner edel geformten Blätter umkleidet, stets verleiht er seiner Umgebung ein Gepräge von Poesie und Romantik. Ein Untergrund, daran zu haften und weiterzuranken, ist ihm Lebensbedingung. Sein ausgewachsener Stamm wird armdick und die Zweige können im Laufe vieler Jahre ungestörten Wachstums die Mauern selbst hoher Bauten überziehen. Hat die Pflanze ein gewisses Alter erreicht, so wandelt sie die Gestalt ihrer zackigen, schöngeäderten Blätter in eine glatt-ovale, die in eine einzige Spitze ausläuft, behält aber an den unteren Ranken die ursprüngliche Blattform. In diesem Reifealter bringt der Efeu buschige Zweige mit Dolden gelblich-grüner Blütchen hervor, die erst im September erscheinen und sich rasch zu blauschwarzen, bei einer orientalischen Art zu goldgelben Beeren entwickeln.

Während die Lateiner die Pflanze in ihren verschiedenen Spielarten „Hedera" (vom griechischen *ἑδράω* = befestigen) nennen, unterscheiden die Griechen die unfruchtbare, am Boden kriechende „Helix" (*(ἕλιξ* von *ἑλισσω* = drehen, wenden) vom fruchttragenden „Kittos" *(κιττός* oder *κισσός).* Dieser hatte in der Antike medizinischen Wert, über den aber Meinungsverschiedenheiten bestanden. Die Blätter galten als gehirnkühlend und wurden zu Kränzen gewunden, die man bei Trinkgelagen als Mittel gegen Trunkenheit trug. Nach anderen sollte der Genuß der Beeren und Blätter die bacchische Begeisterung mehren.

Als immergrüne Pflanze bot sich der Efeu zum Sinnbild des fortdauernden Lebens dar. Bei den Vermählungsfeiern der alten Griechen reichte man dem Brautpaar einen Efeuzweig als Zeichen immerwährender Treue und Liebe. Vielleicht lag darin auch ein Ausdruck des Wunsches, Leben fortzupflanzen.

Da die Natur in ihrer ständigen Erneuerung aionisches Leben darstellt, weihte man die Hedera den Naturgöttern: dem Osiris in Ägypten und dem Dionysos-Bacchos der Griechen und Römer. Den Anhängern dieses Gottes wurde die Figur eines Efeublattes eingebrannt. Aus dem 3. (apokryphen) Makkabäerbuch erfahren wir, daß Ptolemäus Philopator sogar die Juden zwang, diese Tätowierung anzunehmen. Dionysos samt seinem wildstürmenden Gefolge war mit Efeu bekränzt und ihre Thyrsosstäbe und Becher damit umschlungen. Auch die geheimnisvolle, mit Natursymbolen usw. gefüllte Kiste, die beim Initiationsritus den einzuweihenden Mysten eröffnet wurde, enthielt u. a. Efeuranken (Clemens v. Alexandrien, Protrept. 2, 22, 4). Das 2. Makkabäerbuch (6, 7) berichtet, daß Antiochus Epiphanes mit roher Gewalt die Juden dazu trieb, an Bacchusfesten mit Efeu bekränzt an den Umzügen teilzunehmen, die zu Ehren dieses Wein- und Naturgottes stattfanden[1].

Die Symbolik des Efeus beruht also einerseits auf dem materiellen Grund einer physischen Wirkung, die man ihm zuschrieb. Diese tritt zurück mit dem Sturz des alten Heidentums. Der zweite Grund aber, der das immerwährende Grünen der Hedera als Bild treuer Verbundenheit und ewigen Lebens erscheinen läßt, ging in die christliche Anschauung über. Treue Anhänglichkeit und Freundschaft bis in den Tod und über denselben hinaus kann das Sinnbild in stiller Sprache noch heute andeuten. Der Efeu schmückt ja selbst den abgestorbenen Baum mit seinem Grün und kann nicht bestehen, ohne sich anzuschmiegen.

Der hl. Augustinus erwähnt in einer seiner Predigten die Hedera als Sinnbild der Vermählten im Garten der heiligen Kirche (Sermo 304, 3; PL 38, 1396). Am Grabe heimgegangener Christen aber mögen Efeuranken nicht allein schöner Schmuck sein, sondern Ausdruck des Glaubens an ein ewiges Leben.

In der christlichen Epigraphik begegnet man häufig Efeu- oder auch Kleeblättern als Trennungs- oder Raumfüllungszeichen. Die Forscher legen ihnen hier keine symbolische Bedeutung bei.

Getreide

Das Getreide ist die edelste Feldfrucht. An ihm ist alles Symbol: vom Samenkorn, das in die Erde fällt, bis zum neuen Ernteertrag, der durch vielfache Bearbeitung zum täglichen Brot, ja zum Brot des Lebens wird, eines Lebens, das die Menschheit seit Urzeiten ersehnte, das die Bilder und Riten des Alten Bundes verhießen, bis endlich der Messias es in Fülle verlieh.

Warum nimmt nun gerade das Getreide eine so ausgezeichnete Stelle in der Mysterienwelt ein? — „Der Ertrag anderer Gewächse dient mehr oder minder gesonderten Zwecken höherer Organismen. Der Weizen aber in seiner allgemeinen Bestimmbarkeit ist mehr dem gesamten Leben zugewiesen. Diese Eigenschaft, ein so allgemeines Nahrungsmittel zu sein, führte dazu, daß er zur mystischen Speise wurde. Im Getreide ist das Mark der Erde am unmittelbarsten aufgesproßt, und so scheint es geeignet, vor allem Mark des Lebens zu werden" (cf. Görres, Die christl. Mystik, I, III, 2, 1). Kein Pflanzenprodukt kommt ihm an Nährgehalt gleich, keines läßt sich so leicht und lange aufheben, keines, wie der Weizen, so verschiedenartig zubereiten und jedem Geschmack anpassen. Darum reicht die Benennung „Brot" weit über die Grenzen des speziellen Begriffes hinaus und kann im übertragenen Sinn von Nahrung und Lebensunterhalt jeder Art verstanden werden.

Getreide kann in jedem angemessenen Klima gedeihen, doch braucht es überall den Segen des Himmels durch Wechsel von Regen und Sonnenschein. Gott verheißt diesen Segen den Israeliten als Lohn ihrer Gesetzestreue und versagt ihn, wenn *sie* versagen. Erntejubel ist in der Hl. Schrift sprichwörtlich und Symbol des Frohlockens über die Gnadenfülle im neuen Gottesreich (vgl. Jes 9, 3; Ps 72, 16; 126, 5. 6).

Es gibt im Orient zwei Arten des Weizens: Die eine gleicht der europäischen, nur trägt sie reicher, sodaß starke Pflanzen 20 und mehr Halme aus einer Wurzel

[1] Vgl. dagegen 2 Makk 10, 7: Gebrauch des Thyrosstabes am Fest der Tempelreinigung, also Umdeutung des heidnischen Symbols!

treiben. Die andere ist der sogenannte Wunderweizen (triticum compositum), aus dessen Korn bis zu 13 cm lange Ähren mit ebensolangen Grannen und auf beiden Seiten der unteren Hälfte noch mehrere kleine Ähren hervorwachsen. Die „vollen Ähren" im Traum des Pharao (Gen 41, 5—7) werden wohl von dieser Art zu verstehen sein. Hier erscheinen sie als Symbol des Fruchtbarkeitsgottes Osiris.

Im Morgenland drischt und reinigt man das Getreide zum Teil heute noch auf der Tenne, d. i. einer kreisförmigen, festgestampften, dem Winde ausgesetzten Ebene. Das Dreschen besorgen Ochsen, die man über das ausgebreitete Getreide führt. Sie treiben die Körner entweder durch Treten heraus oder sie ziehen eine Art von Schlitten, deren mit Spitzen besetzte Walzen die Halme zerstückeln. Das Häcksel wird dann mit der Wurfschaufel in die Luft geworfen, wobei der Wind die Spreu davonträgt, das Korn aber zu Boden fällt. Dieser Vorgang muß mehrmals wiederholt werden, bis die zu Haufen getürmten Körner vollends gereinigt in die Vorratsräume gebracht werden können.

Den Römern war das Getreide etwas geradezu Heiliges. Die „Confarreatio" bildete die Besiegelung des religiösen Aktes der Eheschließung: Unter Gebeten verzehrten die Brautleute im Beisein von zehn Zeugen einen aus Mehl, Opferschrot und Wasser zubereiteten Kuchen. Dieser galt als „Band der Vereinigung durch Getreide". Vielleicht lag ihm auch der Glaube an einen Fruchtbarkeitszauber zugrunde, ähnlich wie durch den Ährenkranz der Arvalbrüder der Segen des Kornes auf sie übergehen sollte, sodaß sie wiederum befähigt wurden, durch ihre Zeremonien das Gedeihen des Getreides zu sichern.

Die reiche und vielfältige Symbolik des Getreides läßt sich von drei verschiedenen Gesichtspunkten betrachten: 1. Auferstehung, 2. Christusmysterien, 3. Gottesreich.

1. Auferstehung: Dieser Sinn beruht auf einem Naturvorgang, über den die Menschheit seit urältester Zeit nachgesonnen und nach dessen Analogie sie ihr eigenes Leben und Sterben betrachtet hat. Mit dem Werden und Vergehen der Vegetation war das religiöse Leben der heidnischen Antike aufs engste verwoben. Hoffnung auf ein Fortleben im Jenseits beseelte die Ägypter, wenn sie ihren Toten Getreidekörner als Symbol neuen Aufblühens ins Grab legten oder ihre Mumien damit füllten. Und wenn man in Attika auf frische Gräber Korn säte, so konnte das zunächst wohl ein Sinnbild neuen Lebens sein, das in der Folge der Geschlechter dem Verstorbenen entstammen sollte. Daß man aber bei dieser Deutung auf irdische Fortpflanzung nicht stehenblieb, beweist der Einweihungsritus der eleusinischen Mysterien: Das feierliche Zeigen einer Ähre bildete hier den Höhepunkt. Die Ähre war Attribut der Muttergöttin Demeter und Symbol nicht nur der ständigen Erneuerung in der Natur, sondern des glücklichen Fortlebens im Jenseits. Die *Auferstehung des Fleisches* aber blieb den Heiden fremd (vgl. Apg 17, 32). Den zum Christentum neubekehrten Korinthern gibt der hl. Paulus (1 Kor 15) darüber einen ausführlichen Unterricht. Es heißt darin: „Wie werden die Toten auferweckt? Was für einen Leib werden sie haben? Eine sinnlose Frage! Auch das, was du säst, wird nicht lebendig, wenn es nicht stirbt. Und was du säst, ist nicht der Leib der Pflanze, die entstehen wird; es ist nur ein nacktes Samenkorn, z. B. ein Weizenkorn oder ein anderes. Gott gibt ihm die Gestalt, die er vorgesehen hat, jedem Samen eine andere ... Was gesät wird, ist verweslich; was auferweckt wird, unverweslich. Was gesät wird, ist schwach; was auferweckt wird, ist stark. Gesät wird ein irdischer *(ψυχικόν)* Leib, auferweckt ein überirdischer *(πνευματικόν)* Leib" (1 Kor 15, 35—38. 42—44).

2. *Christusmysterium:* In seiner Geburt gleicht der Heiland einer Ähre, die dem Erdreich des jungfräulichen Mutterschoßes entsprossen ist. „O Ackerland", ruft der hl. Proclus aus, „aus dem der Landmann der Natur ohne Samen die Ähre hervorsprießen ließ!" (Or. 1, 3; PG 65, 683).

Im *Tode* und in der *Auferstehung* ist Christus das Samenkorn, das in die Erde fällt und stirbt, um viele Frucht zu bringen (vgl. Joh 12, 24 f). „Für uns wurde er zur Weihegabe an den Vater, nach Art einer *Garbe,* ein Erstlingsopfer von der Erde, die ihn als Zeugnis ihrer Segensfülle hervorbrachte (vgl. Lev 23, 10. 11). Ein einziger zwar ist Jesus Christus, und doch ist Er im Sinnbild der Garbe gedanklich und wirklich einer aus vielen, da Er alle Gläubigen zu einer mystischen Einheit in sich faßt. Warum hätte Paulus sonst geschrieben, daß *wir in Ihm* auferweckt sind und *mit Ihm* unseren Platz erhalten im Himmel? Er also ist die Garbe, die alle in sich enthält, hingestellt im Namen aller (vor Gott) als Erstling der im Glauben vollendeten Menschheit, die schon bereitsteht, eingeführt zu werden in die himmlischen Vorratsräume ... Er auch ist das reine, mit Öl besprengte *Weizenmehl* (Lev 23, 13), das Bild des Lebens in Fülle und Freude. Wir leben ja in Ihm, frohlockend in der Hoffnung auf die uns bereiteten Güter. Durchtränkt von der Gnade des Hl. Geistes sprechen wir: ‚Mit Öl hast Du mein Haupt gesalbt' (Ps 23, 5) ... Mit Christus vom Weihrauch durchduftet, tragen wir seinen Wohlgeruch und werden mit ihm von Gott dem Vater wohlgefällig angenommen" (Gedanken aus Cyrill v. Alexandrien).

Die heilige *Eucharistie* ist Christus selbst in der Hülle von Brot und Wein. Sie ist das Gedächtnis aller seiner Mysterien. Etwas Größeres, als in das Fleisch und Blut des Gottmenschen verwandelt zu werden, kann es für ein Geschöpf nicht geben. Darum sind Weizen und Wein in der ganzen Pflanzenwelt am höchsten ausgezeichnet und die realsten Symbole, die wirklich *enthalten* und *sind,* was sie andeuten.

3. *Gottesreich:* Wo die Symbolik des Getreides sich auf die Ausbreitung und Vollendung des Gottesreiches bezieht, entfaltet sie die größte Vielseitigkeit. Ein Lieblingsthema unsres Herrn ist damit berührt. Bereits im Alten Bund kleiden die Propheten ihre Ankündigungen von Strafgerichten bisweilen in das Bild des Dreschens und Worfelns (Jer 15, 7; 51, 2; Mich 4, 12. 13; Jes 41, 15. 16). In den ersten Kapiteln des hl. Evangeliums weist Johannes, der Vorläufer, auf Christus als denjenigen, der mit der Wurfschaufel in der Hand seine Tenne reinigen, den Weizen in die Scheune bringen, die Spreu aber im unauslöschlichen Feuer verbrennen wird (Mt 3, 12; Lk 3, 17).

Zu den Aposteln spricht Christus in heiligem Drang, Seelen zu gewinnen: „Die Ernte ist groß, aber es gibt nur wenig Arbeiter. Bittet also den Herrn der Ernte, Arbeiter für seine Ernte zu schicken" (Mt 9, 37. 38; Lk 10, 2), und im Johannesevangelium lenkt er den Blick seiner Jünger auf die schnittreifen Felder und das Sammeln der Frucht für das ewige Leben (cf Joh 4, 35—38). Die Apostel und ihre Nachfolger werden entsandt, diese Frucht für Gott zu gewinnen. Ehe sie aber in den Scheunen der Ewigkeit geborgen wird, ergreift der Herr die Wurfschaufel des Gerichtes und sondert den Weizen von der Spreu, Gehaltvolles vom Wertlosen, Träger göttlichen Lebenskeimes von leeren Hülsen, die jeder Wind verweht, Tugendbewährte von eitlen Taugenichtsen. Bereits das Sondergericht über den einzelnen Menschen in der Todesstunde scheidet die Werte und Unwerte des Lebenswerkes, ja die ständige Läuterung durch Prüfungen aller Art ist ein Anbahnen der endgültigen Scheidung.

13 Gemmenkreuz. Apsidenmosaik S. Apollinare in Classe, Ravenna. 6. Jh.

14

Adler
Koptische
Grabplatte
7. Jh.

Während die Frucht jenem großen Tage entgegenreift, macht sie Stufen der Entwicklung durch. In schlichter und doch so wunderbarer Anschaulichkeit schildert der Herr dieses Werden:

„Mit dem Reich Gottes ist es wie mit einem Mann, der Samen auf seinen Acker sät; dann schläft er und steht wieder auf, es wird Tag und wird Nacht, der Same keimt und wächst, und der Mann weiß nicht, wie. Von selbst bringt die Erde ihre Frucht, zuerst den Halm, dann die Ähre, dann das volle Korn in der Ähre. Sobald aber die Frucht reif ist, legt er die Sichel an; denn die Zeit der Ernte ist da" (Mk 4, 26—29).

„Klar und scharf gezeichnet steht die Kirche in diesem kurzen Gleichnis da. Bewußt führt sie ihren Ursprung auf göttliche Aussaat zurück. Aber sie wurzelt ebenso sicher auf der Erde, ist ein Produkt von göttlichem Samen und Erde, daher stets wachsend und noch nicht ganz vollendet, leidend und mühsam lebend unter all den Fährlichkeiten ihres irdischen Daseins, aber gerade deshalb unaufhaltsam drängend zur Ernte — zum Tage, da er wiederkommt" (Dillersberger, „Markus", Bd. II, z. a. Stelle).

Das gleiche Zusammenwirken von Samen und Erde, Natur und Übernatur ist im Gleichnis vom Sämann (Mt 13, 3—8 und 18—23 nebst Parall.) gezeigt. Was da gesät wird, ist das Wort Gottes im weitesten und zugleich persönlichsten Sinn und dennoch überall das Wort, der Logos selbst, das menschgewordene Wort, Christus. Dieses Wort eignet sich die Substanzen der Erde an, und *ein* lebendiges Wesen wird aus beiden. Und was im einzelnen Menschen geschieht, das vollzieht sich im großen in der ganzen Kirche.

Mit unendlicher Langmut sieht Gott der Entwicklung seiner Saaten zu. Mitten unter sie hat der böse Feind auch Unkraut gesät. Die Mischung von guten und schlechten Elementen in der Kirche soll dauern, solange die Welt besteht, und erst am Tag der Vollendung ihr Ende erreichen.

Als Schnitter bezeichnet Christus die Engel. Der Menschensohn wird sie aussenden, das Unkraut, die Übeltäter, aus Seinem Reich zu sammeln und in den Feuerofen der ewigen Pein zu werfen, die guten Garben der Gerechten aber hinaufzutragen, wo sie leuchten wie die Sonne im Reiche ihres Vaters cf. Mt 13, 24—30 und 37—39).

Die Reihe der biblischen Erntebilder schließt mit dem wunderbaren Parusiebild der Apokalypse (14, 14—16):

„Dann sah ich eine weiße Wolke. Auf der Wolke thronte einer, der einem Menschen gleicht. Er trägt einen goldenen Kranz auf seinem Haupt und eine scharfe Sichel in seiner Hand. Und ein anderer Engel kam aus dem Tempel und rief ihm, der auf der Wolke saß, mit lauter Stimme zu: Schick deine Sichel aus und ernte! Denn die Zeit zu ernten ist gekommen: die Ernte der Erde ist überreif geworden. Und er, der auf der Wolke saß, warf seine Sichel auf die Erde, und die Erde wurde abgeerntet."

In der antiken *Kunst* bildeten Ernteszenen, ährengekrönte Köpfe oder garbentragende Putten als Sinnbilder des Sommers einen Teil des Jahreszeitenzyklus. Die Christen übernahmen das Motiv als Auferstehungssymbol. Man begegnet ihm häufig an den Wänden der Katakomben und in der altchristlichen Sarkophagplastik. Als eucharistisches Symbol kommen Ähren in frühchristlicher Zeit selten vor. Eines der wenigen Beispiele zeigt auf einer Gemme einen Fisch mit einer Ähre zusammengestellt. In späterer Zeit wurde die Darstellung von Ähren und Trauben als Hinweis auf das Allerheiligste Sakrament vorherrschend, und dieser Sinn ist der heute fast einzig allgemein bekannte und verstandene.

Kleeblatt

Im Altertum hatte der Klee medizinischen Wert, namentlich gegen Vergiftung durch Schlangen und Skorpione (Plinius, Nat. Hist. XXI, 21). Dem Natursinn der Deutschen war diese Pflanze besonders teuer und wurde von Minnesängern besungen. Die Luzerne erhob man ihrer außerordentlich zähen Lebenskraft wegen zu einem Lebenssinnbild.

Heilige Zauberpflanze war der Klee den alten Druiden. Im Christentum aber wurde das dreiblätterige Kleeblatt zum Symbol der allerheiligsten Dreifaltigkeit und diente dem hl. Patrizius, dem Apostel der Iren, als Anschauungsmittel, um seinen Glaubensschülern das Trinitätsgeheimnis zu erklären. Das Kleeblatt (englisch „Shamrock") wurde daher zum Attribut des Heiligen, und die „grüne Insel" nahm es samt der Harfe der gälischen Barden in ihr Wappen auf. Jetzt noch schmücken die Iren am Festtag ihres Glaubensboten Hut und Heiligenbilder mit Kleesträußen.

Nach Bauerreis (Arbor vitae V, 6; S. 125 ff) wäre der Ursprung dieses Attributs St. Patricks anderswo zu suchen: Eine der ältesten Darstellungen zeigt den Heiligen deutlich mit dem Kreuzstab in der Linken, den er in den Rachen einer Schlange stößt. Wahrscheinlich ist also das Kreuz dieses Stabes mit der Zeit zum Kleeblatt umgeformt worden. Vielleicht ist auch die „Glückbedeutung" des vierblätterigen Kleeblattes auf die Kreuzessymbolik zurückzuführen, trotz manchen Aberglaubens, der sich darangehängt hat.

Mandragore

Die Mandragore (oder: der Mandrágoras) [1] war in der Medizin und Magie der Antike von größter Bedeutung. Heute ist diese alte Zauberpflanze wohl noch Botanikern und Apothekern bekannt, im allgemeinen aber vergessen. Das Merkwürdigste an ihr ist — allerdings mit viel Phantasie — die Menschengestalt der Wurzel, aus der an Stelle des Kopfes die Blätter, Blüten und starkduftende Früchte hervorsprießen. Sie ist gleichbedeutend mit dem Alräunchen, dem glückbringenden Talisman, mit dem man in alten Zeiten einen wahren Kult trieb („Alraun oder Alrune" ist ein altgermanisches Wort und bedeutet: „Alle Geheimnisse kennend").

Die Mandragore wächst im ganzen Orient und Mittelmeergebiet; sie zählt zu den Nachtschattengewächsen. Ihr Name geht auf das persische „mardum giâ" (= „Menschenkraut") zurück. Diese giftige Pflanze ist von stark betäubender Wirkung. Ihr Genuß kann Wahnsinn oder gar den Tod zur Folge haben. In entsprechendem Maße wurde ein daraus bereiteter Trank im Altertum als Narkose vor Operationen eingenommen und machte den Menschen auf drei Stunden empfindungslos. In schwacher Dosis diente er als Schlafmittel. Schon der Geruch der Pflanze sei einschläfernd. Diese medizinischen Wirkungen sind Tatsache, die magischen aber — wenn sie *überhaupt* erfolgen — sind auf Aberglauben mit Autosug-

[1] Vgl. H. Rahner: „Griech. Mythen in christl. Deutung."

gestion oder auf dämonischen Einfluß zurückzuführen. Die Alten nannten die Mandragore „Morion", d. i. Wurzel der Torheit und seelischen Verwirrung. Wollte man sich diese Zauberpflanze nutzbar machen, so mußte man sie nachts unter vielerlei Beschwörungen, Gebeten und Vorsichtsmaßregeln ausgraben, deren Einzelheiten wir übergehen können. Diese Grabung mußte so geschehen, daß der unterste Teil der Wurzel noch in der Erde verblieb. Nach dieser ersten Prozedur band man daran einen schwarzen Hund, das Tier der dämonischen Göttin Hekate. Wollte dieser der Stimme des Rufenden folgen, so riß er das Gewächs vollends aus dem Boden und blieb sofort tot liegen.

Nach ihrer Loslösung von der Erde war die Wurzel „ungefährlich", denn ihre Verbindung mit den dunklen, bösen Gewalten war nun gebrochen. Jetzt galt sie als Heilmittel gegen Besessenheit, Epilepsie usw. sowie als Aphrodisiakum.

Nur durch Kenntnis dieser antiken Bedeutung der Mandragore kommen wir zum Verständnis der zwei Bibelstellen, in denen sie erwähnt ist (Gen 30, 14 und Hld 7, 13), sowie der christlichen Symbolik, die sich in der Patrologie daraus entfaltet. Die Kirchenväter kannten ja die alte Medizin und Zauberpraxis und lassen sie in ihrem Gedankenkreis mitspielen.

Im 30. Kapitel der Genesis (14—16) wird die Episode erzählt, in der Ruben, Sohn Jakobs und Leas, als kleiner Knabe seiner Mutter Mandragoren-Früchte vom Felde bringt, deren Genuß ihre Fruchtbarkeit fördern sollte. Auf Bitten ihrer kinderlosen Schwester Rachel tritt Lea ihr einen Teil der Früchte ab. Die Familie Jakobs war also mit diesem volkstümlichen Aberglauben ganz vertraut. Seine Nichtigkeit ist dadurch bewiesen, daß Rachel trotz der Mandragoren erst zwei Jahre später den Josef gebar. Doch diese Nebenumstände haben in der christlichen Exegese nichts zu sagen. Ihr kommt es nur darauf an, die alttestamentlichen Typen auf die Geheimnisse des Neuen Bundes anzuwenden: „Lea mit ihren Triefaugen ist das Bild der Synagoge, die ... Christi Gnade nicht schauen konnte. Und so geschah es, daß die Frucht, die der Erstgeborene einst der Synagoge gab, nun in den Besitz der Kirche übergeht" (Ambrosius, Expos. in Ps 118, Srm. 19, 24). So wird die Mandragore zum *Symbol jener neuen Liebe zwischen Gott und Mensch, die sich in der Ecclesia vollzieht.*

Ein zweites Mal ist in einer Frühlingsschilderung des Hohenliedes (7, 13) von unserer Zauberpflanze die Rede: „Die Mandragoren hauchen schon ihren Duft." Hier wird die Zeit des *geistigen* Frühlings verheißen, in dem der *„bonus odor Christi"* (2 Kor 2, 15), das ist die Gnade, samt der Arbeit und dem Tugendbeispiel der Apostel und Heiligen, den Todesgeruch der Sünde und ihrer Folgen überwindet. Augustinus, Eucherius und alle, die es ihm nachgeschrieben haben, bezeichnen diese heiligen Beispiele als „guten Ruf".

Die christlichen Prediger haben auch über die *narkotische* Wirkung der Mandragore gesprochen. Cyrill von Alexandrien wendet diese symbolisch auf das *Mysterium Christi* an: Der menschgewordene Gott ist in seiner Inkarnation und Passion gleichsam ein vom Mandragoratrank Betäubter geworden: „Wie einer, der in tiefen Schlaf sinkt, also ist er zu uns herabgekommen in die Vernichtung bis zum Tode, um dann wieder zum Leben aufzuwachen" (Glaph. in Genes. IV, 11; PG 69, 220 A). Aus der Reihe *aszetischer* Deutungen möge ein Beispiel aus den Schriften der hl. Hildegard von Bingen folgen:

„Wenn da ein Mensch in seinem innersten Wesen also zerrissen ist, daß er immerdar traurig umhergeht und ohne Unterlaß voller Gram sich fühlt, wenn er unaufhörlich in seinem Herzen einen Mangel spürt und einen Schmerz, dann nehme er Mandragora, die da aus der Erde entwurzelt ist und einen Tag und eine Nacht lang im lebendigen Quellborn gelegen hat; die lege er neben sich in sein Bett, sodaß die Wurzel von seiner Körperwärme warm wird, und dann spreche er: ‚O Gott, der Du den Menschen aus Lehm gebildet hast ohne Wehen — sieh, ich lege jetzt dieses Erdenstück neben mich, das niemals gesündigt hat, auf daß auch meine Erde jenen Frieden empfinde, in dem Du sie einst erschaffen hast!' " (Physica I, 56; PL 197, 1152 A).

Zum Verständnis dieses Gebetes muß man sich erinnern, daß nach mittelalterlicher Vorstellung die Mandragora zuerst an der Stelle gewachsen sein soll, von der Gott den Stoff zur Erschaffung Adams nahm. Es ist interessant, zu sehen, wie die antike Zauberpflanze hier durch Gebet geheiligt und als physisch-wirksames Symbol zur Erlangung des inneren Friedens angewendet wird! Andere hl. Schriftsteller deuten das narkotische Mittel auf die mystische Kontemplation, in der Gott die Seele berührt und über sich selbst emporreißt, gleich der von der Erde gelösten Wurzel, so daß sie irdische Sorgen und Leiden nicht mehr beachtet.

Die Mandragore ist *„ἀνθρωπόμορφος"* (= menschenförmig). So lautet der uralte pythagoräische Zusatz in der Medizin des Dioskurides. Dieses Wort klingt bei den Kirchenvätern und bei mittelalterlichen Kommentatoren des Hohenliedes nach und schließlich bei Konrad von Megenberg, dem Vermittler aller botanischen Weisheit an das späte Mittelalter. Wie bereits erwähnt, ist die seltsame Zauberwurzel, solange sie noch in der Erde steckt, dämonischen Mächten ausgeliefert und untertan. So muß auch die Radix des Menschen der Macht des Teufels entrissen und gleichsam neu gestaltet werden, um das Heil zu erlangen. Die Mandragore ist also ein Bild des von Adam, dem Erdenmann, entsprossenen Geschlechtes, das tief in der dunklen Erde wuchert, sich aber nach dem Lichte sehnt und die duftende Blüte der Ewigkeit aus dem kopflosen Wurzelstock entfalten will. Aus origenischer Tradition stammend, taucht diese Allegorie zum erstenmal bei Philo von Karpasia auf. Wir finden sie ebenso bei Nilus von Ankyra, Prokop von Gaza und Matthäus Cantacuzenus in ihren Kommentaren zum Hohenlied. Letzterer legt dar, wie die duftenden Mandragoren zuerst die Synagoge bedeuteten, dann die Kirche aus den Heidenvölkern mit ihren siegreichen Märtyrern. Seinen Höhepunkt aber erreicht der göttliche Duft am Ende der Tage: „Denn auch der Menschen, die noch im Hades warten, gedenkt die Schrift, wenn sie von der Mandragore spricht, weil dieses Kraut eine menschenförmige Wurzel hat und tief in der Erde steckt. Das bedeutet: Es kommt einmal die Zeit, da die tief in den Hades Eingesenkten vom Erlöser in die Freiheit hinausgeführt werden, von ihm, der sich bis in den Tod herabgesenkt hat" (Comm. in Cant, 7; PG 87, 2, 1737 B). Wenn dann in den entscheidenden Tagen vor dem Kommen des Herrn die Reste der Heiden und Juden sich bekehren und, nachdem das Scheinhaupt, der Antichrist, abgeschlagen ist, wie kopflose Wurzelstöcke dastehen, dann wird *Christus das ewige Haupt der Mandragore.* Dieser Gedanke klingt durch das ganze Mittelalter nach und wurde in echt mittelalterlicher Naivität als Miniaturmalerei in illustrierten Kommentaren zum Hohenliede dargestellt, ähnlich wie Honorius von Autun es schildert (Expos. in Cant. IV; PL 172, 471): „Nachdem das ganze Gefolge der Sunamitis in die Halle des Königs zugelassen ist, siehe, da wird vom Norden her mit hehrem Gepränge dem Bräutigam eine Braut zugeführt: nämlich die Mandragora ohne Kopf. Ihr setzt der Bräutigam ein goldenes Haupt auf, das mit einer Krone geschmückt ist, so wird sie zur Hochzeit eingeführt."

Schilfrohr

Das Schilfrohr (arundo, calamus, *κάλαμος*), das am Rande von Gewässern üppig sproßt, ist an den Ufern des Euphrat und Tigris wie in Ägypten und Palästina sehr verbreitet. Es scheint dort etwas solider zu sein als in unseren Gegenden, denn die Alten verwendeten es zur Anfertigung von Pfeilen, Rohrflöten und Schreibfedern (vgl. Ps 45, 2; 3 Joh 13). Der „calamus" diente auch als Meßstab (vgl. Ez 40, 5—8). Aus den Blättern flocht man Matten. Wenn Schilf Feuer fängt, verbreitet sich dieses rasch und erzeugt viele Funken. Darum vergleicht das Buch der Weisheit (3, 7) die Herrlichkeit der Gerechten am Jüngsten Tag mit diesem Sprühen.

Zu Stäben ist das Rohr nicht geeignet. Es zerbricht unter dem Druck der Hand, die sich darauf stützen will, und verletzt sie. So wird auch, wie drei ähnlich lautende Schriftstellen (2 Kön 18, 21; Jes 36, 6; Ez 29, 6. 7) besagen, das Volk Israel sich nur verwunden, wenn es sich auf die schwache Hilfe der Ägypter verläßt.

Das bei jedem Windhauch schwankende Rohr ist *Symbol des Wankelmutes*, der Unbeständigkeit und der Schwäche, die sich von jedem Impuls und jeder Beeinflussung bestimmen läßt. Christus benützte dieses Bild, um zu zeigen, wie Johannes der Täufer in seiner Seelenstärke und Festigkeit sich als das gerade Gegenteil erwies (Mt 2, 7; Lk 7, 24).

Um die Milde und Langmut des Messias zu kennzeichnen, sagt Jesaja (42, 3) von ihm: „Das geknickte Rohr zerbricht er nicht, und den glimmenden Docht löscht er nicht aus."

Als die römischen Soldaten den Heiland als „König der Juden" verspotteten, gaben sie ihm ein Rohr als Zepter in die Hand und schlugen damit auf sein dorngekröntes Haupt (Mt 27, 29. 30). So wurde in dieser hochheiligen Hand auch das wertlose Schilfrohr geheiligt und zu einem Werkzeug im Leiden des Erlösers. Auf „Ecce-homo"-Bildern wurde es öfters dargestellt.

Ysop

Ysop (hebr. Ezob, lat. hyssopus) ist eine Gattung Dosten (origanum). In Palästina wächst es als Unkraut auf Mauern und felsigen Stellen (vgl. 1 Kön 4, 33). Die Beschaffenheit dieses buschigen, aromatischen Krautes macht es besonders geeignet, als Wedel für Besprengungen zu dienen. Solche Lustrationen mit dem Blut der Opfertiere oder mit Reinigungswasser, dem auch etwas Ysop beigemischt war, erwähnt die Hl. Schrift in den liturgischen Bestimmungen des Alten Bundes Ex 12, 22; Lev 14, 4. 6. 49. 51. 52; Num 19, 18 sowie in Hebr 9, 19, wo St. Paulus diese erwähnt, und in der bekannten Stelle des 51. Psalms: „Besprenge mich mit Ysop und ich werde rein!"

Als Medikament gebraucht, wirkt Ysop schleimlösend. In seinem doppelten Zweck, durch rituelle Besprengung den Menschen nach Art eines Sakramentale zu entsühnen und als Heilmittel die Lunge zu reinigen, sowie auch im niedrigen Wuchs der Pflanze liegen die Vergleichspunkte für ihre Symbolik, in der die Kirchenväter ziemlich übereinstimmen. Ein schönes Beispiel aus vielen bietet der heilige Augustinus im Kommentar zu Ps 50, 9:

„Der Ysop ist uns bekannt als unscheinbares, aber heilkräftiges Kraut. Er senkt, wie man sagt, seine Wurzeln in steinigen Grund. Davon entnimmt man die Bedeutung für das Mysterium der Herzensreinigung: Nimm auch du die Wurzel der

Liebe auf in deinen Felsengrund. Sei demütig in der Demut deines Gottes, auf daß du erhöht werdest in deinem verherrlichten Gott. Laß dich mit Ysop besprengen: die Demut Christi wird dich rein machen. Verachte nicht das Kraut; achte auf die Kraft des Heilmittels. Ich will etwas beifügen, das wir gewöhnlich von den Ärzten hören und an Kranken erproben: Sie sagen, Ysop sei geeignet, die Lunge zu reinigen. Die Lunge bedeutet gewöhnlich den Hochmut: In diesem liegt Aufgeblasenheit, in jener die Atembeschwerde (anhelitus)" (PL 36, 593).

4. PFLANZENTEILE

Samen

Am dritten Schöpfungstag sprach Gott, der Herr: „Dann sprach Gott: ‚Das Land lasse Grünes wachsen, alle Arten von Pflanzen, die Samen tragen, und von Bäumen, die auf der Erde Früchte bringen mit ihren Samen darin' " (Gen 1, 11).

Diese Worte haben eine ununterbrochene Kette von Wundern der göttlichen Allmacht und Vorsehung hervorgerufen. Das scheinbar kleinste und unansehnlichste, das Samenkorn, ist unter diesen Wundern wohl das größte: Es ist Ziel und Vollendung allen Pflanzenlebens und zugleich sein Beginn. Alle Teile des zukünftigen Gewächses sind keimhaft in ihm enthalten samt allen Nährstoffen, die es zur weiteren Entwicklung braucht. Sorgsam sind die Bestandteile durch Häutchen oder Scheidewände abgeteilt, das Ganze durch eine Schale geschützt und bei manchen Arten zur Förderung der Selbstaussaat mit Flug- oder Haftvorrichtungen versehen. Die *Symbolik* des Samenkornes aber ist wesentlich durch *eines* bedingt: Soll neues Leben hervorbrechen, so muß die alte Hülle bersten, sterben und vergehen.

Daß in diesem alljährlich erneuten Vorgang eine Analogie mit dem Leben und Sterben des Menschen liegt und ihm damit ein hoffnungsfrohes Sinnbild der Fortpflanzung und der einstigen Neugestaltung im Jenseits gegeben ist, das ahnte bereits das antike Heidentum und äußerte es in Riten und Bräuchen, deren Gegenstand besonders die Getreidekörner waren (vgl. Art. Getreide). Manches davon hat sich im Volksbrauch verschiedener Völker bis heute erhalten. Die christliche Lehre aber gebrauchte das Beispiel des Samenkornes, um den Glauben an die Auferstehung der Toten zu bekräftigen (vgl. 1 Kor 15, 35—38, 42—44).

Die Hl. Schrift des Alten Testamentes spricht an vielen Stellen von „Samen", und zwar im umfassendsten Sinn. Das hebräische Wort „zéra" (LXX: σπέρμα' Vulg.: semen) bezeichnet nämlich nicht allein den Pflanzensamen, sondern auch das, was alle anderen organischen Wesen fortpflanzt. Der Ausdruck kann also ebensogut „Nachkommen, Abstammung, Geschlecht" bedeuten und wird in deutschen Bibelübersetzungen, dem jeweiligen Sinn entsprechend, verschieden wiedergegeben. „Zéra" wird bildlich auch für eine bloß moralische Verwandtschaft gebraucht, sowohl im guten Sinn als im schlechten einer „bösen Sippe" (vgl. Jes 6, 13 und Dan 13, 56, Vulg.: „semen Chanaan"). — Im „semen mulieris" (Gen 3, 15), dem die Schlange nachstellen wird, und im Nachkommen („semen") Abrahams, in dem alle Völker der Erde gesegnet sein sollen (Gen 22, 18), ist bereits der Messias angekündigt. Der hl. Paulus faßt die Erfüllung dieser und ähnlich lautender Verheißungen im Galaterbrief (3, 16) eindeutig zusammen, indem er sagt: „Es heißt nicht *den* Nachkommen (seminibus) in der Mehrzahl, sondern in der Einzahl: *deinem* Nachkommen (semini tuo), das ist Christus." *Ihm* wird der Segen zuteil und in ihm und durch ihn allen Gliedern seines mystischen Leibes.

Auch die Werke und die Leiden des Menschen gleichen ausgestreutem Samen von verschiedenem Wert. Der hl. Paulus unterscheidet deutlich: „Der Mensch erntet, was er sät. Wer auf das Fleisch sät, wird vom Fleisch Verderben ernten; wer aber auf den Geist sät, wird vom Geist ewiges Leben ernten" (Gal 6, 8).

Eine Stelle des 126. Psalms (5, 6), die sinnbildlich von Aussaat und Ernte spricht, erläutert der hl. Augustinus in seiner unverkennbaren Ausdrucksweise:

„‚In Freuden ernten, die in Tränen säen.' In diesem tränenreichen Leben säen wir. Was sollen wir ausstreuen? — Gute Werke! Werke der Barmherzigkeit sind unser Same, von dem der Apostel spricht: ‚Laßt uns Gutes tun und darin nicht ermüden! Denn wenn wir nicht ermatten, werden wir zur rechten Zeit auch ernten. So laßt uns denn, solange wir noch Zeit haben, allen Gutes tun, besonders aber den Glaubensgenossen!' (Gal 6, 9. 10). Was sagt er aber, wenn er von diesen Almosen spricht? ‚Ich meine: Wer kärglich sät, erntet kärglich' (2 Kor 9, 6). Wer also viel sät, erntet viel, wer wenig sät, erntet wenig, und wer nichts sät, erntet nichts. Wozu wünscht ihr euch ausgedehnte Grundstücke, wo ihr viel Samen ausstreuen könnt? Keine größere Weite gibt es für eure Aussaat als Christus, dessen Wille es ist, daß man in *Ihn* säe! — Euer Erdreich ist die Kirche; säet, so viel ihr könnt! ... Mögen wir auch unter Tränen säen, wir werden doch in Freuden ernten. Bei jener Auferstehung der Toten nämlich wird ein jeder seine Garbe empfangen, das ist die Frucht des Samens als Krone der Freude und des Frohlockens. Dann gibt es einen Triumph der Seligen, die sogar den Tod verhöhnen, über den man getrauert hatte. Dann werden sie sprechen: ‚Tod, wo ist dein Sieg? Tod, wo ist dein Stachel?' " ([1 Kor 15, 55] Enarr. in Ps 126; PL 37, 664, 666).

Was Gott bei der Erschaffung der Pflanzen bestimmt hat, daß sie „Früchte bringen nach ihrer Art, die in sich selbst ihren Samen tragen", das gilt auch in der Übernatur. „Jeder, der von Gott stammt, tut keine Sünde, weil der Same seines Vaters in ihm bleibt. Er kann nicht sündigen, weil er von Gott stammt" (1 Joh 3, 9).

Inwiefern das Samenkorn nach den Worten des Herrn im Evangelium Sinnbild des Gotteswortes, des Gottesreiches und Christi selbst ist, der durch sein Sterben viele Frucht bringt, ist in unseren Ausführungen über die Getreidesymbolik dargelegt (s. S. 191 f).

Dazu noch ein Wort über das *Senfkorn,* das der Heiland als Gleichnis der Kirche gebraucht, die sich aus kleinen Anfängen entfaltet:

„Mit dem Himmelreich ist es wie mit einem Senfkorn, das ein Mann auf seinen Acker (Lk: ‚in seinen Garten') säte. Es ist das kleinste von allen Samenkörnern; sobald es aber hochgewachsen ist, ist es größer als die anderen Gewächse. Es wird zu einem Baum, sodaß die Vögel kommen und in seinen Zweigen wohnen" (Mt 13, 31—32; vgl. Mk 4, 30—32; Lk 13, 18. 19).

„Kleiner als alle anderen Samenkörner" ist das Senfkorn nur im Vergleich zu jenen der anderen *Ackerpflanzen,* nicht aber sämtlicher Gewächse. Die Senfstaude entwickelt sich im Orient zu einer Größe, die sie im Abendlande nicht erreicht; daher kann sie wohl den Vögeln Schutz bieten. Die Kirchenväter heben in ihren Erklärungen dieser Evangelienstelle das *Zerreiben* des Senfkornes und seine *Schärfe* hervor. Sie sehen im Körnlein Christus selbst, der, in die Menschheit eingesät, sich zum Baum der Kirche entfaltet, in dessen Zweigen die Geistesbeflügelten, d. s. die Heiligen und nach Heiligkeit strebenden Seelen, ihr Heim finden. Besonders vielseitig und ausführlich erläutert der hl. Ambrosius die Parabel in seinem Kommentar zum Lukasevangelium (VII, 16). Mit ihr verbindet er eine zweite Evangelienstelle (Mt 17, 20), in welcher der Herr zu seinen Jüngern spricht: „Amen, ich sage euch: Wenn euer Glaube auch nur so groß wie ein Senfkorn wäre und ihr zu diesem Berg sagen würdet: Rück von hier nach dort!, dann würde er wegrücken. Nichts wäre euch unmöglich" ... „Auch der Glaube scheint anfänglich schlicht zu sein (wie das Senfkörnlein). Doch unter aufreibenden Heimsuchungen verbreitet er den Wohlgeruch der Tugendkraft, sodaß er auch andere, die davon hören oder lesen, mit seinem Duft erfüllt." Dann geht die Auslegung auf Christus über und deckt sich in den Hauptzügen mit jener anderer Kirchenlehrer. Eine der schönsten bietet der hl. Petrus Chrysologus in seiner Predigt über die Parabel:

„Das Gottesreich ist Christus, der einem Senfkorn gleich in den Garten des jungfräulichen Leibes gesät, sich über die ganze Welt zum Kreuzesbaum entfaltet. Als er durch das Leiden zerrieben wurde, verbreitete er aus seiner Frucht eine solche Würze, daß er allem, was lebt, durch die Berührung mit sich kräftigen Wohlgeschmack verlieh... Dieses Kleinste Gottes wird herrlicher erscheinen als die ganze große Welt. Wenn *wir* dieses Senfkorn in unsre Seelen säen, dann wird es zu einem großen Baum des Erkennens werden, der sich durch Erhabenheit der Gesinnung zum Himmel erhebt und sich in viele Äste des Wissens verzweigt. So wird er durch den anregenden Geschmack seiner Frucht unseren Mund brennen, sodaß das Feuer seines Samens in unseren Seelen glühe und flamme, um allen Überdruck unserer Unwissenheit durch diesen Genuß hinwegzunehmen" (Petrus Chrysol., Srm. 98; PL 52, 475).

In der *Kunst* werden die Parabeln, die Christus aus dem Bereich der Natur entnimmt, meist in Miniaturen, Textillustrationen, Kirchenjahrbildern und dergleichen dargestellt. In J. Führichs tiefsinniger Bebilderung der Nachfolge Christi des Thomas a Kempis befindet sich eine besonders anmutige Komposition: Jesus, der göttliche Sämann, schreitet sinnend dahin und streut seinen Samen aus. Am Wege, zwischen den Zweigen eines Dornstrauches, erscheint ein dorngekröntes Haupt, umgeben von einem Spruchband mit den Worten: „Verbum Dei inter spinas".

Wurzel

Wurzeln leben im Erdreich verborgen, ohne regelmäßige Formen, ohne Schönheit, und doch sind sie der wesentlichste Bestandteil einer jeden Pflanze. Die Wurzel trägt das Gewächs; ohne sie kann es nicht bestehen. In ihr liegt das Leben, aus ihr können die meisten Pflanzen es wieder erneuern, wenn der Stamm oder Stengel abgeschnitten ist; aus ihr wird es beständig erhalten, indem sie Nährstoffe und Feuchtigkeit zuführt. Ist aber die Wurzel krank oder stark verletzt, so stirbt die Pflanze ab. Bei vielen Nutzpflanzen liegt ihr Wert allein in der Wurzel, die Menschen oder Tieren als Nahrungs- oder Heilmittel dient.

Wer dieses Schöpfungswunder betrachtet, versteht, warum die Wurzel Sinnbild ist.

In heidnischen Zauberbräuchen spielen gewisse Wurzeln eine wichtige Rolle und gelten als magisch wirksam. Besonders jene der Nieswurz (Helleborus) und der Mandragora (= Alraune), die man nachts unter streng geregeltem Zeremoniell ausgrub (vgl. Art. „Mandragore").

„In der dunklen Wurzel und der leuchtenden Blüte dieser Pflanzensymbole sahen die Alten ein tiefes Sinnbild der seelischen Zwiespältigkeit, die es zu heilen gilt ... Der Mensch ist beides: Wurzel und Blüte. Er steht immerdar zwischen Uranos und Gaia (Himmel und Erde) ... Von allem ist er etwas. Sein Licht ist nie ohne die Säfte aus der Dunkelheit; aber ihm allein ist es gegeben, mit dem aus der Sonne gesammelten Licht hinwiederum die Finsternis seines Erdenwurzelns immer mehr aufzuhellen ... Immerdar muß er seine eigene Wurzel dem Dunkel entreißen und ins Licht heben, denn nur so werden die Wurzeln heilkräftig" (H. Rahner, Griechische Mythen in christlicher Deutung, Zürich 1945, S. 229 f).

Auch Kirchenväter erwähnen gelegentlich diesen moralischen Sinn der Wurzel, z. B. der hl. Gregor (Mor. in Job VIII, 48, 81; PL 75, 851 A): „Was verstehen wir besser unter dem Namen ‚Wurzel' als die geheim verborgenen Gedanken, die aus dem Okkulten aufsteigen und sich nur zeigen in der Sichtbarkeit unseres Tuns?" (vgl. Rahner, a.a.O., S. 231).

Im allgemeinen aber beruht die christliche Symbolik der „Radix" auf Bibeltexten. Abgesehen von bloßem Wortsinn oder von Redeweisen, wie „radix montis" (= Fuß eines Berges), bezeichnet die Hl. Schrift mit „Wurzel" *(ῥίζα)* ein Geschlecht, eine Abstammung. So bei Jesaja 11, 1, der den Messias verkündet: „Doch aus dem Baumstumpf Isais wächst ein Zweig hervor, ein junger Trieb aus seinen Wurzeln bringt Frucht."

In weiterem Sinne bedeutet „Wurzel" das Leben eines Volkes oder Stammes im Lande, das Gott ihm zugewiesen hat. Dort ist es ansässig, vermehrt sich und genießt seine Güter. In Ps 80, 10 heißt es vom symbolischen Weinstock Israel: „Du schufst ihm weiten Raum; er hat Wurzeln geschlagen und das ganze Land erfüllt" (vgl. auch Ez 17, 5. 6. 7. 9; Hos 14, 6; Jes 37, 31). Zur Bestrafung der Untreue aber läßt der Herr diese „Wurzel" vertrocknen: „Ins Mark getroffen ist Efraim, seine Wurzel verdorrt, keine Frucht wird es bringen. Auch wenn sie gebären, töte ich ihre Lieblinge" (Hos 9, 16).

Dasselbe gilt für den einzelnen Menschen: Die Wurzel des Gerechten (unter dem Bilde eines Baumes) wird von Gott „bewässert". Das heißt nach alttestamentlicher Auffassung: Der Herr gewährt ihm ein friedliches Dasein in Wohlstand, Gesundheit und mit gesegneter Nachkommenschaft. „Die Wurzel der Frommen wankt nimmer" und „Von Dauer ist der Gerechten Wurzel" (Spr 12, 3. 12).

Dagegen heißt es vom Bösen und Gottlosen: „Er faßt nicht mehr Wurzel im Boden" (Ijob 15, 29), und wenn er auch einige Zeit im Wohlergehen „verwurzelt" zu sein scheint, so ist es nicht bleibend (vgl. Ijob 5, 3). Er wird „entwurzelt aus dem Lande der Lebendigen" (Ps 52, 7), seine Wurzel verdorrt (Ijob 18, 16) und wird zu Staub (Jes 5, 24).

Im Lichte christlicher Auffassung werden diese Schriftstellen vom natürlichen auf das übernatürliche Leben übertragen. „Das übernatürliche Geschick des einzelnen Menschen, wie der ganzen Familie des Adam, kann, wie einmal Gregor d. Gr. ausführt, einer im Erdreich wuchernden Wurzel verglichen werden: ‚Unter dieser Wurzel können wir die Natur des Menschen verstehen, jene Natur, aus der er wesentlich besteht. Wie ein Wurzelstock im Erdreich langsam altert und abstirbt, so geht es mit dem Menschen, der da gemäß der Natur seines Fleisches sich in Asche auflöst. Die Wurzel zerfällt in Staub, und des Menschen Schöngestalt vergeht. Aber beim Duft des quellenden Wassers lebt die Wurzel wieder auf — und so ersteht auch der Menschenleib wieder, wenn der Hl. Geist herabkommt. Denn alles kehrt wieder zurück zu jener Schönheit, zu der wir einst in der Erschaffung bestimmt waren, wenn wir nicht im Paradies gesündigt hätten' " (Moralia in Job XII, 5, 7; PL 75, 989 f. Nach H. Rahner, a.a.O., S. 250).

Manche Schriftstellen verstehen die Wurzel rein geistig. In den Weisheitsbüchern ist damit Wesenhaftes, Urgründliches, Anbahnung oder Ursache gemeint: „Wem ist die Wurzel der Weisheit enthüllt?" (Sir 1, 6). „Von deiner Macht (o Gott) zu wissen, ist Wurzel der Unsterblichkeit" (Weish. 15, 3; vgl. auch Weish. 3, 15 und Sir 1, 25).

Eine Wurzel aber, von der das Buch der Bücher vor allem spricht, ist Symbol im Vollsinn des Wortes, geistig und konkret, zugleich Urgrund und Träger des Alls, lebendig und Leben spendend: Es ist Christus, unser Herr, der am Ende der Zeiten im Schlußkapitel der Geheimen Offenbarung des Johannes (22, 16) der Welt verkündet: „Ich bin das Geschlecht und der Sproß Davids, der leuchtende Morgenstern!" Er nennt sich so zur Stunde, da ein neues, ewiges Leben anbricht, das aus Ihm, dem Auferstandenen und Verklärten, für alle Auserwählten erblühen soll. Da erreicht die Prophezeiung des Jesaja (11, 10) ihre letzte Erfüllung: „An jenem Tag" — dem jüngsten Tag der Zeitlichkeit, dem ersten einer neuen Welt — „wird der Sproß aus der Wurzel Isais zum Signal für alle Nationen", die um ihn aus allen Stämmen und Nationen und Sprachen versammelt sind. Wie aber ist Christus Sproß und Wurzel zugleich? — Sproß ist er seiner Menschheit nach, Wurzel in Kraft seiner Gottheit, dem Ursprung allen Seins. „Nicht David ist seine Wurzel", sagt der hl. Bernhard von Clairvaux, „sondern Er ist Davids Wurzel, denn Er trägt, nicht *wird* Er getragen. Mit Recht, heiliger David, nennst du Herrn deinen Sohn, denn nicht *du* trägst die Wurzel, sondern die Wurzel trägt *dich!* (Sermo „In die sancto Paschae"; PL 183, 279).

Dieser Wurzel sind die Christen einverleibt, aus ihr leben und bestehen sie. „Faßt Wurzel und baut euch auf in ihm", schreibt der hl. Paulus an die Kolosser (2, 7). Und den Ephesern (3, 17) wünscht er, daß sie „in der Liebe (Christi) festgewurzelt und festgegründet" seien.

Die Adventsliturgie ist durchzogen vom Gedanken an jene „Wurzel", die Jesaja verheißen hat. Die Sehnsucht der Kirche nach dem kommenden König gipfelt in den sieben „O-Antiphonen", von denen eine die „Radix" zum Thema hat: „O Wurzel Jesse, Du stehst als Banner für die Völker da, vor Dir verstummen Könige, die Heidenvölker flehn zu Dir: Komm, rette uns, und säume länger nicht."

Die *Kunst* hat Jesse als die Wurzel dargestellt, aus welcher der figurenreiche Stammbaum Christi emporwächst (vgl. Art. Baum, S. 154). Doch hat man diese Komposition in der marianischen Symbolik stark vereinfacht zu einem Sinnbild, das in der Wurzel die allerseligste Jungfrau erkennt, aus der die menschliche Natur Christi als blühendes Reis entsprossen ist. Dieses Motiv eignet sich gut für die Paramentik und sonstige kleinere Raumflächen.

Zweige

Zweige nehmen naturgemäß an der Bedeutung der Pflanze teil, der sie entsprossen sind, denn sie tragen ihr Leben in sich. Darum liegt im Setzling die Kraft, Wurzeln zu treiben und sich selbständig weiterzuentwickeln. Das Pfropfreis vermag sogar einen alten Baum zu veredeln und zu verjüngen. Der symbolische Sinn mehrerer Schriftstellen beruht auf diesen Eigenschaften.

Wie in der gesamten Symbolik der Antike, äußert sich auch in der Wertung der Zweige die innige Verbundenheit des Menschen mit der Natur sowie der Glaube an die Wirkkraft und sympathetische Mitteilbarkeit des in ihr flutenden Lebens. Abgesehen vom medizinischen Nutzen haben frische Pflanzen tatsächlich einen wohltuenden Einfluß auf das menschliche Gemüt: Sie sind Freudenbringer. Bei den primitiven Menschen aber handelt es sich nicht sosehr um psychische als um *konkretphysische* Einflüsse: Frisches, junges Pflanzenleben sollte durch Nahebringen und Berühren das Leben des Menschen befruchten, fördern, ihm Glück und Segen bringen, Übel von ihm und seiner Habe abwenden. An diesen Aberglauben knüpfen sich verschiedene uralte Bräuche, von denen einige bis heute weiterbestehen.

Zweige gebrauchte die Antike im *religiösen, staatlichen* und *bürgerlichen* Leben: Wie in ältester Zeit der Ägypter mit den „heiligen" Lotosblumen, deren Wurzel und Samen ihnen ein wichtiges Nahrungsmittel waren, den Göttern huldigten, so hielten auch die Griechen und Römer Zweige geheiligter Bäume (besonders Oliven) als „Hiketerîa" (von *ἱκετεύω* = um Schutz flehen) in Händen, wenn sie von den Göttern Schutz und Hilfe erbitten wollten. Man legte diese Reiser dann auf den Altar der Gottheit, die man gnädig zu stimmen gedachte. Auch bei anderen religiösen Zeremonien spielten Zweige eine Rolle. Aromatische Reiser wurden als Rauchopfer verbrannt oder zur Entsühnung durch Räucherung oder Besprengung benützt. Im Buche Ezechiel 8, 17 ist von Sonnenanbetern die Rede, die sich Zweige an die Nase hielten. Über die Bedeutung dieses Gestus bestehen unter den Exegeten geteilte Mutmaßungen. Von den Zweigen, welche die Israeliten nach Vorschrift beim Laubhüttenfest und später beim Fest der Tempelweihe (Encaenia, 2 Makk 10, 7) als Dank für den Erntesegen und zum Zeichen der Freude beim Gottesdienst zu schwingen pflegten, spricht das Buch Levitikus (23, 40). Die immergrünen Zweige sollten nach Cyrillus von Alexandrien unvergängliches Hoffen und immerwährende göttliche Gnade versinnbilden. Zudem hatte jede der drei vorgeschriebenen Pflanzen ihre eigene Symbolik: Die Palme bedeutete Sieg, die Myrte Freude, die Bachweide Keuschheit, da sie unfruchtbar ist und in der Antike als Beruhigungsmittel der Begierden eingenommen wurde (vgl. Art. „Weide").

In späterer Zeit hielten sich die Israeliten nicht mehr streng an die vorgeschriebenen Pflanzen, sondern benützten auch andere.

Als Sinnbild des heiligen Römerreiches galten die Zweige, welche die Staatsmänner mitnahmen, wenn sie einen Bund oder Friedensvertrag schließen, Forderungen stellen oder Krieg erklären wollten. Bei solchem Anlaß sandten sie eine Gruppe von vier Boten, „Foetiales" genannt, unter Anführung eines „Patrator" (Vollstrekkers) an die feindliche Grenze. Den Sprecher dieser Abgesandten, die man aus den vornehmsten Familien wählte, nannte man „Verbenarius", denn er trug die „Verbenae" [1], das sind Zweige von heiligen Bäumen, oft auch ein Büschel von zauberkräftigem Eisenkraut oder von gewöhnlichem Gras. Solche grub man mitsamt der Erde, in der sie gewachsen waren, aus dem heiligen Gebiet des Kapitols, wo der Jupitertempel stand. Sie sollten ein Stück und Symbol des unverletzlichen, heimatlichen Bodens darstellen.

Zweige trug man bei Siegesfeiern und Huldigungsbezeigungen. Das 2. Makkabäerbuch (14, 3. 4) erzählt vom abtrünnigen Hohenpriester Alkimus, daß er, um sich einzuschmeicheln, im Jahre 151 v. Chr. zum König Demetrius, dem Sohn des Seleukus, ging und ihm einen goldenen Kranz samt Palmzweig und einen von den üblichen Zweigen des Heiligtums brachte.

---

[1] „Verbenae", abgeleitet vom griechischen (äolischen) „pherba" (*φέρβα* = Weidegras), dem das lateinische herba = Gras entstammt. Nach anderen käme „Verbena" von Verbum.

Triumph bedeuteten solche Reiser (besonders von Palmen) nicht allein beim siegreichen Heimzug des Heeres: Sieger bei Wettrennen und Wettkämpfen wurden in Griechenland und Rom ebenfalls mit Palmen und Kränzen ausgezeichnet.

Im ländlichen und häuslichen Leben sah man in den grünen Zweigen wirksame Glücks-, Heils- und Schutzmittel: An den Palilien (21. April) besteckte der römische Bauer damit den Schafstall, im Juni brachte er Weißdorn- und Wegdornruten an Türen und Fenstern an, um Unheil fernzuhalten. Lorbeer und Wegdorn gebrauchten auch die Griechen als kräftige Mittel gegen gefährlichen Zauber und gegen Gewitter. Am 1. März pflanzte man Lorbeerbäumchen vor die Häuser und Lorbeerreiser auf die Felder, um die junge Saat vor Rost zu schützen.

Zu Beginn eines neuen Jahres (1. März, später 1. Januar) pflegte man nach römischer Sitte einander, besonders aber hochstehenden Persönlichkeiten, immergrüne Zweige zu überreichen. Hier liegt der Ursprung der „Strenae", das ist der Neujahrsgeschenke, die später dazukamen und heute im französischen Gebiet als „Etrennes" anstatt Weihnachtsgaben allgemein üblich sind. Doch der jahrhundertealte Brauch, zu Weihnachten Ästchen von Nadelbäumen, Buchs, Rosmarin, Stechpalme, Misteln [2] und Obstbäumen ins Haus zu stellen oder zu hängen, besteht immerfort. Sind sie nicht immergrün, so steckt man sie einige Wochen vorher ins Wasser (Barbarazweige), damit sie zum Christfest blühen.

Allen diesen Sitten liegt der uralte Menschheitsglaube an den „Zweigsegen" zugrunde, der in der sprossenden Natur das heilige Geheimnis des immer wieder erwachenden Lebens sieht und es auf magische Weise durch Übertragung auf den Menschen nutzbar machen will. Soll das ganz sicher erfolgen, so muß ein unmittelbarer Kontakt mit den Zweigen stattfinden. Diesen Sinn haben sowohl die Rute des hl. Nikolaus als der Kinderscherz von Rutenstreichen, die sich Knaben am Feste der Unschuldigen Kinder an den Erwachsenen erlauben dürfen. Der Christbaum, der Maibaum und das Bäumchen, das beim Gleichenfest auf ein neues Haus gesteckt wird, gehören auch in diesen Ideenkreis, als Wichtigstes aber die *Palmsonntagszweige,* da sie zum *Sakramentale* werden. Wenn schon in den angeführten Bräuchen der Weihnachtszeit heidnischer Aberglaube, von dem die meisten Menschen nichts mehr wissen, mit christlicher Feier zusammenschmilzt, umso mehr hier, wo liturgische Weihe alte Sitten heiligt.

Als die Juden dem Herrn bei seinem Einzug in Jerusalem mit Palmzweigen und Hosannarufen entgegenjubelten, handelte es sich einfach um eine Huldigung. Die Scharen von Jerusalem konnten sich der Bedeutung ihrer Handlung damals nicht bewußt sein. Als aber die Christen nach erlangter Religionsfreiheit gegen Ende des 4. Jahrhunderts im Heiligen Land die Ereignisse aus dem Leben Jesu an den Orten und Tagen ihres Geschehens nachzubilden begannen, taten sie es im Vollbewußtsein des Sinnes: In den *Oliven* sahen sie die *erbarmende Liebe* des Erlösers versinnbildet, in den *Palmen* den *Sieg Christi* über Tod und Hölle, eine Symbolik, die sich auch in den Schriften der Kirchenväter häufig wiederholt. Der hl. Ambrosius und einige andere sehen in den Zweigen auch ein Bild der lebensvollen göttlichen Gnade, der immergrünen Frische der Tugend und der guten Werke. Von einer *Weihe* der Zweige war zu dieser Zeit noch keine Rede. Erst als der Ritus der Palmprozession sich über den Orient allmählich auch im Abendland verbreitet hatte, kam es zur „Benedictio Palmarum", die um die Wende des 7. zum 8. Jahrhundert im Sakramentar von Bobbio zuerst bezeugt ist. Sie besteht dort aus einer

[2] Diese besonders in England.

„Collectio“, „Contestatio“ und dem eigentlichen Weihegebet, das nicht allein von der Symbolik der Palmen als Zeichen des Sieges Christi über Tod und Hölle und unserer Hoffnung auf die künftige Herrlichkeit spricht, sondern auch ihre *Wirksamkeit* gegen Krankheiten und Nachstellungen des bösen Feindes für alle, die sie in ihre Wohnungen bringen oder davon genießen, betont.

Hier sehen wir also den alten Volksglauben verstärkt durch die hohe Wertschätzung, welche die Christen allen Dingen entgegenbrachten, die durch Benützung beim Gottesdienst geheiligt waren. „So gebrauchte man denn auch die in der Prozession getragenen Zweige zum Zwecke der Abwehr aller Übel von den Häusern und von deren Bewohnern, ehe noch in der Weiheformel dieser Wirkungen gedacht wurde. Denn nicht die Formel hat den Brauch geschaffen, sondern der im Volke schon lange geübte Brauch hat die Veranlassung geboten, jene Wendungen in die Formel einzufügen; dadurch wurde der Brauch gleichsam kirchlich legalisiert und die erhoffte Wirkung nicht den Palmen an sich, sondern dem über dieselben gesprochenen Segen zugeschrieben“ (A. Franz, Benedictionen im Mittelalter, Bd. I, S. 481).

Die Ostkirche schmückt im Gedenken an das lebenspendende Pneuma zu Pfingsten Häuser und Wohnungen mit frischem Grün, dem Symbol des nie endenden Lebens und der göttlichen Gnade, und während der Pfingstliturgie tragen die Gläubigen Blumen und grüne Zweige in den Händen. So bringen sie die Erstlingsgaben der Natur, des Frühsommers Blütengeschenk, Gott, dem Herrn, dankbaren Herzens dar.

Im Bilde von Zweigen, mit denen man bei der Parusie den Herrn erwartet, schildert ein „Gleichnis“ im „Pastor des Hermas“ (VIII. Vision, Kap. 1—10) den Lebenswandel der Christen: Der Verfasser, ein Christ des beginnenden 2. Jahrhunderts, schaut „einen großen Weidenbaum, der Ebene und Berge bedeckte, und in den Schatten dieser Weide kamen alle, die im Namen des Herrn berufen sind. Ein herrlicher Engel des Herrn aber stand ganz erhaben neben dem Weidenbaum und schnitt mit einem großen Messer Zweige von der Weide ab und gab sie dem Volke, das im Schatten der Weide stand... Dieser große Baum, der die ganze Erde überdeckt, bedeutet das Gesetz Gottes, das für die ganze Welt gegeben ist. Dieses Gesetz aber ist der Sohn Gottes, der bis an die Grenzen der Erde verkündet worden ist. Die Völker in seinem Schatten sind die, welche seine Botschaft hörten und an ihn glaubten. Der große und herrliche Engel ist Michael, der Gewalt hat über dieses Volk und es beherrscht...“

In den folgenden Kapiteln fordert der Engel die ausgeteilten Zweige zurück. Wer sie nach angemessener Behandlung frisch knospend überbringt, wird in schneeweißem Gewand in den Turm (Tor der Himmelsstadt) eingelassen und erhält als Lohn ein Siegel und Kränze.

Die arkane Ausdrucksweise dieser Vision besagt, daß Christus, der Logos, der wahre Lebensbaum, uns im heiligen Gesetz des Evangeliums eine Lebensnorm, ja sich selber schenkt. Die Gnadengabe muß sich aber im Leben eines jeden auswirken und am Tage der Rechenschaft mit den Tugendwerken, die es zeigte, dargebracht werden. Tugend aber ist Sieg über sich selber, und dieser Sieg gehört zum Triumph, den Christus zwar errungen hat, in seinen mystischen Gliedern jedoch bis zum Ende der Zeiten vollendet. So wird die Symbolik „Zweig = Sieg“ und „Zweig = gute Werke“ zur Einheit verbunden. Darum schildert auch die Apokalypse des hl. Johannes (7, 9) die große Schar derer, die da standen vor dem Thron und dem

Lamme, angetan mit weißen Kleidern und mit „Palmen in den Händen". Auch die Kunst ist von diesen Bildern der Vollendung und des Sieges beeinflußt.

Blätter

Wenn an den Bäumen die Knospen schwellen und das erste Grün hervorbricht, so durchzieht Freude und Hoffnung das menschliche Gemüt. Der Winter ist vorbei, der Frühling beginnt. In seiner Rede über die letzten Dinge sagte der Herr: „Vom Feigenbaum lernet das Gleichnis: Wenn seine Zweige saftig werden und Blätter treiben, so wißt ihr, daß der Sommer nahe ist" (Mt 24, 32; Mk 13, 28).

Nach Cornelius a Lapide (Bd. IX, 564) pflückten die Urvölker mit der Hand junge Blätter von den Bäumen und verbrannten sie als Dankopfer an den Herrn, der sie erschaffen hat.

Das Sprossen der Blätter im Frühjahr und ihr Abfallen und Verdorren im Herbst machte sie zu einem Bilde des rasch vergehenden Menschenlebens, seines Aufblühens (vgl. Spr 11, 28), seiner Unbeständigkeit und Hinfälligkeit (vgl. Ijob 13, 25; Jes 64, 5), ja der Vergänglichkeit der Welt (vgl. Jes 34, 4).

Eine Generation löst die andere ab, so wie junges Laub am Baum das zurückgebliebene dürre (z. B. bei den Eichen) vertreibt: „Wie die grünen Blätter am dichtbelaubten Baume — die einen fallen, die anderen wachsen —, so ist's mit dem Geschlecht von Fleisch und Blut: Das eine stirbt, das andere wird geboren" (Sir 14, 18).

Blätter *schmücken* den Baum. Sie *schützen* die Früchte vor übermäßiger Sonnenglut wie vor schädlichen Wetterstürmen. Der hl. Ambrosius (zu Ps 1, Kap. 41; PL 14, 987) überträgt die Wechselbeziehungen von Laub und Frucht auf das geistige Gebiet. Er vergleicht die moralischen Tugenden des tätigen Lebens mit den Blättern, jene des inneren Lebens, d. i. den Glauben und die Beschauung, mit den Früchten: Der Tätigkeit darf der Glaube nicht fehlen und die Kontemplation der göttlichen Mysterien muß sich durch Werke bewähren.

Die meisten Exegeten sehen in den Blättern ein Bild der *Worte:* Die göttlichen Aussprüche des Herrn und die Lehren seiner Stellvertreter vergehen nicht, wie es im 1. Psalm heißt: „Sein Laub wird niemals welk", denn es sind Blätter des Lebensbaumes Christus und dienen zum Heile der Völker, wie Ezechiel (47, 12) es vorhersagt und der Seher von Patmos (Offb 22, 2) es erfüllt sieht.

Dagegen sind leere Worte ohne Taten gleich Blätterfülle an einem unfruchtbaren Baume. In der Obstkultur kann man tatsächlich beobachten, daß besonders stark belaubte Bäume und Weinstöcke am wenigsten Früchte tragen. Der Herr verflucht den Feigenbaum, an dem er nur Blätter fand (vgl. Mt 21, 19). Er ist ihm ein Bild der Synagoge, deren Lehrer keine Werke hervorbringen, sondern, dem Baum mit überreichem Blattwerk gleich, sich durch Wortschwall hervortun und so die Hoffnung des gläubigen Volkes auf den erwarteten Fruchtsegen enttäuschen (vgl. St. Ambrosius, Lukaskommentar VII, 161).

Einen weiteren Gesichtspunkt bietet der *Schatten,* den das Laub der Bäume spendet. „In seinem Schatten sitze ich mit Lust", spricht die Braut im Hohenliede (2, 3), die den Geliebten mit einem Apfelbaum vergleicht. Der hl. Bernhard sagt zu dieser Stelle das prägnante Wort: „Umbra ejus caro ejus" — „Sein Schatten ist sein Fleisch ... und wie sollte es mich nicht überschatten, der ich im Mysterium Ihn genieße? ... Im Schatten sind wir, solange wir im Glauben und nicht im Schauen wandeln" (Serm. 48 in Cant.).

In der *Kunst* begegnet man noch häufiger Blatt- als Blumenornamenten. Bei den Ägyptern herrscht allerdings die stilisierte Lotosblume samt dem Papyrus vor, bei den Assyrern die Rosette. Die Griechen aber entfalten ein besonderes Geschick zur Stilisierung von Akanthusblättern auf Architraven und Säulen, von Palmetten in verschiedener Anordnung sowie von Efeuranken, letztere speziell in der Keramik. Die Römer übernahmen viel aus der hellenischen Kunst, und auch in der Renaissance und im Barock ist der Akanthus beliebt. Die Gotik ist überreich an mannigfachen Blattornamenten. Was sind ihre Krabben und Kreuzblumen anderes als Phantasieblätter in eigener Stilisierung? — Auch in den Flächenumrahmungen und Initialen der Miniaturmalerei nehmen verschlungene Ranken mit Blättern einen breiten Raum ein. So manche dieser Ornamente, in der Plastik wie in der Malerei, haben wohl ihre Symbolik, der wir nicht im einzelnen nachspüren können [1]. Auf jeden Fall liegt ihnen der Gedanke zugrunde, die vom Realismus gelöste Natur in das sakrale Gebiet einzubeziehen und durch ihre Schönheit Gott zu verherrlichen.

Früchte

Die Frucht ist Ziel und Vollendung einer jeden Pflanze, je nach ihrer besonderen Art, und — als Trägerin des Samens — Bedingung der Fortpflanzung, sofern diese nicht auf anderem Wege geschieht (vgl. Gen 1, 12).

„Frucht" wird bildlich auch auf die Sprößlinge des Menschengeschlechtes übertragen. „De fructu ventris tui ponam super sedem tuam" (Ps 132, 11) verheißt der Herr dem König David. Diese Prophezeiung ist im Messias erfüllt. *„Die Frucht"* katexochen, die unsre Erde hervorbrachte (vgl. Art. Erde), ist *Christus*, geboren aus Maria, der reinsten Jungfrau. Darum begrüßt Elisabeth sie mit den Worten: „Du bist gebenedeit unter den Frauen und gebenedeit ist die Frucht deines Leibes" (Lk 1, 42).

„Früchte" im geistigen Sinn sind auch die Werke des Menschen (vgl. Mt 7, 16—27; Joh 15, 5).

(Symbolik einzelner Früchte: beim betreffenden Baum)

Dornen

„So ist verflucht der Ackerboden deinetwegen ... Dornen und Disteln läßt er dir wachsen" (Gen 3, 17. 18). So lautet das Strafurteil des Herrn über Adam, als er, durch Eva verführt, von der verbotenen Frucht gegessen hatte. Damit ist aber nicht gesagt, Gott habe Dornen und Stacheln erst nach dem Sündenfall hervorkommen lassen. Sie waren da, schadeten aber nicht. Von nun an sollte aber ihr Überhandnehmen als Unkrautpflanze dem Menschen das Bebauen des Bodens erschweren, ihm Schmerz und Mißerfolg bereiten und so zum typischen *Sinnbild der Sündenstrafe und irdischen Mühsal* werden.

Viele tausend Jahre verstrichen. — Da kam die Fülle der Zeiten, und siehe — mit diesem Symbol von Buße, Leid und Weh ließ unser göttlicher Heiland sein

[1] Die in der romanischen Steinplastik häufig vorkommenden Blätterbüschel werden gelegentlich als „Kraftträger des Lebendig-Fruchtbaren", daher als „lebenausstrahlend" gedeutet (vgl. W. v. Blankenburg, „Heilige und dämonische Tiere", S. 151).

hochheiliges Haupt krönen und heiligte so die Dornen zu einem Werkzeug der Welterlösung!

In Palästina verbreiten sich zur regenlosen Jahreszeit die stacheligen Gewächse über ganze Landstriche. Die Hl. Schrift hat für sie mindestens zwanzig Benennungen. Wo die Propheten, besonders Jesaja, vom Exil der Juden und damit von der Verödung des Heimatbodens sprechen, erwähnen sie das Überwuchern solcher Pflanzen:

„An jenem Tage wird's geschehen, daß jeder Platz, wo tausend Weinstöcke im Werte von tausend Silberstücken stehen, voll Dornen ist und voll Disteln. Mit Pfeil und Bogen geht man dahin; denn Dornen und Disteln füllen das ganze Land. Alle Berge, die man jetzt mit dem Karst behackt, wird man nicht mehr betreten, aus Furcht vor Dornen und Disteln" (Jes 7, 23—25; vgl. Jes 5, 6; 9, 18; 27, 4; 32, 13; 34, 13).

Im übertragenen Sinn spricht die Hl. Schrift an vielen Stellen von Dornen. Sie vergleicht damit schlechte und gottlose Menschen (Mich 7, 4; Jes 33, 12) und so manches, das geistigen Dornen gleich Herz und Seele quält und verwundet. Oft umsteckt der Herr in weiser Absicht die Wege des Menschen mit solchen Hindernissen, um ihn von falschen Bahnen ab in die Richtung zum wahren Ziele zurückzubringen. Daher der göttliche Ausspruch bei Hosea (2, 8): „Darum versperre ich ihr den Weg mit Dornengestrüpp und verbaue ihn mit einer Mauer, sodaß sie ihren Pfad nicht mehr findet."

Nach den Worten des Heilands in der evangelischen Parabel vom Sämann kann aber auch das natürlich Angenehme im Sinne der Übernatur ein Dorngestrüpp sein, das dem Aufkeimen des guten Samens zum Hindernis wird: „Unter die Dornen ist der Same bei denen gefallen, die das Wort hören, dann aber weggehen und in den Sorgen, dem Reichtum und den Genüssen des Lebens ersticken, deren Frucht also nicht reift" (Lk 8, 14).

In der Homilie zu dieser Evangelienperikope sagt der hl. Papst Gregor:

„Wer würde mir jemals glauben, wenn *ich* die Dornen als Reichtümer hätte auslegen wollen, zumal jene stechen, diese aber ergötzen? Und dennoch sind sie Dornen. Mit ihren Gedankenstichen verletzen sie den Geist, und wenn sie zur Sünde verleiten, verwunden sie ihn gleichsam blutig" (Hom. 15 in Evang. — Im Brevier: III. Noct. am Sonntag Sexagesima).

Ja, „ein Dorn ist jede Sünde", sagt wiederum der hl. Gregor in den „Moralia" über das Buch Ijob (20, 10). „Während sie zur Lust treibt, verwundet sie wie durch Stiche die Seele. Darum spricht die Stimme des Gerechten: ‚Ich wandt' mich hin und her in meinem Gram, doch tiefer drang der Stachel ein' " (Ps 32, 4).

Bild der sündigen und leidenden Menschennatur sind die Dornen auch in der großartigen Vision des Mose (Ex 3, 1—6), als er die Herde seines Schwiegervaters in die Wüste bis an den Berg Horeb trieb: „Da erschien ihm der Engel des Herrn inmitten einer Feuerflamme, die aus einem Dornbusch emporschlug. Er sah, daß der Dornbusch brannte, aber der Dornbusch wurde vom Feuer nicht verzehrt."

Zunächst bedeutet dieser Dornbusch das Volk Israel in den Leiden der ägyptischen Knechtschaft: Es wird nicht zugrunde gerichtet, sondern geht lebend aus den Flammen der Bedrängnis hervor. Doch dieser Literalsinn birgt einen viel erhabeneren: Diesem geknechteten Judenvolk entsproßt der Messias. Gleich einem lodernden Feuer vereinigt sich das göttliche Wort mit der aus dem gefallenen Geschlecht angenommenen Menschennatur und durchglüht sie mit seiner Gottheit, ohne sie zu

15 Lebensbrunnen. Godescalc-Evangelistar. Nationalbibliothek, Paris. 782 n. Chr.

16 Ambo mit Evangelistensymbolen. S. Stefano, Bologna. 11. Jh.

vernichten. Wahrhaft ein wundersames Gesicht, vor dem Mose seine Schuhe löst und sein Antlitz verhüllt!

Dieses erhabene Mysterium enthält noch ein zweites: Die Mutter, die den Gottmenschen zur Welt bringt, bleibt unversehrt in ihrer Jungfräulichkeit, gleichwie der Dornbusch von den Flammen keinen Schaden erleidet.

So ist diese Schau des Führers Israels zu einem der schönsten marianischen Symbole geworden, von dem die hl. Kirche an den Festen der Beschneidung des Herrn und Mariä Reinigung singt:

„Im brennenden Dornbusch, den Mose unversengt sah, erkennen wir deine unversehrte, preiswürdige Jungfrauschaft; Gottesmutter, bitt für uns!"

In den marianischen Zyklen im 13. bis zum 16. Jahrhundert gehört der brennende Dornbusch zu den bedeutendsten Sinnbildern. Man findet das Motiv sowohl in Stein gehauen an gotischen Portalen französischer Kathedralen zu Laon, Chartres und anderswo, als auch unter den kirchlichen Wand-, Glas-, Miniaturmalereien, Webereien und Stickereien häufig vertreten.

5. PFLANZLICHE DUFTSUBSTANZEN

Allgemeines

Wohlgerüche waren den alten Orientalen und den mit ihnen in Beziehung stehenden Völkern nicht allein Gebrauchsmittel, sondern Lebensbedürfnis. Teils in flüssiger Form, teils als Räucherwerk waren sie im Privatleben wie im religiösen Kult von einer Wichtigkeit, deren Kenntnis notwendig ist, um ihren biblischen und liturgischen Sinn zu verstehen.

Alle diese duftenden Substanzen, mit Ausnahme des „Onyx" (Meernagel) im alttestamentlichen Rauchwerk sind zwar der Pflanzenwelt entnommen, bilden aber in der Symbolik eine Gruppe für sich, weil ihre Bedeutung vor allem im *Wohlgeruch* liegt.

Einige derselben, nämlich Weihrauch, Myrrhe und Aloe, haben neben der gemeinsamen ihre bestimmte Symbolik, die sich aus der einmütigen Deutung der Kirchenväter ergibt. Die des Balsams und der Narde ist weniger klar ausgeprägt, doch sind auch diese beiden besonders hervorzuheben. Man hat auch die übrigen Wohlgerüche, die das Buch Exodus (Kap. 30), das Hohelied (4, 14) und Sirach (24, 20, 21) aufzählen, im einzelnen gedeutet, jedoch mit einer Verschiedenheit, die mehr zerstückelt als klarlegt. Die gemeinsame Bedeutung aber drückt etwas überaus Feines, Geistiges aus, das nur mit dem inneren Sinn erfaßt werden kann [1]. Bei der Taufe wird dieser Sinn dem Christen erschlossen: „Ephpheta", das heißt: „Tu dich auf zum lieblichen Wohlgeruch", spricht der Priester zum Täufling, indem er dessen Ohren und Nase berührt und ihn damit für den Einfluß und das Wehen des göttlichen Pneuma empfänglich macht, aufnahmsfähig für den „Hauch aus Gottes Kraft" (Weish 7, 25).

„Der Duft der göttlichen Salben", sagt der hl. Gregor von Nyssa, „ist keine

---

[1] „Wohlgeruch" *(εὐωδία)* gehört in der religiösen Sprache und Gedankenwelt der christlichen Religion zu den immer wieder begegnenden sinnfälligen Merkmalen des Hereinragens einer überirdischen in die irdische Welt (Kittel, Theol. Wörterb. II, 810).

Empfindung des Geruchsinnes, sondern einer intellektuellen, unmateriellen Fähigkeit, die mit dem geistigen Atemzug den Wohlduft Christi aufnimmt" (in Cant. Hom. I; PG 44, 780). „Dieser Duft ... ist ein unvergleichlicher Genuß, der alle uns bekannten (= sinnfälligen) Wohlgerüche übersteigt" (a.a.O., 782).

Doch dieses Aroma bleibt nicht verborgen: „Dank sei Gott", ruft der hl. Paulus aus, „der uns stets im Siegeszug Christi mitführt und durch uns an allen Orten den Duft der Erkenntnis Christi verbreitet. Denn wir sind Christi Wohlgeruch für Gott unter denen, die gerettet werden, wie unter denen, die verlorengehen. Den einen sind wir Todesgeruch, der Tod bringt, den anderen Lebensduft, der Leben heißt" (2 Kor 2, 14—16).

Christi Wohlgeruch sein ist also ein Apostolat, ist das lebendige Beispiel, ist „Ruf der Heiligkeit", in den romanischen Sprachen: „Odor (Geruch) sanctitatis."

„Unter Wohlgerüchen verstehen wir die Tugenden, nämlich Weisheit, Mäßigkeit, Starkmut, Klugheit und ähnliche. Mit solchen, je nach Fähigkeit und Möglichkeit geschmückt, trägt jeder nach seiner Weise den Wohlduft an sich ... Und doch ist dies alles nichts im Vergleich zur absoluten und wesenhaften Vollkommenheit, die alles in sich selbst enthält" (gekürzt nach Greg. Nyss., a.a.O.).

Balsam

„Opobalsamum" (v. ὀπὸς = ausfließender Pflanzensaft) ist der gelbliche, aromatische Saft, der im Sommer aus der Rinde eines tropischen Strauches, des Balsamodendron, in sehr geringem Ausmaß träufelt. Um den Ertrag zu mehren, werden Einschnitte gemacht, doch die Qualität der so gewonnenen Flüssigkeit kommt der von selbst ausgeschiedenen nicht gleich.

Nach Plinius (Nat. Hist. XII, 25) sollte man die Einschnitte an der Ostseite anbringen, wo sie von der aufgehenden Sonne beschienen werden. Man durfte dazu kein eisernes Messer benützen, nur Glasscherben, Knochensplitter oder scharfe Steine. „Der Strauch läßt sich verwunden, um anderer Wunden zu heilen", sagt Konrad von Megenberg; denn Balsam war einst in der Medizin ein beliebtes Heilmittel, namentlich in der Behandlung von Verletzungen (vgl. Jer 8, 22; 46, 11). Sein Geruch ist kräftig und herb, weshalb die Männer der Antike ihn besonders gerne gebrauchten und mildere Düfte der Frauenwelt überließen. „Balsama me capiunt, haec sunt unguenta virorum", heißt es in einem Epigramm des Martialis (lb 14, 54; angef. in Cornel. a Lapide IX zu Sir 24, 20).

Der Name „Balsam" entstammt dem hebräischen Wort „Basam", dessen Wurzel die Grundbedeutung hat von „wohltuend, angenehm".

Nach Josephus Flavius (Antiq. Jud. 8, 6. 6) brachte die Königin von Saba die ersten Wurzelschößlinge der Balsamstaude nach Palästina, wo sie in den Gärten Salomos zu Jericho und Engaddi gezüchtet wurden. „Sie gab dem König hundertzwanzig Talente Gold, dazu eine große Menge Balsam und Edelsteine. Niemals mehr kam soviel Balsam ins Land, wie die Königin von Saba dem König Salomo schenkte" (1 Kön 10, 10). In der Heiligen Schrift ist Balsam unter den Spezereien genannt, die von der Karawane, an die Jakobs Söhne ihren Bruder Joseph verkauften, nach Ägypten gebracht wurden. Auch Gen 43, 11; Jer 46, 11; 51, 8; Ez 27, 17 und Offb 13, 13 erwähnen dieses Produkt [1].

---

[1] Im lateinischen Vulgata-Text steht einige Male „resina" für Balsam.

Balsam steht an zwei Stellen unter den Wohldüften, mit denen die göttliche Weisheit sich vergleicht (Sir 24, 20. 21 Vulg.). Die Liturgie wendet diesen Text auch auf die Allerseligste Jungfrau an. Ihr wurde, nach Sankt Bernhard, der Balsam der Gnade im Übermaß eingegossen. „Gratia plena" grüßt sie der Engel, daher strömt sie überallhin den Duft der Gnade aus.

Die Art der Balsamgewinnung wird dem hl. Ambrosius zum Sinnbild der Gnade Christi, die seiner Seitenwunde entquillt:
„‚Opobalsamum' — der Name ist bezeichnend; denn durch Einschnitt in das Holz brach aus der Öffnung Balsam hervor. Der durchbohrte Jesus also ergoß den Duft der Sündenvergebung und Erlösung" (über Ps 118; Srm. 3, 8; PL 15, 1225).

Als beigemischter Bestandteil des Chrisma, mit dem die heilige Kirche sakramentale Salbungen vollzieht, nimmt der Balsam unter den symbolischen Duftsubstanzen den ersten Rang ein. Nur echter arabischer, palästinensischer oder indischer Balsam ist für den liturgischen Gebrauch gestattet.

Bei der „Benedictio Chrismatis" am Gründonnerstag erhält der Balsam, ehe er mit dem Olivenöl vermengt wird, eine eigene Weihe durch folgendes Gebet:

„O Gott, Du Urheber der himmlischen Geheimnisse und aller Kräfte, erhöre, wir bitten Dich, unsere Gebete und mache diese duftende, aus trockener Rinde hervorquellende Träne, den Saft eines begnadeten Zweiges, der uns mit priesterlicher Salbung bereichert, für Deine Geheimnisse tauglich, und heilige ihn durch Spendung Deines Segens . . ."

Was der mit Olivenöl gemischte Balsam für das Sakrament der Firmung bedeutet, erklärt der Katechismus des Konzils von Trient (II. Teil, 3. Kap. 9):

„Was aber ist der Balsam, dessen Duft so überaus angenehm ist, anders als ein Sinnbild des Gläubigen, der, durch das Sakrament der Firmung vollendet, einen solchen Wohlgeruch aller Tugenden um sich verbreitet, daß er mit dem Apostel sagen kann: Christi Wohlgeruch sind wir für Gott. Der Balsam hat außerdem die Kraft, alles, was man damit bestreicht, vor Fäulnis zu bewahren. Das ist ein überaus passendes Sinnbild für die Kraft dieses Sakramentes. Denn offenbar macht die in der Firmung verliehene himmlische Gnade die Seele des Gläubigen bereit, sich leicht vor der Ansteckung der Sünde zu bewahren" (Übers. v. E. M. Münch, Vlg. Steffen, Limburg).

Myrrhe und Aloe

Myrrhe ist der wohlriechende, bitterschmeckende Saft, der aus der Rinde einer Art des Balsambaumes sickert. Getrocknet bildet er durchsichtige Körner von weißlicher bis zu dunkelroter Farbe, die auch beim Verbrennen einen Duft ergeben und als Räucherwerk dienten. Die von selber quellenden Tropfen, „Stakte" genannt, sind, wie beim Weihrauch, wertvoller als die durch Einschnitte gewonnenen.

Als Flüssigkeit war Myrrhe in der antiken Kosmetik sehr beliebt. Aus dem Buch Ester (2, 12) erfahren wir, daß die Frauen am Hofe des Assuerus Myrrhe zur Hautpflege gebrauchen mußten. Man besprengte mit diesem Duft auch Kleider und Betten (vgl. Ps 45, 9; Spr 7, 17) und trug Myrrhenbüschel oder -säckchen an der Brust, um ihren erquickenden und gehirnstärkenden Duft beständig einzuatmen (vgl. Hld 1, 12). Nach dem Zeugnis antiker Ärzte (Galenus lb. VII; Dioscorides lb. I, 67), auf die Cornelius a Lapide verweist, waren die medizinischen Wirkungen der Myrrhe verschiedenster Art. Der Myrrhenwein, der nach Mk 15, 23 dem Herrn vor seiner Kreuzigung angeboten wurde, war ein Betäubungsmittel. Die Ägypter gebrauchten Myrrhe zur Einbalsamierung der Mumien, und man fand Reste davon in den Gräbern des Nillandes. Durch Handelsverkehr kam die kostbare Substanz auch nach Rom und Griechenland.

In der Hl. Schrift wird die Myrrhe öfters erwähnt — im Hohenlied allein siebenmal (1, 13; 3, 6; 4, 6. 14; 5, 1. 5. 13) —, teils allein, teils zusammen mit anderen Wohlgerüchen (vgl. Sir 24, 20). Sie bildete nach Vorschrift des mosaischen Gesetzes nebst kleineren Quantitäten von Zimt, Kalmus und Kassia einen Hauptbestandteil des heiligen Salböls, mit dem Aaron und seine Söhne sowie alle Gegenstände des heiligen Zeltes geweiht werden sollten. Der Gebrauch derselben Mischung für andere Zwecke war den Israeliten unter Todesstrafe verboten (Ex 30, 22—33).

Abgesehen von der gemeinsamen Bedeutung der Myrrhe mit anderen Wohlgerüchen, beruht ihre Symbolik auf ihrer Bitterkeit und auf ihrer Wirkung zur Heilung physischer Übel wie zur Konservierung von Leichen. Die Exegeten bringen sie daher immer in Beziehung zur menschlichen Natur oder zum Tode Christi, angedeutet durch die Myrrhe der Magier (Mt 2, 11), durch den Myrrhenberg (= Golgotha) des Hohenliedes (4, 6), durch das Myrrhenbüschlein am Busen der Braut (Hld 1, 13), das ihr ständiges Gedenken an das Leiden Christi versinnbildet. Sie birgt es in ihrem Herzen, um daraus Kraft zu schöpfen zur Übung der Entsagung und Aszese, ja zum Erleiden von Verfolgung und Martyrium. Abtötung bewahrt die Seele vor der Fäulnis des Lasters, wie die Myrrhe den Leichnam vor der Verwesung schützt.

Die hier kurzgefaßten Grundgedanken finden sich zum Teil in der Erklärung des hl. Gregor von Nyssa zur Stelle des Hohenliedes 3, 6: „Wer ist jene, die da aufsteigt aus der Wüste, einer Rauchsäule gleich, duftend von Myrrhe und Weihrauch?" ... „Myrrhe ist erforderlich zur Einbalsamierung der Leichen. Weihrauch aber ist in gewissem Sinn der Ehre Gottes geweiht. Wer sich also dem göttlichen Dienste hingeben will, wird nicht anders ein gottgeopferter Weihrauch sein, als wenn er zuerst Myrrhe wird, das heißt, seine Glieder hier auf Erden abtötet, mitbegraben mit dem, der für uns den Tod erduldet, und jene Myrrhe, die bei der Bestattung des Herrn gebraucht wurde, an seinem eigenen Fleisch zur Ertötung der Begierden anwendet" (in Cant. Hom. VI; PG 44, 897).

Zur Erinnerung an die Gaben der drei Weisen erhält die Myrrhe samt Gold und Weihrauch am Epiphaniefest eine kirchliche Segnung.

Die biblische *Aloe* ist nicht die stachelige Kulturpflanze mit schöner Blüte, die auch in europäischen Ziergärten gedeiht und in der Medizin verwendet wird, sondern ein hoher orientalischer Baum, Aquilaria agillocha, von den Griechen *„ἀλοῆξυλον ἀγάλλοχον"* genannt. Aus faulenden Teilen des thujaähnlichen Holzes wurde durch einen umständlichen Prozeß das duftende, bitterschmeckende Öl in sehr geringer Menge gewonnen, daher der hohe Wert und die Notwendigkeit, es — flüssig oder getrocknet — mit anderen Substanzen, zumeist mit Myrrhe, zu mischen. Die Heilige Schrift erwähnt darum Aloe niemals allein: Zur Grablegung Jesu brachte Nikodemus „eine Mischung von Myrrhe und Aloe" (Joh 19, 39). Auch im Hohenliede (4, 14) sind beide zusammen genannt, ebenso im Buch der Sprüche (7, 17) und im Urtext von Psalm 45, 9: „Wie duftet dein Gewand nach Myrrhe, Aloe und Kassia" stehen sie wieder nebeneinander.

Die Verwendung beider war ziemlich dieselbe, obwohl Aloe nicht zu den Ingredienzen des heiligen Salböls gehörte. Auch ihre Bedeutung ist mit jener der Myrrhe nahe verwandt. Aloe gilt als Sinnbild der Prüfung, der Buße, Abtötung und Enthaltsamkeit, vor allem des Mitbegrabenseins mit Christus: „*Τὴ τῆς ταφῆς κοινωνιάν δείκνυται*" (Gregor v. Nyssa, in Cant. Hom. IX; PG 44, 976).

Narde

Die echte Narde (Nardostachys jatamansi) ist eine bis zu zwei Fuß hohe Pflanze indischen Ursprungs aus der Familie der Baldriangewächse. Aus der Wurzel und dem untersten, behaarten Teil wird das kostbare Duftöl bereitet. Plinius (Nat. Hist. XII, 26) nennt es „principale in unguentis" und hebt die Feinheit des Aromas wie auch den hohen Wert hervor.

Es war in der Antike allgemeiner Brauch, solche Essenzen in Alabastergefäßen aufzubewahren. Wie Plutarch und andere alte Autoren bezeugen, pflegte man bei Gastmählern die Gäste mit solchen Wohlgerüchen zu salben. Dieser Dienst, wie auch die Zubereitung der Salben, fiel gewöhnlich Frauen zu. Darum steht im 1. Buch Samuel (8, 13) unter den Forderungen, die ein König an das Volk stellen würde, auch dieses: „Eure Töchter wird er holen, damit sie Salben bereiten." Diese Bräuche lassen uns sofort an die Liebestat der hl. Maria Magdalena denken, die von allen vier Evangelisten berichtet wird. Außer Lukas heben alle den hohen Preis des Salböls hervor, über dessen Verschwendung mehrere der Anwesenden, besonders Judas (Joh 12, 4—6), murrten. Markus und Johannes bezeichnen die Substanz als „echte Narde" (*νάρδου πιστικῆς*). Der hl. Augustinus findet im Eigenschaftswort „*πιστικῆς*" von „*πιστός* = echt, glaubwürdig) einen tieferen Sinn: „Dieses Wort", so sagt er, „ist nicht belanglos und stimmt vortrefflich zur symbolischen Bedeutung: ‚Pistis' heißt im Griechischen ‚Glaube' " (Tract. 50 in Joan.). Darin ließe sich also neben dem allgemeinen vielleicht der spezielle Sinn der Narde erkennen, deren Wohlgeruch sich „im ganzen Hause", das ist nach St. Augustinus (a.a.O.) über die Welt, verbreitet: Indem die Kirche auf dem gesamten Erdkreis durch Wort und Beispiel den Glauben lehrt, verströmt sie überallhin den Duft der lautersten Wahrheit.

Was sich dereinst in der Kirche verwirklichen sollte, ist geheimnisvoll im Hohenliede vorbedeutet: Narde sproßt im verschlossenen Garten der Braut (Hld 4, 13. 14), und bereits im ersten Gesang der seligen Vereinigung spricht sie: „Als der König auf seinem Lager ruhte, gab meine Narde süßen Duft" (Hld 1, 12).

Zuerst war es die Unbefleckte Jungfrau allein, die in ihrer Person die Ecclesia des Neuen Bundes vertrat. Darum erklingen diese Worte als erste Antiphon der Vesper und Laudes im Kommune-Offizium der Muttergottesfeste.

Als das Ewige Wort sich im Mysterium der Inkarnation mit der Menschheit bräutlich vermählte, war der Schoß seiner jungfräulichen Mutter gleichsam sein Ruhebett. Ihr, der Gnadenvollen, entströmte durch diese innigste Verbindung mit dem „Sohn des Allerhöchsten" der Nardenduft seiner verborgenen Gottheit zugleich mit dem Wohlgeruch ihrer tiefsten Demut, in der sie gesprochen hatte: „Ich bin die Magd des Herrn, mit mir geschehe, was du gesagt hast" (Lk 1, 38).

Seit nun der Erlöser in seine Herrlichkeit einging, ist der Thron zur Rechten des Vaters seine „Lagerstätte". Die Kirche aber fährt fort, ihm in Demut die Narde ihres werktätigen Glaubens-, Liebes- und Gebetslebens zu bieten.

Eine alte Oration, die in Benediktinerklöstern nach der bei der Aufnahme ins Noviziat üblichen Fußwaschung gebetet wurde, enthielt folgende Bitte:

„Erlöser der Welt, laß duften unser Gebet, so wie das echte Nardenöl, das

Maria über deine hochheiligen Füße ergoß, damit dieses Haus ganz von Liebe erfüllt sei und wir im Herzen jenen Frieden erlangen, der Maria zuteil wurde, als sie ihres Heilands Füße küßte!"

Weihrauch

Der echte Weihrauch (thus, incensum) wird erzeugt durch Verbrennen eines Harzes, das in Form gelblicher, schwach durchsichtiger Tropfen aus der Rinde zweier Arten des Boswelliabaumes quillt. Die von selber träufelnden Ausscheidungen liefern eine bessere Qualität als jene, die man durch Einschnitte gewinnt.

Nach Plinius und anderen alten Autoren war Saba in Arabien das Hauptgebiet der Weihrauchproduktion; in zweiter Linie werden Abessinien und Indien genannt. Der griechische Name des Weihrauchbaumes *„λίβανος"* und seines Harzes *„λιβανωντός"* steht zum Libanongebirge in keinerlei Beziehung, sondern wird vom hebräischen „lebonah" abgeleitet. Die Ägypter waren teils durch Verpflanzung von Boswelliabäumen, teils durch Handel in den Besitz des Weihrauchs gekommen. Ihre Hieroglyphen bezeichnen ihn als etwas „Glänzendes" (= candidum). Zur Herstellung von duftendem Rauchwerk, das sie nach Zeiten und Umständen verschieden mischten, hatten sie ein eigenes Geschick. Es gradlinig aufsteigen zu lassen, war eine besondere Kunst. Die Israeliten, die 430 Jahre im Nilland verbrachten, hatten die Zubereitung von Spezereien dort erlernt. Weihrauchimitationen werden aus Koniferenharz hergestellt, doch erreichen sie nie den Duft des echten.

Der hohe Wert des Rauchwerks lag in der Bedeutung der Wohlgerüche im Leben und im religiösen Kult der Orientalen wie auch der Griechen und Römer, die ihren Bedarf von ihnen bezogen. „Wohlgeruch reinigt und schmückt", sagten die Ägypter. Das Verbrennen aromatischer Substanzen sollte Wohnräume und Kleider mit Duft erfüllen und unangenehme Dünste vertreiben. Bei Begräbnissen hochstehender Persönlichkeiten wollte man auf diese Weise dem beginnenden Verwesungsgeruch entgegenwirken. Die römischen Cäsaren entfalteten bei solchen Anlässen einen verschwenderischen Pomp. Beräucherung gehörte auch zu den Ehrenbezeigungen, die man bei feierlichen Aufzügen dem Herrscher erwies. Überhaupt war es Sitte, angesehene Personen mit Duft, „der das Antlitz erfrischt", zu erquicken. Umso mehr geschah dies als anbetende Huldigung vor dem Angesicht der Götter im Tempel. Die Menschen aber, die an der Kultfeier teilnahmen, sollte der Weihrauch läutern, anregen, erheben und in Feierstimmung versetzen. Seiner geheimen Kraft schrieb man apotropäische Wirkung zu, vor allem aber die Fähigkeit, Verbindung mit höheren Mächten herzustellen. Im Aufsteigen und Ausbreiten des Weihrauchs sah man die Entfaltung der Gottheit; im Duft etwas zu ihrem Wesen Gehörendes, das den Menschen durch den Geruchsinn faßbar wird, also wirklichen *Gottesduft*. Nicht allein sollte er, wie andere Opfer, Gabe sein, sondern die Kraft mehren, die der Gottheit eigen ist und die sie auf den Menschen zurückströmt. Hauptsache aber blieb der Opfergedanke: die Darbietung eines Wohlgeruches, der die Götter erfreut und sie den Menschen geneigt macht.

Gottesduft sollte der Weihrauch auch den Toten zuwehen, ihnen dadurch Leben und Kraft verleihen und sie hinauftragen in die Gemeinschaft der Götter.

Obwohl die heidnische Auffassung in der jüdischen und christlichen Religion eine Umstellung erfahren mußte, behielten die duftenden Wolken des Rauchwerks ihren Sinn der Vergeistigung, des Emporstrebens, des Opfers und Gebetes, den sie fast von selber nahelegen. (Die Worte „θύω, θυσία = Opfer" und „thus" sind etymologisch verwandt.)

Im Kult Jahwes wurde der Weihrauch zum wahrhaft sakralen Symbol. Das mosaische Gesetz verordnete, daß unblutige Opfer (ausgenommen die in Lev 5, 11 und Num 5, 15 genannten) mit Weihrauch bestreut werden sollen (Lev 2, 2. 15. 16). Anthropomorphistisch gedacht, wollte man Gott nicht allein etwas Wohlschmeckendes, sondern auch *Wohlriechendes* anbieten. Die gleiche Beigabe war für die beiden Brotschichten vorgeschrieben, welche die Priester an jedem Sabbat auf dem Schaubrottisch zu erneuern hatten. Nach Josephus Flavius (Antiq. III, 10, 7) füllte man später die Weihrauchkörner in kleine goldene Schüsselchen, die man auf die geschichteten Brotfladen stellte. Die Vorschrift dieser Zugabe beweist, daß die uralte Bedeutung des Weihrauchs in Gottes Gedanken und Absichten lag. Diese duftende Substanz sollte den sakralen Charakter, die Gottangehörigkeit der Opfergabe hervorheben und die Gesinnung der Anbetung symbolisieren, die dem Opfernden geziemte.

Auf dem Rauchopferaltar aber, der vor dem Vorhang des Allerheiligsten stand und „dem Herrn hochheilig" war, sowie im Thuribulum, mit dem der Hohepriester alljährlich am großen Versöhnungstag das Allerheiligste betrat, wurde eine besondere Mischung von Spezereien vor dem Herrn verbrannt. Sie bestand aus gleichen Teilen von Stakte, Onyx, Galbanum und Weihrauch. Diese Ingredienzen wurden von Leviten in einem Nebenraum des Tempels fein zerstoßen und mit Salz (Bundessymbol) vermengt. Die Rabbiner fügten später noch zwölf weitere Spezereien hinzu. Der heilige Text beschließt die Aufzählung mit den Worten: „Das Räucherwerk, das du bereiten sollst, soll dir als dem Herrn geheiligt gelten. Im gleichen Mischverhältnis dürft ihr euch keines herstellen. Wer sich ein solches, wie dieses, zubereitet, um sich an seinem Wohlgeruch zu ergötzen, soll aus seinen Volksgenossen ausgerottet werden" (Ex 30, 37—38). Dieses Räucherwerk war also ganz für Gott allein bestimmt, Symbol reinster Anbetung. Jeden Morgen und Abend sollte der diensthabende Priester es auf dem Rauchopferaltar darbringen. Bei diesem Anlaß war es, daß der Erzengel Gabriel dem Zacharias erschien und ihm die Geburt des Vorläufers Christi verkündete (vgl. Lk, Kap. 1).

Anders war der Sinn der Rauchwolken, in die der Hohepriester die Bundeslade hüllen sollte, wenn er jährlich einmal in das Allerheiligste des Tempels einging. Sie sollten *Versöhnung* bewirken und den Hohenpriester vor dem Tode bewahren, der jeden treffen mußte, der den Thron des Allerhöchsten unverhüllten Auges sah (Lev 16, 12. 13).

Versöhnung brachte auch jene Beräucherung, die Aaron im Lager der Israeliten vornahm, um das göttliche Strafgericht von der murrenden Volksgemeinde abzuwenden (Num 16, 46—48). Aaron ist hier Vorbild Christi, des göttlichen Mittlers, der durch den Wohlduft seines Kreuzesopfers die Menschen vom Sündentod erlöste.

Auch in den Weisheitsbüchern begegnet man mehrmals dem Weihrauch als Symbol der Gottesverehrung sowie des geistigen Wohlduftes, den gute Werke und heiliger Lebenswandel verbreiten. Zu diesem ermuntert der Weisheitslehrer seine Jünger: „Süßen Duft sollt ihr geben; wie Weihrauch strömt Wohlgeruch aus und singt ein Loblied" (Sir 39, 18 f). Weihrauchduft durchdringt auch die Kleider der Braut im Hohenlied (4, 11). Sie ist das Vorbild der Kirche in ihrer Liturgie und wird selber in ihrer Vergeistigung als eine „virgula fumi" geschaut, als eine gradlinig aufsteigende Wolke duftenden Rauchwerks. Auch die göttliche Weisheit, die verhüllte Christusgestalt des Alten Bundes, spricht von sich in ähnlichen Bildern: „Wie erlesene Myrrhe strömte ich Wohlgeruch aus, wie Galbanum, Onyx und Stakte und wie im Zelt der Weihrauchduft" (Sir 24, 21; Vulg.: „Quasi libanus non incisus", d. i. wie der beste Weihrauch, der ohne Einschnitt aus dem Baume quillt). Mit Weihrauch, der im Feuer brennt, vergleicht das Buch Sirach (50, 9) den letzten der „ruhmreichen Männer", die es preist, den Hohenpriester Simon, in der Ausübung seines liturgischen Dienstes. Die hier erwähnten Texte der Weisheitsbücher, mit Ausnahme des letztgenannten, werden in der Liturgie auf die allerseligste Jungfrau Maria bezogen. Manche Exegeten legen das ganze Hohelied in diesem Sinne aus.

Die Kirchenväter sind seit ältester Zeit darin einig, den Weihrauch als Symbol der *Gottesverehrung* anzusehen. Ihre Ausführungen beruhen auf Ps 141, 2: „Wie Weihrauchduft steigt mein Gebet zu dir empor", und auf zwei Stellen der Apokalypse: Der hl. Johannes schildert die Anbetung der 24 Ältesten vor dem Gotteslamm: „Jeder hatte eine Harfe und goldene Schalen voll Weihrauch: das sind die *Gebete der Heiligen*" (Offb 5, 8). Und wieder zeigt uns der hl. Seher einen Engel, der „trat mit einer goldenen Räucherpfanne an den Altar; man gab ihm viel Weihrauch — das sind die Gebete aller Heiligen —, damit er ihn auf dem goldenen Altar vor dem Thron darbringe. Aus der Hand des Engels stieg der Weihrauch vor Gott empor; das sind die Gebete der Heiligen" (8, 3. 4).

„Rauchwerk ist schon an sich gut und wohlriechend", sagt der hl. Johannes Chrysostomus (zu Ps 140, 2). „Es strömt aber vor allem dann seinen Duft aus, wenn man es auf Feuer streut. Ebenso ist es mit dem Gebet: Es ist zwar gut an sich, wird aber besser und duftet stärker, wenn es der Glut eines eifrigen Herzens entspringt, wenn die Seele zum Weihrauchgefäß wird und das Feuer tüchtig anfacht."

Im höchsten Sinn ist *Christus selbst das Thuribulum,* das „allen überweltlichen und alles Kreatürliche übertreffenden Duft in sich trägt und mit ihm das All erfüllt" (vgl. Cyrill. Alexandr., „De adoratione" lb. X). Die Symbolik der glühenden Kohle (vgl. d. Art.) spielt bei dieser Anwendung mit, wie ein Gebet der Jakobsliturgie es andeutet.

In die christliche Liturgie konnte der Weihrauch erst Eingang finden, als das Heidentum überwunden und die Verfolgung wegen Verweigerung des Rauchopfers vor Götter- und Cäsarenbildern aus der lebendigen Erinnerung geschwunden war. Nur zur Reinigung der Atmosphäre und, nach allgemeinem (nicht religiösem) Brauch, bei Begräbnissen wurde Räucherwerk auch von Christen benützt. Die ersten Erwägungen von Rauchfässern zu liturgischem Brauch gehören dem 4. Jahrhundert an und häufen sich von da ab in den Schenklisten des Liber pontificalis.

Der Grund des reichen Aufwandes an Weihrauch in der Liturgie — im byzantinischen Ritus ist er noch größer als im römischen — liegt eben in seiner Symbolik. Sie kommt auch in den Segensgebeten über Thuribulum und Räucherwerk zum Ausdruck, von denen aus dem Mittelalter verschiedene erhalten sind. Die Kirche folgt, wie Jesaja (60, 6) vorhersagt, dem Beispiel der Magier, die den neugeborenen Heiland der Welt durch die Gabe des Weihrauchs als Gott und als Hohenpriester des Neuen Bundes verehrten. Sie gedenkt der hl. Frauen, die mit Spezereien, als Sinnbild der Tugenden und guten Werke, zum Grabe Christi kamen. Sie antizipiert die apokalyptische Himmelsliturgie, betont aber auch die exorzistische Wirkung des Weihrauchs, denn durch die Weihe wird dieser zum Sakramentale, das gleich dem Weihwasser zunächst lustrative Bedeutung hat: Es soll dämonische

Nachstellungen und sonstige schädliche Einflüsse abwehren. Daher werden manche Gegenstände, die man weihen will, nicht bloß besprengt, sondern auch beräuchert.

Vor allem wird bei feierlichen Hochämtern die Festlichkeit durch Inzens erhöht. Beräuchert werden: der Altar, das Kreuz (eventuelle Reliquien), das Evangelienbuch als Wort Gottes, die Opfergaben, der Klerus als Stellvertreter des göttlichen Hohenpriesters, die Laien als mystische Glieder Christi. Das kreuzförmige Schwingen des Thuribulum drückt die Beziehung zum Kreuzesopfer aus, das ringförmige soll die heiligen Gaben gleichsam einkreisen und als Gott gehörend absondern. Wenn dann bei der hl. Wandlung alles sich in stiller Ehrfurcht neigt, steigen wiederum Duftwolken der Anbetung zu den erhobenen hl. Gestalten empor. Ebenso ist es bei Aussetzung des Allerheiligsten und beim sakramentalen Segen. Bei feierlichen Vespern werden während des Magnificat die Altäre oder wenigstens der Hochaltar inzensiert.

Auch in der Totenliturgie finden Beräucherungen der Leiche oder der Tumba statt. Die Verstorbenen bleiben ja Glieder Christi, geheiligt durch den Empfang der Sakramente, darum die Ehrenbezeigung vor ihren Überresten. Doch auch hier ist, ganz abgesehen vom altheidnischen Brauch, das apotropäische Moment miteinbegriffen.

Die Segnung des Weihrauchs am Vortag des Epiphaniefestes hat vor allem apotropäischen Zweck: Die Beräucherung von Häusern und Ställen beruht ursprünglich auf einem Zugeständnis der Kirche an den alten Volksglauben, der in den zwölf „Rauhnächten" zwischen Weihnachten und Epiphanie das Umgehen finsterer Mächte besonders fürchtete.

Die fünf Weihrauchkörner, die in die Osterkerze eingefügt werden, haben eine ganz verschiedene Bedeutung: Sie sollen an die fünf Wunden des Erlösers und an die Aromata der hl. Frauen am Auferstehungsmorgen erinnern.

In das „Sepulchrum" des Altares werden bei seiner Konsekration zusammen mit hl. Reliquien ebenfalls drei Weihrauchkörner eingesenkt. Im weiteren Verlauf dieser Weihe erreicht der Aufwand an Weihrauch und seine Symbolik in der römischen Liturgie den Höhepunkt: Sobald der Altarstein eingemauert und die Mensa ein erstesmal mit Chrisam gesalbt ist, wird der hl. Tisch vom Bischof inzensiert. Gesänge aus Ps 141, 2. 3 und Offb 8, 3. 4 (Text s. oben) begleiten teilweise diese Zeremonie und deuten sie als Sinnbild der Gebete und Opfer, die fortan von dieser heiligen Stätte zu Gott emporsteigen sollen. Dann aber folgt eine noch eindrucksvollere Handlung: Der Bischof legt auf die vier Ecken und in die Mitte des Altares je fünf Weihrauchkörner, die er vorher geweiht hat, und darüber fünf kreuzförmige Kerzchen. Hierauf zündet er beides an, sodaß sich ein wahrer Qualm heiliger Duftwolken zum Himmel erhebt. Sobald die Flammen brennen, stimmt er den Allelujavers der Pfingstmesse an: „Alleluja! Komm, Heiliger Geist, erfülle die Herzen deiner Gläubigen und entzünde in ihnen das Feuer deiner Liebe!" Dieser symbolische Akt ist also gewissermaßen eine Epiklese im weiteren Sinn. Er vollendet die Konsekration des Altares zum Sinnbild Christi, zur geheiligten Opferstätte, durchdringt sie und nimmt sie für Gott in Besitz. Er trägt im voraus alle hl. Meßopfer samt den in Liebesglut dargebrachten Gaben der Gläubigen als Aromata zum Throne Gottes empor. „Der Heilige Geist", der hier angerufen wird, ist ja als gemeinsamer Lebensodem des Vaters und des Sohnes „gleichsam der Duft der göttlichen Substanz, lebendig und wirksam, Mittler der Gaben Gottes an die Kreatur. Er flößt durch sich die Teilhabe am höchsten aller Wesen ein" (Cyrill. Alexandr. In Joan. lb. XI; PG 74, 454).

So mögen wir denn durch ihn „für Gott ein wohlduftender Weihrauch sein, zur Erlangung des ewigen Lebens" (aus einer Weihrauchsegnung des Gregor. Sacramentars; PL 78, 243).

VII. TIERE

I. VÖGEL

Allgemeines

Es ist der Doppelnatur des Menschen als leiblich-geistiges Wesen eigen, sich rein Geistiges in materieller Form vorzustellen. Je tiefer die Menschheit vor der Erlösung in das Irdische versunken war, desto sinnengebundener waren ihre Begriffe. So lag es nahe, daß man sich geistige Wesen, wie Götter, Genien und auch die menschliche Seele, wie leichtbeschwingte Vögel beflügelt dachte, ja die Seele geradezu als Vogel darstellte. Viele Beispiele aus ägyptischen Gräbern, altbabylonischen Texten, Mythen usw. liefern dafür den Beweis. Die Flügel sagenhafter Mischgestalten, die Schwingen der „göttlichen" Sonnenscheibe, wie auch deren vogelgestaltige Sinnbilder Falke und Phönix, sind aus der antiken Kunst bekannt. Die Griechen dachten sich die Seele als kleines, beflügeltes Schattenwesen *(εἴδωλον)*, das beim Tod den Körper verläßt.

Wie ging nun die Verchristlichung solcher Anschauungen vor sich? — Nicht durch Ausrottung, sondern durch Umstellung. Diese vollzog sich großenteils auf der Grundlage der Hl. Schrift und ihrer Bildersprache. In dieser finden sich zwar antike Anschauungen, jedoch ohne jede Berührung mit den heidnischen Verirrungen. Da sind z. B. Gottes „Flügel" ein liebliches Bild für den Schutz, mit dem seine Vorsehung alle umhegt, die sich ihr anvertrauen, oder jene emporträgt, die zum Höhenflug bereit sind. Niemals aber wird ihnen materielle Wirklichkeit beigelegt (vgl. Dtn 32, 11; Ps 17, 8; 36, 8; 57, 2; 61, 5; 63, 8; 91, 4). Auch die Hl. Schrift schildert geflügelte Seraphim (Jes 6, 2) und Cherubgestalten (Ex 25, 18 ff; 1 Kön 6, 23—28; 7, 29; 8, 6—7; 2 Chron 3, 7. 10; Ez 1, 11. 23. 24; Offb 4, 8), die in der Folge die christliche Darstellung der Evangelistensymbole und der vom 4. Jahrhundert an ebenfalls beflügelten Engel beeinflussen. Den Sinn dieser Flügel erklärt Pseudo-Dionysius Areopagita (Himml. Hierarchie 15, 3):

„Der Flügel bedeutet die Schnelligkeit des geistigen Emporführens, das Himmlische, die Wegbahnung nach oben, das Entrücktsein von allem, was an der Erde haftet infolge der aufwärtstragenden Kraft. Die Leichtigkeit der Flügel aber bedeutet, daß das Wesen (des Engels) in keiner Hinsicht erdhaft ist, sondern ganz unvermischt, der Schwere nicht unterworfen, sich zur Höhe erhebt."

Mit Vögeln vergleicht die Hl. Schrift Menschen, die flüchtig, gejagt, in Gefahr schwebend oder ihr entronnen sind, auch solche, die ein Heim suchen (vgl. Ps 11, 1; 84, 4; 55, 7; 124, 7; Spr 6, 5; 27, 8; Weish 5, 11; Jes 16, 2; 31, 5; Hos 11, 11; 7, 11). Im Evangelium erwähnt der Herr die Vögel als Gegenstand göttlicher Fürsorge, der auch wir uns anheimstellen sollen (vgl. Mt 6, 26; Lk 12, 6—7).

Eine sinnige Opfergabe ist noch heute bei der Papstmesse üblich, die zur Feier einer Heiligsprechung gehört: Es werden da zwei Tauben, zwei Turteln und einige kleine Vöglein in einem Käfig zum päpstlichen Thron getragen. Sie versinnbilden die Tugenden des Heiligen, seine Loslösung vom Irdischen und seinen Aufflug zu Gott.

Adler

Der „Adler“ (Aquila, *ἀετός)* galt im Altertum als Vertreter aller Arten seiner Ordnung, z. B. auch des Aasgeiers. Die Symbolik bezieht sich daher auf Eigenschaften, die bald der einen, bald der anderen Art zukommen. Oft auch beruht sie auf falschen Naturbeobachtungen, die sich zu allerlei Legenden ausgestaltet hatten: so jene von der *Jungenerprobung* und der *Jugenderneuerung des Adlers*. Die Heilige Schrift und die Väter knüpfen daran ihre Vergleiche. Besonders bedeutsam für die Liturgie sind zwei Stellen, die Gottes Leitung und Fürsorge für das auserwählte Volk im Bilde des Adlers zeigen, der seine Jungen zum Fluge lockt und sie auf seinen Flügeln emporträgt (Ex 19, 4 und Dtn 32, 11). Ebenso grundlegend ist der Psalmvers (103, 5): „Dem Adler gleich erneut sich deine Jugend.“ Auf welche Weise diese „Erneuerung“ sich vollzieht, erzählt der „Physiologus“, eine Schrift des beginnenden 2. Jahrhunderts [1], die auf viel ältere Quellen zurückgeht und selber zu einer der Hauptquellen christlicher Tiersymbolik wurde. Dort heißt es vom Adler, daß seine Flügel im Alter schwer werden und seine Augen sich verdunkeln. Da sucht er eine klare Quelle und fliegt von hier empor zur Sonne, wo er die Flügel und Augen ausbrennt. Darauf läßt er sich herab in den Quell, taucht dreimal darin unter und wird verjüngt. So soll der Mensch, wenn die Augen seines Herzens dunkel sind, sich zu Christus, der Sonne der Gerechtigkeit, erheben und sich in der Quelle des ewigen Lebens im Namen des Vaters, des Sohnes und des Hl. Geistes verjüngen. Nach anderer Version wird beim alten Adler die Krümmung des Schnabels so lang, daß die Nahrungsaufnahme des Vogels behindert ist und seine Kräfte schwinden. Da schlägt er die lange Spitze an einem Felsen ab, kann sich wieder ernähren und gewinnt neue Kraft. Dazu fügt St. Augustinus (Erkl. zu Ps 103) folgende Anwendung bei:

„Der Adler wird nicht zur Unsterblichkeit erneuert, wir aber zum ewigen Leben. Dennoch paßt der Vergleich, weil auch unsere Hindernisse durch einen Felsen beseitigt werden ... Der Fels aber ist *Christus* (vgl. 1 Kor 10, 4) ..., an dem du die Altershemmnisse (Sündenschuld) abbrechen und deine Jugend dem Adler gleich erneuern mögest, um imstande zu sein, dein Brot zu essen, jenes, das gesprochen hat: ‚Ich bin das lebendige Brot, das vom Himmel herabgekommen ist‘ “ (Joh 6, 41).

Von der Erprobung der jungen Adler spricht der hl. Ambrosius (Srm. 47; PL 17, 701 f):

„Unter dem Adler ist Christus zu verstehen, der sich im Fluge zur Erde niederließ. Die Adler ziehen ihre Jungen nur dann auf, wenn sie die Reinheit ihrer Abstammung durch unverwandtes Blicken ins volle Sonnenlicht beweisen können. Mit Recht wird dieses Tier mit dem Erlöser verglichen: Um sich Beute zu holen, läuft es nicht auf der Erde umher, sondern sucht sich einen hochgelegenen Ort. So hat Christus vom hohen Kreuzesstamme aus mit erschütterndem Ruf in gewaltigem Flug die Hölle erstürmt und ist mit den Heiligen als Beute zum Himmel zurückgekehrt.“

[1] Über Ort und Zeit der Abfassung des Physiologus sind die Gelehrten verschiedener Meinung.

Besonders schön ist die eucharistische Deutung des hl. Ambrosius zur Evangelienstelle Mt 24, 28 und Lk 17, 37:

„Du hast angefangen, ein echter Adler zu sein, da du nach dem Himmel verlangst und das Irdische verachtest. Die wahren Adler umkreisen den Altar, denn ‚wo der Leib ist, da sind auch die Adler.‘ Der Altar stellt den Leib (Christi) dar und der (eucharistische) Leib liegt auf dem Altar. Die Adler seid ihr, neugestaltet durch Abwaschung der Schuld“ (De Sacramentis II, 2; PL 16, 437).

In die christliche *Kunst* fand das Adlersymbol erst in nachkonstantinischer Zeit Aufnahme. Der Grund dieser späten Einführung liegt in der Stellung, die es in der Mythologie und im Kaiserkult einnahm. Der Adler war in der griechischen Götterlehre der „himmlische Vogel“, das Attribut des Zeus, sein Blitzträger, der selber nie vom Blitz getroffen wird, der König der Vögel und Vogel der Könige. In der antiken Königsgeschichte spielt er mehrfach die Rolle eines Erziehers und Retters. In Hellas, Etrurien und Rom hatten die Könige gleich Zeus (Jupiter) einen Adler als Zepterzier, eine Sitte, die morgenländischen Ursprungs ist. Die Apotheose der römischen Kaiser stellte man dar durch einen Adler, der den Kaiser zum Himmel trägt oder begleitet. Im Augenblick, da die Leiche des Herrschers auf dem Marsfelde verbrannt wurde, ließ man nämlich einen Adler in der Weise auffliegen, als käme er aus den Flammen und trüge die Seele des vergöttlichten Kaisers empor.

Der in der Heraldik häufig vorkommende *Doppeladler* hat seinen Ursprung in einer „sumerisch-babylonischen Gewittergottheit, die als furchterregender Adler mit Löwenhaupt dargestellt wurde. Die Hethiter bildeten daraus den Doppeladler und vererbten ihn ihrerseits — trotz des großen dazwischenliegenden Zeitraumes — den türkischen Seldschuken. Die christlichen Kreuzfahrer brachten den Doppeladler nach Europa, wo er 1345 schließlich in das deutsche Kaiserwappen aufgenommen wurde. So wurde aus dem im Orient entstandenen Symbol göttlicher Macht das Sinnbild weltlicher Herrschaft eines abendländischen Imperiums“ (M. Lurker, Symbol, Mythos und Legende in der Kunst, S. 13).

J. Lissner [2] vertritt betreffs des Doppeladlers eine andere Überlieferung: „Als Zeus zwei Adler in entgegengesetzter Richtung die Welt umfliegen ließ, trafen sie sich wieder in Delphi, also (nach griechischer Vorstellung) in der Mitte der Erde und saßen dann zu beiden Seiten des Omphalos auf dem „Nabel der Welt“.

Der Adler war ferner das Abzeichen der römischen Legion; seinem Bilde wurde im Feldlager ein förmlicher Kult erwiesen. Bei Triumphzügen schmückte es die Spitze des Stabes siegreicher Feldherren. Die klassische Kunst kannte auch das Motiv eines Adlers, der im Schnabel oder mit den Fängen einen Lorbeerkranz trägt.

Die heidnische Bedeutung des Symbols mußte erst gegenstandslos werden und verblassen, ehe die Christen es benützen konnten. Die Idee des Sieges und Triumphes blieb auch im Christentum mit dem Adler verbunden, aber mit Bezug auf Christus und die Kirche. Im 4. Jahrhundert entstand eine Komposition, die nicht selten die Mitte der Vorderwand römischer und gallischer Sarkophage einnimmt. Wilpert bezeichnet sie mit dem Namen „Anástasis“, da sie den Gedanken an den *Auferstehungssieg* mit jenem der Passion verbindet. Sie besteht aus einem Kreuz, dessen oberer Balken einen großen Lorbeerkranz mit Christusmonogramm trägt (vgl. Art. „Kreuzeszeichen“). Auf einigen Beispielen dieser Art findet man einen Adlerkopf mit Flügeln, der den Bogen über dem Bilde füllt und den Kranz mit dem Schnabel (in einem Fall mit den Fängen) hält (vgl. S. 22, Art. „Kreuz“).

---

[2] I. Lissner, „Aber Gott war da“, S. 315.

Die zahlreichste und merkwürdigste Gruppe christlicher Grabmäler, auf welchen der Adler einen hervorragenden Platz einnimmt, bieten die *koptischen Stelen:* Der königliche Vogel ist dargestellt mit seitlich gewendetem Kopf und „Bulla" (eine Art Medaillon, Abzeichen der Vornehmen) am Halse. Seine erhobenen Flügel halten einen Kranz, der ein Christuszeichen oder Kreuz umschließt. Der Vergleich mit den römischen und gallischen Sarkophagen legt es nahe, daß auch *diese* Reliefs den Triumph Christi und des Christentums darstellen. Die Annahme wird bekräftigt durch einige Beispiele, auf welchen dem Adler die Buchstaben A und Ω hinzugefügt sind, die immer nur auf Christus als Gott, den „Ersten und Letzten" (vgl. Offb 1, 8), bezogen werden. Das Henkelkreuz, das man bisweilen am Schnabel des koptischen Adlers hängen sieht, ist eine altägyptische Hieroglyphe *(ἄγχ),* die „künftiges Leben" bedeutet (vgl. S. 20, Art. „Kreuz").

Einen neuen Gesichtspunkt bietet die Darstellung des Adlers in seinem *Kampf mit der Schlange.* Das bisher bekannteste Beispiel wurde in Kärnten, unweit von Spittal, beim Dorfe St. Peter im Holz, unter den Resten einer altchristlichen Kirche ausgegraben. Noch älter ist das Mosaik [3], das Archäologen unseres Zeitalters zu Konstantinopel unter den lange verschwundenen Resten eines Palastes Konstantins d. Gr. auffanden. Dieses Mosaik dürfte aus dem 5. Jh. stammen, da der großartig angelegte Palast vom 4. bis 11. Jh. immer wieder erweitert und umgebaut worden war. In der frühromanischen Steinplastik kommt das Motiv ebenfalls vor. Der schlangenbekämpfende Adler ist in der Mythologie und antiken Literatur sehr bekannt. Auch der hl. Maximus v. Turin (4. Jahrhundert) erwähnt ihn mit Beziehung auf Christus, der seine Kirche liebt und gegen den Teufel verteidigt.

Im Baptisterium der Kirche S. Maria zu Kapua in Süditalien bildet ein *Adler, der einen Fisch in den Fängen hält,* das Mittelstück des Fußbodenmosaiks. Das Motiv dürfte auf Christus zu deuten sein, der das Fischlein (den Gläubigen) aus dem Taufquell hebt und seines Triumphes und seiner Himmelfahrt teilhaft werden läßt.

In der *griechischen Liturgie* benützt man heute noch bei jeder Bischofsweihe einen kleinen runden *Teppich,* auf dem ein Adler mit Strahlennimbus dargestellt ist, schwebend über einer Stadt. In Rußland wird dem Bischof ein solcher Teppich bei jeder Funktion, die er ausübt, unter die Füße gelegt. Der Brauch reicht zurück ins Mittelalter, wo man an Stelle des späteren Teppichs zu jeder Bischofsweihe nach griechischem Ritus einen Adler auf den Kirchenboden zeichnete. Der Aar bedeutet die Erhabenheit und Reinheit göttlicher Lehrweisheit, die der Bischof besitzen soll, der Strahlennimbus das helle Licht dieser Lehre, das Schweben über der Stadt die Oberaufsicht *(ἐπισκοπή),* die der Erwählte in seiner Diözese zu führen hat.

Charadrius

Unter die mittelalterlichen Symbole ist auch — obwohl seltener gebraucht — der Charadrius oder Chaladrius (= Goldregenpfeifer) zu rechnen. Er wird als Sinnbild immer nur mit seinem lateinischen Namen genannt. Die Gelehrten des Altertums leiten seinen Namen von *χαράδρα* (Schlucht) her, weil er angeblich in Schluchten lebt. Nach dem allgemeinen Homöopathie-Aberglauben der Antike wurde ihm

[3] Siehe Abb. in P. Bamm, „Welten des Glaubens", S. 150.

seiner goldgelben Farbe wegen die Fähigkeit zugeschrieben, Gelbsucht zu heilen, wenn davon Befallene ihn sehen oder er sie anschaut. Dieser Aberglaube, auf den schon der jonische Dichter Hipponax (540 v. Chr.) anspielt, ist uralt und auch indogermanischen Völkern eigen.

Auf den Märkten Griechenlands saßen Vogelhändler mit gefangenen Regenpfeifern, deren Gefieder sie sorgsam zudeckten, damit die Kranken sich durch den Anblick des Tieres nicht unentgeltlich kurieren könnten! Nach Plinius hieß der Vogel geradezu „icterus", d. i. Gelbsucht *(ἴκτερος)*- (cf. Nat. Hist. 30, 11).

Der Physiologus hat diese Fabel etwas verändert: Hier ist der Charadrius *weiß* und sein Einfluß erstreckt sich nicht allein auf Gelbsucht, sondern auf *alle* Übel. Bringt man ihn an das Bett eines Kranken, so zeigt er an, ob derselbe am Leben bleiben oder sterben wird. Im ersteren Fall sieht der Vogel ihn an und zieht die Krankheit in sich, anderenfalls wendet er sich ab.

Der Charadrius bedeutet Christus, der in die Welt kam, um die Menschen zu erlösen. Weiß ist er, weil unsündlich. Von den Juden wandte er sein Antlitz ab, die Heiden aber blickte er an, nahm ihre Schwächen auf sich, trug ihre Krankheiten und heilte sie.

In der *Kunst* kommt dieser Vogel erst im 13. Jahrhundert vor, z. B. auf einem Glasgemälde der Lyoner Kathedrale (abgebildet in Molsdorf, „Christl. Symbolik der mittelalterl. Kunst", Taf. III).

Charista

Der „Charista" oder „Carista" ist ein sagenhafter Vogel, dem Phönix verwandt (vgl. d. Art.). Von ihm heißt es, daß er durch Flammen fliegt, um neues Leben zu erlangen, nach anderen, daß er, ohne zu verbrennen, über einem Feuer schwebt, das auf einem Berge lodert. Im 15. Jahrhundert, in dem manche sonderbare Symbole der Jungfräulichkeit Mariä auftauchten, zählte man ihnen auch diesen Vogel bei und stellte ihn in einigen marianischen Gemäldezyklen dar, wo er — abgesehen vom Berg, auf dem Feuer brennt — mit dem Phönix fast zu verwechseln ist (Abbildung in Molsdorf, „Christl. Symbolik der mittelalterl. Kunst", Taf. V).

Eule

Die Eule (noctua, nycticorax, *γλαῦξ)* galt in der Alten Welt als trauriges Vorzeichen, in Ägypten und Indien besonders als Totenvogel. In Griechenland war sie Symbol der Pallas Athene, deren Blitz durch die Wetterwolken leuchtet wie das Auge der Eule in dunkler Nacht. Die Athener prägten das Sinnbild auf die Münzen ihrer Stadt, in der es von Eulen wimmelt. Daher die Redeweise „Eulen nach Athen tragen", um überflüssige Mehrung des reichlich Vorhandenen auszudrücken.

In der *christlichen* Deutung der Eule findet man bei den Vätern scharfe Gegensätze: Einige sehen in ihr ein Bild derer, die geistige Finsternis lieben, das Licht des Erlösers aber scheuen. Zu diesen gehören Ungläubige, Häretiker und Weltweise. „Sie sind scharfsinnig im Aberglauben, stumpfsinnig für Göttliches, und während sie im Schwung der Rede zu fliegen glauben, werden sie wie Eulen vom Glanz des wahren Lichtes geblendet" (Maximus v. Turin, Hom. 89, class. I; PL 57, 458).

Andere Erklärer betrachten die Nycticorax von einer ganz anderen Seite auf

Grundlage der Psalmstelle (102, 7): „Ich bin geworden wie die Eule im Gemäuer." Pseudo-Melito von Sardes (vgl. Pitra, Spicilegium Solesmense) hat in seiner „Clavis" für die Eule nur *eine* Deutung in drei Worten: „Christus vel Sanctus." — *Christus,* einsam in der dunklen Nacht des Leidens — der *Heilige* in der Nacht des Glaubens, der Weltferne und Beschauung. Wie diese Nacht zum hellsten Lichte wird, erklärt der hl. Paulinus von Nola (vgl. Ep. 40, PL 61, 371): „Wir nennen die Eule ‚noctua', da sie in nächtlicher Stille ihre Stimme erhebt und umherfliegt. Ihr ist das tiefste Dunkel, in dem die meisten Tiere nichts sehen, taghell. Daher ist der Name Nycticora für sie zutreffender als Nycticorax (Nachtrabe). Nycticora aber bedeutet ‚nächtliche Seherin', weil die Pupille des Auges griechisch κόρη heißt... Die ‚Eule im Gemäuer' aber, das ist ‚im Hause des Herrn', möge im Dunkel dieser Welt den scharfen Blick ihrer geläuterten Seele anspannen, damit sie, nach dem Worte des Propheten, hellsehend durch solche Augen, sprechen könne: ‚Mir ist die Finsternis nicht finster, die Nacht so helle wie der Tag!' " (Ps 139, 12. nach der Lesart des hl. Paulinus).

Hahn

Die reiche Symbolik des Hahnes (gallus) beruht auf drei Eigenschaften: Fortpflanzungstrieb, Kampflust und Lichtempfänglichkeit.

Der Etymologie seines griechischen Namens ἀλεκτρυών (LXX: ἀλέκτωρ liegt die Bedeutung „der Glänzende" (von ἠλέκτωρ = strahlend) oder „der Wehrhafte, Kampflustige" (von ἀλέξω = abwehren, verteidigen) zugrunde. Die Ableitung von λέκτρον (Lager, Bett), ἀ-λέκτρον = lagerlos, wachend, ist später entstanden, als der ursprüngliche Sinn des alten Wortes erloschen war.

Der besonders starke Fortpflanzungstrieb des Hahnes machte ihn in der Antike neben dem Fisch zu einem kennzeichnenden Lebenssinnbild, sodaß er im heidnischen Kult an Stelle von Menschenleben als Opfer dargebracht wurde.

Mit der Lebenssymbolik des Hahnes hängt auch seine Fruchtbarkeitssymbolik eng zusammen. Letztere beeinflußte gewisse Volksbräuche: Bei den Juden wird (nach Keller) dem Brautpaar am Hochzeitstag ein Hahn vorangetragen, wohl im Aberglauben, Kindersegen zu bewirken. Auch zur Förderung der Vegetation spielt der Vogel eine Rolle: Nach Fehrle (Fest und Volksbräuche, S. 17) wird der Wachstumsgeist als Hahn gedacht, der den Erntesegen verkörpert. Mancherorts herrscht die Sitte, einen Hahn auf das Feld hinauszubringen, ihn dort zu töten, mit dem letzten Erntewagen heimzuführen und zu verspeisen, um sich seine „Segenskraft" zuzuführen. Eine Variante dieses Brauches ist das Heimfahren eines lebenden Hahnes, an dessen Stelle man auch einen hölzernen oder papierenen benützt und mit dem Erntekranz verbindet.

Unter seinen Hennen will der Hahn Alleinherrscher bleiben und gerät daher oft in blutigen Streit mit seinesgleichen. Das zeigt sich schon bei ganz jungen, noch im Kükenalter stehenden Hähnchen und bietet einen drolligen Anblick.

„Die Kampflust des eifersuchtentbrannten Tieres führte ganz von selbst zur Volksbelustigung der Hahnenkämpfe. Diese sind noch heute in Ostindien populär. In Athen waren sie regelrechter Sport, dem junge Leute leidenschaftlich huldigten. So kam der Hahn durch seine Kampflust in Beziehung zur streitbaren Athene Polias, was umso natürlicher war, als er ihr auch als der *'Εργάνη,* der Göttin des Gewerbefleißes, zugewiesen werden konnte, denn sein Krähen weckte die handwerktreibende Bürgerschaft zum Tagewerk. Daher die Hahnenfigur auf dem Helm einer Pallas-Statue des Phidias und die Zusammenstellung von Athene und Hahn auf Münzen" (Keller, Antike Tierwelt II, S. 131 f). In Rom lockte der Ruf: „Pulli pugnant" viele Schaulustige ins Theater.

Die Empfänglichkeit des Hahnes, sowohl für das Sonnen- als auch das Mondlicht, führte in der Antike zu einer verwirrenden Vielfältigkeit der Symbolik: Der Vogel war dem Lichtgott Apollo und dem Helios wie auch *der Mondgöttin Selene* und der Totenreichgöttin Persephone geweiht, dazu noch dem Hermes, dem Geleiter der Seelen in das Totenreich. Bald wird er als Totenopfer dargebracht, bald als Huldigung an das Licht. Der weiße Hahn, dessen Opfer Sokrates verordnet, bedeutet den aus der Nacht geborenen jungen Tag. Doch die Gegensätze sind nur scheinbar: Sie berühren sich in der einen tiefen Grundidee, die in den Grabsteindarstellungen des Hahnes deutlich hervortritt: Der Verkünder des nahen Tages überwindet die Nacht und bricht jeden Schlaf, auch den Todesschlummer; einst soll der Tote erwachen! Ewigkeits- und Auferstehungsgedanken legt auch die Hahnenfigur zu Füßen des schlangenumwundenen Aions nahe sowie auch der Hahnenkopf des schlangenfüßigen Abraxas, einer magischen Phantasiegestalt der Gnostiker.

Das Krähen des Hahnes in bestimmten Zeitabständen ist von solcher Regelmäßigkeit, daß es den Alten zur Weckeruhr wurde, die zum Beginn des Tageslaufes mahnte. Sie pflegten die Nacht in zwölf Stunden einzuteilen, die im Sommer kürzer, im Winter länger berechnet wurden. Diese wiederum teilte man bei den Römern in vier militärische Nachtwachen (vigiliae castrenses) zu je drei Stunden, an deren Beginn die Wachtposten einander ablösten. Der erste Hahnenschrei bezeichnete zwischen 2 und 3 Uhr den Beginn der vierten Vigilia. Daß der Hahn auch das Symbol der Wachsamkeit ist, ergibt sich aus allen diesen Bedeutungen von selbst.

Die Nacht hatte zur Zeit, da man mit Beleuchtungskörpern noch spärlich versehen war und künstliches Licht nicht kannte, viel mehr Schrecken als heute. Auch war sie für die unerlösten Menschen die Zeit, in welcher der Teufel sein Spiel trieb und in der man unter dem Deckmantel der Finsternis Verbrechen ungescheut beging. Das erklärt, warum man den Hahnenschrei, der noch vor Anbruch der Dämmerung den nahen Sonnenaufgang verkündet, als etwas Erlösendes empfand und ihm ziemlich allgemein, auch noch im christlichen Mittelalter, apotropäische und prophylaktische Wirkungen zuschrieb. Man behauptete, daß er nicht allein böse Geister, sondern auch Löwen und andere gefährliche Tiere schreckt und verscheucht.

Die Hl. Schrift des AT erwähnt im Buch der Sprüche (30, 31) den stolzen Gang des Hahnes. Die Stelle in Ijob (38, 36) „Quis dedit gallo intelligentiam?" handelt nur in der Vulgata vom Hahn, während sie im Urtext (nach Henne) lautet: „Wer hat in die *Wolken* Weisheit gelegt?" Der Vulgatavers wurde aber von den Exegeten ausführlich kommentiert. Im Literalsinn bezog man die „intelligentia" des Hahnes auf seine Unterscheidungsgabe für die Zeit und sein Vorausahnen des Lichtes; im moralischen Sinn wurde die Stelle auf die *Prediger* angewendet, „die in der Finsternis des gegenwärtigen Lebens bestrebt sind, durch ihr Wort das künftige Licht wie mit einem Hahnenruf zu verkünden. Sie sprechen: ‚Die Nacht ist vorgeschritten — der Tag vorangekommen' (Röm 13, 12). Mit ihrer Stimme rütteln sie uns vom Schlaf der Lauheit auf und rufen: ‚Die Stunde ist da, vom Schlafe aufzustehen!' " (Röm 13, 11 — Gregor d. Gr. Moralia, lib. 30, 3, 9; PL 76, 527).

Der Höhepunkt der Hahnensymbolik aber liegt in ihrer Beziehung auf *Christus*.

Im Hymnus der Dienstaglaudes, der dem Kathemerinon des Prudentius entnommen ist (I Ad Gallicantum PL 59, 777 f), faßt die erste Strophe bereits den Hauptgedanken zusammen durch die Gegenüberstellung des lichtverkündenden Vogels und Christi, des Seelenerweckers:

Ales diei nuntius	Der Hahn, des Tages Bote, kräht.
Lucem propinquam praecinit:	Er kündet laut das nahe Licht.
Nos excitator mentium	Uns weckt im Herzen Christi Ruf,
Jam Christus ad vitam vocat.	Treibt nun zum wahren Leben an.

Die weiteren Strophen dieser Dichtung (sie stehen mit Ausnahme der zweiten und der beiden letzten nicht im Brevier) führen aus, wie Christi Stimme zur Wachsamkeit mahnt, da sein Kommen als Richter herannaht. Der Schlaf wird zum Bild des Todes und des Sündenschlummers, die Dämonen fliehen beim Hahnenruf, die Hoffnung auf die Ankunft des Herrn leuchtet auf, der Glaube an die Auferstehung Christi wird lebendig und vertreibt alle Finsternis. Im letzten Teil klingt das Lied in ein flehendes Gebet aus (Jesum ciamus vocibus), Christus möge den geistigen Schlaf vertreiben, die Fesseln der Schuld lösen und neues Licht herabsenden.

Der ambrosianische Hymnus der Sonntagslaudes „Aeterne rerum conditor" handelt von den heilsamen Wirkungen des Hahnenrufes: Dem Wanderer ist er Leuchte, er weckt das Tagesgestirn, das die Finsternis vertreibt. Übeltäter verlassen ihren schlechten Weg, der Schiffer faßt neuen Mut, die sturmgepeitschten Meereswogen glätten sich, Hoffnung kehrt wieder, Kranke fühlen sich erleichtert, der Räuber versteckt seinen Dolch, die Sünder gewinnen Vertrauen. Schließlich leitet der Hymnus über zu einer Anspielung an den Blick, mit dem Jesus beim Hahnenschrei nach der Verleugnung seinen Apostel traf (vgl. Mt 26, 34; Mk 13, 35; 14, 68. 72; Lk 22, 60. 61; Joh 18, 27) und der auch uns zur Reue und Buße führen möge. In Gedanken und Ausdrucksweise ist dieser Hymnus fast gleich mit Ambrosius' Hexameron V, 88.

In der antiken *Kunst* wurde der Hahn gerne als Kampfsymbol dargestellt. Ein klassisches Beispiel bietet die Panathenäische Preisvase, auf deren Hauptbild die Stadtgöttin Pallas Athene in vollem Waffenschmuck und reichgesticktem Peplos zwischen zwei Säulen einherschreitet. Auf jeder derselben steht ein Hahn in stolzer Haltung.

Auch das Christentum fand im Bilde des Hahnenkampfes eine Anspielung an den Wettstreit, mit welchem der hl. Paulus das Menschenleben vergleicht. Die christliche Epigraphik bietet davon einige Beispiele, aber auch solche, in denen der Hahn als Auferstehungssinnbild zu deuten ist.

Interessant ist eine altchristliche Tonlampe aus Karthago, auf deren Diskus ein Hahn die Mitte einnimmt, während in der Randleiste sechs laufende Hasen ihn umkreisen (vgl. Art. Hase, S. 283, wo die Erklärung dieses Lampenbildes gegeben wird).

Auf dem Bodenmosaik der Theodorusbasilika zu Aquileja (kurz vor 343) ist unter anderem ein Kampf zwischen Hahn und Schildkröte (vgl. Art. „Schildkröte") dargestellt; eine abgeschwächte Wiederholung findet sich ebendort in einem jüngeren Pavimentstück des Katechumenensaales. Den Siegespreis sieht man neben den Kämpfenden bereitstehen: Das eine Mal ist es eine Amphora, das andere Mal ein unkenntlicher Gegenstand. Die Schildkröte vertritt das dämonische Element. Ihr italienischer Name „tartaruga" hängt offenbar mit „tartarus" (Unterwelt) zusammen. Näheres über diese Etymologie ist hier nicht nachweisbar. Der Hahn zeigt sich auch da als Sinnbild des Lichtes Christi, das den Sieg über die Macht der Finsternis davonträgt.

Sehr häufig findet man in der altchristlichen Sarkophagplastik den Hahn neben Petrus als Kennzeichen seiner Person. Gewöhnlich steht er zu Füßen des Apostels. Auf dem Lateransarkophag Nr. 174 dagegen befindet er sich auf einer Säule.

Am öftesten wurde der Hahn im Mittelalter über Kirchturmkreuzen angebracht. Abgesehen von seiner Bestimmung als Wetterfahne erscheint er da ebenfalls als Symbol des Sieges Christi über das feindliche Dunkel und die Schrecknisse der bösen Geister sowie als derjenige, der uns zum Tagewerk ruft und als Richter dereinst aus dem Todesschlafe wecken wird.

Honorius von Autun sieht in dem Kirchturmhahn ferner ein Sinnbild, das zum Gotteslob am frühen Morgen mahnt. Diese Beziehung liegt schon in den Apostolischen Konstitutionen VIII, 38 und in einem Wort des hl. Augustinus: „Post galli cantum consuevit esse tempus orandi" (Srm. 29 in Ps 118 Nr. 4; PL 37, 1587). Auch der Beginn des Gotteslobes in den alten Klöstern richtete sich nach dem Hahnenruf.

Hugo von S. Victor bezieht in einer etwas weit hergeholten Deutung aller Einzelheiten die Symbolik des Hahnes und seines Abbildes, das den Kirchturm krönt, auf die Pflichten der Prediger. Vom Turm der alten Petrusbasilika in Rom ist noch ein bronzener Wetterhahn erhalten, der jetzt in der Sakristei von St. Peter über einer Uhr angebracht ist.

Henne

Das liebliche Bild der Henne mit ihren Küchlein hat zu allen Zeiten die Aufmerksamkeit der Menschen auf sich gezogen. Plutarch spricht davon in seiner Schrift „Über die Liebe der Eltern zu ihren Kindern". Man las aber aus dem kleinen Idyll nicht nur die Moral selbstloser Liebe: Im Demeterkult wurde es auch Sinnbild der Mutterliebe, welche die Gottheit den Menschen erzeigt. Demeter (durch Lautvertauschung von *γῆ μήτηρ)* war bei den Griechen die Vergöttlichung der Mutter Erde, die alles Leben aus ihrem Schoß gebiert und an ihrer Brust trägt und nährt. Nicht nur sproßt das Getreide und die gesamte Pflanzenwelt aus ihr empor, sie nimmt auch wie einen Samen die Toten auf, um sie, nach Vorstellung des antiken Heidentums, ein zweites Mal geboren werden und in Kindesgestalt zum Lande der Seligen gelangen zu lassen. So erklärt sich auch die Bedeutung einer Tonlampe, die in einem heidnischen Grabe gefunden wurde: Ihr ist das Bild einer Henne mit ihren Küchlein aufgeprägt. So hat schon die antike Bedeutung des Symbols, das in seiner Weise Auferstehungshoffnung bekundet, eine gewisse Höhe erreicht. Seine eigentliche Weihe aber erhält es im Christentum, indem es der Heiland selbst als Sinnbild seiner Erlöserliebe gebraucht: „Jerusalem, Jerusalem, wie oft wollte ich deine Kinder sammeln, wie eine Henne, die ihre Küchlein unter ihre Flügel sammelt!" (Mt 23, 37). In diesem „congregare" ist auch die Einheit der Kirche angeklungen, sodaß in den Schriftkommentaren *beide* Anwendungen vertreten sind: auf Christus und auf die Ecclesia.

Die Kirchenväter erklären den Inhalt der Evangelienstelle in sehr tiefer und anmutiger Weise und verbinden sie gerne mit den alttestamentlichen Schriftstellen, die von „Flügeln Gottes" sprechen:

„Indem Christus auf dem Kreuzesholz seine heiligen Hände ausstreckte, entfaltete er zwei Fittiche, einen rechten und einen linken. So ruft er alle zu sich, die an ihn glauben, und beschützt sie, wie eine Henne ihre Küchlein. Spricht er doch auch durch Malachias (Mal 3, 20): ‚Euch, die ihr ehrfürchtig meinen Namen ehrt, wird aufgehen die Sonne des Heils, in ihren Fittichen Heilung bergend' " (Hippolyt, Über den Antichrist 61, Achelis, S. 42).

Besonders reich sind die Ausführungen des hl. Augustinus, der das Sinnbild wiederholt anwendet:

„ ‚Mit seinen Fittichen beschirmt er dich, und unter seinen Flügeln bist du wohlgeborgen' ... Er legt dich an seine Brust, um dich mit seinen Flügeln zu beschirmen, aber nur dann, wenn du deine Bedürftigkeit erkennst und wie ein zartes Küchlein dich unter die Fittiche der Mutter flüchtest, um nicht vom Geier geraubt zu werden. Geier sind die Mächte böser Geister, der Teufel und seine Boten. Uns Hilflose wollen sie ergreifen. Bergen wir uns unter den Flügeln der Mutter Weisheit. Es wurde ja die Weisheit selber schwach um unsertwillen, denn ‚das Wort ist Fleisch geworden' " (in Ps 90, Srm. II; PL 37, 1161).

In seinem Johanneskommentar (Vortr. 15, 6; Kösel IV, S. 255) schildert derselbe Kirchenvater des Gebaren der Gluckhenne besonders anschaulich:

„Christus nährt, selbst schwach geworden, die Schwachen, wie eine Henne ihre Jungen; denn dieser hat er sich ähnlich gemacht: ‚Wie oft wollte ich', sagte er zu Jerusalem, ‚deine Kinder unter die Flügel versammeln, und du hast nicht gewollt!' (Mt 23, 37). Ihr seht aber, Brüder, wie die Henne mit ihren Jungen schwach wird. Bei keinem anderen Vogel erkennt man, daß er Mutter sei. Wir sehen, wie die Spatzen vor unseren Augen Nester bauen; Schwalben, Störche, Tauben sehen wir täglich nisten. Wir sehen es ihnen nicht an, daß sie Junge haben, außer wir erblicken sie in den Nestern. Die Henne aber wird so schwach mit ihren Kleinen, daß du sie, auch wenn die Küchlein ihr nicht folgen, ... dennoch als Mutter erkennst. Sie läßt die Flügel hängen, ihre Flaumfedern werden struppig, ihre Stimme kreischend, alle ihre Glieder schlaff und matt, sodaß du, wie gesagt, auch wenn du die Jungen nicht siehst, dennoch die Mutter erkennst. — Ebenso wird Jesus schwach" (nämlich in seinem Leiden).

„So will ich denn frohlocken", heißt es im Traktat St. Augustins über Ps 63. „Ich werde froh in der Übung guter Werke, denn über mir liegt das Schirmdach Deiner Fittiche ... Wir sind klein, darum möge uns der Herr im Schatten seiner Flügel bergen. Was aber, wenn wir größer geworden? — Unser Heil ist es, wenn er uns auch dann behütet, damit wir unter ihm, dem Großen, stets klein bleiben. Immer ist *Er* der Größere, mögen wir auch noch so sehr wachsen. Niemand sage, er beschirmt mich, solange ich klein bin — als könnte man je zu einer Größe gelangen, die sich selbst genügt! Ohne Gottes Schutz bist du nichts. Verlangen wir immerdar nach seiner Obhut. Nur dann können wir immer in ihm groß sein, wenn wir *unter* ihm stets klein bleiben!" (PL 36, 757).

Ein unbekannter Autor des 5. oder 6. Jahrhunderts beleuchtet das Symbol von einer neuen Seite: „Wie eine Gluckhenne nicht nur ihre eigenen Küchlein, sondern auch die von ihr ausgebrüteten Jungen beliebiger anderer Vögel liebt, als wären es die eigenen, so auch die Kirche: Sie ist nicht nur bestrebt, die ihr bereits angehörenden Christgläubigen zu locken, sondern — mögen es Heiden oder Juden sein, die man ihr anvertraut — sie weckt alle zum Leben durch die Wärme ihres Glaubens, gebiert sie neu in der Taufe, nährt sie mit dem Wort und liebt sie mit mütterlicher Liebe" (Auctor Operis imperfecti, angeführt in Corn. a Lapide t. 15, p. 489).

In altchristlicher Zeit findet man das Motiv der Henne auf dem Diskus von

Tonlämpchen, und man darf annehmen, daß die Gläubigen es als Symbol im dargelegten Sinn betrachteten (Abbildung der genannten Tonlampe in DACL VII, 1125, Fig. 6618).

Kranich

Nach Plinius (Nat. Hist. X, 23) und alten Bestiarien fliegen die Kranichzüge (grus, *γέρανος)* in Dreieckform, mit einem Anführer an ihrer Spitze, der sie mit seinen Rufen lockt, aufmuntert und in Ordnung hält. Sobald er müde wird, lösen ihn andere wechselweise ab. Ebenso sei es Tatsache, daß diese Vögel sich an bestimmten Plätzen versammeln und nachts auf einem Beine stehend ruhen, wobei einer von ihnen Wache hält. Dieser trägt — so heißt es — einen Stein in den Krallen des eingezogenen Fußes. Schläft er ein, so entfällt ihm der Stein und weckt ihn durch das Geräusch. Bei vielen heidnischen Völkern Europas galten die Kraniche als heilige Vögel der Weisheit und Weissagung.

Im Bestiarium des Pierre le Picard, den Lauchert anführt, ist der Kranich ein Bild der Wachsamkeit, die alle anderen Tugenden behüten soll. Hugo von S. Victor (De bestiis et aliis rebus I, 39) wendet das Gebaren dieser Vögel auf Einzelheiten eines in Liebe geregelten Gemeinschaftslebens an.

Pelikan

Die Sage vom Pelikan (pelicanus, onocrotalus, *πελεκᾶς)* tritt erst im Christentum ans Licht. Antike Naturhistoriker sprechen wohl von diesem Vogel, legen ihm aber keine besondere Bedeutung bei. Die älteste symbolische Fassung der Fabel findet sich im „Physiologus“ (2. Jahrhundert). Dort heißt es, daß der Pelikan sich durch große Liebe zu seinen Jungen auszeichnet. Wenn diese aber heranwachsen, so schlagen sie ihren Eltern ins Gesicht, und diese schlagen sie wieder, sodaß sie sterben. Dann aber reut es die Alten, und am dritten Tag kommt die Mutter (nach anderen Texten der Vater), öffnet ihre Seite und läßt ihr Blut auf die toten Jungen träufeln, die davon wieder zum Leben erstehen. So verwarf Gott die Menschen nach ihrem Sündenfall und übergab sie dem Tode. Doch erbarmte er sich ihrer wie eine Mutter, indem er sie durch seinen Kreuzestod mit seinem Blut zum ewigen Leben erweckte.

Nach einer anderen Darstellung, die sich in geringeren griechischen Handschriften findet, werden die Jungen von der Schlange, dem besonderen Feind des Pelikans, getötet. Diese deutet man auf die Paradiesesschlange, die Adam und Eva verführte (vgl. Lauchert, Physiologus, Untersuchung der Tiergeschichten).

Bei den Kirchenschriftstellern erfährt der Physiologustext verschiedene Varianten, der Hauptgedanke aber bleibt der gleiche.

In mittelalterlichen Dichtungen ändert sich die Sage dahin, daß vom Sterben der Jungen nicht mehr die Rede ist, sondern daß die alten Pelikane die Kleinen so lange mit ihrem Herzblut *ernähren,* bis sie selber sterben — ein Symbol Christi, der sein Leben für uns hingab.

Im späten Mittelalter, wo man im Herausfinden marianischer Symbole allzuweit ging, wurde die Gottesmutter zum „himmlischen Nest“, in dem der Pelikan (Christus) aus und ein flog.

In der christlichen *Kunst* des Mittelalters fand der Pelikan als *Symbol Christi und der Eucharistie* große Verbreitung: Man brachte ihn häufig an Kruzifixen an (vgl. Art. „Kreuz") wie auch an Kirchenportalen, auf Paramenten und liturgischen Geräten.

Die griechische *Liturgie* betet an einem der letzten Tage vor Ostern:

„Gleich dem Pelikan, der seine Brust verwundet, hast du, o Logos, deine toten Kinder belebt, sie benetzend aus lebenspendendem Quell!"

Auch in dem Sakramentshymnus (Rhythmus) „Adoro te", der lange Zeit dem hl. Thomas von Aquin zugeschrieben wurde, lautet die vorletzte Strophe:

„Pelikan, du guter, Jesus, unser Herr,
Wasche mich Befleckten rein in deinem Blut!
Selbst ein einzig' Tröpflein ja erlösen kann
Alle Welt von jeder, auch der größten Schuld!"

Pfau

Der Pfau (pavo, *ταώς)* lebte ursprünglich wild in den Wäldern Indiens, bald jedoch wurde er wegen der Pracht seines Gefieders auch in den königlichen Gärten seiner Heimat gezüchtet und mit Sagen umwoben. Die Inder träumten von einem goldfarbigen Pfau, dessen Fleisch immerwährende Jugend und *Unsterblichkeit* verleihen sollte. Es ist daher leicht erklärlich, daß der Buddhismus, die bodenständige Glaubenslehre der Inder, den Pfau in das religiöse Gebiet hineinzog und ihn als Verkörperung der göttlich verehrten Sonne ansah, die auch die alten Ägypter, Babylonier und Chinesen sich als goldbeschwingten Vogel vorstellten (vgl. „Phönix").

Die buddhistische Kunst ist reich an Pfauendarstellungen, die zumeist in das Gebiet der Dekorations- und Landschaftsmalerei gehören, teilweise aber auch in das der Symbolik, so z. B. die Zusammenstellung eines betrachtenden buddhistischen Mönches mit einem Pfau. Trägt der geheimnisvolle Vogel eine Schlange, das antike Sinnbild finsterer Mächte, im Schnabel, so ist er deutlich als *Lichtwesen* gekennzeichnet, das diese überwindet. Buddha selbst erscheint in der Kunst als Pfauenkönig, auf dem Rücken des Vogels reitend, von den Federn des Rades aureolenartig umrahmt.

Durch den Handelsverkehr kam der Pfau auch in die Mittelmeerländer, und es wäre nicht unwahrscheinlich, daß auf diesem Wege auch manche der mit ihm verwobenen Vorstellungen herübergelangten.

In Griechenland pflegte man Pfauen seit dem 5. Jahrhundert v. Chr. nicht allein als Haustier, sondern namentlich beim Hera-Tempel zu Samos als heiliges Tier der Göttermutter, die mit der römischen Juno identisch ist. Ihr Attribut ist der Pfau mit einem über den Rücken gelegten Zepter, wie es auf samischen Münzen häufig zu sehen ist. Der Grund dieser Symbolik kann zwar nicht bestimmt nachgewiesen werden, liegt aber am wahrscheinlichsten in der augenförmigen Zeichnung der Pfauenfedern, als einer Anspielung an die Schönheit der Göttin, die man sich nach dem Zeugnis Homers „groß- und blauäugig" *(βοῶπις, γλυκῶπις)* vorstellte. Bei den Römern wurde der Pfau erst im letzten Jahrhundert vor Christus eingeführt. Zuerst eine wertvolle Rarität, wurde er bald ein allgemein beliebter Bewohner römischer Parks, dessen Schönheit Dichter und Schriftsteller gerne schildern (z. B. Plinius, Hist. nat. X, 22).

Andere Vögel wechseln zwar auch ihr Gefieder, beim Pfau aber war das Wiedergewinnen seines Prachtgewandes so auffallend, daß es zu den bezeichnendsten Merkmalen des Frühjahrs und darum der Pfau zu den besonderen Frühlingssymbolen gehörte.

Als Vogel der Göttin Juno spielte der Pfau bei der Apotheose der römischen Kaiserinnen dieselbe Rolle wie der Adler bei jener des Kaisers; d. h., wie man sich vorstellte, daß die Seele des „vergöttlichten" Kaisers durch einen Adler (Attribut des Zeus-Jupiter) zum Himmel getragen werde, so jene der Kaiserin durch einen Pfau (Attribut der Juno). Eine stehende Regel war das aber nicht.

In der Hl. Schrift ist mit Ausnahme einer rein historischen Stelle (1 Kön 10, 22) nirgends vom Pfau die Rede. Wenn Kirchenväter gelegentlich von ihm sprechen, so geschieht es gewöhnlich nicht in symbolischer Redeweise. Man ersieht aus ihren Worten nur, wie beliebt der prachtvolle Vogel bei den Alten war und welche Eigenschaften sie besonders an ihm beobachteten. Ausnahmsweise vergleicht der hl. Ephräm (gegen die Irrlehren, Hymn. 42, 10) die Merkmale geistiger Schönheit eines Asketen mit der Schönheit der Pfauen.

Der hl. Augustinus spricht in seinem „Gottesstaat" von der angeblichen Unverweslichkeit des Pfauenfleisches, an die er nach bloßem Hörensagen nicht glauben wollte, bis ihm ein selbstgemachtes Experiment die Richtigkeit der Behauptung bewies.

Vom Mittelalter an suchte man dem Pfau allerlei bis ins kleinste gehende Bedeutungen beizulegen. Sofern diese kindlich-frommen Betrachtungen moralisieren und sich auf Stolz, Sündenbewußtsein, ja sogar auf den Teufel beziehen, können wir sie hier übergehen, da derartiges mit der altchristlichen Kunst in gar keiner Beziehung steht. Ein Rest älterer Tradition dürfte aber in einer Predigt des hl. Antonius von Padua († 1231) nachklingen, die wohl ebendarum von Leclercq im „Dictionnaire d'Archéologie chrétienne et de Liturgie" (art. „Paon") angeführt wird: „Bei der allgemeinen Auferstehung, da alle Bäume, ich meine alle Heiligen, sich wieder mit frischem Grün bekleiden, wird jener Pfau (unser Leib), der die Federn der Sterblichkeit abgelegt hatte, die Unsterblichkeit empfangen." Der Gedanke erinnert an eine Pliniusstelle, die für die frühjahrliche Wiedergewinnung des prächtigen Federkleides den Ausdruck „renasci" (wiedergeboren werden) gebraucht: „donec renascatur cum flore."

War es das Bestreben der Antike, die Gräber möglichst heimisch und der irdischen Wohnung ähnlich auszuschmücken, also auch Gärten mit Tieren, Blumen und idyllischen Szenen darin darzustellen, so behielt auch das Christentum diese harmlose Gewohnheit bei. Der Wandschmuck der Katakomben beweist es: Hier wie dort findet man die gleichen Motive, zu denen freilich schon bald speziell christliche Schöpfungen hinzutreten. Vom Übernommenen wurde nur Anstößiges und auf Götterkult Bezügliches sorgsam ausgeschieden. So stellte man den Pfau nie mit dem Zepter dar, das ihn als Attribut der Juno kennzeichnet, wohl aber als den schönsten Bewohner römischer Lustgärten, zusammen mit allerlei anderen Vögeln. Dieses Gartenidyll wurde den Christen zum Sinnbild des *himmlischen Wonnegartens.* Wollte man nun das Paradies möglichst vereinfacht darstellen, so entnahm man den Pfau als Teil für das Ganze, um den *ewigen Frühling* und die künftige *Herrlichkeit* anzudeuten. Das häufige Vorkommen von Pfauenmotiven in Taufkapellen läßt darauf schließen, daß man sie als Bilder *geistiger Erneuerung* durch die *Taufgnade* ansah. Die Zusammenstellung von Pfauen mit Kelchen und Weintrauben ist auf den Genuß der heiligen *Eucharistie* und der *himmlischen Erquickung* im seligen Jenseits zu deuten.

Es gibt ein liturgisches Gerät, das in älterer Zeit gern aus Pfauenfedern hergestellt wurde, später oft aus Metall mit ornamentalem oder figürlichem Schmuck: Es ist der liturgische Fächer, gewöhnlich Flabellum, griechisch Ripidion genannt (*ῥιπίδιον* von *ῥιπή* = Schwung, *ῥιπίζω* = in Schwung setzen, schaukeln).

In heißen Zonen brachte es die Notwendigkeit von jeher mit sich, daß man sich zur Linderung der Hitze und zur Abwehr der vielen lästigen Insekten verschiedener Arten von Fächern bediente. Auch bei der liturgischen Opferfeier war dies durch die Ehrfurcht vor den heiligen Gestalten erfordert, wie die sogenannten „Apostolischen Konstitutionen" (um 400) zuerst bezeugen (8. Buch, Kap. 12). Als Material werden dort nebst Pergament oder Leinen *Pfauenfedern* ausdrücklich genannt. Es war die besondere Aufgabe der Diakone, diese Fächer während der heiligen Handlung zu schwingen. Auch bei Prozessionen wurden sie mitgetragen, besonders bei jenen mit den heiligen Ölen am Gründonnerstag. Der Gebrauch des liturgischen Fächers verbreitete sich auch in der römischen Liturgie, hörte aber nach dem ausgehenden Mittelalter immer mehr auf, während er in orientalischen und griechischen Riten noch heute besteht. Die Rubriken der Chrysostomusliturgie schreiben vor, daß zu Beginn der Präfation der Diakon — am Altar stehend — das Ripidion, oder, wo keines mehr üblich, das Velum in die Hand nimmt und ehrerbietig die heiligen Gestalten befächelt. Dies geschieht während der ganzen Anaphora (Kanon). Schon sehr früh — nachweisbar seit dem 5. Jahrhundert — legte man diesem Brauch symbolische Bedeutung bei, die schließlich allein zurückblieb, als die praktische längst gewichen war. Man sieht in den fächerschwingenden Diakonen Abbilder der sechsflügeligen Cherubim und Seraphim, die unsichtbar den Altar umschweben, in ihren Fächern aber, namentlich wenn sie aus den augenförmig gezeichneten Pfauenfedern bestehen, die Flügel dieser himmlischen Geister, wie Ezechiel (10, 12) sie schildert: „Ihr ganzer Leib, ihr Rücken, ihre Hände und Flügel waren ringsum voller Augen." Darum heißen die liturgischen Fächer auch „Hexapterygen" (*ἑξαπτέρυγα* = Sechsflügel) und zeigen, wenn sie aus Metall sind, wenigstens auf einer Seite einen von sechs Flügeln umgebenen Engelskopf.

Die Flabella, die bei feierlichen Anlässen neben dem Papst (früher auch anderen kirchlichen Würdenträgern) einhergetragen wurden, waren ehemals auch aus Pfauenfedern. Man suchte diesen auch hier einen Sinn beizulegen und deutete sie auf die Umsicht, die kirchliche Vorsteher üben müssen, und auf das Schauen der Untergebenen auf deren Beispiel.

Phönix

Der Phönix ist ein sagenhafter Vogel, dessen Mythe ins höchste Altertum zurückreicht (erwähnt bei Herodot, Tacitus, Plinius). Bei den Ägyptern hieß er „Bennu", war Sonnensymbol, Jubiläumsherold, Weltseele und Geleiter der Seelen ins Jenseits, wo sie nach ihrer Läuterung mit dem Sonnengott vereint und von ihm durchstrahlt wurden. Die Vorstellung von der „geflügelten Sonnenscheibe", die am Himmel dahinschwebt, war der ganzen Antike gemein.

Da die Sonne die Jahreszeiten und den Kalender bestimmt, ist der Phönix auch Wahrzeichen von Weltperioden und Sinnbild des Aion (*αἰών*). Im Griechischen bedeutet dieser Ausdruck nicht allein „Ewigkeit", sondern neben anderem auch die immerwährende Gleichheit sich erneuernder Zeitabschnitte, die eine Art irdischer Ewigkeit bilden.

Das herrliche Schauspiel des Sonnenauf- und -untergangs mit seinem feurigen Farbenspiel im Rahmen einer orientalischen Palmenlandschaft hat gewiß in der Phantasie der primitiven Völker die Einzelheiten der Phönixgeschichte beeinflußt. Von ihr bestehen Varianten, deren Hauptmomente sich berühren:

Es gibt von diesem Wundervogel auf der Welt jeweils nur ein einziges Exemplar von jahrhundertelanger Lebensdauer. Fühlt er sein Ende nahen, so baut er sich auf der höchsten Palme (*φοίνιξ* = Phönix — griechisch sind Baum und Vogel gleichnamig) ein Nest aus Dufthölzern, stirbt darin oder läßt es schon vor dem Sterben von der glühenden Sonne entzünden, facht die Flamme mit Flügelschlag an und läßt sich verbrennen. Aus der Asche entsteht ein junger Phönix, der nach fünfhundert (oder mehr) Jahren denselben Vorgang erneuert. Nach anderer Überlieferung entwickelt er sich aus einem Verwesungswurm, ähnlich wie der Schmetterling aus der Raupe.

Mit der Zeit löste sich die Ewigkeits- von der Sonnensymbolik des Vogels los und wurde selbständig. Doch ist es gut, den ursprünglichen Sinn stets im Auge zu behalten. Den Römern war der Phönix Sinnbild der Erneuerung und ewigen Dauer des Kaiserreiches. Man prägte ihn auf Münzen mit der Umschrift: „Aeternitas" oder *„AIΩN"*, oder zur Zeit Konstantins: „Felix reparatio temporum".

Der fabulöse Vogel Phönix wird verschieden beschrieben und dargestellt. Seine Form ist abstrakt, am ehesten einem Fasan zu vergleichen. In der Schilderung seines Gefieders heben die alten Schriftsteller Rot (Purpur oder Scharlach) und Gold hervor. Überall (Plastik ausgenommen) trägt er den typischen Strahlennimbus des Sonnengottes.

In der altchristlichen Literatur ist häufig vom Phönix als Auferstehungssymbol sowohl im allgemeinen als mit Bezug auf Christus den *wahren* Sonnengott, die Rede, der aus Leidensglut und Tod siegreich erstand. Bei Zeno von Verona ist er Sinnbild des Ostertages und der sich in ewiger Folge erneuernden Heilsmysterien sowie auch der im Taufquell zum Gnadenleben wiedergeborenen Neophyten. Einige Väter sehen in ihm wegen der wundersamen Weise seiner Selbsterneuerung ein Symbol der Jungfräulichkeit, speziell auch der jungfräulichen Gottesmutter. Im Mittelalter wird die marianische Deutung die vorherrschende.

In der *christlichen Kunst* erscheint der Phönix erst seit dem Siege des Christentums unter Konstantin (4. Jahrhundert) in dem von den Vätern angeregten Sinn als Hinweis auf Unsterblichkeit und ewig seliges Leben im himmlischen Paradies. Auf den Apsismosaiken mehrerer römischer Basiliken des 4. und 5. Jahrhunderts sitzt er meistens auf einer der Palmen, welche die Hauptfiguren einrahmen, immer gekennzeichnet durch den Strahlennimbus. Auch die Sarkophagplastik und Epigraphik der Katakomben bieten einige (seltene) Beispiele. Im Mittelalter tritt das Bild des Phönix, der lebend aus den Flammen hervorgeht (meistens mit Bezug auf die Geburt Christi aus der Jungfrau), an die Stelle des älteren mit Palme oder Palmzweig. Schließlich wurde der Phönix auch Symbol der armen Seelen und ihrer Läuterung in den Flammen des Fegefeuers. Interessant ist, daß der Wundervogel noch heute in China als Glückssymbol gilt und als Wahrzeichen der Geburt eines „Heiligen". Im Jahre 1935 ließen heidnische Chinesen ihrem berühmten Landsmann, dem Konvertiten Dom Pierre-Célestin Lou, Benediktiner der Abtei Saint André in Belgien, die Primizkasel mit einem Phönix zieren.

Rabe

Der Rabe (corvus, *κόραξ*) war in der Antike den Lichtgöttern Apollo, Helios und Mithra geweiht. Wer den ersten Einweihungsgrad in die Mysterien der Mithrareligion erlangt hatte, hieß „Rabe“. Die Beziehung dieser kohlschwarzen Tiere zu den Lichtgöttern scheint befremdend, doch bestand ein Mythos, nach welchem sie ursprünglich weiß waren und erst schwarz wurden, nachdem einer von ihnen dem Apollo die Untreue der Koronis verraten hatte. Dieses Schwarz wurde sprichwörtlich (vgl. Hld 5, 11). Weiße Raben sind eine große Seltenheit, kommen aber in nördlichen Regionen vor. Die scharfen Sinne, der feine Instinkt, die Gelehrigkeit dieses Vogels und seine Eignung sich zähmen zu lassen, machten ihn zum Götterboten. Dichtern, Weisen und Zauberern raunte er Eingebungen zu. Er war überhaupt Wahrsagevogel, nach dessen Stimme, Flug und Standort man die Zukunft bestimmte. Raben erreichen ein sehr hohes Alter, bis zu hundert Jahren. Sie nähren sich am liebsten von Fleisch, auch von Menschen- und Tierleichen, und picken mit Vorliebe die Augen ihrer Beute aus (vgl. Spr 30, 17). Weil sie sich darum gerne auf Schlachtfeldern aufhalten, ist der Rabe Attribut des germanischen Sturm- und Schlachtengottes Wodan (= Odin).

In der *Heiligen Schrift* ist zuerst im Sintflutbericht vom Raben die Rede (Gen 8, 6. 7). In der Arche war Noe mit wenigen Gerechten dem allgemeinen Verderben entronnen. Bevor er sich jedoch hinauswagte, sandte er beflügelte Boten aus, die ihm Nachricht über den Stand des Wassers bringen sollten. Zuerst einen Raben. Nach der Version der Septuaginta aber wartete Noach vergeblich auf seine Wiederkehr; er kam nicht zurück, denn die auf dem Wasser umhertreibenden Leichen boten ihm hinlänglich Nahrung. So zeigte der Rabe schon damals, daß die Geringschätzung, mit der man später von ihm sprach, berechtigt war. Er läßt sich durch den Schmutz und Unrat, den die Sintflut aufgewühlt hat, nicht abschrecken. Gerade das ist sein Lebenselement (vgl. Sühling, „Taube als religiöses Symbol“, S. 20). Nach Aelian (De nat. animal. III, 43) fressen die Raben ihren eigenen Vater auf. Auch glaubte man, daß Rabenmütter ihre Brut im Stich lassen, wenn sie die sehr gefräßigen Jungen nicht mehr ernähren können, oder daß sie die Kleinen zu früh aus dem Nest treiben. Dann bleiben diese der Vorsehung Gottes überlassen, wie es in Ps 147, 9 heißt: „Er speist die Rabenjungen, wenn sie rufen“, und im Buche Ijob 38, 41: „Wer schafft dem Raben sein Futter herbei, wenn seine Jungen schreien zu Gott, umherflattern ohne Nahrung?“

Alldem zufolge sah man also im Raben ein Bild der Ausschweifung, Unreinheit, Pietätlosigkeit und Hartherzigkeit. Im Christentum symbolisiert er die Heiden, Juden, Abgefallenen, Irrlehrer und Ungläubigen; jene, die sich von der Kirche (= Arche) getrennt haben, überhaupt den Sünder und die Sünde, manchmal auch den Teufel. Nach St. Augustinus gleichen ihm solche, die durch Aufschieben der Buße das „cras, cras“ des Raben nachahmen.

Trotz aller seiner unguten Eigenschaften benützte Gott diesen Vogel mehrmals als Werkzeug seiner Vorsehung, um heiligen Einsiedlern Nahrung zu bringen. Zum erstenmal geschah das in der Geschichte des Propheten Elias (1 Kön 17, 4—6): Der Herr befahl dem Gottesmann, sich am Bache Karith zu verbergen, und sprach: „Aus dem Bache sollst du trinken, und den Raben habe ich befohlen, dich dort mit Nahrung zu versorgen.“ Der Prophet folgte der Weisung, und „die Raben brachten ihm am Morgen Brot und Fleisch und ebenso am Abend“.

Das Wunder des Brot-Zutragens wiederholte sich im Leben des hl. Paulus des

Eremiten in der thebaischen Wüste und des hl. Meinrad im Finsterwald, wo später der berühmte Wallfahrtsort Einsiedeln erstehen sollte. Im Leben St. Benedikts trägt ein Rabe auf Befehl des Heiligen ein vergiftetes Brot an einen Ort, wo es niemand finden konnte.

Die oben in ihren Grundzügen dargelegte Symbolik des Raben wird in der Patrologie manchmal recht breit und eingehend besprochen. Dabei bleibt der Hauptsinn „Rabe = Sünder" zwar bestehen, doch wird ihm gerne eine gute Wendung gegeben, indem der Sünder sich zum Bekehrten wandelt, ja bei Gregor d. Gr. (Moralia XXX, IX zu Ijob 38, 41) sogar zum Prediger, der mit lauter Stimme Gottes Wort verkündet.

Der hl. Hilarius (zu Ps 147, 9; PL 9, 874) gibt folgende Erklärung zu den angegebenen Schriftstellen (Gen 8, und 1 Kön 17):

„Obwohl alles vom Wasser überflutet und nirgends eine Möglichkeit war, sich niederzulassen, kam (der Rabe) nicht wieder, während die Taube, da sie kein Ruheplätzchen fand, zurückkehrte. Da die Arche Vorbild der Kirche war, ist jener, der sie verließ, obwohl er sonst nirgends bestehen konnte, ein Bild des Sünders, der es vorzieht, bei den Eitelkeiten der Welt zu verweilen, während er doch in dieser Zeit nirgends sonst geborgen ist als in der Kirche. — Wir haben auch gelesen, daß der Rabe, der zum Unterhalt des Elias bestimmt war, ihm stets Nahrung zu bringen pflegte, und zwar zu einer Zeit, in der sich das ganze Volk (Israel) auf Abwegen der Gottlosigkeit und Irreligiosität befand. Zur Ernährung eines so großen Propheten war also dieser Vogel — ein Sinnbild des Sünders — ausersehen. Da nämlich das ersterwählte Volk sich als verwerflich erwiesen hatte, wurde das Wort Gottes, nach dem der Prophet hungert und dürstet, durch den Dienst derjenigen, dargeboten, die einst Sünder waren."

Auf dem berühmten Trierer Sarkophag aus altchristlicher Zeit ist die Arche Noe als Bild der Kirche dargestellt und der Rabe als Symbol der von ihr Getrennten deutlich erkennbar: Er steht außerhalb der dicht mit Menschen und Tieren gefüllten Arche und blickt sehnsüchtig, mit halboffenem Schnabel, zu den geborgenen Insassen hinauf, als wollte er Reue über sein Fernbleiben ausdrücken.

Schwalbe

Schwalben sind Frühlingsboten und daher Freudenkünder. Nach altem Volksglauben bringt ein Schwalbennest im Hause Glück. Auf Rhodos und Samos war es einst Sitte, daß Kinder das Wiedererscheinen dieser Vögel mit frohen Liedern begrüßten. Diese „Schwalbensänger" hießen *„χελιδονίσται"*. Ihr Anführer war entsprechend gekleidet: vorne weiß, hinten schwarz, und hielt eine plastische Schwalbe in der Hand. Heute noch besteht in Griechenland ein ähnlicher Brauch.

Der Gesetzmäßigkeit, mit der diese Vögel ihren Fernflug einhalten, stellt der Prophet Jeremia (8, 7) die Gesetzesübertretung der Juden gegenüber.

Jesaja (38, 14) vergleicht das flehende Beten des kranken Königs Ezechias mit dem Zirpen einer jungen Schwalbe: „Sicut pullus hirundinis sic clamabo" (im Canticum der Dienstaglaudes).

Klemens von Alexandrien sieht im unablässigen Zwitschern der Schwalbe (*χελιδών*, hierundo) ein Bild geschwätziger, klatschsüchtiger Menschen.

Da diese Vögel stets im Bereich, ja oft im Innern menschlicher Behausungen nisten, läßt sich ihr Treiben besonders gut beobachten. Der hl. Ambrosius (Hexameron V, 17, 56) schildert es genau:

„Die Schwalbe ist klein an Gestalt, doch überaus groß durch zärtliche Liebe. Ohne alle Mittel baut sie Nester, kostbarer als Gold, weil sie *weise* baut, denn das mit Weisheit gefügte Nest ist wertvoller als Gold. Was gäbe es denn Weiseres? Einerseits sichert sie sich ungehinderte Flugfreiheit, andererseits vertraut sie ihre Jungen und ihr Obdach der Hut menschlicher Behausungen an, wo niemand ihrer Brut nachstellen kann. Auch das ist trefflich eingerichtet, daß sie von allem Anfang an ihre Jungen an menschlichen Umgang und Verkehr gewöhnt und so gegen den Überfall feindlicher Vögel sichert. Auffallend ist sodann die Zierlichkeit, mit der sie ohne jede Hilfe ihr Haus als kunstverständige Meisterin baut: Sie liest nämlich mit dem Schnabel Hälmchen auf und bestreicht sie mit Schlamm, um sie zusammenkleben zu können. Weil sie diesen aber nicht mit den Füßen zu tragen vermag, taucht sie die Spitzen ihrer Fittiche in Wasser, damit leicht Staub daran kleben bleibe und sich zu Schlamm verdichte. So sammelt sie sich ein Hälmchen und ein Spänchen um das andere und macht es festkleben. Auf diese Weise führt sie den ganzen Nestbau zu Ende."

Ähnlich beschreibt der hl. Basilius (Hexam. 8, 5) das Treiben der Schwalbe, doch faßt er die daran geknüpfte Moral bei aller Gedankengleichheit etwas knapper: „Niemand klage über Armut noch verzweifle er am Leben, wenn er auch zu Hause keinen Vorrat hat . . ., sondern nehme seine Zuflucht zu Gott."

Nach dem Physiologus ist die Schwalbe, die erscheint, wenn der Winter vorüber ist und bei Tagesanbruch durch ihr Gezwitscher die Schläfer weckt, Sinnbild der *Asketen:* Sie erwachen, wenn sie den Winter überstanden, d. h. die Stürme der Leidenschaft besiegt haben, unbefleckt von ihrem Lager und erinnern sich in aller Frühe betrachtend an die Worte Gottes.

Vom Geiste der Kirchenväter inspiriert, betrachtet ein Autor des 19. Jahrhunderts die Symbolik der Schwalbe von einer neuen Seite:

„Der Schlamm, aus dem die Schwalbe ihr Nest bildet, ist ein ganz wertloses Material. Doch diese irdene Behausung ist für sie nur ein vorübergehender Wohnort. Es drängt sie, zu fliegen und sich in den Lüften zu ergehen. Wie sollte uns das Schwalbennest nicht den Gedanken an das Apostelwort nahelegen: ‚Wir wissen ja, wenn unser irdisches Haus abgebrochen wird, erhalten wir einen festen Bau von Gott, ein ewiges Haus im Himmel' (2 Kor 5, 1)! Unser Erdenhaus ist der Leib, den Gott aus ein wenig Lehm gebildet hat. Wenn so der menschliche Körper dem Schwalbenneste vergleichbar ist, so besitzt die nach Gottes Ebenbild geschaffene Seele ihre Vogelschwingen. Nehmen wir uns die Schwalbe zum Vorbild: Lassen wir das Nest zerfallen und denken wir vielmehr an unsre *Flügel!* Erinnern wir uns, daß unsre ewige Wohnung nicht aus irdischer Materie besteht, sondern daß wir für den Himmel geschaffen sind" (Mgr. de la Bouillerie, Etudes sur le symbolisme de la nature, t. II, p. 156).

Sperling

Sperlinge oder Spatzen sind die geringsten und unscheinbarsten, sozusagen die „Proletarier" unter den Vögeln. An belebten, häuserreichen Orten sind sie viel zahlreicher als auf dem Lande. Doch gibt es da auch periodisch erscheinende Gesellschaften von Gebirgs- und Feldspatzen, die allerdings schöner gezeichnet sind und graziöser fliegen als ihre daherschwirrenden städtischen Genossen.

Gerade die *Wertlosigkeit* der Sperlinge hat sie zu einem Bilde gemacht, das Christus selber gebraucht: „Kauft man nicht zwei Sperlinge für fünf Pfennige? Und dennoch fällt ohne euren Vater keiner von ihnen zur Erde. Bei euch aber sind sogar alle Haare eures Hauptes gezählt. Fürchtet euch also nicht, ihr seid mehr als die vielen Sperlinge!" (Mt 10, 29—31; vgl. Lk 12, 6). Obwohl die hebräische Bibelsprache unter dem Worte „sippor", dem in der Vulgata „passer" *(στρουθός)* entspricht, alle kleineren Vögel, auch Singvögel, versteht, hat der Herr im Evangelium anscheinend jene besondere Vogelart im Sinn, die wegen ihrer Alltäglichkeit um billigsten Preis als Fleischnahrung armer Leute auf dem Markte verkauft wurde. (Dazu muß allerdings bemerkt werden, daß die Spatzen Palästinas größer sind als unsre einheimischen.)

Ein französischer Autor bemerkt zu dieser Evangelienstelle: „Das geringste Geldstück genügt, um einen Sperling zu kaufen, während der Mensch, der durch die Sünde dem Teufel verfallen war, nicht mit Gold und Silber, sondern durch das Blut eines Gottes erkauft werden mußte. Der Mensch ist also mehr wert als ein Sperling. Wenn nun keiner dieser kleinen Vögel ohne die Zulassung des himmlischen Vaters zugrunde geht, was brauchst du zu fürchten, o Mensch, du, den Gott noch viel mehr liebt? Wenn er den Vogel ernährt, der nicht betet, wie sollte er *dich* vergessen, der du täglich an ihn die Bitte richtest: Vater unser, der du bist im Himmel ... gib uns heute unser tägliches Brot?" (Mgr. de la Bouillerie, Etudes sur le symbolisme de la nature, t. II, p. 138; Paris 1867).

An anderen Stellen der Hl. Schrift bezeichnet der „passer" keinen bestimmten Vogel, sondern ist nur Naturpoesie oder Bild des flüchtigen, gefährdeten, den Nachstellungen entronnenen wie auch des einsamen oder sich im Hause Gottes heimisch fühlenden Menschen (vgl. Ps 11, 1; 84, 4; 102, 8; 104, 12; 124, 7; Ez 17, 23; Hos 11, 11; Am 3, 5). Diese Texte erhalten durch weitläufige Auslegung der Väter, besonders im Psalmenkommentar des hl. Augustinus, einen sehr schönen Symbolsinn, dessen Anführung hier zu weit führen würde. Nur im 14. Kapitel des Buches Levitikus, wo es sich um die Reinigung der vom Aussatz Geheilten handelt, ist der Sperling Symbol im vollen Sinn. Zu diesem komplizierten Ritus brauchte man zwei Sperlinge: Der eine wurde über frischem Wasser geschlachtet, den anderen ließ man frei davonfliegen, nachdem er ins Wasser eingetaucht worden war. Der hl. Cyrill von Alexandrien erläutert den typischen Sinn dieses Ritus:

„Zwei reine Vöglein werden genommen als Vorbild (Typus) Christi, des droben Wohnenden, des Himmlischen; denn der Vogel schwingt sich hoch in die Lüfte. Der Emmanuel aber kam aus Himmelshöhen zu uns hernieder. So hatte er ja gesprochen: ‚Niemand ist in den Himmel hinaufgestiegen außer dem, der vom Himmel herabgestiegen ist, dem Menschensohn' (Joh 3, 13). Desgleichen schreibt Johannes (3, 31): ‚Er, der von oben kommt, steht über allen.' — Rein sind die Vögel — rein und schuldlos auch der Herr, weil er die Sünde nicht kennt. Obschon es zwei Vöglein waren, verstehen wir das nicht so, als gäbe es einen zweifachen Christus. Diese Rede führt uns vielmehr zu einer notwendigen und überlegten Betrachtung: Während nämlich der Eingeborene seiner Natur nach Gott war, trug er zugleich das Fleisch, das er aus der seligsten Jungfrau Maria angenommen hatte. So ist er in einer unaussprechlichen und unbegreiflichen Weise gleichsam aus Zweien zusammengesetzt: der allerhöchsten und der menschlichen Natur, und doch ist der Kyrios Jesus Christus *Eins* (eine Person). So hat denn das Schriftwort die Vereinigung von Zweien zu Eins vorausgeschaut ... Erkenne also im lebendigen Vogel das ewig lebende und Leben spendende himmlische Wort, im geschlachteten aber das kostbare Blut des im Heiligtum Leidenden *(τοῦ παθόντος ναοῦ)* [1]" (Glaphyra in Lev. liber „De mundatione leprae" 2; PG 69, 559 [356] und 578 [368]).

Storch

Bereits bei den alten Ägyptern, Griechen und Römern galt der Storch (ciconia, *πελαργός)* als Sinnbild fürsorgender Liebe der Kinder gegenüber ihren Eltern. Die Römer stellten die Personifikation der „Pietas" mit einem Storche dar.

Diese Symbolik ging ins Christentum über. Der hl. Basilius schreibt in seinem „Hexameron" (8, 5):

„Die Fürsorge der Störche für ihre Alten sollte unseren Kindern, wenn sie darauf achten wollten, genug Ansporn sein, ihre Kindesliebe zu bezeugen ..." Die Störche umstellen nämlich im Kreise den Vater, wenn ihm im Alter die Federn ausfallen, wärmen ihn mit ihren Flügeln und besorgen ihm reichlich Futter. Sogar beim Fluge leisten sie ihm alle mögliche Hilfe, indem sie ihn auf beiden Seiten mit den Flügeln sanft emporheben. Das ist so allgemein bekannt, daß man die Wiedervergeltung von Wohltaten als „Antipelargosis" (Storchenvergeltung) bezeichnet.

Alle Dichter preisen den Storch als einen der ersten Frühlingsboten. Aus einem Brief des Philostratos (44) ist zu ersehen, mit welcher Freude das Volk den Vogel begrüßt: Es fällt auf die Knie, wenn es ihn zum erstenmal wieder erblickt.

Strauß

Nach Aristoteles hielt man im Altertum den Strauß (struthio, *στρουθός)* für ein Mittelding zwischen Vogel und Säugetier. Man sagt, daß er Eisen verdaue und daß er mit seinen Klauen Steine gegen seine Verfolger werfe. Die Schnelligkeit seines Laufes ist außerordentlich. Straußeneier wurden ihrer Größe und der harten Schale wegen gerne als Gefäße gebraucht. Heute noch schmücken die Mohammedaner das Grab eines verehrten Toten mit einem solchen Ei, das sie über demselben an einem Bäumchen oder Strauch aufhängen. Vermutlich hing man im alten Ägypten Straußeneier auch in den Tempeln auf, wie es noch jetzt in den christlichen Kirchen der Kopten geschieht.

Straußenfedern bedeuten in der ägyptischen Hieroglyphenschrift *Wahrheit* und *Gerechtigkeit* und waren Symbol der Göttin Maat, die diese Tugenden personifizierte. Sie trägt Straußenfedern auf dem Haupt und ihre Augen sind geschlossen, weil sie „blind", d. h. unparteiisch sein soll. Die Ideenverbindung mit dem Strauß liegt darin, daß dieser den Kopf versteckt oder stillsteht und die Augen schließt, wenn er nicht gesehen sein will. Im Nilland waren Straußenfedern das Abzeichen einer ganzen Priesterklasse. Als Schmuck sind sie von jeher beliebt gewesen. Krieger trugen solche Federn schon seit der Römerzeit als Helmzier, auch Pferde wurden gelegentlich damit geschmückt. Die Perser fachten mit Straußenfedern das heilige Feuer an, da kein menschlicher Hauch es berühren durfte.

Die Hl. Schrift schildert den Strauß im Buche Ijob (39, 13 bis 18) mit besonde-

---

[1] Der Verfasser wendet in seiner mehrere Seiten umfassenden Ausführung den alttestamentlichen Ritus auf die heilige Taufe an. Dementsprechend spielt er hier an die Opferung Christi im eucharistischen Mysterium an.

rer Ausführlichkeit: „Der Strauß regt munter die Flügel, als wär's eines Storches Fittich und Feder ... Doch seine Eier vertraut er der Erde, läßt sie auf dem Sande erwärmen. Es kümmert ihn nicht, ob ein Fuß sie zertritt, ob ein wildes Tier sie zerstampft. Seine Brut behandelt er hart, als wär sie nicht sein. Ob sein Mühen vergeblich, macht ihm nicht Sorge, denn Gott hat ihm die Klugheit versagt, hat ihm kein Teilchen Einsicht gegeben. Sträubt er sich aber empor, so lacht er des Rosses und Reiters."

Der Bibeltext erwähnt hier zwei Haupteigenschaften des Straußes, auf denen seine christliche Symbolik beruht: die Flügelbewegung, ohne fliegen zu können, und die anscheinende Gleichgültigkeit gegen seine Brut, an die auch die Klagelieder des Jeremia (4, 3) anspielen. Daß der Strauß seine Eier im heißen Sand vergräbt und sie untertags von der Sonne ausbrüten läßt, ist Tatsache. Daß er aber nachts, wenn die Sonne fehlt, sich ebenso wie alle anderen Vögel auf seine Eier setzt, ist den antiken Beobachtern entgangen, sodaß sie nur an dem festhielten, was sie wahrnehmen konnten, und es entsprechend ausdeuteten (vgl. Keller, Antike Tierwelt II, S. 166 f).

Der trügerischen Flügelbewegung wegen wurde der Strauß zum Sinnbild der Heuchler und Simulanten, die sich einen falschen Anschein geben. Der hl. Gregor d. Gr. führte diese Symbolik in mehreren Kapiteln der „Moralia" (31, 8; PL 76, 578 ff) weitläufig aus. Die sorglose Behandlung der Eier erfuhr verschiedene Deutungen und Anwendungen: Der Physiologus sagt, der Strauß blicke zum Himmel, um zu sehen, wann es für ihn Zeit sei, seine Eier zu legen. Er tut dies nämlich nicht eher, als die Plejaden aufgehen, das ist zur Zeit der größten Hitze, um, wie gesagt, das Brüten der Sonne überlassen zu können. Dann aber geht er hin und vergißt die Eier. Daran knüpft der Physiologus die naiv-fromme Moral: Wenn der Strauß seine Zeit kennt, so muß dies umso mehr beim Menschen im geistigen Sinne der Fall sein: Wir sollen emporblicken, das Irdische vergessen und Christus nachfolgen.

Nach Durandus ist der Strauß ein Bild des sündigen Menschen: Wie dieser Vogel seine Eier im Sande liegen läßt und erst, wenn der Abendstern aufgeht, sich wieder an seine Pflicht erinnert, zu ihnen zurückkehrt und sie durch seinen Blick ausbrütet, so braucht es für den Pflichtvergessenen nur des göttlichen Lichtes, um ihn zu sich selbst und zur Reue zu bringen. Das Aufhängen von Straußeneiern in Kirchen sollte darum die Menschen mahnen, wie leicht der einzelne Gott vergißt, wenn er nicht, durch den Stern der Gnade erleuchtet, sich darauf besinnt, zu ihm zurückzukehren.

Die Beobachtung, daß der Strauß seine Eier von der Sonne ausbrüten läßt, führte im späten Mittelalter dazu, ihn als Symbol der jungfräulichen Mutterschaft Mariä zu deuten und ihn samt seinen Eiern, die er fest ins Auge faßt und von der lieben Sonne bescheinen läßt, in marianischen Bilderzyklen darzustellen, zum Beispiel im Kreuzgang des Domes zu Brixen mit der Inschrift: „Si ova struthionis sol excubare valet, cur veri solis ope Virgo non generaret?" „Wenn die Sonne die Straußeneier auszubrüten vermag, warum soll durch die Einwirkung der wahren Sonne (des Heiligen Geistes) eine Jungfrau nicht gebären?" (Defensorium Immaculatae Virginitatis, Franziskus von Retz, 15. Jahrhundert). J. J. Timmers erstellt eine ganze Liste ähnlicher Symbole des gleichen Autors und weist darauf hin, daß diese Symbole, die ursprünglich nur auf Christus angewendet wurden, sich später auch auf die Jungfräulichkeit Mariens bezogen, wie z. B. der Pelikan, der mit seinem Blut die Jungen zum Leben auferweckt, oder der Phönix, der sich durch das Feuer verjüngt (Christlijke Symboliek en Iconografie, 368, 1974, Unieboek B.V., Bussum).

Taube

Tauben sind in der alt-heidnischen wie in der biblischen Symbolik von ganz besonderer Bedeutung. Es gibt deren drei Arten: Die Haustaube (columba, *περιστερά),* die Wild- oder Ringeltaube (palumbus, *φάττα)*) und die Turteltaube (turtur, *τρυγών).*

Die Taube galt im Orient als „heiliges Tier" und besonders als Attribut der Istar, die mit Astarte, Atargatis, Derketo, Aphrodite, der Göttin des weiblichen Prinzips und der animalischen Fruchtbarkeit, ziemlich gleichbedeutend ist. Der Name „Peristera" entspricht dem semitischen „perach-istar", d. i. Vogel der Istar.

In Syrien durften Tauben nicht gefangen und nicht gegessen werden, namentlich weiße. Wer nur eine berührte, war für den ganzen Tag verflucht. Atargatis wurde mit einer goldenen Taube auf dem Kopf dargestellt, Derketo mit einer Taube auf der Rechten. Als Tier der obersten Gottheit war die Taube auch Symbol des assyrisch-babylonischen Reiches und Fahnenbild des Heeres.

Zur Zucht der Tauben wurden Türme errichtet. Die Römer nannten sie „Columbarien". Sie waren gewöhnlich rund mit gewölbter Decke, enger Türe, kleinen, oder mit Netz überzogenen Fenstern. Wände und Decke waren glatt und weiß getüncht, die Öffnung dem Lichte zugewandt, nach dem die Tauben besonderes Bedürfnis haben. Im Innenraum brachte man ringsum reihenweise geordnete Zellen für die Pärchen an. Nach altorientalischer Vorstellung, die noch in der griechischen Kirche nachwirkt, bildet die Taube einen Gegenstand religiöser Verehrung. In Moskau und anderen russischen Städten wurden noch bis in unsere Zeit Scharen von Tauben gehalten, und sie zu töten galt als eine Art Schändung des Heiligen. Die Taubenschwärme im halbgriechischen Venedig hängen wohl mit diesen alten Anschauungen zusammen.

Als besondere Eigenschaften der Taube hebt die antike Naturkunde Einfalt, Liebe, Unschuld und Sanftmut hervor. Daß sie „ohne Galle" sei, wurde im Altertum ganz allgemein behauptet. Streitsüchtig, wie manche andere Vögel, ist die Taube allerdings nicht, vielmehr sehr liebevoll und zärtlich gegen ihre Artgenossen. „Columbae proprio ritu osculantur ante coitum", sagt Plinius in seiner Naturgeschichte, X, 34. Stirbt von einem Pärchen der eine Teil, so sucht der andere keine neue Verbindung. Das gilt besonders von der Turteltaube, die überhaupt mehr die Einsamkeit liebt als die gesellige Haustaube. Ihr sanftes Girren spielt in der Symbolik ebenfalls eine Rolle als Bild des Sehnens und Hilfesuchens (gemitus columbae).

Die *Genesis* berichtet an drei Stellen des 8. Kapitels von Tauben, die Noach aus der Arche fliegen ließ, um zu erproben, wie weit die Wasser der Sintflut zurückgegangen seien. Die erste (Vers 8—9) fand nichts, wo ihr Fuß ruhen konnte, und kam gleich wieder zurück. Die zweite (Vers 10—11) kehrte erst abends zur Arche heim und trug ein frisches Olivenzweiglein im Schnabel. Die dritte (Vers 12) kam nicht wieder, da für ihre Lebensbedürfnisse bereits genug trockenes Land zu finden war. Sowohl die Taube als die Olive sind Bilder der Versöhnung und des Friedens geworden. Sie gaben der christlichen Symbolik Anlaß zu vielfachen Anwendungen.

Tauben und Turteln zählen auch zu den Opfertieren des Alten Bundes. Die Darbringung von je zweien war in bestimmten Fällen, namentlich für Unbemittelte, vorgeschrieben (vgl. Lev 1, 14; 12, 8; 14, 21—22; Num 6, 10; Lk 2, 24). Davon sollte eine als reine Huldigung an Gott Brandopfer sein, die andere Sühneopfer zur Gutmachung von Sündenschuld. Die Väter sehen in diesem Doppelopfer ein Vorbild Christi in seiner zweifachen Natur. Von der Verwendung der Taube als Opfergabe finden sich auch in christlich-liturgischen Bräuchen noch Spuren.

Am stärksten ist das Taubensymbol im Hohenlied vertreten, wo siebenmal von Tauben (Hld 1, 14; 2, 10; 2, 14; 4, 1; 5, 2; 5, 12; 6, 8) und zweimal von Turteln (Hld 1, 9; 2, 12) die Rede ist. Ihre mystische Beziehung auf die Braut-Kirche des Alten und Neuen Testamentes und auf die gottvermählte Seele wird in der Väterliteratur immer wieder besprochen.

Aus diesen Schriftstellen (besonders Gen 8, 10—11) schöpft die christliche Kunst ihre Motive. Da wird die Taube, namentlich in den Katakomben, häufig zum Sinnbild der Dahingeschiedenen, die mit dem Zeichen der Erlösung im Frieden des Herrn entschlafen sind.

Ihren größten Vorrang, ja geradezu ihre Konsekration, erhielt die Taube, als bei der Taufe Christi der Heilige Geist in ihrer Gestalt erschien (Mt 3, 16; Mk 1, 10; Lk 3, 22; Joh 1, 32). Daß Gott sich gerade *dieses* Werkes seiner Schöpfung bediente, beruht wohl auf den genannten Eigenschaften der Taube. Ein weiterer Grund war vielleicht Gottes herablassende Anpassung an die antike Wertung der Taube als Gottheitssymbol. Auch die Juden kannten diese Bedeutung aus den Religionen der umliegenden Völker. Daß auch bei den Israeliten die Taube als Lieblingsvogel Gottes galt, bezeugt das 4. (apokryphe) Buch Esra 15, 26: „Unter allen geschaffenen Vögeln hast du dir die *eine* Taube (mit Vorzug) bezeichnet."

Die Auslegungen der *Väter* zu den erwähnten Schriftstellen sind überaus zahlreich. Man kann sie in zwei Hauptgruppen teilen: 1. *theologische* Erklärungen, die besonders das Taufmysterium in den Mittelpunkt setzen und die alttestamentlichen Schriftstellen auf dieses hinbeziehen; 2. *moralische,* welche die Eigenschaften der Taube betrachten und anwenden.

1. Unter den *theologischen Stellen* gibt es eine gute Anzahl, die in der Taube ein Bild Christi sehen, denn erst die Konzilien von Nizäa und Konstantinopel brachten eine Klärung im christlichen Glaubensbewußtsein betreffs der Gottheit und Persönlichkeit des Heiligen Geistes. Was die nachnizänische Theologie dem Heiligen Geist als der dritten Person der Heiligsten Dreifaltigkeit zueignete, das bezog man im 2. Jahrhundert auf den Logos, also auch den Namen „Pneuma" oder „Spiritus". Man begegnet ihm in diesem Sinne sogar noch im 5. Jahrhundert, als die Pneuma-Logos-Frage längst geklärt war. Auch in den Apokryphen und in der Legendenliteratur, der fast immer der Volksglaube zugrunde liegt, ist von der Christustaube die Rede.

„Christus ist wahrhaft die himmlische und sangeskundige Turtel, wie auch die sanftmütige Taube. Darum steht im Hohenliede von ihm geschrieben: ‚Der Turtel Girren hört man im Land' (2, 12). Auch hat er sich als Beispiel und Vorbild der größten Sanftmut hingestellt mit den Worten: ‚Lernet von mir, denn ich bin sanftmütig und demütig von Herzen' (Mt 11, 29). Doch siehe, auch heiligen Männern wird wegen ihrer Gleichförmigkeit mit Christus die Ehre und Würde derselben Tugendgüter zugesprochen, da sie das hochheilige, göttliche Wort den Hörern überbringen und bestrebt sind, Gesänge und Hymnen zu Gottes Ehre hervorzubringen" (Cyrillus von Alexandrien, Über die Anbetung, Buch 16).

Daß der Gott-Bräutigam im Hohenliede die Braut (Kirche und begnadete Seele) an mehreren Stellen „Taube" nennt, erklären die Exegeten aus der Gegenwart des Heiligen Geistes in der Kirche und aus dem Charakter, den die „Geistestaube" im Sakrament der Wiedergeburt dem Christen einprägt. „Quod ex Spiritu gignitur, fit Spiritus", sagt der hl. Gregor von Nyssa.

(Die Kirche) „ist eine Taube wegen der geistigen Gnade. Denn die Fittiche der silbernen Taube kennzeichnen jene ewige Macht, und das Fliegen der Taube zeigt die Gegenwart des Heiligen Geistes an" (Ambrosius, Apol. David altera, 8, 43).

Unter allen auserlesen wird aber Maria, die unbefleckt empfangene Gottesmutter, als die „reine Taube" gepriesen, die uns den Olivenzweig der nahen Erlösung brachte und im Hohenlied im Vollsinn so heißt, da sie ja die Wurzel und das Herz der Ecclesia ist.

2. Die *moralischen Erklärungen* stellen die Eigenschaften der Taube und Turtel als Beispiel für die Gesamtkirche hin oder auch für die Einzelseele, besonders für die Jungfrauen und Witwen:

„‚O hätt' ich Flügel wie die Taube, ich flöge weit von hier und hätte Ruh!' (Ps 55, 7). Fliegen möchte ich mit den Sinnen, fliegen mit den Geisteskräften und ruhen, indem ich die Schätze seiner Weisheit und seines Wissens ergreife. Ich glaube nämlich, daß so wie jene, die in Christi Tod eingehen und ihre Glieder auf Erden abtöten, seinem Tode gleichförmig werden, auch die, welche die Kraft des Heiligen Geistes empfangen und durch ihn geheiligt und mit seinen Gaben erfüllt werden, gleich ihm, der in Taubengestalt erschien, taubengleich werden. So können sie aus dem Gebiet des Irdischen und Sinnfälligen zum Himmel entfliegen, getragen von den Flügeln des Heiligen Geistes" (Origenes, Zum Hohenlied, Buch 2).

„Der Turtel ist es natureigen, keinen anderen Lebensgenossen zu suchen, wenn sie den ersten verloren hat. Mit der Turtel wird also die Kirche verglichen. Seit nämlich Christus der Welt seine leibliche Gegenwart entzogen hat und in den Himmel aufgefahren ist, verharrt die Kirche unerschütterlich in seiner Liebe. Sie läßt keinen anderen Liebhaber zu, denn sie verachtet die Welt und alle ihre Lüste und beschaut im Geiste allein die Schönheit ihres Bräutigams" (Cassiodor, Zum Hohenlied, 1, 9).

Da das heilige Evangelium die Erscheinung des Heiligen Geistes in Taubengestalt bei der Taufe Christi bezeugt, wird die dritte göttliche Person stets in dieser Weise (mit Kreuznimbus) dargestellt. Daher sieht man die Taube auch auf Bildern der Verkündigung Mariä [1], des Pfingstwunders (zusammen mit Feuerzungen) [2] und des Schöpfungsberichtes, in dem es (Gen 1, 2) heißt: „Gottes Geist schwebte über den Wassern." [3]

Das Taubensymbol ist auch Zeichen der göttlichen Inspiration der Heiligen Schrift und der heiligen Lehrer. So ist in der altchristlichen Mosaikkunst die Darstellung einer Schriftrolle zu erklären, die auf einem edelsteinbesetzten Königsthron liegt, auf dessen Lehne die Geistestaube sitzt [4]. Auch über die „Königstüre" der Hagia Sophia in Konstantinopel war dieses Motiv plastisch angebracht.

In der *Kunst* des Mittelalters findet man bisweilen das Motiv von sieben Tauben mit einfacher Aureole (ohne Kreuz) als Symbol der sieben Gaben des Heiligen Geistes.

Erscheinungen einer himmlischen Taube, die bei Bischofswahlen den von Gott

---

[1] Ältestes Beispiel (5. Jahrhundert) am Triumphbogen der Basilika S. Maria Maggiore, Rom.

[2] Ältestes Beispiel (6. Jahrhundert) im Rabula-Codex und auf einer Ölampulle aus dem Schatz von Monza.

[3] Siehe Mosaike in den biblischen Zyklen zu S. Marco in Venedig und in Monreale.

[4] Schönstes Stück dieser Art: ein Mosaik aus der Matronenkapelle in S. Prisco bei Capua (5. Jahrhundert).

Auserwählten bezeichnete oder die Heiligkeit eines Gottesmannes anzeigte, sind in der Hagiographie mehrfach erwähnt, ebenso jene von heiligen Seelen, die beim Verlassen des Körpers in Taubengestalt zum Himmel flogen (z. B. S. Scholastica). Diese anmutigen Legenden beeinflußten die Komposition der entsprechenden Bilder.

Ein nur mehr in der Erinnerung bekanntes Produkt liturgischer Goldschmiedekunst waren jene Tauben aus Edelmetall, in welchen man vom 4. Jahrhundert bis ins Mittelalter die heiligen Hostien über dem Altar und die heiligen Öle im Baptisterium aufbewahrte. Ursprünglich Symbole des Heiligen Geistes, der die Verwandlung der heiligen Gestalten bewirkt (Epiklese) und den Täuflingen den sakramentalen Charakter einprägt, benützte man sie in der Folge auch als sakrales Gefäß. Diese Tauben hingen an Ketten vom Altarbaldachin herab oder waren in der Taufkapelle angebracht. Einige Exemplare sind als Antiquitäten noch erhalten.

Das Fußbodenmosaik (4. Jahrhundert) des Domes von Aquileja enthält Bilder eines Opferganges. Einer der zum Altar Schreitenden bringt eine Taube dar [5].

Das Wappen des Kamaldulenser-Ordens, das bereits die Annalen des Jahres 1183 erwähnen, zeigt auf blauem Grund zwei weiße Tauben. Sie trinken aus einem goldenen Meßkelch, über dem ein goldener Stern leuchtet.

2. VERSCHIEDENE TIERE

Affe

Am Affen (simia, *πίθηκος),* welcher Rasse er auch angehören mag, sind Geschicklichkeit, Gelehrigkeit und einzigartiger Nachahmungstrieb bemerkenswert. Ihres drolligen Gebarens wegen wurden Affen schon in früher Zeit aus den Tropenländern nach Rom und Griechenland gebracht und dort zum Vergnügen als Haustiere gehalten. Dasselbe scheint auch in Palästina der Fall gewesen zu sein, denn das 1. Buch der Könige (10, 22) berichtet von den Tharsisschiffen Salomos, die „alle drei Jahre einmal heimkamen, beladen mit Gold, Silber, Elfenbein, *Affen* und Pfauen".

Bei den Indern genoß der Affe göttliche Ehren. In Ägypten war er das heilige Tier und Symbol des Mondgottes, da er für den Wechsel der Mondphasen außerordentlich empfindsam sein soll. Angeblich vergrößern sich seine Augen bei Vollmond und verengen sich, wenn der Mond verschwindet.

Die Liebe der Affenmutter zu ihren Jungen ist als „Affenliebe" im üblen Sinn sprichwörtlich. — Menschen, die in alberner Weise andere nachahmen, werden bereits bei Plinius und anderen römischen Autoren „Simius" genannt.

Im Christentum ist der Affe Symbol des Teufels, des „Affen Gottes", der Heiliges in gottfeindlicher Weise nachahmt.

Unter dem plastischen Schmuck mittelalterlicher Kathedralen begegnet man häufig grotesken Phantasiegestalten (Chimären) mit Affen- und sonstigen Tierköpfen, die als Wasserspeier oder kurzweiliger Zierat von den Höhen der Bauglieder her-

[5] Die beste Bildsammlung des Taubensymbols bieten die 47 Tafeln in Sühling, „Die Taube", Supplement der römischen Quartalschrift, Herder 1930.

abschauen. Zum Teil mögen sie Teufelssymbole sein, zur Warnung der leichtsinnigen Menschen vor den Nachstellungen der bösen Geister. In der Kunst nördlich der Alpen hat der Affe im Gefolge der Heiligen Drei Könige symbolische Bedeutung als der reuige Sünder, der zu Christus kommt (Fresko der Anbetung der Könige, um 1400, Zürich, Landesmuseum; Zug der Heiligen Drei Könige, Mitte des 15. Jahrhunderts, Dijon, Museum. Aurenhammer, Lex.).

Ameise

Die Ameise (formica, *μύρμηξ)* hat Gott mit einem so feinen Instinkt ausgestattet, daß man ihn fast für menschliche Vernunft halten könnte. Alte Naturhistoriker sprechen mit Bewunderung vom unermüdlichen Fleiß, mit dem sie zur heißen Jahreszeit Tag und Nacht ihre Getreidevorräte für den Winter einsammelt. Sie staunen über ihre geordnete Arbeitsweise, ihre Vorsorge und gegenseitige Hilfeleistung. Allgemein glaubte man an ihr Vermögen, die Witterung vorauszusehen, daher galt sie überhaupt für prophetisch. Als Getreidesammlerin und *Symbol von Fleiß* und Reichtum ist sie auf römischen Münzen der Ceres zugeteilt.

Das Buch der Sprüche lobt an zwei Stellen die Vorzüge der Ameise:

„Vier Tiere gehören zu den kleinsten auf Erden und sind doch unglaublich klug: Die Ameisen sind kein starkes Volk und besorgen sich doch ihre Nahrung im Sommer ...“ (30, 24. 25).

„Geh zur Ameise, Fauler, betrachte ihr Tun und werde weise! Wenn sie auch keinen Fürsten hat, keinen Vogt und Gebieter, so sorgt sie im Sommer für ihre Nahrung, sammelt sich Speise zur Erntezeit“ (6, 6—8).

Die Kirchenväter knüpfen an diese Schriftstellen ihre symbolischen Anwendungen, die der hl. Augustinus (vgl. Hom. in Ps 66; PL 36, 804) besonders praktisch gestaltet:

„Sieh die ‚Ameise Gottes‘: Tagtäglich steht sie auf, eilt zur Kirche, betet, hört die Lesung, singt den Hymnus, überlegt das Gehörte, denkt darüber nach und verbirgt im Innern die Körner, die sie auf der Tenne gesammelt hat ... Dann aber kommt der Winter — und für wen kommt er nicht? ... Wer von der verborgenen Nahrung der Ameise nichts weiß, bedauert sie dann und hält sie für unglücklich. Solche sagen: Armer Mensch, dem das geschehen ist! Wie mag ihm zumute sein! Der ist erledigt! Wer so spricht, bemißt nach *seinem* Standpunkt, bemitleidet nach *eigenem* Maßstab, und darum irrt er, denn er wendet das Maß, nach dem er sich selbst bemißt, auf den anderen an ... Die Ameise aber erlabt sich jetzt innerlich an ihrer Sommerarbeit. Du konntest sie sammeln sehen, doch entgeht dir, wie sie sich davon stärkt.“

Kraus (Realencyklopädie der christl. Altertümer I, 46) erwähnt Autoren, die das Vorkommen der Ameise in der altchristlichen Kunst behaupten und dabei die Angemessenheit dieses Sinnbildes in den Coemeterien betonen, weil die Ameisen angeblich ihre Toten mit großer Sorgfalt begraben. Ob diese Meinungen zutreffen, bleibe dahingestellt.

Bär

Der Bär (ursus, *ἄρκτος)* spielt nicht allein in Märchen und Legenden, sondern vor allem in Religionen der prähistorischen Zeit und der Völker des Nordens eine bedeutende Rolle. Die Orotschon (ein sibirischer Stamm) glauben fest, daß der Bär eine menschenähnliche Seele habe. Es besteht ein alter Glaube, daß er mit dem „Herrn der Berge" und mit dem Himmel Verbindung habe und daß ihn von Urzeiten her etwas umgibt, das Achtung gebietet und Vorsicht verlangt. Er besitzt einen außerordentlich feinen Spürsinn. Kein Tier hat so viel Macht (auch nach seinem Tode) wie er. Seine Krallen, Pranken und Zähne sind schützende Amulette. Unzählige Medikamente werden aus verschiedenen seiner Körperteile hergestellt und noch jetzt in fernöstlichen Apotheken teuer verkauft. Das Wertvollste und Wirksamste sind sein Kopf und seine Langknochen, daher wurden sie von den Tungusen, Samojeden und Eskimos schon seit sehr alter Zeit dem höchsten, das All umfassenden Wesen, das unter verschiedenen Namen verehrt wurde, geopfert. Es ist durch Funde erwiesen, daß die gleiche Opferidee schon bei vielen Menschen der mittleren Steinzeit bestand.

Eine andere Weise religiösen Kultes, der, wie es scheint, seit 20.000 oder 30.000 Jahren unentwegt fortgelebt hat, sah im Bären den *Mittler* zwischen Himmel und Erde, einen Abgesandten aus der übernatürlichen Sphäre, wo der Herr und die Seelen beisammen sind. Die Verbindung zwischen jener heiligen Bergeshöhe und der Erde wird durch Tötung des Bären am sogenannten „Bärenfest" hergestellt, denn so wandert seine „Seele" dorthin, wo das Schicksal der Menschen entschieden wird. Man opfert den Bären also nicht mehr, wie zur Zeit der Neandertaler, sondern er wird *entsandt*. Die Opfer vom Bärenfest nimmt er nur mit, ohne selbst Opfertier zu sein. Dieser Kult ist bei einigen Völkern Sibiriens und bei den Ainus noch erhalten.

Bärenknochen wurden in prähistorischer Zeit als Werkzeuge und Gefäße benützt (freies Exzerpt aus I. Lissner: „Aber Gott war da"; Walterverl. 1958).

Von Natur ist der Bär gutmütig und läßt sich abrichten. Gefährlich wird er nur, wenn man ihn reizt oder der Hunger ihn plagt. Wenn die bösen Knaben, die den Propheten Elisäus seiner Kahlköpfigkeit wegen verspotteten, von zwei Bären zerrissen wurden (2 Kön 2, 24), so geschah es durch wunderbares Eingreifen Gottes, der die Mißachtung des heiligen Mannes bestrafen wollte. In Palästina waren wilde Tiere einst viel zahlreicher als jetzt. Die beiden von David bezwungenen, Löwe und Bär (1 Sam 17, 34. 35), haben dämonische Bedeutung. In der Vision Daniels (Dan 7, 5) versinnbildet der Bär das Perserreich.

Die Naturanschauung des Altertums hielt es für wahr, daß die Bärin ihre Jungen unförmig zur Welt bringt und erst durch Belecken richtig gestaltet. Wehe dem, der sie ihr raubt! Er wird von der Bärenmutter wütend angefallen. An dieses Bild der Rache wird in der Heiligen Schrift mehrmals angespielt. Der Prophet Hosea (13, 8) gebraucht es sogar, um den Zorn Gottes gegen sein treuloses Volk auszudrücken.

In der christlichen Symbolik stehen die gefährlichen Eigenschaften des Bären im Vordergrund. Darum gehört er zu den Tiergestalten, unter denen die mittelalterliche Kunst bisweilen den Teufel darstellt. Dagegen gibt es im Leben der Heiligen mehrere Fälle, in denen Bären sich den Dienern Gottes gefügig und dienstbereit erwiesen und ihnen darum als Attribut beigegeben wurden (Beispiel: St. Gallus, St. Romedius und andere).

Ein schwarzer Bär auf Goldgrund ist das Wappenbild der namensverwandten Schweizer Stadt Bern, die in einer Gegend erbaut wurde, in der einst Bären hausten (ähnlich auch Berlin).

Biene

In den Erzeugnissen der Bienen hat Gott den Menschen kostbare Gaben geschenkt: Wachs und Honig. Der Honig diente den Urvölkern anstatt Rohr- und Rübenzucker, den man erst mit fortschreitender Kultur zu gewinnen verstand. Die primitiven Menschen entnahmen ihren Bedarf den Waben wilder Bienen, die sich in Felsspalten oder hohlen Bäumen einbauen. Dabei entging ihnen nicht das wundersame Treiben des Bienenvölkleins: Um eine Königin als die alleinige Erzeugerin jungen Nachwuchses geschart, führt es eine so geregelte Lebensweise, daß es zum *Symbol eines geordneten Staatswesens* wurde. Überhaupt fand die Antike an den Bienen manche Ähnlichkeit mit den Menschen, und zwar mit den gerechten und guten. Man pries an ihnen allerlei Vorzüge: Reinlichkeit, da sie tote Tiere und allen Unrat aus dem Stock hinausschaffen, Gemeinsamkeit des Besitzes, Keuschheit, Fleiß, Kunstfertigkeit. Besonders aber wurden sie zum Symbol der Unschuld und galten geradezu als etwas Heiliges (cf. Plat. Jon. 534 b; Pindar scol. fr. 1000, 9 B). Über die Fortpflanzung der Bienen war man sich nicht klar, daher die Meinung über ihre jungfräuliche Zeugung. Alte Autoren, wie Columella und Aelian, sagen sogar, daß diese Tierlein einen Spürsinn besitzen, nach welchem sie unlautere Menschen als Feinde ansehen und verfolgen.

Nach Jeremia (Handbuch der orientalischen Geisteskultur, S. 179) hat das Ideogramm für „König" auf der ältesten sumerischen Bilderinschrift (3000, vielleicht sogar 4000 v. Chr.) die Form einer unbeholfen stilisierten Biene. Griechische und lateinische Schriftsteller gebrauchten für die Bienenkönigin stets das Masculinum: „Rex, *βασιλεύς*"[1]. — Bei den Indern galt die Biene als ätherisches reines Tier und wurde sogar den Gottheiten beigezählt.

Man stellte im Altertum Bienen im Relief auf Gemmen und Münzen dar. Letztere waren besonders in Ephesus verbreitet, wo die Priesterinnen der Artemis „*μέλισσαι*" (Bienen) genannt wurden. Auch die eingeweihten Frauen in den Mysterien der Demeter, der die Biene geweiht war, hießen so.

Bei den Neuplatonikern war die Biene *Symbol der Seele*, die sich im Leben rein erhält und auf ihre Rückkehr in höhere Sphären bedacht ist. Dies scheint nachzuwirken in dem neugriechischen Volksglauben, daß die aus dem Körper geschiedene Seele in Bienengestalt herumfliegt. Man sah es auch gerne, wenn die Blumen am Grab von diesen summenden Gästen besucht wurden oder solche gar im Mausoleum selbst ihre Honigzellen anlegten (Keller, Antike Tierwelt).

Honig und Milch galten im Altertum als reine „mystische Nahrung", besonders aber der Honig, da er aus der schuldlosen Blütenwelt des Frühlings von einem ebenso schuldlosen, emsigen Tierchen gewonnen wird, das sie nur berührt, ohne sie zu beflecken. Palästina scheint reich daran gewesen zu sein, denn die Kundschafter schildern das Gelobte Land als ein Land, das „von Milch und Honig fließt" (Num 13, 28). Gott selbst hatte es so verheißen (Ex 33, 3; vgl. Bar 1, 20). Johannes der Täufer nährte sich in der Wüste von Heuschrecken und wildem Honig (Mt 3, 4).

Der bei den Juden beliebte Name „Debbora" heißt „Biene" und bedeutet die „Sprechende, Summende" (vgl. Ri 4, 4). Das zeugt für die Wertschätzung, der sich

[1] „Est quaedam, ut ita dicam, apis super apes: et quomodo inter apes rex quidam est, qui nominatur esse rex, sic princeps apum Dominus est Jesus Christus, ad quem mittit me Spiritus Sanctus ut comedam mel. Bonus est enim, et favus ejus ut indulcentur fauces meae." (Origenes, In Isaiam Hom. II.)

das Immenvölklein erfreute, ebenso die Stelle im Buche Sirach (11, 3), wo es heißt: „Die Biene ist unansehnlich unter den geflügelten Tieren, aber sie bringt die süßeste Frucht hervor"; und jene in den Sprichwörtern (24, 13. 14), die den Honig mit der Weisheit vergleicht. Obwohl die lästigen Seiten der stechenden Bienen als *Sinnbild verfolgender Feinde* in der Hl. Schrift nicht unerwähnt bleiben (vgl. Dtn 1, 44; Ps 118, 12; Jes 7, 18), stehen ihre Vorzüge weit im Vordergrund und erreichen ihren Höhepunkt in der Septuaginta: Dort sind nämlich im Buch der Sprüche, Kap. 6, den Versen 6 f, die von der Ameise handeln, noch drei mit 8 a, b, c bezeichnete Verse über die Biene eingefügt:

„Geh zur Biene und lerne, wie fleißig sie ist und wie ernsthaft sie ihre Arbeit verrichtet! Die Frucht ihrer Mühen ist der Gesundheit von Königen wie von schlichten Leuten zuträglich. Daher ist sie beliebt und geschätzt und bekundet trotz ihrer geringen Kraft bewundernswerte Geschicklichkeit."

An diese Bibelstelle knüpfen die Kirchenväter ihre anmutigen Schilderungen und symbolischen Deutungen, am ausführlichsten der hl. Ambrosius in Hexameron V, 67 ff. Anklänge an Virgils Georgika 4 sind hier, wie mehrmals in der altchristlichen Literatur, deutlich bemerkbar, ebenso im Bienenlob, das die älteren Fassungen des „Praeconium paschale" enthalten. Im heutigen Text des „Exultet" ist es bedeutend reduziert und nur erwähnt, daß die Kerze „vom Werk der Bienen" Gott dargebracht und die Flamme „vom schmelzenden Wachs genährt wird, das Mutter Biene zur Herstellung dieser kostbaren Leuchte erzeugt hat". Auch in der ersten Oration der Kerzenweihe am Feste Mariä Lichtmeß wird der Erzeugerin gedacht, durch deren Arbeit das Kerzenwachs zustande kam.

Das Exultet des gelasianischen Sakramentars enthält folgendes Lob:

„Da wir also das Entstehen dieser Substanz bewundern, müssen wir auch den Ursprung der Biene preisen. Die Bienen sind genügsam für ihren Bedarf, überaus keusch in ihrer Fortpflanzung. Aus flüssigem Wachs bauen sie Zellchen, deren kunstvolles Gebilde keine menschliche Geschicklichkeit zustande bringt. Mit den Füßen streifen sie über die Blüten, und doch findet man an den Blumen keinerlei Beschädigung. Sie bringen keinen Nachwuchs hervor, sondern sammeln mit dem Rüssel das, worin der entstehende Schwarm gebildet wird, so wie wunderbarerweise Christus aus dem Munde des Vaters hervorging." [2]

Im Exultet des Sakramentarium Gregorianum ist das Bienenleben noch ausführlicher und poetischer geschildert, doch fügt diese Beschreibung der Symbolik nichts Weiteres hinzu. Abgesehen von dem Passus, der später ausgeschaltet wurde, ist der Text des Gregorianum dem jetzt üblichen gleich.

Das Hauptgewicht in der Bienensymbolik lag also in der *Jungfräulichkeit* der Arbeitsbienen. Darum empfiehlt der hl. Ambrosius (De Virginib. lb I, 8; PL 16, 210) besonders den gottgeweihten Jungfrauen den Fleiß, die Enthaltsamkeit und den Gemeinschaftssinn dieser Tierlein nachzuahmen. Wohl darum lautet eine Antiphon im Offizium der hl. Jungfrau und Märtyrerin Cäcilia:

„Deine Magd Cäcilia dient dir, Herr, gleich einer emsigen Biene." Viele Kirchenschriftsteller, die anzuführen der Raum nicht zuläßt, sprechen über das Honigsammeln der Biene und überbieten sich darin. Sie vergleichen damit die Tätigkeit jener Weisen, die aus den Blüten der Hl. Schrift süßen Nektar saugen, um ihn zum Honig heiliger Lehren und gottverherrlichender Gebete zu verarbeiten, wie im

---

[2] Alles hier Gesagte gilt nur von den Arbeitsbienen. Von den übrigen Vorgängen im Bienenstock, die nur der Züchter beobachten kann, ist ganz abgesehen.

Hohenliede (4, 11) steht: „Von deinen Lippen, Braut, tropft Honig; Milch und Honig ist unter deiner Zunge."

Die Bedeutung der Biene in der Liturgie beruht nicht allein auf ihrer Produktion des Kerzenwachses für den Gottesdienst (seit 4. Jh. bezeugt), sondern auch auf dem Honig, den man in frühchristlicher Zeit zusammen mit Milch den Täuflingen als Symbol übernatürlicher Kindschaft zu reichen pflegte (vgl. Art. „Milch"). In der griechischen Kirche erhielt sich dieser Brauch bis heute. Ihrer liturgischen Wichtigkeit wegen erhielten die Bienen schon im frühen Mittelalter eine eigene kirchliche Segnung. Die griechische Benediction erfleht den Tieren glücklichen Aus- und Einflug sowie Schutz gegen ihre Feinde. Die lateinische, auch im deutschen Gebiet gebräuchliche, bestand ursprünglich in einer Beschwörung gegen das Fortfliegen der Schwärme und blieb auf privaten Gebrauch beschränkt. Daher enthalten die mittelalterlichen Ritualien keine „Benedictio apum". Die heute übliche Oration steht im Anhang des römischen Rituale und bittet im allgemeinen um das Gedeihen der Bienen zum Zweck der Wachsproduktion für den Gottesdienst.

Drei goldene Bienen auf blauem Grund bilden das Wappen der Familie Barberini, der Papst Urban VIII. (1623—1644) entstammte.

Delphin

Der Delphin gehört zur Familie der Wale. Er kommt in allen Meeren vor, am häufigsten in jenen der nördlichen Zone. Seine Farbe ist oben grau oder grünlichschwarz, unten weiß, seine Körperlänge beträgt etwa zwei Meter. Besonders ist die schnabelartige Schnauze an ihm charakteristisch. Durch diese kann man ihn auf undeutlichen alten Darstellungen vom Fisch unterscheiden. Wie es dem lebhaften Treiben des Delphins im Wasser entspricht, erscheint er als Ornament oder Symbol meist sehr bewegt, mit starkem Kopf, halboffenem Maul, gekrümmtem Rükken, gewundenem Schweif und aufgestülpter Schnauze. Gerade wegen dieser gab man ihm früher gerne den Beinamen „Simon", von simare = aufstülpen. Sein überaus munteres, geselliges Wesen hat ihn seit Urzeiten zum Freund der Menschen gemacht, um den man allerlei Sagen wob. Man schrieb ihm Sinn für Musik und Folgsamkeit auf den Ruf der menschlichen Stimme zu. Es hieß von ihm, daß er die Schiffe schützend begleitet, sie als Vorzeichen des Sturms vor Gefahren warnt, ja Schiffbrüchige auf seinem Rücken ans Land trägt. Auf diese Weise wurde einer uralten Sage nach der griechische Dichter und Sänger Arion gerettet, der, von Seeräubern angefallen, ins Meer gesprungen war. So galt das wundersame Tier von jeher als der „Delphinus salvator", der rettende Delphin.

Doch lag seinen Darstellungen nicht immer dieser bestimmte Sinn zugrunde. Mit seinen wuchtig geschwungenen Körperlinien bildet er ein sehr beliebtes Dekorationsmotiv und Meeresemblem und als letzteres nebst Dreizack das Attribut des Meeresgottes Neptun (Poseidon). Auch anderen Meeresgöttern war er geweiht. Auf der „Spina", dem länglichen Mauerkern der Rennbahnen, den die Wettfahrer umkreisen mußten, waren unter anderen Zeichen auch Delphine als Sinnbild der Schnelligkeit angebracht. Als Sarkophagverzierungen erinnerten solche an das Dahineilen der Seelen ins Jenseits oder an ein glückliches Hinübergetragenwerden zur Insel der Seligen.

Nach dem Gesagten ergibt sich die christliche Umdeutung fast von selbst. Anfänglich diente das vielverbreitete Motiv auch im Christentum bloß zu Dekorationszwecken (Katakombenmalerei). Beispiele, deren sinnbildliche Bedeutung sicher feststeht, kommen seit dem 3. Jahrhundert n. Chr. vor. Lag in dem Fisch *(ΙΧΘΥΣ)*, der als christliches Symbol um 50 bis 100 Jahre älter war, schon der griechische Name „Σωτὴρ" verborgen, so erhielt dieser im Bilde des „Delphinus salvator" einen noch spezielleren Ausdruck für Christus als den *Retter* der Menschheit. Die Bildersprache wird noch deutlicher, wenn der Anker oder Dreizack als Kreuzessymbol dazukommt. Es gibt davon verschiedenartige Beispiele.

Einen anderen Gesichtspunkt der Christussymbolik bietet der Delphin als Begleiter oder Träger eines Schiffes, unter dem die Kirche oder (auf Grabsteinen) auch das Lebensschifflein des Verstorbenen zu verstehen ist, das der Heiland in die Ewigkeit hinüberträgt.

In anderer Weise, besonders in seinem lebhaften, geselligen Dahinschwimmen auf den Meereswogen dargestellt, ist der Delphin auch Sinnbild der Christen, die dem ewigen Leben entgegeneilen oder sich mit heiliger Begier den Heilsgeheimnissen nähern. Die antiken Steinsarkophage, die man oft in heidnischen Werkstätten fertig kaufte, waren umso leichter im Lichte des Glaubens umzudeuten, als bereits der frühere Sinn des Delphinmotivs auf die Wanderung nach dem Gestade des Jenseits hinwies.

Vom 4. Jahrhundert bis ins frühe Mittelalter gab man auch Beleuchtungskörpern häufig die Form von Delphinen.

Eidechse

Die Eidechse (lacerta, stellio, *σαῦρα)* hatte in der Antike eine vielseitige Bedeutung, aus der wir nur das Wichtigste entnehmen können. Die Liebe dieses Tieres zur Sonne gab den Anlaß zu einer Symbolik, in der sich der Gedanke vom zukünftigen Dasein im Reiche des Lichtes ausspricht. Darum fand die Darstellung der Eidechsen auf Grabmälern und Aschenurnen große Verbreitung. Auch die Statue des Apollo Sauróktonos (Eidechsentöters) ist aus dieser Idee hervorgegangen. Die Sehnsucht des Tieres, durch die Hand des Lichtgottes zu sterben, wird von einem alten Dichter als Grundgedanke der Darstellung ausdrücklich angegeben. Darin liegt das Verlangen nach dem Eingehen in das jenseitige Licht durch den Tod.

Dieser Auffassung steht eine andere entgegen: Wegen ihres Auftretens zur Zeit der großen Hitze wurde die Eidechse mit dieser identifiziert und als Schädling angesehen, den die Götter zugunsten der Menschen zu vernichten suchen. Namentlich gilt dies in heißen Ländern, wo die Zahl der Eidechsen übergroß werden kann.

Eine andere wichtige Rolle spielt der Winterschlaf der Eidechse und der Glaube an ihre jährliche Häutung, die sie mit der Schlange gemein hat und sie gleich dieser zum Symbol der Regeneration werden ließ. Nach Aristoteles beginnt diese Ablösung der Haut an den Augen, sodaß das Tier zu erblinden scheint. Darauf gründet auch die magische Verwendung der Eidechse zur Heilung von Augenleiden.

Im Buch der Sprüche (30, 24. 28) wird die Eidechse nebst Ameise, Klippdachs und Heuschrecke zu den Tieren gezählt, die trotz ihrer Kleinheit besonders klug sind. Sie „läßt sich mit der Hand fangen (Vulg. ‚manibus nititur') und findet sich doch in Königspalästen". Der hl. Gregor d. Gr. (Mor. 6, 12) sieht darin ein Bild des einfältigen Menschen, der durch seine Ausdauer sich zum himmlischen Königspalast emporringt.

Antike Gedanken in christlicher Fassung und mit teilweiser Veränderung finden wir im „Physiologus" und nach ihm bei mittelalterlichen Autoren:

Hugo von S. Victor (De bestiis et aliis rebus lb. II, 28) sagt von der Eidechse mit ihren sonnenklaren Äuglein („utriusque oculis clara ut sol"), daß sie im Alter vollständig erblindet und nicht mehr das von ihr so geliebte Licht der Sonne schauen kann. Doch weiß sie sich zu helfen: Sie sucht eine gegen Osten gelegene Wand auf, drückt sich durch eine enge Mauerritze, blickt fest zur aufgehenden Sonne hin und erneuert so ihr Augenlicht. An diese anmutige Fabel knüpft der Verfasser folgende Moral: „Und du, o Mensch, der du mit dem alten Gewande (‚tunica') bekleidet bist, strebe, wenn deines Herzens Auge sich verfinstert, dem Osten zu, das heißt, wende dich zur Sonne der Gerechtigkeit, zu unserem Herrn Jesus Christus, dessen Name ‚Aufgang' ist (Lk 1, 78), damit er durch den Heiligen Geist in deinem Herzen aufleuchte und dir das Licht seiner Barmherzigkeit zeige, er, der ‚jeden Menschen erleuchtet, der in diese Welt kommt' " (vgl. Joh 1, 9).

In der christlichen *Kunst* des Mittelalters wurde die Eidechse wegen ihrer Beziehung zum Licht als plastische Verzierung an Beleuchtungskörpern angebracht, z. B. auf einem romanischen Leuchter im Braunschweiger Museum. Menzel (Christl. Symbolik 1856, Art. Eidechse) erwähnt ferner das Vorkommen des Motivs auf einem altertümlichen Weihrauchgefäß zu Trier sowie auf einem Treppengeländer des Ulmer Münsters, als Wandschmuck an Chormauern in Egolsheim bei Ludwigsburg und im Kloster Maulbronn. Hier befinden sich die Eidechsen ganz unten über der Erde, als kämen sie aus dem Dunkel hervor. Sie erweisen sich demnach als sprechendes *Symbol der Sehnsucht nach dem Licht.*

Einhorn

Die prähistorische Sage vom Einhorn ist indischen Ursprungs und kam dann nach Mesopotamien, Palästina und Ägypten. Ktesios, Aristoteles, Plutarch, Plinius, Älian und andere Naturkundige kennen sie. Der „Physiologus" gibt ihr die christliche Deutung, die sich in der späteren Patrologie und in den Bestiarien des Mittelalters fortpflanzt. Noch im 18. Jahrhundert und später glaubten manche an die Existenz der Einhörner, ja der gelehrte Benediktiner Calmet († 1757) führt Namen von Männern an, die solche gesehen haben wollen und ihr Aussehen schildern (Dictionnaire de la Bible III, Migne, Paris 1846). Höchstwahrscheinlich beruhen diese Phantasiegebilde auf einer optischen Täuschung beim flüchtigen Anblick des Profils gehörnter Tiere oder anormaler Gestaltungen. Auch die Unbeholfenheit antiker Kunstdarstellungen, die vordere Gegenstände mit dahinterliegenden in eins verschmelzen, mag zu dieser Vorstellung beigetragen haben.

Man legte dem Einhorn verschiedene Gestalten bei: Oryx (eine Gazellenart), Stier, gehörntes Pferd oder Wildesel, Ziegenbock und Rhinozeros sind in den Aufzählungen vertreten. Bei letzterem treffen wohl manche Eigenschaften des Einhorns zu, die in der Symbolik mitspielen: unbezähmbare Kraft und Wildheit, einsame Lebensweise und vor allem das „eine" Horn, das das Rhinozeros auf der Nase trägt. Es gilt im Buddhismus als Symbol der Einsamkeit und mutigen Ausdauer bei allem Ungemach. Das sagenhafte Einhorn aber hat andere Formen und bleibt Fabeltier. Dem Trinken aus seinem Horn schrieb die Antike Heilkräfte gegen allerlei Krankheiten und Immunität gegen Vergiftung zu.

Stierähnlich sind die genuflektierenden Einhörner eines gemalten assyrischen Frieses, das in Kunstgeschichtsbüchern häufig abgebildet wurde. Anscheinend huldigen diese Tiere der Sonne, wie Plinius (Nat. Hist. II, 40) es vom Oryx gegenüber dem Hundsstern behauptet.

In der zoroastrischen Lehre ist das Einhorn Repräsentant „der reinen Tierwelt". Sein Horn sinnbildet die Macht, die Ahrimans Herrschaft vernichtet.

Die Sage vom Einhorn, das nur durch eine reine Jungfrau angelockt und auf ihrem Schoß gefangen werden kann, kam niemals in die Heilige Schrift, wohl aber der Name des Tieres, und zwar durch ungenaue Übersetzung: Die griechische Version der Septuaginta gibt das hebräische „re'em" (eine wilde Büffelart) mit „Einhorn" *(μονόκερος)* wieder; die Vulgata mit „unicornis", aber nur in Ps 22, 22; 29, 6; 92, 11; und Jes 34, 7, während sie in Num 23, 22; 24, 8; Dtn 33, 17; Ijob 39, 9 „re'em" mit „Rhinozeros" übersetzt (vgl. Kalt, Bibl. Reallexikon). So oder so — überall ist das Einhorn Ausdruck gewaltiger, unwiderstehlicher Kraft und Macht.

Da die christlichen Exegeten sich an die Bibeltexte halten, die ihnen vorliegen, deuten sie den Sinn des Einhorns dementsprechend aus. Justinus der Martyrer tut es in eigenartiger Weise: Er sieht in den seitlich stehenden Hörnern gewisser Rinderrassen ein einziges, den Schädel durchquerendes Horn und vergleicht es mit dem Querbalken des Kreuzes Christi. Auch bei Tertullian und einigen anderen findet man noch die Kreuzessymbolik des Einhorns. Origenes (in Num. Hom. 16, 5) bezieht das Horn auf die Weltmacht Christi, der „einem Einhorn gleich die *eine* Herrschaft über alle Reiche ergreifen ... und auch Israel (d. i. den Erlösten) seine Herrlichkeit verleihen möge, wenn er einst unseren armseligen Leib nach der Ähnlichkeit seines verklärten Leibes umwandeln wird".

In der Christussymbolik wird das „Einhorn" auch als Wortspiel mit dem „Eingeborenen" des Vaters in Beziehung gebracht.

Der hl. Augustinus (Comment. zu Ps 77, 69) nennt „Einhörner" diejenigen, „deren feste Hoffnung auf jenes *Eine* gerichtet ist, von dem in einem anderen Psalm (Ps 26) steht: ‚Eines habe ich mir vom Herrn erbeten'."

Die große Verbreitung der Einhornsymbolik kommt daher, daß zu Anfang des 5. Jahrhunderts eine lateinische Übersetzung des Physiologus im Abendland bekannt wurde. Der griechische Text lautet übertragen:

„ ‚Doch wie das Horn des Einhorns', singt der Sänger, ‚ragt mein Horn empor' (Ps 91, 11). Der Naturkundige sagt, daß es folgende Beschaffenheit habe: Es ist ein kleines Tier, ähnlich dem Zicklein, aber ganz grimmig. Der Jäger kann sich ihm nicht nahen, weil es viel vermag. *Ein* Horn hat es, mitten auf dem Kopfe. Wie es nun gefangen wird, will ich erzählen: Man holt eine reine Jungfrau herbei und setzt sie vor es hin. Da springt das Tier auf den Schoß der Jungfrau. Sie bezwingt es, es folgt ihr, und sie bringt es dem König in den Palast. Ein Sinnbild unseres Heilandes. Denn ‚aus dem Hause unsres Vaters David ward ein Horn zu unsrem Heile aufgerichtet' (Lk 1, 69). Die Heerscharen der Engel konnten ihn nicht bezwingen [1]. Er schlug vielmehr seine Wohnung auf im Schoße der wahrhaft immerwährenden Jungfrau Maria, ‚und das Wort ist Fleisch geworden und hat unter uns gewohnt'."

Die symbolfreudigen Autoren des beginnenden Mittelalters machten sich den Stoff zu eigen. Volkstümlich wurde die Legende aber erst, als der Physiologus im 11. und 12. Jahrhundert in die abendländischen Volkssprachen übersetzt wurde. Prediger, Hymnendichter, ja sogar Minnesänger inspirierten sich daran. Dieser Zeit entstammen auch die ältesten Darstellungen des Einhorns in der abendländischen Kunst. Da sich aber unabhängig vom Physiologustext noch eine andere Tra-

[1] Sinn: Christus ist mächtiger als alle himmlischen Mächte.

dition der Einhornsage, wohl aus frühchristlicher Zeit, erhalten hatte, gab es Kunsterzeugnisse, in denen das Einhorn für sich *allein* als Symbol Christi, seines Kreuzes oder einer Tugend verwertet wurde. Als Beispiel sei der sogenannte Bischofsstab des hl. Bonifatius erwähnt: Hier steht das Einhorn in der Kurve des Stabes neben einem aufgerichteten Kreuz.

Auf einem Gemälde von Moretto (ca. 1530) ist das Tier zu Füßen der hl. Jungfrau und Märtyrerin Justina liegend dargestellt, und zwar, wie meistens in dieser Zeit, in der Gestalt eines weißen Pferdes mit einem Horn auf der Stirne und mit dem Bart eines Ziegenbockes. Es soll die Heilige als reine Jungfrau kennzeichnen, denn nur eine solche vermag das symbolische Einhorn anzuziehen.

Zwei weitere Klassen von Einhornbildern stellen die Legende als Jagdszene dar: Die eine ist profan, d. h., die Jungfrau ist darin nicht als Gottesmutter gekennzeichnet, die andere religiös, mit ausdrücklicher Beziehung auf die Inkarnation.

Die jüngsten Kompositionen dieser Art (15. und 16. Jahrhundert) gestalten die Jagdszene weiter aus: Der hl. Erzengel Gabriel tritt hier als Jäger auf; er bläst in ein Jagdhorn und treibt vier Hunde vor sich her (vgl. Art. „Hund"). Diese tragen die Namen von vier göttlichen Eigenschaften, die im Ratschluß der Erlösung wirksam waren: Misericordia, Veritas, Justitia und Pax. Nach Timmers ist die Bedeutung dieses verhüllten Gedankens nichts anderes als die Frohe Botschaft, wobei Christus nach Gabriels Frage und Mariens Antwort in ihren jungfräulichen Schoß niedersteigt (Christlijke Symboliek en Iconografie, Nr. 585).

Elefant und Elfenbein

Die Langlebigkeit des Elefanten (elephas, *ἐλέφας*), der angeblich hundert Jahre erreichen kann, machte ihn in der Antike zum Symbol der Ewigkeit. Auf mazedonischen Münzen wurde er mit der Beischrift „aeternitas" abgebildet. Weiße Elefanten sind bei den Buddhisten Verkörperung der Gottheit. Es heißt, daß dieses Riesentier ein besonderer Feind der Schlangen ist und sie bekämpft. Die alten Völker benützten Elefanten zu Kriegszwecken: Man schnallte hölzerne Türme auf ihren Rücken, die Kriegsmaschinen nebst einigen Soldaten enthielten. In den Makkabäerbüchern ist mehrmals von solchen Kriegselefanten die Rede, besonders im 6. Kapitel des ersten Buches.

Antike Naturhistoriker rühmen die „keuschen Sitten" dieser Tiere („Pudore numquam nisi in abdito coeunt . . . Nec adulteria novere: nullave propter foeminas inter se praelia", Plinius, Nat. Hist. VII, 5). Darum wurde der Elefant im Christentum zu einem *Keuschheitssymbol*. Der Physiologus und die von ihm beeinflußten Tiergeschichten des Mittelalters schildern sein Gebaren mit phantasiereicher Naivität und knüpfen daran biblische Vergleiche.

Zur genannten Symbolik trugen auch die Eigenschaften des *Elfenbeins* bei, das von den bis zu zweieinhalb Meter langen Stoßzähnen des Elefanten gewonnen wird: Es ist glänzendweiß, glatt und überaus dauerhaft. Schriftstellen, in denen vom Elfenbein die Rede ist (besonders Ps 44, 9 und Hld 5, 14; 7, 4), werden in diesem Sinn gedeutet. Cornelius a Lapide (zu Cant 7, 4) sagt mit Berufung auf einen unbekannten Autor, die allerseligste Jungfrau sei ein „elfenbeinerner Turm" (vgl. Anrufung in der lauret. Litanei) wegen des Weißglanzes ihrer Reinheit, wegen ihrer festen Beständigkeit, und weil das Elfenbein dem Zahn des Elefanten entnommen ist, der den Drachen tötet wie die unbefleckt Empfangene in ihrem Sieg über die alte Schlange.

Darstellungen von Elefanten in der Kunst sind selten und ihre Bedeutung darin ungewiß. Auf einer Casula von Göß bei Leoben (11. Jahrhundert) sowie auf einer Altardecke des 15. Jahrhunderts aus der ehemaligen Benediktinerkirche von Sankt Veit in Mönchen-Gladbach bemerkt man nebst anderen Tierbildern auch Elefanten mit Türmchen auf dem Rücken. Vielleicht sollen sie die Tugend der Klugheit versinnbildlichen, die gegen die Macht des Bösen gerüstet ist.

Auf einem mittelalterlichen Kirchenteppich sind die vier Elemente durch Tiergestalten dargestellt. Der Elefant vertritt hier die Erde.

Esel

Die Einschätzung, die der Esel (asinus, *ὄνος)* in der Antike erfuhr, war sehr verschieden, ja kontrastierend: Einerseits verachtete man ihn als sprichwörtlich dummes, störrisches Tier, das man in Palästina nicht einmal begrub, wenn es verendete, sondern auf den Unrathaufen warf oder einfach liegen ließ wie ein Aas in der Wildnis (vgl. Jes 22, 19; Ri 15, 10—17).

Anderseits war und ist der Esel als ungemein nützliche Arbeitskraft und als Lastenträger im Orient wie im südlichen Europa überaus beliebt und unentbehrlich. Altägyptische Grabmalereien bezeugen seine vielfache Verwendung. Wer heute in Italien die Campagna durchstreift, kann sich immer wieder an dem typischmalerischen Bild der „somarelli“ erfreuen, die, mit vollen Körben beiderseitig beladen oder unter einem großen Heubündel fast verschwindend, auf der Landstraße dahertrotten.

Der Weingott Dionysos und seine Anhänger reiten auf Eseln, und bei dionysischen Umzügen führte man solche Tiere mit. Die Römer brachten dem Priapus (einem Fruchtbarkeitsgott) den Esel als Opfer dar. Ebenso die Anhänger des Baalskultes. Bei den Phöniziern und Syrern galt der Esel sogar als „heilig“.

Im Orient ist der Esel bedeutend kräftiger und behender als im Okzident und kommt dem Pferd in seiner Verwendung und im schnellen Laufe gleich. Ohne warmes Klima und sorgsame Pflege gedeiht er nicht. Plinius erwähnt die große Liebe der Eselinnen zu ihren Jungen, für die sie sogar durch das Feuer gehen.

Die ursprüngliche Heimat des „Onos“ ist Asien und Nordostafrika, wo es noch Wildesel gibt. Die Heilige Schrift erwähnt den Esel mehr als 130mal. Die Patriarchen, deren Reichtum vor allem in Vieh bestand (vgl. Gen 12, 16; 32, 5. 16), besaßen ganze Herden von Eseln. Diese Tiere waren die bequemsten und beliebtesten Reit- und Lasttiere, geeignet zu allerlei landwirtschaftlichen Schwerarbeiten, wie Dreschen, Pflügen, später auch Drehen von Mühlsteinen. Gerne stattete man sie mit buntem Sattelzeug aus, ja man bemalte sogar ihr Fell. Im Krieg benützte man sie, um den Troß zu tragen (2 Kön 7, 7). Bei den Persern ritten sogar die Soldaten auf Eseln, wie Strabon XV, 14 und Herodot IV, 128 bezeugen.

Von Abraham bis zum Zeitalter Christi pflegten selbst die angesehensten Personen auf Eseln zu reiten, wie das Buch der Richter mit einem gewissen Stolz erwähnt. Im Siegeslied Debboras und Baraks heißt es:

„Die ihr reitet auf weißen Eseln ... stimmet ein Loblied an“ (Ri 5, 10). Im selben Buch ist noch zweimal von Richtern die Rede, deren zahlreiche Nachkommenschaft „auf Eselsfüllen ritten“ (vgl. Ri 10, 4; 12, 14), was offenbar als Zeichen der Vornehmheit galt. Das Tier wurde also nichts weniger als geringgeschätzt. Daher ist es nicht zu verwundern, wenn der Patriarch Jakob in den prophetischen

Segenssprüchen über seine zwölf Söhne Issachar „einen knochigen Esel“ nennt, „der zwischen Hürden lagert“ (Gen 49, 14), und auch von Juda sagt: „Der bindet sein Füllen an einen Weinstock, an die Edelrebe seiner Eselin Junges“ (Gen 49, 11), d. h. nach Klemens von Alexandrien, er bindet (als Stammvater des Messias) „das einfältige Volk an den Logos, den er sinnbildlich Weinstock nennt“ (Paidag. I, 15, 1 ff).

Der Heiland selbst hielt seinen Einzug in Jerusalem auf einer Eselin und ihrem Füllen (Mt 21, 2—7; Joh 12, 15). Die Jünger hatten den Auftrag erhalten, beide loszubinden und dem Herrn zuzuführen. Sie legten ihre Kleider auf sie, und Jesus setzte sich darauf. Die Matthäusstelle wird von den Exegeten verschieden gedeutet: Nach einigen nahm man die Eselin nur mit, um das Junge gefügiger zu machen — Johannes erwähnt ja das Füllen allein —, nach anderen benützte der Herr abwechselnd beide Tiere, und zwar aus symbolischem Grunde: Die Eselin bedeutet die Synagoge, die das Joch des Gesetzes trägt, das Füllen die ungebändigte, gesetzeslose Heidenwelt. Beide wollte Christus sich untertan machen, sie in das Jerusalem der Kirche und des Himmels einführen und sich dabei als den in Demut erschienenen Friedensfürsten erweisen, gemäß der Prophezeiung des Zacharias (9, 9): „Siehe, dein König kommt zu dir, gerecht und als Heiland, voll Demut ... Er reitet auf einem Esel, auf einem Füllen, auf einem Eselsfüllen!“ Es offenbart sich hier „das Geheimnis des niedrigen Königs, der zum Tode geht“ (Kittel).

Die Kirchenväter knüpfen an die beiden Tiere symbolische Deutungen: Eine der schönsten gibt der hl. Ambrosius (in Luc. lib. IX, 9—14, hier gekürzt):

„Nicht etwa des äußeren Auftretens wegen gefiel es dem Herrn der Welt, sich vom Rücken einer Eselin tragen zu lassen, sondern um in der Verborgenheit des Mysteriums sich das Innerste unsres Herzens zu bereiten. In den geheimen Seelenkräften will er als mystischer Reiter sich niederlassen, um gleichsam im Leib durch göttlichen Einfluß die Schritte des Geistes zu lenken, das ungebändigte Fleisch zu zügeln und so durch milde Führung die gezähmten Leidenschaften der Völker zu beherrschen. Glücklich jene, die einen solchen Reiter in ihr Inneres aufgenommen haben. Wahrhaft glückselig die, deren Mund der Zaum des himmlischen Wortes zurückhält, damit er sich nicht in Vielrederei ergehe ... Lerne vom Haustier Gottes Christus tragen, denn er ist es, der dich zuerst trug, als er das verirrte Schaf zurückbrachte. Lerne bereitwillig, ihm den Rücken deines Geistes darzubieten; lerne *unter* Christus zu sein, auf daß du *über* der Welt stehen könnest!“

So wird das Bild des Esels in verschiedener Weise auf solche angewendet, *die sich in Demut einer heiligen Zucht unterwerfen.* Der hl. Franz von Assisi nannte seinen Leib „Bruder Esel“ und nötigte ihn, die Lasten der Buße und schweren Arbeit zu tragen. Auch andere Mystiker deuten das Symbol in dieser Art.

Negativ betrachtet, ist der Esel *Sinnbild des Eigensinnes, der Torheit und der fleischlichen Lust.*

Ochs und Esel an der Krippe des neugeborenen Erlösers werden im Evangelium nicht erwähnt. Doch haben die Kirchenväter seit Origenes die Stelle Jes 1, 3 und Hab 3, 2 (nach der LXX) auf diese Tiere gedeutet.

In der christlichen Kunst erscheint das Motiv zuerst im 4. Jahrhundert auf einem römischen Sarkophagfragment von 343, wie öfters in der Sarkophagplastik dieser Zeit. Seit dem 7. Jahrhundert fand es allgemeine Verbreitung.

Auf Darstellungen des Einzuges Jesu in Jerusalem, die bereits auf altchristlichen Sarkophagen mehrmals vertreten sind und in allen Bildserien aus dem

Leben Jesu ihren Platz haben, bildet der Esel einen wesentlichen Bestandteil der Komposition.

Im Mittelalter und weiter bis Ende des 18. Jahrhunderts war es Sitte, zur Prozession des Palmsonntags den sogenannten „Palmesel" mitzuführen, der auf fahrbarem Gestell einen segnenden Christus trug. In Museen und alten Klöstern sind von solchen noch vereinzelte Exemplare erhalten.

Auf Kreuzigungsbildern mit symbolischer Umgebung (vgl. Art. „Kreuz") sitzt die Personifikation der Synagoge mit verhülltem Angesicht bisweilen auf einem Esel.

Bekannt ist das zu Rom in den Kaiserpalästen als Wandkritzelei (Sgraffito) aufgefundene Spottkruzifix aus der ersten Hälfte des 3. Jahrhunderts. Es stellt einen mit kurzem Hemd bekleideten Menschen mit Eselskopf am Kreuze dar, dem eine huldigende Gestalt sich naht. Die griechische Inschrift: „Alexamenos betet seinen Gott an", läßt darauf schließen, daß heidnische Soldaten einen christlichen Kameraden mit dieser Karikatur verspotten wollten.

Abweichend von der Symbolik des zahmen Esels ist die des *Wildesels* (Onager). Dieses schön gestaltete Tier, das an Schnelligkeit selbst die Pferde übertrifft, lebt in Rudeln in einigen Gebieten Asiens und Afrikas und wurde seines wohlschmeckenden Fleisches wegen gern gejagt. Assyrische Reliefs zeigen, wie die Alten ihm mit Hunden, Pfeilen und Schlingen nachstellten. Der Wildesel ist überaus schwer zu bändigen, selbst wenn er in der Gefangenschaft zur Welt kommt oder man ihn als ganz junges Tier zu zähmen versucht. Eine babylonische Dichtung schildert die Fahrt der Sonne auf einem von kräftigen Wildeseln bespannten Wagen. In der Heiligen Schrift ist der Onager Bild für Menschen, die keine Vernunft annehmen wollen (Ijob 11, 12), und für Israel, das sich unter Gottes Joch nicht beugen will (Hos 8, 9).

Der Physiologus führt eine ägyptische Sage an, nach welcher der Onager am 25. des koptischen Monats Phamenot (März) zwölfmal am Tage und zwölfmal in der Nacht brüllt, woran man erkennt, daß Tagundnachtgleiche ist. Dieser Onager bedeutet den Teufel, der brüllt, weil sein Reich der Finsternis abnimmt.

Im guten Sinn versinnbildet er in den Auslegungen der Väter zu Ijob 39, 5 den *Eremiten* wie jene, die abseits vom Menschengetriebe leben und frei von allen weltlichen Geschäften Gott dienen.

Fisch

Unser göttlicher Erlöser hat das Fischsymbol im heiligen Evangelium wiederholt gebraucht, daher ist es für uns gleichsam konsekriert und mit dem Siegel der Unfehlbarkeit versehen. Als erste Apostel berief der Herr Fischer vom See Genesareth: „Folget mir nach, ich will euch zu Menschenfischern machen" (Mt 4, 19; Mk 1, 17). Ein andermal sagt er zu Petrus: „Fürchte dich nicht, von nun an wirst du Menschen fischen" (Lk 5, 10). Das Gericht schildert er unter dem Bilde des Fischers, der in seinem Netze gute und schlechte Fische fängt. Die guten behält er, die schlechten wirft er hinaus (Mt 13, 47 f). Fünftausend Menschen speist der Heiland mit wenigen Broten und Fischen, die er wunderbar vermehrt, und nach seiner Auferstehung bereitet er sieben Jüngern am Ufer des Sees einen gerösteten Fisch (Joh 21, 9).

So war denn der *„Fisch"* durch die Frohbotschaft des Herrn und Meisters in die erste Christengemeinde gekommen und wurde darin pietätvoll festgehalten. Die Anwendung auf die Taufe ergab sich beinahe von selber, umso mehr, als die damalige Taufpraxis ein völliges Untertauchen verlangte, sodaß die Neophyten den im Wasser schwimmenden Fisch als *ihr* Symbol empfinden mußten. Daß auch die Katechese darauf hinwies, zeigt uns der anmutige Hymnus des hl. Klemens von Alexandrien (Paed. III, 12) aus dem zweiten Jahrhundert, der unter anderen symbolischen Bezeichnungen den Erlöser anruft als

„Fischer, der mit süßem Leben
Fischlein lockt, geweiht dem Guten,
aus der Bosheit argen Fluten
rettend sie ans Land zu heben."

Christliche Künstler stellen schon seit der zweiten Hälfte des zweiten Jahrhunderts die Taufe unter dem Bilde des Fischfanges mit Angeln oder Netz dar. Der *Fischer* versinnbildet den *Taufenden*, der Fisch den *Neophyten*. In der Sarkophagplastik trägt der Fischer auf manchen Exemplaren die Züge des hl. Petrus. Auch Taufgefäße, Grabsteine usw. wurden gern mit symbolischen Fischlein verziert. Der Fischfang ist aber nicht allein auf das Taufsakrament selbst zu beziehen, sondern auch auf dessen Entfaltung und Vollendung im Gottesreich, die bei der Parusie ihren letzten Grad erreichen wird.

Wenn man dem Bilde vom Fischfang den bekannten Text Tertullians gegenüberstellt: „Wir aber werden nach der Ähnlichkeit unseres Ichthys (Fisch) Jesus Christus im Wasser geboren, und nur durch Verharren im Wasser finden wir das Heil", so fällt es auf, daß der Vergleich bei Klemens von Alexandrien im *Nehmen*, ja sogar *Retten* aus der Flut, hier aber im *Verharren* der Fischlein im Wasser, ihrem Lebenselement, liegt. Tertullian hält sich an die Naturwahrheit: Der dem Wasser entnommene Fisch verfällt dem Tode. Das *Verbleiben* im Wasser bedeutet das Verharren in der *Taufgnade*. Dagegen beruht die von Klemens von Alexandrien vertretene Symbolik auf uralter ägyptischer und griechischer Vorstellung, nach welcher das Meer üble Bedeutung hatte: Es galt nicht als Teil der diesseitigen Welt, sondern der Unterwelt und somit als Sinnbild der Bosheit und des Todes.

Wie das Meer als ein Teil der Unterwelt, so galten in der heidnischen Antike die Fische als unterirdische Wesen. Sie wurden daher den Unterweltgöttern als Opfergabe dargebracht sowie als Spende an die Verstorbenen, sofern man diesen einen götterähnlichen Kult erwies. Das bezeugt die Sitte, dem Toten einen Fisch auf die Mensa des Grabes zu legen. Es war dies nach heidnischer Vorstellung eine Speisung der Dahingeschiedenen, denen man im Jenseits dieselben irdischen Bedürfnisse zuschrieb wie den Lebenden.

Manchen Völkern waren gewisse Fischarten als Göttersymbole heilig. Das gilt besonders für Ägypten und den syrischen Kult der Lebensgöttin Atargatis, die unter anderem Namen auch in anderen Gegenden verehrt wurde. So wurde der Fisch, namentlich in Syrien, zum Glücks-, Heils- und Lebenszeichen. Die Lebenssymbolik beruht aber nicht nur auf der Mythologie, sondern auf der Tatsache der außerordentlich großen Vermehrungsfähigkeit der Fische. Es ist daher natürlich, daß der Fisch so ziemlich bei allen Völkern als Symbol der *Lebensfülle* und *Lebensmitteilung* galt. Assyrische Schriftzeichen für die Begriffe „sich mehren, sich weiten, strotzen" sind auf den ältesten Denkmälern deutlich als Fisch erkennbar. Im Judentum war die Idee des „Sichmehrens" ebenfalls mit dem Fisch verknüpft. Eigentümlich ist noch eine andere Seite der jüdischen Fischsymbolik: Ein

17

Romanischer
Kruzifixus
mit Krone.
Stiftskirche
Innichen.
Anfang
13. Jh.

18 Romanisches Radfenster. Dom von Münster i. W. 12. Jh.

Kabbalist (jüdische Geheimsekte) des 16. Jahrhunderts sagt, man solle Fische am Sabbat genießen, weil sie keine Augenlider haben und dadurch die göttliche Vorsehung veranschaulichen, die nicht schlummert und nicht schläft (vgl. Ps 121). Wie weit diese Deutung des Fisches als Sinnbild der göttlichen Vorsehung oder des göttlichen Auges zurückreicht, ist nicht nachweisbar. Vielleicht hängt damit die merkwürdige Darstellung von drei Fischen mit einem gemeinsamen Kopf und Auge zusammen, die auf einigen ägyptischen Fayence-Schalen gefunden wurde. Dasselbe Motiv schmückt auch ein Säulenkapitäl, das aus einem Inselkloster bei Zara stammt. Der Kunsttypus dürfte im Mittelalter fortgewirkt haben, als Bestandteil in der Maßwerkkonstruktion des gotischen Dreipasses.

Wie der Einblick in die Antike beweist, ist auch das Fischsymbol keine Neuschöpfung des Christentums, sondern ein übernommenes übliches Motiv mit veränderter Bedeutung. Dem antiken Fischopfer setzte man das eucharistische Mysterium des ἰχθύς, dem „Fisch der Toten", den „Fisch der Lebendigen" entgegen. Die Christen bezeichnen sich nämlich im Gegensatz zu den Heiden als die „Lebendigen": Der Nicht-Christ ist der Tote, der Christ der Lebende, weil er durch die Taufe und das eucharistische Lebensbrot das göttliche Leben der heiligmachenden Gnade besitzt, das vom leiblichen Tode unberührt bleibt. *„ΙΧΘΥΣ ΖΩΝΤΩΝ"* (Fisch der Lebendigen) steht auf einem christlichen Grabstein, der zu Rom auf dem vatikanischen Hügel gefunden wurde.

Die Christusbedeutung des Fisches liegt also nicht nur in den *Buchstaben*, die im griechischen Worte ἰχθύς die Anfangslettern der Namen „Jesus, Christus, Gottes-Sohn, Erlöser" erkennen lassen, sondern auch in einer wirklichen Symbolik. Auf christlichen Denkmälern begegnet man sowohl der Fischfigur als dem geschriebenen Wort ἰχθύς bald getrennt, bald vereint, seit dem 2. Jahrhundert. Der hl. Augustinus erklärt den Sinn, der hier zugrundeliegt:

„‚Ἰχθύς', das heißt ‚Fisch', ein Name, worunter geheimnisvollerweise Christus verstanden wird, weil er *im Abgrund dieser Sterblichkeit* wie in der Tiefe der Wasser lebendig, das heißt ohne Sünde, verweilen konnte" (De civitate Dei XVIII, 23). Hier ist die Tiefe mit dem Meer des *menschlichen Lebens* gleichgesetzt. In den „Bekenntnissen" spricht der hl. Lehrer vom „Fisch aus der Tiefe", den die Menschheit genießt an dem von Gott „im Angesicht der Gläubigen bereiteten Tisch" (vgl. Ps 23), und der ja darum *aus der Tiefe gehoben* ward, um die dürre Erde zu speisen (Conf. XIII, 21). Ähnlich einige Kapitel weiter (XIII, 23). In seinem Kommentar zur Johannesstelle 21, 9 faßt der hl. Augustinus die Symbolik des am Feuer gebratenen Fisches kurz in die Worte zusammen: „Piscis assus, Christus passus" — „Der gebratene Fisch (ist) der leidende Christus."

„Der ἰχθύς ist also eine zusammenfassende Darstellung des Christusmysteriums, und zwar gerade unter dem Gesichtspunkte des *Lebens und Heiles*" (O. Casel).

Die eucharistische Symbolik ist jedenfalls die bekannteste. Sie ist namentlich in den zwei wunderbaren Speisungen der Volksmenge mit Fisch und Brot enthalten, welche die Evangelien mit auffallender, vom Herrn selber beabsichtigter Beziehung zum heiligsten Altarsakrament berichten, wie die Aufeinanderfolge des Speisungswunders und der Verheißung des wahren Lebensbrotes (Joh Kap. 6) vermuten läßt.

Vom „hl. Opfermahl als Fisch" spricht auch die bekannte Grabschrift des Aberkios, Bischof von Hierapolis in Phrygien (2. Jahrhundert). Es heißt darin: „Überall zog mir der Glaube voran ... und setzte (mir) vor als Speise an jeglichem Ort *einen Fisch von der Quelle*, überaus groß und rein, den gefangen eine reine Jungfrau. Und diesen gab er den Freunden zum Mahle, immerdar spendend süßen Wein, Mischwein bietend mit Brot." Die Arkansprache dieses Denkmals enthält eine Anspielung an die Inkarnation. Unter „Quelle" wäre demnach das Element des himmlischen Ichthys zu verstehen, das Leben der Heiligsten Dreifaltigkeit, aus dem das ewige Wort in den Schoß der Jungfrau niederstieg. Der „große Fisch" steht hier im Gegensatz zu den „pisciculi", den „kleinen Fischlein", die nach der Form des großen gestaltet sind, der ihnen das göttliche Leben verleiht. Nach der damaligen liturgischen Auffassung dachte man sich die Taufwasserweihe als ein Herabrufen und Gegenwärtigsetzen der Geistesnatur Christi im geheiligten Element. In diesem Sinne sagt der hl. Optatus von Mileve (4. Jahrhundert): „Dieser (Christus) ist der Fisch, der bei der Taufe durch die Herabrufung in den Wasserquell eingesetzt wird (fontalibus undis inseritur)."

In *Kunst* und *Kunsthandwerk* fand seit dem 2. Jahrhundert sowohl das Symbol als das Akrostichon *ἰχϑύς* so vielfache Verwendung, daß eine Aufzählung hier zu weit führen würde. Es genügt, den Sinn zu kennen, um sich auch bei den häufigen Kombinationen mit anderen Symbolen zurechtzufinden. In der Katakombenmalerei erscheint der Fisch als eucharistisches Sinnbild auf jeder Art von Mahlszenen. Der Fisch mit Brotkorb und durchschimmerndem Weingefäß in der Luzinakatakombe ist ziemlich bekannt. Wilpert berichtigt den Irrtum älterer Reproduktionen dieses Motivs, die den Fisch schwimmend und mit dem Korb auf dem Rücken darstellen. Die genauen Untersuchungen des großen Katakombenforschers ergaben, daß der Fisch auf einem Rasengrund liegt und der Korb *neben* ihm steht, also eine Vereinfachung der evangelischen Brotvermehrung bedeutet.

Im Heiligen Land wurden an der vermutlichen Stelle dieses Wunders Reste einer Basilika entdeckt, deren Fußbodenmosaik zwei Fische zeigt, die einen Brotkorb einfassen. Vom 4. Jahrhundert an wird das Fischsymbol seltener, verschwindet aber völlig erst im späten Mittelalter. Auf Abendmahlsszenen findet man bis ins 9. Jahrhundert den Fisch als eucharistisches Symbol neben Brot und Kelch. Noch auf dem berühmten Verduner Altar des 12. Jahrhunderts, der in der Krypta des Stiftes Klosterneuburg am Grabe des hl. Leopold steht, ist der Fisch auf dem Abendmahlsbild in sehr origineller Weise vertreten: Judas hält da hinter seinem Rücken einen Fisch versteckt, wodurch sein Verrat an Christus angedeutet ist.

Frosch

Im alten Ägypten, das alle zeitgenössischen Kulturländer durch die große Anzahl tiergestaltiger Göttersymbole übertraf, war sogar der Frosch (rana, *βάτραχος*) Ausdrucksmittel religiöser Ideen. Die außerordentliche Fruchtbarkeit dieses Amphibiums, die Kugelform seiner Eier und die besondere Sorgfalt, die es ihnen angedeihen läßt, machten es zum Sinnbild der Göttin Hiquit (oder Heket), die selber froschköpfig dargestellt wird. Ihr wurde die Rolle zugeschrieben, das kugelförmige Welt-Ei unaufhörlich zu empfangen und auszutragen. Im Zusammenhang damit war sie Göttin glücklicher Geburten, langen Lebens und der Wiedergeburt nach dem Tode. Man glaubte nämlich, daß der Frosch aus dem Nilschlamm oder aus der Erde entstehe, und sah in seinem Lebendigwerden im Frühjahr ein Bild der *Auferstehung*.

Eine der Strafen, die Gott über die Ägypter verhängte, weil sie die Israeliten nicht ziehen ließen, bestand in einem ungeheuren Überhandnehmen von Fröschen.

Diese Plage war umso eindrucksvoller und empfindlicher, als sie aus dem „heiligen“, sonst nur Segen und Fruchtbarkeit spendenden Nil hervorging und dabei ein religiöses Symbol zum Unheil und Ekel wurde (vgl. Ex 8, 2—14).

Die Geheime Offenbarung schildert ebenfalls sieben Plagen, die über die Welt kommen sollen und zu den ägyptischen in analogem Verhältnis stehen. In der sechsten treten drei unreine Geister in Gestalt von Fröschen auf (16, 13).

Eucherius von Lyon (lib. formul. V; PL 50, 753) bezieht die Frösche mit Anführung der apokalyptischen Stelle auf den Teufel und in zweiter Deutung auf die *Häretiker,* die sich im Schlamm niedrigster Sinnlichkeit aufhalten und unaufhörlich durch eitles Geschwätz Lärm schlagen.

Der Physiologus sieht im Landfrosch, der die größte Hitze ertragen kann, den wahren Gläubigen, der in der Drangsal standhält. Die Wasserfrösche aber seien den Weltkindern vergleichbar, die in der Sonnenglut der Verfolgung die Probe nicht bestehen können.

„In der reichen Sammlung koptischer Lampen des ägyptischen Museums im Vatikan befinden sich vier Exemplare aus dem 4. Jahrhundert mit dem Bilde eines Frosches als Ausdruck der Idee des ewigen Lebens und der Auferstehung. Amulette in Froschform waren im alten Ägypten nicht selten. Im Museum zu Kairo sieht man Lampen mit dem Froschbild und vielen Kreuzen. De Rossi hat bereits hingewiesen auf Exemplare im Museum zu Turin, bei denen die symbolische Bedeutung ganz deutlich ausgedrückt ist durch die Inschrift: *'Εγώ εἰμι ἀνάστασις“* (vgl. Jahrb. f. Liturgiewissensch. 1929, Ltb. 219, und DACL, Art. „Grenouille“ mit Bild einer solchen Lampe).

Fuchs

Der Fuchs (vulpis, *ἀλῶπεξ)* ist schlau, vorsichtig und hinterlistig. Um seiner Beute habhaft zu werden, hält er Umschau, wacht und wartet den günstigen Augenblick ab. In der Ausführung seiner Anschläge ist er von unberechenbarer Geschicklichkeit. Daher wurde er zum Sinnbild der *Arglist und Verschlagenheit.* Christus vergleicht Herodes mit einem Fuchs (Lk 13, 32), und Ezechiel (13, 4) spricht ein „Wehe“ über die törichten Propheten, die wie Füchse in den Ruinen nur zu deren Zerfall beitragen, indem sie darin wühlen. Diese Betrüger halten sich für schlau, doch die Folge zeigt, daß sie geirrt und das Unglück des Volkes herbeigeführt haben.

Die Stelle des Hohenliedes (2, 15): „Fangt uns die Füchslein, die Weinbergverwüster“, wird von den Exegeten auf die *Häretiker* angewendet, die mit ihren falschen Lehren in den Weinberg der Kirche eindringen und Schaden anrichten. Oft veranlassen diese Ketzer auch bittere, blutige Kämpfe innerhalb der Ecclesia und gegen sie. Dann gleichen sie nach St. Ambrosius (in Ps 118, Oct. 12) den dreihundert Füchsen, an deren Schwänze Samson Fackeln gebunden und sie brennend in alle Richtungen losgelassen hatte, um die Felder und Fruchtgärten der Philister zu schädigen (Ri 15, 4. 5).

Die mittelalterliche *Kunst* stellte den Fuchs *als Bild des Teufels* in satirischen Szenen dar; z. B. wie er im Mönchsgewand den Gänsen aus einem Meßbuch vorliest und predigt, um dann über sie herzufallen. Derartiges wurde nicht als Scherz, sondern zur Warnung sogar an Wänden berühmter Kathedralen in Steinplastik angebracht.

Hase

In der Antike war der Hase eines der Attribute der Jagdgöttin Artemis (Diana). Im indogermanischen Mythos ist er Ausdruck kosmischer Lichtkräfte. In den Serien der Monatsbilder gehörte er dem Oktober zu, in denen der Jahreszeiten dem Winter. Zudem ist er, wie auch das Ei, Sinnbild animalischer Fruchtbarkeit. Wahrscheinlich führte eine Kombination dieser beiden gleichbedeutenden Symbole zum Scherz der eierlegenden Osterhasen.

Man würde es kaum erwarten, dieses Tier auch in der altchristlichen Kunst vertreten zu finden. Und doch begegnet man ihm mehrmals auf Katakombengrabsteinen wie auf Tonlampen als Symbol der flüchtigen Zeit und des kurzen Menschenlebens, das der Ewigkeit zueilt.

Besonders bemerkenswert ist eine Lampe, auf deren Diskus sieben Hasen um einen Hahn kreisen, der den Mittelpunkt der Scheibe bildet. Wahrscheinlich sollen sie die sieben Tage der Woche versinnbildlichen, die sich um den Herold des Lichtes bewegen, der den ewigen Tag verkündet.

Als Bild der Furcht ist der Hase sprichwörtlich und wegen seines angeblichen Schlafes mit offenen Augen hat man ihn bisweilen zu den Symbolen der Wachsamkeit gezählt.

Auf dem bekannten Rundfenster des Paderborner Domes liegt die Symbolik nicht an den drei Hasen, sondern an der Figur, die sie mit ihren drei gemeinsamen Ohren bilden und damit ein Dreifaltigkeitssinnbild darstellen sollen. Das Motiv hat aber ein mythisches Urbild, das die vorchristliche Kunst zu einem Symbol des Kreislaufes der Zeit ausgestaltet hat.

Bei den Kirchenvätern findet man eine weitere Sinndeutung des Hasen, die auf der betreffenden Version des Bibeltextes beruht, die ihnen vorlag. Die Stelle, die sich im Buch der Sprüche (30, 26) nach dem Urtext auf den Klippdachs bezieht, lautet nämlich in der Vulgata: „Lepusculus (das Häslein), plebs invalida, qui collocat in petra cubile suum." Arndt übersetzt: „Die Kaninchen, ein schwaches Volk, und doch baut es sein Lager in Felsen" (NB — Von den grammatischen Fehlern muß man in beiden Sprachen absehen). Hesychius bezieht diese Stelle auf die Heiden, die als Bekehrte sich im geistigen Felsen der Kirche bergen, wo sie erstarken und rein werden (vgl. PG 93,1288).

Die sinnverwandte Stelle PS 103, 18: „Petra refugium herinaciis" (Vulg.) las St. Augustinus nach der Vetus latina: „Petra refugium ericiis et leporibus — Der Fels ist Zuflucht den Igeln und Hasen", und sieht in beiden Tieren ein Symbol der Sünder: im Igel wegen seiner Stacheln, im Hasen wegen seiner Furchtsamkeit; beide nehmen Zuflucht zum Felsen, Christus (cf Srm XCIX, 6; PL 8, 598).

Eine weitere Sinnbereicherung ergibt sich aus Beispielen der altchristlichen Kunst: Eine zu Achim (Oberägypten) aufgefundene irdene Taufschale des dritten und vierten Jahrhunderts und ein Grabstein aus der Katakombe der Heiligen Marcus und Marcellianus sowie einige andere in DACL IX, 1008, abgebildete frühchristliche Fragmente stellen einen Hasen dar, der eine Weintraube verzehrt. Das Motiv wird auf den durch das Leben eilenden Menschen gedeutet, der sich als Neophyt (Taufschale) an der Lehre Christi erquickt und nach beendeter irdischer Laufbahn (Grabstein) die Frucht des ewigen Lebens genießt.

Heuschrecke

Die Wanderheuschrecke (locusta, *ἀκρίς*),die sich bisweilen in ungeheuren Schwärmen als sonnenverfinsternde Wolke mit großem Geräusch über weite Landstriche heißer Regionen niederläßt und alles vernichtet und verpestet, bedeutet ein Strafgericht des göttlichen Zornes. Eine Heuschreckenplage kam über Ägypten, als der Pharao die Israeliten nicht ziehen lassen wollte (Ex 10, 12—15; Ps 78, 46; 105, 34. 35; Weish 16, 9). Joel (Kap. 1 und 2) schildert eine solche Heimsuchung. Die Exegeten sind ungewiß, ob dieser Heuschreckeneinfall Wirklichkeit oder Bild eines Angriffes feindlicher Heere ist, die in großer Menge angerückt kamen, wie es im Buch der Richter (6, 5; 7, 12) sowie Judit 2, 11, Jeremia 46, 23 und Nahum 3, 15 erwähnt ist. Mit Heuschrecken vergleicht der Prophet Jesaja (40, 22) des Menschen Kleinheit Gott gegenüber: „Er ist es, der über dem Erdenrund thront, dessen Bewohner wie Heuschrecken winzig." Die Stelle aus dem Buch der Sprüche (30, 27): „Die Heuschrecken haben keinen König, und doch zieht ihr Schwarm geordnet aus", wurde im übertragenen Sinn als Bild friedlicher Eintracht gedeutet.

In den Moralia zu Ijob 39, 20 gibt der hl. Gregor mit großer Geistesfreiheit folgende Erklärung:

„Sinnbildlich wird durch die Heuschrecke die Auferstehung unseres Erlösers bezeichnet. Darum spricht auch der Prophet aus seinem Munde: Heuschrecken gleich werd' ich vertrieben (Ps 109, 23). Er ließ sich nämlich von den Verfolgern bis zum Tode festhalten. Doch einer Heuschrecke gleich entkam er, da er durch den Sprung seiner plötzlichen Auferstehung ihren Händen entflog." — Dann folgt eine moralische Anwendung auf die heiligen Männer, „die im Streben nach dem Vollkommensten sich anfangs auf die Werke des tätigen Lebens stützen und schließlich durch den Sprung der Beschauung sich zum Höchsten erheben ... Sie bringen ihr Leben in ständigem Auf und Nieder zu, da sie unablässig Himmlisches zu schauen begehren, aber durch die Last ihrer verderbten Natur zurücksinken."

Das 9. Kapitel der Apokalypse (1—11) führt uns ein geheimnisvolles Bild vor Augen: Es öffnete sich ein rauchender Abgrund und „aus dem Rauch des Schachtes kamen Heuschrecken über die Erde. Denen wurde die Macht gegeben, wie sie die Skorpione der Erde haben ... Die Heuschrecken glichen Rossen, die zum Kampf gerüstet sind. Auf ihrem Kopf trugen sie goldähnliche Kronen. Ihr Gesicht glich einem Menschengesicht. Ihre Haare waren wie Frauenhaare, ihre Zähne wie Löwenzähne, ihre Panzer wie Eisenpanzer. Ihr Flügelschlag klirrte wie das Gerassel vieler Streitwagen, die in den Kampf stürmen. Sie hatten Schwänze und Stachel wie Skorpione. In ihren Schwänzen lag die Kraft, die Menschen fünf Monate lang zu schädigen. Als König hatten sie über sich den Engel des Abgrundes, der hebräisch Abaddon, griechisch Apollyon heißt" (vgl. Art. „Skorpion").

Diese Vision wird verschieden gedeutet. Ob man sie nun auf die Häretiker bezieht, wie manche Exegeten es mit Ausdeutung aller Einzelheiten taten, oder auf eine unmittelbar dämonische Macht — jedenfalls sind diese unheimlichen Mischgestalten Sendlinge der Hölle, die am Ende der Zeiten die Menschen mit neuen Versuchungen plagen sollen.

Hirsch

Der Hirsch (cervus, *ἔλαφος*) kommt zwar in verschiedenen Rassen auch außerhalb Europas vor. Doch ist dieses edle, behende Tier mit seinem prächtigen Geweih so recht eigentlich der König „unserer" Hochwälder und gehört zu ihrer Romantik. Um ihn sproßt ein üppiger Kranz von Mythen, Sagen, Legenden, Zaubermitteln und Volksbräuchen. Seine Gestalt voll Kraft und Anmut, sein überraschendes Erscheinen und blitzschnelles Verschwinden im idyllischen Rahmen der schönen Natur, der erbitterte Kampf, den er alljährlich zur Brunftzeit (von Anfang September bis Mitte Oktober) mit seinen Partnern führt, beeindruckte die kindliche Phantasie der Urvölker. Der Hirsch wird von der Vorsehung gerade *für* diesen regelmäßig wiederholten Kampf mit der Waffe des Geweihes ausgerüstet. Im Winter fällt es ab, im Vorfrühling beginnt es, sich allmählich zu erneuern, bis es im Sommer seine volle Stoßkraft und Schönheit erreicht. Dann beginnt wieder das Ringen. Durch „Röhren", d. i. durch einen eigenartigen Ruf, der die Herbstnächte wie Orgelklänge durchzieht, lockt der Hirsch die Hindinnen heran und fordert zugleich die Rivalen zum Kampf heraus. In diesem Ringen, das an eine bestimmte Periode des Sonnenjahres gebunden ist, und auch in der Struktur des Geweihes liegt der Grund, warum der Hirsch zum Sinnbild des Lichtes wurde. Inwiefern? — Es ist unserer fortgeschrittenen Zeit nicht leicht, sich in das naturverbundene, phantastische Denken der primitiven Menschen einzufühlen. Wir können ihm nur tastend nachspüren, indem wir klarlegen, was in der Mythologie die Naturdinge und Naturvorgänge eigentlich bedeuteten.

Im Kampf des Hirsches mit seinen Partnern sah die Antike ein Bild des Ringens zwischen Licht und Finsternis, zwischen guten und bösen Gewalten und im Geweih ein Symbol der Lichtstrahlen, ähnlich wie der Phantasie der alten Griechen in der Form der Kuhhörner ein Bild der Mondsichel sah und sich Kühe als Zugtiere am Wagen des Mondes (Selene) vorstellte, der am Nachthimmel dahinfährt.

Einen Schritt näher zum Verständnis antiker Denkweise führt uns die Heilige Schrift, indem sie an zwei Stellen metaphorisch von „Hörnern" spricht, wo sie Lichtstrahlen meint: Das 2. Buch Mose (34, 29. 30. 35) berichtet, wie das Angesicht des Mose strahlte (hebr. „qâran" = *gehörnt* war), als er, verklärt durch den Verkehr mit Gott, vom Sinai herabstieg. Die Septuaginta und auch der hl. Paulus (2 Kor 3, 7) geben dieses „Gehörntsein" sinngemäß mit „Herrlichkeit, Glanz" wieder, während die Vulgata wörtlich „facies *cornuta, gehörntes* Antlitz" übersetzt. Nach Cornelius a Lapide (Commentar zu Ex 34, 29 ff) hatten die Strahlen im Angesicht des Moses die Wirkung, daß sie die Israeliten gleichsam mit Schrecken *durchbohrten* und durch die Furcht, die jede Gotteserscheinung ihnen einflößte, gewaltsam *zurückstießen.* Derselbe Ausleger bemerkt ferner, daß die Araber in orientalisch-poetischer Redeweise die Strahlen der aufgehenden Sonne „cornua dorcadis = Gehörn der Gazelle" nennen.

Im Preislied des Propheten Habakuk 3, 4 steht ebenfalls „Horn" für Strahl: „Cornua in manibus ejus = Strahlen (wörtlich: Hörner) zücken seine (Gottes) Hände."

Mit der Lichtsymbolik des Hirsches verband sich der Gedanken an einen erlösenden Überwinder, Schützer, Wegweiser und Totenführer. Das bezeugen Funde von Hirschgeweihen auf altgermanischen Begräbnisstätten, wo sie gewissermaßen als Gegenkraft gegen Tod und Todesnacht wirken sollten. Interessant sind auch die Ausgrabungen von Stein- und Metallreliefs mit dem Bilde eines Hirschgottes (Cernunnos) im Gebiet der Kelten. Er hat Menschengestalt, trägt ein Hirschgeweih und sitzt da mit gekreuzten Beinen wie ein Buddha [1].

[1] Vgl. Bilderatlas zur Religionsgeschichte, herausgegeben von D. Hans Haas, 17. Lief., Religion der Kelten. Abb. 32 u. 35. Leipzig 1933.

Jedenfalls steht fest, daß der Hirsch eine Symbolgestalt des ewigen Kreislaufes ist und dem Sol invictus als Zeichen dient. Im ganzen indogermanischen Gebiet ist unter den Formen des Weihnachtsbackwerks der Hirsch sehr verbreitet. Auch bestanden und bestehen teilweise noch Volksbräuche der Weihnachts- und Faschingszeit, bei denen junge Leute Hirschmasken mit Geweih oder Hirschfelle anlegen. Es steckt, wenn auch nicht mehr bewußt, der Aberglaube dahinter, sich die ausstrahlenden Kräfte des Hirsches dienstbar zu machen. Im Norden gibt es ferner eine ganze Reihe von Tänzen, die Hirschtänze oder Hirschspiele heißen.

Letztlich dürften wohl alle diese Gepflogenheiten mit dem Beginn des neuen Sonnenjahres und dem Wachstum der Tage „um einen Hirschensprung" zusammenhängen. Unwillkürlich schlägt da der christliche Sinn eine Gedankenbrücke zum Sonnenball in Psalm 19 und zu demjenigen, auf welchen die heilige Liturgie die Worte bezieht: „Wie ein Held frohlockend durchläuft er seine Bahn."

Als Jagdtier war der Hirsch, namentlich der Damhirsch, Attribut der Jagd- und Mondgöttin Artemis (Diana). Hier spielt aber noch ein anderer Gesichtspunkt mit: Seines gefleckten Felles wegen war der Damhirsch Bild des gestirnten Nachthimmels. Damit erklären sich auch jene Monumente, auf welchen ein Löwe oder Greif — beide in diesem Fall Lichtsymbole — einen Damhirsch oder ein junges Reh verzehren. Sie versinnbilden den Sieg des Lichtes über die Nacht und die finsteren Gewalten.

Wegen seiner Sprungweite und Behendigkeit steht der Hirsch auch zu solchen Gottheiten in Beziehung, welche die Idee der Unentrinnbarkeit verkörpern, wie die Rachegöttin Némesis adrásteia.

Auch Amor fährt mit einem Hirschgespann, denn Hirsch, Reh und Gazelle spielen ihrer klaren, schönen Augen wegen, die bei jungen Tieren einen besonderen Reiz besitzen, in der Erotik eine Rolle. „Dorkas" *(δόρκας* = Gazelle) war ein beliebter Mädchenname. Wörtlich heißt er „die Schönblickende", von *δέρκομαι,* ich schaue, blicke (vgl. Apg 9, 36. 39).

Plinius spricht vom Sinn der Hirsche für Musik, den auch Brehm zugibt. Die Historia naturalis erzählt ferner von ihrem Schwimmen in Kette, das die Kirchenväter als Bild der christlichen Hilfsbereitschaft benützen.

Sämtliche Ausdeutungen des Hirsches überragt aber jene, die ihm als Schlangenfeind eigen ist und die seine Stellung in der christlichen Symbolik begründet.

Die alten Naturkunden berichten, daß der Hirsch die Schlangen in ihren Schlupfwinkeln aufspürt, sie durch seinen Atem (nach anderen durch Wasserspeien) heraustreibt, sie niederstampft und verzehrt. Ihr Gift erzeugt in ihm einen brennenden Durst. Da eilt er zu einer Quelle und vereitelt durch Wassertrinken die üblen Folgen.

Tatsächlich stellt der amerikanische Virginiahirsch den Klapperschlangen nach und zertritt sie, wo er kann. Im übrigen aber entspricht die uralte Sage vom schlangenfressenden Hirsch, die Aelian, Plinius und im 2. Jahrhundert der christliche Physiologus mit voller Überzeugung überliefert und die Kirchenväter reichlich verwertet haben, nicht der Wirklichkeit.

Die Schlangenfeindschaft des Hirsches führte zu verschiedenen abergläubischen Medikamenten, auf die das Volk durch Jahrhunderte viel Wert legte: Der Rauch verbrannter Hirschgeweihe, das Schlafen auf einem Hirschfell, das Tragen eines Hirschzahnes als Amulett usw. galten als Schutz- und Abwehrmittel gegen allerlei Übel, besonders aber hielt man sie für wirksam zur Vertreibung von Schlangen. Die Langlebigkeit des Hirsches, die man auf 36 Menschengenerationen übertrieb, während sie in Wahrheit nicht über 40 Jahre reicht, trug ebenfalls zu seiner medizinischen Wertschätzung bei, wie auch sein feiner Instinkt für alles, was ihm selber zuträglich oder schädlich ist. Man hielt solche Eigenschaften für übertragbar.

Der Zauber des wegweisenden Hirsches fehlt natürlich nicht in der Märchenwelt. Gott aber, der sich in seiner Güte dem menschlichen Denken anpaßt, benützte dieses schöne Tier mehrmals, um seinen Willen kundzutun: Es spielt eine Rolle in der Gründungsgeschichte alter Abteien und in Heiligenlegenden. Die Erscheinung eines weißen Hirsches mit einem strahlenden Kreuz zwischen den Ästen des Geweihes, die dem Leben des hl. Märtyrers Eustachius und später des hl. Hubertus als Ruf der Gnade eine neue Wendung gab, ist allbekannt.

Die *Hl. Schrift* des Alten Bundes spricht an mehreren Stellen vom Hirsch, meistens mit Erwägung seines schnellen Laufes und seines Springens über Höhen [2]. Sie bezieht es prophetisch auf das geheimnisvolle Kommen des Bräutigams (Messias) [3] oder auf das geistige Streben und Voraneilen des Gerechten. Von besonderer Bedeutung wegen ihres lebendigen Ausdrucks der Sehnsucht nach Gott und wegen ihrer Verwendung in der Taufliturgie ist die Psalmstelle 42, 1: „Gleichwie der Hirsch nach kühler Quelle lechzt, so dürstet meine Seele, Gott, nach dir [4]!" Sie gab auch die Inspiration zu einer der schönsten liturgisch-symbolischen Kunstschöpfungen.

Im Buch der Sprüche wird die Weisheit unter dem Bilde einer geliebten Gattin dargestellt und mit echt orientalischen Kosenamen gepriesen: „Freu dich der Frau deiner Jugend, der Hindin voll Liebreiz, der Gazelle voll Anmut" (Spr 5, 19). — Auch Hld 2, 7 und die fast gleichlautende Stelle 3, 5 enthalten ähnliche Ausdrücke morgenländischer Liebesbezeigungen.

Diese und ähnliche Stellen, die von Hirsch oder Hindin handeln, auch wenn sie im Literalsinn bloß Naturvorgänge schildern (wie Ijob 39,1—4 und Ps 29, 9), wenden die Kirchenväter auf Christus oder auf die Gläubigen an. Ihre Gedanken stimmen im Wesentlichen überein, sind aber meistens von einem üppigen Rankenwerk mystischer Betrachtungen umwunden, in denen die Eigenart eines jeden Autors zur Geltung kommt.

„‚Siehe, mein Bruder kam springend über die Berge und hinüberspringend auf die Hügel. Gleich ist mein Bruder einem Reh oder jungen Hirsch.' — O der neuen Veranstaltung, o der großen Geheimnisse! ‚Siehe, mein Bruder springend!' Was soll das Springen bedeuten? Das ‚Wort' sprang vom Himmel in den Leib der Jungfrau, es sprang aus dem Mutterleib an das Holz, es sprang von dem Holz in das Totenreich, es sprang hinauf zur Erde wieder — o der neuen Auferstehung! — sprang wieder von der Erde in den Himmel. So setzte es sich zur Rechten des Vaters, wird aber wiederkommen in Herrlichkeit [5].

‚Ähnlich ist mein Bruder dem Reh oder dem jungen Hirsch.' Das bedeutet die Schnelligkeit des Wortes, das leicht und behende voranläuft. Siehe, o Mensch,

---

[2] Gen 49, 21; Ps 18, 34; Hld 2, 8. 9. 17; 8, 14; Jes 35, 6; Hab 3, 19.

[3] Vgl. Meß- und Brevierlesungen am Fest Mariä Heimsuchung, 2. Juli.

[4] Aus Ps 42 ist das Responsorium zusammengestellt, das die Taufwasserweihe einleitet. Im Totenofficium wird Ps 42 zum Sehnsuchtsruf der armen Seelen nach der Anschauung Gottes.

[5] Der hier ausgeführte Gedanke ist in der Patrologie mehrmals zu finden. Vgl. Homilie des hl. Papstes Gregor d. Gr., Brevier, am Oktavtag v. Chr. Himmelf. II. Noct.

wie behend es zu laufen versteht: vom Anfang zum Niedergang ist es erschienen, gelangt vom Niedergang zum Mittag und vom Mittag zur Mitternacht. Beachte die Schnelligkeit des Laufens: Es geht in das Untere hinab und eilt dann wieder hinauf. Als Licht erscheinend, verschwindet es am Himmel und fliegt dann wieder heraus wie ein Stern, geht auf als vollkommene Sonne der Gerechtigkeit (Mal 4, 2) und erscheint wiederum auf dem Throne des Vaters verherrlicht. O schöner Fuß der Schnelligkeit, allüberall immer seiend!"

(Hippolyt, Zum Hohenlied 2, 8. 9)

Der hl. Augustinus führt den Hirsch als Bild des Gottsuchens und der gegenseitigen Hilfe an:

„Bei Gott ist der Lebensborn, der unversiegliche Quell ... Eile zur Quelle, lechze nach dem Born. Jedoch nicht irgendwie, nicht wie ein beliebiges Tier sollst du laufen. Eile dahin wie der *Hirsch*. Was heißt ‚wie der Hirsch'? Kein Verweilen sei im Eilen. Laufe ohne Rast, verlange unablässig nach dem Quell. Wir finden nämlich am Hirsch die Behendigkeit als hervorstechende Eigenschaft. Vielleicht aber wollte die Schrift, daß wir nicht allein das am Hirsch betrachten, sondern auch etwas anderes. Vernimm, was es am Hirsch noch anderes gibt: Er tötet die Schlangen, und nach ihrer Vernichtung entbrennt noch heftiger sein Durst. Sind die Nattern beseitigt, so eilt er noch begieriger zu den sprudelnden Wassern.

Die Schlangen sind deine Untugenden. Vernichte das Gezücht der Ungerechtigkeit, dann wirst du weit mehr den Born der Wahrheit ersehnen.

Es gibt noch etwas anderes, das du am Hirsch bemerken kannst: Es heißt von den Hirschen, und es wurde von manchen gesehen — denn nicht würde man solches von ihnen schreiben, ohne es zuvor beobachtet zu haben — es heißt also, daß die Hirsche, ob sie nun als Rudel laufen oder schwimmend anderen Landstrichen zustreben, die Last ihrer Geweihe gegenseitig aufeinander stützen. Einer zieht voran, andere ihm nach, indem sie den Kopf auf ihn legen. Auf diese folgen weitere und dann nochmals andere, bis der Zug beendet ist. Der eine aber, der als vorderster die Last der Häupter trug, begibt sich, wenn er müde ist, nach hinten, damit ein anderer an seine Stelle trete, der nun trage, was er getragen hat, er aber seine Ermüdung ausruhe, indem er seinen Kopf stützt, wie es die anderen taten. So legen sie in wechselseitigem Tragen des Schweren den Weg zurück und lassen einander nicht im Stich.

Spricht nicht der Apostel zu solchen Hirschen, wenn er sagt: ‚Einer trage des andern Last, so werdet ihr das Gesetz Christi erfüllen'? (Gal 6, 2).

Ein solcher Christ also, der noch im Stande des Glaubens lebt, der noch nicht schauen kann, was er glaubt, der zu verstehen wünscht, was er liebt ..., wonach dürstet er? — ‚Wann werde ich kommen und erscheinen vor dem Angesicht des Herrn?' — Das ist es, wonach ich dürste: Kommen und erscheinen. Ich dürste auf meiner Pilgerbahn, ich dürste während meines Laufes — gesättigt werde ich bei meiner Ankunft!"

(Augustinus, Tract. ü. Ps 41; PL 36, 465 f gekürzt)

Wie bereits erwähnt, gab Ps 42, 1 die Inspiration zu einem christlichen Symbol, das im 4. Jahrhundert aufscheint: die trinkenden Hirsche. Wilpert nennt es das „Taufsymbol per excellentiam", weil dieses Bild in allen Baptisterien zu treffen ist, über die wir durch genügende Überreste oder literarische Notizen Kenntnis besitzen. Auf dem Fußbodenmosaik der Taufkapelle von Salona ist der genannte

Psalmvers über zwei Hirschen zu lesen, die aus einem Kantharus trinken. Ähnliche Hirsche schmücken die Baptisterien von Pesaro, Valence in Frankreich und Neapel, wo das Motiv zweimal wiederholt ist. Für das Lateranbaptisterium stiftete Konstantin d. Gr. sieben silberne Hirsche als Wasserspeier.

Aber nicht allein in den Taufkapellen findet man das schöne Motiv, sondern auch in der Concha berühmter Gotteshäuser: Auf dem Apsidenmosaik der Lateranbasilika trinken zwei Hirsche zusammen mit Lämmern aus den vier Quellen, die am Fuß des Gemmenkreuzes entspringen und sich in den mystischen Jordanstrom ergießen, der, von allerlei Wassertierlein und Nachen belebt, künden soll, daß Taufwasser Lebensquell ist.

Die römische St.-Klemens-Basilika enthält innerhalb derselben Apsidenkomposition sogar zwei Beispiele des Hirschsymbols: Das eine zeigt die Tiere einander gegenüberstehend, wie sie unterhalb einer Akanthuspflanze, aus der das Kreuz hervorsprießt, sich an sprudelndem Wasser erlaben. Ein dritter kleiner Hirsch ist nur für ein aufmerksames Auge bemerkbar: Er steht mitten in der Akanthuspflanze, umrahmt von einer Schlange, die viel größer ist als er. Dennoch steht das kleine Tier in Kampfstellung und tritt ihr auf den Schwanz.

Die seltenen Beispiele trinkender Hirsche in der nachkonstantinischen Katakombenmalerei und Sarkophagplastik wie auch das schöne Mosaik im Mausoleum der Galla Placidia zu Ravenna erinnern zwar auch an die Taufgnade der entschlafenen Christen, doch stellen sie in diesen Fällen wohl mehr die Idee des „Refrigerium" dar, an das die Sepulchralkunst so häufig anspielt, und versinnbildet die letzte Erfüllung des Sehnens, dem Ps 42, 1. 2 Ausdruck gibt.

Interessant ist ein Hostienmodell des 4. Jahrhunderts aus Karthago: Es trägt zwischen stilisierten Ranken das Bild eines Hirsches mit der Umschrift: „Ego sum panis vivus, qui de coelo descendi." Hier ist also der Hirsch eindeutig Sinnbild Christi.

Obwohl in erster Linie Taufsymbol, lassen sich die trinkenden Hirsche ebenso auf das Verlangen nach dem Lebensborn der heiligen Eucharistie deuten.

Hund

Seit ältester Zeit waren die Hunde sowohl als Jagdtiere wie als Wächter des Hauses und der Herden Freunde der Menschen. Feiner Spürsinn zeichnet sie aus. Ihre Anhänglichkeit, Wachsamkeit und Treue ließen sie zum Sinnbild dieser Eigenschaften werden. Auch ihr lautes Bellen spielt in der Symbolik eine Rolle sowie die angebliche Heilkraft ihrer Zunge beim Belecken von Wunden. Nach heutigen Begriffen wäre das natürlich ganz unhygienisch.

Auf Grabsteinen und Vasenbildern der Griechen wurden Hunde als Bild der Treue häufig dargestellt. Auch kannte die alte Welt apotropäische Hundefiguren, die man an Stelle des lebenden Tieres auf die Schwelle des Hauses oder Palastes setzte, um dem Eindringen böser Wesen abzuwehren. Wir haben hier einen der häufigsten Fälle, in denen man das Abbild dem Urbild gleichstellte und davon eine magische Wirkung erwartete. Bei den Parsen ist es heute noch Sitte, daß einem Sterbenden der Hund gebracht wird. Der Blick des Tieres soll finstere Gewalten fernhalten.

In altheidnischen Religionen war der Hund Attribut gewisser Gottheiten und zählte zu den Opfertieren. Wachhunde an Tempelschwellen waren in Griechenland nicht ungebräuchlich. Der wilde, mehrköpfige Kerberos bewachte das Totenreich, in das er jeden eingehen, aus dem er aber niemanden entkommen ließ. Auch in nordischen Mythen sind Höllenhunde Wächter der Unterwelt.

Die Israeliten hielten Hunde ursprünglich nur als Hüter der Herden. Erst im babylonischen Exil lernten sie diese Tiere auch als treue Begleiter und Wächter schätzen (vgl. Tob 6, 1). Da aber in Palästina die wilden, gierigen, bei Nacht sogar gefährlichen Straßenhunde vorherrschten, spricht die Hl. Schrift vom Hund meistens in schlechtem und verächtlichem Sinn. Sie gebraucht die Bezeichnung „Hund" als Schimpfwort und sieht in dem Tier das Bild gottloser, haßerfüllter, blutgieriger, unsittlicher Menschen, wie die Apokalypse es zusammenfaßt, wenn sie von jenen spricht, die nicht in die Gottesstadt eingehen dürfen: „Draußen aber müssen bleiben die Hunde, die Zauberer, die Unzüchtigen, die Mörder, die Götzendiener und alle, die die Lüge lieben und tun" (Offb 22, 15) [1].

Die christliche Exegese schließt sich dieser üblen Bedeutung an, sofern sie sich aus der Bibel ergibt. Sonst aber sieht sie in den Hunden das Sinnbild der geistlichen Hirten und der apostolischen Männer, die als „Seelenjäger" den Verirrten nachspüren und nachgehen. Der hl. Gregor gibt zur Parabel vom reichen Prasser und vom armen Lazarus (Lk 16, 21) folgende bildliche Erklärung:

„In der Hl. Schrift sind manches Mal unter den Hunden die *Prediger* zu verstehen, denn die Zunge der Hunde heilt Wunden durch Belecken. Auch die heiligen Lehrer berühren gleichsam mit ihrer Zunge Seelenwunden, wenn sie auf unser Sündenbekenntnis hin uns ermahnen [2].

Wie jeder Christ, besonders jeder Vorsteher, ein Hündlein Gottes sein soll, schildert der hl. Ambrosius in seiner Schrift über das Sechstagewerk (6, 17):

„Was soll ich aber von den Hunden sagen, denen die Dienstfertigkeit und die ängstliche Wachsamkeit über die Wohlfahrt ihres Herrn gleichsam angeboren ist? Darum der Vorwurf der Schrift gegenüber den Pflichtvergessenen, Nachlässigen und Feiglingen: ‚Stumme Hunde, die nicht zu bellen verstehen.' Zu einem Hunde gehört also, daß er zum Schutze seines Herrn zu bellen, daß er dessen Haus zu behüten wisse. So lerne denn auch du deine Stimme für Christus erheben, wenn gefährliche Wölfe in die Hürde Christi einbrechen. Lerne das Wort in deinem Munde bewahren, daß du nicht als stummer Hund durch sündhaftes Schweigen den Anschein gibst, dem dir anvertrauten Glaubensgut untreu geworden zu sein."

Es entsprach ganz der althergebrachten und auch den Christen des Mittelalters geläufigen Symbolik, die im Hund ein Sinnbild der Prediger sah, wenn die Mutter des hl. Dominikus ihr zu erwartendes Kindlein im Traume als ein Hündchen schaute, das eine brennende Fackel trug, mit der es die Welt entzündete. Dieses Bild wurde auf manchen Darstellungen des Heiligen zu seinem Attribut.

In der spätmittelalterlichen Kunst (vom 13. Jahrhundert an) wird der Hund zuweilen als Attribut gewisser Personifikationen von Laster, Tugenden usw. dargestellt, die heute kaum mehr von Interesse sind. Häufiger begegnet man in der Miniatur und Weberei dieser Zeit allegorischen Verkündigungsbildern, in denen das Geheimnis der Menschwerdung durch die Einhornsage versinnbildlicht wird: Der Erzengel Gabriel hält an einer Leine vier Hunde mit den Namen „Miseri-

---

[1] „Hund" war überhaupt ein Ausdruck, durch den im Altertum auch Untergebene sich Höherstehenden gegenüber als „niedrig" und „untertänig" bezeichneten (vgl. 1 Sam 24, 15).

[2] Hom. 40 Evangelia. Röm. Brevier, Donnerstag der 2. Fastenwoche.

cordia, Veritas, Justitia, Pax" (nach Ps 85) als Symbol des göttlichen Ratschlusses und treibt damit das Einhorn in den Schoß der Jungfrau [3] (vgl. Art. „Einhorn").

Lamm, Schaf, Widder

Die *Schafe* (oves) heißen im Griechischen *„πρόβατα,* Vorangetriebene", von *προβαίνω,* ich schreite voran, setze einen Fuß vor den andern", eine sprechende Bezeichnung für Tiere, die, ruhig weitergehend, ihre Nahrung suchen.

Ihre Haupteigenschaften, auf die es in der Symbolik ankommt, sind Einfalt, Unschuld, Sanftmut und geduldiges Schweigen beim Scheren und Schlachten (vgl. Jes 53).

Wie überhaupt im Altertum Schafe, namentlich Widder und Lämmer, die allgemein gebräuchlichen Opfertiere waren, so besonders bei den Römern, die sie bei mehreren religiösen Festen und auch bei Hochzeitsfeiern darbrachten. Im letzteren Fall hatte das Schafsopfer vorwiegend sympathetische Bedeutung, da man im Glauben an die Übertragbarkeit von Naturkräften darin ein Mittel zur Erlangung von Kindersegen sah. In dieser naiven Meinung mußten sich die Brautleute auf das Fell des frisch geschlachteten Schafes setzen, und die Neuvermählte trug einen wollenen Gürtel, den der junge Gatte in der ersten Brautnacht löste. Auch die Hauptaufgabe der alten Römerinnen, sich mit Wollespinnen und -weben zu befassen, spielte bei diesen Bräuchen mit, doch das Verlangen nach reicher Nachkommenschaft stand im Vordergrund.

Der *Widder* war ja ebenso wie der Stier bei den alten Völkern Sinnbild der Fruchtbarkeit. Auch das *Sternbild des Widders,* das zu Beginn des Frühlings am Himmel steht, wurde zur Lebensentfaltung in Beziehung gebracht, die zu dieser Zeit am stärksten ist.

In der Hl. Schrift des Alten Testamentes ist der Widder als Anführer der Herde und wegen seiner gewaltigen Stoßkraft in den Klageliedern des Jeremia (1, 6) Symbol der Fürsten und in einer Vision des Propheten Daniel (8, 3—7 und 20) Bild der medopersischen Könige. Sonst ist er vor allem das bedeutendste Opfertier: Das *Osterlamm* mußte ja ein einjähriger Widder sein.

Die beiden als tägliches Morgen- und Abendopfer dargebrachten *Opferlämmer* des Alten Bundes, deren gesetzlich vorgeschriebene Zahl am Sabbat und an den Fest- und Oktavtagen bedeutend stieg, hatten mehr als ein Jahrtausend lang auf das eine Lamm hingewiesen, das sie vorbildeten, auf *Christus,* den Erlöser. Aus ihm allein nahmen sie den gottverherrlichenden Wert, die Gnaden und Heil vermittelnde Kraft vorweg. Nicht Jesus selbst hat das Sinnbild des Lammes auf sich bezogen. Wohl nannte er sich „Guter Hirte, wahrer Weinstock, Weg, Licht der Welt" usw., niemals aber sagte er: „Ich bin das wahre Lamm!" Über dieses Symbol seines in schweigender Geduld erlittenen Opfertodes sprach er nicht mit Worten. Umso lauter aber rief die Tat des inkarnierten Wortes, das gewaltigste Weltgeschehen, das im Mittelpunkt der Zeiten steht und die anfang- und endlose Ewigkeit umspannt. „Schon vor Erschaffung der Welt war er dazu ausersehen", schreibt der hl. Apostel Petrus (1. Brief 1, 18—20), „erschienen aber ist er um euretwillen am Ende der Zeiten."

---

[3] Vgl. Künstle, Ikonographie I, S. 125, Bild 30.

Von ganz besonderer typischer Bedeutung war das *Passahlamm.* Sein Blut strichen die Israeliten auf göttliche Anordnung an die Türpfosten und Schwellen ihrer Häuser, um vom Würgengel verschont zu werden, der alle Erstgeburt der Ägypter tötete. Das Fleisch dieses Lammes sollten sie in Pilgerkleidung, stehend und eilends verzehren und diesen Ritus zum Gedächtnis der Wundertaten Gottes beim Auszug aus Ägypten alljährlich wiederholen. — Bei diesem Ostermahl setzte Christus die heilige Eucharistie ein und starb zur Stunde, da im Tempel die Lämmer geschlachtet wurden.

Gegenwartsschau sind die Worte des Propheten Jesaja (Kap. 53), die uns die heilige Kirche in der Liturgie des Mittwochs in der Karwoche kündet: „Er ward geopfert, weil er selbst es wollte; und er öffnete seinen Mund nicht: Wie ein Schaf, das man zur Schlachtbank führt, und wie ein Lamm vor seinem Scherer verstummt, so tat er seinen Mund nicht auf."

Als dann der Erlöser wirklich erschienen war und sein Vorläufer Johannes ihn zum erstenmal erblickte, rief er seinen Jüngern zu: „Seht das Lamm Gottes, das hinwegnimmt die Sünden der Welt!" (Joh 1, 29). Einem dieser Jünger, dem späteren Evangelisten Johannes, prägte sich dieser erste Eindruck so tief in die Seele, daß kein anderer der heiligen Schriftsteller so oft wie er vom Gotteslamm spricht. Er allein berichtet dieses Wort des Täufers, das die ersten Jünger Christus zuführte, er allein weist in Kap. 19, 36 seines Evangeliums nach, wie die Schlachtung des Passahlammes bis in die einzelnen Riten Vorbild des Todes Christi war: „Das ist geschehen, damit die Schrift in Erfüllung gehe: ‚Kein Bein soll ihm zerbrochen werden'." Als zuletzt dem Lieblingsjünger auf Patmos, die Offenbarung künftiger Weltereignisse und jenseitiger Herrlichkeit zuteil wurde, schaut er Christus immer wieder im Bilde des Lammes: Das Lamm löst die Siegel der Buchrolle, in der Gottes geheimnisvolle Ratschlüsse verzeichnet sind. Ihm huldigen die 24 Ältesten, die Engelmyriaden und die Scharen der Erlösten. Ihm nahen sich in weißen Kleidern die Märtyrer, die „aus der großen Trübsal kommen", und es führt sie zum „Wasser des Lebens". Ihm folgen die hundertvierundvierzigtausend Jungfrauen, wohin es geht. Die *Vollendung* der Weltgeschichte aber bildet die „Hochzeit des Lammes" mit der Braut-Kirche: „Selig, die zum Hochzeitsmahl des Lammes berufen sind!" (19, 9). Und wieder erscheint diese Braut als das „neue Jerusalem", als die von Gold und Edelsteinen funkelnde himmlische Stadt. Sie bedarf weder des Sonnen- noch des Mondlichtes, denn „ihre Leuchte ist das Lamm" (21, 23). Von seinem Thron geht ein Strom lebendigen Wassers aus, an dessen Ufern der heilbringende Lebensbaum beständig Früchte trägt.

Während so die Himmelsliturgie in alle Ewigkeit den vollendeten Sieg des Gotteslammes feiert, begeht die Kirche auf Erden tagtäglich sein Gedächtnis in den heiligen Mysterien. Die heilige Messe ist ja Vergegenwärtigung des Kreuzesopfers, daher der eucharistische Christus wahrhaft das „Opferlamm". Bereits im Hymnus „gloria in excelsis" jubeln wir ihm zu und grüßen ihn als „Lamm Gottes, Sohn des Vaters". Dann flehen wir vor dem Kommunionempfang: „Lamm Gottes, das du hinwegnimmst die Sünden der Welt, erbarme dich unser, ... gib uns den Frieden!" Und nochmals spricht der Priester, wenn er den Kommunizierenden die heilige Hostie zeigt: „Ecce Agnus Dei, ecce, qui tollit peccata mundi!"

Besonders deutlich tritt diese eucharistische Symbolik in der griechischen Meßliturgie hervor: Das für den Priester bestimmte Mittelstück (Sphragís, d. i. Siegel) des großen Opferbrotes (Prosphorá) heißt: *„ὁ ἀμνός"*, das Lamm. Während nämlich der Celebrans es aus der übrigen Brotfläche herausschneidet, spricht er das

Prophetenwort Jes 53, 7 und fügt beim fünften, kreuzförmigen Einschnitt bei: „Das Lamm Gottes, das hinwegnimmt die Sünden der Welt, wird geschlachtet für das Leben und die Rettung der Welt.“ Beim Brechen des heiligen Brotes, ehe er es genießt, spricht der Priester abermals: „Gebrochen und ausgeteilt wird das Lamm Gottes, der Sohn des Vaters; gebrochen, aber nicht zerteilt, überall genossen und nie aufgezehrt, sondern seine Teilnehmer heiligend.“

So bringt die heilige Kirche in ununterbrochener Folge auf dem gesamten Erdenrund das Opfer des mystischen Gotteslammes dar. Am hochheiligen Osterfest aber steigt ihr Jubel über seinen Auferstehungssieg aufs höchste. Dabei zeigt sie uns immer wieder, wie das alttestamentliche Passah im Neuen Bund seine Erfüllung findet: Im Preisgesang „Exultet“, mit dem sie die Osterkerze grüßt, heißt es: „Jenes Osterfest ist ja heute, an dem das wahre Lamm geschlachtet wird, dessen Blut die Türpfosten der Gläubigen heiligt.“ Vor dem Offertorium der Vigilmesse wird an Orten, wo es üblich ist, ein lebendiges, mit Blumen, Bändern und einem Fähnchen geschmücktes Lamm hereingeführt und für das Festmahl der Gläubigen mit folgendem Gebet geweiht:

„O Gott, du hast durch deinen Diener Mose bei der Befreiung deines Volkes aus Ägypten ein Lamm als Vorbild unsres Herrn Jesus Christus zu schlachten befohlen und angeordnet, daß die beiden Türpfosten der Häuser mit seinem Blute bestrichen werden: würdige dich ebenso, dieses Geschöpf aus Fleisch, das wir, deine Diener, zu deiner Ehre genießen möchten, zu seg † nen und zu heili † gen, durch die Auferstehung desselben, unseres Herrn Jesus Christus, der mit dir lebt und regiert von Ewigkeit zu Ewigkeit, Amen.“

In der Epistel des Ostersonntags spielt der hl. Paulus wieder an den alttestamentlichen Osterritus an: „Christus, unser Osterlamm, ist geschlachtet“ (1 Kor 5, 7). Diese Worte werden gleichsam zum Leitmotiv des Tages, das auch beim Stundengebet im Capitulum der Laudes, Terz und Vesper wiederkehrt. — „Pascha nostrum immolatus est Christus“ wiederholt die Sängerschola im Allelujavers in einer Choralmelodie voll himmlischen Jubels. In ihr entströmt der „Braut des Lammes“ eine Seligkeit, die keine menschliche Rede auszudrücken vermag und sich nur in singender Contemplation ergießt.

Sieghaft und kräftig setzt darauf die Sequenz „Victimae paschali“ ein: „Weihet dem Osterlamme Lobgesänge, ihr Christen. Das Lamm erlöste die Schafe, mit dem Vater versöhnte Christus, der Reine, alle die Sünder.“

Die ganzen fünfzig Tage der Osterzeit hindurch erinnert uns die heilige Kirche in der Präfation wieder an die Ursache unseres Glückes: Sie fordert uns auf, den Herrn zu preisen, „weil Christus, unser Osterlamm, geschlachtet ist. Er ist in Wahrheit das Lamm, das hinwegnimmt die Sünden der Welt.“

Wenn dann am Tage des heiligen Pascha und in seiner Folgezeit die Sonne sich um Untergange neigt, strahlt das Lamm als nie erlöschende Leuchte wieder im Gedenken der Sponsa-Ecclesia und läßt sie im Vesperhymnus in der Symbolsprache des alttestamentlichen Vorbildes die Ostermysterien der Auferstehung, Taufe und Eucharistie dankbar besingen.

Am Mittwoch der Osterwoche findet in Rom die Weihe der „Agnus Dei“ statt, runder Plättchen, die aus dem Wachs der vorjährigen Osterkerze mit reichlichem Zusatz anderen Kerzenwachses geformt sind. Als Prägung tragen sie das Bild des Gotteslammes, auf der Rückseite ein anderes religiöses Motiv. Diese Weihe ist schon im 8. Jahrhundert dokumentiert, scheint aber noch viel älter zu sein: Als man nämlich 1544 in Rom das Grab der Kaiserin Maria, der Gattin des Honorius, die bereits in der ersten Hälfte des 5. Jahrhunderts gestorben war, öffnete, fand man darin ein „Agnus Dei“, ähnlich jenen, die der Hl. Vater heute noch weiht.

Erst seit dem 14. und 15. Jahrhundert ist diese Weihe ausschließlich Recht des Papstes, der sie im ersten und dann in jedem siebenten Jahr seines Pontifikates vornimmt. Die langen Weihegebete erwähnen mehrere Schrifttexte und biblische Vorbilder, die sich auf Christus, das schuldlose, geduldige Opferlamm, beziehen. Sie erflehen, daß diese „Agnus Dei“ die Menschen, die sie mit Ehrfurcht tragen, vor allen Gefahren der Seele und des Leibes bewahren und Wetterkatastrophen fernhalten mögen. Am Samstag vor dem Weißen Sonntag (Sabbato in Albis) findet die feierliche Verteilung der Agnus Dei statt.

Die *Kirchenväter* lassen uns in ihrer tiefgründigen Art die Beziehungen zwischen dem alttestamentlichen Passahritus und der neutestamentlichen Osterfeier immer wieder schauen:

„Die Christen essen alle Tage das Fleisch des Lammes, das heißt, sie genießen täglich das Fleisch des göttlichen Logos, denn ‚Christus, unser Osterlamm, ist geschlachtet‘ (1 Kor 5, 7). Und weil das Gesetz vorschreibt, das Passahlamm müsse am *Abend* verzehrt werden, darum hat der Herr am Abend der Weltzeit gelitten, damit das Fleisch des Logos immerdar deine Nahrung sei. Für dich ist ja ständig ‚Abend‘, bis der ‚Morgen‘ anbricht. Und wenn du an diesem ‚Abend‘ eifrig warst und in Fasten und aller Anstrengung ein Tugendleben geführt hast, wirst auch du sprechen können: ‚Am Abend herrschte Trauer, am Morgen heller Jubel‘ (Ps 30, 6). Frohlocken wirst du an diesem ‚Morgen‘ des künftigen Aion, wenn du in dieser Zeit unter Tränen und Mühsal die Früchte der Gerechtigkeit gezeigt hast“ (Origenes, in Genes. Hom. X, 3; PG 12, 218 B).

„Auf deine Lippen nimm das Blut aus dem Kelch der Gottheit, auf daß es dir zu einem ganz zuverlässigen Türhüter werde! Durch das Blut des Lammes wurden die Türen des Volkes versiegelt, so versiegle auch deine Türe mit dem Blut aus der Seite des Gottessohnes!“ (Jakob v. Batnä, Gedicht „Über die Decke vor dem Antlitz des Moses“).

Im Vlies des Lammes (vgl. Ri 6, 37—40) sehen die Exegeten ein Vorbild der jungfräulichen Gottesmutter:

„Mit Recht wird Maria mit einem Vlies verglichen: Sie empfing den Herrn so, daß sie ihn mit ihrem ganzen Wesen aufnahm und dabei keine leibliche Verletzung erlitt. Geschmeidig war sie durch Gehorsam, fest durch jungfräuliche Reinheit. Mit Recht, wiederhole ich, vergleicht man Maria mit einem Vlies: Aus dem von ihr Erzeugten werden ja den Menschen Gewänder des Heiles gewoben. Wahrlich ein Vlies ist Maria, denn aus ihrem zarten Schoß ist jenes Lamm hervorgegangen, das selber die Wolle, nämlich das Fleisch der Mutter trägt und mit seinem weichen Fell die Wunden aller Sünder bedeckt“ (Maximus v. Turin, Rede 40; PL 57, 617).

Mit Christus, dem Gotteslamm, das unsere Natur annahm, sind auch die *Getauften* durch die Gnade der Gotteskindschaft zu unschuldigen Lämmern geworden. Gleich den Aposteln und Märtyrern sollen alle bereit sein, ihm bis in den Tod zu folgen. Von ihnen gilt der Psalmvers: „Deinetwegen tötet man uns täglich und werden wir Schlachtschafen gleichgeachtet“ (Ps 44, 22). Christus spricht im Hinblick auf die Verfolgung, die ihnen bevorsteht: „Siehe, ich sende euch wie Schafe mitten unter die Wölfe“ (Lk 10, 3). Aber die Sanftmut und Arglosigkeit des Lammes darf keine Heuchelei sein, die schlechte Gesinnung verbirgt: „Hütet euch vor den falschen Propheten“, sagt Jesus, „sie kommen in Schafskleidern zu euch, innen aber sind sie reißende Wölfe“ (Mt 7, 15).

Im Altertum bestand die Herde eines Kleinviehhirten stets aus *Schafen und Ziegen,* letztere in Palästina meistens von schwarzer Rasse. Beide Tierarten weideten gemeinsam; nur für die Nacht brachte sie der Hirte in getrennte Hürden. Im Evangelium spricht Christus (Lk 15, 4—6 u. Joh 10) nur von „seinen Schafen" im allgemeinen. Bloß da, wo er Petrus zum Hirten an seiner Statt einsetzt, unterscheidet er Lämmer und Schafe (Joh 21). Die Mutterschafe versinnbilden hier die *lehrende Kirche,* deren Aufgabe es ist, das übernatürliche Leben zu vermitteln, die Lämmer aber bedeuten die *Gläubigen.* Erst bei der Vorhersagung des Weltgerichtes handelt es sich um eine symbolische Sonderung der Arten, die man sich gewöhnlich anders vorstellt, als der heilige Text es sagt. Bei Mattäus 25, 33 heißt es: „Er wird sie voneinander scheiden, wie der Hirte die Schafe von den Böcken (ab hoedis, *ἀπὸ τῶν ἐριφῶν)* scheidet." Sowohl im Latein der Vulgata als im griechischen Wortlaut sind unter diesen „Böcken" *Ziegenböcke* zu verstehen, die wegen ihres üblen Geruches und anderer unguter Eigenschaften hier als Bild der Verworfenen gebraucht werden. Von Widdern oder Hammeln ist also nicht die Rede. Als Beweis hierfür könnte auch ein altchristlicher Steinsarkophag angeführt werden, auf dem zur Rechten Christi acht Schafe, darunter zwei durch angedeutete Hörner kenntliche Widder, freudig herbeieilen, während auf der Linken fünf sehr deutlich ausgearbeitete *Ziegenböcke* vor der abweisenden Geste des richtenden Hirten erschrocken zurückweichen (vgl. Wilpert, „Sarcofagi", I, 83/1).

Abgesehen davon, daß auch Widder durch Stoßen unangenehm werden können, verbleibt also den Schafen in der sakralen Symbolik eine gute Bedeutung.

In der *Symbolkunst* werden sowohl Christus als die Glieder seines mystischen Leibes in Lammgestalt dargestellt. Eine sehr verwitterte kleine Wandmalerei der Domitillakatakombe drückt den Gedanken aus: „Christus ist Lamm und Hirte zugleich." Das springende Lamm blickt hier zurück auf ein Milchgefäß (eucharistisches Symbol), das mit einem Hirtenstab verbunden ist. In der springenden Bewegung drückt sich die Freude aus, die heilige Gabe zu bieten.

Die seltenen Bilder des Gotteslammes aus den frühchristlichen Jahrhunderten gehören der Epigraphik an. Sie stammen aus den Zeiten der Christenverfolgungen, die so viel Opfermut forderten. Das Lamm erscheint hier als *Opfer,* daher niemals stehend. Arkanzeichen umgeben es.

Seit Konstantins Sieg über das Heidentum sieht man das Gotteslamm meistens in aufrechter Haltung. Die Skulpturen dieser Zeit — auf Sarkophagen, Altären usw. — vereinigen den Opfergedanken mit dem des *Triumphes:* Das Lamm *steht* unter dem Kreuze, auf dessen Querbalken sich meistens ein bis zwei Tauben (= Seelen) befinden.

Über die schöne Darstellung des Christuslammes im Kranz der Jahreszeitsymbole vgl. Art. „Jahreszeiten".

Von der Apokalypse inspiriert ist das Mosaik auf dem Triumphbogen der römischen Kirche der Heiligen Kosmas und Damian: Zwischen sieben Leuchtern steht ein edelsteinbesetzter Thron, auf dem vor einem kleinen Kreuz das göttliche Lamm sitzt, aber wie im Begriff, sich zu erheben. Seine Haltung weicht hier ab vom apokalyptischen Texte, der es *stehend* schildert und von den sonstigen Kunsttypen dieser Zeit. Auf den Thronstufen liegt die siebenfach versiegelte Schriftrolle.

Im 6. oder 7. Jahrhundert erzeugte man Kreuze, die am Treffpunkt der Balken ein Lamm in kreisförmiger Einfassung trugen. Ein Beispiel bietet eine Säulenskulptur am Altarziborium von S. Marco in Venedig. Im Jahre 692 verbot eine

19

Ecclesia
Miniaturmalerei
aus den „Sci vias“
der hl. Hildegard
12. Jh.

20 Schöpfer, die Welt messend nach Maß, Zahl und Gewicht. Aus einer französischen Bibelhandschrift. Nationalbibliothek Wien. 13. Jh.

Synode die „Lammkreuze", gestattete aber die Anbringung des Sinnbildes auf der Rückseite des Kreuzes und regte jene Kompositionen an, auf denen das Lamm mit dem Vorderfuß ein Stabkreuz oder eine Kreuzesfahne umfaßt.

Als im Mittelalter mehr das bittere als das glorreiche Erlöserleiden Gegenstand liebevoller Betrachtungen wurde und auch der eucharistische Kult sich mehr entfaltete, bezeichnete man am stehenden Lamm die Seitenwunde, aus der ein Blutstrahl sich in einen Kelch ergießt.

In der romanischen Periode brachte man gern ein Christuslamm im Bogenfeld der Portale an, im Spätmittelalter auf Gewölbeschlußsteinen, Hostien, Bischofsstäben und Gegenständen der Kleinkunst [1].

Auf dem Genter Altarbild steht das Lamm als Mittelpunkt des eucharistischen Kultes auf einem Altar.

Daß die hl. Jungfrau und Märtyrin Agnes gewöhnlich mit einem Lämmlein dargestellt wird, ist nicht allein Anspielung auf ihren Namen, sondern auf die commemorierende Vesperantiphon ihres Oktavtages: „Als Lamm, weißer wie Schnee, stand Christus zu ihrer Rechten und weihte sie sich zur Braut und Märtyrin." Mit diesem Attribut soll die Heilige acht Tage nach ihrem Tode ihren Eltern erschienen sein.

Einzig in seiner Art ist der Sarkophag des römischen Stadtpräfekten Junius Bassus († 359 als Neophyt) in den vatikanischen Grotten: In den Zwickeln der Bogen, welche die untere Reihe abschließen, sind nochmals kleine Bibelszenen eingefügt, deren Personen alle als Lämmer dargestellt sind. Auch Christus empfängt hier als Lamm die Jordantaufe und vollzieht in gleicher Gestalt mit seinem Stab das Wunder der Brotvermehrung und der Auferweckung des Lazarus.

Wo Lämmer ohne die Figur des Guten Hirten dargestellt sind, geschieht es doch immer mit Bezug auf ein Zentrum, dem sie zustreben: Entweder ist es ein Symbol, das Christus repräsentiert, oder es umgeben zwei Lämmer eine Orante, d. i. die Seele, die unter die Auserwählten (Lämmer) aufgenommen wurde.

Von himmlischer und irdischer Liturgie sprechen jene Mosaikstreifen, die sich in mehreren römischen Kirchen unter dem Hauptbild der Apsidien hinziehen: Im Mittelpunkt steht das nimbierte Christuslamm, dem sich von beiden Seiten je sechs Lämmer aus den symbolischen Städten Bethlehem und Jerusalem nahen (vgl. Art. „Stadt").

Löwe

Der Löwe als „König der Tierwelt" behauptet seine Vorzugsstellung auch in einer besonders reichen Symbolik. Die edle Schönheit, die gewaltige Kraft, das

---

[1] Das Gotteslamm wird fast immer mit *zurückgewendetem Kopf*, zuweilen auch mit Hörnern dargestellt. Die Hörner könnten wohl an den Widder erinnern, den Abraham an Stelle Isaaks dargebracht hat, sowie an das apokalyptische Lamm mit den „sieben Hörnern" (Offb 5, 6). Der zurückgedrehte Kopf aber „darf sicher als eine kosmische Reminiszenz gedeutet werden", als *Symbol der Wendung zu neuem Leben*, das mit dem Frühlingsbeginn einsetzt, gerade zur Zeit, da die Sonne im Sternbild des Widders steht. Dieser Zeitpunkt bringt nicht nur eine Wendung im Leben der Natur, sondern, durch das Osterfest, auch einen Wandel im Leben der Seelen: Sie werden erneuert durch das Gedächtnis der Passion und Auferstehung des göttlichen Lammes, bestrahlt vom wahren Licht der Welt, durchwärmt von der neu aufgehenden Sonne der Gerechtigkeit (frei nach W. v. Blankenburg, „Heilige und dämonische Tiere", S. 211).

Furchtbare dieses Raubtieres imponierte den Menschen der Urzeit wie eine höhere Macht. Es wurde zum religiösen Sinnbild, zum Attribut der Hauptgottheiten (besonders der Naturgöttin Kybele) und zum astronomischen Zeichen. Seiner Feuernatur und seiner Wachsamkeit wegen — man glaubte, daß er nie die Augen schließt und mit offenen Augen zur Welt kommt — sah man im Löwen ein *Symbol der Sonne*, ihrer Glut und schaffenden Potenz [1]. Schon vor Jahrtausenden gaben die Babylonier der Sterngruppe, in der die Sonne zur Zeit der größten Hitze steht, den Namen „Löwe". Sonnenglut und Löwenstärke verschmelzen hier zu einem gemeinsamen Begriff. Wenn Konrad von Megenberg (14. Jahrhundert) auf nur zwei Seiten seines Buches nicht weniger als sechsmal die „haîze nâtûr", das Fieber des Löwen, oder die erhitzende Wirkung seines Fleisches und Fettes erwähnt, so geht das auf althergebrachte Anschauungen zurück (vgl. Buch der Natur III, 37).

Der solaren Bedeutung des königlichen Tieres entstammt eine ganze Reihe von Symbolen: die Löwen der Mithrasreligion [2], die Sonnenlöwen auf dem Tor von Mykene, die eine Sonnensäule halten und ein Zeichen des göttlichen Schutzes durch den höchsten Ausdruck der göttlichen Kraft darstellen. Als Felsbild der mittleren Steinzeit, an sakralen Stätten, wurde der Löwe oft en face dargestellt. Der Eindruck, den die Gewalt seines Blickes in dieser Haltung ausübte, hatte für den mythisch empfindenden Menschen etwas Schicksalsbestimmendes und war ihm überzeugender Ausdruck des allsehenden und allbelebenden Tagesgestirns.

Szenen, in denen ein Löwe, oft auch ein Greif (vgl. d. Art.), einen Stier (Hörner = Mondsymbol), einen Damhirsch oder ein Reh, deren gefleckten Fell den gestirnten Nachthimmel versinnbildet, überfällt, deuten den Sieg des Tages über die Nacht, des Lichtes über die Finsternis an.

Kämpfe des Löwen mit Eber oder Schlange haben einen ähnlichen Sinn: Hier vertritt der Sonnenlöwe das gute Prinzip, das den Sieg über das Böse erringt.

Siderischen Ursprungs sind auch die Cherubs- (später Evangelisten-) symbole, von denen eines Löwengestalt hat (vgl. Art. „Evangelistensymbole").

Eine besondere Gruppe von Symbolen bilden die *wasserspeienden Löwen*. Bachofen (Gräbersymbolik der Alten, Kap. 13) sucht ihre Erklärung darin, daß „der Löwe in sich die Doppelpotenz des Feuers und Wassers vereinigt, sodaß er wie so viele andere symbolische Tiere, namentlich das Pferd und das Rind, nicht nur der Sonne, sondern den tellurischen Gewässern und ihrer Zeugungskraft angehört". — Sehr naheliegend scheint uns die Deutung dieser Sinnbilder auf eine besonders intensive *Bewachung* der Quelle zum Zwecke ihrer Bewahrung vor Verunreinigung, Vergiftung, Ableitung durch Feinde und dergleichen. „Quellenhüter" *(κρηνοφύλαξ)* hieß bei den Griechen die bei Gerichtsverhandlungen übliche Wasseruhr, weil sie die Form eines bronzenen Löwen hatte. Die Maler der Vasenbilder deuten Brunnenszenen durchwegs durch einen Löwenrachen an, auch wenn sie das Wasser weglassen.

Seiner bereits erwähnten Wachsamkeit und Stärke wegen galt nämlich der Löwe seit ältesten Zeiten als vorzüglichster *Wächter*. Lebende Löwen wurden als vornehmste Hüter an Fürstenhöfen und Heiligtümern gehalten. Viel öfter aber brachte man ihre plastischen Bilder an Toren, Tempeleingängen, Thronstufen,

---

[1] „Im Löwen glüht die Sonne" (Seneca). (Angeführt in Keller, Antike Tierwelt, I, S. 24, ohne nähere Angaben.)

[2] „Aridae et ardentis naturae sacramenta leones Mithrae philosophantur" (Tertullian, adv. Marcionem I, 13; PL 2, 286).

Gräbern usw. an. In Siebenbürgen seien steinerne Löwen als Grabwächter besonders häufig. Das Abbild vertrat hier das Urbild (vgl. Art. Hund) und man schrieb ihm die gleiche prophylaktische Wirkung zu wie diesem. Daher auch die kleinen Löwenbilder auf Amuletten, Ringen, Vorhangschlössern und anderen Gebrauchsgegenständen. Löwenköpfe und Tatzen sind ein Kompendium des ganzen Tieres. Manchmal tritt zum Symbol der Wachsamkeit auch das der Tapferkeit hinzu, besonders auf Kriegsgräbern, Denkmälern gefallener Helden und Siegesmonumenten. Letzteres schon in der Antike, bei Pausanias IX, 17, in einer Legende bezeugt.

In der Hl. Schrift ist mehr als hundertmal von Löwen die Rede. Sie waren ja, wie in ganz Vorderasien, so auch in Palästina, besonders im Jordantal, einstens sehr zahlreich. Dafür zeugen die verschiedenen Namen der hebräischen Sprache für dieses Raubtier, die mehrmalige Erwähnung von Löwenkämpfen oder -überfällen sowie die vielen Metaphern. Da die Eigenschaften dieses Tieres einerseits Bewunderung, anderseits Furcht einflößten, hat es eine Doppelsymbolik, die zwischen Gut und Bös, Gott oder Christus und dem Teufel kontrastiert.

Gott selbst wird in der Ausübung seiner strafenden Gerechtigkeit mit einem Löwen verglichen (z. B. Hos 5, 14; 13, 8; Am 3, 8; Sir 28, 27), ebenso in der Verteidigung seines auserwählten Volkes (vgl. Jes 31, 4).

Als der sterbende Patriarch Jakob seinen zwölf Söhnen die Zukunft ihrer Nachkommenschaft vorhersagte, schaute er Juda, den Stammvater Christi, im Bilde eines Löwen: „Ein Jungleu ist Juda: Heraufgestiegen bist du vom Raub, mein Sohn. Dann aber streckt er sich hin, liegt wie ein Löwe, wie eine Löwin da. Wer wagt es, ihn zu reizen?" (Gen 49, 9). Nach der Septuaginta und Vulgata heißt es hier: „Wer wird ihn erwecken?"*(τίς ἐγερεῖ αὐτόν,* Quis suscitabit eum?). Die Stelle steht: *„Gesiegt hat der Löwe vom Stamme Juda!"* — Hier wird von einem der 24 Ältesten die königliche Würde, Macht und Stärke Desjenigen verkündet, der allein würdig ist, das Buch der geheimen Ratschlüsse Gottes zu öffnen und seine sieben Siegel zu lösen.

Die Symbolik des „Löwen vom Stamme Juda" klingt nach in Ezechiels Klagelied über die Fürsten (19, 1—9).

Sehr oft gebraucht die Bibel den König der Tiere als Sinnbild der *Kriegstüchtigkeit und Tapferkeit* des Volkes Israel (Num 23, 24; 24, 9; Ez 19, 1—9), einzelner seiner Stämme (Dtn 33, 20. 22) und Helden (z. B. 1 Makk 3, 4; 2 Makk 11, 11) oder des Ansturmes fremder Völker, die der Herr als Gottesgeißel gegen die treulosen Juden entsendet (vgl. Jer 4, 7; 50, 17). Mit grimmigen Löwen werden *zürnende Könige* verglichen (vgl. Spr 19, 12; 20, 2; Est 14, 13), ebenso *Verfolger* in ihrer grausamen Wut, von deren Gefahren die Psalmen häufig sprechen (Hauptstellen: Ps 17, 12; 22, 22 [messianisch]; 91, 13). Hier ist bereits die zweite Hauptbedeutung des Löwen mit-angeklungen, die im ersten Petrusbrief (5, 8) gezeichnet ist: „Euer Widersacher, der *Teufel,* geht umher wie ein brüllender Löwe und sucht, wen er verschlingen könnte. Widersteht ihm fest im Glauben [3]!"

Ein lichtes Gegenbild bietet die *sichere Unerschrockenheit* des königlichen Tieres, mit der das Buch der Sprüche (28, 1) die Ruhe eines guten Gewissens vergleicht: „Der Gottlose flieht, wenn ihn auch niemand verfolgt; doch der Gerechte fühlt sich wie ein junger Löwe sicher."

Im messianischen Friedensreich, das Jesaja schaut, sind böse Gewalten gebändigt und umgewandelt: „Kalb, Löwe und Schaf werden beisammen weilen; ein kleiner

[3] Diese Stelle steht als „Lectio brevis" im röm. Brevier, zu Beginn des Completoriums.

Knabe vermag sie zu meistern... Der Löwe frißt Stroh wie ein Rind" (Jes 11, 6. 6).

In der Vision Ezechiels (1, 5 ff), die an die geflügelten Mischgestalten der chaldäischen Kunst erinnert, wie auch in der Apokalypse (4, 7 ff) tragen vier „lebende Wesen", d. s. symbolische Cherubsgestalten, mit dem Angesicht von Mensch, Löwe, Stier und Adler die göttliche Majestät. Der Löwe ist auch hier *Sinnbild der königlichen Macht und Hoheit* des Herrn. Als Prophetie beziehen sich diese geflügelten Wesen auf *Christus*. Erst in zweiter Linie werden sie zu Attributen der vier *Evangelisten* (vgl. Art. Evangelistensymbole). Bei Daniel (7, 4) versinnbildet der Löwe den König Nebukadnezzar.

Das erste Buch der Könige (10, 18—21) schildert die prunkvolle Ausstattung von Salomos Thron: „Armlehnen befanden sich an beiden Seiten des Sitzes, und neben den Armlehnen standen zwei Löwen. Zwölf Löwen standen da zu beiden Seiten auf den sechs Stufen. Derartiges ist noch nie für irgendein Königreich angefertigt worden." — Diese Tiere sind hier nach antikem Brauch als Wächter aufgestellt, werden aber auch symbolisch als Vertreter der zwölf Stämme Israels gedeutet.

Uralte Fabeln, die über den König der Tierwelt im Umlauf waren, gingen durch den Physiologus mit manchen Varianten und naiven Zutaten auch in die christliche Symbolik über und wurden darin ausgedeutet. Wir können hier nur das Wichtigste daraus entnehmen.

Es heißt in diesem alten Naturbuch, daß der Löwe mit dem Schweif seine Spuren verwischt, auf daß der Jäger sie nicht finde. Das wurde auf das Mysterium der Inkarnation bezogen, in der das Ewige Wort seine Gottheit in der Menschheit verbarg, sodaß der Teufel dieses heilige Geheimnis nicht erkennen konnte.

Die zweite Fabel ist uns bereits begegnet: Wenn der Löwe schläft, so wachen doch seine Augen, d. h., sie sind offen. So schlief zwar der Leib Christi im Kreuzestod, seine Gottheit aber wachte zur Rechten des Vaters, „denn nicht schläft noch schlummert, der Israel behütet" (Ps 121, 4).

Als Drittes weiß der Physiologus zu sagen, daß die Löwin ihre Jungen tot zur Welt bringe. Nach anderer Version schlafen sie nach der Geburt wie leblos drei Tage lang. Am dritten Tag aber kommt der Löwenvater und bläst sie an (oder brüllt so heftig, daß die Erde bebt), sodaß die Kleinen zum Leben erwachen. „So erweckte auch der Gott und Vater des Alls den Erstgeborenen vor aller Schöpfung, unseren Herrn Jesus Christus, seinen Sohn, von den Toten, damit er das verirrte Menschengeschlecht errette" (vgl. Lauchert, Gesch. des Physiol. Kap. 1).

Der Irrtum, daß die Löwin nur ein einziges Junges zu gebären vermöge, wurde zwar schon von Aristoteles widerrufen, erhielt sich aber noch im Mittelalter und gab Anlaß zu einem der vielen, oft recht seltsamen marianischen Symbole.

Origenes behandelt die Christussymbolik des Löwen in seiner Erklärung zu Genesis 49, 9 (Hom 17, 5) besonders weitläufig. *Auferstehung und Sieg* des Erlösers stehen hier wie überhaupt in den einschlägigen Ausführungen der Kirchenväter stets im Vordergrund. Ein prägnantes Beispiel bietet Ambrosius (De Bened. Patriarch. IV, 18. 20; PL 14, 679 f):

„‚Du legtest dich und schliefst gleich einem Löwen' (Gen 49, 9). [So war es], als er im Grabe lag und sein Leib gleichsam schlummernd ruhte, wie Er selbst sagt: ‚Ich legte mich zur Ruh' und schlummerte, und heil erhob ich mich, da mich der Herr beschützte.' Darum sprach Jakob: ‚Wer wird ihn wecken?'.. Wer anders sollte ihn aufwecken als er selbst in seiner eigenen und des Vaters Macht? ... Ich sehe ihn tot, weil er es selber wollte, ich sehe ihn schlafen nach seiner eigenen Bestimmung. Der alles aus eigener Machtfülle tut, wessen Hilfe sollte er bedürfen, um vom Tode zu erstehen? Er selbst ist also der Urheber seiner Auferstehung, er der Gebieter über den Tod, auf den die Völker harren!"

Auch die Geschichte Samsons (Ri 14, 5. 6), der ohne Waffe in der Kraft Gottes einen jungen Löwen entzweiriß, wurde von den Vätern gerne erläutert. Es liegt darin eine doppelte Symbolik: Zunächst ist der starke Held ein *Vorbild Christi*, der den Teufel besiegt. Dann aber wendet sich der Sinn: Die Honigwabe, die Samson nach einiger Zeit im Skelett des Löwen fand, wird zum „Bild des Lebens, das die ganze Menschheit aus dem geopferten Leibe Christi schöpft" (vgl. Ephräm Syr. in lib. Judic. XIV, II, V). „Vom Starken ging Süße aus" (Ri 14, 14), nämlich die Süßigkeit der *göttlichen Lehre* und der *eucharistischen Nahrung*. Diese wandelt uns um zu „feurigen Löwen, vor denen der Teufel erschrickt" (Pseudo-Chrysost. Hom. LXI ad popul. Antioch.; einst Brev. rom., Sabb. infr. Oct. Corp. Christi). So haben auch die Erlösten Anteil am Sieg des „Löwen vom Stamme Juda".

„Sieh", sagt Origenes, „wie ein junger Löwe erhebt sich das Volk, es triumphiert wie ein Löwe" (Num 23, 24 nach der Septuaginta: *'Ιδοὺ λαὸς ὡς σκύμνος ἀναστήσεται και ὡς λέων γαυριωθήσεται)*. „Hier scheint mir das Vertrauen des gläubigen Volkes auf Christus ausgedrückt zu sein, die Freiheit, die es im Glauben besitzt, die Siegesfreude, die ihm Hoffnung verleiht ... Wie nämlich der Löwe und das Löwenjunge kein Lebewesen, kein wildes Tier fürchten, sondern alle ihnen unterworfen sind, so der vollkommene Christ, der sein Kreuz auf sich nimmt und Christus nachfolgt. Er kann sprechen: ‚Mir aber sei es fern, in etwas anderem meinen Ruhm zu suchen als im Kreuze unseres Herrn Jesus Christus. Durch ihn ist mir die Welt gekreuzigt und ich der Welt' (Gal 6, 14). Solche treten alles mit Füßen, alles liegt *unter* ihnen" (Origenes in Num. Hom 16).

Vom Gegentypus, nämlich vom dämonischen Löwen, dessen Macht gebrochen ist, entwirft der syrische Dichter Isaak von Antiochien ein anschauliches Bild:

„Der Teufel gleicht einem gefesselten und mit Maulkorb versehenen Löwen; er kann wohl gewaltigen Schrecken einjagen, ist aber nicht fähig, Schaden anzurichten. Die überirdische Allmacht hat ihm einen Maulkorb angelegt und ihn dann auf die Erde losgelassen, um Furcht einzuflößen ... Er ist ein Löwe, den die Gerechtigkeit gefesselt hat und an ihrer Pforte als Schreckmittel niederkauern läßt, damit er sich Dessen bemächtige, der sich ihrem Joche entziehen will" (Gedicht über den Teufel, V, 20 ff; Kösel, Syr. Dichter, S. 72 f).

Die christliche *Kunst* ist an Löwenmotiven ebenso reich wie die antike. Besonders *wachende* Löwen finden sich hier wie dort. An romanischen Kirchenportalen, an zentralen Kirchenfenstern, an Thronsesseln von Bischöfen wurden solche häufig angebracht. Doch spielt im Christentum der Gedanke an Kampf, Bändigung und Dienstbarmachung dämonischer Gewalten zum guten Teil dabei mit. Das ist besonders dort der Fall, wo kauernde Löwen Säulen tragen und Menschen- oder Tiergestalten zwischen den Tatzen halten.

Das uralte Motiv des *Doppellöwen*, zwei Löwenleiber mit einem gemeinsamen Kopf, kommt in der sakralen Steinplastik der frühromanischen Zeit häufig vor. Es entstammt der griechisch-römischen Antike, deren Ursprung aber wahrscheinlich in Asien zu suchen ist. Als christliches Symbol ist der Doppellöwe Bild der

„coincidentia oppositorum", der Überwindung der Gegensätze in Christus dem Gottmenschen. „Er ist ja der Friede, der alles eint [4]."

Bereits in den ersten christlichen Jahrhunderten gibt es eine gute Anzahl von Beispielen, auf denen der Löwe eindeutig als *Sinnbild des Teufels* erscheint. Wilpert fand solche in der altchristlichen Sarkophagplastik. Die Verbreitung des Motivs ist durch Bruchstücke aus den bedeutendsten Katakomben bewiesen. Wohl konnten solche Steinsärge heidnischen Werkstätten entstammen und der Sinn solcher Löwen mit dem der antiken Grabwächter identisch sein. Doch die Gegenüberstellung des Guten Hirten und des „Leo rugiens", dem der Verstorbene entronnen ist, offenbart deutlich den christlichen Gedanken. Wir finden ihn heute noch im Offertoriumsgesang der Totenmesse, wo es heißt: „Libera eas de ore leonis, ne absorbeat eas tartarus." — Einige dieser Sarkophagreliefs erinnern fast an die oben angeführte Schilderung des syrischen Dichters, obwohl sie von ihr räumlich und zeitlich unabhängig sind. Auf einem Kindersarkophag aus der Pontianuskatakombe (jetzt im Thermenmuseum) reiten kleine geflügelte Genien auf grimmig dreinschauenden Löwen, legen ihnen Schlingen um den Hals und Binden um die Beine als Zeichen ihrer Machtlosigkeit, den Seelen zu schaden. Sogar die Jesajastelle vom grasfressenden Löwen ist auf einem der Fragmente illustriert.

Der Sieg Christi über den Teufel und sein Reich wird durch den Kampf Samsons und Davids oder durch Verbildlichung des Psalmverses 91, 13, „Löwen und Drachen wirst du niedertreten", symbolisch dargestellt.

Christus als apokalyptischer Löwe vom Stamme Juda findet sich in der altchristlichen Kunst nirgends, in der frühmittelalterlichen nur vereinzelt. Er trägt gleich dem Gotteslamm einen Kreuznimbus. Ein Beispiel bietet die Bibel Karls des Kahlen. Ein zweites, auf einem Glasgemälde des Abtes Suger von St Denis, ging zugrunde. Sehr verbreitet waren und blieben die später so benannten Evangelistensymbole mit dem Markuslöwen, die sich, wie schon gesagt, eigentlich auf Christus beziehen.

Dem Mittelalter entstammt das Bild des Löwen, der nach der Fabel des Physiologus seine Jungen erweckt. Dieses Symbol der Auferstehung Christi begegnet uns in der Glasmalerei und Plastik in mehreren Beispielen: Fenster im Freiburger Münster, Schnitzerei am Chorgestühl des Bamberger Domes, Metallfächer (Flabellum) in Kremsmünster.

Löwen, die mit Drachen kämpfen, werden manchmal als Bilder des Lebenskampfes gedeutet. Ob ein Ritter im Kampf gefallen oder eines natürlichen Todes gestorben sei, erkennt man auf alten Grabfiguren daran, ob ein Löwe oder ein Hund unter seinen Füßen liegt. In der Heraldik sind Löwen ein überaus häufiges Motiv.

Panther

Der Panther (panthéra, πανθήρ) galt schon in prähistorischer Zeit als Ausdruck kosmischen Lichterlebens. In Griechenland war er dem Dionysos heilig [1]. Afrikanische Jäger, in deren Gebiet Mythen aus der Steinzeit noch fortleben, behaupten,

[4] Vgl. ausführlich in W. v. Blankenburg „Heilige und dämonische Tiere", S. 224—238.

[1] Nach DACL, Art. „Panthère", wird Dionysos auf griechischen Münzen häufig in Begleitung eines Panthers oder mit einem Pantherfell bekleidet dargestellt. Das Tier galt sei-

daß an einer uralten Kultstätte im Sahara-Atlas beim aufgehenden Sonnenlicht Panther aus dem Felsen hervorkommen. Im westlichen Marokko ist heute noch das Erlegen des Panthers mit besonderem Jagdzauber verbunden, bei dem der Kopf des getöteten Tieres, der zuerst vom Körper abgetrennt und gesondert begraben wird, sowie der Blick seiner Augen eine hervorragende Rolle spielen.

In der romanischen Steinplastik wird das Motiv des Pantherkopfes, aus dem Ranken als Leben ausstrahlende Kraftträger des Lebendig-Fruchtbaren hervorgehen, häufig verwendet. Diese Pflanzengebilde können aber auch an den belebenden Wohlgeruch erinnern, der vielfach der Vegetation entströmt, sodaß der Sinn im Begriff „Leben" zusammentrifft.

Diese Symbolik beruht wahrscheinlich auf der naiven Geschichte, die der Physiologus vom Panther zu erzählen weiß, der, wenn er sich gesättigt hat, drei Tage in seiner Höhle schläft, am dritten Tag erwacht und einen gewaltigen Schrei ausstößt, wobei sein Atem einen köstlichen Duft verbreitet. Dieser Duft lockt die Tiere von nah und fern heran, ausgenommen den Drachen, der ein Feind des Panthers ist. „So ward auch Christus, als er am dritten Tag erwacht und von den Toten auferstanden war, ganz Wohlgeruch den Friedfertigen in der Nähe und Ferne" (Freies Exzerpt aus W. v. Blankenburg, „Heilige u. dämonische Tiere", S. 113 u. 299).

Perlmuschel

Die Perle[1] wächst im Meeresgrund, fern von den Augen der Menschen, verschlossen in einer Muschel, die in Schlamm gebettet ist. Dort im Dunkeln reift sie heran und entfaltet ihre schimmernde Schönheit. Taucher müssen unter Lebensgefahr, oft lange Zeit vergebens, in die Tiefe hinabsteigen, um sie zu gewinnen. Wenn sie aber gefunden ist, von der Muschel befreit wird und an das Licht der Sonne kommt, fängt sie zu leuchten an. Sie wird hoch geschätzt von den Menschen und mit vielem Gold erkauft. Im ewig unruhigen Meere geboren, leuchtet sie jetzt stetig im Licht der Sonne.

Wie kam dieses milde Licht in die dunkle Tiefe? Es konnte nur aus dem Lichtschatze des Himmels hinabgestiegen sein. Die Alten erzählten sich, die Muschel öffne zur Frühlingszeit ihre Schalen und empfange vom Mondgott den Himmelstau; oder aber der Blitz, das himmlische Feuer, schleudere den Lichtkeim in das Meer[2].

---

ner wilden Sprünge wegen als Verkörperung der Mainaden, die das Gefolge des Dionysos bilden. Dante (Inferno I, 31) sieht im Panther das Symbol der Unkeuschheit und der Begierde des Fleisches. — Nach dem Konzil von Nicäa (325) ließ Konstantin d. Gr. Münzen prägen, auf denen sein Sieg über das Heidentum durch Symbole angedeutet ist, darunter durch den Panther, der mit tiefgesenktem Haupt (Zeichen der Unterjochung und Demütigung) zu Füßen des Kaisers sitzt. Das Tier ist Sinnbild des Heidentums, das hier durch den Kult des Dionysos-Bacchus charakterisiert wird.

[1] Exzerpt aus P. O. Casel, Die Perle als religiöses Symbol, in der Benediktinischen Monatsschrift 1924, S. 231 ff.

[2] Über den antiken Symbolismus der Perle schreibt Mircea Eliade in „Die Religionen und das Heilige" (§ 166, S. 496 — Salzburg 1954, Verlag Otto Müller) folgendes: „Man hat in prähistorischen Grabstätten Perlen, Muscheln und Muschelschalen gefunden; Magie und Medizin verwenden sie ebenfalls, und wir finden sie als Opfergabe an Flußgottheiten.

Vom Himmel stammt also das Feuer der Perle. Vom Himmel stammt aber nach altorientalischer Anschauung auch die Seele. Daher wird bei den Mandäern und Manichäern die Seele „Perle“ genannt. Das Manvahmed, das „himmlische Abbild des Menschen“, ist die Perle. In einem manichäischen Liede [3] spricht der Erlöser zur Seele, die er zum Lichtreiche emporführt. Er begrüßt sie „als die Perle, die aus dem Schatz des Lebens geschaffen wurde, die duftspendende, die den Körper duftig machte, die lichtspendende, die das finstere Haus erleuchtete, die edelgeborene, die in dem Hause des Bösen eine Magd genannt wurde. Scheidet sie aus der Welt, so fragen deren Schatzmeister, wer die Perle herausgebracht hat, die das hinfällige Haus erleuchtete ...“ (Lidzbarski, Mandäische Liturgien, mitgeteilt, übersetzt und erklärt [1920], S. 101 ff). — So ist die Perle dem Schatze Gottes wiedergegeben, und in Glanz gehüllt, leuchtet sie im Lichtreiche.

Die Gnosis, die ja ganz mit orientalischer Mystik in hellenistischer Aufmachung gesättigt ist und diese bald mehr, bald weniger mit christlichen Zutaten versetzte, übernahm auch das Bild von der Seelenperle. Aus der mandäisch-manichäischen Lehre von der Perle als der Urseele erklärt sich restlos der Seelenhymnus der gnostischen Thomasakten [4]. Aus dem Osten, der Heimat des Lichtes, schickt der König seinen Sohn nach Ägypten, um dort die kostbare, von dem Drachen bewachte Perle zu holen. Dieser aber läßt sich von dem Bösen betören; er sinkt in Schlaf und vergißt die Perle. Ein Brief des Vaters weckt ihn; er nimmt die Perle und steigt zum Vater empor, der ihn in das Lichtkleid, sein eigenes besseres Ich, hüllt.

Auf dem Wege dieser eigentümlichen Gedankengänge wird in der Gnosis der Erlöser Christus selbst zur Perle. Im Hymnus der gnostischen Johannesakten — Kap. 109 — heißt es: „Wir preisen deinen Sproß, den Logos, die Gnade, den Glauben, das Salz, die *unaussprechliche Perle (τὸν ἄλεκτον μαργαρίτης)*, den Schatz, den Pflug, das Netz, die Majestät, das Diadem.“ Alle diese Bilder bezeichnen den Erlöser [5]; er ist der göttliche Margarites (*μαργαρίτης* ist männlich).

Die katholischen Christen brauchten sich nicht zu scheuen, das schöne Bild der Perle auf ihren Heiland anzuwenden. Es geschah vor allem durch den tiefsinnigen Klemens von Alexandrien und Origenes. Klemens sagt im Paidagogos (II, 63, 5): „Die Perle symbolisiert den Logos.“ Im selben Buch tadelt er die Frauen, die sich

---

In gewissen asiatischen Kulten nehmen sie einen bevorzugten Platz ein. Frauen tragen sie, um Glück in der Liebe und um Kinder zu haben. Es gab eine Zeit, in der die Muschel, die Perle, die Muschelschale überall magisch-religiöse Bedeutung hatten; allmählich hat sich ihre Rolle auf die Hexerei und auf die Medizin eingeschränkt ... Warum aber hatte die Perle eine magische, medizinische Bedeutung oder eine Bedeutung für den Totenbrauch? Weil sie „vom Wasser geboren“ ist, weil sie „vom Mond geboren“ ist ... weil sie in der Muschel gefunden wird, dem Symbol der Weiblichkeit schlechthin ... Die Perle ist geladen mit der Keimkraft des Wassers, in dem sie sich geformt hat; vom Mond geboren (Atharva Veda IV, 10), teilt sie mit diesem magische Kräfte und deshalb gehört sie zum Schmuck der Frau; der sexuelle Symbolismus der Muschel teilt ihr die ihm innewohnende Macht mit ... Wenn man Perlen im Grab auf die Leiche legt, so verbinden sie den Toten mit dem kosmologischen Prinzip, das sie selbst darstellen: ... Sie regenerieren den Toten, indem sie ihn in einen kosmischen Rhythmus einfügen, der par excellence zyklisch ist und der (im Bild der Mondphasen) Geburt, Leben, Tod, Wiedergeburt voraussetzt.“

[3] Reitzenstein, Das iranische Erlösungsmysterium (1921) 55.

[4] Vgl. ebenda 20 f.

[5] Vgl. ebenda S. XI.

mit Perlen schmücken, obwohl sie doch die Möglichkeiten hätten, „sich mit einem *heiligen* Stein zu schmücken, dem *Logos Gottes,* den die Hl. Schrift einmal *Perle* nennt, dem durchsichtigen *Jesus,* dem im Fleisch beschauenden Auge, dem durchscheinenden Logos, durch den das Fleisch kostbar ist, wenn es im Wasser wiedergeboren wird. Denn jene Muschel, die im Wasser wächst, bedeckt rings das Fleisch, aus diesem aber geht die Perle hervor". Klemens findet also im Bild der Muschel, in deren Fleisch die Perle wächst, einen Hinweis auf den menschgewordenen Logos, Jesus; nach dem Vorbild dieser himmlischen Perle werden die Christen auch im Wasser der *Taufe* wiedergeboren. Jesus, die Perle, die in Jesum wiedergeborenen Perlen — das ist wohl der Gedanke des Schriftstellers. Eine ähnliche Klemensstelle wird angeführt in der Nicetascatena zu Mt 13, 46 (von der kostbaren Perle) bei Corderius [6]: „Eine Perle ist auch der durchleuchtende und reinste Jesus, den die Jungfrau aus dem göttlichen Blitze geboren hat. Denn wie die Perle, in Fleisch und Muschel und Feuchtigkeit geboren, ein Körper ist, feucht und durchscheinend von Licht und von Pneuma, so ist auch der fleischgewordene Gott-Logos geistiges Licht, hindurchscheinend durch feuchten Körper." Wenn oben schon die Lichtperle, die in dem Fleisch der Muschel ruht, ein Bild der Menschwerdung Gottes war, so wird hier auch die orientalische Anschauung von dem perlenzeugenden Blitz auf die Inkarnation angewandt.

Am häufigsten und genauesten hat Ephräm der Syrer das Bild von der Entstehung der Perle ausgeführt. „Ich kenne", sagt er einmal, „Christus als die Wahrheit, und in der Perle bewundere ich ihn als Gott, der aus der Jungfrau den Menschen angenommen hat." Der Blitz, der die Perle zeugt, bedeutet die Gottheit, Blitz und Wasser mischen sich und dringen in die im Wasser wachsende Muschel ein, die sich schließt und aus Feuer und Wasser die Perle entwickelt; so ist in Christus die Gottheit mit dem aus Maria genommenen Fleische vereint. Die Perle löst sich zu ihrer Zeit von dem Tiere ab, ohne dessen Wesen zu ändern; so hat Christus das Siegel der Jungfräulichkeit Mariens nicht zerbrochen.

All dies führte dazu, daß man ohne weiteres den Heiland den *Margarites,* die Perle, nannte. Gregor von Nazianz sagt (in der 39. Rede 16): „Jesus wird genannt Lamm und Perle und Tropfen ..."

Zu dieser Gleichung hatte der himmlische Margarites selbst beigetragen, als er (Mt 13, 45 f) das Himmelreich mit der Perle verglich, und zwar mit einer kostbaren: „Mit dem Himmelreich ist es, wie wenn ein Kaufmann schöne Perlen sucht. Wenn er die eine kostbare Perle gefunden hat, geht er hin, verkauft alles, was er hat, und kauft sie." Da die Christen das Himmelreich in dem König dieses Reiches sahen, wurde Er die „eine kostbare Perle". In der römischen Liturgie fand der Gedanke zeitweilig einen Ausdruck darin, daß am 1. Jänner, der Circumcisio Domini, die als Marienfest gefeiert wurde, jene Stelle aus Mattäus auf die Geburt Jesu bezogen wurde (S. Usener 219).

Der Heiland hatte geraten, nicht die Perlen den Schweinen vorzuwerfen, d. h. die Mysterien des Himmelreiches nicht Unwürdigen preiszugeben. Schon früh wurde das in der Arkandisziplin auf die *Eucharistie* angewandt, so geschah es tatsächlich in der im 6. Jahrhundert verfaßten Passio Stephans I, wo erzählt wird, Tarsicius habe „die Perlen nicht den Schweinen übergeben" wollen. Diese Anwendung auf die Eucharistie ist nur ein Ausfluß der Anwendung auf Christus. In den

---

[6] Symb. in Matth. tom. alter p. 492, zitiert bei Stählin.

orientalischen Liturgien wird zuweilen eine Partikel der Hostie „Margarita" genannt.

Da der Heiland das Himmelreich als die kostbare Perle bezeichnet hatte, lag es nahe, den Weg zur Heiligkeit, der zum Himmel führt, als Perle zu betrachten, besonders den engen, steilen Weg des *Martyriums* und der *Jungfräulichkeit.* Ignatius von Antiochien nennt im Briefe an die Epheser 11, 2 seine Fesseln „pneumatische Perlen". — In dem unter dem Namen des hl. Athanasius gehenden Buche über die Jungfräulichkeit, Kap. 24, wird diese Tugend gepriesen: „O Jungfräulichkeit, kostbare Perle, für viele unsichtbar, nur von wenigen gefunden!" Hier ist also das Bild noch lebendig gefühlt. Im 9. Kapitel werden die Lehren Gottes im Anschluß an Mt 7, 6 als „kostbare Perlen" bezeichnet, „die nur Würdigen gegeben werden". Die römische Liturgie singt von den Jungfrauen und Witwen: „Gleich ist das Himmelreich einem Kaufmann, der gute Perlen sucht; nachdem er die eine kostbare gefunden, gibt er alles hin und kauft sie." So wird „Margarita" zu einem inhaltsreichen Frauennamen, der besonders Märtyrerinnen und Jungfrauen schmückt.

Die Beziehung zwischen Himmelreich und Perle tritt bei der Vollendung aller Dinge in der Apokalypse (21, 21) noch einmal klar hervor: „Die zwölf Tore (des himmlischen Jerusalem) waren zwölf Perlen, jedes einzelne Tor war aus einer Perle."

„Wer durch das Perlentor hindurchgeht, läßt endgültig die Spuren des Irdischen zurück. Wie in der Perle das Göttliche auf die Erde kommt, so kehrt durch die Perle das Irdische zum Himmel zurück" (M. Lurker).

Pferd

In Mythologie, Kultur und Volksglauben der Antike nimmt das Pferd (equus, *ἵππος)* einen hervorragenden Platz ein. Weiße Rosse sind Attribut der Lichtgöttin, schwarze der Nachtgöttin zugeeignet. Ganz allgemein war im Altertum und bis ins Mittelalter die Vorstellung, daß nicht die Erde, sondern die Sonne es sei, die ständig dahineilt. Ihr weihte man darum den schnellsten Renner der Tierwelt. Psalm 19, 6. 7 kleidet diese unermüdliche Sonnenbewegung in ein wunderbares Bild: „Wie ein Held frohlockend durchläuft sie ihre Bahn. Von einem End' des Himmels geht sie aus und eilt in ihrem Lauf zum andern."

Sowohl bei den Sumerern als bei den Iraniern, Nordländern, Griechen und Römern fährt der Sonnengott mit feurigen Rossen über den Himmel, ja der Helios als Lenker seines weißen Viergespanns wird zu einem Symbol, das auch die Christen nicht ablehnen, sondern auf den siegreichen Erlöser, den „Sol justitiae", umdeuten (vgl. Art. „Helios, der Wagenlenker").

Neben der Lichtsymbolik des Pferdes war seine Gleichstellung mit dem Wasser in der Phantasie der Griechen und Römer sehr lebendig: In den schäumenden, sich bäumenden Meereswogen sahen sie die herausspringenden, weißen Rosse Poseidons, im eilenden Schritt der Renner ein Bild des Wassers, das inmitten einer unbeweglichen Natur sich allein in unaufhaltsamer Eile befindet. Daher die Verbindung der Zirkusspiele mit dem Wasser, mit Flüssen und feuchten Niederungen. Sie trat zu Rom besonders hervor, wo zu Ehren des Mars Gradivus, an dessen Fußstapfen sich der Ackersegen knüpfte, die Equiria auf einer Wiese der Tibersenkung gefeiert wurden. Im Angesicht des Flusses rannten die Pferde, des Gottes Symbol (Bachofen).

Diese Ideenverbindung von Woge und Roß kam auch in der Darstellung der *Hippokampen* zum Ausdruck, deren vorderer Pferdeleib in einen Fischschwanz ausläuft. Noch häufiger als diese sind die Kentauren (vgl. das betreffende Kap.).

Der *Pegasus (πήγασος,* Quellroß, von *πηγή,* Quelle) ist als Gewitterbringer dem Zeus zu Diensten. Von einem anderen Gesichtspunkt aus dient er der Aurora, indem er als erster Bote der Sonne das Nahen des Tages kündet. Der Pegasus gilt auch als Musenroß, da er auf dem Helikon, dem Sitz der Musen, durch einen Hufschlag die begeisternde Quelle „Hippokrene" hervorschlug.

Die alten Indogermanen schrieben dem Pferd Ahnung der Zukunft zu. Priester und Häuptlinge der Germanen deuteten sein Wiehern und Schnauben als Prophezeiung.

Eine sehr merkwürdige Bedeutung hatte das Pferd im religiösen Kult der Inder: Es erscheint da als Symbol des göttlichen Wesens, das in der Welt sich selbst geoffenbart, sich in sie aufgelöst und in ihr zum Opfer dargebracht hat. So wird das Pferd nicht allein Symbol der Gottheit, sondern in seinen einzelnen Teilen auch Sinnbild des Weltganzen nach Raum und Zeit. Dieser Bedeutung entsprechend hatte das Pferdeopfer die höchste Kraft und Wichtigkeit. Wie nämlich die Gottheit durch die Weltschöpfung sich gleichsam entäußert und selbst aufgeopfert hat, so wird im Pferdeopfer, dem sogenannten „König der Opfer", die Welt der Gottheit oder die Gottheit sich selbst zurückgegeben (vgl. Dursch, Symbolik der christl. Lehre, Tübingen, 1859, S. 283 B. II).

Pferdeopfer waren überhaupt bei allen alten Völkern häufig: Man vollzog sie je nach Anlaß durch Schlachten und Verbrennen, oder indem man die Tiere ins Wasser stürzte. Sehr verbreitet war der Glaube an die zauberabwehrende Kraft der Pferdeköpfe, die man an den Häusern anbrachte. Ursprünglich deuteten sie immer auf Opfer, deren Verdienst dem Haus zum Schutz gereichen sollte. In Holz geschnitzt findet man solche noch heute an den Giebeln deutscher Bauernhäuser.

Vor allem war das Roß von alters her der treue Mitkämpfer der Krieger, der auch an ihren Triumphen teilhatte. Abgesehen von den Bibelstellen, die es als Sinnbild zügelloser Sinnenlust und stolzer, eitler Weltmacht gebrauchen (vgl. Tob 6, 17; Jer 5, 8; 8, 16; Ps 20, 8; 32, 9; 33, 17; 76, 7; 147, 10), erscheint es in der Heiligen Schrift manches Mal als wahres Siegessymbol. Das Buch Ijob gibt eine hochpoetische Schilderung des Kampfrosses. Schon ein Teil daraus zeigt ihre Schönheit:

„Es freut sich der Kraft, es sprengt den Waffen entgegen. Es spottet des Schrekkens, es kennt keine Furcht und macht nicht kehrt vor dem Schwert. Über ihm klirrt der Köcher, blitzende Lanze und Speer. Mit dröhnendem Stampfen braust's über den Boden, läßt sich nicht halten, wenn das Schlachthorn erklingt..." (Ijob 39, 21—25 nach Henne).

Der hl. Gregor d. Gr. bezieht dieses Bild auf die Glaubensboten, die, unerschrokken und zum Sterben bereit, in die Welt hinauseilen. In ähnlich übertragenem Sinn wird nach der Vulgata die Stelle aus dem „Canticum Habakuk" (3, 8) (Freitagslaudes) gedeutet: „Qui ascendes super equos tuos, et quadrigae tuae salvatio" („Du steigst auf deine Rosse, und deine Viergespanne bringen Heil." Im Urtext nach Henne: „Geht gegen das Meer dein Grimm, daß du einherfährst auf deinen Rossen, auf deinen Siegeswagen?").

Dem symbolischen Pferd, Reiter oder Gespann ist es eigen, daß die Hl. Schrift mehrmals Engelserscheinungen in dieser Gestalt beschreibt. So sind nach St. Ambrosius und andern die feurigen Rosse zu erklären, die den Propheten Elias zum Himmel fuhren (2 Kön 2, 11).

Der Prophet Sacharja (1, 8—11) schaut zwischen Myrtenbäumen verschiedenfarbige Pferde, die von einem Reiter auf rotem Roß (Hinweis auf den inkarnierten Gottmenschen) angeführt werden. Auf seine Frage, was diese bedeuten, erhält er die Antwort: „Das sind jene, die der Herr ausgesandt hat, die Erde zu durchstreifen." Der Gedanke an Engel, die Gott zum Schutze seines Volkes entsendet, ergibt sich von selber. Er entspricht dem Sinne der Liturgie, der durch die Wahl dieser Stelle als Lesung der 1. Nokturn am Schutzengelfest bewiesen ist.

Die Viergespanne im 6. Kapitel desselben Prophetenbuches werden zwar verschieden gedeutet, doch legt die Einheitlichkeit der Exegese nach manchen Erklärern auch hier eine Engelsvision nahe.

Im 2. Buch der Makkabäer (3, 25) „erschien ein prächtig geschirrtes Roß mit einem furchtbaren Reiter. Dieses stürzte auf Heliodor (den Tempelräuber) los und schlug mit den Vorderhufen auf ihn ein. Der Reiter selbst erglänzte in goldener Rüstung." Im 10. Kapitel (Vers 29 f) desselben Buches schauen die Feinde des Gottesvolkes „vom Himmel her fünf glänzende Reiter auf goldgezäumten Rossen kommen, die sich an die Spitze der Juden stellten" (vgl. auch 2 Makk 11, 8).

Ihren Höhepunkt erreicht die Symbolik des Pferdes in der Apokalypse: Im 6. Kapitel hört der Seher nach der Öffnung des ersten Siegels eine Donnerstimme rufen: „Komm und sieh!" Und er schaute „ein weißes Roß. Auf ihm saß einer mit einem Bogen. Ihm ward ein Kranz gereicht. Damit zog er aus von Sieg zu Sieg" (6, 2). Der Reiter ist Christus, das Pferd bedeutet die Verkünder der frohen Botschaft, durch die der Erlöser die Welt erobert.

Nach Lösung von drei weiteren Siegeln (6, 3—8) erscheinen nacheinander auf feuerrotem Roß die symbolische Reitergestalt des Krieges, auf schwarzem die der Hungersnot und auf fahlem die Personifikation des Todes.

Doch im 19. Kapitel (11—16) leuchtet das Christusbild von neuem auf:

„Ich sah den Himmel offen, und siehe, da war ein weißes Roß. Der auf ihm saß, heißt der Treue und Wahrhaftige . . . Die himmlischen Heerscharen folgten ihm in glänzend weißem Linnen auf weißen Rossen . . ."

Das Roß dessen, der den Namen „König der Könige und Herr der Heerscharen" trägt (Offb 19, 16), bedeutet seine heiligste Menschheit. Dem Propheten Sacharja war es im Hinblick auf die Menschwerdung rot erschienen, dem Patriarchen Jakob (Gen 49, 17) sogar durch Schlangenbiß verwundet. Hier ist es *weiß*, denn der für uns Fleisch und Blut angenommen und gelitten hat, ist nun auferstanden und verklärt. Nach seiner Ähnlichkeit leuchten auch die Rosse des Gefolges, unter dem die meisten Väter die Auserwählten, besonders die Märtyrer, verstehen, im Glanze der Verklärung.

Origenes verbindet diese apokalyptische Schau mit seiner Erklärung zu Kap. 1, Vers 8 des Hohenliedes: „Dem Edelgespann an Pharaos Wagen möcht ich dich, meine Freundin, vergleichen." Er stellt hier den himmlischen Siegeszug den Reitern und Kriegswagen Pharaos gegenüber. Ja die Kirche und die einzelne Seele gehörte einst dem Pharao an, ehe sie im Taufbad den weißen Glanz der Gnade und Verklärung erlangt und zur Trägerin des Göttlichen Wortes geworden ist. „Glücklich also die Seelen, die ihren Rücken beugten, um das Wort Gottes als Reiter auf sich zu nehmen und seiner Leitung sich zu fügen, auf daß er sie wende, wohin er will, und sie lenke mit den Zügeln seiner Gebote. Denn jetzt folgen sie nicht mehr dem eigenen Willen, sondern werden hin und her geführt nach dem Willen des Reiters" (Origenes in Cant. Canticor. lib. II, 9; PG 13, 130 f).

Es entspricht dem Charakter triumphierender Freude, der dem Christentum der ersten Jahrhunderte eigen war, wenn man auf Katakombengrabsteinen sowie auch auf Lampen, Gemmen und anderen kleinen Gräberfunden dieser Zeit dem Pferd als Symbol schnellen Lebenslaufes und siegreichen Strebens nach dem ewigen Ziel begegnet. Allerdings kann eine solche Graphik auch heidnischen Ursprungs sein, denn das Pferd galt in der Antike als Verkörperung des Geistes, der den Menschen ins Totenreich abholt. Es konnte gelegentlich auch bloß den Beruf des Verstorbenen andeuten. Wo aber das Motiv von einem Christusmonogramm begleitet ist, kann über den Sinn kein Zweifel bestehen. Manchmal schmückt es auch das Grab eines kleinen Kindes, das früh in die Ewigkeit enteilt war. Am stärksten beweist ein begleitender Text die Bedeutung des Sinnbildes. Der Grabstein eines christlichen Cursors trägt das Pferdesymbol mit der Inschrift: „Qui cucurrit opere maxime." Klar spricht daraus der Gedanke des hl. Paulus, der das Leben mit einem Wettrennen vergleicht: „Sic currite ut comprehendatis; Laufet so, daß ihr den Siegespreis erlanget!" (1 Kor 9, 24).

Rind

Der Gattungsname „Rind" (bos, *βοῦς, βοός)* umfaßt den Stier (taurus, *ταῦρος),* der seine Rasse befruchtet; den Ochsen (bos, *βοῦς),* der bloß durch menschlichen Eingriff dieser Fähigkeit beraubt und infolgedessen gefügiger ist; die Kuh (vacca, *θήλεια),* die das junge Leben trägt, gebiert und nährt, und endlich die Kälber (vituli, *μόσχοι),* die noch nicht zur Reife gelangten Sprosse beiderlei Geschlechtes.

Stier und Kuh waren seit ältester Zeit Symbole kosmischer Fruchtbarkeit: der Stier als männlich-zeugendes, die Kuh als weiblich-mütterliches Prinzip. In diesen Haus- und Herdentieren haben die primitiven Menschen das große Geschehen des Werdens in der Natur wie in einem Mikrokosmos konzentriert gesehen. Daher läßt sich bereits Jahrtausende vor Christus in allen Kulturgebieten die Idee und Darstellung von Natur- und Wettergöttern in Stiergestalt nachweisen, wie auch von der Kuhgöttin, die alle Wesen zur Welt bringt.

Der Stier steht zu Sonne und Mond in Beziehung, die Kuh zum Mond allein. Unter vielen Beispielen seien genannt: Der ägyptische Apis, d. i. der heilige Stier von Memphis, Symbol des Osiris, dessen Kult auch abtrünnige Israeliten sich hingaben, jedoch mit dem Unterschied, daß sie im goldenen Kalb (Ex 32, 4—35) wie in den beiden Kälbern, die später Jeroboam in Bethel und Dan aufstellte (1 Kön 12, 28) trotz göttlichen Verbots (vgl. Ex 20, 4. 5), Symbole der Macht Jahwes verehrten. Nach Hosea (8, 5; 13, 2) gab es auch in Samaria ein Stierheiligtum. Ähnliche Kulte sind bei verschiedenen semitischen Stämmen zu finden.

Von besonderer Bedeutung ist auch der Urstier der Iranier, nach dessen Tötung durch Ahriman alle Pflanzen aus seinem Körper hervorsproßten. Die Darstellung dieses Vorganges, jedoch mit dem veränderten Sinn einer Regeneration der Menschen am Weltende, wiederholt sich auf den Reliefs des späteren Mithraskultes. Ferner der Minotaurus von Kreta, der Baal-Moloch der Phönizier und Ammoniter, der ebenfalls in der Geschichte Israels (Jer 19, 5; 32, 35) eine traurige Rolle spielt. Nicht zuletzt sind die Stiergestalten babylonischer und assyrischer Götter hervorzuheben und in Griechenland und Rom jene des Zeus-Jupiter und des Dionysos-Bacchus, denen aber noch andere Symbole eigen sind. Die hellenische Mondgöttin (Selene) wird dargestellt, wie sie auf einem von Kühen gezogenen Wagen über den Himmel fährt. Stier- und Kuhhörner waren ihrer Sichelform wegen Mondsymbol.

Als heilige Tiere der genannten Gottheiten wurden ihnen Rinder auch als Opfer dargebracht. Das gleiche gilt für Wotan, den Gott der Germanen. In manchen Fällen ersetzte man sie durch Oblationen mondsichelförmigen Gebäcks (Vorgänger der allbekannten „Kipfel"). — Mit den Schädeln geopferter Rinder schmückte man Tempel und Altäre. Bei fortschreitender Kultur wurden sie in Stein nachgebildet. Der alte Orient hat eine Menge solcher Stierköpfe mit eingeritzten Rosetten (= Sonne) und anderen Lichtzeichen (Halbmond, Stern) hervorgebracht. Ein Beispiel aus Ur stammt aus dem 3. Jahrtausend v. Chr.

Diese „Bukranien" mit ihren gewaltigen Hörnern sollten wohl auch Abwehrmittel gegen schädlichen Zauber sein. Ganz allgemein galt ja das Horn als Sinnbild der Kraft, der Macht und Verteidigung (vgl. Art. „Horn").

Da die Fruchtbarkeit des Bodens mit der Bewässerung zusammenhängt und die reiche Phantasie der antiken Naturmenschen das Tosen des Wassers mit dem Rasen des Stieres verglich, wurde dieser auch zu einem der Attribute der Flußgötter und des Meeresgottes Poseidon.

Sogar am Himmel leuchtet das Stiersymbol unter den Sternbildern des Tierkreises: Wenn die Sonne im April in diesem Zeichen steht, beginnt der Frühling, in dem alles Leben erwacht. So finden wir den Stier auch da in seiner Bedeutung als Sinnbild der ewig zeugenden Allkraft der Natur. Wieso aber kam er an den Himmel? — Die Sumerer suchten den Wohnsitz ihrer Götter in den Gestirnen, und ihre Einbildungskraft glaubte sie dort wirklich in eben den Gestalten zu finden, die sie auf Erden als Manifestation des höchsten Wesens betrachteten.

Rinder waren ferner Symbol des Ackerbaues und der Zivilisation, denn mit der Feldarbeit, in der sie eine wichtige Rolle spielen, beginnt die Kultur.

Die „Armenta" (Großvieh), d. h. Rinder, Kamele und Esel, bildeten mit den „pecora (Kleinvieh), bestehend aus Schafen und Ziegen, den Hauptbesitz der altorientalischen Hirtenvölker, also auch der Israeliten. Willig folgen die Rinder dem Menschen, selbst wenn er sie zur Schlachtung führt. Sie kennen ihren Herrn und sind ihm anhänglich (vgl. Jes 1, 3). Das Kastrieren der Stierkälber war den Juden durch göttliches Gesetz verboten (vgl. Lev 22, 24). Demnach handelt es sich auch dort, wo die Vulgata die Bezeichnung „bos" oder die Septuaginta *„βοῦς"* gebraucht (sie entspricht dem deutschen „Rind"), immer um Stiere. Nach Vigouroux (Dict. de la Bible, Art. „boeuf") waren diese in Palästina nicht so wild, wie es ihnen sonst eigen ist, sondern ließen sich gut zu landwirtschaftlichen Arbeiten gebrauchen. Wurden sie aber gereizt oder begegnete ihnen etwas Ungewohntes, so konnten auch sie in Wut geraten und gefährlich werden. Ihre Stärke wird auch in der Bibel zum Symbol: Im letzten Segen, den Mose vor seinem Tode dem Volke Israel erteilt, spricht er in prophetischer Schau vom Stamme Joseph und seinen Söhnen: „Wie ein Erstlingsstier prangt er in Kraft. Seine Hörner sind Wildstierhörner. Völker bohrt er in den Grund, allsamt die Enden der Erde" (Dtn 33, 17). Dieses Bild soll die Tapferkeit dieser Stämme in der Bekämpfung der Feinde des Gottesvolkes ausdrücken. Der hl. Augustinus bezieht diese Schriftstelle auf Christus, denn die Hörner des Stieres versinnbilden das hl. Kreuz („Pulchritudo ejus tauri est: propter crucis cornua, de Domino intelligitur figuratum" — Quaest, in Heptat. lib. 5, 56; PL 34, 776).

Dagegen ist die Wut des Rindes Sinnbild roher, unbändiger Gewalt: „Gar viele Stiere mich umringen, und starke Büffel mich umlagern", klagt der leidende Messias im prophetischen Psalm 22, 13 (vgl. Ps 68, 31).

Auch *Gottes* Kraft wird im Bild des Stieres geschaut, der als eines der vier Lebewesen dem Propheten Ezechiel (1, 5. 10) und dem Apostel Johannes (Offb 4, 7) erschien. Auf *Christus* bezogen, drückt das Stierkalb dieser Vision seinen Opfertod aus. Ebenso liegt der späteren Zueignung dieses Tieres an den Evangelisten Lukas der Opfergedanke zugrunde (vgl. Art. „Evangelistensymbole").

Junge Stiere (vituli, *μόσχοι*) waren ja die erlesensten Opfer des Alten Bundes und schon als solche Symbol, denn das Holokaust der Tiere vertritt die Hingabe des Menschenlebens. Im Stier ist die Lebensfülle und Kraft besonders groß, daher sein spezieller Wert und seine Darbringung zu den feierlichsten Anlässen. Solche waren: die Weihe Aarons und seiner Söhne zu Priestern des alttestamentlichen Kultes (Ex 29, 1), die Tage des Neumondes (Num 28, 11), das Oster-, Ernte- und Laubhüttenfest (Num 28, 19. 27; 29, 13), der Neujahrs- und Versöhnungstag (Num 29, 2. 8). Ferner die Einweihung des ersten Tempels unter Salomo (1 Kön 8, 63) sowie das Dankopfer nach der Heimkehr aus dem babylonischen Exil (1 Esr 8, 35).

Die zwölf Stierfiguren, die im salomonischen Tempel das eherne Meer trugen (1 Kön 7, 25), aus dem man das nötige Wasser für die Waschungen der Priester entnahm, sollten wohl eine plastische Darstellung der bevorzugtesten Opfertiere, also Kultsymbol, sein. Sie waren kreuzförmig aufgestellt: je drei nach den vier Himmelsrichtungen. Die mystische Exegese sieht in diesen Rindern ein Vorbild der zwölf Apostel und ihre Nachfolger in der Glaubensverkündigung: Sie ziehen in alle vier Weltgegenden gleichsam als Träger des sakramentalen Wassers, mit dem sie die Völker im Namen des Vaters, des Sohnes und des Heiligen Geistes taufen (vgl. Beda ven. „De templo Salomonis", cap. 19; PL 91, 788, und Rupertus Tuit. In Reg. lib. III, cap. 23; PL 167, 1168).

Da das mosaische Gesetz für offizielle Opfer bloß männliche Tiere zuließ, kamen Kühe nur für gewisse Fälle in Betracht (vgl. Dtn 21, 1—9). Doch wird schon lange vor der Gesetzgebung unter den Tieren des Bundesopfers Abrahams als erstes eine Kuh genannt (Gen 15, 9). Im Buche Numeri (19, 1—10) ist die Schlachtung einer jungen rothaarigen Kuh und ihre Verbrennung zusammen mit Zedernholz, Ysop und Karmesinwolle vorgeschrieben, deren Asche man dem Lustrationswasser für gesetzliche Reinigungen beimischte. Nach dem Literalsinn sollte die Jugend das weibliche, lebenspendende Geschlecht und die rote Farbe des Tieres unverbrauchte Lebenskraft symbolisieren; im übertragenen Sinn war es Vorbild des Erlösers:

„Die wahre junge Kuh", sagt Methodius von Olymp (Über die Speisen 11), „ist das Fleisch Christi, das er annahm zur Reinigung der Welt: rot wegen des Leidens, tadellos ob der Unschuld, ohne Joch, weil rein von aller Sünde, und an Fesseln nicht gewöhnt, weil ohne Leidenschaft. Außer dem Lager, außer Jerusalem, an einem reinen Ort ohne alle Vermischung geschlachtet. Durch ihr Blut werden die Kirchen geheiligt, durch ihre Asche das Volk gereinigt, durch ihren Tod sind alle Heiden vom Tode losgekauft."

Im Neuen Testament zitiert der hl. Paulus die Stelle des Deuteronomiums (25, 4): „Leg dem Ochsen beim Dreschen keinen Maulkorb an", indem er vom Anrecht der Verkünder des Evangeliums auf Unterstützung seitens der Gläubigen spricht (1 Kor 9, 9). So wurde das arbeitende Rind zum Symbol der Apostel aller Zeiten, die sich um die Verbreitung des Glaubens abmühen, und wird in der Patrologie, wie wir bereits oben sahen, in dieser Weise angewendet.

Betreffs Darstellungen von Ochs und Esel an der Krippe sowie vom Stierkalb als Attribut des hl. Lukas sei auf die Artikel „Esel" und „Evangelistensymbole" verwiesen.

Schildkröte

Es gibt zwei Arten von Schildkröten (testudo, *χελώνη*): Die eine lebt auf trockenem Land, die andere im feuchten Element. Dieses Tier gehört infolge seiner enormen Produktivität (hundert Eier auf einmal!) zu den Fruchtbarkeitssymbolen der Antike und daher zu den Attributen entsprechender Göttinnen. Die Fußbänke in Aphrodite-Heiligtümern waren durch das Zeichen der Schildkröte als Tempeleigentum markiert. Griechische Frauen trugen solche auch als kleine Ohrgehänge. Der Venus-Pandemos, die im Gegensatz zur Venus-Urania die gesittete eheliche Liebe repräsentierte, wurde die Schildkröte als Sinnbild häuslicher Eingezogenheit beigegeben.

Wahrscheinlich waren die besonders glänzenden Augen dieses Tieres der Anlaß, es als Schutzmittel gegen bösen Blick zu gebrauchen. Es galt überhaupt als prophylaktisch, besonders auch gegen Unwetter. Daher die häufige Abbildung auf Votivhänden (vgl. Art. „Hand").

Die lange Lebensdauer der Schildkröten machte sie gleich der Schlange zum Symbol der Gesundheit, Lebensfrische und Unsterblichkeit. Früheste chinesische Urkunden und Steindenkmäler geben dafür Zeugnis. Im Orient wie auch im orientalisierenden Ideenkreis des Abendlandes schrieb man diesen Tieren dämonische Kräfte zu. Aus diesem Sinn ist auch der Kampf zwischen Hahn (Lichtverkünder) und Schildkröte zu erklären, der auf dem altchristlichen Fußbodenmosaik der Basilika von Aquileja zweimal vorkommt (vgl. Art. „Hahn").

Die Schale der Schildkröten wurde im Altertum ganz allgemein als Resonanzboden für Musikinstrumente, insbesondere für die Lyra oder Leier, verwendet, die davon auch „*χέλυς*" hieß. Daran knüpfte der hl. Ambrosius eine schöne Symbolik:

„Solange die Schildkröte lebt, steckt sie im Schlamm. Ist sie aber tot, so wird aus ihrer Schale ein Instrument verfertigt, das im Dienste einer herzerfreuenden Kunst in sieben Tönen rhythmische Melodien erklingen läßt. So lebt auch unser Fleisch, wenn es den Reizen der Sinnlichkeit ergeben ist, gewissermaßen im Schlamm und in den Tiefen der Lust. Stirbt es aber dem eitlen Vergnügen und der Begierlichkeit ab, dann gewinnt es das wahre Leben und beginnt die lieblichen Weisen guter Taten hervorzubringen" (De Interpell. Job et David II, 10, 36; PL 14, 828).

Schlange und Drache

Zu den Tieren, deren Symbolik die grellsten Kontraste aufweist, gehört die Schlange als eines der wichtigsten. Wohl gilt auch von ihr das Wort der Genesis (1, 31): „Als Gott alles sah, was er gemacht hatte, fand er alles sehr gut." Nachdem aber der böse Geist sich dieser Kreatur bemächtigt hatte, um unsre Stammeltern zu verführen, ist sie vom Fluch, den der Schöpfer über den Satan aussprach, besonders stark mitbetroffen (vgl. Gen 3, 14).

Das Urteil „Du sollst Staub fressen" bedeutet die tiefste Erniedrigung und Verdemütigung (vgl. Mich 7, 17). Staub ist nach Vorstellung der Antike die Nahrung der Unterweltsbewohner. „Staub fressen" oder auch „Kot fressen" heißt darum, „zur Hölle hinabfahren" oder „verflucht sein".

In der Überlieferung heidnischer Völker über den Sündenfall findet sich nicht nur sehr häufig die Erinnerung, daß eine böse, Gott und den Menschen feindliche

Macht die Ursünde verursachte, sondern auch, daß das böse Prinzip als Schlange oder Drache erschienen sei (Kalt, Biblisches Reallexikon). In der babylonischen Mythologie raubt eine Schlange Gilgamesch das Lebenskraut, und auf einem babylonisch-assyrischen Siegelbild sieht man zwei Menschen rechts und links von einer Palme sitzen, während an der Seite eine Schlange sich emporringelt.

Es mag sowohl an dem besonderen Fluch als an der Beschaffenheit der Schlange liegen, daß der Mensch vor jeder, auch der harmlosesten, erschauert, umso mehr vor den giftigen. Dennoch haben gerade diese unheimlichen Tiere, die, wie man beobachtet haben will, schon durch ihren Blick ihr Opfer bannen, außerordentliche Bedeutung in fast allen Religionen der Antike. Es ist, als hätte sich der Urheber des Bösen gerade in dieser Gestalt, in der ihn der Fluch getroffen hatte, in die dunklen Nebel des Heidentums geflüchtet, um sich zur Entschädigung für seine Schmach von den verblendeten Menschen vergöttern zu lassen.

Philo von Biblos, ein phoinikischer Grammatiker des 1. Jahrhunderts n. Chr., schreibt in der Übersetzung eines Geschichtswerkes seines Landes:

„Vor allen Tieren galt die Schlange als das geistigste; ihre Natur ist die des Feuers, ihre Schnelligkeit gewaltig und ohne Bedarf der Beihilfe irgendeines besonderen Gliedes. Viele Gestalten kann sie annehmen und zusammengerollt sich plötzlich aufschwingen. Sie hat langes Leben, kehrt aus dem Alter zur Jugend zurück und gewinnt neue Kräfte, bis sie nach Vollendung eines gesetzten Zeitraumes wieder in sich aufgelöst wird. Darum wird sie in den Religionskult und in die Mysterien aufgenommen.“ [1]

Den Uräusschlangen Ägyptens (Schildviper, Naja) ist es eigen, daß sie den obersten Teil ihres Körpers scheibenförmig erweitern können. Ihr Biß führt in kürzester Zeit den Tod herbei. Wahrscheinlich waren es solche, an denen die ägyptischen Zauberer ihre Künste versuchten (Ex 7, 11. 12). Die Bewohner des Nillandes machten sie zum *Sinnbild der Gewalt über Leben und Tod.* Gewissen Göttern und den göttergleichen Pharaonen war es vorbehalten, goldene Nachbildungen dieser Schlangenart als Kronenschmuck zu tragen. Um einen Lotosstengel gewunden ist die Naja Reichsabzeichen von Ober- und Unterägypten.

Bei den Griechen war die Schlange Verkörperung chthonischer Gottheiten sowie Begleiterin von Lichtgöttern und heroisierten Toten.

Die Römer züchteten Nattern im Hause als Symbol der Haus- und Familiengötter (Lares und Pennates). An den Wänden von Pompeji kann man wiederholt das Motiv zweier gemalter Schlangen finden; die männliche trägt einen Hahnenkamm. Schützend umgeben sie einen Altar, auf dem ein Ei und ein Pinienzapfen (Fruchtbarkeitssymbole) liegen. Sie *versinnbilden den „Genius loci“*, dem die Erhaltung und Fortpflanzung des Geschlechtes zugeschrieben wurde. Der Ort war durch dieses Zeichen „geheiligt“ und vor Verunehrung zu schützen.

Einem ähnlichen Gedankenkreis gehören die heute noch bestehenden indischen „Schlangensteine“ an. Vor ihnen werfen sich Ehepaare zu Boden, um Kindersegen zu erflehen.

Äskulap, der griechische Asklepios, Gott der Heilkunde, hat als *Sinnbild des Lebens und der Gesundheit* stets eine Schlange bei sich. Der Grund liegt in der jährlichen Häutung dieses Tieres, das sich durch *Abstreifen der alten Hülle verjüngt.* Wohin die Römer den Kult ihres Heilgottes trugen, dorthin verpflanzten sie

[1] Eusebius Caes., Praep. Evang., I, 10; PG 21, 89. 90.

auch die Äskulapschlangen. Daher findet man solche noch heute an Orten, wo zur Römerzeit Heilquellen waren.

Auch die geringelte Schlange ist zu einem *Symbol der Wiedergeburt kosmischen Geschehens* im Jahres- und Weltenlauf geworden. Philo beschreibt das ägyptische Jahressymbol als einen *κύκλος* (Kreis), der eine falkenköpfige Schlange umschließt. Der Kreis bedeutet den Kosmos, die Schlange den *ἀγαθοδαίμων* (guten Schutzgeist). Zugleich ist sie hier Abbild des Sonnengottes. Der Glaube an die *magisch schützende Kraft* dieses Zeichens ist uralt und erhielt sich, bis nach der Überwindung des Paganimus die *Ewigkeitssymbolik* allein zurückblieb [2].

Der hl. Cyrill von Alexandrien deutet dieses Sinnbild auf die *Zeit*, weil sie „lang und beweglich ist und ohne Geräusch dahinschleicht" (Contra Julianum IX; PG 76).

Bei den Gnostikern und Mithrasverehrern trifft man in den ersten Jahrhunderten n. Chr. die schaurige Figur des löwenköpfigen „Aión", eines Ewigkeitsdämons, dessen Gestalt von der Spirallinie einer großen Schlange umwunden wird.

Auf den Kultbildern des persischen Mithras, der beim römischen Heer besondere Verehrung genoß [3], ist die Schlange *Symbol der Erde*, aus der sie hervorkommt.

Die *Hl. Schrift* gebraucht außer den allgemeinen Namen „serpens" oder „coluber" (Schlange) auch solche bestimmter Arten:

In der Prophezeiung des Patriarchen Jakob über seine zwölf Söhne wird Dan mit einer „Viper am Pfad" (*cerastes* in via) verglichen, „die dem Roß in die Fessel sticht: Es sinkt hinüber der Reiter" (Gen 49, 17). Wahrscheinlich ist hier die Hornviper, eine der ärgsten Giftschlangen, gemeint. Sie hat über jedem Auge ein Hörnchen, das sie kaum merklich aus dem deckenden Wüstensand hervorstreckt. Die Väter beziehen die Prophezeiung Jakobs auf Judas, der dem Stamme Dan angehörte und durch seinen Verrat den Tod des Herrn verschuldet hat.

„Feuerschlangen" (hebr. *„Saraph"* = brennen) sandte Gott über die Israeliten zur Strafe für ihr Murren (Num 21, 6. 7; vgl. Weish 16, 5). Wahrscheinlich hängt dieser Name mit der Wirkung des Giftes zusammen. Auf Fürbitte des Mose befahl Gott, eine *eherne Schlange* anzufertigen und sie an einer Stange zu befestigen. „Ihre Erhöhung am Pfahl bringt zum Ausdruck, daß sie überwunden, von Gott unschädlich gemacht wurde; denn nach dem Gesetz war verflucht, wer am Pfahl hing (vgl. Dtn 21, 23; Gal 3, 13). Der Glaube an Gott, der allein heilen kann,

---

[2] Vgl. das Bild im „Codex Marcianus", einer alchemistischen Handschrift des 11. Jahrhunderts. Hier bildet eine sich in den Schwanz beißende Schlange einen Ring, in dessen Mitte auf Griechisch die Worte stehen: „Eins ist das All". Die obere Hälfte der Schlange ist schwarz (= dunkle Erde), die untere hell mit schwarzen Tupfen (= gestirnter Himmel). Damit ist das kosmische Wesen der Schlange angedeutet. — Mit diesem Motiv verwandt ist jenes von zwei einander verschlingenden Schlangen, die einen Kreis bilden. Der Sinn bedeutet hier: „Stirb und werde." In christlicher Deutung: Symbol der Auferstehung oder auch des Kreislaufes der Jahre. Beide Motive befinden sich in mehrfacher Wiederholung als plastisches Ornament an der Westempore der frühromanischen Schloßkirche von Quedlinburg und zeigen, wie sehr mythische Urbilder im Christentum noch lebendig waren. Ihre magische Wiederholung an diesem Fries sollte die geheimnisvollen Kräfte steigern, von deren Wirkung besonders die nordischen Menschen überzeugt waren. Die Germanen trugen Schlangenbilder als Amulett und brachten solche auf Schwertern und Helmen an, die dadurch an Kraft und Festigkeit gewinnen sollten (vgl. W. v. Blankenburg, „Heilige und dämonische Tiere", S. 165, 176 und 365, samt Abb. dortselbst Nr. 38).

[3] Das bekannteste dieser Bilder im Mithräum unter S. Clemente, Rom.

brachte die Rettung; das Aufschauen zu der von Gottes Fluch getroffenen Schlange war ein Bekenntnis zu diesem Glauben" (Kalt, Bibl. Reallexikon).

Der Typus der ehernen Schlange fand seine Erfüllung im *Kreuzestod des Heilandes,* der selber zu Nikodemus sprach: „Wie Mose in der Wüste die Schlange erhöht hat, so muß auch der Menschensohn erhöht werden, damit jeder, der an ihn glaubt, in ihm das ewige Leben habe" (Joh 3, 14. 15).

„Dieses Wort ist klar", schreibt der hl. Gregor von Nyssa. „Wenn nämlich die göttliche Schrift den Vater der Lüge Schlange nennt, so ist auch das von der Schlange Geborene eine Schlange. Folgt nicht daraus, daß die Sünde dem, der sie geboren hat, gleichnamig ist? Daß aber der Herr um unsertwillen ‚Sünde' geworden ist, indem er sich mit unsrer *sündigen Natur* bekleidete, bezeugt das Wort des Apostels (Röm 8, 3). Dem Schriftwort entsprechend wird also dieses Rätselbild *(αἴνιγμα)* auf den Herrn bezogen" (Greg. Nyss, De Vita Moysis; PG 44, 335).

In Mt 10, 16 empfiehlt der Heiland seinen Jüngern, „klug zu sein wie die Schlangen und arglos wie die Tauben". Diese *Klugheit* sehen die Kirchenväter darin, daß, wie die Schlange, wenn ihr Gefahr droht, vor allem den Kopf, als den Sitz ihres Lebens, zu schützen sucht, auch der Christ lieber alles darangeben solle als seinen Glauben, lieber alles verlieren als die Einheit mit Christus dem Haupt.

Als Symbol der Klugheit, mit der sie ihre Herde leiten sollen, tragen die byzantinischen und koptischen Bischöfe an der Spitze ihres T-förmigen Stabes zwei Schlangen, deren Köpfe einander zugewendet sind.

Die *Verjüngung* der Schlange durch Abstreifen der alten Hülle nehmen die Väter als Beispiel, wie der Christ durch Fasten und Selbstverleugnung den *alten Menschen ablegen* und ein neues Leben führen soll.

Außer bei Mt 10, 16 und Joh 3, 14 f sieht die Hl. Schrift in der Schlange überall ein *Symbol des Teufels,* seiner Macht und seines Anhanges, ein Bild der *Sünde,* Arglist, Verderbnis und bösen Zunge.

Darstellungen des Sündenfalles (meistens mit Schlange) sind in der altchristlichen Kunst, besonders in der Sarkophagplastik, sehr häufig, wegen der engen Beziehung der Ursünde zum Erlösungsmysterium.

„*Basilisk* (Sept. *βασιλίσκος,* Vulg. auch „regulus" = kleiner König) nennt die Bibel eine nicht näher bestimmbare Schlangenart, vielleicht eine Verwechslung mit der giftigen Kroneidechse oder ein Fabeltier, das in der Volksphantasie halb Hahn, halb Schlange, aus dem Basilisken-Ei entsprungen sein soll. Es galt, wie schon der Name andeutet, als „König der Schlangen". In den mittelalterlichen Bestiarien wird der Basilisk mit einer Krone dargestellt und empfängt die Huldigung anderer Schlangen. Die Hl. Schrift betont an mehreren Stellen seine böse Natur. Man glaubte, daß nicht allein sein Biß, sondern auch sein Blick, sein Hauch und sein Pfiff Menschen, Tiere und Pflanzen töte. Bei Jes 11, 8 ist der messianische Friede u. a. durch das Bild eines am Schlupfloch der Natter und des Basilisken furchtlos spielenden Kindes gezeichnet. Ps 90 (nach Vulg.) gebraucht ein ähnliches Bild, um die Gefahren zu schildern, die der auf Gott Vertrauende überwindet. Liturgie (1. Fastensonntag) und Kunst (Reliefs auf Tonlampen und Elfenbeindiptychen) wenden die Psalmstelle auch auf Christus an. Auf mittelalterlichen Kreuzigungsszenen wird dieser *Siegesgedanke* durch Anbringen einer Schlange unter den Füßen des Erlösers hervorgehoben.

Seit der Dogmaverkündigung der Unbefleckten Empfängnis Mariä sind Darstellungen der allerseligsten Jungfrau, die der Schlange den Kopf zertritt (vgl. Gen 3, 15), sehr verbreitet.

„*Drachen*" sind ein Phantasiegebilde, das in der Antike und heute noch in der Kunst asiatischer Heidenvölker (Chinesen, Inder usw.) schreckhafte Naturereignisse versinnbildet. Es ist eine Zusammensetzung von Schlangenkörper, Seeungeheuer (besonders oft Krokodil) u. dgl. mit Flügeln, Krallen und weitem Rachen, aus dem dampfendes Feuer sprüht. Nach antiker Vorstellung sind diese feuerschnaubenden Tiere gleich den Greifen Hüter von Gold und anderen verborgenen Schätzen. Sie bewachen die Wege zum Lebensbaum und zu allen Symbolen, die den Alten heilig waren.

In der Hl. Schrift bezeichnet „Drache, Behemot und Leviathan" auch *Meeresungeheuer* (Ps 104, 26; Ijob 40, 10. 20), in den meisten Fällen aber wie auch später im Christentum, den *Teufel und seine Macht* (vgl. Offb Kap. 12). Oft wird „Drache" mit „Schlange" gleichgesetzt und abwechselnd gebraucht.

Eusebius, Bischof von Caesarea, schreibt im Leben Konstantins d. Gr. (III, 3), der Kaiser habe von sich ein hohes Standbild anfertigen lassen, auf dem er mit dem Zeichen des Kreuzes „das feindliche und verderbliche Ungeheuer, das durch die gottlosen Tyrannen die Kirchen Gottes bedrängt hatte, in der Gestalt eines Drachen in den Abgrund der Hölle stürzt; denn als Drachen und gewundene Schlange haben die Aussprüche der Propheten das Ungeheuer bezeichnet"[4].

Desgleichen ließ der Kaiser auf Münzen eine Schlange prägen, die von seinem Siegesbanner (Labarum) niedergestoßen wird.

Als Sieger über den Drachen stellt die Kunst vor allem den hl. Erzengel Michael, den hl. Ritter Georg und die hl. Margareta, Jungfrau und Martyrin, dar.

Die romanische Periode verwendet häufig Drachenmotive in der Plastik als Säulenkapitäle, Leuchterfüße usw. und für Buchinitialen: überall im Sinne von Niederlage des Bösen.

Bei Prozessionen pflegte man im Mittelalter einen Drachen als Symbol des Triumphes Christi mitzutragen.

Schmetterling

Die Symbolik des Schmetterlings (Papilio, *ψυχή)* liegt schon in seinem griechischen Namen: „Psyche" bedeutet sowohl „Seele" (= Lebensprinzip) als auch „Schmetterling". Die Analogie liegt im Umwandlungsprozeß dieses Tieres von der Raupe zur starren Puppe, die wie leblos in ihrer Hülle schlummert, und von dieser zu jenem ätherischen Wesen, das selbst einer Blume gleich über Blüten dahinflattert. So ist der Schmetterling aus seinem dunklen Übergangszustand als Lichtsuchender zum Lichte durchgedrungen und des Lichtes teilhaft geworden.

Auch der Mensch macht eine Wandlung durch: zunächst aus dem Leben in der behindernden Schwere seiner Leiblichkeit zur Todesstarre und Verwesung. — Er scheint nicht mehr zu bestehen. — Und doch: „Vita mutatur, non tollitur!" (Präfation der Totenmesse). Das Leben wird gewandelt, aber nicht hinweggenommen. Aus dem Moder ersteht ein verklärter Leib — schön, beweglich, durchdringlich, leidensunfähig, unsterblich!

Auch die alten Heiden haben diesen Wandel dunkel geahnt und erhofft: Die Griechen dachten sich die Seelen der Verstorbenen als kleine, geflügelte, schattenhafte Abbilder *(εἴδωλα)* der betreffenden Menschen, die, an den Grabstätten herumschwebend, vom Honig lecken, der als Totenopfer gespendet wurde. Daher ein

[4] Eusebius v. Caes., Leben Konstantins III., 3; Kösel, S. 98.

gewisser Schauer, wenn Schmetterlinge die Gräber nachts umschwärmten. Nachtfalter wurden insbesondere als Erscheinungen der Psyche angesehen. Seit der alexandrinischen Epoche jedoch, wo in Poesie und Kunst eine tändelnde, idyllische Richtung aufkam, begann man weniger den traurigen Nachtfalter als den fröhlichen Schmetterling als Psyche-Sinnbild anzusehen. Nun trat an die Stelle der Symbolik des Todes und der Auferstehung, die in der physischen Metamorphose des Tieres lag, mehr die Beziehung zu Eros, dem Liebesgott, in den Vordergrund, von der in den archaischen Denkmälern noch keine Spur gewesen war. Beide Auffassungen sind auf Gemmenbildern ausgedrückt: Viele zeigen den Amor (= Eros), wie er den Psyche-Schmetterling mit einer Fackel brennt oder ihn auf andere Weise quält. Auf einem anderen Beispiel dagegen sitzt auf einem Totenkopf ein Schmetterling als Bild der entflogenen unsterblichen Seele.

Auch das Christentum kennt eine doppelte Symbolik des Schmetterlings: Einerseits gilt er als Bild flatterhaften Wesens, vergehender Schönheit, törichter Liebe zu den Flammen, die ihn verbrennen, kurzer Lebensdauer, weltlicher Gesinnung. Anderseits erwähnen sowohl der hl. Basilius (Hexam. V, 77, 78) und der hl. Ambrosius seine *Auferstehungssymbolik*. Ersterer schreibt: „Was sagt ihr, die ihr dem Paulus bezüglich der Verwandlung bei der Auferstehung nicht glaubt, wenn ihr seht, daß viele Luftbewohner ihre Gestalt ändern? So erzählt man von dem gehörnten indischen Wurm, er verwandle sich zuerst in eine Raupe, werde mit der Zeit zur Puppe, bleibe auch in dieser Gestalt nicht, sondern bekäme breitblättrige Flügel.

Wenn ihr Frauen nun dasitzet und sein Gespinst abhaspelt, die Kokons nämlich, die euch die Serer zur Verfertigung weicher Kleider senden, so denket an die Verwandlung dieses Tierchens, erkennet darin einen deutlichen Fingerzeig für die Auferstehung und zweifelt nicht an der Verwandlung, die Paulus allen verkündigt" (Hexameron VIII, 8).

In der christlichen Kunst findet sich der Schmetterling als Auferstehungssymbol ausschließlich auf Grabsteinen, wie z. B. auf den Friedhöfen von Basel und Umgebung, die vom Ende des vergangenen Jahrhunderts bis zur Gegenwart datieren. Der Mythos von *„Amor und Psyche"* wurde schon in der Katakombenmalerei und Sarkophagplastik mehrmals dargestellt. Der antiken Symbolik entsprechend, trägt die Psyche auch hier mitunter Schmetterlingsflügel. Den Mythos hat Apulejus in seinen „Metamorphosen" erzählt, doch ist er nur Umbildung einer altorientalischen Sage. Der Inhalt ist folgender: Psyche, die jüngste und schönste von drei Töchtern eines Königs, wurde von Eros (= Amor) geliebt. Er brachte sie an einen abgeschiedenen Ort, wo sie mit ihm vereint lebte, ohne ihn jedoch zu sehen und zu kennen. Von ihren bösen Schwestern ließ sie sich jedoch verleiten, nach seinem Antlitz zu forschen, und wurde deshalb von ihm verlassen. Sie suchte ihn unter tausend Mühsalen, bis sie endlich, durch die erduldeten Leiden geläutert, auf ewig wieder mit ihm vereinigt wurde. — Die tiefere Lebensanschauung, die in dieser Erzählung verborgen liegt, die Idee von der Prüfung und Läuterung der Psyche und ihrer einstigen Wiedervereinigung mit Eros im seligen Jenseits — das alles machte diesen Mythos geeignet, auch in der altchristlichen Kunst einen Platz einzunehmen.

In ganz anderem Zusammenhang ist der Seelen-Schmetterling auf einem Mosaik des 13. Jahrhunderts in der Vorhalle der St.-Markus-Kirche in Venedig zu finden. Es entspricht ganz der antiken Denkweise: Das Bild stellt die Erschaffung des ersten Menschen dar. Im Augenblick, da Gott dem eben gebildeten Leib die Seele einhaucht, schwebt die Psyche mit Schmetterlingsflügeln auf Adam zu.

Skorpion

Schon der Anblick eines Skorpions (scorpio, *σκορπίος)* mit seinen Krebsscheren und dem mit Giftstachel bewaffneten Schwanz ist grausig. Auch als Symbol hat er immer einen üblen Sinn. Während dieses Tier in Südeuropa zirka 3 cm mißt, erreicht er im Orient eine Länge bis zu 15 cm und ist je nach seiner Art dunkel oder heller gefärbt. Sein Stich kann innerhalb drei Tagen zum Tode führen, wenn er nicht rechtzeitig medizinisch behandelt wird.

In der Heiligen Schrift sind Skorpione mehrmals erwähnt: Bei Ezechiel (2, 6) bedeuten sie die abtrünnigen Israeliten, im Buche J. Sirach (39, 36) werden sie unter den Tieren genannt, die Gott zur Strafe für die Menschen sandte. Im Lukasevangelium (10, 19) spricht der Heiland zu den Aposteln: „Ich habe euch Macht gegeben, über Schlangen und Skorpione hinwegzuschreiten.“ Das bewahrheitet sich buchstäblich durch die Wundermacht der Heiligen; im übertragenen Sinn aber wurden diese Worte auf den Sieg über den Teufel und seinen Anhang bezogen. Im selben Evangelium (Kap. 11) veranschaulicht Jesus die Gebetserhörung durch mehrere Bilder. In Vers 12 heißt es: „Wenn er (der Sohn) um ein Ei bittet, gibt er (der Vater) ihm dann einen Skorpion?“ — Da die großen morgenländischen Skorpione, wenn sie sich zusammenrollen, einem Ei nicht unähnlich sind, ist hier der formale Gegensatz nicht so groß, als er aussieht, umso größer aber der *geistige* Kontrast: Im Ei schlummert das Leben, daher ist es Sinnbild nicht nur der Geburt, sondern auch der Auferstehung. Der Skorpion dagegen stellt Tod, Höllengift und Teufelsbosheit dar. Diese Bedeutung tritt am stärksten in einer apokalyptischen Vision zutage (vgl. Offb 9, 2—12), die das Hervorkommen von Heuschrecken aus dem rauchenden Schacht des höllischen Abgrundes schildert: „Denen wurde die Macht gegeben, wie sie die *Skorpione* der Erde haben ... Sie hatten Schwänze und Stacheln wie Skorpione. In ihren Schwänzen lag die Kraft, die Menschen fünf Monate lang zu schädigen.“ Der ganze Abschnitt beschreibt die Qualen, die der Stich dieser Höllentiere verursacht. Die Menschen „verlangen zu sterben, aber der Tod zieht sich von ihnen zurück“ (vgl. Art. „Heuschrecke“). — Eindeutiger kann der Sinn nicht ausgedrückt werden.

Spinne

Die Spinne (aranea, *ἀράχνη, φάλαγξ),* die in verborgenen Winkeln ihre kunstvollen Netze spannt und darin lauert, um die gefangenen Insekten auszusaugen, hat zu mancherlei Beobachtungen und symbolischen Anwendungen Anlaß gegeben. Sie gilt auch als abergläubisches Zeichen, das je nach der Tageszeit seines Erscheinens gute Hoffnung oder Mißgeschick vorbedeuten soll.

Nichts ist zarter als ein Spinngewebe. Während andere Tiere fremde Stoffe verarbeiten, zieht die Spinne ihre langen Fäden aus der Substanz des eigenen Körpers und verbindet sie mit wunderbarer Fertigkeit zu einem Werk, dem an Feinheit kaum etwas gleichkommt, das aber keinen Bestand hat. Ein Hauch genügt, um es zu zerstören.

Darum ist die Spinne in einigen Bibelstellen Bild des Haltlosen, Hinfälligen, Symbol eitlen Hoffens und vergeblichen Mühens. Im Buche Ijob (8, 14) steht der Vergleich: „Zunichte wird jedes Frevlers Hoffen. Nur Sommerfäden, das ist sein Vertrauen, ein Spinngewebe seine Zuversicht“. — Ähnlich bei Jesaja (59, 5):

„Spinnfäden weben sie ... nicht taugen ihre Gewebe zu Kleidern. Mit ihrem Gewirk kann man sich nicht bedecken."

Zwei Psalmstellen, auf die sich Vätererklärungen beziehen, sprechen nach der Vulgata und Septuaginta von der Spinne, obwohl der hebräische Text anders lautet: „Hinschwinden machst du (tabescere fecisti, *ἐξέτηξας)* sein Leben gleich der Spinne" (Ps 39, 12), d. h.: Des Menschen Leben verbraucht sich, wie sich das Leben der Spinne verzehrt, die keine Nahrung findet, oder, ihr zerstörtes Gewebe wieder erneuernd, austrocknet und zugrunde geht. So bleibt alles Abhärmen vergeblich.

Psalm 90, 9 faßt den Gedanken etwas anders: „Anni nostri sicut aranea meditabuntur" (Septuaginta: *ἐμελέτων,* von *μελετάω,* sich abmühen, sorgen): „Es schaffen unsre Jahre (eitel) wie die Spinne", d. h., sie sind spinnenartig geschäftig; aber auch ein Spinnengewebe ist, was sie zustande bringen; im Nu und vor der Zeit zerreißt es der Tod, und wir sind hinweggerafft (Abt Maurus Wolter „Psallite sapienter" B. III, S. 333 f).

Eine tiefe und sehr zeitgemäße Deutung gibt der hl. Ambrosius: „Was ist gewandter und geschäftiger als die Spinne, die Tag und Nacht ihrem Werk obliegt und doch mit allem Müheaufwand kein Gewand fertigbringt! Ihr gleicht jeder Mensch, der sein Werk nicht auf das Fundament Christi aufbaut: Eitel ist sein Sorgen bei Tag und Nacht, und oft geschieht es, daß er inmitten seiner maßlosen Geschäftigkeit in den Ruinen seines Werkes untergeht" (Enarr in Ps 38; PL 36, 1106).

Andere Kirchenväter heben die *Eigensucht* der Spinne hervor oder vergleichen ihr Schaffen mit der Arbeit jener, die mit ihrem Tun nur eitlen Ruhm erstreben. Cassiodor dagegen gibt dem Symbol eine günstige Deutung. Der kurzgefaßte Sinn seines etwas komplizierten Gedankenganges ist folgender: Wie die Spinne sich nicht auf der Erde herumtreibt, sondern an höhergelegenen Stellen ihre zarten Netze zusammenfügt, so tut auch die Seele, die, vom Irdischen enttäuscht, sich zu Gott hinwendet und die feinen Gewebe der Tugend und Beschauung herstellt (vgl. PL 70, 284 et s).

Schwein

Das Schwein (porcus, sus, *πόρκος, σῦς)* war bei den alten Heidenvölkern Symbol der Fruchtbarkeit und wurde als solches den entsprechenden Gottheiten geopfert. Besonders geschah das bei den Kanaanitern und den Römern, wenn diese ihre Suovetaurilia (Dreitieropfer von Schwein, Schaf und Stier) darbrachten. Das Verbot, Schweinefleisch zu essen, bestand nicht allein bei den Juden, sondern auch bei den Indern, Arabern und Ägyptern. In Ägypten gab es aber eine Ausnahme an Vollmondtagen, wo anschließend an das Schweineopfer an den Fruchtbarkeitsgott Osiris der Genuß dieses Fleisches erlaubt war (vgl. Herodot II, 47 nach Vigouroux Dict. de la Bible, Art. „Porc").

Wenn die Ägypter dennoch die Schweinezucht stark betrieben, so geschah es aus landwirtschaftlichen Gründen: Wenn nämlich die Wasser des Nils nach der jährlichen Überschwemmung zurücktraten, so trieb man in das aufgeweichte Gebiet Schweineherden, die vor der Aussaat durch Wühlen und Treten die Arbeit des Pflügens ersetzten (vgl. Plutarch „De Iside" 8; a.a.O.).

Bei den Indogermanen galt der Eber als ein mit Sonnenkräften begabtes Tier. In der Edda war der „Güllinbürsti" (= goldborstene Sonneneber) ein schützendes, im Kampf erprobtes Wappenbild mit der Bedeutung von Stärke und Heldenmut.

Sonst galt das Schwein allgemein wegen seiner Vorliebe zum Wühlen in Schlamm und Unrat und wegen seiner Gefräßigkeit als Bild der Unkeuschheit und Unmäßigkeit. Wenn darum der verlorene Sohn in der Parabel sich als Schweinehirt anstellen ließ (Lk 15, 15. 16), was den Juden verboten war, so hebt das noch schärfer hervor, wie tief er gefallen war.

In der Bergpredigt ermahnte Christus: „Werft eure Perlen nicht den Schweinen vor! Sie könnten sie sonst mit ihren Füßen zertreten, sich umwenden und euch zerreißen" (Mt 7, 6). Der Sinn ist, man solle irdisch gesinnten, unlauteren Menschen die heiligen Geheimnisse nicht offenbaren, um sie nicht der Verunehrung preiszugeben.

In der mittelalterlichen Kunst findet man das Schwein als Beigabe zur Personifikation der Erde auf einem Deckengemälde des Limburger Domes (13. Jahrhundert). Es wird hier wohl im Sinne antiker Fruchtbarkeitssymbolik zu verstehen sein. In andern Fällen erscheint es immer als Sinnbild der genannten Laster, die durch die Darstellung gebrandmarkt werden sollen, oder von Teufeln, die auszutreiben sind.

Das *Wildschwein* (aper, *κάπρος)* wird in Psalm 80, 14 als Weinbergverwüster erwähnt. Nach der Vulgata lautet die Stelle: „Verwüstet hat ihn ein Eber des Waldes, ihn abgeweidet ein einsames Wild." Die erste und zweite Vershälfte entsprechen sich: „Aper de silva" (Septuaginta: *σῦς ἐκ δρυμοῦ)* und „singularis ferus" (Septuaginta: *μονιὸς ἄγριος)* bezeichnen dasselbe Tier. Von seinem dritten oder vierten Jahre an streift nämlich der Eber gerne einsam herum. Die Wildschweine leben in dichtem Gestrüpp an feuchten Orten. Nachts kommen sie hervor, um auf Feldern und in Weingärten ihr Unwesen zu treiben. Mehr als die europäischen richten die asiatischen Rassen großen Schaden an: Sie weiden die Weintrauben ab und durchwühlen das Erdreich so sehr, daß ein Jahr lang kein Ertrag mehr zu erhoffen ist.

Der Weinberg, von dem der Psalm spricht, versinnbildet Israel, im neutestamentlichen Sinne aber die hl. Kirche. Der verwüstende Eber bedeutet die Heidenvölker und Verfolger.

Tierhorn

Das Horn (cornu, *κέρας),* die starke Angriffs- und Verteidigungswaffe mancher Tierarten, galt den alten Völkern als Symbol höchster Kraft, Macht und Siegesgewißheit (vgl. 1 Kön 22, 11). Nicht selten trugen Männer als Zeichen ihrer Stärke und Wehrhaftigkeit Hörner als Kopfschmuck. Alexander d. Gr., Seleukus I., Nicanor und Demetrius Poliorketes ließen ihr Bild mit gehörnter Stirne auf Münzen prägen. Bei den Drusen (Libanongebiet) gehörte ein Horn auf der Kopfbedeckung sogar zur Tracht der Frauen.

Häufig drückt die Hl. Schrift den Begriff des „Starkseins" durch das Sinnbild des Hornes aus, und zwar sowohl in bezug auf materiellen Wohlstand als auf siegreichen Widerstand gegen feindliche Gewalten und auf ruhmvolle Leistungen. Im schlechten Sinn bedeutet es Hochmut, trotzige Auflehnung oder Gewaltherrschaft. Letzteres in der apokalyptischen Vision Daniels (7, 7. 8. 20; 8, 3) und bei Sacharja 1, 18. 19.

Im 47. Kapitel des Buches Jesus-Sirach (Vers 6. 8. 13 [Henne 11]), im Lobpreis auf Davids Heldentaten, finden wir mehrere dieser Bedeutungen vereint:

„Er hatte den Herrn, den Allerhöchsten, angerufen, und er hatte seiner Rechten Kraft verliehen, daß er den kriegserfahrenen Mann (Goliath) niederstreckte und das *Horn seines Volkes* erhöhte . . .“

„Er vernichtete die feindlichen Philister und *zerbrach ihr Horn* bis auf den heutigen Tag . . .“

Nachdem einige Zwischenverse Davids Eifer für den Tempeldienst geschildert hatten, heißt es weiter: „Da vergab ihm der Herr seine Sünden und *erhöhte sein Horn* auf ewig: Er gab ihm das Gesetz über das Königtum und den herrlichen Thron in Israel.“

(Vgl. die sinnverwandten Stellen nach Vulg.: Ps 43, 6; 91, 11; 74, 5. 6. 11; 111, 9; 131, 17; 148, 14; Jer 48, 25; Klgl 2, 3. 17; Ez 29, 21; Mich 4, 13; 1 Makk 7, 46.)

Die *Strahlen* im Angesicht des Moses (Ex 34, 29—35) und in den Händen Gottes (Hebr 3, 4) übersetzt die Vulgata mit „gehörnt sein“ und „Hörner“ (vgl. die nähere Erklärung im Art. „Hirsch“).

Der Höhepunkt der Symbolik ist dort gegeben, wo „Horn“ auf die geistige Kraft der Gnade, auf das starke, von Gott kommende Heil hinweist. Das Loblied Annas, der Mutter Samuels, beginnt mit den Worten: „Mein Herz frohlockt im Herrn, erhoben ist mein *Horn* durch meinen Gott!“ (1 Sam 2, 1).

Psalm 18, 3 nennt den Herrn selbst „cornu salutis meae“ (vgl. 2 Sam 22, 3). Denselben Ausdruck gebraucht Sacharja, der Vater Johannes’ des Täufers, im Preisgesang, mit dem er die nahe Vollendung des Heiles verkündet. Mit diesem Canticum „Benedictus“ begrüßt die hl. Kirche in ihrem Morgenlob tagtäglich Christus den Herrn, der in den hl. Mysterien seine erlösende Kraft immer von neuem ausstrahlen läßt: „Gepriesen sei der Herr, Gott Israels, denn er hat heimgesucht und losgekauft sein Volk und hat *ein Horn des Heiles* uns errichtet im Hause Davids, seines Knechtes“ (Lk 1, 69) [1].

In der Apokalypse (5, 6) erscheint das siegreiche Gotteslamm mit sieben Hörnern, welche die Fülle des Pneumas und seiner Kraft versinnbilden. Gegenbild sind die Hörner des Drachen (12, 3) und der anderen Symbolgestalten dämonischer Macht. Sie werden verschieden gedeutet, drücken aber immer die Stärke der Wut und Bosheit aus, mit der Satan und sein Anhang gegen Christus und sein Reich ankämpft (vgl. 13, 1. 11; 17, 3). Darum stellen Kunst und Volksbrauch den Teufel immer mit Hörnern dar.

Der Brand- und Rauchopferaltar der Stiftshütte und des späteren Tempels mußten nach Vorschrift des göttlichen Gesetzes (Ex 27, 2; 30, 2. 3; Ez 43, 15) an den vier Ecken mit metallgefaßten „Hörnern“ versehen sein, die Jahwes Stärke und schützende Macht versinnbildeten. Über ihre Form weiß man heute nichts mehr. Jedenfalls standen sie aufwärtsgerichtet und dürften den Vorsprüngen heidnischer Altäre ähnlich gewesen sein, die auf manchen antiken Denkmälern zu sehen sind. Welch wichtigen Bestandteil sie bildeten und wie sehr sie ein „echtes“ Symbol darstellten, ist aus folgenden drei Einzelheiten zu ersehen: Ein Altar mit abgeschlagenen Hörnern galt als exsekriert und für den Kult unbenützbar (vgl. Jdt 9, 11). Das Bestreichen der Hörner mit dem Blut der Opfertiere sollte die Hingabe des Lebens

---

[1] „Horn“ war im alten Orient direkte Bezeichnung für Königtum und Königreich. Der Ausdruck steht im Zusammenhang mit der Sage vom Helden Gilgamesch: Von diesem erzählte man sich, daß er den Himmelsstier getötet habe, den Stier mit den langen Hörnern, die 6 Guru Öl enthielten. Ein solches Horn verwendete man zur Salbung des Königs Lugalbanda (nach C. Schedl, Gesch. d. AT III, S. 98).

an Gott eigens betonen (vgl. Ex 29, 12; 30, 10; Lev 4, 7. 18. 30; 8, 15; Ez 43, 20). Wenn es einem Angeklagten oder Verfolgten gelang, in den Tempel zu flüchten und das Horn des Altares zu berühren, erlangte er Asylfreiheit. Er hatte sich also im symbolischen Altarhorn gleichsam an die Kraft Gottes selbst geklammert, bei Jahwe Heimatrecht gesucht und dadurch Anspruch auf seinen Schutz und seine Hilfe erhalten. Nur in Fällen eines vorsätzlichen Mordes konnte man den Schuldigen dennoch töten (vgl. Ex 21, 14; 1 Kön 1, 50 ff; 2, 29).

Die praktische Verwendung von Hörnern, die man bisweilen kunstvoll verzierte, war in der Antike wie noch in späteren Zeiten eine mehrfache: Sie dienten als Behälter für Öl und andere Substanzen oder als Trinkgefäße. Das Ölhorn, das Samuel zur Königssalbung Davids benützte, ist im 1. Buch Samuels 16, 1 und 13 erwähnt. Aus Widderhörnern wurden Blasinstrumente verfertigt, die im jüdischen Kult viel gebraucht wurden (vgl. Art. „Musikinstrumente") und die noch vor etwa hundert Jahren Jäger und Postillione zu Signalen benützten.

Die Blumen und Früchte ausgießenden „Füllhörner" (ursprünglich Horn der Amalthea) waren in der Antike Symbol des Überflusses und Attribut der Gottheit des Erdsegens (Pluto, Gäa, Tyche oder Fortuna usw.). Ihre Darstellung erhielt sich weiter in der Ornamentik.

Die Kirchenväter sehen in den Hörnern ein Symbol des hl. Kreuzes (vgl. Art. „Kreuz" und „Stier") und der erlösenden Kraft Christi:

„‚Mein Schützer, meines Heiles Horn' (Ps 17, 3) bist Du, o Gott! Mein Schirmherr, weil ich nicht auf mich vertraue, wie einer, der gegen dich des Stolzes Horn erhebt. Vielmehr fand ich *Dich selbst,* die feste Kraft des Heiles, und damit ich sie fände, hast du mich erlöst!" (St. Augustinus in Ps 17, 3; PL 36, 148).

Im Pontifikale romanum, das sich unter allen liturgischen Büchern durch eine überströmende Fülle von Symbolen und alttestamentlichen Typen auszeichnet, werden im Ritus der Consecratio Episcoporum an zwei Stellen biblische Sinnbilder mit neuem Gnadeninhalt erfüllt: Vor der Weihe-Präfation betet der Konsekrator: „Sei gnädig, o Herr, unsren flehentlichen Bitten: Indem du über diesen deinen Diener das *Horn* der priesterlichen Gnade neigst, ergieße in ihn die Kraft deiner Weihe."

Bei der Überreichung der Mitra heißt es dann:

„Wir setzen auf das Haupt dieses von dir erwählten Vorstehers und Wettkämpfers (antistitis et agonistae tui) den schützenden Helm des Heiles. Möge er so mit geschmücktem Angesicht und einem durch die *Hörner* der beiden Testamente gewappneten Haupte den Gegnern der Wahrheit furchtbar erscheinen. Verleihe ihm deine Gnade, auf daß er sich als deren starker Bekämpfer erweise, der du dem Antlitz des Moses durch den innigen Verkehr mit der Schönheit verliehen, es mit den helleuchtenden Strahlen deiner Herrlichkeit ausgezeichnet und Aaron, deinem Hohenpriester, die Tiara auf das Haupt zu setzen befohlen hast. Durch Christum unsren Herrn, Amen."

Wolf

Der Wolf (lupus) ist das einzige, in manchen Gegenden Europas heimische Raubtier, das nicht allein größere Tiere, besonders Schafe, sondern, wenn es der Hunger plagt, auch Menschen angreift. Sein griechischer Name *λύκος* ist nach Cornelius a Lapide auf das Leuchten seiner Augen im Dunkeln zurückzuführen und auf die Eigenschaft, selbst im Finstern sehen zu können.

An den Wolf knüpfte die Antike vielerlei Mythen und abergläubische Bräuche. Die Möglichkeit, Menschen durch Verzauberung in Wölfe zu verwandeln, leugnet zwar bereits Plinius (Nat. hist. lib. 8, 22), doch glaubte man noch im Mittelalter daran und fürchtete die „Wehrwölfe" (versipelles), das sind Männer, die, mit einem Zauberhemd oder -gürtel angetan, die vermeintliche Macht zu solcher Verwandlung besaßen. Nach nordischer Vorstellung waren die Wehrwölfe mordlustige Ungeheuer in Menschen- oder Tiergestalt. Ganz allgemein war man der Meinung, daß der Wolf, wenn er einen Menschen *zuerst* erblickt, ihm die Sprache raubt, im umgekehrten Falle aber dem nichts anhaben könne, der ihn zuerst sieht. Auch in den Schriften der Kirchenväter findet man diesen Glauben mit entsprechender Anwendung, auf die wir noch zurückkommen.

Die Heilige Schrift erwähnt den Wolf an mehreren Stellen: In den Weissagungen des sterbenden Patriarchen Jakob an seine Söhne spricht er zum jüngsten: „Benjamin ist ein reißender Wolf: Raub frißt er am Morgen, Beute teilt er am Abend!" (Gen 49, 27). Diese Prophezeiung wird von den Vätern auf den *heiligen Paulus* bezogen, der dem Stamme Benjamin angehörte: Als er in seiner Jugend die Christen verfolgte, war er ein räuberischer Wolf; nach seiner Bekehrung aber teilte er als eifriger Ausspender des Gotteswortes Beute aus.

Bei Ezechiel 22, 27 ist der Wolf Bild der *Gewalthaber,* die das Volk Israel zugrunde richten und ausbeuten: „Seine Fürsten in seiner Mitte sind wie beutegierige Wölfe, die Blut vergießen und Seelen verderben, um Gewinn zu erraffen." Ähnlich bei Zefanja 3, 3: „Ihre Richter sind Wölfe am Abend, die bis zum Morgen nichts übriglassen."

Von den grausigen Bildern hebt sich die Prophezeiung des Jesaja (11, 6 und 65, 25) friedvoll ab: „Dann wird der Wolf mit dem Lamme wohnen", womit gesagt ist, daß im Reiche des Messias selbst die ärgsten Feinde brüderlich zusammenleben. Nur der *umgewandelte* Wolf hat also einen guten Sinn, sonst aber ist er immer von übler Bedeutung.

In der Parabel vom Guten Hirten spricht der Herr vom Wolf, der die Schafe anfällt und versprengt (Joh 10, 12). „Wer ist der Wolf, wenn nicht der *Teufel?*" (Augustinus zu Joh., Rede 46, 7). Er ist ja „ein Menschenmörder von Anbeginn" (Joh 8, 44), der die Seelen durch Verführung zur Sünde tötet und die Verfolgungen und Irrlehren in der Kirche anstiftet. Der hl. Paulus sieht diese Angriffe voraus in der Abschiedsrede, die er zu Milet an die Vorsteher der Kirche richtet: „Ich weiß, nach meinem Weggang werden reißende Wölfe bei euch einbrechen und die Herde nicht schonen" (Apg 20, 29).

Christus selbst hat noch an anderer Stelle die Seinen vor solchen Gefahren gewarnt: „Hütet euch vor den falschen Propheten: Sie kommen in Schafskleidern zu euch, innen aber sind sie reißende Wölfe" (Mt 7, 15). Dann wieder sandte er die siebzig Jünger aus mit den Worten: „Seht, ich sende euch wie Lämmer mitten unter die Wölfe" (Mt 10, 16; Lk 10, 3).

Dem hl. Ambrosius schwebt der damals allgemeine Schrecken vor dem Wolf, der die Sprache raubt, vor Augen, wenn er von den *Häretikern* spricht: „Kommen sie einem mit dem verfänglichen Truggespinst ihrer Rede zuvor, so machen sie ihn mundtot, denn mundtot ist, wer das Wort Gottes nicht in der Herrlichkeit bekennt, die ihm eignet. Hüte dich denn, daß dir nicht ein Häretiker die Sprache nimmt, wenn du ihn nicht zuvor noch entdeckst! Denn im Verborgenen schleicht sein Unglaube ... Es beirre dich nicht, daß sie äußerlich Menschengestalt haben!

Hat man äußerlich einen Menschen vor Augen, innerlich schnaubt die Bestie" (Lukaskommentar VII 49 ff).

Auf einem Fresko der Kallistuskatakombe ist die schuldlose Susanna (vgl. Dan. Kap. 13) als Lamm zwischen zwei Wölfen dargestellt, die ihre Ankläger versinnbilden. Der schlichten Komposition liegt der Gedanke an die Christenverfolgungen zugrunde, denn Susanna ist Symbol der Kirche in ihrer Trübsal [1].

An den Wänden romanischer Kirchen der späteren Periode hat die Darstellung von Tierfabeln, in denen der Wolf oft eine Hauptrolle spielt, lediglich den Zweck, den Gläubigen die moralische Anwendung nahezulegen.

---

[1] Abbildung davon in Kraus, Realenzyklopädie der christl. Altertümer II, 801, und in vielen anderen archäologischen Büchern.

VIII. BIBLISCHE GESTALTEN UND PERSONIFIKATIONEN

1. ALTES TESTAMENT

In diesem Abschnitt handelt es sich nicht um eine Vorführung aller biblischen Typen, wie sie seit urchristlicher Zeit bis ins hohe Mittelalter in Schrifttum und Kunst zur Darstellung kamen. Ein so reiches Thema würde die Grenzen dieses Buches weit überschreiten; darum ist hier nur eine Auswahl geboten.

Typen sind zwar nicht Symbole im eigentlichen Sinn, und doch müssen sie ihnen zum Teil beigezählt werden, wenn ihre Darstellung, vom historischen Sinn absehend, durch Bibelszenen einfachster Komposition christliche Mysterien andeutet.

Die Altertumsforscher haben verschiedene Auslegungen dieser Bilder gegeben. Die Beziehung auf die Verstorbenen ist in der Katakombenmalerei und Sarkophagplastik zwar sehr naheliegend und einleuchtend, kann aber seit der Entdekkung derselben Motive in einem oberirdischen Kultheiligtum aus derselben Zeit nicht mehr ausschließlich gelten (vgl. Art. Oranten).

Noach

Das Bild Noachs in der Arche ist in der Katakombenkunst eines der häufigsten. Die Beschränkung auf eine Person, die in Orantenhaltung aus einer viereckigen Truhe halb herausragt und nur durch die heranfliegende Taube gekennzeichnet ist, alles das deutet in seiner unwirklichen Darstellung auf eine rein symbolische Auffassung. Das Bild versinnbildlicht den Christen, der mitten in der Not dieser Welt mit siegreichem Vertrauen über das Grab hinaus auf das wahre Leben hofft. Die Taube mit dem Olivenzweig bringt ihm das Zeichen der Pax aeterna. „Die Sintflut ist das Mysterium des zu rettenden Menschen", schreibt Justinus der Märtyrer (Dial. mit Tryphon, 138). Dieser Grundgedanke ist bereits im 1. Petrusbrief (3, 20) ausgedrückt: Rettung durch das Wasser hindurch, „das auch jetzt gegenbildlich rettet als *Taufe*". Wenn auch hier das *Wasser* den Vergleichspunkt bildet, so lag es doch nahe, auch in der rettenden *Arche* (Holz = Kreuz) den Heilstypus zu erblicken. Der Gläubige erkannte also in diesem Bilde ein Symbol seiner Hoffnung, die im Leben und Sterben auf dem Christusmysterium beruht.

Abraham und Isaak

Die älteste Kunst stellt die *Opferung Isaaks* in verschiedener Weise dar, doch immer so, daß nur das Wesentliche, das Opfer, oder vielmehr die *Opferbereitschaft*, hervortritt. Schon die Beschränkung auf diese *eine* Szene zeigt, daß es den Künstlern auf das Typische ankam: auf die Beziehung zu Christus in seinem Opfertod. Abrahams Opfer wurde als *vollzogen* betrachtet und daher als Vorbild des Erlösungsopfers. Im Hebräerbrief heißt es: „Im Glauben opferte Abraham den Isaak, als er auf die Probe gestellt wurde, und den Eingeborenen brachte er dar, der die Verheißung empfangen hatte ... da er erwog, daß Gott auch von den Toten zu erwecken vermag. Darum erhielt er ihn auch zum Gleichnis (ἐν παραβολῇ) zurück" (Hebr 11, 17 ff; vgl. Jak 2, 21). Die Väterschriften drücken den gleichen Gedanken aus, unter den ältesten ist Klemens von Alexandrien (Strom. II, 20, 2) anzuführen: „Den Isaak machte er zur Allegorie der geweihten Opfergabe und erwählte sich ihn aus, daß er ein Typus der Heilsökonomie sein sollte."

Man sieht klar, worauf es den Christen der Urkirche ankam. Es ist daher nicht befremdend, wenn auf einem der Katakombenbilder Abraham und Isaak als *Oranten* dastehen, Widder und Brennholz neben ihnen. Das Wesentliche ist hier die unbedingte Hingabe an Gott. Der Christ sah in diesem Bilde das Opfer des Gottessohnes, mit dem er die Hingabe seiner selbst vereinen soll.

Mose

Zu den ältesten Motiven der Katakombenmalerei gehört Mose, wie er mit seinem Stab Wasser aus dem Felsen schlägt. Dieses *Quellwunder* wurde so eng mit Taufszenen verbunden, daß der berühmte Forscher De Rossi mit Recht darin ein wichtiges Taufsymbol erkannte. Ein Beispiel solcher Verbindung sinnbildlicher Szenen befindet sich in einer der sogenannten „Sakramentskapellen" der Kallistuskatakombe, wo der Fischer den Fisch (vgl. d. Art.) aus dem Wasser zieht, das Mose aus dem Felsen schlägt. Was unter dem Felsen zu verstehen ist, erklärt der hl. Paulus (1 Kor 10, 1—4). Tertullian bezieht die Stelle ausdrücklich auf das Taufwasser, und der hl. Irenäus sieht in diesem Quell „die Ströme des hl. Geistes zur Erquickung des auserwählten Geschlechtes" (Adv. haer. 4, 33). Wo aber der symbolische Quell zu finden ist, und *wer* ihn aus dem Felsen schlägt, sagt deutlich der hl. Cyprian (Ep 73, 11): „Wohin soll der Dürstende gehen? Etwa zu den Häretikern, bei denen es keinen Quell und Strom des Lebens gibt, oder zur *Kirche*, die in Kraft des Herrenwortes auf den Einen gegründet ist, der auch ihre Schlüssel erhielt?" — So ist denn in der Gestalt des Mose *Petrus*, das Oberhaupt der Kirche, dargestellt. Ganz deutlich drücken zwei Goldgläser des 4. Jahrhunderts diese Symbolik aus: Hier steht neben der Gestalt des an den Felsen schlagenden Mannes der Name: *Petrus*.

Ein anderes, selteneres Bild zeigt, wie Gottes Hand vom Himmel her dem Mose eine Buchrolle anstatt der *Gesetzestafeln* reicht. Auch hier ist nicht der Führer Israels gemeint, sondern *Petrus*, der von Christus das Gesetz des Neuen Bundes erhält.

Drei Jünglinge im Feuerofen

Die drei zum Feuertod verurteilten Jünglinge aus dem Buche Daniel galten den ersten Christen als Symbole der *Märtyrer*. In höchster Todesnot, mitten in den Flammen, preisen sie Gott. Das Feuer ließ sie nicht nur unberührt, sondern erschien ihnen wie das Wehen eines kühlen Windes (Dan 3, 50). Diese Erfrischung (Refrigerium) wurde zuweilen durch eine herbeifliegende Taube mit Ölzweig angedeutet. Ihre Entlehnung aus der Sintflutgeschichte und Einfügung in einen anderen Ideenkreis bestätigt den rein symbolischen Charakter des Bildes. Als Ausdruck des göttlichen Schutzes fügen spätere Kompositionen manches Mal die Hand Gottes bei oder auch die Gestalt des „Vierten", den Nebukadnezzar wie einen „Gottessohn" zwischen den dreien stehen sah (3, 92). In diesem erkannten die alten Christen den Logos, wie es auch der hl. Irenäus erklärt: „Die Hand Gottes, die mit ihnen (den dreien) war, die Erstaunliches und der menschlichen Natur Unmögliches an ihnen wirkte — wie soll man sich darüber wundern, wenn sie auch an den Hinübergeführten (Toten) Erstaunliches wirkt . . .? Dieses aber ist der Sohn Gottes, wie die Schrift es als Ausspruch des Königs Nebukadnezzar berichtet" (vgl. Dan 3, 92).

Die drei Jünglinge gelten also hier als Vorbild der *Auferstehung*. Dieser Gedanke ist nur eine Schlußfolgerung aus der Idee des standhaften Bekenntnisses: Der Märtyrer ist im Besitz des göttlichen Lebens, darum geht er durch den Tod zu Gott. Sein Leib aber hat das Anrecht auf die Auferstehung. So ist denn nicht die Bewahrung vor dem Tode, sondern für die Ewigkeit der Sinn dieser symbolischen Errettungsszene.

Da von den drei Jünglingen geschrieben steht, daß sie mitten in den Flammen Gott lobten und priesen, stellt die Kunst sie als *Oranten* dar. Das entspricht ganz der altchristlichen Auffassung: Dem Gebet der Märtyrer wurde eine besondere Kraft zugeschrieben.

Daniel in der Löwengrube

Auch Daniel unter den Löwen wurde als *Orans* dargestellt, und zwar *stehend*, obwohl der Bibeltext (Dan 14 ,39) ausdrücklich sagt, daß er zwischen ihnen *saß*. Tatsächlich war er ein Märtyrer des *Gebetes*, denn aus Kap. 6 geht hervor, daß er verurteilt wurde, weil er zu Gott gebetet hatte, obwohl es durch einen Erlaß des Königs verboten war.

Susanna

Das Bild Susannas als Symbol der *verfolgten Kirche* wurde bereits an anderer Stelle erwähnt (vgl. Art. „Wolf").

Jona

Aus der Geschichte des Jona wählten die Künstler drei Szenen aus: Wie er vom Meeresungeheuer verschlungen, dann wieder ausgespien wird und zuletzt im Schatten der Laube ruht. Die häufige Wiederholung dieser selben Motive ist bereits ein Hinweis auf den typischen Sinn, der durch ein Wort des Heilands gegeben ist: „Wie Jona drei Tage und drei Nächte lang im Bauche des Fisches war, so wird auch der Menschensohn drei Tage und drei Nächte im Inneren der Erde sein" (Mt 12, 40), das heißt, die Bande des Todes werden ihn nur kurze Zeit festhalten, dann aber wieder freigeben. Das Bild ist also Symbol der *Auferstehung*. Die Seligkeit des neugeschenkten Lebens aber deuteten die Künstler durch das Ruhen im Schatten der Kürbislaube an. Er genießt also das „Refrigerium", d. h. den Frieden des ewigen Lebens, nachdem er aus Sünden- und Todesnot gerettet ist.

2. NEUES TESTAMENT

In derselben Weise, wie die altchristliche Kunst Typen aus dem Alten Testament symbolisch darstellte, hat sie auch neutestamentliche Geschehnisse ausgewählt, um durch sie auf etwas anderes hinzuweisen, als sie dem Blicke darbieten. Ihnen schließen sich Bilder an, die nicht auf historischen Begebenheiten, sondern auf *Parabeln* des Herrn beruhen und darum schon an sich symbolisch sind.

Wunder des Herrn

Von den Handlungen des Herrn gilt das Wort des hl. Gregors d. Gr.: „Einerseits ist an die Wahrheit des Geschehens zu glauben, andererseits deuten sie für uns auf etwas hin. Seine Werke zeigen uns etwas durch die Macht, die sich in ihnen äußert, und etwas anderes reden sie durch ihren verborgenen Sinn „... per Mysterium aliud loquuntur" (Hom in Ev. II; PL 76, 1082 ff). Eben *diesen* Sinn deuten die altchristlichen Bilder an.

Über die *Heilung des Gichtbrüchigen*, der am Teiche Betesda durch den Heiland von leiblicher Krankheit befreit wurde, bemerkt Wilpert, daß hier ein Bild der *Taufe* zu erkennen sei, „in der etwas Analoges, nur ungleich Höheres vor sich geht: Bei der Anrufung der Trinität, unter welcher das Sakrament gespendet wird, durchdringt der Hl. Geist mit seiner Gnade das Taufwasser und verleiht ihm die Kraft, den Täufling von seiner geistigen Krankheit, der Sünde, zu heilen. Unter den Kirchenschriftstellern ist Tertullian der erste, der das von Christus am Gichtbrüchigen gewirkte Wunder in dieser sinnbildlichen Weise anwendet (De Bapt c. 5), und um dieselbe Zeit wurde es in einer Sakramentskapelle der Kallistuskatakombe gemalt". Das gleiche Motiv in der „Capella greca" (Priszillakatakombe) zeigt, daß diese Symbolik fast ein Jahrhundert früher in der Christengemeinde bekannt war. Eine einzige Figur: der Geheilte, der sein Bettgestell trägt, illustriert hier das Heilsmysterium. „Nimm dein Bett", hatte der Heiland gesprochen. Das heißt: „Trage du, was dich getragen... Dein Schmerzensbett sei der Ausweis meiner Heilsmacht, und gerade die Schwere dieser Last bestätige die Größe der gewonnenen Kraft" (Petrus Chrysol. Srm 50; PL 52, 339 ff).

(Über Bilder und Bedeutung der *Blindenheilungen* vgl. Art. „Auge")

Die Darstellungen der *Auferweckung des Lazarus* bestehen aus nur zwei Gestalten: Christus mit dem Stab und vor ihm der steif umwickelte Lazarus im Rahmen eines angedeuteten Grabmonuments. Seine Erweckung ist nach dem Sinne des Johannesevangeliums keine Befreiung vom Tode, dem Lazarus später doch verfallen mußte, auch nicht die bloße Zusicherung der leiblichen Auferstehung, sondern eine Bezeugung des Herrn als der Anastasis: „Ich bin die Auferstehung und das Leben; wer an mich glaubt, wird *leben*, auch wenn er stirbt" (Joh 11, 25). „Die Auferstehung ist unser Herr selbst", bemerkt der hl. Irenäus (Adv. haer. IV, 5, 2). Durch das kurz vor seinem Tode gewirkte Wunder der Totenerweckung wollte der Heiland auf seine eigene Auferstehung, d. h. auf den *Sieg des göttlichen Lebens* über den Tod hinweisen, den die Sünde verursacht hat. Nach Irenäus (a.a.O. V, 13, 1) ist Lazarus Symbol eines Menschen, der in Sünden verstrickt ist.

Das *Wunder von Kana* und das der *Brotvermehrung* sind Vorbilder der *Eucharistie* (vgl. die auf letzteres folgende Rede Jesu in Joh Kap. 6, 32—58). Beide sind in knappster Form dargestellt: Christus, jugendlich und bartlos, wie auf allen Bildern der frühchristlichen Zeit, berührt mit seinem Stab die neben ihm stehenden Brotkörbe oder Wasserkrüge. Nach anderer Darstellungsweise hält er einige Brote im Bausch seines Gewandes.

Verschiedene Bilder aus dem Leben Jesu

Die Szene der *Samariterin am Jakobsbrunnen* erweist den Herrn selbst als das lebendige Wasser, das ewiges Leben spendet, als den Lehrer, der von der Sünde hin zur wahren Anbetung im Geiste und in der Wahrheit führt (vgl. Joh 4 u. 7, 37—39). Die Samariterin ist Typ des Christen, der das *Wasser des Lebens* gefunden hat.

Abgesehen von einigen selteneren Motiven wären noch die *Anbetung der Magier* und die *Taufe Christi* zu erwähnen. Die *Magier,* die in phrygischer Tracht auf den Stern zueilen, zeigen, daß auch der Lebensweg der Christen eine Wanderung bedeutet, ein Hinschreiten zum ewigen Licht, zu Christus, der als Gottmensch erschienen ist.

Die *Taufe Jesu* ist Offenbarung seiner Gottessohnschaft und zugleich Typus des *Taufsakramentes.*

Der Gute Hirt

Unter den Christusbildern der ersten Jahrhunderte sind die Figuren des Guten Hirten die ältesten und zahlreichsten. Sie entsprechen auch ganz der Arkandisziplin, denn zur Zeit des Hellenismus stellten auch die Heiden häufig Hirtenszenen dar, als Idyll friedlichen, unbeschwerten Lebens, durch welches eine vage Vorstellung jenseitiger Paradiesesfreuden, also eine religiöse Idee, durchschimmert. Inmitten so vieler ähnlicher Kunsterzeugnisse fielen also die christlichen Hirtenbilder gar nicht auf. Die mythologische Gestalt des Hermes *κριοφόρος,* die einen Widder auf den Schultern trägt, konnte sogar zu Verwechslungen führen. Christen wie Heiden entnahmen ihre Motive dem alltäglichen Landleben, wie es sich in der römischen Campagna noch heute gestaltet. Während aber diese Szenen im Sinne der Heiden nur ein zufriedenes Dasein verkörperten, erkannten die Christen in der Hülle des Symbols die Erlöserliebe Desjenigen, der gekommen ist, zu suchen und zu retten, was verloren war (Lk 19, 10). Es schwebte ihnen die Parabel des Guten Hirten vor (Lk 15, 4—7; Mt 18, 12—14), samt dem 10. Kapitel des Johannesevangeliums, in dem Christus noch andere Einzelheiten des Hirtenberufes symbolisch anwendet und sich mit den Worten „Ich bin der Gute Hirt" (Joh 10, 11. 14) als Denjenigen darstellt, vor dem jegliches Hirtenamt nur schattenhaftes Vorbild oder stellvertretende Fortsetzung ist.

Wie in allen seinen Reden, benützt der Heiland auch hier volkstümliche, allbekannte Bilder. Neben Feld- und Baumfrüchten bildeten Viehherden einen Hauptbesitz und ihre Pflege eine Hauptbeschäftigung der Israeliten.

Schon in den Urzeiten des Menschengeschlechtes wurde der Hirtenberuf von fast allen frühgeschichtlichen Völkern je nach der Lage ihrer Wohnsitze betrieben (vgl. Gen 4, 4. 20). Erst als eine höhere Kulturstufe erreicht war, blieb das Weiden der Herde Aufgabe des einfachen Landvolkes oder der Lohnknechte reicher Leute.

Die Ausübung des Hirtenamtes verlief aber im alten Orient durchaus nicht so friedlich wie heute in den Gefilden Europas, sondern konnte unter Umständen lebensgefährlich werden: Es drohten Überfälle von wilden Tieren, gegen die der Hirte die Schafe verteidigen mußte (vgl. 1 Sam 17, 34—36), die wehrlos und furchtsam keinem Angriff zu widerstehen vermochten. Auch Diebe stiegen nicht selten über den niedrigen Zaun der Hürden, die nachts den Schafen zum Aufenthalt dienten. War der Hirte zugleich Herdenbesitzer, so trieb ihn die Sorge um sein Eigentum und die Liebe zu den Schäflein von selber, sich für sie einzusetzen. War er Mietling oder Knecht, so wußte er sich dem Besitzer gegenüber ersatzpflichtig für jedes Stück, das durch seine verschuldete Nachlässigkeit abhanden kam. Zwar fiel ihm ein Teil des Ertrages an Milch, Wolle und Fleisch zu, und somit hatte auch er Grund, auf sein Interesse bedacht zu sein. Zum Einsatz des *Lebens* aber konnte nur die *Liebe* treiben. So verstehen wir das Wort des Herrn: „Der gute Hirt gibt sein Leben für seine Schafe. Aber der Tagelöhner, der nicht Hirte ist und dem die Schafe nicht gehören, läßt die Schafe im Stich und flieht, wenn er den Wolf kommen sieht“ (Joh 10, 12).

Wo es sich um etwas so allseits Bekanntes und Geübtes wie das Hirtenamt handelte, gingen auch im Denken und Reden der reale und übertragene Sinn Hand in Hand und verband sich der Begriff „weiden“ auf das engste mit „führen, leiten, regieren“. Das war nicht allein beim Judenvolk der Fall: Auch bei den Ägyptern, Assyrern, Babyloniern und Griechen wurden die Könige „Hirten“ genannt, um das gekrümmte Zepter in der Hand der Pharaonen war nichts anderes als ein verkürzter Hirtenstab.

Die *biblische* Symbolsprache bezeichnet als Hirten

a) im Alten Testament:

1. Jahwe. Seine Herde ist das auserwählte Volk. Er führt, schützt und ernährt es. „Weide“ sind die materiellen Güter des Gelobten Landes und im höheren Sinn die geistigen Schätze und Gnaden der Religion (Ps 95, 100, 2. 3; 78, 52; Jes 40, 11; 49, 9. 10; Jer 31, 10; Ez 34, 11—23). Die Übertragung in die neutestamentliche Auffassung ergibt sich von selber.

Nicht allein die Herde Gottes als Ganzes, sondern auch jeder einzelne in seinem persönlichen Verhältnis zum Herrn fühlt sich als dessen Schäflein (Gen 48, 15; Ps 23, 1—4; 119, 176).

2. Könige (Jes 44, 28), besonders David (2 Sam 5, 2), in dem bereits der Messias vorgebildet ist.

3. Volksführer oder *Propheten* (Ps 77, 21; Jer 23, 4; Nah 3, 18). Sehr zahlreich sind in den prophetischen Büchern die Strafreden an schlechte Hirten (Ez 34, 1—10; Jer 10, 21; 23, 1—3). Statt ihrer verspricht Gott gute Hirten zu senden (Jer 3, 15; 23, 4).

4. Den verheißenen Messias (Gen 49, 24; Ez 34, 23; Sach 13, 7).

Der Gott-Bräutigam im Hohenliede wird mehrmals als Hirte dargestellt (1, 6. 7; 2, 16; 6, 1).

b) im Neuen Testament:

1. Christus. Zunächst gesandt „zu den verlorenen Schafen Israels“ (Mt 15, 24), vollendet er sein Erlösungswerk in vier Phasen:

a) Er sucht und rettet das verlorene Schäflein, d. i. die Menschheit im ganzen und einzelnen (Lk 15, 4—6; Mt 18, 11—13).

b) Er gibt sein Leben für seine Schafe hin, führt sie in den einen Schafstall der Ekklesia und verleiht ihnen das ewige Leben der Gnade und Glorie (Joh 10, 1—16 und 26—28).

c) Er übergibt seine Herde dem Petrus (Joh 21, 15—17).

d) Beim letzten Gericht scheidet er Schafe und Böcke (Mt 25, 32. 33).

In den Apostelbriefen wird Christus als oberster Hirte erwähnt (Hebr 13, 20; 1 Petr 5, 4).

2. *Petrus* und seine Nachfolger sowie alle Häupter der Hierarchie und wer immer in der Kirche Gottes das geistliche Amt eines Stellvertreters Christi ausübt (Joh 21, 15—17; 1 Petr 5, 2—4; Eph 4, 11).

Sowohl im Alten als auch im Neuen Bund wird eine sich selbst überlassene Volksmenge öfters als „Herde ohne Hirt" bezeichnet (Num 27, 17; 1 Kön 22, 17; 2 Chr 18, 16; Jdt 11, 15; Mt 9, 36).

Im evangelischen Bilde des Guten Hirten bemerken wir vier Hauptgedanken:

a) Lk 15, 4—6, die *Rettung des verlorenen Schafes,* die in der neueren Exegese gewöhnlich mehr auf die Bekehrung der einzelnen Seele bezogen wird, während die Urkirche sie viel weiter faßte: Sie sah darin ein Symbol der *Erlösung der ganzen Menschheit,* die Christus durch seine Inkarnation und seinen Kreuzestod gleichsam auf seine Schultern nahm und in den Himmel zur Gemeinschaft der Engel trägt. Die Bekehrung der Verirrten und die Seelenrettung und Beseligung des einzelnen Gläubigen fügt sich diesem weitgefaßten Gesamtbild von selber ein.

b) Bei Johannes 10 steht der *Opfertod* Christi im Vordergrund.

c) Durch diesen schenkt der Gute Hirte den Schäflein das *Ewige Leben,* unter dem nicht erst das künftige Leben im seligen Jenseits zu verstehen ist, sondern auch jene „vita aeterna", die uns die Taufgnade schon jetzt verleiht.

d) Sehr stark tritt bei Johannes 10 der Gedanke der Einheit hervor: *Intime, unlösliche Verbindung mit Christus,* der seinen Schäflein vorangeht, jedes einzelne kennt und mit Namen nennt und von jedem gekannt wird. Daher die *Einheit in der Ekklesia* in der *einen Hürde,* in die der Hirte alle, auch die bisher Ferngestandenen, einführt, damit auch sie seine Stimme hören und nunmehr „ein Hirt und eine Herde sei" (Joh 10, 16).

Der Gedanke an die Erlöserliebe des Heilands, die aus der Allegorie des Guten Hirten spricht, liegt der heiligen Kirche so tief im Herzen, daß sie immer wieder darauf zurückkommt und ihre Kinder dabei erinnert, daß sie die Schäflein dieses göttlichen Hirten sind.

Mehrmals im Kirchenjahr handelt entweder das Tagesevangelium oder eine alttestamentliche Lesung im Missale oder Brevier vom Guten Hirten, sodaß jeder Abschnitt des liturgischen Jahreskreises ihn uns vor Augen führt, ja jeder Tag im Invitatorium der Mette sowie manch andere Psalmstelle den Gedanken an ihn weckt.

Ein besonderes Abzeichen des kirchlichen Hirtenamtes ist das *Pallium,* entsprechend dem griechischen *ὠμοφόριον,* das der Papst selber bei feierlichen Funktionen anlegt und den Erzbischöfen (Metropoliten) verleiht. In seiner heute in der lateinischen Kirche üblichen Form besteht es aus einem zirka drei Finger breiten weißen Wollband, das mit schwarzen Kreuzchen verziert ist. Die Wolle liefern

Lämmchen, die alljährlich am Fest der hl. Agnes (21. Jänner) geweiht und dann im Benediktinerinnenkloster Santa Cecilia in Trastevere aufgezogen werden. Die Weihe der Pallien findet nach der ersten Vesper des Festes der Apostelfürsten statt. Danach werden sie bis zu ihrer Verwendung in der Confessio des hl. Petrus in einem Metallkästchen aufbewahrt. Das Gebet, das der Hl. Vater bei der Weihe der Pallien spricht, erklärt ihre Symbolik: Der Bischof sei „Nachahmer jenes großen Guten Hirten, der das verirrte Schaf auf seine Schultern geladen und mit den anderen vereint hat, für die Er sein Leben hingab. Nach Seinem Beispiel trage er Sorge für die ihm anvertraute Herde ..."

Wie in der Katakombenkunst, so gebrauchte die Urkirche auch in ihrer Arkansprache gern das Bild des Guten Hirten und läßt durch die Hülle der Allegorie die Größe desjenigen ahnen, den sie meint.

Auf dem *Grabcyppus*, den *Abercius von Hierapolis* († kurz nach 200) sich schon zu Lebzeiten errichten ließ, und der sich jetzt zu Rom im Lateranmuseum befindet, führt er sich ein als „Schüler des heiligen Hirten, der Schafherden weidet auf Bergen und Fluren, der große, allsehende Augen hat" und ihn „zuverlässiges Wissen" (= Glauben) lehrte.

Die *hl. Perpetua* schaut vor ihrem Martyrium den ewigen Gott in Gestalt eines greisen Hirten, der ihr eine geheimnisvolle Nahrung (Eucharistie, Himmelsgenuß) reicht.

Die frühchristliche *Kunst* stellte den Guten Hirten, wie alle Christusbilder der damaligen Zeit, jung und *bartlos* dar. Damit deutet sie die Ewigkeit und unvergängliche Schönheit des Gottessohnes an.

Wo aber der Hirte *bärtig erscheint*, ist in ihm Petrus zu erkennen, dessen traditionelle Züge er auch trägt. Erst 1920 kam der berühmte Katakombenforscher J. Wilpert auf die Unterscheidung dieser beiden Hirtentypen, über welche die Archäologen bis dahin verschiedener Meinung waren. Im übrigen sind sie beide ganz gleich gehalten.

Die *Kleidung* des Hirten ist auf heidnischen wie christlichen Monumenten dieselbe: Er trägt das antike Arbeitergewand, die „Tunica exomis". Das ist eine kurze, gegürtete, ärmellose Tunika, die rechts herabgelassen ist und die Schulter freiläßt. Allmählich kommt noch die Fußbekleidung, ein Mantelumwurf (chlamys) oder eine Pelerine (alicula) hinzu. — Die gewöhnlichen Attribute des Guten Hirten sind: die Hirtentasche, deren Riemen quer über die Schulter läuft, der Krummstab und die Hirtenflöte, Syrinx *(σῦριγξ)* genannt. Letztere stellten die Alten aus Rohr oder aus hohlen Jasminzweigen her, die man wie Orgelpfeifen aneinander befestigte, sodaß sich Melodien von geringem Umfang darauf blasen ließen. Damit lockte der Hirt seine Herde. Man sagt ja, die Schafe seien für Musik empfänglich. Zu diesen Abzeichen kommt öfters noch ein Milchgefäß dem eine besonders tiefe Symbolik eigen ist (vgl. Art. „Milch und Honig"). Bisweilen wurde es, wie auch Stab und Syrinx, als Sinnbild des Guten Hirten gesondert dargestellt. Das entsprach dem antiken Brauch, manchmal statt der Person einer Gottheit nur ihre Attribute vorzuführen: z. B. die Ähre für Demeter, den Dreizack für Poseidon usw.

Es gibt zwei Hauptgruppen von Hirtenbildern:

I. Die *erste* umfaßt jene, auf welchen der stehende Hirte das *Schaf auf den Schultern trägt*. Sie hat zwei Varianten:

a) Auf den ältesten Darstellungen hält der Gute Hirte die Vorder- und Hinterbeine des Tieres *getrennt mit beiden Händen,* sodaß die Haltung seiner Arme an die Kreuzform erinnert und deutlich auf das Kreuzesopfer anspielt.

b) Auf etwas jüngeren Bildern umfaßt der Hirte die vier Füße des Schafes *mit einer Hand,* während die andere eines der genannten Abzeichen trägt.

II. Die Darstellungen der *zweiten Gruppe* zeigen den Guten Hirten ohne Schultertier, wie er stehend oder sitzend in verschiedenen Stellungen seine Herde hütet.

Am häufigsten kommen die Guten-Hirten-Bilder in der Katakombenmalerei vor (Wilpert fand deren 144!), wo sie meistens eine zentrale Stellung einnehmen. Manchmal wiederholen sie sich viermal in einem Cubiculum. Ihnen folgen etwas später die Sarkophagreliefs und Grabplatten sowie die Goldgläser. Tertullian erwähnt im 2. Jahrhundert ein eucharistisches Gefäß, das diesen Schmuck trägt. Unter den wenigen erhaltenen *Statuen* des Guten Hirten mit dem Schaf auf den Schultern ist jene, die sich jetzt im Lateranmuseum befindet, die schönste und am besten erhaltene. Auch Lampen, Ringe mit geschnittenen Steinen, Medaillen, Skulpturen und Ambonen sowie Mosaike weisen das Motiv auf. Manchmal ist der Gott-Hirte durch ein beigefügtes Christusmonogramm oder durch *AΩ* gekennzeichnet, einmal durch die ineinandergefügten Buchstaben [A] = *ποιμὴν ἅγιος,* „heiliger Hirte", wie die Abercius-Inschrift ihn nennt.

Auf dem bekannten Mosaik im Mausoleum der Galla Placidia (5. Jahrhundert) trägt der Gute Hirte, dem byzantinischen Zeitalter entsprechend, nicht das oben beschriebene einfache Arbeitsgewand, sondern königliche Kleidung: Goldtunika mit dunkelblauen Streifen (Clavi). Darüber umfließt die Schultern ein purpurner Mantelumwurf, das „Pallium" in seiner ursprünglichen Form. An Stelle des Krummstabes hält seine Hand ein Kreuz mit langem Schaft, und sein Haupt ist von einem goldenen Nimbus eingefaßt.

Der Menschenfischer

(siehe Art. „Fisch", S. 255)

Das Mahl der Seligen

Unter den Katakombenfresken begegnet man mehrmals, und zwar an auffallenden Stellen, Gruppen symbolischer Gestalten, die nach antiker Sitte im Halbkreis (Sigmaform) zum Mahle gelagert sind. Zuweilen bemerkt man dabei zwei Dienerinnen, deren beigeschriebene Namen „Agape" und „Irene" sie als Personifikationen der Liebe und des Friedens bezeichnen. Über die Bedeutung dieser Mahlszenen ist viel geforscht und geschrieben worden.

Das Mahl war zu allen Zeiten und bei allen Völkern Ausdruck gesteigerter Lebensfreude und daher auch Mittelpunkt des religiösen Lebens, das ja Leben im höchsten Sinne ist. Mit Vorliebe setzte die Antike gerade auf Gräber Bilder des Mahles als Symbol des Lebens. Ja man hielt am Grabe wirkliche Gemeinschaftsmahlzeiten mit den Toten, als wären sie lebendig dabei.

Auch im Alten Testament ist das Mahl, namentlich die *Opfer*mahlzeit, immer wieder Bild der Gottesgemeinschaft, besonders derjenigen, die man in der messianischen Zeit erwartete. Im Urchristentum aber wird die Mahlidee in höchster Weise vergeistigt und geradezu zentral. Die neutestamentlichen Bücher fassen das kommende Gottesreich als ein Mahl auf: „Viele werden vom Osten und Westen kommen", sagt der Herr, „und mit Abraham, Isaak und Jakob im Himmelreich zu Tisch sitzen" (Mt 8, 11). Immer wieder erscheint dieses Bild in den evangelischen Parabeln: „Ein Mann veranstaltete ein großes Festmahl und lud viele dazu ein ..." (Lk 14, 16 ff; vgl. Mt 22, 1—14). Der Herr wird seine Diener, die er bei seiner Ankunft wachend findet, zu Tische lagern lassen und sie alle bedienen (Lk 12, 37). Bei der letzten Coena vor seinem Leiden verheißt der Erlöser, daß er im kommenden Gottesreich mit seinen Jüngern Mahl halten und „von der Frucht des Weinstockes trinken" wird (Lk 22, 16—18). Durch die Speisung mit seinem Fleisch und Blut erhob er das Mahl zu übernatürlicher Bedeutung und übergab seinen Aposteln dieses Zeichen seiner heiligen Gemeinschaft zur ständigen Wiederholung, damit es Mittelpunkt des Kultes werde, reales Symbol seiner Gegenwart, Unterpfand des jenseitigen Gottesreiches, dessen Nahen den Christen der Urkirche beim sakramentalen Mahl besonders lebendig vor Augen stand (vgl. 1 Kor 11, 26 und die Gebete der Didaché). „Selig, wer zum Hochzeitsmahl des Lammes gerufen ist", ruft der apokalyptische Seher im Hinblick auf die Vollendung aus (Offb 19, 9; vgl. 19, 17). Oft schauten auch die Märtyrer die Glorie des kommenden Lebens unter dem Bilde eines Mahles.

Wenn diese Idee das Denken der alten Christen so sehr beherrschte, so fand das naturgemäß auch in der *Kunst* seinen Niederschlag. Es ist also von vornherein anzunehmen, daß das Mahl die *Seligkeit des Gottesreiches* bedeutet, das aber in Christus bereits erschienen ist. Zwar wird seine Vollendung noch erhofft, doch hat es bereits begonnen. Die Bilder nehmen also etwas voraus, das künftig in Erscheinung treten soll, jetzt aber bereits vorausverkostet wird. Dieses Mahl ist voller Freude und Leben; daher der freudige Charakter aller Bilder. Seine mysterienhafte Vorausnahme und Vorverwirklichung findet das Mahl Christi in der Eucharistie. In *diesem* Sinne können die Mahlbilder auch eucharistisch gedeutet werden, wobei an den Gräbern der Gedanke an die „Speise der Unsterblichkeit" mitgespielt haben mag.

Vereinfachungen der Mahlszenen sind: der Dreifuß mit Fisch und Brot oder die Darstellung einer einzelnen Person, die das Refrigerium genießt, wie etwa die Vincentia in S. Pietro e Marcellino: Lagernd erhebt sie mit der Rechten den Becher, während die Linke den Krug umfaßt; an der Eingangswand stehen zwei Diener mit Krug und Becher. Es ist ein beinahe dionysischer Ausdruck der seligen Erquickung, die hier ganz jenseitig gedacht ist.

Mag es sich nun um das Mahl eines einzelnen oder einer Gruppe handeln, immer steht im ideellen Hintergrund die ewige Erquickung *(ἀνάπαυσις),* die Christus gebracht hat, in welcher er selbst die Speise des ewigen Lebens ist, dessen Angeld schon auf Erden gegeben und einst den Gläubigen in Fülle geschenkt wird.

Die klugen Jungfrauen

Das Bild der klugen Jungfrauen kommt in der älteren Kunst nur selten vor, umso öfter in der des Mittelalters. Der Herr selbst hat das Gleichnis von den zehn Jungfrauen als *Parabel* erzählt, also nicht als historisches Geschehen, sondern in eschatologischem Sinn. Daher wurde die Parabel seit frühester Zeit zum Sinnbild der Parusie: Christus ist der Bräutigam, die Jungfrauen sind in ihrer symbolischen Gesamtheit die Braut. So versteht man, daß die Christen sich selbst in ihnen sahen und daher die törichten Jungfrauen mehr in den Hintergrund treten konnten. Die Kirchenväter und die alten Liturgien benutzten das Bild sehr häufig, vor allem fanden die gottgeweihten Jungfrauen sich selbst in der Parabel wieder. Sie wird auch in den Texten der Consecratio Virginum und des Jungfrauenkommune im Missale und Brevier häufig erwähnt. In den römischen Katakomben wurde sie zweimal dargestellt: Eine dieser Fresken entstammt der ersten Hälfte des 4. Jahrhunderts. Sie befindet sich im „Coemeterium majus" an der Via Nomentana, die zweite, etwas jüngere, in der Katakombe der hl. Cyriaka, hinter S. Lorenzo in Agro Verano. Die Lampen haben auf den beiden sehr verwitterten Bildern die Form von Fackeln. Die der klugen Jungfrauen brennen, die der törichten sind erloschen und umgestürzt — ein Bild des in ihren Seelen erloschenen göttlichen Lebenslichtes.

An der Front der Basilika S. Maria in Trastevere in Rom hat die Mosaikkunst des 12. Jahrhunderts auf dem Giebelfeld eine schöne Komposition der klugen Jungfrauen geschaffen, die sich der im Mittelpunkt thronenden Madonna mit dem Kinde nähern. Ihre Lampen haben die Gestalt von Vasen.

Besonders häufig wurde die Parabel an den Portalen mittelalterlicher Kathedralen im deutschen und französischen Gebiet plastisch dargestellt, bisweilen im Zusammenhang mit der personifizierten Ecclesia (s. d. Art.). Vom 13. Jahrhundert an werden die Gestalten überlebensgroß, z. B. am Straßburger Münster. Im 16. und 17. Jahrhundert verschwindet die Parabel aus der kirchlichen Kunst, wird aber in Kupferstich und Holzschnitt noch ausgeführt. Auch einige Miniaturen handgeschriebener Bücher haben sich in origineller Weise an ihr inspiriert.

Die Evangelistensymbole (die vier Lebewesen)

Die Ursprünge der vier Lebewesen in der Vision Ezechiels (1, 1—14) und in der apokalyptischen Schau des hl. Johannes (Offb 4, 6—8), die beide zu den Symbolen der vier Evangelisten führten, liegen, Jahrtausende vor Christus, im Weltbild der alten Babylonier. Diese dachten sich die Himmelsstraße, auf der die Wandelsterne ihre Bahnen ziehen, als ein dammartiges Festland um den Himmelsozean, das die Wohnungen der großen Götter trägt. In diese Straße ist der „Tierkreis" eingebaut, dessen Hauptpunkte die vier Weltecken bilden, nämlich die Sternbilder Stier, Löwe, Adler und Mensch (Wassermann) [1]. Den zunächststehenden Adler wählte man an Stelle des Skorpions, der üble Bedeutung hatte. Diese Konstellationen sind als gewaltige göttliche Wesen gedacht und bewachen die Hauptpunkte der Welt, die zugleich dem jeweiligen Stand der Sonne und den vier Jahreszeiten entsprechen: Stier = Frühling, Löwe = Sommer, Adler = Herbst, Mensch = Winter.

Die Sternbilder erhielten ihre Namen und Bedeutung dadurch, daß die Alten in den Tieren und anderen Naturdingen Kundgebungen der Gottheit sahen und sie in diesen wohlbekannten Symbolen auch am Himmel zu finden glaubten. Die Manifestationen göttlicher Kräfte in der Natur wurden in der assyrisch-babylonischen

---

[1] Die assyrischen Astralgötter der vier Weltecken sind: Marduk = Flügelstier, Nebo = Mensch, Nergal = Flügellöwe, Nimurta = Adler.

Kunst durch Mischgestalten vierflügeliger Stiere und Löwen mit Menschenantlitz oder von Menschen mit Adlerkopf und sechs Flügeln dargestellt. Diese zusammengesetzten Wesen veranschaulichen, jedes in einer einzigen Hypostase, eine ideelle Akkumulation von Fähigkeiten, die in Wirklichkeit auf verschiedene Träger verteilt sind.

Ezechiel befand sich im babylonischen Exil, als er die Herrlichkeit Gottes schauen durfte: Mitten im Lichtglanz „erscheinen Gestalten, die vier lebenden Wesen ähnlich waren. Ihr Aussehen war folgendes: Sie hatten Menschengestalt. Jedes hatte vier Gesichter und jedes von ihnen vier Flügel ... Das Aussehen ihrer Gesichter war folgendes: Vorne hatten sie ein Menschengesicht, rechts ein Löwengesicht, links ein Stiergesicht, nach innen ein Adlergesicht". — Wie immer, benützte der Herr zu seinen Offenbarungen auch hier Bilder, die dem Seher und jenen, zu denen er gesandt wird, vertraut sind. Den Israeliten, die bereits einige Jahre im Exil weilten, waren die Mischgestalten, die sie in Riesengröße an Babylons Tempel- und Palastwänden bestaunen konnten, nicht mehr fremd, als Ezechiel ihnen seine Schau in ähnlichen Bildern verkündete. Übrigens kannten die Juden von jeher die Symbolik der Tiere. In den Prophetien (z. B. Daniel Kap. 7 und 8) und auch im Buche Ijob kommt sie besonders häufig zur Sprache. Nur die Darstellung Jahwes in solchen Gestalten und ihre Anbetung war ihnen strengstens untersagt (vgl. Ex 20, 4 ff).

Die vier Lebewesen vereinen in sich die Repräsentanten der höchsten Natur- und Lebenskräfte. Von den drei Tieren verkörpert jedes einen besonderen Typus physischer Stärke: Im Löwen ist sie gewaltig, feurig und unbezwingbar; im Rind zäh und ausdauernd; im Adler äußert sie sich besonders in der Schärfe des Blickes wie in der Höhe und Schnelligkeit des Fluges. Der Mensch aber besitzt als beseeltes Wesen die Kräfte hoher Intelligenz und festen, überlegten Wollens.

In der prophetischen Vision erhebt sich jedoch die Bedeutung dieser Gestalten weit über den naturhaften Sinn: Es handelt sich hier nicht allein um Naturkräfte, die von den Heidenvölkern vergöttlicht wurden, sondern um Cherubim, die Gott als Vollstrecker seiner Macht benützt. Ihr Aussehen ist dem Geiste der Zeit und der Umgebung angepaßt und manifestiert Eigenschaften Jahwes in einer Weise, die den antiken Orientalen am meisten beeindruckte: Das Menschenantlitz veranschaulicht Gottes höchstes Erkennen und Wollen, das Rind seine allgewaltige Kraft, der Löwe seine Macht, der Adler mit dem scharfen Blick seine Allwissenheit. Sooft Ezechiel dieser geheimnisvollen Vision gewürdigt wird, wiederholt sich das „am Flusse Kebar" geschaute Bild (vgl. 3, 23; 10, 20; 43, 3). Ihm gleicht jenes der Apokalypse in den Hauptzügen, jedoch mit dem Unterschied, daß hier nicht jedes der Lebewesen alle vier Symbole an sich trägt, sondern getrennt je eines derselben (vgl. Offb 4) und dazu sechs Flügel, während sie bei Ezechiel deren vier haben. Sie bilden die unmittelbare Nähe des Gottesthrones. Doch nun tritt in der Apokalypse der menschgewordene Gottessohn in Gestalt eines Lammes auf: Die vier Lebewesen und die vierundzwanzig Ältesten fallen anbetend vor ihm nieder, und das siegreiche Lamm wird zum Mittelpunkt der wunderbaren Himmelsliturgie, die sich vor den Augen des Sehers entfaltet. Seitdem haben die vier geheimnisvollen Zeichen zu ihrer alttestamentlichen Bedeutung eine neue hinzugewonnen: Sie wurden zu Symbolen Christi und zugleich der vier Evangelien und ihrer Verfasser. Bereits im 2. Jahrhundert vereinigt der hl. Irenäus beide Auffassungen und verschmilzt auch die Vision Ezechiels mit der des hl. Johannes. Die Zuneigung der vier Symbole an die vier Evangelisten und ihre Begründung ist bei den Kirchenvätern verschieden. Nur der Stier als Attribut des hl. Lukas und als Sinnbild des Opfers und Priestertums bleibt sich meistens gleich. Über die Christussymbolik der beiden Visionen schreibt der hl. Irenäus:

„Wie der Heilsplan des Sohnes Gottes, so ist auch die Gestalt der Lebewesen, so das Evangelium. Viergestaltig sind die Lebewesen, viergestaltig auch das Evangelium und viergestaltig ist der Heilsplan des Kyrios ... Denn das erste Lebewesen, heißt es, ist einem Löwen ähnlich. Das kennzeichnet das Tatkräftige, Fürstliche und Königliche. Das zweite ist ähnlich einem Stierkalb: Das offenbart seine (Christi) Stellung im Opferdienst und als Priester. Das dritte hat das Gesicht eines Menschen. Darin zeigt es deutlich seine Parusie als Mensch. Das vierte ist gleich einem fliegenden Adler: Das drückt die Gabe des Pneumas aus, das auf die Ecclesia herabfliegt" (Geg. die Häresien, 3, 11. 8).

Eine Aufzählung der Differenzen in der Anwendung der vier Symbole auf die Mysterien Christi und auf die Evangelien würde hier zu weit führen. In der Verteilung, wie sie uns jetzt geläufig ist, finden sich die Evangelistenzeichen zuerst beim hl. Hieronymus. Ein Vers aus einem Evangeliar des 14. Jahrhunderts faßt sie kurz zusammen:

„Quatuor haec Dominum signant animalia Christum:
Est homo nascendo, vitulusque sacer moriendo
Et leo surgendo, coelos aquilaque petendo.
Nec minus hos scribas, animalia ipsa figurant.

Diese vier Tiere versinnbilden Christus den Herrn:
Mensch ist er in der Geburt, Stierkalb im Opfertode,
Löwe im Auferstehn, Adler durch Auffahrt zum Himmel.
Nicht weniger schreibe als diese; sie tragen in sich schon den Sinn."

Seit die Kirche nach Konstantins Sieg vollen Frieden genoß, gehörte eine Unterweisung über die Evangelistensymbole zur liturgischen Vorbereitung der Katechumenen, die sich mancherorts bis in das 13. Jahrhundert erhielt. Am Mittwoch nach dem Sonntag Laetare fand während der Meßfeier das große Skrutinium „in aperitione aurium" statt. Nach dem feierlichen Hereintragen der Evangelienbücher, das nach dem Graduale der zweiten Lesung stattfand, wurde vom Diakon der Anfang des betreffenden Evangeliums gesungen und danach vom Bischof das zugehörige Symbol weitläufig erklärt: Matthäus wird das Sinnbild des Menschen zugeeignet, „weil er sein Evangelium mit der ausführlichen Beschreibung der Geburt unsres Erlösers und einer genauen Genealogie anfängt: ‚Stammbaum Jesu Christi' ..."

„Das Symbol des Evangelisten Markus ist der Löwe, weil er seinen Bericht mit dem Leben des hl. Johannes in der Wüste beginnt. Er sagt nämlich: ‚Eine Stimme ruft in der Wüste: Bereitet den Weg des Herrn' ..."

„Der hl. Lukas hat als Sinnbild den Stier, denn ähnlich wie dieser wurde auch unser Erlöser Jesus Christus als Opfer geschlachtet. Der Verfasser beginnt sein Evangelium mit der Erzählung von Johannes dem Täufer, der seinen Eltern Zacharias und Elisabeth noch in hohem Alter geschenkt wurde. Lukas wird mit vollem Recht durch den Stier symbolisiert: Die beiden Hörner bedeuten das Alte und Neue Testament, die Hufe die vier Evangelien ..."

„Johannes gleicht dem Adler, der sich hoch in die Lüfte erhebt. Er sagt nämlich: ‚Im Anfang war das Wort, und das Wort war bei Gott, und das Wort war Gott. Dies war im Anfang bei Gott.' Von Jesus aber spricht David: ‚Wie dem Adler wird dir die Jugend erneuert' (Ps 103, 5). Das ist: die Jugendkraft unseres Herrn Jesus Christus, der von den Toten auferstand und zum Himmel auffuhr ..." (gekürzt aus: Schuster, Liber Sacramentorum, B. III, S. 138 f, Pustet 1929).

Diese Zuteilung der Symbole an die einzelnen Evangelisten bleibt seit Gregor dem Großen unverändert.

In der christlichen *Kunst* wird seit Ende des 4. Jahrhunderts Christus als König der Herrlichkeit oder sein Symbol (Lamm) von den geheimnisvollen Gestalten: Mensch, Löwe, Stier, Adler umgeben. Zuerst erscheinen diese vier Zeichen auf dem Apsidenmosaik von S. Pudentiana in Rom, in der oberen Zone, rechts und links vom Gemmenkreuz. In anderen römischen Basiliken sind sie am Triumphbogen angebracht. Auf den mittelalterlichen Majestasbildern sind die vier Symbole außerordentlich beliebt und bilden stets die engste Umgebung Christi. Man findet sie als plastischen Außenschmuck der Kathedralen und in der Buchmalerei. Oft auch werden die vier Gestalten an den Balkenenden von Kreuzen, auf Lesepulten, Ambonen, Bucheinbänden usw. angebracht. Sie eignen sich überhaupt als Schmuck der meisten Gegenstände liturgischer Kunst. Ihre Reihenfolge oder Verteilung war nicht immer einheitlich. Die heute angenommene, aber nicht ausnahmslose Disposition wäre: in eine Linie gestellt — Stier, Löwe, Adler, Mensch (geflügelt)

in quadratischer Verteilung:

Adler	Mensch
Stier	Löwe

als Kreuz:

	Adler	
Stier		Löwe
	Mensch	

Spätere Künstler, zum Teil schon im Mittelalter, stellen alle vier Evangelisten als Menschen dar, meistens mit dem betreffenden Symbol neben oder über ihnen. Auch aus vorkonstantinischer Zeit kennt man einzelne solcher Bilder, jedoch ohne Attribute.

Um den Gedanken der *Einheit* der vier Evangelien eine knappe Bildform zu geben, griff man auf den Tetramorph (*τετράμορφος,* Viergestalt) der Vision Ezechiels zurück, indem man einer geflügelten Menschengestalt die nimbierten Köpfe aller vier Lebewesen gab. Solche Tetramorphe befinden sich z. B. auf den Ciboriumssäulen von S. Marco in Venedig, im Dom zu Monreale und in der Buchmalerei.

In Lydien wurde in neuerer Zeit ein Marmorblock aufgefunden, der folgenden, auf Christus bezogenen Text trägt:

Ὡς ἄνθρωπος ἔπαθεν, ὡς λέων ἐνίκησεν,
ὡς ἀετὸς ἐπετάσθη, ὡς μόσκος ἐτύθη.

„Er litt als Mensch, siegte wie ein Löwe, entflog wie ein Adler, wurde geopfert gleich einem Stier."

3. PERSONIFIKATIONEN

Dichterische Phantasie neigte von jeher dazu, nicht allein Geisteswesen, sondern auch Erscheinungen aus der kosmischen Welt (vgl. Kap. 3) sowie abstrakte und ethische Begriffe zu personifizieren. Christliche Schriftsteller und Künstler übernahmen diese symbolischen Gestalten aus der Antike. Doch die Vermenschlichungen von Naturdingen, die im heidnischen Altertum als Götter zweiten Ranges angesehen wurden, spielen fortan nur mehr eine untergeordnete Rolle, z. B. der „Coelus" mit seinem geschwungenen Velum als Schemel Christi oder ein Quellgott am Ursprung des sinnbildlichen Taufstromes.

Personifikationen von Wissenschaften, freien Künsten, Lebensaltern u. dgl. dienten, sofern auch sie im Dienste der Religion stehen, im Mittelalter ebenfalls als Buchillustrationen und Außenschmuck des Kirchengebäudes. Da sie aber für die heutige kirchliche Kunst kaum mehr in Frage kommen, können wir sie hier übergehen, um nur noch einen Blick auf die Personifikationen rein religiösen Charakters zu werfen.

Menschengestalt der guten und bösen Geister

Als reine Geister sind die *Engel* körperlos. Wenn sie aber den Menschen erscheinen, wovon die Hl. Schrift mehrmals berichtet, so werden sie in menschlicher Gestalt geschaut, sei es, daß Gott auf die Sinne einwirkt oder daß die himmlischen Geister vorübergehend einen Leib oder Scheinleib annehmen, der zum wahrnehmbaren Bild ihrer Geistesnatur wird. Cherubim und Seraphim sind in der Bibel immer geflügelt geschildert, um das Überirdische und die Schnelligkeit der Gottesboten zu symbolisieren (vgl. Art. Vögel [1]).

In den ersten christlichen Jahrhunderten stellte man die Engel stets ohne Flügel dar, deutete aber bisweilen ihre geistige Natur durch feuerrote Gesichtsfarbe an (vgl. Art. Farbensymbolik), z. B. in Rom, auf den Mosaiken der Basilika S. Maria Maggiore.

Seit Ende des 4. Jahrhunderts werden Flügel das ständige Kennzeichen der Engelsgestalten sowie des Mattäussymbols unter den vier Evangelisten.

Mit den Engelsgestalten ist die verchristlichte Personifikation des Sieges (Victoria oder Nike, einst Siegesgöttin) nicht zu verwechseln, die ebenfalls Flügel trägt (vgl. Art. „Nike").

Im Laufe der Zeiten haben Engeldarstellungen viele Variationen durchgemacht: von den streng hieratischen der byzantinischen Mosaike und den ohne Kennzeichen ausgeführten der altchristlichen Sarkophage bis zu den geflügelten Kinderköpf-

[1] „Mit zwei Flügeln verhüllen die Seraphim ihr Antlitz, weil die Lichtfülle Gottes so übergroß ist, daß das geschöpfliche Auge darob erblinden müßte ... Mit zwei Flügeln verhüllen sie ihre Füße, denn niemand kann Gott je ergehen und erwandern ... Und doch reißt es die Kreatur, ob Mensch oder Engel, mit unwiderstehlicher Anziehungskraft zu Gott, dem alleinigen Ruhepol, empor. Daher halten sie zwei ihrer Schwingen ausgebreitet in ständigem Flug zu Gott hin. Gott ist das tremendum Mysterium, vor dem die Kreatur erbebt und sich verhüllt; aber auch das Mysterium fascinosum, in das sie mit elementarer Gewalt hineingezogen wird" (vgl. C. Schedl, Gesch. d. AT B. III, S. 198).

chen und mädchenhaften Gestalten späterer Zeiten und den schematischen Neuschöpfungen der Gegenwart.

Auch die *gefallenen Engel* werden geflügelt dargestellt, jedoch bloß mit Fledermausflügeln, die sie als unheimliche Geister der Finsternis kennzeichnen. Hörner deuten die gewaltige Kraft und Bosheit des Teufels an, die Seelen verwundet und tötet, Krallen das Ergreifen, Festhalten und Zerreißen der Beute, der Schwanz das Tierische der Leidenschaften.

Oranten

Die *Oranten* (von orare = beten) waren in der altchristlichen Kunst ein sehr beliebtes Motiv. Es sind Gestalten in einer Gebetshaltung ähnlich jener, die dem Priester heute noch bei manchen Teilen der heiligen Messe vorgeschrieben ist. Sie stehen da mit ausgebreiteten Armen, nach oben geöffneten Händen und aufwärts gerichtetem Blick. Dieser Gebetsgestus war in der Antike fast allgemein. Die Heiden streckten ihre Hände, je nachdem sie Himmels-, Meeres- oder Unterweltsgötter anriefen, nach der Richtung des vermeintlichen Wohnsitzes der betreffenden Gottheit aus. Sie wollten diese gleichsam berühren, sich mit ihr in Verbindung setzen.

Auch die Israeliten beteten mit erhobenen Händen (vgl. Ps 63, 5). Als die Apostel und ihre Schüler das Christentum zu den Griechen und Römern brachten, denen diese Gebetshaltung ebenfalls geläufig war, brauchte man also kaum etwas daran zu ändern. Nur wurde die Armerhebung der Christen gemäßigter als das oft stürmische Emporrecken, das manche Kirchenlehrer an den Heiden tadeln.

Die Oranten erscheinen in der Katakombenkunst schon sehr früh. Als Wandfresken, auf Grabsteinen und Sarkophagen begegnet man ihnen unzählige Male. Alle tragen die Gewandung ihrer Zeit: gegürtete Tunika (zuerst ohne, dann mit Ärmeln), verziert mit zwei parallel von der Schulter bis zum unteren Saum laufenden Purpurstreifen (clavi), die ebenso die etwas spätere, ungegürtete, weitärmelige Dalmatika schmücken. Weibliche Oranten tragen zudem einen Kopfschleier, der bald länger, bald kürzer, das Haupt und einen Teil der Gestalt umhüllt, gemäß der kirchlichen Vorschriften (vgl. 1 Kor 11), daß Frauen beim Gebet stets verschleiert sein sollen.

Sehr oft sind die Oranten mit anderen Symbolen zusammengestellt z. B. Tauben mit Olivenzweig (Friedenszeichen), Pflanzenmotiven und Pfauen (Paradies), Lämmern (Herde der Auserwählten), Christusmonogramm oder dem Guten Hirten. Diese Zeichen drücken bildlich dasselbe aus, was die Texte der Grabsteine, die den Verstorbenen Frieden (pax), himmlische Erquickung (refrigerium) oder Leben in Christus wünschen oder diese Güter für sie als erreicht voraussetzen. — Der häufig an ihrer Seite stehende Behälter (Scrinium) mit Schriftrollen kennzeichnet sie als im Glauben wohlunterrichtete Christen.

Damit ist nun ein Weg zum Verstehen der Oranten gewiesen. Eine rein sepulchrale Deutung ist nicht mehr haltbar, seitdem im Jahre 1932 zu Dura Europos am Euphrat ein oberirdisches christliches Heiligtum entdeckt wurde, das keine Gräber enthält und doch zum Teil dieselben Bilder aufweist wie die Katakomben. Doch in die sehr weitgefaßte Definition der Oranten als *Idealbilder der erlösten Seelen in ihrer Haltung vor Gott* oder nach P. O. Casel als „*Verbildlichung der christlichen Gottvereinigung und des christlichen Heiles, das aus dem Christusmysterium hervorgeht*", lassen sich alle Erklärungsversuche der Altertumsforscher zusammenfassen. Die Deutung dieser symbolischen Gestalten auf „Anbetung, Jubel, Fürbitte, Lobpreis und Dank", die Beziehung auf Märtyrer oder Verstorbene, namentlich aber die Idee der „Ecclesia orans" (betende Kirche), fügt sich in den Gedankenspielraum ein, den die Oranten offenlassen. Die ersten Christen haben ja ihre Toten nicht anders dargestellt, als eben die Lebenden beim Gebete standen und damit ihre *eigene* Seelenhaltung gezeichnet. In der Literatur der Urkirche tritt diese besonders klar hervor. Folgende Hauptgedanken fassen sie kurz zusammen:

Stehendes Beten ziemt dem Getauften, da er mit Christus auferstanden ist, bezeugt Ehrfurcht vor dem höchsten Herrn, Wanderbereitschaft. — *Ausgebreitete* Arme bilden das *Zeichen des gekreuzigten Erlösers* nach. — *Emporgehaltene Hände* drücken Lösung von irdischen Fesseln aus, Erwartung, von Gott emporgezogen zu werden, Hinstreben zu ihm, Ergreifenwollen des höchsten Gutes, Opferhingabe, Offensein für den Empfang der Gnade.

Daß in den Katakomben auch *alttestamentliche Vorbilder*, wie Noe, die drei Jünglinge im Feuerofen u. a., als Oranten erscheinen, ändert nichts am Sinn. Mittelbar sind ja auch diese Typen vielfach Symbole der Christen in ihrer Errettung aus Verfolgung und Todesnot zu ewigem Heil.

Gerne stellte man auch die allerseligste Jungfrau und Gottesmutter *Maria*, dieses gottvereinteste Vorbild aller Betenden, als Orans dar.

Ecclesia und Synagoge

„Ecclesia" (*ἐκκλησία*, wörtlich = „die Herausgerufene") bezeichnete ursprünglich sowohl die Kirche des Alten wie des Neuen Bundes. Im Grunde sind ja beide eins, denn Christus und seine Kirche gingen aus Israel hervor und sind im Alten Testament vorgebildet. Erst der Tod und die Auferstehung des Erlösers brachte die Scheidung zwischen der Gemeinschaft derer, die an ihn glauben, und der Synagoge, die ihn als den Messias nicht anerkennen wollte.

Da die neutestamentliche Kirche größtenteils aus dem Heidentum berufen wurde, die Religion Christi aber in der mosaischen wurzelt und ihre Lehre aus den Büchern beider Testamente schöpft, kam es in Wort und Bild zur Bezeichnung „Ecclesia ex gentibus" (Heidenkirche) und „Ecclesia ex circumcisione" (Kirche der Beschneidung), wie sie auch unter den zwei symbolischen Gestalten zu lesen ist, welche die Mosaikkunst des 5. Jahrhunderts an der Hinterwand der römischen Kirche S. Sabina (Aventin) zu beiden Seiten der berühmten Holztüre dargestellt hat. Außer den Fransen am Mantelumwurf der „Ecclesia ex circumcisione" zeigen sie keine unterscheidenden Merkmale. Erst die Kompositionen des Mittelalters schaffen die unverkennbaren Gegensätze zwischen Ecclesia und Synagoge.

Unter den verschiedenen Symbolen, die auf Grund biblischer Texte die Kirche darstellen, entspricht ihre Personifikation als Frauengestalt am meisten ihrem Wesen als Braut (vgl. das Hohelied!), Mutter des mystischen Leibes Christi und Herrin der Völker, sowie den alttestamentlichen Frauentypen, die auf sie bezogen werden (vgl. Gal 4, 26. 27 und Eph 5, 23. 31. 32). Immer erweist sie sich als die Domina Mater Ecclesia.

Bereits die Oranten der Katakombenkunst, die verschiedene Deutungen erfuhren (vgl. Art. „Oranten"), könnten als Bilder der „Ecclesia orans" angesehen werden, was ihrem zumeist beigelegten Sinn, Seelen der Verstorbenen darzustellen, keineswegs widerspricht, sondern ihn nur erweitert. Ihre Symbolik ist mit der literarischen Schilderung der Kirche im „Hirten des Hermas“ (Vis. I bis IV) gleichzeitig, nur bietet sich hier ein ganz verschiedenes Bild: Hermas, ein einfacher Christ aus der Mitte des 2. Jahrhunderts, schaut im Geiste einen großen, leuchtenden Sitz, auf dem eine bejahrte Frau in prächtigem Gewande sich niederläßt. Sie hält ein Buch in Händen, liest dem Seher daraus vor und übergibt es ihm, damit er es abschreibe. Hermas erfährt durch einen überaus schönen Jüngling, wohl einen Engel, daß diese Frau die Kirche sei. In späteren Visionen erscheint dieselbe Frauengestalt mehr und mehr verjüngt und schließlich als verschleierte Jungfrau in weißem Gewand, „geschmückt, als käme sie aus dem Brautgemach“.

In den folgenden Väterschriften kehrt das Motiv der Kirche als Frau häufig wieder und zeigt auch ihre Gegenstellung zur Synagoge. In der Kunst kommt diese aber erst vom 9. Jahrhundert an zum Ausdruck, und zwar auf karolingischen und ottonischen Elfenbein- und Emailplatten, in der Miniatur-, Wand- und Glasmalerei sowie plastisch im Rahmen der Portalzyklen gotischer Kathedralen (zu Reims, Paris, Straßburg und Freiburg). Die beiden Gestalten stehen einander gegenüber, meistens (Statuen ausgenommen) unter dem Kreuz: rechts die Kirche in kostbarem Gewand, eine Krone auf dem Haupt. Sie trägt den Kreuzesstab mit Fahne und einen Kelch, in den sie das Blut aus der Seitenwunde des Erlösers einströmen läßt. Zur Linken des Kreuzes steht die Synagoge, gewöhnlich in abgewendeter Haltung, mit verhüllten Augen und zerbrochenem Stab zum Zeichen, daß sie ihre Anrechte verloren hat. Im „Hortus deliciarum“ der Herrad von Landsberg reitet die Ecclesia auf einem Tier, dessen vier Köpfe die Evangelistensymbole darstellen, während die Synagoge auf einem Esel sitzt.

Einzigartig ist das Rundbild eines Glasfensters der Pariser Kathedrale von St Denis (um 1140): Hier steht in der Mitte die Gestalt des Christkönigs mit den Symbolen der sieben Geistesgaben auf der Brust. Seine Arme sind ausgestreckt. Mit der rechten Hand krönt er die Ecclesia, während die linke den Schleier vom Antlitz der Synagoge entfernt. Die lateinische Inschrift „Was Mose verhüllt, enthüllt Christi Lehre“ erklärt den Sinn der Komposition.

Auf einer Miniatur des Sciviaskodex (12. Jahrhundert), der die Vision der hl. Hildegard von Bingen aufzeichnet, steht die Kirche als Königin und Braut in goldenem Gewand allein neben dem Kruzifixus und füllt ihren Kelch mit dem heiligen Blut, das ihr in zweifachem Strahl aus der Seite des Herrn entgegenquillt. Ein goldener Strom führt die Form des Kreuzbalkens in die untere Hälfte des Bildes weiter und ergießt sich über die eucharistischen Gaben, die auf einem Altare ruhen. Neben diesem steht nochmals die Ecclesia mit betend erhobenen Händen. Die anderen Hauptmomente des Erlösungsmysteriums sind als kleine Rundbilder in die Komposition eingefügt und erinnern an die Anamnese („Unde et memores“) der hl. Messe. Der Text des Scivias gibt die Erklärung des Bildes (6. Schau):

„Als Christus Jesus, der wahre Sohn Gottes, am Leidensholze hing, wurde ihm die Kirche in der Verborgenheit der himmlischen Geheimnisse vermählt und sie empfing als Hochzeitsgabe sein purpurfarbenes Blut. Darauf deutet sie selber hin, denn immer wieder tritt sie zum Altar hinzu und bittet um ihre Hochzeitsgabe.“

Bemerkenswert sind jene naiv-originellen und doch so tiefsinnigen gotischen Miniaturen, die das Hervorgehen der Kirche aus der Seitenwunde des Gekreuzigten und im selben Bildrahmen die Erschaffung Evas aus der Rippe Adams darstellen. Dieses Motiv, das in der Patrologie reichlich behandelt wurde, zeigt den wunderbaren Zusammenklang zwischen Typus und Antitypus, denn „es gehört zu den Wesenszügen der Kirchentheologie der ersten tausend Jahre, daß sie in der Kirche die ‚Mutter der Lebendigen' erblickt, an der sich im Vollsinn erfüllt, was einst der ersten Mutter der Lebendigen, Eva, zugedacht war, und was in der Neuschaffung des göttlichen Lebens der Menschen in Maria begann, die uns den lebendigen Gott in jungfräulicher Geburt schenkte. Eva, Maria, Kirche: diese drei Größen schaut die antike Theologie immer sozusagen wie in einem transparenten Bild ineinander" (P. H. Rahner, „Mater Ecclesia", S. 14).

An der Front einiger deutscher Gotteshäuser folgen der Gestalt der Ecclesia die fünf klugen und der Synagoge die fünf törichten Jungfrauen. Die zehn zusammen repräsentieren die Kirche in der Gesamtheit der Gläubigen. Vom Verhalten der Jungfrauen, das ist der Glieder der streitenden Kirche während der Zeit der Erwartung und Prüfung, hängt der Vollzug der Hochzeit nach der Ankunft des göttlichen Bräutigams ab. Die Darstellung mahnt die Gläubigen zur Übung der Wachsamkeit und Tugendwerke.

Tugenden und Laster

Mit dieser Art symbolischer Gestalten befaßten sich bereits Schriftsteller des zweiten christlichen Jahrhunderts: Im „Pastor des Hermas" ist eine Anzahl von Frauen und Jungfrauen am geheimnisvollen Turmbau beteiligt. Im 3. Gesicht Kap. 8 und im 9. Gleichnis Kap. 15 erfährt Hermas, daß diese Gestalten Tugenden bedeuten. Als Gegensatz schaut er verführerische Frauengestalten in schwarzen Gewändern. Es sind Personifikationen von Sünden und Lastern.

Im 4. Jahrhundert ist es der spanische Dichter Prudentius, der in seiner „Psychomachie" (PL 60, p. 19 ff) in glänzenden Bildern und in hochdramatischer Weise den Kampf der Tugenden gegen die Laster in charakteristisch gezeichneten Gestalten auftreten läßt.

Die vielen Darstellungen der Tugenden und Laster in den Bilderzyklen der romanischen und frühgotischen Zeit verraten ihre Abhängigkeit von der Psychomachie des Prudentius. Doch bot die Darstellung des Gesamtkampfes, zu dem die Miniatur der Herrad von Landsberg das interessanteste Beispiel liefert, eine weniger dankbare Aufgabe als die Behandlung des Einzelkampfes, für den mit Vorliebe der Moment des Triumphes der gepanzerten Tugend über das zu ihren Füßen liegende Laster gewählt ist. Im Zeitalter der Gotik tritt der kriegerische Zug zurück; die Rüstung wird abgelegt und durch Beigabe friedlicher Attribute eine individuellere Charakterisierung der Tugenden angestrebt. Die älteren Kompositionen, z. B. im musivischen Zyklus des Markusdomes zu Venedig (11. Jahrhundert), sind mit Begleitsymbolen noch sehr sparsam: Sie kennzeichnen die Tugenden samt den entgegengesetzten Lastern meistens nur durch eine entsprechend ausdrucksvolle Haltung und Gewandung nebst namengebender Inschrift. Später häufen sich die Attribute, seien es Tiere oder Gegenstände, mit einer fast verwirrenden Verschiedenheit und in phantastischer Weise. Doch gibt es gewisse Symbole, die sich häufiger wiederholen. Diese sind für die Haupttugenden:

Glaube	Kelch und Kreuz (leicht zu verwechseln mit Attributen der Ecclesia!)
Hoffnung	Anker (aber erst in späterer Zeit)

Liebe	Herz (mit Flamme)
Klugheit	Schlange (vgl. Mt 10, 16)
Mäßigkeit	Mischgefäß oder Sanduhr
Starkmut	Waffenrüstung
Gerechtigkeit	Waage

21 Eucharistische Taube. Domschatz von Salzburg. Mitte 12. Jh.

22 Dreifaltigkeitssymbol. Hasenfenster. Dom von Paderborn. 13. Jh.

IX. MYTHOLOGISCHE GESTALTEN UND MISCHGESTALTEN

1. MYTHOLOGISCHE GESTALTEN

Eros und Psyche

Dem Mythos von Eros (= Amor) und Psyche, dessen Inhalt wir im Kapitel über den Schmetterling kurz anführen, liegt die Idee von der Prüfung und Läuterung der Seele und ihrer dereinstigen Wiedervereinigung mit dem Geliebten zugrunde. Darum erschien er auch christlichen Schriftstellern und Künstlern geeignet, das liebende Verhältnis der Seele zu Christus zu versinnbildlichen.

Attribute des Amor sind: Pfeile, Bogen, Köcher und Fackel, deren er sich bedient, um die Psyche zu verwunden und zu brennen.

Dieses Bild benützt Origenes in seinem Kommentar zum Hohenliede als Ausdruck der mystischen Gottvereinigung:

„Die Liebe ist Gott, der seinen auserwählten Pfeil, seinen eingeborenen Sohn, zu denen sandte, die gerettet werden, damit er dort, wo er eindringt, mit dem Pfeile auch den Schützen selber einführe, wie es der Herr sagt: ‚Ich und der Vater sind eins, und wir werden kommen und Wohnung bei ihm nehmen . . .' O schöne Wunde und süße Versehrung, durch die das *Leben* ins Innere hindurchtaucht, sich selbst mit dem Riß des Geschosses wie eine Tür und einen Zugang aufbrechend. Denn kaum ist die Braut vom Pfeil der Liebe getroffen, so wandelt sich auch schon die Verwundung in hochzeitliche Lust" (angeführt in Urs v. Balthasar, „Der versiegelte Quell", Salzburg 1939, S. 77).

Die Katakombenmalerei hat das Motiv nur vereinzelt benützt, die Sarkophagplastik dagegen mehrmals. In dieser sind die Gestalten der beiden Liebenden in gegenseitiger Umarmung dargestellt; sonst fehlen außer einem Fruchtkorb zu ihren Füßen alle Attribute. So deutet die Sepulchralkunst das ewige Gottesvereintsein an, das der Verstorbene erreicht hat.

Helios, der Wagenlenker

Feurige Rosse und schnellräderige, oft sehr kostbar ausgestattete Wagen waren der Stolz und die Freude der alten Welt. Mit ihnen zog man in den Kampf, auf ihnen prunkten Herrscher und Sieger, an ihnen erprobten kühne Lenker ihre Geschicklichkeit. Es ist daher leicht erklärlich, daß etwas so Beliebtes auch in die Götterwelt versetzt wurde, um dann wieder als Abbild mythologischer Vorgänge angesehen zu werden.

Wie schon die Sumerer sich das Hinziehen der Sonne am Himmel als eine Wagenfahrt des Gottes Šamaš dachten und auch die Phantasie der Griechen und Römer Helios und Selene im Bilde des Wagenlenkers schaute, zeigt uns die Symbolik des Pferdes (vgl. d. Art), wie auch die enge Verbindung seiner astralen Symbolik mit der neptunischen. Diese Doppelbedeutung müssen wir festhalten: In den Zirkusspielen erscheint die Darstellung der Wasser- und Sonnenkraft, die alles Leben beeinflußt, nebeneinander; je nach Auffassung tritt bald der eine, bald der andere Gesichtspunkt mehr in den Vordergrund. Solche Festspiele hatten immer einen religiösen Anlaß. Der feierliche Zug mit den Götterbildern ging vom Kapitol aus zum Zirkus, voran der Beamte, der die Spiele veranstaltete. Dieser gab vom Hauptportal aus, über dem er seinen Sitz hatte, das Zeichen zum Beginn der Wettfahrt, indem er ein weißes Tuch in die Rennbahn warf. Die Farben der Wagen und ihrer Lenker hatten symbolische Beziehung zu den vier Jahreszeiten: Grün = sprossender Frühling, Rot = Sommerglut, Blau = Herbstnebel, Weiß = Winterschnee. Auch die sonstigen Einrichtungen waren sinnbildlich ausgedacht, vor allem die siebenmaligen Umläufe, deren heilige Zahl „Vollendung" bedeutete. Der Sieger wurde lebhaft akklamiert und erhielt vom Festgeber einen Palmzweig. „Nika, siege!" lautete der Zuruf, mit dem das Volk den Rennfahrer oder Reiter aneiferte oder ihn nach Vollendung des Rennens begrüßte und beglückwünschte.

Zur Zeit der Cäsaren, in der die Sittenlosigkeit der Römer ihren Höhepunkt erreichte, war sich das Publikum des ursprünglich religiösen Charakters dieser Spiele allerdings nicht mehr bewußt. Sie waren zur leidenschaftlichen Raserei geworden. Um also die Symbolik aus dem späteren Chaos richtig herauszuschälen, müssen wir von der Entartung absehen und nur die wesentlichen Grundzüge festhalten. Das häufige Vorkommen der Zirkusdarstellungen und Pferdegespanne auf Sarkophagen und Aschenvasen liefert den Beweis, daß ernste, tiefer denkende Menschen, wie namentlich die pythagoräischen Orphiker, den eigentlichen Sinn verstanden und die Verbindung zu ziehen wußten zwischen Abbild und Urbild, d. i. jenem Gesetz, das alles tellurische und menschliche Leben beherrscht: Ohne Tod keine Verjüngung, ohne Zerstörung keine Erneuerung; die Vollendung eines jeden Daseins ist der Beginn eines neuen Lebens. Bild dieses Kreislaufes sind die sieben Umläufe der Wagen, die mit höchster Schnelligkeit die Meten umfliegen, um zum Ausgangspunkt zurückzukehren und sofort den gleichen Raum von neuem zu durchmessen, wie die Kreislinie, deren Vollendung sich in den Anfang verliert. — Der Tote, in dessen Grab sich eine solche Darstellung befand, ist also gedacht als einer, der den siebenten Kreislauf zurückgelegt, seine Aufgabe vollendet hat und im Reiche des Lichtes zu neuem Dasein gelangt ist. Dadurch wird der Tod selbst ein Sieg, aus dem die Gewißheit der Unsterblichkeit, die er vorbereitet, trostreich hervorragt (vgl. Bachofen, Gräbersymbolik der Alten).

Im Unterricht der Neubekehrten knüpfen Prediger und Schriftsteller der ersten christlichen Jahrhunderte an Begriffe an, die ihren Zuhörern geläufig waren. Sie wenden das Bild des Wagenlenkers fast durchwegs auf Christus an, indem sie, an Feste des Kirchenjahres oder an Schriftstellen anknüpfend, den göttlichen Sieger als Lenker des Alls, als den wahren Sonnengott, als den Führer des Menschengespannes zur ewigen Herrlichkeit darstellen:

„Siehe, nach drei Tagen (da Christus im Grabe lag) leuchtet der Tag auf, glänzender als gewöhnlich, und nachdem der Sonne die Anmut des vergangenen Lichtes wiedergegeben ist, wird der allmächtige Gott, Christus, mit glänzenderen Sonnenstrahlen geschmückt. Es jubelt die heilbringende Gottheit, und die Schar der Gerechten und Heiligen begleitet den *Wagen ihres Triumphes*" (Firmicus Maternus, De errore profanar. Relig. 24, 2).

„Der göttliche Helios nahm vom höchsten Himmel her seinen Ausgang, als er uns aufleuchtete, und wiederum eilt er hinan zur Himmelshöhe, wenn er zum

Vater zurückkehrt. Aus dieser prophetischen Stelle mögen wir erkennen, wer der Helios ist: *Christus* ist es, der in den Himmel auffährt, den auch Elija bei seinem Sturmlauf durch die Lüfte vorbildete" (Anastasius Sinaita, In Hexam. VI).

„Er ist es, den der Kranz der zwölf Sterne, nämlich der zwölf Apostel, umgibt, den auf der Umfahrt um die Welt nicht vier stumme Tiere (Sonnenrosse), sondern die vier Evangelien in ihrer heilbringenden Verkündung führen" (Zeno v. Verona, Trakt. 8, 2).

Nach einem anderen Gesichtspunkt, der in der Patrologie mehrfach vertreten ist, erscheinen die *Erlösten* als ein von Christus gelenktes Gespann:

„Laßt uns eilen, laßt uns laufen, ihr gottgeliebten, gottähnlichen Ebenbilder des Logos", ruft Klemens von Alexandrien seinen Hörern zu, „laßt uns sein Joch auf uns nehmen, laßt uns nach Unvergänglichkeit streben, laßt uns den guten Lenker der Menschen, Christus, lieben!... Er lenkt den Wagen der Unsterblichkeit!" (Protrept. 121, 1).

In welcher Weise der göttliche Lenker verfährt, zeigt der hl. Ambrosius: Er knüpft seine Ausführungen an eine Stelle des Hohenliedes (6, 11), nach der Version der Septuaginta: „ ‚Er hat mich hingestellt als Wagen Aminadabs.' Die Seele ist also ein Wagen, der einen guten Lenker trägt. Ist sie ein Wagen, so hat sie ein Gespann von guter oder schlimmer Art. Gute Pferde sind die Tugenden der Seele, schlimme die Leidenschaften des Fleisches. *Wilde* Renner also hält der tüchtige Lenker im Zaum, *gutmütige* treibt er an ... So weiß er die ungleichen einander anzugleichen, damit sie seinen Wagen nicht in Gefahr bringen. Also können wir in einem allgemein verständlichen Bilde erkennen, wie jede Seele in angestrengtestem Wettlauf dem Himmel zustürmt, können sehen, wie eilende Rosse als erste den Siegespreis Christi erlangen, sodaß ihnen vor allen die Palme auf den Nacken gelegt wird. Das sind die Rosse, die dem Joche des Glaubens unterworfen sind, im Zaum gehalten durch die Bande der Liebe, die Zügel der Gerechtigkeit, das Leitseil der Enthaltsamkeit" (De Isaac et anima 8, 65; PL XIV, 527).

„ΙΗΣΟΥΣ ΧΡΙΣΤΟΣ ΝΙΚΑ!" Dieser Zuruf wird in gekürzter Form wohl schon seit dem 7. Jahrhundert jedem eucharistischen Opferbrot der griechischen Liturgie aufgeprägt, und zwar dem mittleren Teil, der den Namen „Siegel" oder „Lamm" trägt. Wenn man die Herkunft dieser Inschrift kennt, so eröffnet ihre Gedankenverbindung mit der Eucharistie neue Tiefen: Im hl. Meßopfer setzt Christus seinen Kreuzessieg fort, ja seinen Siegeslauf durch die Welt, durch das Kirchenjahr und zur Besitznahme einer jeden Seele, die sich seiner Leitung überläßt.

Ein guterhaltenes Fresko des Helios als Wagenlenker mit blauem Nimbus befindet sich in der Katakombe der Heiligen Petrus und Marcellinus (1. Hälfte des 4. Jahrhunderts). Wilpert sieht zwar darin nur eine Personifikation der Sonne, da das Bild in engstem Zusammenhang mit Jona steht, der, im Schatten der Hedera ruhend, sich vor ihren Strahlen schützen will. Doch liefert eine Entdeckung der letzten Jahre im Ausgrabungsgebiet der vatikanischen Basilika den klaren Beweis, daß dort der Helios mit seiner Quadriga ausdrücklich christlichen Gedankeninhalt erhielt: In der Nähe des Petrusgrabes befindet sich eine kleine Grabkammer, die durch Umrisse eines Guten-Hirten-Bildes und eines Menschenfischers als christlich erwiesen ist. Die Decke dieser Kammer schmückt ein teilweise wohlerhaltenes Mosaik: Dichte Weinranken, eine Umdeutung des dionysischen Seligkeitsbegriffes, umrahmen im Mittelpunkt des Gewölbes die Darstellung des Helios mit Strahlennimbus, wie er auf seinen Triumphwagen dahinfährt. Die Christen hatten in den heidnischen Sinn des Motivs einen neuen gelegt und sahen im Helios Christus, den wahren Sonnengott, der die Entschlafenen einst zu neuem Leben und zum ewigen Licht erwecken wird [1].

Nike

Nike *(Νίκη)*, bei den Römern „Victoria", ist die Personifikation des Sieges, die zum Gefolge höherer Gottheiten (wie Pallas Athene) zählte, aber auch als selbständige Göttin zweiten Ranges einen Kult hatte. Ihre Gestalt als geflügelte Jungfrau mit Palme und Kranz ging als symbolischer Ausdruck des Siegesgedankens ins Christentum über. Man begegnet ihr auf Münzen christlicher Kaiser und fränkischer Könige wie auf Diptychen. Das tiefsinnigste Beispiel in christlichem Sinn bietet das Fußbodenmosaik der Basilika von Aquileja (erbaut ca. 315): Hier steht Nike zwischen Brotkorb und Henkelkelch, über die sie Kranz und Palme schwingt, zum Zeichen, daß die eucharistischen Gaben den *Erlösungssieg Christi* darstellen.

Odysseus

Aus dem Mythos vom Helden Odysseus, der durch Homers Dichtung seit ältester Zeit in der gebildeten Welt bekannt war, hat die christliche Literatur und Kunst die Hauptszene herausgegriffen und zum Symbol gestaltet:

Nachdem Odysseus viele Leiden und Gefahren überstanden hat, segelt er heimwärts, vorbei an der Insel der Sirenen. Um weder sich selbst noch seine Genossen vom Sang dieser Verführerinnen bestricken und ins Verderben locken zu lassen, verklebt er seinen Gefährten die Ohren mit Wachs und läßt sich selbst aufrecht an den Schiffsmast festbinden.

Dieses Bild schwebte dem hellenischen Christen vor Augen, wenn er der Seefahrt seines irdischen Wandels und der Gefahren gedachte, die das Leben der Gnade zu bestehen hat. Siegreich will er sie überwinden, getragen vom Heimweh nach dem himmlischen Vaterland, vom Sehnen nach dem Ziele ewigen Heils. Nirgends darf der Heimkehrer verweilen, durch nichts sich betören lassen. Sich in einem kleinen hölzernen Fahrzeug auf die hohe See hinaus zu wagen ist ein Spiel mit dem Tode und schon darum geeignet, Sinnbild zu werden für die Fahrt des Menschenlebens und der gesamten Kirche zum Gestade der Ewigkeit.

Da wir die Bedeutung der Sirenen als Bild der Versuchungen und der Häresien in einem eigenen Artikel darlegen (vgl. S. 330), kann sich die Aufmerksamkeit hier besonders auf das Gebundensein des Odysseus an den Mastbaum richten:

Bereits die ältesten Kirchenschriftsteller sehen im Mastbaum, zu dem die Segelstange das Querholz bildet, ein Bild des hl. Kreuzes. An dieses festgebunden, widersteht der Christ allen Gefahren des Heiles. Manche Väter sehen im angehef-

[1] Der Feuerwagen des Helios hatte sowohl in der heidnischen als in der christlichen Antike eschatologische Bedeutung. Hier wie dort versinnbildlicht er die Apotheose. Bei den Christen spielte der Gedanke an das biblische Vorbild der Himmelfahrt des Elias hier mit. Die Feuerflügel des Wagens versinnbildlichen die Kraft des hl. Pneumas, das die Seele in der Taufe empfängt und das sie im Tode zu Gott emporträgt. „Himmlisches Vehikel" *(ὄχημα)* ist einer der Namen, mit dem einige griechische Kirchenväter die Taufe bezeichnen (Exzerpt aus Kap. V von Daniélou, „Les symboles chrétiens primitifs").

teten Odysseus Christus selbst, den Crucifixus, der uns vom Untergang rettet. In einer Predigt des hl. Maximus von Turin (5. Jahrhundert) über das hl. Kreuz ist diese Bedeutung ausgeführt:

„Wenn also schon der Mythus von jenem Ulixes erzählt, es habe ihn die Bindung an den Mastbaum vor aller Gefahr behütet: wieviel lauter muß ich da verkünden, was in aller Wirklichkeit geschehen ist! Nämlich, daß in unseren Zeiten der Mastbaum des Kreuzes das gesamte Menschengeschlecht aus der Gefahr des Todes gerettet hat. Seitdem Christus der Herr sich an das Kreuzesholz hat anfesseln lassen, können auch wir die lockenden Gefahren der Welt mit verklebten Ohren durchsegeln. Nicht hält uns mehr zurück das verderbende Lauschen auf das Irdische, nicht mehr drehen wir den geraden Kurs aufs bessere Leben ab und laufen auf die Klippen der Wollust. Denn der Mastbaum des Kreuzes läßt den Menschen, der an ihn gebunden ist, sicher in die Heimat gelangen. Ja nicht nur das: selbst die Gefährten, die um den Mastbaum versammelt sind, beschützt er mit seinem kraftspendenden Schatten. Daß das Kreuz uns wirklich nach vielen Irrfahrten ins Vaterhaus führt, versichert der Herr, da er am Kreuzesholz dem Schächer erklärt: ‚Heute noch wirst du mit mir im Paradiese sein . . .‘

So ist denn das Kreuz wie ein Mastbaum im Schiff der Kirche. Mitten im süßen und tödlichen Schiffbruch dieser Welt bleibt dieses Schiff allein unversehrt. Wer immer in diesem Schiff sich an den Mastbaum des Kreuzes anbinden läßt, braucht sich nicht mehr zu fürchten vor dem schmeichelnden Sturmwind der unkeuschen Lust. So also und darum hing Christus der Herr am Kreuze, um das ganze Menschengeschlecht aus dem Schiffbruch der Welt herauszuretten“ (Hom 49 De Cruce Dni 1; PL 57, 339 f).

In der altgriechischen *Kunst* war die beschriebene Szene ein beliebtes Motiv. Auch die Christen benützten es bisweilen in ihrer Sarkophagplastik als sprechenden Ausdruck des Hinübergangs in die ewige Heimat und der Gefahren, die der Verstorbene überwunden hatte. Wilpert bietet davon in seinem Werk über die altchristlichen Sarkophage mehrere Beispiele mit Erklärung.

Aber auch noch im Mittelalter klingt der Mythos nach in einer Predigt des Honorius von Autun:

„Ulixes aber bedeutet den Weisen. Ohne Gefahr segelt er an den Sirenen vorüber: Das will sagen, das Christenvolk, das wahrhaft weise ist, gleitet im Schiff der Kirche sicher über die Wogen der Welt. Denn es bindet sich durch die Gottesfurcht an den Mastbaum des Schiffes, das ist an das Kreuz Christi. Und so entkommt es ohne Harm jeder Gefahr. Siegend fährt es ein in die Freuden der Heiligen“ (Speculum Ecclesiae; PL 172, 857).

Als Bild erscheint die Odysseus-Sage zum letztenmal im „Hortus deliciarum“ der Herrad von Landsberg: Der „Herzog Ulixes“ steht aufrecht am Kreuzbaum, die Sirenen aber stürzen ins Meer.

Orpheus

Orpheus war ein Sängerheros der mythischen Thrazier, Repräsentant der Musenkunst, der durch die gewaltige Macht seines Gesanges und Leierspieles sogar Bäume und Felsen bewegte und wilde Tiere bezähmte. Er galt auch als Stifter einer um 600 v. Chr. entstandenen mystischen Sekte, der Orphiker, die den Kult des Dionysos Zagreus besonders pflegten und eine aszetische Lebensweise führten. Von der

Einweihung in die orphischen Mysterien erwartete man sich Läuterung der Seele und ein glückliches Jenseits.

Der Grund, warum Orpheus in den altchristlichen Bilderkreis Eingang fand, lag in der Analogie der Zauberkraft seines Gesanges zur geistigen Macht des Erlösers über die Herzen der Menschen — einer Macht, deren Einfluß die junge Kirche in der Bekehrung selbst grimmiger Christushasser täglich erfuhr. Die Parallele lag umso näher, als ja auch der Heiland von sich gesagt hatte: „Wenn ich von der Erde erhöht bin, will ich alles an mich ziehen" (Joh 12, 32). Auch erinnerte man sich der Prophezeiung des Jesaja (11, 6—8) vom friedlichen Zusammenwohnen wilder und zahmer Tiere.

Unter den Kirchenlehrern, die Christus mit Orpheus vergleichen, nimmt Klemens von Alexandrien den vorzüglichsten Rang ein. In der Einleitung zu seiner „Ermahnung an die Heiden" (Kap. 1) spricht er folgende Gedanken aus:

„Wie eine griechische Fabel lehrt, hat der thrazische Weise durch seinen Gesang die wilden Tiere bezähmt; ja er bewegte durch seine Musik sogar die Bäume von ihrer Stelle und verpflanzte sie ... Nicht so jedoch *mein* Sänger! ... Sieh, was sein neues Lied vermochte: Steine und wilde Tiere hat es zu Menschen umgestaltet, und die einst tot waren, ohne Anteil am wahren Leben, sie wurden lebendig, sobald sie nur den Gesang vernahmen. Auch dem All gaben diese Laute einheitlichen Klang. Sie stimmten die Mißtöne der Elemente zur schönsten Symphonie, auf daß die ganze Welt harmonisch werde. So hat denn dieses Lied mit seinen reinen Klängen, die alles einheitlich zusammenhalten, von der Mitte bis zur entferntesten Grenze und vom äußersten Umfang bis zum Zentrum, alles in Ordnung und Harmonie gebracht, nicht nach der Weise thrazischer Musik, die jener des Jubal gleicht (cf Gen 4, 21), sondern dem Vaterwillen Gottes entsprechend, den David (der Harfenspieler) zu erfüllen strebte. Der göttliche Logos aber, der, von David stammend, doch *vor* ihm war, verschmähte Lyra und Harfe, diese leblosen Instrumente, stimmte durch das heilige Pneuma den Kosmos, samt dem Mikrokosmos, dem aus Seele und Leib bestehenden Menschen, und preist Gott auf diesem vielstimmigen, von seinem Hauch erfüllten, nach seinem eigenen Bilde geschaffenen Organum. Er selbst, der himmlische Logos, ist ja ein durchaus harmonisches, melodisches und heiliges Instrument Gottes voll himmlischer Weisheit ...

Was aber will dieses Wort Gottes, der Kyrios, mit seinem neuen Lied bewirken? — Die Augen der Blinden entschleiern, die Ohren der Tauben öffnen, Hinkende und Irrende an seiner Hand auf den Weg der Gerechtigkeit führen, den Unverständigen Gott zeigen, dem Verderben Einhalt tun, den Tod besiegen, die ungehorsamen Kinder mit dem Vater versöhnen ...

Dieses beglückende Lied sollst du dir aber nicht in dem Sinne ‚neu' vorstellen, wie etwa ein neues Gefäß oder ein neues Haus, denn es ist älter als der Morgenstern: „Im Anfang war das Wort, und das Wort war bei Gott, und das Wort war Gott' (Joh 1, 1). Weil nun dieses Wort von Anbeginn gewesen ist, *war* und *ist* es der göttliche Ursprung des Alls ... Da es aber in der Zeit den allheiligen und verehrungswürdigen Namen *Christus* erhielt, nenne ich es das *neue Lied* ... Dieser neue Sang ist das Aufleuchten seiner Gotteserscheinung ... denn das Wort, das bei Gott war, ist als unser Lehrmeister erschienen, um als Gott uns Chorleiter zu sein zum ewigen Leben!"

Wenn nun altchristliche Künstler Christus als Orpheus darstellten, so geschah es nicht, weil sie ihn für einen wiederaufgelebten Orpheus hielten, den sie auf die gleiche Stufe mit dem griechischen Sänger stellten, sondern weil sie ausdrücken wollten, daß Christus den Orpheus als Bringer göttlicher Harmonie und Ordner des Kosmos endgültig und positiv ersetzt. Was die Alten in diesem als Wunschbild sahen, das fanden sie in Christus zum erstenmal wahrhaft und wirklich erfüllt.

Die Katakombenmalereien und Plastiken zeigen Orpheus in bewegter, Begeisterung ausdrückender Haltung, bekleidet mit kurzer, gegürteter Tunika, Chlamys, anliegenden Beinkleidern und phrygischer Mütze. Meistens sitzt er auf einem Felsblock, die Lyra auf das linke Knie gestützt, während die rechte Hand mit dem Plektrum, einem kleinen Zupfinstrument, kraftvoll in die Saiten greift.

Zu nennen sind zwei Fresken aus der Domitillakatakombe, von denen eine zerstört und nur mehr durch Kopien bekannt ist, je eines in S. Callisto, SS. Pietro e Marcellino und S. Priscilla, ferner ein Sarkophagrelief zu Ostia und einige orientalische Beispiele. Zwei dieser Motive zeigen Orpheus, von Bäumen und verschiedenartigen Tieren umgeben, die anderen nähern sich den Guten-Hirten-Darstellungen, da nur Schafe dem Sänger zuhören.

Auffallend ist, daß Orpheus in der Katakombenmalerei nie als nebensächliche Dekoration, sondern immer als Zentralbild eines Deckengemäldes erscheint, wodurch seine Christussymbolik klar betont ist.

2. MISCHGESTALTEN

Greif

Der Greif (*γρύψ*, gryps) ist ein Tiergebilde orientalischen Ursprungs, ein Compositum von Löwenkörper mit Flügeln, kräftigen Krallen und einem Adlerkopf mit Feueraugen. Spätere Zugaben sind spitze Säugetierohren und dem Hals entlang der Kamm eines Seepferdes. Auf manchen Denkmälern tragen die Greife Straußenfedernschmuck, haben aufwärts gedrehte Flügelfedern und halten einen Vorderfuß warnend erhoben. Die antike Phantasie hat sich hier ein Wesen vorgestellt, das die Eigenschaften jener Tiere in sich vereint, aus deren Teilen es besteht: Kraft, Wachsamkeit und Grimmigkeit des Löwen, Schnelligkeit der Flügelträger, weitspähender Scharfblick des Adlers, Feinhörigkeit gewisser Säugetiere, Fähigkeit, die Beute mit den Fängen zu ergreifen, festzuhalten und zu zerfleischen.

Der Greif galt als der größte Vogel. Bei Sonnenaufgang fliegt er dem Licht entgegen und nimmt die Sonnenstrahlen mit seinen ausgebreiteten Flügeln auf. Er lebt in goldenen Nestern.

Eine sinesische Sage berichtet, daß im dritten Jahrtausend vor Christus der Vogel Greif zweimal erschienen sei, um das Glück anzudeuten, welches das Reich unter der guten Regierung zweier Herrscher genoß (vgl. Weiss, Weltgesch. B. 1, S. 7). Er ist also hier ein gutes Omen.

Der Name „Greif" stammt von dem indogermanischen Wort „grabh" = greifen. Aus dem Orient kam das Symbol über Syrien in die griechische, besonders in die mykenische Kunst und nach Rom, wo altheidnische Sarkophage in den Museen und in den neuestens aufgefundenen Grabstätten unter der Petrusbasilika es bezeugen [1]. Ebenso wie die Löwen (vgl. d. Art.) sind wohl auch die Greife auf diesen Denkmälern nicht als bloßes Ornament, sondern als Grabwächter anzusehen, und zwar in verstärktem Maß, wegen der Fähigkeiten, die in ihrer Phantasiegestalt zum Ausdruck kommen. Im Geiste antiken Denkens verkörperten diese eine Realität: Man glaubte an die wirkliche Existenz solcher Tiere. Ihre Heimat suchte man in Skythien oder im sagenhaften Land der Hyperboräer [2], nach anderen in Indien, wo sie der Sonne heilig waren. Allgemein galten die Greife als Hüter und Ausgräber des Goldes, an dem sie sich erfreuen. (Bezeugt durch Plinius, Nat. Hist. VII, 2, sowie durch gelegentliche Erwähnungen in der Patrologie und in mittelalterlichen Tierbüchern.) Überhaupt sah man in ihnen, wie in den Drachen, Wächter aller verborgenen Schätze und gewisser Symbole, die den Alten heilig waren. Man schrieb den Greifen eine ungeheure Kraft zu: Sie seien imstande, einen gewappneten Mann zu überwinden und zu töten. Daher kamen sie als Sinnbild ritterlicher Kampftüchtigkeit auch in die Heraldik.

In der griechischen Mythologie zählen Greife zu den Attributen des Apollo, der Artemis und der Rachegöttin Nemesis, deren Rad sie drehen, als Bild der Schnelligkeit, mit der die Rache erfolgt. Als Zugtiere ziehen sie in Sagen und Märchen Wagen durch die Lüfte oder tragen Menschen zum Himmel empor, wie bei der Greifenfahrt Alexanders, der — am Ende der Welt angekommen — erforschen will, ob hier wirklich Erde und Himmel zusammenstoßen. Greife, die über ein Damwild herfallen, bedeuten den Sieg des Tages über die Nacht (geflecktes Fell = gestirnter Nachthimmel).

Die in Leviticus 11, 13 und Deuteronomium 14, 12 zu den unreinen Tieren gezählten „Greife" sind eine Geierart und haben mit dem Fabeltier nichts zu tun. Die Gleichstellung mit den Cherubim, die das Paradies hüten oder die Bundeslade überschatten, ist nicht erwiesen.

Das persische Motiv von zwei einander zugekehrten Greifen, die am Lebensborn (Feueraltar) nippen, ist auch in der mykenischen Kunst zu finden. Nach Daremberg-Soglio wäre dieser Feueraltar der häusliche Herd und die Greife dessen Beschützer. Durch die Vereinigung von Stärke und Wachsamkeit, die sie darstellen, sollen sie den Inbegriff sicherster Hut versinnbilden, gegen die keine Gewalt etwas vermag.

Varianten der Greife am Lebensborn sind Zusammenstellungen dieser Tiere mit einem Kandelaber, einer Vase oder Ranke, die sie mit dem Vorderfuß berühren. Mehrere Museen Italiens besitzen antike Gegenstände mit derartigen Motiven. Das schreitende Greifenpaar findet sich auch auf etruskischen Aschenkisten. Auf einem Relief des Markusdomes zu Venedig flankieren zwei Greife einen Henkelkelch, aus dem auf hohem Stiel ein Pinienzapfen (Kompendium des Lebensbaumes) und zwei kräftige Blattranken herauswachsen. Die beiden Tiere setzen auch hier einen Vorderfuß auf den Rand des Gefäßes. Der christliche Gedanke an einen wohlgehüteten Lebensbaum und Lebensborn dürfte bei dieser Komposition naheliegen. Ähnliche Greifenmotive erwähnt Sauer („Symbolik des Kirchengebäudes", S. 348) auch bezüglich einiger anderer Kirchen Italiens [3].

---

[1] Zwei Greife als Grabhüter erwähnt Wilpert als Unikum in der *christlichen* Kunst auf einem Sarkophagfragment neben der Figur des Guten Hirten (vgl. „I Sarcofagi cristiani antichi", Textband I, S. 142, Bild S. 141).

[2] Hyperboräer: Im griechischen Mythos ein Volk, das hoch im Norden in seliger Ruhe und ewigem Lichte wohnt.

Im Zeitalter der Karolinger und Ottonen sind solche ein beliebtes Ornament in der religiösen Buchmalerei (vgl. Leitschuh, „Geschichte der karolingischen Malerei", Berlin 1894, S. 414 ff).

Im Mittelalter zählte der Greif als Träger von zwei Naturen zu den Christussymbolen, doch ist dieser Sinn unserer Zeit ziemlich fremd. Als Goldgräber und -hüter ist er Sinnbild des Geizes und in der Luftfahrt Alexanders warnendes Bild der Hoffart. Diese Darstellung hat ebenfalls unter den Reliefs des Markusdomes und anderer mittelalterlicher Gotteshäuser einen Platz gefunden.

Kentauren

Kentauren (bisweilen mit Z oder C geschrieben) sind in der griechischen Mythologie doppelgestaltige Ungetüme mit menschlichem Oberkörper, der aus einem Pferde- oder Eselsleib hervorwächst. Danach die Namen Hippokentauren (von ἵππος, Pferd) und Onokentauren (von ὄνος, Esel). Die Vorstellung solcher Wesen ist vielleicht aus der Sitte wilder Völker zu erklären, die beständig auf ihren Rossen sitzen. Sie sind Personifikationen roher Naturkraft, von ungezähmter Wildheit, Feinde der Menschen und ihrer Kultur und vereinen überlegte Menschenbosheit mit tierischer Unbändigkeit. Der Sage nach waren sie in Thessalien daheim.

In der christlichen Symbolik haben die Kentauren gewöhnlich üble Bedeutung. Doch Klemens von Alexandrien (Strom. IV, 9, 4) weiß ihnen auch einen schönen Sinn abzugewinnen: „Der Mensch gleicht, wie ich meine, einem Kentauren, dem thessalischen Geschöpf, da er aus einem vernünftigen und einem unvernünftigen Teil zusammengesetzt ist, aus Seele und Leib. Der Leib bearbeitet die Erde, die Seele dagegen ist auf Gott hin ausgerichtet, wenigstens soweit sie durch die wahre Philosophie erzogen wird. Und sie eilt den mit ihr Verwandten droben zu, nachdem sie sich von den Begierden des Körpers und mit ihnen zugleich von Mühsal und Furcht abgekehrt hat!"

Der Physiologus aber vergleicht mit diesen halb menschlichen, halb tierischen Gestalten die Häretiker, die unter dem Schein von Glauben und Frömmigkeit sich in die Kirche einschleichen und die Arglosen täuschen, sowie überhaupt Menschen mit „zwei Seelen", die unbeständig sind auf allen ihren Wegen (vgl. Jak 1, 8). „In der Kirche sind sie wie Menschen, wenn sie aber entlassen sind, benehmen sie sich wie Tiere" (Physiol. Kap. 13).

Im späteren Mittelalter (13. bis 15. Jahrhundert) wurden schießende Kentauren nicht selten an Kirchenportalen oder im Kircheninnern plastisch dargestellt. Sie versinnbildlichen die Versuchungen, die das unbewachte Herz treffen. Manchmal brandmarken sie auch in satirischer Weise schlechte Mitglieder des Klerus und Ordensstandes: An den Chorstühlen des Baseler Münsters (2. Hälfte des 15. Jahrhunderts) erscheinen unter anderen abenteuerlichen Gestalten auch Kentauren, die am Vorderleib als Bischöfe, zechende Mönche und Karikaturen von Nonnen gestaltet sind.

---

[3] Auf dem Taufstein von Dissibodenberg in der Pfalz (heute im Museum von Speyer) ist der Sieg von Greifen über Basilisken als Symbol der übernatürlichen Kräfte, die den Getauften über Dämonen und böse Triebe zuteil werden, in vierfacher Wiederholung plastisch dargestellt. Ein sehr ähnliches Relief befindet sich in der Südosthalle des Mainzer Domes. (Vgl. ausführlich in W. v. Blankenburg, „Heilige und dämonische Tiere", S. 241 bis 242 nebst Abb. 112—114.)

Sirenen

Sirenen sind sagenhafte Vögel mit Frauenkopf [1], später mit ganzem weiblichen Oberkörper, oft auch mit Fischschwanz. In Griechenland blieben sie bis in die hellenistische Zeit Grabfiguren, Schmuck der Sarkophage und Totenkammern. Ursprünglich stellte man sich die Sirenen als vampirartige Totengespenster vor, die sich vom Blut der Leichen nähren. Doch durch die Gestaltung, die ihnen Homer und andere griechische Autoren gaben, wurde ihr schaurig-chthonischer Charakter verschönt und gemildert. Nunmehr erscheinen diese Mittelwesen zwischen Göttern und Menschen als etwas Bestrickendes, Fesselndes, besonders im erotischen Sinn. Ihr griechischer Name *„Σειρῆνες“* wird von *σεἰρα* = Fangstrick, abgeleitet. Nach Homers Odysée wohnen diese Phantasiegestalten auf einem grünen Gestade und locken durch liebliche Weisen die vorbeisegelnden Heimfahrer in ihre Nähe, indem sie als „Allwissende“ ihnen reichen Zuwachs an Freude und Wissen versprechen. Doch der Zaubergesang führt ins Verderben: Keiner, der sich heranwagt, bleibt am Leben. Odysseus allein weiß auf Eingebung der Kirke dieser Gefahr zu entgehen, indem er sich an den Mast festbinden läßt, um zu hören, ohne sich verleiten zu lassen. Seinen Gefährten aber verklebt er die Ohren mit Wachs.

Diese Sage fand als Allegorie der Seefahrt des Lebens zum ewigen Gestade Eingang in die christliche Symbolik, zum Teil durch die Exegese einiger unrichtig übersetzter Septuagintastellen, wo schaurige Nachtvögel mit dem Namen *„Σειρῆνες“* bezeichnet sind. In der Vulgata kommt „Sirenes“ (ebenfalls ungenau übersetzt) nur ein einziges Mal bei Jesaja 13, 22 vor. Den Kirchenvätern sind diese unheimlichen Wesen *Sinnbilder der Versuchungen:* Gebunden an das rettende Kreuzesholz, muß der Christ wissend, d. h. fest und wach im Glauben, der verführerischen Weisheit des Heidentums, den Häresien innerhalb der Kirche und den Verlockungen der Fleischeslust widerstehen.

Methodius von Olymp stellt dem verderbenbringenden Sirenengesang die Wirkung geistlicher Lieder entgegen:

„Ich wünsche einen *göttlichen* Gesang zu genießen, dessen oftmaliges Anhören mich noch mehr nach ihm verlangen läßt, nicht aus ungezügelter Lust am Gesang, sondern aus Eifer für die Erlernung göttlicher Geheimnisse und in Erwartung des Endzieles, nicht des Todes, sondern des ewigen Heiles. Denn es singen das Lied nicht die todbringenden Sirenen der Griechen, sondern ein göttlicher Chor von Propheten, bei denen es nicht nötig ist, den Gefährten die Ohren zu verstopfen, noch sich selbst aus Furcht vor der Strafe für das Anhören in Banden zu legen. Dort hat der Zuhörer, sobald er den Gesang vernommen, zu leben aufgehört, hier aber wird der, der ihn immer wieder hört, vom göttlichen Geiste geführt, das bessere Leben zu genießen.“

Unter den altchristlichen Sarkophagen fand Wilpert mehrere mit plastischen Darstellungen der Geschichte des Odysseus, die bereits in der griechischen Vasenmalerei ein beliebtes Motiv war. Auch im Mittelalter blieb die Erinnerung an die alte Sage noch lebendig: Herrad von Landsberg hat sie dem symbolischen Bilderzyklus des „Hortus deliciarum“ eingereiht (vgl. Art. Odysseus). Die Bedeutung als Bild der Versuchungen bleibt dieselbe.

Harpien sind an Gestalt und Sinn den Sirenen ähnlich.

---

[1] Die Ägypter stellten so den „Seelenvogel“ dar.

X. KÖRPERTEILE, KÖRPERSUBSTANZEN

1. KÖRPERTEILE

Auge

Als Organ zur Aufnahme des Lichtes und aller Bilder der Außenwelt hat Gott das Wunderwerk der Augen erschaffen. Sehen und schauen ist ihre eigenste Bestimmung, darum liegen sie oberhalb der übrigen Sinnesorgane und sollen dem Menschen auf allen Wegen und bei allem Tun Führer sein.

Das physische Auge (oculus, *ὀφθαλμός)* ist Sinnbild des *inneren, geistigen Schauens,* das Plato „Auge der Seele" nennt. Es ist aber auch *Spiegel der Seele:* Ein Blick sagt oft mehr als Worte. Das Sehen hat im Griechentum und im Hellenismus eine religiöse Bedeutung erreicht, und umgekehrt kann die griechische Religion als eine Religion der Schau beurteilt werden. *'Εποπτεία* (von *„ὄπωπα",* ich sehe) hieß der dritte und letzte Grad, den die Eingeweihten der eleusinischen Mysterien erhielten.

Bei mehreren Völkern der Antike war das Auge *Symbol des Sonnengottes:* Da die Sonne allen Menschen gegenwärtig ist, alles mit ihrem Lichte übergießt, mit ihren Strahlen durch die kleinste Ritze dringt, so lag die Vorstellung nahe, daß vor ihr nichts verborgen bleiben kann, daß sie alles sieht. Die Ägypter stellten Osiris unter dem Sinnbild eines Auges dar, das auf einem krummstabförmigen Zepter ruht. Das Auge bezeichnet die Allwissenheit, das Zepter die Herrschergewalt (erwähnt bei Cyrill von Alexandrien, Geg. Julian, IX). — Da das Erstarren des Auges ein Zeichen des Todes ist, gebrauchten die Ägypter das Auge auch als Hieroglyphe für „Leben" und als Amulett gegen den „bösen Blick", der dem gesunden Leben schädlich ist.

Die Assyrer zeichnen das Sonnenauge mit Flügeln (Flügel = Strahlen. Dieselbe Vorstellung: vgl. Mal 4, 2).

Die Griechen drückten die Allsichtigkeit des Sonnengottes dadurch aus, daß sie ihm das Beiwort *„πανόπτες"* d. h. der alles Sehende, der alles Überschauende, gaben. Der sogenannte orphische Hymnus preist ihn als „Auge der Welt, Auge der Gerechtigkeit und Licht des Lebens". Ähnlich dachten die Römer. Der Ausdruck „Auge der Welt" für die Sonne klingt noch im Christentum bei Ambrosius (Hexameron IV, 8) nach.

Die Hl. Schrift gebraucht das Bild des Auges als *Symbol der Allwissenheit,* Wachsamkeit und väterlichen Fürsorge Gottes (vgl. Sach 3, 9; 4, 10), aber auch seines forschenden Richterblickes: „Die Augen des Herrn sind zehntausendmal heller als die Sonne, sie blicken auf alle Menschenwege und schauen in die verborgensten Winkel des Menschenherzens" (Sir 23, 28). — „Gottes Augen ruhen auf den Gerechten, sein Ohr vernimmt ihr Flehen" (Ps 34, 16). „Alles liegt bloß vor den Augen dessen, dem wir Rechenschaft zu geben haben" (Hebr 4, 13).

Der *Augapfel* als etwas überaus Zartes, Empfindliches wird in der Schriftsprache als Bild derer gebraucht, die Gott besonders teuer sind und die er besonders schützen will (vgl. Ps 17, 8; Dtn 32, 10; Sach 2, 8).

Der hl. Johannes schaut in der Geheimen Offenbarung (1, 14; 2, 18) den Sohn Gottes, und ebenso Daniel (10, 6) den mit ihm redenden Erzengel Gabriel, mit *Flammenaugen.* Sie versinnbildlichen in Christus die göttliche, beim Engel die gotterfüllte und Gott schauende Natur. Deshalb werden auch die vier Lebewesen (Ez 1, 18; 10, 12; Offb 4, 6) voller Augen geschildert. Die altchristliche Sprache und Kunst zeugt von einer überwältigend eindrucksvollen Vorstellung der Augen Christi. Aberkios, Bischof von Hierapolis (2. Jahrhundert), nennt sich in seiner Grabschrift „Schüler des heiligen Hirten ... der große Augen hat, die überall alles durchdringen", und Klemens von Alexandrien schildert den Sohn Gottes als „ganz Licht vom Vater her, ganz Auge" (Strom. VII, 5, 1). „Er ist unser Auge, auf daß wir durch ihn den Vater schauen" (Ambros. De Isaac et anima, 8, 75; PL 14, 530).

In mannigfacher Weise gebraucht die Hl. Schrift die Augen als Symbol menschlicher *Geistestätigkeiten.* Sie werden zum Bild der inneren Erkenntnis, des Glaubens und der Hoffnung, die sich auf das höchste Gut hinrichten, der Liebe, die sich an ihm nicht satt sehen kann, des erleuchteten Herzens (vgl. Eph 1, 18), der Wachsamkeit, der rechten Absicht, der Macht über das Herz Gottes (Hld 6, 4), der Beschauung und des prophetischen Geistes. Diese verschiedenen Deutungen alter und neuerer Exegeten beziehen sich zumeist auf Stellen des Hohenliedes (1, 14; 4, 1; 5, 12; 6, 4; 7, 4), von denen eine (6, 4) auf Christus, die übrigen auf die Kirche in ihren Führern und auf die begnadete Seele, im besonderen auf die allerseligste Jungfrau, angewendet werden.

Im 1. Buch Samuel wird Samuel an drei Stellen (9, 9. 11. 19) als „Seher" bezeichnet. „Denn", heißt es dort, „die jetzt Propheten heißen, nannte man vor Zeiten Seher".

Der inneren Schau steht die *geistige Blindheit* entgegen. „Blind" ist nach Gregor von Nyssa (Hom 8 zu Hld 4, 9; PG 44, 945), „wer zwar viele Augen hat, mit den vielen aber nach Eitlem Ausschau hält. Derjenige dagegen sieht scharf und genau, der mit dem *einen* Auge der Seele auf das einzige Gut schaut."

Christus selbst spricht von der Bedeutung des inneren Blickes: „Das Auge ist die Leuchte deines Leibes. Ist dein Auge gesund, so hat dein ganzer Leib Licht. Ist aber dein Auge krank, so ist dein ganzer Leib in Finsternis. Wenn nun schon das Licht in dir Finsternis ist, wie groß wird dann erst die Finsternis sein!" (Mt 6, 22 f; vgl. Lk 11, 34 f). „Leuchte des Leibes" ist das Auge, sofern es allein richtiges Wandeln und Handeln ermöglicht. Dazu ist es nur dann fähig, wenn es weder von außen noch durch einen physischen Defekt in sich selbst behindert ist. Das gleiche gilt vom *Seelenauge:* Nur dann vermag es das übernatürliche Licht aufzunehmen und in diesem alles zu beurteilen und zu tun, wenn es nicht durch die Sünde getrübt, nicht durch Leidenschaften und irdische Beweggründe verblendet ist. Der hl. Beda (Lukaskommentar, Kap. 50) sieht in dieser Leuchte die *rechte Absicht,* durch die alle in guter Meinung vollbrachten Handlungen zu Werken des Lichtes werden.

Das hl. Evangelium berichtet mehrere *Blindenheilungen* des Herrn. Wie alle seine Wundertaten sind sie „Mysterien", das heißt, sie enthalten einen verborgenen Sinn, der sich im Leben der hl. Kirche in den sakramentalen Gnadeneinwirkungen entfaltet. Am ausführlichsten erzählt der hl. Johannes (9, 1—41) jene Blindenheilung, die Jesus nach dem letzten Laubhüttenfest seines irdischen Lebens vollzog. Die hl. Kirche läßt diese Evangelienperikope am Mittwoch nach dem Sonntag

Laetare lesen, am Tage, da in frühchristlicher Zeit das „große Skrutinium" der Katechumenen stattfand, ehe sie zum *Sakrament der „Erleuchtung"* zugelassen wurden. Damit ist die Symbolik bereits gegeben: Die Taufe verleiht dem seelisch Blinden das innere Licht der Gnade. Der hl. Ambrosius beschließt seine ausführliche Parallele zwischen diesem bekannten Evangelium und der Taufhandlung mit den Worten: „Hingegangen bist du, hast dich gewaschen, tratest an den Altar. Der du vorher nicht sahest, begannst zu sehen, das heißt: durch den Quell des Herrn und die Predigt vom Leiden des Herrn wurden dir die Augen geöffnet. Du, dessen Herz vordem blind erschien, konntest nun das Licht der heiligen Mysterien schauen!" (De Sacramentis, lb. III, cap. II, 11; PL 16, 434 f).

Unter den *Mysterienbildern,* die in den ersten christlichen Jahrhunderten so häufig in einfachster Weise mit nur zwei Figuren dargestellt wurden, befinden sich auch viele *Blindenheilungen:* In der Katakombenmalerei erscheint das Motiv siebenmal, in der Sarkophagplastik und auf Werken der Kleinkunst etwa 50mal. Später findet man es in Zyklen aus dem Leben Jesu und in der mittelalterlichen Buchmalerei. An den Oranten der Katakomben und an den Mosaikbildern und alten Wandmalereien des thronenden und lehrenden Christus fällt die Größe und der überirdische Ausdruck der Augen besonders auf: Sie blicken in eine andere Welt und drücken am Gebieter des Alls die Macht, die Weisheit und das durchdringende Wissen aus.

Das *Auge Gottes* als selbständiges Sinnbild seiner Allgegenwart wird meistens von einem Dreieck (Dreifaltigkeitssymbol) eingefaßt. Es erscheint erst in der nachreformatorischen Zeit, besonders auf Kirchenfenstern und Gewölbeschlußsteinen.

Augen auf Flügeln der Cherubim und Seraphim haben auch in der Kunst eine alte Tradition.

Ohr

Das Ohr (auris, *οὖς)* bezeichnet als Symbol nicht allein das Sinnesorgan, das die Laute aufnimmt, sondern die geistige Disposition, sich dem Gehörten zu erschließen und, wo die Pflicht an einen höheren Willen bindet, diesem zu „ge-horchen".

Um sinnbildlich die Unterwerfung zu bezeugen, die jemand den Göttern oder ein Sklave seinem Herrn geloben wollte, war bei den alten Völkern ein merkwürdiger Brauch in Übung, der auch durch das mosaische Gesetz bekräftigt wurde: Wollte ein Sklave für immer im Dienste seines Herrn bleiben, ohne vom Recht Gebrauch zu machen, das im Jubeljahr Freiheit gewährte, „so soll ihn sein Herr vor Gericht bringen und ihn an die Tür oder an den Türpfosten stellen. Dort soll ihm der Herr mit einem Pfriemen sein Ohr durchstechen, und er soll für immer sein Sklave sein" (Ex 21, 6). Dieser Ritus bedeutete, daß der Sklave durch das Ohr (= den Gehorsam) an das Haus gebunden blieb.

Für die intuitive Schau der Sumerer war das Ohr von besonderer Wichtigkeit, da es zugleich Geistesohr und Geistesauge sein kann, sofern das Gehörte ein inneres Bild hervorruft. Ein „weites Ohr" war bildlicher Ausdruck für Einsicht und Urteilskraft. Dieses „weite Ohr" schrieb man vor allem den Göttern zu und stellte z. B. Marduk ganz drastisch mit großen Ohren dar. Götterschilderungen sprechen von vier Augen und vier Ohren einer Gottheit, als Zeichen ihrer Allwissenheit. — Ohren, die man an den Wänden und Altären heidnischer Tempel wie auf Votivtafeln anbrachte, waren Symbol der Gebetserhörung. Von Ägyptern ausgehend, verbreiteten sich diese Sinnbilder über die ganze antike Welt. In den meisten Fällen bedeuteten sie das stete Geneigtsein der Götter zur Gewährung des Erbetenen. Nur selten waren sie Weihegaben (Ex voto) zum Dank für Heilung von Ohrenleiden.

In der Hl. Schrift ist häufig von „Ohren Gottes" die Rede. Sie versinnbildlichen seine Allwissenheit (vgl. Weish 1, 10; Ps 94, 9) oder sein huldvolles Achten auf das Gebet der Menschen (Ps 17, 6; 34, 16; Jes 59, 1), das viele Psalmstellen durch die Bitte, der Herr möge „sein Ohr neigen", oder mit ähnlichen Worten, erflehen (Ps 86, 1; 130, 2 u. a.).

Dem Aufmerken Gottes aber muß das Horchen des Geschöpfes auf die Stimme des Schöpfers entsprechen. Ihr muß der Mensch seinerseits lauschen und „sein Ohr neigen" (vgl. Ps 45, 11), d. h., durch Glauben und Bereitschaft den äußeren und inneren Hörsinn öffnen, um das Größte zu vernehmen, das Menschenohren hören können: Gottes Offenbarung seiner Wahrheit und seines Willens. Beim Propheten Jesaja spricht der Gottesknecht: „Er weckt alle Morgen mir das Ohr, daß ich höre nach Jüngerweise. Der Allmächtige tat mir auf das Ohr" (Jes 50, 4. 5). Ähnlich klingt die Gehorsamsbereitschaft des Messias in Ps 40, 7: „Schlachtopfer willst du nicht noch Opfergaben, doch hast du mir ein Ohr gebildet!" Wer aber auf Gottes Anruf nicht hört, wem das Wort Gottes nicht gefällt, hat „unbeschnittene Ohren" (Jes 6, 10) und nur „die Halsstarrigen und Unbeschnittenen an Herz und Ohren" widerstehen allezeit dem Heiligen Geiste (Apg 7, 51).

Eine symbolische Parallele zur prophetischen Öffnung des Ohres war im Ritus der alttestamentlichen Priesterweihe gegeben, wo nebst den Händen, die kultische Handlungen vornehmen, und den Füßen, die zum Altar hinschreiten, auch die Ohren mit Opferblut bestrichen wurden, um sie als Aufnahmeorgan der göttlichen Weisung besonders zu heiligen (vgl. Lev 8, 23).

Im Neuen Testament vollbrachte der Heiland ein Wunder, das zum Symbol entsprechender innerer Gnadenwirkung geworden ist: Man brachte dem Herrn einen Taubstummen und bat, daß er ihm die Hand auflege. „Er nahm ihn abseits vom Volke, legte ihm seine Finger in die Ohren und berührte seine Zunge mit Speichel. Dann blickte er seufzend zum Himmel auf und sprach zu ihm: „Ephpheta", das heißt: Tu dich auf! Und sogleich öffneten sich seine Ohren" (Mk 7, 32—35). Nach der Auslegung des hl. Gregor und anderer wird der Hl. Geist „Finger" genannt. „Die Finger in die Ohren legen bedeutet also, durch die Gaben des Hl. Geistes das Herz des Tauben für den Gehorsam öffnen" (Gregor d. Gr. Hom. 10 über Ezechiel. Im Brevier am 11. Sonntag nach Pfingsten).

Die hl. Kirche bildet diese Handlung Christi nach, indem der taufende Priester vor dem eigentlichen sakramentalen Akt die Ohren des Katechumenen berührt und dabei spricht „Ephpheta", das heißt: Tu dich auf! Auf die Glaubenslehre horchen und ihren sittlichen Forderungen ge-horchen ist das erste, das vom Taufkandidaten verlangt wird. „Audientes", Hörende, hießen darum in der alten Kirche jene, die sich auf der ersten Stufe der Vorbereitung befanden.

In seinem öffentlichen Leben pflegte Jesus seinen Lehren bisweilen den Aufruf einzuschalten: „Wer Ohren hat zu hören, der höre!" (Mt 11, 15; 13, 43; Mk 4, 9. 23; Lk 8, 8). Mit den gleichen Worten beschließt der hl. Johannes in der Apokalypse (2, 7. 1. 17. 29; 3, 6. 13. 22) jedes der Sendschreiben an die sieben Gemeinden Kleinasiens, um den Inhalt noch eindringlicher in die Herzen zu prägen und auf den herrlichen Lohn hinzuweisen, der dem „Sieger" verheißen ist. Es steht ja im Buch der Sprüche geschrieben: „Sieg kündet der Mann des Gehorsams!" (Spr 21, 28. Vulg.).

Finger, Hand, Arm

Die Hand (manus, χείρ) ist das vorzüglichste Glied des Menschen zum Vollzug äußerer Werke, daher im Sprachgebrauch Bild des „Handelns" in seiner verschiedenen Form. Hände besitzen eine besondere Ausdrucksfähigkeit zur Herstellung eines geistigen Kontaktes mit dem Nebenmenschen.

Wenn ein Mensch dem anderen die Hand reicht, so ergreift er nicht nur das physische Glied, sondern in diesem „die ganze geistige Persönlichkeit des anderen, seine Liebe, seine Treue, seine Hingabe oder seine Verzeihung" (Pinsk). So ist denn die Hand ein echtes Symbol im Vollsinn des Wortes.

Das *Darreichen der Rechten* ist von alters her äußere Kundgabe der Übereinstimmung nach St. Augustinus „signum concordiae, signum consonantiae". Diesen Sinn hatte auch die Prägung von zwei ineinandergelegten Händen auf sehr vielen römischen Münzen. Die „Dexterarum conjunctio" der Brautleute ist daher nicht erst im Christentum, sondern von jeher wesentliches Zeichen des Ehebundes und findet sich nicht selten auf Porträtbildern verstorbener Ehegatten in der antiken Sarkophagplastik oder auf Goldgläsern, die vielleicht bei einem Hochzeitsmahl gedient hatten.

Die Völker der Urzeit sahen in der Hand ein Symbol der schaffenden und bildenden Naturkraft, namentlich der feinen, kunstvollen Gestaltung, die man in den Naturdingen bewundern kann. Diese Deutung setzt sich fort in jener der Finger, in denen vor allem die Fertigkeit liegt. Als Bild lebenentfaltenden und gabenspendenden Schaffens ist eine altägyptische Sonnendarstellung bemerkenswert, deren sämtliche Strahlen handförmig enden. Die vielen Hände, die als Skulpturen oder Graphiken aus hohem Altertum erhalten sind (Gräberfunde, phönizische Grabstelen und Votivsteine sowie die „Sabazioshände" aus hellenistischer Zeit) dürften einen ähnlichen Sinn haben, zugleich aber Symbol der helfenden und segnenden Hand einer Gottheit sein. Oft haben solche Hände glückbringende oder übelabwehrende Bedeutung.

Die Hl. Schrift gebraucht das Bild der Hände in vielfachem Sinn für *Handeln* im allgemeinen (Gen 20, 5), Verfügungsrecht (Gen 16, 6), feindliche Gewalt (Ps 62, 11), Leitung (Num 4, 28 Vulg.), Tatkraft (Jes 35, 3) usw.

Häufig hat in der Bibel eine Handgeste symbolischen Sinn: Der Auftrag Gottes an Mose und Aaron, vor dem Pharao Wunder zu wirken und die ägyptischen Plagen herbeizuführen, wird jedesmal mit dem Befehl: „Strecke deine Hand aus", eingeleitet (vgl. Ex Kap. 8—10 und 14, 16. 26. 27). Zum Gebet werden beide Hände erhoben (vgl. Ex 17, 11. 12; 2 Chr 6, 12. 13. 29; Ps 134, 2 usw.), zum Schwur *eine* Hand (vgl. Num 14, 30; Dtn 32, 40). Der Ausdruck „die Hände füllen" (Num 3, 3), wahrscheinlich mit Opfergaben, war gleichbedeutend mit der Priesterweihe des Alten Bundes, die Salbung der Hände gehörte zum Weiheritus. Segnung (Gen 48, 14. 17), Eigentumsübertragung einer Opfergabe an Gott, Übertragung der Schuld (Lev 1, 4), Schuldigkeitserklärung (Dtn 13, 34) und Übertragung eines Amtes (Num 27, 33) geschah durch Handauflegung.

Vor allem aber sind Hand, Arm oder Rechte Gottes an unzähligen Stellen der heiligen Bücher Anthropomorphismen, die seine schaffende, helfende, führende, schützende, rettende, siegreiche oder auch strafende *Macht* bezeichnen. Manchmal drücken sie sein Geben (Ps 145, 16), seine Liebe (Hld 2, 6) oder seine inspirierende Einwirkung auf Propheten aus (Ez 1, 3; 8, 1; 2 Kön 3, 15), die mit unwiderstehlicher Macht von ihr erfaßt werden.

Gab es bei den Juden auch keine Darstellungen der symbolischen Gotteshand, so fehlte es doch nicht an Visionen, in der sie sich dem Schauenden zeigte: Ezechiel erblickt eine unter den Flügeln der „Lebewesen“ verborgene Menschenhand (1, 8); er sieht die Hand Gottes, die ihm ein Buch reicht (2, 9), und wird von ihr emporgehoben (8, 3). Daniel (5, 24 ff) deutet dem König Belschazzar dessen Traum von der schreibenden Hand, die an der Wand erschienen war.

Aus der Gotteshand, deren Wirken das auserwählte Volk im ganzen Alten Bund auf verschiedenste Weise erfuhr, schimmert uns bereits das Mysterium Christi entgegen, dessen volles Licht im Neuen Testament aufflammt. Es läßt sich vorahnen in der suchenden Liebe des Herrn, der „beständig seine Hände ausbreitet nach einem störrischen Volk“ (Jes 65, 2) und in den durchbohrten Händen des Messias, die dem Psalmisten bereits vor Augen schweben (Ps 22, 17). Das bräutliche Geheimnis der Sponsa-Ecclesia beginnt sich zu enthüllen, wenn sie spricht: „Seine Linke ist unter meinem Haupt und seine Rechte empfängt mich“ (Hld 2, 6), d. h., sein mächtiger Beistand unterstützt mein irdisches Tun und Ringen, sein himmlisch-göttliches Leben aber umfängt und durchdringt mich allwegs.

Im menschgewordenen Gottessohn ist die „Hand Gottes“ nicht mehr Anthropomorphismus, sondern Wirklichkeit. Christus, von Ewigkeit „Hand des Herrn“, durch die alles erschaffen ist, besitzt jetzt Menschenhände von unsrem Fleisch und Blut, erfüllt mit erhabenster Wirklichkeit und göttlicher Kraft. In ihm hat die Hand den höchsten Grad realer Symbolik erreicht. Das hl. Evangelium hebt mit besonderer Betonung die Hände Christi hervor, durch deren Auflegung er Kranke heilt, Segen spendet, den sinkenden Petrus rettet, Brot vermehrt, Brot bricht und als seinen heiligsten Opferleib darreicht; Hände, die er zur Erlösung der Menschen am Kreuze ausstreckt und durchbohren läßt, nach seiner Auferstehung den Jüngern zeigt und bei seiner Himmelfahrt ein letztes Mal segnend erhebt.

Alle Kirchenväter stimmen in der Deutung der Hand Gottes als Symbol des inkarnierten Logos überein. In diesem Sinn erklärt der hl. Cyrillus von Alexandrien (PG 69, 1253 C) den Psalmvers (97, 2): „Ihm half seine Rechte, sein heiliger Arm“: „Rechte Gottes, des Vaters, nennt der Psalmist den Sohn. Durch ihn hat nämlich der Vater gleichsam mit seiner eigenen Hand alles zum Dasein gebracht, und das bezeugt von ihm der tiefblickende Johannes, indem er sagt: Im Anfang war das Wort, und das Wort war bei Gott, und das Wort war Gott. Dies war im Anfang bei Gott. Durch dieses ist alles geworden, und ohne es ward nichts von allem, was geworden ist. Wie aber die Hand des Menschen vom Leibe nicht verschieden ist, sondern aus ihm und in ihm, so auch die allmächtige Rechte des Vaters als Künstler und Bildner des Alls. Er, vor dem alle seine Werke zittern, hat sie errettet für sich und den Vater.“

Ebenso einheitlich beziehen die Kirchenväter den *Finger* der Gotteshand auf den *Heiligen Geist.* „Dextrae Dei tu digitus“ wird er im Hymnus „Veni Creator“ genannt. Der Herr sagt im Evangelium (Lk 11, 20): „Wenn ich durch den Finger Gottes die Teufel austreibe, ist somit das Reich Gottes zu euch gekommen.“ — „Wie nämlich der Finger mit der Hand und dem Arm, Hand und Arm aber mit dem Körper einer Natur sind, so sind Vater, Sohn und Heiliger Geist zwar drei Personen, Eins jedoch in der göttlichen Wesenheit“ (Eucherius Lugd. Formul.; PL 50, 732). „Wenn der Geist Finger genannt wird, so wird er damit als wirksame Kraft bezeichnet; denn wie der Vater und der Sohn, so ist auch der Heilige Geist Vollbringer göttlicher Werke“ (Ambros. Lukaskommentar VII, 92 f).

Die in der hl. Kirche sich weiter entfaltende Kraft des Gottmenschen wird durch

23 Löwe weckt seine Jungen. Chorgestühl im Dom von Bamberg. Ende 14. Jh.

24 Einhorn und Jungfrau. Altarkissen. 15. Jh.

das Symbol der Hand besonders ausgedrückt und vermittelt. Ja die Hand der Ecclesia *ist* wahrhaft *Hand Christi,* nicht nur in bildlichem Sinn, sondern wahrhaft und reell, weil sowohl die Einheit des mystischen Leibes mit dem Erlöser als die Einheit der Menschheit des Herrn mit der göttlichen Person eine reale ist.

Althergebrachte Handgesten erhalten in der neutestamentlichen Liturgie einen Symbolgehalt, der den bisherigen unendlich weit überragt: Die *Handauflegung* oder das *Ausstrecken der Hand,* das einer intentionellen Berührung aus der Ferne gleichkommt, bewirkt hier eine sakramentale Mitteilung des heiligen Pneuma. Diese beiden Gesten gehören wesentlich zur *Firmung* und vor allem zur *Priesterweihe.* Überwältigend eindrucksvoll ist der Augenblick, da der Konsekrator und nach ihm alle anwesenden Priester dem Weihekandidaten zur Übertragung der priesterlichen Amtsgewalt still und ohne Worte beide Hände auf das Haupt legen und danach während eines kurzen Gebetes die Rechte über ihn ausgestreckt halten.

Die volle Bedeutung der Priesterhände zeigt sich sodann bei der Salbung mit Katechumenenöl, wobei der Bischof spricht: „Würdige dich, o Herr, durch diese Salbung und unsre Segnung diese Hände zu konsekrieren und zu heiligen. Amen." — „Auf daß alles, was sie segnen, gesegnet, was sie konsekrieren, konsekriert und geheiligt werde, im Namen unsres Herrn Jesus Christus. Amen." — Wenn dann der Neugeweihte in der folgenden Zeit den Primizsegen erteilt, so tut er es durch Auflegen beider Hände auf das Haupt des Empfängers, oder er streckt sie von ferne über eine Gemeinschaft aus. In diesem Akt läßt der junge Priester gleichsam die Überfülle seiner eben empfangenen Weihegnade über alle ausströmen, die sich ihm mit gläubigem Verlangen darbieten.

Auch bei der Konsekration eines Bischofs, dem mit dem Hirtenamt der höchste Grad priesterlicher Vollmacht und Würde zuteil wird, sowie bei der Abt- und Äbtissinnenweihe findet eine Handauflegung statt. Der Spendung der hl. Taufe und Krankenölung geht ein *Ausstrecken* der Priesterhand voraus.

Der kreuzförmige Segensgestus, der alle liturgischen Weihen, Exorzismen und Absolutionen, besonders aber gewisse Worte der hl. Messe begleitet, stellt im Zeichen dar, was die Priesterhand in der Kraft des Opfers Christi bewirkt: Alles geschieht „durch Ihn, mit Ihm und in Ihm".

Das *Verhüllen der Hände* war eine antike Ehrfurchtsbezeigung. Sie ist zum Teil für die Darreichung oder das Tragen heiliger Gegenstände durch Nichtpriester in die liturgische Praxis übergegangen.

Die *Handwaschung* war in der alten Liturgie, namentlich wegen Berührung dargebrachter Lebensmittel, öfter als jetzt notwendig gewesen. Heute ist sie innerhalb der Messe (Lavabo) Symbol der inneren Reinigung.

Bereits auf Katakombengemälden und altchristlichen Sarkophagen begegnet man häufig einer aus den Wolken herablangenden Hand als *Symbol des himmlischen Vaters,* und zwar auf biblischen Szenen der Opferung Isaaks, der Gesetzesübergabe an Mose usw. In S. Callisto berührt sie schirmend einen Orans, der auf stürmischem Meer in einem Schiffe (= Kirche) steht.

In der Mosaikkunst ist das Wolken- oder Kreissegment, aus dem die Gotteshand, segnend oder einen Siegeskranz reichend, hervorlangt, meistens scharf abgegrenzt. Diese Hand befindet sich über Heiligengestalten in der Glorie, vor allem aber über dem Haupte des verklärten Christus, wo sie an die Worte erinnert: „Das ist mein geliebter Sohn, an dem ich mein Wohlgefallen habe" (Mt 3, 17). Im Mittelalter erscheint sie auch über dem gekreuzigten Heiland und ist in der Buchmalerei nicht selten auf biblischen Darstellungen zu finden. In den Evangelienkodices der Athosklöster aus dem 10. Jahrhundert ist die nimbierte aufrechtstehende Hand in der Initiale „E“ (*'Εἶπεν ὁ κύριος*) als *Christushand* zu deuten, ebenso im Treffpunkt der Balken gewisser Kreuze Südeuropas, von denen die Rückwand des Bischofsthrones zu Torcello bei Venedig ein schönes Beispiel bietet. Das gleiche Motiv tragen manche Patenen und Tragaltäre des 12. und 13. Jahrhunderts, wo es, umrahmt von der Inschrift „Dextera Domini“, die göttliche Allmacht symbolisiert, durch die das Wunder der Wesensverwandlung bei der eucharistischen Feier vollzogen wird.

Fuß und Fußspur

Fuß (pes, *πούς*) und Fußspur (vestigium, *ἴχνος*) sind in ihrer Symbolik eng verbunden: Mit den Füßen steht man fest, tritt nieder oder wandelt umher. Die Fußspur ist dasjenige, was nach dem Vorübergang zurückbleibt. An ihr haftet noch etwas von der Gestalt des Urhebers. Sie zeigt an, in welcher Richtung jemand gegangen ist, und trägt manches Mal den Charakter des Geheimnisvollen.

Der Fuß galt in der Antike als Symbol der *Unterjochung*. Nach einem Krieg war es allgemein üblich, daß der Sieger zum Zeichen völliger Besiegung seinen Fuß auf den zu Boden gestreckten Feind setzte. Im Buche Josua (10, 24) wird erzählt: „Als man die Könige zu Josua herausgeführt hatte, rief Josua alle Israeliten herbei und sagte zu den Anführern der Kriegsleute, die mit ihm gezogen waren: „Kommt heran und setzt diesen Königen den Fuß auf den Nacken. Sie kamen heran und setzten ihnen den Fuß auf den Nacken.“

Das Setzen des Fußes auf Land oder anderes Gut war ein Zeichen der *Besitzergreifung* und des *Herrschens*. In Ps 60, 10 heißt es darum: „Auf Edom setz' ich meinen Schuh“, und in Ps 8, 8. 9: „Du legtest alles ihm zu Füßen, die Schafe und die Rinder all, und all des Feldes Tiere. Des Himmels Vögel und des Meeres Fische und alles, was da hinzieht durch die Meereswogen.“

Es gab im Altertum auch Ringe mit fußsohlenförmigem Siegel. Man benützte sie, um Gegenständen das Zeichen des Besitzrechtes aufzuprägen.

Fußspuren Gottes sind nach der Clavis Melitonis Zeichen seines geheimnisvollen Wirkens und Waltens, „operum secretorum insignia“. Die ganze Schöpfung ist voll solcher Symbole: „Indem unser Verstand das für ihn Unfaßbare auf Grund gewisser Analogien mit dem vergleicht, was er fassen kann, zielt er darauf ab, den Logos wie nach Anzeichen lichtglühender Fußspuren zu entdecken“ (Gregor Nyss. in Cant. Hom I). Jede göttliche Weisung, Fügung und Anordnung ist eine Gottesspur. Ihr nachzugehen, ihr zu folgen ist Aufgabe des Menschen. Daher sagt Ijob (23, 11): „Seinen Spuren ist mein Fuß gefolgt, seinen Weg habe ich eingehalten und bin davon nicht gewichen.“ Hier steht, wie an vielen Stellen der Hl. Schrift, der Fuß bildlich für *Wandel,* Richtung der *Absichten, Nachfolge* oder Nachahmung (vgl. Ijob 13, 27; Ps 10, 16; 26, 12; 119, 105. 133; 56, 7; Spr 1, 15; 4, 27; Hebr 12, 13). *„Der Ferse nachstellen“* (Gen 3, 15) heißt, das Tun und Lassen beobachten und *verfolgen.*

Wo von Menschengestalt der *Engel* die Rede ist, „bedeuten die Füße das *Bewegungsvermögen,* das Schnelle und das Laufen der nach dem Göttlichen eilenden, steten Beweglichkeit (vgl. Ez 1, 14). Aus diesem Grunde hat auch die göttliche Offenbarung die Füße der heiligen Geister beflügelt dargestellt“ (Psd. Dionysius Areopag., Himml. Hierarchie 15, 3; Kösel, S. 80). Die feststehenden Füße sind Bild der Unveränderlichkeit und Beständigkeit sowohl anthropomorphistisch in bezug auf Gott als auch um eine in Gott und dem Glauben gefestigte Geistesverfassung des Menschen anzudeuten (vgl. Ps 26, 12).

Die Füße samt ihrer Spur gelten auch als Symbol der Wanderschaft. Es gab heidnische Votivsteine, die nach glücklich zurückgelegter Reise gesetzt wurden. Sie tragen die Inschrift: „Pro itu et reditu felici", nebst dem Bilde von zwei paarweise gereihten Fußsohlen; das eine Paar ist nach vorwärts, das andere nach rückwärts gewendet.

Auch das *Sterben* wird als eine *Wanderschaft* in die andere Welt aufgefaßt. Darum bahrte man die Toten so auf, daß die Füße gegen die Türe zu lagen, und bekleidete sie mit Schuhen. In dieser Auffassung des Sterbens als Hinübergang liegt auch die Erklärung zu gewissen Zeichen und Gegenständen aus altchristlichen Gräbern: Es sind Ringe und Spangen (fibulae) mit dem Symbol eines Fußes oder einer Fußsohle und der Inschrift „In Deo", die nebst beigefügten Sternen andeutet, daß der Weg des Heimgegangenen himmelwärts zu Gott führt.

Auch das Ewige Wort wurde durch seine Menschwerdung ein Wanderer auf dieser Welt. Elija schaute einen Typus dieses Mysteriums in jenem Wölkchen, das der Fußspur eines Mannes glich und zur befruchtenden Regenwolke anwuchs, die nach der Dürre des unerlösten Zustandes das Heil über die Welt ergießt (vgl. 1 Kön 18, 44).

Noch ist in der Himmelfahrtskirche auf dem Ölberg die Spur zu sehen, die der Heiland bei seinem Scheiden dem Felsengrund einprägte. Sie ist Symbol der unvergänglichen Normen, die sein Weilen unter Menschenkindern hinterließ, Symbol der Kraft, die in seiner Nachfolge liegt. „Zieht darum an des Höchsten Namen und erkennt ihn, so geht ihr ungefährdet hinüber, da die Ströme euch gehorchen. Der Herr überbrückte sie durch sein Wort, er betrat sie und überschritt sie zu Fuß. Seine Fußstapfen stehen im Wasser unzerstört und sind wie ein festgerammtes Holz. Hüben und drüben erheben sich Wogen, doch die Fußstapfen unsres Herrn bleiben ungetilgt und unzerstört. So ist der Weg denen bereitet, die nach ihm hinübergehen, die den Spuren des Glaubens folgen und seinen Namen verehren. Alleluja!" (Oden Salomos, 38.)

Die *Fußwaschung* war im Orient durch den Gebrauch der Sandalen gefordert und wurde als Akt der Gastfreundschaft betrachtet (Gen 18, 4; 19, 2; 1 Sam 25, 41; Lk 7, 44). Der Herr wusch seinen Aposteln vor dem letzten Abendmahl die Füße (Joh 13, 1—17), um durch diese äußere Reinigung die für dieses heilige Mahl notwendige volle innere Reinigung anzudeuten und zu bewirken und zugleich seinen Jüngern ein Beispiel der Demut und Liebe zu geben, weniger durch Nachahmung der Handlung als der Gesinnung. 1 Tim 5, 10 zeugt für den buchstäblichen Vollzug seines Auftrages in der apostolischen Zeit. In den folgenden christlichen Jahrhunderten gehörte die Waschung der Füße ebenso wie die der Hände zur Vorbereitung auf den Gottesdienst.

Als Zeremonie am Gründonnerstag ist die Fußwaschung schon vom hl. Augustinus erwähnt und heute als Sakramentale und liturgischer Brauch für Kathedralen vorgeschrieben. Sie blieb auch in manchen Klöstern an diesem Tag in Übung. In den Benediktinerabteien wird sie außerdem an den Postulanten vor der Einkleidung vorgenommen.

Haupt und Haare

Das *Haupt* als Sitz der wichtigsten Sinnes- und Geistestätigkeiten, die alles Tun des Menschen bestimmen und leiten, wird in der *Heiligen Schrift*, namentlich in den Briefen des hl. Paulus, zum Bilde der Stellung Christi in seinem mystischen Leibe: „Das Haupt eines jeden Menschen ist Christus; das Haupt der Frau ist der Mann, das Haupt Christi ist Gott" (I Kor 11, 3). Gott hat Christus „als Haupt über die ganze Kirche gesetzt, die da ist sein Leib und die Fülle *(πλήρωμα)* Desjenigen, der alles in allen erfüllt" (Eph 1, 23).

In prophetischer Schau dieser überragenden Stellung des Gottmenschen schildert das Hohelied seine Gestalt in verschiedenen Bildern: „Sein Haupt ist Feingold" (5, 11). Damit ist seine göttliche Natur angedeutet, denn das Gold hat den Vorzug vor allen Metallen.

Die *Haare* dieses Hauptes (5, 2. 11) bedeuten nach einigen Auslegern die Schar der Gläubigen, die dem Erlöser eingegliedert sind und gleichsam seine Krone bilden, wie die Blätter der Palme, die zugleich auf den Erlösungssieg hinweist.

Während im Hohenlied das *Schwarz* dieser Haare das Glaubensdunkel andeutet, in dem die Gläubigen leben, ist das *„weiße Haupt"* (sonst Zeichen des Alters) in der Apokalypse (1, 14) Bild der Ewigkeit (vgl. Dan 7, 9) und des Verklärungsglanzes Christi. Auch am Haupte der Braut (Hld 6, 3) haben die Haare den gleichen Sinn der Verbindung mit dem Haupte.

In der Kunst des frühen Mittelalters, als die Anschauungen vorchristlicher Zeiten zum Teil noch weiterlebten, galten Köpfe (auch Tierköpfe) als Symbol konzentrierter Lebenskraft und darum als apotropäisch und Gutes bewirkend. Menschenköpfe werden vielfach als Masken und oft mit Tierattributen dargestellt, da für den mythisch empfindenden Menschen auf diese Weise tierische und menschliche Lebenskräfte vereinigt und somit eine Steigerung der Abwehrkräfte erreicht wird. Köpfe mit Tierattributen haben in der bildenden Kunst eine uralte Tradition. Sie treten unter anderem an den Tempelfriesen der Mittelmeervölker auf. In der romanischen Bauornamentik finden sie sich zahlreich auf den so weit verbreiteten Tierfriesen unter den Dächern der Kirchen und an ihren Apsiden.

An Taufsteinen angebrachte Masken erhalten an Stelle ihres einstigen apotropäischen Zweckes einen neuen Sinn: Sie werden zum Ausdruck der Erneuerung im Geiste, die das Sakrament der Taufe bewirkt, zum Zeichen übernatürlicher Kraft, die das Böse überwindet.

Köpfe mit langen Haaren deutet man als Bild der Sonne mit ihren Strahlen. Lange Haare gehören in der Edda zur bevorzugten Tracht der Lichtgötter, im Brauch des Mittelalters zu den Vorrechten der Männer aus königlichem Geblüt, später auch der Freien. Krieger und in der Antike auch Priester, durften das Haar nicht schneiden, da man glaubte, in den Haaren liege die Kraft (vgl. Die Geschichte Samsons im Buch der Richter 16, 17).

In vereinzelten Fällen können ornamentale Köpfe der romanischen Kunstperiode auf Christus gedeutet werden, besonders da, wo sie zwischen zwei grimmigen Tieren den Sieg der stärkeren Macht über feindliche Anschläge versinnbildlichen [1].

---

[1] Zu den letzten vier Absätzen vgl. W. v. Blankenburg, „Heilige und dämonische Tiere", S. 175, 222 f., 284 f., 253, 290.

Herz

Das Herz (cor, *καρδία*) ist das zentralste Organ, der Sitz der physischen Lebenskraft, nach Plinius (XI, 37) das zuerst Lebende und zuletzt Sterbende im Körper. Bei den Ägyptern hieß der Tote „der Mensch mit stillstehendem Herzen“ (nach Maspero, in Vigouroux, Dict. de la Bible, Art. „coeur“). Dieses Prinzip des natürlichen Lebens ist Quell und Regulator des Blutumlaufes. Mit dem Gehirn, dem Sitz des Nervenzentrums, steht es in beständiger Wechselbeziehung. Erregung, Sorge, Kümmernis greifen es fühlbar an, ja man kann sagen, daß die Einheit von Leib und Seele in diesem Organ am stärksten empfunden wird. Darum trägt die Psychologie der primitiven Naturvölker — je höher ihr Alter, umso mehr — ein konkretes Gepräge: Das Herz, im semitischen Sprachgebiet „leb, lebab“, galt ihnen nicht nur, wie auch heute allgemein, als Sitz der *Affekte,* namentlich der *Liebe,* sondern auch des Verstandes, des Willens und Gedächtnisses, kurz, aller geistiger Fähigkeiten samt der ganzen Skala von Gemütserregungen und Leidenschaften im guten und schlechten Sinn, vor allem aber der religiösen Gesinnung Gott gegenüber. Das Herz bezeichnet den ganzen inneren Menschen samt seinem Gewissen im Gegensatz zur äußeren Person. Altägyptische Malereien stellen dar, wie das Herz des Verstorbenen durch Horus und Anubis vor dem Thron des Osiris gewogen wird. Eine der Waagschalen trägt das Symbol der Wahrheits- und Gerechtigkeitsgöttin Maât, die andere ein kleines Gefäß mit dem Herzen, dessen Gewicht von den Verdiensten des Dahingeschiedenen abhängt und sein jenseitiges Schicksal bestimmt. Bei Einbalsamierung der Mumien legten die Ägypter nach Entfernung aller Eingeweide das Herz in den Körper zurück. Diese „Wiedererstattung des Herzens“ war eine religiöse Zeremonie, durch die man das Fortleben des Toten sichern wollte.

Schauerlich-drastisch erscheint dieses Organ als reales Symbol des Edelsten, Höchsten und Tiefsten bei den Menschenopfern der alten Mexikaner: Durch eine große Schnittwunde griff man in die Brust des Todgeweihten, riß ihm das Herz heraus und hielt es als Weihegabe an den Sonnengott empor (vgl. Études carmélitaines: „Le Cœur“, Desclée, De Brouwer, 1950, samt Bildern, S. 84 bis 85 und 104).

Die Auffassung der Primitiven, die das leibliche Herz kaum von der Seele unterscheidet, findet sich auch bei den ältesten Griechen und Römern. Im Zeitalter der hellenischen Philosophen aber erfahren die Begriffe und Ausdrücke einige Abwandlungen. Wir können ihre Entwicklung hier nicht näher verfolgen, doch ein kurzer, orientierender Blick in die Bildersprache der Hl. Schrift gehört zur Symbolik des unübersehbar reichen Themas:

Die *Bibel* gebraucht das Wort „Herz“ (leb, *καρδία*) dem Geist der Zeit und Umgebung entsprechend, nahezu tausendmal im übertragenen Sinn, davon allein etwa 130mal in den Psalmen, denen ja zumeist der Charakter eines Herzensergusses vor Gott eigen ist. Kittel definiert das Herz nach biblischem Sprachgebrauch als „Prinzip und Organ des menschlichen Personenlebens, innerer Konzentrationspunkt des Wesens und Wirkens des Menschen als geistiger Persönlichkeit, daher auch Quellort und Sitz des religiös-sittlichen Lebens“ (Theolog. Wörterbuch zum NT III, 618). „Herz“ bezeichnet den Inbegriff von Mut, Tapferkeit und Entschlossenheit (vgl. das deutsche Wort „beherzt“!), von innerer Einsicht, von Planen, Wollen und sittlicher Entscheidung des ganzen ungeteilten Menschen. Auch künstlerische Begabung ist von Gott „ins Herz gelegt“ (vgl. Ex 28, 3; 31, 6; 35,

33—34; 36, 8 nach Vulg.). Ein wahres Wort! Ohne Mitklingen des Herzens, ohne *Liebe* wird kein Kunstwerk gelingen.

Die Texte des Neuen Testamentes führen in die höchste übernatürliche Sphäre: In der Herzenstiefe des erlösten und von Christus erfaßten Menschen begegnen sich Wort und Glaube, Gnade und Hören. Ja „die Liebe Gottes ist in unsre Herzen ausgegossen durch den Heiligen Geist, der uns verliehen wurde“ (Röm 5, 5; vgl. Gal 4, 6). Sie bringt heilige Freude, die das „Herz erweitert“ (cf Ps 119, 32).

Oft und oft gebraucht auch die hl. *Liturgie* (abgesehen von den Bibeltexten) den bildhaften Ausdruck „Herz“, wo sie Seele meint. Er begegnet uns im „Sursum corda“ der Messe, in vielen Tagesorationen, Anrufungen des Hl. Geistes usw. Der Sprachgebrauch ist so allgemein und alltäglich, daß man sich seiner Symbolik gar nicht bewußt ist.

Manche Schriftstellen übertragen die Empfindungen des menschlichen Herzens auch auf Gott (vgl. Gen 6, 6 Vulg.; 1 Sam 13, 14; 1 Kön 9, 3 und andere). Wo es sich aber prophetisch oder real um den Messias handelt, der durch seine Inkarnation ein Herz von Fleisch und Blut angenommen hat und es am Kreuz von der Lanze durchbohren ließ, sind sie nicht mehr Anthropomorphismen, sondern Wirklichkeit, in der die Symbolik ihren Höhepunkt erreicht. Die darauf bezüglichen Prophetenworte schließen sich zu einem Gesamtbild der innersten Gesinnung des kommenden Erlösers zusammen unter dem einen Urwort der menschlichen Sprache: „das Herz“. Der Gesalbte des Herrn hat ein dem sendenden Gott untertanes Herz (Ps 40, 7—9), ein Herz voll gerechten Zornes gegen Gottes Feinde (Jer 30, 23. 24), ein Herz, das äußerste Niedergeschlagenheit und Todespein verkostet hat (Ps 22, 15; 69, 21) und wieder in seliger Freude aufjubelt (Ps 16, 9). Dieses ganze, echt menschliche Leben des göttlichen Herzens aber steht im Dienste der messianischen Heilstat, im Vollzug des Opfers, das den Erlösten lebendiges Wasser des Geistes vermittelt. Diese Grundidee ist in der Doxologie des Herz-Jesu-Festes zusammengefaßt, die jeden Hymnus dieses Tages mit den Worten beschließt: „Gloria tibi, Domine, qui corde fundis gratiam, Preis sei Dir, Herr, aus dessen Herz die Gnade strömt!“ (H. Rahner, „Cor Salvatoris“, von J. Stierli, Herder 1954.)

Der Quellort aber, der uns aus dem Herzen Christi das lebendige Wasser der Gnade in den Sakramenten vermittelt, ist die *Kirche*, die wie Eva von der Rippe Adams, aus der geöffneten Seite des Herrn hervorgegangen ist. Diesen Gedanken führen die ältesten Kirchenväter häufig aus. Er repräsentiert die Herz-Jesu-Symbolik des ersten Jahrtausends n. Chr. In den folgenden Zeiten aber tritt mehr die Erlöser-Liebe in den Vordergrund, die sich uns im Sinnbild des göttlichen Herzens darbietet. „Deshalb ist es ja verwundet worden“, sagt der hl. Bonaventura, „auf daß wir in der sichtbaren Wunde die unsichtbare Liebeswunde schauen!“ (Brevier, II. Noct. am Herz-Jesu-Fest.) Pius XII. schreibt in seiner Enzyklika „Über den Kult des Allerheiligsten Herzens Jesu“ (Mai 1956): „Mehr als alle übrigen Glieder seines Leibes ist sein Herz das natürliche Zeichen und Symbol seiner unendlichen Liebe zum Menschengeschlecht.“

Seit Ende des 15. Jahrhunderts begann man die hl. fünf Wundmale, d. h. das durchstochene Herz samt den durchbohrten Händen und Füßen des Heilands, auf ornamentale Rosen oder auf Wappenschilder zu malen und diese in Rosenkranzzyklen einzufügen. Unter dem Einfluß der immer mehr zunehmenden Verehrung des Herzens Jesu wird dieses aber schon im 16. Jahrhundert in volkstümlichen Andachtsbüchern, von einer Dornenkrone umgeben, gesondert dargestellt. Vor einem solchen, schon bestehenden Bilde pflegte um 1674 die hl. Margarita-Maria Alacoque zu beten. Es ist also unrichtig, daß der erste Entwurf zum „Herz-Jesu-Bild“ erst auf Grund ihrer Offenbarungen entstanden sei, die allerdings wesentlich zu einer raschen und allgemeinen Verbreitung beitrugen. Für die künstlerische Ausführung erließ die Ritenkongregation bestimmte Vorschriften: Das Herz Jesu mit der Seitenwunde soll von einer Flammen- oder Strahlenaureole eingefaßt, von einer Dornenkrone umgeben sein, und Feuer soll samt einem kleinen Kreuzchen oben aus ihm hervorgehen. Für sich allein, d. h. ohne Heilandsfigur, darf ein solches Herz nicht auf den Altären ausgestellt, wohl aber als privater Devotionsgegenstand oder als Paramentenschmuck gebraucht werden. Um als *kirchliches* Bild zu dienen, muß es mit der Gestalt des Herrn verbunden bleiben, und zwar mitten auf seiner Brust, nicht aber in seiner Hand. Bei Statuen sei das Herz nicht bloß aufgemalt, sondern plastisch geformt (vgl. Künstle, Ikonographie, Bd. I, S. 617 f).

Mit dem Kult des göttlichen Herzens Jesu, das infolge der hypostatischen Vereinigung mit der Gottheit anbetungswürdig ist, hat seit dem 17. Jahrhundert auch die Verehrung des Unbefleckten Herzens *Mariä* große Verbreitung gefunden. Von der reinsten Gottesmutter sagt das Evangelium (Lk 2, 19): „Maria aber bewahrte alle diese Dinge und erwog sie in ihrem Herzen.“ Dieses Herz, das mit dem göttlichen Willen in vollkommenstem Einklang stand, glich einer Schatzkammer, die alle Mysterien des Erlöserlebens in sich barg. Maria hat alle Leiden des Gottessohnes mitempfunden und an seinem Triumph teilgenommen. Kein Herz war je von solcher Gottesliebe entflammt und umfaßt mit solcher Mutterliebe die Menschen wie das ihre.

Auch in die *Kunst* fand das Herz-Mariä-Symbol mit kirchlicher Genehmigung Eingang: Flammen schlagen aus ihm empor und ein Schwert durchbohrt es zur Erinnerung an die Prophezeiung des greisen Simeon: „Auch deine Seele wird ein Schwert durchdringen“ (Lk 2, 35). Bisweilen umgibt man das jungfräuliche Herz mit einem Kranz von Rosen. Oft wird es dem Herzen Jesu zur Seite gestellt, z. B. auf dem Wappen der Ordensfrauen vom heiligsten Herzen Jesu (Sacré-Cœur, Gründung der hl. Magdalena Sophia Barat).

Mit den unzähligen herzförmigen Sinnbildern profaner Liebe brauchen wir uns hier nicht zu befassen. Doch sind die Attribute mancher Heiligen zu erwähnen, deren glühende Gottes- und Nächstenliebe durch in flammendes oder von einem Pfeil getroffenes Herz angedeutet wird. Zu diesen gehören unter anderen die heilige Theresia von Avila, die hl. Maria Magdalena von Pazzis, seit dem 15. Jahrhundert einige Bilder des hl. Augustinus aus deutschem Gebiet und solche des hl. Franz von Sales.

Andere Körperteile

Das Hohelied beschreibt an mehreren Stellen, besonders in Kapitel 4 und 5, die Gestalt des Gott-Bräutigams (Christus) und der Braut-Kirche in ihren einzelnen Teilen und gebraucht dabei allerlei Sinnbilder. Soweit diese nicht in anderen Artikeln unseres Buches miteinbegriffen sind und die Kommentare nicht allzu weit hergeholte Auslegungen dieser schwerverständlichen Schriftstellen geben, fassen wir sie im folgenden, mit Beiziehung einschlägiger Bibelstellen, kurz zusammen:

Mund oder *Lippen* (Hld 4, 3. 11), *Kehle* (5, 16; 7, 9) und *Hals* (4, 4; 7, 4), sowohl des Bräutigams als der Braut, weisen meistens auf das Gotteswort und seine Verkündigung hin. Als Anthropomorphismus mit Bezug auf Gott-Vater wird der „Mund“ (z. B. in Jes 40, 5) als Bild des Logos gedeutet.

Die *Zähne* der Braut (Hld 4, 2; 6, 5) sinnbilden die Geisteskräfte, mit denen sie die geistliche Nahrung des Gotteswortes durch Betrachtung verarbeitet und sich aneignet.

Schenkel und *Beine* des Bräutigams („crura“, Hl. 5, 15) erinnern an die Wege, auf denen Christus zum Heile der Menschen gewandelt ist. Da „alle Wege des Herrn Wahrheit sind“ (Ps 119, 151) und „Treue all sein Tun“ (Ps 33, 4), werden diese „crura“ ob ihrer Geradheit und Festigkeit mit Marmorsäulen verglichen. Anders in der Apokalypse (1, 15): Hier erscheinen die Füße des Menschensohnes gleich „Golderz, wie es im Schmelzofen glüht“, denn die göttliche Allmacht vermag alles niederzutreten und zu vernichten, was sich den Plänen Gottes widersetzen will oder ihnen im Wege steht.

Auf den *Wangen* (Hld 5, 13) erblüht die Schönheit und Lieblichkeit des gottmenschlichen Antlitzes; auf denen der Braut die züchtige Anmut ihrer Jungfräulichkeit.

Die wahre Menschlichkeit des Gottessohnes ist durch „*Leib* oder *Rumpf*“ (Hld 5, 14) angedeutet. Dieser gleicht dem Elfenbein in seiner Unversehrtheit. „Quid per ebur nisi incorruptio designatur?“ (Gregor d. Gr.) Nach anderen kann unter „venter“ die Barmherzigkeit verstanden werden, im Sinne der „viscera misericordiae“ im Canticum des Zacharias (Lk 1, 78).

Die *Brust* (ubera) der Sponsa (4, 5. 10; 7, 3; 8, 10) ist Bild der hegenden, nährenden Mutterliebe der Kirche (vgl. Art. „Milch und Honig“).

Die *Nase* (Hld 7, 4), die den Geruchsinn darstellt, soll die Unterscheidungsaufgabe (discretio) der Ecclesia versinnbilden, die sich in der Unfehlbarkeit ihrer Entscheidungen auswirkt. Sie richtet sich in steter Wachsamkeit „contra Damascum“, das ist gegen das gottfeindliche Reich.

2. KÖRPERSUBSTANZEN

Blut

Das Blut gehört zu den wesentlichen Bestandteilen eines jeden animalischen Körpers. In der Hl. Schrift bezeichnet der Ausdruck „Fleisch und Blut“ den Menschen in seiner Kreatürlichkeit im Gegensatz zu Gott und den reinen Geistern, die sinnliche Natur gegenüber dem göttlichen Leben der Seele (vgl. Mt 16, 17; 1 Kor 15, 50). Blut ist der Träger des sich fortpflanzenden Lebens. Die Gotteskinder aber sind nicht „aus dem Geblüt“ der Eltern, sondern aus Gott geboren“ (vgl. Joh 1, 13).

Nach alter Auffassung ist das Blut *Sitz des Lebens*, nach dem Glauben der Assyrer und Babylonier geradezu das göttliche Element im Menschen, weil dieser aus Erde und Götterblut gebildet sei. Das Leben aber ist Eigentum Gottes, daher dem freien Verfügungsrecht des Menschen entzogen. Blutgenuß war darum den Israeliten strengstens verboten. Vergießen von Menschenblut schreit zu Gott um

Rache (vgl. Gen 4, 10. 11) und soll mit Gleichem bestraft werden (Gen 9, 6). Im Buche Leviticus (17, 11 ff) spricht der Herr zum Volke Israel: „Das Leben des Leibes ist im Blute, und nur auf dem Altar gebe ich es euch frei zur Sühne für eure Seelen; das Blut bewirkt ja Sühne, weil das Leben in ihm liegt." Diese sühnende Kraft hatte es aber nicht aus sich, sondern nur infolge göttlicher Anordnung, als Vorbild und Symbol des allein wirksamen Erlöserblutes Christi. Als solches vermochte auch schon vor der Gesetzgebung das Blut des Passahlammes, das die Israeliten an ihre Türpfosten streichen sollten, den Würgengel fernzuhalten, der die Erstgeburt der Ägypter tötete (vgl. Ex 12, 7).

Die in den Riten des Alten Bundes vorgeschriebenen Besprengungen und Bestreichungen mit Opferblut sollten Reinigung bewirken, vermochten aber nicht „ex opere operato" Sünden zu tilgen. Wohl aber konnte dadurch bei reuiger Gesinnung „praevisis meritis", durch Vorausnahme der Verdienste des kommenden Erlösers, Verzeihung und Verbindung mit Gott erlangt werden. Das Blut hatte also seine Bedeutung als vorbereitendes Symbol. Es war „das Blut des Bundes, den der Herr mit seinem Volk geschlossen hat" (vgl. Ex 24, 8 und Hebr 9, 20), mit dem Volk, aus dem der Messias hervorgehen sollte.

Auch in den heidnischen Religionen gab es Riten, in denen man dem Blut erlösende Wirkungen zuschrieb. Solche waren z. B. die Taurobolien im Mithraskult und die Kriobolien der Attismysterien. Man erhoffte von ihnen Wiedergeburt und Vergottung des Mysten durch das über ihn rieselnde Tierblut.

Wahres Opferblut, das vollkommene Erlösung und Entsühnung bewirkt, ist allein das Blut Christi. „Der Hohepriester der künftigen Güter..." ging „mit seinem eigenen Blute ein für allemal in das Allerheiligste (des Himmels) hinein, nachdem er ewige Erlösung bewirkt hatte" (Hebr 9, 11. 12). Dieses Blut ist das Blut des Neuen und Ewigen Bundes, wie der Heiland selbst bei der Einsetzung der hl. Eucharistie es nennt. Der hl. Paulus (1 Kor 11, 25) führt diese heiligen Worte an, und in jedem Meßopfer wiederholt sie der Priester, wenn er über den Kelch die Konsekration vollzieht.

Wie dieses heilige Glaubensmysterium auch in der kirchlichen Kunst seinen Ausdruck fand, zeigen uns viele Symbole der ältesten und späteren Zeit: So im Mittelalter die Darstellungen des Gotteslammes mit blutströmender Seitenwunde oder der Ecclesia, die einen Kelch hält, in den sie das Blut des Gekreuzigten oder des Lammes als ihre kostbarste Brautgabe träufeln läßt.

Speichel

Es war bei allen alten Völkern Sitte, physischen oder moralischen Ekel durch Ausspucken auszudrücken. Darum war es eine große Beschimpfung, gegen jemanden zu spucken oder ihn gar anzuspucken (vgl. Num 12, 14; Dtn 25, 9; Jes 50, 6). Zum Zeichen des Abscheus spuckten mitunter die ersten Christen gegen die Götzenbilder und Dämonen. Auch bei der Behandlung von Besessenen kam das Anspucken der bösen Geister vor. Bei der Taufvorbereitung gehörte es einst zum Ritus.

Anderseits schrieb man in der Antike dem Speichel auch *heilende* Kraft zu. Plinius weist darauf hin, daß viele Tiere ihre Wunden durch Belecken heilen. Des Speichels bedienten sich auch die alten Rabbiner als Heilmittel gegen Augenkrankheiten. Darauf beruht es wohl, daß der Heiland bei zwei Heilungswundern Speichel anwendete: Einmal berührte er damit die Zunge des Taubstummen (Mk

7, 33), das andere Mal bestrich er mit Speichel und Erdenstaub die Augen des Blindgeborenen (Joh 9, 6). Dieses Wunder war schon früh ein Vorbild der „Erleuchtung“ durch die heilige Taufe (vgl. Art. „Auge“), daher wurde die Zeremonie der Berührung mit Speichel bei der Taufe beibehalten.

Ein alter christlicher Dichter führt in einer Aufzählung der Symbole, welche die Wirkkraft (virtutem baptismatis) des Taufsakramentes versinnbilden, auch den Speichel an. Die Anwendung desselben im *Taufritus* ist in den alten Sakramentarien (Gelasianum, Gregorianum) sowie bei mittelalterlichen Liturgikern erwähnt. Die Kirchenväter geben in ihren Evangelienerklärungen dem Speichel eine mystische Deutung:

„Dieser Speichel aus dem Munde des Heilands sinnbildet uns die durch göttliche Lehre empfangene *Weisheit*. Denn der Speichel fließt vom Haupte in den Mund. Wenn also durch jene Weisheit, die er selbst ist, unsre Zunge berührt wird, so wird diese sogleich zur Wortverkündigung gebildet“ (S. Gregor d. Gr., Homilie zu Mk 7, 31—37).

Der hl. Augustinus (zu Joh 9, 6. 7) sieht in der Mischung von Speichel und Erdenstaub ein Bild der Vereinigung von Gottheit und Menschheit in Christus, die uns von geistiger Blindheit heilt: „Es kam der Herr: Was tat er? Ein großes Geheimnis hat er uns übergeben. Er spuckte auf die Erde, machte mit seinem Speichel einen Brei — denn das Wort ist Fleisch geworden — und salbte damit die Augen des Blinden.“

XI. VERSCHIEDENE SYMBOLE

1. BAUWERKE

Allgemeines

Ein Zelt aufzuschlagen, einen Bau zu errichten, sei er von Holz, Lehm oder Stein, entspricht zunächst dem Bedürfnis des Menschen, sich vor den Einflüssen der Witterung, vor Störungen und Gefahren zu schützen, für sich und seine Familie ein Obdach, ein Heim, eine Möglichkeit der Absonderung zu finden.

Der *religiöse* Mensch aber bedarf außerdem einer Stätte der Gottesnähe. Er möchte etwas von der Ewigkeit vorausnehmen, ein Stück Himmel auf die Erde versetzen.

Nach Mircea Eliade ist es ein gewisses Heimweh nach dem verlorenen Paradies, das seit ältester Zeit den Völkern innewohnt. Sie suchen den Drang ihrer Seelen zu befriedigen, indem sie ein Heiligtum oder wenigstens einen abgegrenzten heiligen Raum errichten, und zwar meistens dort, wo sich etwas aus einer höheren Welt geoffenbart hat oder wo der primitive Mensch glaubt, etwas Wunderbares erlebt zu haben [1]. Aber auch ohne derartigen Anlaß konstruiert er sich einen „heiligen Raum" nach einem gewissen kosmologischen Kanon, nach einem Urtyp, den er im Schöpfungsakt Gottes erkennt. Jeder so geschaffene Raum erscheint ihm als „Zentrum der Welt", was ja insofern zutrifft, als Gott allgegenwärtig und seine Nähe immer und überall der Mittelpunkt ist, nach dem die Seele strebt und in dem sie Ruhe findet.

Infolge des kulturellen Fortschrittes in der Konstruktion profaner Wohnungen und geheiligter Kultstätten besteht ein Unterschied nicht allein in den Formen, sondern in mancher Beziehung auch in ihrer Symbolik: Anders ist das Bewegliche, Unstete, anders das Festgefügte, Dauernde zu bewerten; daher muß jedes gesondert betrachtet werden. Auf dem Höhepunkt der sinnbildlichen Deutung aber greift manches ineinander und wird eins.

Zelt

Ein Zelt oder eine Hütte (tentorium, tabernaculum, *σκηνή)* ist ebenso schnell auf- wie abgebaut, und ihre Bestandteile: Tierfelle oder Gewebe, von Pflöcken gestützt, sind leicht übertragbar. Zelte dienen Hirten, Nomaden, Soldaten im Feld und Wanderern als Unterkunft. Unter den Nachkommen Kains hebt die Genesis (4, 20) Jabal als „Stammvater der Zeltbewohner und Viehzüchter" hervor. Zu diesen gehörten die Patriarchen Israels, deren Zelte die Heilige Schrift an

---

[1] Ersteres gilt vielfach in wahrem Sinn von christlichen Gotteshäusern. Beispiele: S. Maria Maggiore zu Rom (Schneewunder), Lourdes (Erscheinung) usw.

mehreren Stellen erwähnt. Der hl. Paulus schaut diese schlichten Herbergen seiner Vorväter im Lichte christlicher Symbolik, indem er im Hebräerbrief (11, 9) von Abraham sagt: „Er wohnte in Zelten mit Isaak und Jakob, den Miterben der gleichen Verheißung, denn er harrte auf die festgegründete Stadt, deren Baumeister und Schöpfer Gott ist!"

Als Behausung ohne Bestand wird das Zelt zum Bilde der *Vergänglichkeit* und *Hinfälligkeit* des menschlichen Lebens. Ezechias klagt auf seinem Krankenlager: „Mein Haus wird abgetragen, man rollt's zusammen wie ein Hirtenzelt" (Jes 38, 12). Noch deutlicher bezeichnet der hl. Paulus den verweslichen Leib des Menschen als vergängliche Wohnung der Seele: „Solange wir also im Zelt leben, seufzen wir bekümmert, denn wir möchten nicht *ent*kleidet, sondern *über*kleidet werden, damit so das Sterbliche vom Leben verschlungen werde" (2 Kor 5, 4; vgl. 2 Petr 1, 13. 14).

Während des ganzen Wüstenzuges lagerten die Israeliten in Zelten, die nach bestimmter Ordnung um die Stiftshütte als ihr Zentrum gereiht waren, denn der Herr wollte selber in der Schechina inmitten seines Volkes wohnen und mit ihm ziehen. Der Anblick dieses Lagers drängte den moabitischen Seher Balaam auf Gottes Geheiß zum bewundernden Ausruf: „Wie schön sind deine Zelte, Jakob, deine Wohnungen, Israel!" (Num 24, 5) [1].

Für die Errichtung des *heiligen* Zeltes erließ Gott selbst auf Sinai genaue Vorschriften: Er bestimmte dessen Maße, Anlage und Einrichtung und sprach zu Mose: „Sieh zu, daß du die Ausführung genau nach dem Vorbild (exemplar) gestaltest, das dir auf dem Berge gezeigt wurde!" (Ex 25, 40; vgl. Ex 26, 30).

„Es scheint klar zu sein", schreibt Cornelius a Lapide (Kommentar zu Exod. 25, 40), „daß Gott hier ein *überweltliches* Vorbild gezeigt hat, nämlich die himmlischen Dinge und ein *geistiges* Zelt, das durch dieses materielle angedeutet sein sollte. Nach *diesem* wurde Mose befohlen, ein konkretes Zelt zu errichten, damit es als Nachbild diesem geistigen Urbild entspreche und es in angemessener Weise versinnbildliche und darstelle."

Diese Wahrheit bekräftigt der hl. Paulus im Hebräerbrief (Kap. 8): „Wir haben einen Hohenpriester, der sich zur Rechten des Thrones der Majestät im Himmel niederließ. Er verrichtet den Dienst im Heiligtum, im wahren Zelt, das der Herr erbaut hat und nicht ein Mensch." Auch im folgenden Kapitel nennt der Völkerapostel die gottesdienstlichen Geräte des Alten Bundes „Abbilder der himmlischen Dinge" (9, 23).

„Wenn jemand aus diesen wenigen Worten zu erkennen vermag, was Paulus meint", sagt Origenes, „der kann ermessen, was für Meerestiefen er unserem Verständnis eröffnet!" (in Exod. Hom IX). David drückt in mehreren Psalmen sein Sehnen nach einem ganz anderen als dem sinnfälligen Zelte aus (vgl. Ps 42 und 84). Christus spricht von den „ewigen Gezelten" *(αἰωνίους σκηνὰς),* in die jene aufgenommen werden, die sich mit dem „ungerechten Mammon Freunde gemacht

[1] Zur Erinnerung an das Wohnen in Zelten feierten die Israeliten nach dem Gesetze das Laubhüttenfest (vgl. Lev 23, 39—43; Neh 8, 13—18; Sacharja 14, 16). Seine messianische und eschatologische Bedeutung ist in Daniélou, „Les Symboles chrétiens primitifs", Kap. I, S. 9—31) ausführlich dargelegt. Der Vf bemerkt S. 16, daß der griechische Text der Apokalypse das Wohnen der Gerechten mit Gott durch *„σκηναί"* ausdrückt (vgl. Offb 7, 15; 12, 12; 13, 6; 21, 3). Auch das Taborerlebnis der Apostel (Mt 17, 4; Mk 9. 5) legt eine ähnliche Gedankenverbindung nahe.

haben" (Lk 16, 9), und Paulus vom Sehnen „mit der himmlischen Behausung überkleidet zu werden" (2 Kor 5, 2—5). „Wird dir durch all das nicht ein Weg eröffnet", sagt Origenes weiter, „auf dem du, die Erde verlassend und dem Worte Christi folgend, dich zum Himmel erheben und dort die Herrlichkeit des ewigen Gezeltes suchen kannst, dessen Gestalt Mose schattenhaft auf Erden nachbildete?" (Vgl. Hom IX in Exod.)

Was aber sind diese „himmlischen Dinge"? Kein Auge hat sie gesehen, kein Ohr sie gehört (1 Kor 2, 9), mag auch die Geheime Offenbarung etwas von ihnen ahnen lassen. Doch zwischen der endzeitlichen Vollendung, die sie schildert, und dem schattenhaften Vorbild des Alten Bundes steht Christus, der selber „unter uns gezeltet hat" *(ἐσκήνωσεν)* (Joh 1, 14), und steht die Kirche, als Fortsetzung des allzeit auf Erden gegenwärtigen Erlösers, dessen Heiligtümer auf dem ganzen Erdenrund errichtet werden und in ihrer Anlage dem alttestamentlichen Bundeszelt und Tempel ähnlich sind.

Die Symbolik „Zelt = inkarnierter Logos" erklärt unter anderem Gregor von Nyssa: „Im Vorbild wurde Mose belehrt, über das Mysterium des Zeltes, welches das All umschließt. Dieses sollte Christus sein, die Kraft Gottes und die Weisheit Gottes. Unerschaffen der eigenen Natur nach, nimmt er es an, erschaffen zu werden, als unter uns dieses Zelt aufgeschlagen werden sollte. Und so ist er auf gewisse Weise unerschaffen und erschaffen: unerschaffen, weil er vorher da war, erschaffen, weil er annahm die Verbindung mit dem Stoff" (De vita Moysi; PG 44, 381 B). „Da nämlich die Kraft, die alle Wesen umfaßt, in der die ganze Fülle der Gottheit wohnt, die gemeinsame Schirmdecke des Universums ist, die alles in sich begreift, wird sie mit Recht Zelt genannt" (a.a.O. 381 D).

Haus

Im Gegensatz zum Zelt ist das Haus (domus, *οἶκος* ein fester dauerhafter Bau, Wohnung oder Versammlungsort seßhafter Menschen. Der Begriff wird aber auch auf den Inhalt des Hauses und auf seine Insassen, auf die Familie und den Stamm übertragen (vgl. 2 Sam 7, 25 ff; Ps 135, 19. 20), ferner auf den Leib als Wohnung der Seele (vgl. Ijob 4, 19; 2 Kor 5, 1), auf die heilige Gemeinde der Ecclesia (1 Petr 2, 5; Eph 2, 20) und auf den Himmel, das ewige Heim der Seligen, da ja der Heiland sagt: „Im Hause meines Vaters sind viele Wohnungen" (Joh 14, 2).

„Haus Gottes" bezeichnet die Stätte der besonderen *Gegenwart des Herrn,* sei es die Stiftshütte, der Tempel oder im Neuen Bund die Kirche als Bau. — Als Jakob im Traum die wunderbare Leiter sah (vgl. Art. Leiter), gab es zwar noch kein eigentliches Heiligtum in Israel; und doch rief er in prophetischem Geiste aus: „Wie ehrwürdig ist diese Stätte! Ja, hier ist Gottes Haus und die Pforte des Himmels!" (Gen 28, 17). Das Buch der Sprüche (9, 1 ff) deutet verhüllt die Kirche und ihre sieben Sakramente an, durch das Bild der Weisheit, die sich ein Haus mit sieben Säulen erbaut hat und darin ein Gastmahl bietet. Die allerseligste Jungfrau Maria wird in der Lauretanischen Litanei unter dem Titel „Du goldenes Haus" angerufen, da sie den König der Könige in ihrem Schoße trug.

Uralt ist der Gedanke, das *Grab* als die letzte Wohnstätte des Menschen anzusehen. Davon zeugen die Dolmen der vorgeschichtlichen Zeit, die Mastabas und Pyramiden der Ägypter, die römischen Grabmonumente an der Via Appia usw. Von den Ägyptern schreibt der Philosoph und Historiker Diodoros (I, 51): „Die

Einwohner achten das zeitliche Leben ganz gering, hingegen legen sie höchsten Wert auf das Fortleben nach dem Tode in rühmlichem Andenken. Die Wohnungen der Lebenden heißen sie Herbergen, um anzuzeigen, daß wir uns nur kurze Zeit darin aufhalten. Die Gräber der Verstorbenen aber nennen sie ‚ewige Häuser', weil sie eine grenzenlose Fortdauer derselben in der Unterwelt annehmen. Daher verwenden sie auf den Bau der Häuser wenig Fleiß, umso eifriger aber sorgen sie für die unübertreffliche Ausstattung der Gräber" (Weiss, Weltgesch. I, 215).

In der Hl. Schrift wird der Ausdruck „ewiges Haus" an zwei Stellen für „Grab" gebraucht: „Doch ein Mensch geht zu seinem ewigen Haus" (Koh 12, 5), und Psalm 49, 12 (nach der Vulgata): „Sepulchra eorum domus illorum in aeternum."

Auch bei den Römern hieß die Grabstätte „domus aeterna" oder „aeternalis". So ist es auf vielen Epitaphien zu lesen und durch die Scheintüre mit architektonischer Einfassung, die manche Sarkophage schmückt, sinnbildlich angedeutet. Scheintüren in Grabstätten finden sich bereits bei den Ägyptern.

Die Christen haben die Ausdrucksweise „domus aeterna" („ewig" = bis an das Ende der Zeit) auf einigen ihrer Grabschriften beibehalten, häufiger noch die Türe an Steinsärgen. Dem Toten öffnet sich die Pforte, wenn Christus einst am Jüngsten Tage als Richter erscheint.

Tempel und Kirche

Bei allen Kulturvölkern der Antike bilden die Tempel den Höhepunkt ihrer Baukunst. In Ägypten steht der Beschauer staunend und überwältigt vor der Größe solcher Werke. Diese Tempel, die mehrere Jahrtausende überdauerten, künden der Nachwelt, welche Vorstellungen von der Unermeßlichkeit und Allmacht des göttlichen Wesens auch die Heidenvölker beseelte und wie sie ihren Gottesbegriff in diesen gigantischen Formen symbolisch auszudrücken suchten.

Bei den Sumerern betonen viele Inschriften immer wieder, daß alles nach himmlischen Modellen, die der König in Visionen und Tempelträumen gesehen haben will, ausgeführt worden sei. Auch das Baumaterial galt als göttliches Werk. Der Tempelbau gebührt dem König, der inkarnierten Gottheit. Seine persönliche Beteiligung an der Bauarbeit ist durch Monumente bezeugt. Der Grundriß heißt „temen" (temenu), was gewiß nicht zufällig mit dem griechischen „τέμενος" zusammenklingt. Die griechischen Tempel tragen ein anderes Gepräge als die orientalischen. Auch sie sind in ihrer Art Höchstleistungen der Architektur, doch ihre Größe ist gemäßigt, ihre Verhältnisse sind überaus harmonisch.

„Ein neuer Geist", schreibt Lützeler, „zieht mit der griechischen Baukunst ein, da sie gleichsam verkündet, daß der Mensch zur Gottheit berufen ist, statt seine Nichtigkeit vor dem Ewigen zu betonen. Die Nähe von Gott und Mensch drückt sich am griechischen Tempel vor allem darin aus, daß er aus dem menschlichen Hause entwickelt ist" („Die Kunst der Völker", Kap. 4; Freiburg 1949).

Beim Volk, das Gott sich zum Eigentum erkoren hatte, wurde sein Wohnen unter den Menschen zur vollen Wirklichkeit: Zur Zeit der Wanderschaft war die Stiftshütte die Stätte seiner Gegenwart. Nachdem aber die Israeliten das Land Kanaan erobert und sich bleibend dort niedergelassen hatten, erbaute Salomo einen steinernen Tempel, dessen Anlage der des heiligen Zeltes entsprach. Dieses Heiligtum, das die Bibel eingehend beschreibt (vgl. 1 Kön Kap. 6), war von solcher Herrlichkeit, daß die Ältesten unter den Juden, die es noch gesehen und seine

Zerstörung erlebt hatten, beim Anblick des zweiten weinten, da er an die Pracht des früheren nicht heranreichte (vgl. Esr 3, 12).

Schon während der Errichtung des salomonischen Tempels herrschte an dieser Stätte eine Atmosphäre heiliger Ehrfurcht vor seiner Bestimmung: „Man verwendet beim Bau nur Steine, die beim Bruch fertig behauen worden waren, sodaß man während der Arbeit von Hammer und Meißel oder anderen eisernen Werkzeugen nichts hörte" (1 Kön 6, 7).

Nach seiner Vollendung und der Übertragung der Bundeslade ins Allerheiligste zeigte sich wieder die heilige Wolke und erfüllte den Tempel (8, 10—12). Zuletzt sprach Salomo in seinem Dankgebet: „Soll denn wirklich Gott auf Erden Wohnung nehmen? Siehe, der Himmel und die höchsten Himmel können dich nicht fassen — wieviel weniger dieses Haus, das ich erbaut habe! Doch wende dich dem Gebet deines Dieners und seinem Flehen zu, Herr, mein Gott: Höre auf das Rufen und das Gebet, das dein Knecht heute an dich richtet! Laß deine Augen offenstehen über diesem Hause bei Tag und Nacht, über der Stätte, von der du verheißen hast: Mein Name soll dort wohnen!" (8, 27—29).

Viele Psalmen, besonders Ps 84 und 122, sprechen von der innigsten Liebe der Israeliten zu ihrem Heiligtum, dem einzigen des wahren Gottes. Die Symbolik dieses steinernen Gotteshauses gleicht der des Bundeszeltes: „Salomo unternahm es", sagt der hl. Augustinus, „dem Herrn einen Tempel zu bauen, als Typus und *Sinnbild der Kirche und des Leibes Christi*" (Enarr. in Ps 126; PL 37, 1668). Der Heiland selbst nennt seinen Leib einen Tempel: „Reißet diesen Tempel nieder", sprach er zu den Juden, „und ich will ihn in drei Tagen wieder aufbauen" (Joh 2, 19). Diesen Ausspruch benützten die Feinde des Herrn als Anklage gegen ihn (vgl. Mt 26, 61). Die Jünger aber erinnerten sich nach der Auferstehung an dieses Wort, und es bestärkte ihren Glauben (vgl. Joh 2, 22).

Nicht nur das Corpus mysticum als Ganzes, sondern jeder einzelne Getaufte ist nach St. Paulus (1 Kor 3, 16) ein Tempel des Herrn. Der hl. Augustinus spricht über diese Wahrheit in seiner 252. Rede (de Tempore, vgl. Brevier, 2. Nocturn des Kirchweih-Offiziums).

Seit der Gründung der Ecclesia mehren sich in allen für das Christentum gewonnenen Regionen die Heiligtümer des Herrn. Das Vorrecht des einen Tempels von Jerusalem ist auf viele übergegangen, denn im Neuen Bund ist durch den inkarnierten Gottessohn die ganze Welt geheiligt. Seine Himmelfahrt entzog ihn zwar dem irdischen Verkehr mit den Menschen, doch unter dem Schleier der Mysterien bleibt er unter uns. Nun soll der lebendige Glaube das ersetzen, was den Sinnen hienieden versagt bleibt.

Die Symbolik des alttestamentlichen Tempels als Vorbild und des christlichen Gotteshauses als Erfüllung greift ineinander. Der hl. Augustinus hat sie in seiner Erklärung zu Ps 39 dargelegt (PL 36, 433):

„Der Tempel des Königs ist die Kirche. Woraus wird dieser Tempel erbaut? Aus Menschen, die in den Tempel eingehen. Wer sind die lebendigen Steine, wenn nicht die Gläubigen? Dieser Tempel ist einheitlich, nicht schadhaft, nicht geborsten, nicht geteilt. Der Steine Bindemittel ist die Liebe, und wie viele Steine es auch sein mögen, die da zusammenkommen, es soll aus allen ein Stein werden. Überall hat Gott diesen Tempel errichtet, überall ihn auf das Fundament der Propheten und Apostel festgegründet" (vgl. Eph 2, 19—22).

Gotteswohnung ist vor allem *Maria*, die Gottesmutter, die Christus in ihrem jungfräulichen Schoß tragen durfte. Proklus von Konstantinopel drückt den bewundernden Lobpreis der Kirche für die unter allen Erkorenen in einem einzigen Satz aus: „O Tempel, in dem Gott Priester geworden ist! *Ὦ ναὸς, ἐν ᾧ Θεὸς γέγονεν ἱερεύς*" (Pg 65, 683).

Die Sinndeutung des christlichen Gotteshauses blickt nicht allein zurück auf den alttestamentlichen Typus, sondern auch in die Zukunft auf das himmlische Bild, das die Geheime Offenbarung enthüllt. Aus dem engen Zusammenhang zwischen „Kirche" im materiellen und geistigen Sinn ergab es sich von selbst, daß die apokalyptische Schilderung auch auf das Kirchen*gebäude* übertragen wurde, wie es in den liturgischen Gesängen des Dedikationsritus und des Kirchweihfestes zum Ausdruck kommt, die teils dem Alten, teils dem Neuen Testament entnommen sind.

Höchster Zweck des Kirchenbaues ist die Darbringung des heiligen Opfers. Darum ist der Altar (vgl. d. Art.), auf dem sich die heilige Handlung vollzieht, „der geistige Brennpunkt, der die ganze Idee des Gotteshauses in sich trägt, der Pol, um den das Gebäude kreist. Dieses ist nur die Ausstrahlung und Erweiterung des geheiligten Altarraumes, seine Abschließung und Aussonderung von der unheiligen Welt. In seiner liturgischen Idee ist das katholische Gotteshaus wesentlich Meßopferkirche, die die Gemeinschaft der Gläubigen um den Altar als den geistlichen Mittelpunkt schart" (vgl. Maria Laach, „Die betende Kirche").

Die geweihte Kirche ist aber bereits *vor* der Darbringung des hl. Opfers und *vor* der bleibenden eucharistischen Gegenwart Christi im Tabernakel durch ihre Konsekration, die sie im Hinblick auf die hl. Mysterien empfängt, hochheilig und die besondere Stätte der Gegenwart Gottes.

Die mittelalterliche Symbolik geht in der Deutung des Kirchengebäudes und seiner Teile bis ins einzelne und gibt auch eine reiche Auswahl mystischer und moralischer Erklärungen. Für unsere Zeit scheint es entsprechender, die biblisch-liturgischen Hauptgedanken ohne Zersplitterung festzuhalten. Diese sind es auch, welche die ganze Anlage der Kirche bestimmen: Hin zum Altar, hin zu Christus.

Wegen der großen Menge katholischer Gotteshäuser, die in Städten wie in entlegenen Dörfern verbreitet sind, können nicht alle auf derselben künstlerischen Stufe stehen. Auch hier gibt es Höchstleistungen der Architektur, deren Schilderung in das Gebiet der Kunstgeschichte gehört, und ärmliche Notkirchen, die mit geringen Mitteln zustande kommen. So gewaltig aber die Unterschiede der Bauart sein mögen, so grundverschieden die äußere und innere Ausstattung ist, im wesentlichen sind alle Kirchen eins, und dieselbe wirksame Symbolkraft durchströmt sie alle. Von allen gilt das Wort des Kirchweih-Introitus: „Terribilis est locus iste, hic domus Dei est, et porta coeli!"

Altar

Der Altar (ara, *βωμός,* altare, *θυσιαστήριον)* ist ein tischartiger Aufbau, der dazu dient, der Gottheit Opfer darzubringen. Seine Erhöhung versinnbildet die Erhebung der Gaben zum Allerhöchsten. Seit ältester Zeit errichtete man Altäre aus dem festen Material, das die Natur bot: Erde, Steine oder Rasenstücke wurden in Wäldern oder auf Bergen zusammengetragen und aufgehäuft. So war es nach dem Zeugnis antiker Schriftsteller auch bei den Griechen und Römern Brauch.

„Die Völker des alten Zweistromlandes suchten auf Stufenaltären und Stufentürmen, die den ‚Gottesberg' repräsentierten, ihren Göttern zu begegnen ... Die Vorstellung vom Gottesberg gehört zum altorientalischen Weltbild." [1]

Als Noach die Arche verließ, erbaute er den ersten Altar, den die Bibel erwähnt (Gen 8, 20). Doch ist anzunehmen, daß bereits Kain und Abel (Gen 4, 3—4) für ihre Opfer Altäre errichtet hatten. Nicht jeder Altar mußte Opferzwecken dienen: Er konnte auch reines Denkzeichen sein, wie der des Mose nach der Amalekiterschlacht (Ex 17, 15) oder wie der weithin sichtbare Riesenaltar der Ostjordanstämme (Jos 22, 10). Gedenk-Altäre hatten bereits die Patriarchen errichtet, und auch in der späteren Geschichte Israels werden solche erwähnt. Eine Gotteserscheinung, ein Sieg oder ein besonderes Zeichen göttlichen Schutzes gaben dazu den Anlaß.

Betreffs der Altäre gab das mosaische Gesetz genaue Bestimmungen. Die erste diesbezügliche Verordnung lautet: „Baue mir einen Altar von der Erde und bringe auf ihm deine Brandopfer und Friedopfer, deine Schafe und Rinder dar. An der Stätte, die ich jeweils zur Verehrung meines Namens bestimmen werde, will ich zu dir kommen und dich segnen. Wenn du mir aber einen Altar aus Steinen errichten willst, so darfst du ihn nicht aus behauenen Steinen bauen. Denn wenn du ihn mit deinem Meißel bearbeitest, entweihst du ihn" (Ex 20. 24. 25).

Rabbiner und christliche Exegeten haben nach Gründen für diese Bestimmung gesucht: Gefahr des Götterkultes, Notwendigkeit eines Unterschiedes zwischen heidnischen und jüdischen Altären, Bildlosigkeit der israelitischen Religion, Hinweis auf Christus, den erdgeborenen Gottmenschen usw. Vielleicht aber dürfte man einen naheliegenden Grund auch darin suchen, daß die „Mutter Erde" und ihr Gestein der Antike *heilig* war (vgl. Art. Erde und Stein) und daß diese Ehrfurcht vor den Urmaterien, die aus des Schöpfers Hand hervorgegangen waren, in Gottes Absicht lag. Darum sollten Erde und Steine so, wie sie sind, die unmittelbaren Träger der wichtigsten Kulthandlung sein. Die metallüberzogene später ganz eherne Verkleidung des Altares, die in der Stiftshütte und im Tempel dazukam, bildete nur den Rahmen, die offene Form, welche die eingeschüttete Erde oder die gehäuften Steine zusammenhielt. Diese aber sollten gleichsam „jungfräulich" bleiben, ohne Bearbeitung und Veränderung durch die Hände der gefallenen Menschen. Daher der Nachsatz: „Wenn du sie mit deinem Meißel bearbeitest, entweihst du sie" (Ex 20, 25).

Nach Schedl (a.a.O., S. 371) ist die Dreistufung des jüdischen Altares Symbol des Weltenaufbaues: Unterwelt, Erdenrund, Luftraum, also Darstellung des großen Kosmos im Kleinen.

In allen Tempeln, seien sie heidnisch, jüdisch oder christlich, nimmt der Opferaltar eine hervorragende Stelle ein. In der katholischen Kirche ist der Hauptaltar der Punkt, auf den alles hinzielt und der alles bestimmt. In frühchristlicher Zeit gab es nur diesen *einen* in jeder Kirche [2]. Nebenaltäre für Privatmessen kamen erst seit dem 6. Jahrhundert auf. Sie mehrten sich im späteren Mittelalter infolge gesteigerten Heiligen- und Reliquienkultes.

Die Konsekration des Hauptaltares bildet den Höhepunkt, der den Kirchweih-

[1] C. Schedl, Gesch. d. AT III, S. 370.

[2] Da es in den Anfängen des Christentums noch keine Kirchen und feststehenden Altäre gab, feierte man das hl. Opfer auf einem gewöhnlichen Holztisch, der von den Diakonen herbeigetragen und zubereitet wurde.

ritus beschließt; doch kann sie für Seitenaltäre und im Falle späterer Aufstellung eines neuen Hochaltares auch außerhalb der Dedicatio stattfinden.

In diesem Fall wird der Ritus um die Allerheiligenlitanei vermehrt und eine etwas längere Präfation gesungen, die, ebenso wie die kürzere, vorbildliche Altäre des Alten Bundes in ihrer Beziehung zum Neuen erwähnt. Die wesentlichen Teile, darunter als der wichtigste die Salbung, bleiben sich gleich.

Die Symbolik des Altares enthält drei Gesichtspunkte von ansteigender Bedeutung: Der Altar ist *Abbild des Abendmahlstisches,* an dem Christus das eucharistische Opfer eingesetzt und damit sein blutiges Kreuzesopfer im Mysterium vorausgenommen hat. Ferner ist der Altar *Symbol des heiligen Kreuzes,* an dem der Heiland sein Erlösungsopfer vollbrachte. Der hl. Thomas von Aquin faßt die Gedanken der Väter in dogmatischer Prägnanz zusammen, wenn er schreibt: „Der Altar ist die Darstellung des Kreuzes, an welchem Christus in seiner eigenen Gestalt geopfert wurde — Altare est repraesentativum crucis ipsius, in qua Christus in propria specie immolatus est" (Summa theol. III a, Q. 83, Art. 1 ad 2).

Die Beziehung auf *Christus* ist in der alten und mittelalterlichen Symbolik (vgl. Summa theol. III a, Q. 83, an mehreren Stellen) wie auch in der Liturgie bezeugt. Der Altar ist aus *Stein,* daher Sinnbild desjenigen, den Daniel im Bilde jenes Steines erkannte, der „sich vom Berge loslöste" und „zu einem großen Berge ward, der die ganze Erde erfüllte" (Dan 2, 34, 35. 45). Besonders die Mensa, der wesentliche Teil des Altares, ist Sinnbild des „Steines, den die Bauleute verworfen haben und der zum Eckstein geworden ist" (Ps 118, 22).

Bei der Subdiakonatsweihe erwähnt der Bischof in der „Admonitio" die Symbolik des Altares mit den Worten: „Der Altar der heiligen Kirche ist nämlich *Christus selbst,* nach dem Zeugnis des Apostels Johannes, der in der Apokalypse seine Schau eines goldenen Altares schildert, der vor dem Throne stand und *auf* dem, wie *durch* den die Gaben der Gläubigen dem Vater geopfert werden" (Pontificale Romanum).

Die tiefste symbolische Bedeutung des Altares liegt in seiner *Salbung.* Sie ist ausgesprochen in Psalm 45, der samt einer ihm entnommenen Antiphon diese heilige Handlung begleitet. Dieser Psalm ist ein königliches Hochzeitslied und besingt die Vermählung des Königs mit seiner Braut, Christi mit der Kirche. Der Altar ist das geheiligte Brautgemach, von Gott durch diese heilige Salbung eigens bereitet. Auf ihm vollzieht sich bei jedem heiligen Opfer die geheimnisvolle Vermählung Christi mit seiner Kirche... Wie beide den *einen* mystischen Christus bilden, so ist der Altar zugleich ein Abbild Christi und der heiligen Kirche. Von diesem Gedanken ist vor allem die Antiphon getragen, die im Hinblick auf Christus die Segensworte Isaaks über Jakob auf den vom hl. Salböl duftenden Altar anwendet: „Seht, der Duft meines Sohnes ist wie der eines vollen Ackers, den der Herr gesegnet hat" (vgl. Maria Laach, „Die betende Kirche", S. 26; Augustinus-Verlag 1927).

Seitdem es in der Kirche stehende Altäre gibt, wird ihnen als den Trägern der heiligsten Mysterien höchste Verehrung zuteil. Der hl. Johannes Chrysostomus nennt den Altar „wahrhaft schreckenerregend" und an anderer Stelle „wunderbar, staunenerregend" *(θαυμαστὸν),* weil er durch die Aufnahme des Leibes Christi geheiligt ist. Von dieser Gesinnung zeugen viele Väterschriften wie auch die vorgeschriebenen Zeremonien des Altarkusses und der Kniebeugung, auch wenn das Sanctissimum sich nicht auf dem Altar befindet.

Im christlichen Altertum wurde der Altar einer Reliquie gleichgeachtet: Man schrieb dem Staub, der auf ihm lag, Wunderkraft zu und sammelte ihn. Im Mittelalter hatte sich diese Ehrfurcht nicht gemindert. Simeon von Thessalonich (15. Jahrhundert) nennt diese heilige Stätte „den zweiten Himmel".

Seit dem 4. Jahrhundert ist auch das Asylrecht bezeugt, das jene genossen, die zum Altar ihre Zuflucht nahmen. Seine Erhabenheit und Würde war der Grund, warum selbst die größten Verbrecher nicht in der Kirche, geschweige denn am Altar, ergriffen werden durften. Zugunsten dieses Asylrechtes bestanden strenge kirchliche Vorschriften, auf denen eine Konstitution Pius' IX. noch weiter bestand.

Der Altar ist nicht allein die Stätte der heiligsten Opferhandlung; er ist auch das Zentrum der meisten liturgischen Funktionen. Sämtliche größere Weihen werden am Altar vollzogen oder gehen von ihm aus.

Seit dem Siege des Christentums sind steinerne Altäre in der römischen Liturgie allgemein üblich und vorgeschrieben. Wo Armut das nicht zuläßt, genügt ein Holzaltar mit eingesetztem Altarstein, der hl. Reliquien enthält.

Die Altarplatte ruht auf Säulen oder auf einem massiven Block, dem „Stipes", der auch Kasten- oder Sarkophagform (Barock) haben kann. Diese Bestandteile und auch der Rand der Mensa können mit Ornamenten, Symbolen oder Heiligenfiguren ausgeschmückt sein. Wo der Leib eines Heiligen unter dem Altare ruht, brachte man in frühchristlicher Zeit an der Vorderseite ein Gitterfensterchen an (Confessio), um an den heiligen Überresten Gegenstände anzurühren. In späterer und neuester Zeit findet der geschlossene Metallsarg — manches Mal mit Glaswand — seinen Platz unter oder über dem Altar. In römischen Kirchen sind alle diese Möglichkeiten zu finden.

Stadt

„Civitas" und „polis *(πόλις)*" bedeutet sowohl Stadt als Gebäudekomplex wie auch die Stadtgemeinde oder den Staat. In dieser Doppelbedeutung liegt bereits die Symbolik: Die materielle Stadt ist Sinnbild der lebendig-geistigen. Im Altertum wurde jede von einer Mauer umgebene Ansiedlung, ohne Rücksicht auf ihre Größe, „Stadt" genannt. Für ihre Anlage wurden Anhöhen und vor allem die Nähe einer Quelle bevorzugt.

Bei den Griechen und den mit ihnen verwandten Stämmen steigt die Polis infolge ihrer allseitig hohen Bedeutung für die Gemeinde und jeden einzelnen allmählich zur religiösen Symbolik empor und wird schließlich zur „Tyche" (Glücksgöttin) einer jeden Stadtgemeinde (vgl. Burckhardt, Griech. Kulturgesch. B. I, 55—87).

In der Heiligen Schrift wird als erste die von Kain erbaute Stadt erwähnt. Dieser nannte die Ansiedlung nach dem Namen seines Sohnes Henoch (vgl. Gen 4, 17). Es läßt sich hier nur eine durch Umwallung befestigte Niederlassung Kains und seiner Familie denken, nicht eine „Stadt" im späteren Sinn.

Nach der Sintflut entstanden in Mesopotamien unter den Nachkommen Chams umfangreiche Gemeinden; zuerst in Babylonien, dann in Assyrien. Als ihr Begründer wird Nimrod genannt. Ninive war die erste, ausdrücklich als „groß" bezeichnete Stadt (vgl. Gen 10, 12). Der Nachsatz „das ist die große Stadt" kann sich nämlich nur auf Ninive beziehen, das unter den aufgezählten Städten allein von Bedeutung war (vgl. Heinisch, Genesis-Kommentar, Bonner Bibel I, S. 190).

In der Folge wird ein neuer, denkwürdiger Stadtbau im Lande Sennaar unternommen. Die Menschen sagten zueinander: „Auf, wir wollen eine Stadt bauen und einen Turm, dessen Spitze bis an den Himmel reicht!“ (Gen 11, 4). Während der inspirierte biblische Verfasser in diesem Ansinnen eine Auflehnung gegen Jahwe erblickt, der darum die Durchführung des Planes verhindert, glaubten die Babylonier damit ein den Göttern wohlgefälliges Werk zu unternehmen (vgl. Art. Turm).

Die Stadt Babylon — später Symbol der gottfeindlichen Weltmacht (vgl. Offb 17, 1—18) —, deren Name die Israeliten an die göttliche Strafe der Sprachverwirrung erinnerte, galt den Chaldäern als Mittelpunkt der Welt, Treffpunkt von Himmel und Erde, und Abbild eines himmlischen Babylon. Die sumerische Lehre lautete ja: „Was oben ist, ist unten.“ So ergibt sich die Vorstellung, daß die untere, irdische Erde Nachbild einer oberen, himmlischen, sei, auf der sich himmlische Orte und Tempel befinden, Urbilder der irdischen, deren Bau theoretisch in die Zeit der Weltschöpfung verlegt wird (vgl. Jeremias, Handb. der altoriental. Geisteskultur).

Das orientalische Stadtideal findet zunächst seine Verwirklichung in der Gottesstadt Jerusalem. Die Heiligkeit des Tempels, der wie das Bundeszelt nach himmlischem Urbild erbaut und eingerichtet ist, erstreckt sich auf die ganze Civitas, von welcher der Psalmist singt: „ ‚Herrliches ist gesagt von dir, Stadt Gottes‘; und in einem anderen Psalm lesen wir: ‚Groß ist der Herr und überaus preiswürdig in der Stadt unseres Gottes, auf seinem heiligen Berge, er, der Frohlocken verbreitet auf der ganzen Erde.‘ Und weiter unten in demselben Psalm: ‚Wie wir hörten, so sahen wir auch an der Stadt des Herrn der Heerscharen, an der Stadt unseres Gottes: Gott hat sie auf ewig gegründet‘; ebenso in einem anderen: ‚Des Flusses Andrang erfreut die Stadt Gottes; geheiligt hat sein Zelt der Höchste: Gott ist in seiner Mitte, es wird nicht erschüttert werden‘ “ (Augustinus, Über den Gottesstaat XI, 1).

Die *alttestamentliche Sionsstadt* mit ihrem Tempel war Keim und Vorbild der aus lebendigen Steinen gebildeten *Ecclesia des Neuen Bundes* mit Rom als ihrem Zentrum. Die dritte Civitas Dei ist die lebendige *Wohnstätte Gottes im Menschen* durch die heiligmachende Gnade. In einzigartiger, überragender Weise ist diese *in Maria* erfüllt, der unbefleckt empfangenen, jungfräulichen Mutter des Herrn, in der die ewige Weisheit sich einen Tempel erbaut hat. Über diesen dreien erstrahlt als vierte die *himmlische Stadt*, das *„neue Jerusalem“*, das der Apostel Johannes im letzten Kapitel der Geheimen Offenbarung schildert:

Und es kam einer von den sieben Engeln ... Er sprach zu mir: Komm, ich will dir die Braut zeigen, die Frau des Lammes.

Da entrückte er mich im Geist auf einen großen, hohen Berg und zeigte mir die heilige Stadt Jerusalem, die von Gott her aus dem Himmel herabsteigt, in der Herrlichkeit Gottes. Ihr Glanz gleicht dem Glanz eines kostbaren Edelsteines, eines kristallklaren Jaspis. Die Stadt hat eine große und hohe Mauer mit zwölf Toren ... Die Mauer der Stadt hat zwölf Grundsteine, auf ihnen stehen die zwölf Namen der zwölf Apostel des Lammes. Der erste Grundstein war ein Jaspis, der zweite ein Saphir, der dritte ein Chalzedon, der vierte ein Smaragd, der fünfte ein Sardonix, der sechste ein Sardis, der siebente ein Chrysolith, der achte ein Beryll, der neunte ein Topas, der zehnte ein Chrysopras, der elfte ein Hyazinth, der zwölfte ein Amethyst. Die zwölf Tore sind zwölf Perlen; jedes der Tore besteht aus einer einzigen Perle ...“ (Offb 21, 9—21).

Diese Vision bildet den Abschluß und die Krone der gesamten Hl. Schrift des Alten und Neuen Bundes. Sie stellt uns das Endziel des Erdenpilgers vor Augen, denn „wir haben hier keine Stadt, die bleibt, sondern wir suchen die künftige“ (Hebr 13, 14).

Auch heilige Männer des Alten Bundes schauten bereits im Geiste dieses überzeitliche, ewigdauernde Jerusalem. Sie beschreiben es in ähnlichen Bildern wie der hl. Johannes:

„Sieh her: Ich schmücke deine Fundamente mit Malachit und deine Grundmauern mit Saphiren. Aus Rubinen mache ich deine Zinnen, aus Bergkristall deine Tore und deine Mauern aus lauter kostbaren Steinen..." Wort des Herrn (Jes 54, 11. 12).

„Denn Jerusalem wird wieder aufgebaut aus Saphir und Smaragd; deine Mauern macht man aus Edelstein, deine Türme und Wälle aus reinem Gold; die Plätze Jerusalems werden gepflastert mit Beryll, Rubin und Steinen aus Ofir. Halleluja ruft man in all ihren Gassen" (Tob 13, 17. 18).

Wir Menschen sind genötigt, unsere Begriffe zu zergliedern und sie in Bilder zu fassen. In Gott aber bildet alles eine große *Einheit.* Auch das vierfache „Jerusalem" greift so sehr ineinander, daß da, wo vom einen die Rede ist, sehr oft auch das andere mitklingt, ja darin enthalten ist. Urbild, Ziel und Schwerpunkt aber liegen nicht im zeitlich ersten, sondern in *dem* was für uns erst *kommt,* obwohl es, im Glauben betrachtet, *schon da ist* und in Wahrheit *ewig* besteht.

Ein Blick in die liturgischen Bücher genügt, um zu sehen, wie die heilige Kirche die Gottesstadt stets als Symbol betrachtet: Die Adventtexte, besonders jene des zweiten Sonntags, sprechen vom Jerusalem des Alten Bundes, verstehen aber darunter die neutestamentliche Ecclesia in ihrem Sehnen nach der Ankunft des Herrn. Im Offizium der Muttergottes- und Jungfrauenfeste werden mehrere Psalmen, die von der Sionsstadt handeln, auf die lebendige Gotteswohnung bezogen. In den Texten des Kirchweihfestes tritt die Einheit des vierfachen Jerusalem besonders klar hervor. Die Hymnen schildern das apokalyptische Idealbild in seinem irdischen Werden:

„Stadt Jerusalem, du sel'ge,
Die du, Friedensschau genannt,
Auferbaut in Himmelshöhen,
Aus lebendigem Gestein,
Von der Engel Chor umwoben
Wie die Braut vom Festgeleit!
Meißelstöße, Hammerschläge
Glätten füglich jeden Stein,
Dann erst paßt die Hand des Meisters
Ihn an seine Stätte ein,
Mauert fest ihn, daß er bleibe
In des Tempelwerkes Reih'n."

„In diesem Mysterium (des himmlischen Jerusalem) bewahrt und entfaltet jeder seinen eigenen Beruf. Die Edelsteine, aus welchen es erbaut wird, gehen nicht in der Menge unter. Jeder behält sein eigenes Feuer, das zur Harmonie des Ganzen erforderlich ist. Die Verschiedenheit des Farbenspiels, in dessen Schilderung der Seher (von Patmos) sich ergeht, scheint das ausdrücken zu wollen. Wir finden so in der Vollendung diese enge Wechselbeziehung zwischen dem Geheimnis jedes persönlichen Eigenlebens und der Einheit der Kirche... Wir alle sind lebendige Steine. Das Ganze bedarf eines jeden, und jeder erreicht nur im Gefüge des Ganzen seine volle Harmonie" (Féret O. P., „l'Apocalypse", p. 250). Das Fundament dieses Jerusalem liegt nicht in den Tiefen der Erde, sondern droben im Himmel, wie St. Augustinus im Kommentar zum 121. Psalm ausführt. Wir werden daher *auf den Himmel gebaut,* und unser Schwergewicht soll nicht nach unten, sondern nach oben streben (vgl. PL 37, 1621).

Auf vielen christlichen Denkmälern der nachkonstantinischen Zeit, namentlich auf Mosaiken der römischen Basiliken und auf Sarkophagen, begegnen uns Darstellungen von Städten. Anfänglich ganz primitiv ausgeführt, entfalten sie sich allmählich zu einer reichen, stereotypen Form. Der glanzvolle Edelsteinschmuck, den die Mosaikkunst ihnen gibt, ist von der apokalyptischen Schilderung beeinflußt. In den Apsiden der Basiliken trifft man am häufigsten jene Komposition, die als Streifen unterhalb des Hauptbildes angebracht ist: An den äußersten Endpunkten sind die Städte Jerusalem und Bethlehem, durch Inschrift kenntlich, einander gegenübergestellt; Bethlehem immer rechts vom Beschauer, Jerusalem links. Ihre Mauern und Türme sind aus Gemmen erbaut und auf engen Raum zusammengedrängt. Aus dem Haupttor, von dessen Bogen meist Lampen oder ein Kreuz herabhängen, schreitet auf blumigem Rasengrund eine Prozession von je sechs Lämmern dem Gotteslamme zu, das etwas erhöht in der Mitte steht. Unter seinen Füßen entspringen vier Paradiesesquellen, die man als die vier Evangelien zu deuten pflegt (vgl. Art. „Schafe"). Es gibt auch Darstellungen, z. B. auf dem Triumphbogen von S. Maria Maggiore, wo die Lämmer keine Prozession bilden, sondern zu je sechs vor dem Tor der Stadt gruppiert, dem Mittelpunkt des Bogens zugewendet, aufwärts blicken. Auf altchristlichen Sarkophagen kommt das Motiv der Lämmerprozession ebenfalls, wenn auch seltener, vor, doch sind die beiden Städte da nur durch ein turmartiges, einfaches Stadttor angedeutet. In diesen Bildern erkennen sämtliche Altertumsforscher auf Grund der heiligen Schriften und der Väterlehre ein *Symbol der heiligen Kirche,* die, aus dem Juden- und Heidentum kommend, in Christus eins wird. Bethlehem, wo mit der Anbetung der drei Weisen aus dem Morgenland der Glaube der Heiden an Christus seinen Anfang nahm, galt von jeher als Typus der Ecclesia ex gentibus (Heidenkirche), während Jerusalem stets die Ecclesia ex circumcisione (Judenkirche) repräsentierte.

Es gibt aber auch viele Beispiele — auf Sarkophagen sind sie vorwiegend —, die *eine einzige* Stadt, das himmlische Jerusalem, in die Komposition einbeziehen. Da ist besonders das schöne Apsidenmosaik der römischen Basilika S. Pudentiana hervorzuheben, auf dem Christus im Kreise der Apostel in der Civitas sancta thront. Einzig in seiner Art ist aber das Mosaikbild, das am Triumphbogen der Basilika S. Praxedes (Rom) den Blick fesselt: Der edelsteinbesetzte Mauerring der Gottesstadt füllt den obersten Teil des Bildes. In der Mitte dieser Umfriedung steht Christus zwischen zwei Engeln. Etwas tiefer nahen ihm je sechs Heilige, die ihre Kronen darbringen. An ihrer Spitze steht zur Rechten des Herrn die allerseligste Jungfrau, zur Linken eine Jungfrauengestalt, vermutlich die Titelheilige S. Praxedes. Beide weisen auf Christus hin. Vier weitere Heiligengruppen, von denen je zwei auf tieferliegende Felder des Bogens verteilt sind, schreiten zur Heiligen Stadt. Sie werden von zwei Engeln und von den beiden Apostelfürsten zum Eintreten durch die offenstehenden Tore eingeladen. Die beiden oberen Gruppen halten ebenfalls Kronen, die anderen Palmzweige.

Auch andere Kunstzweige, wie die Miniaturmalerei und die Goldschmiedekunst, haben das Motiv der Civitas sancta verwertet. Letztere schuf in dieser Form Tabernakel, Reliquiare, Monstranzen, ja sogar Thuribula, aus welchen durch Fensterchen der Weihrauch entströmt. Im späten Mittelalter wird die „Heilige Stadt" auch als marianisches Symbol dargestellt.

Alle diese Kunstschöpfungen zeigen, wie sehr die prophetischen Schilderungen der ewigen Heimat die Künstler, namentlich jene der altchristlichen Zeit, inspiriert haben. Im Glaubensbewußtsein, daß die Christen dieser Civitas bereits angehören, schreibt der hl. Paulus an die Hebräer (12, 22 f):

„Ihr aber seid hingetreten zum Berg Zion, zur Stadt des lebendigen Gottes, dem himmlischen Jerusalem, zu Tausenden von Engeln, zu einer festlichen Versammlung und zur Gemeinde der Erstgeborenen, die im Himmel eingeschrieben sind."

Ein *echtes* Symbol ist nicht bloß Bild und Vergleich, sondern inhalterfüllt, Unterpfand und „Angeld" des Vollbesitzes. Es läßt uns nicht leer, sondern ist wirksam und beschenkt uns.

Es gibt eine Weltstadt, in der man diese Symbolkraft lebhaft empfindet: Es ist die alle irdischen Städte überragende „Civitas sancta", in der die Nationen aller Welt zusammenströmen und sich in Liebe um das eine Zentrum scharen, um jenen, dem Christus als seinem Stellvertreter auf Erden die Schlüssel des Himmelreiches, der „neuen Stadt Jerusalem", anvertraut hat! [1] ... Wer je das Glück hatte, in der Roma aeterna zu weilen, der hat ihren heiligen Zauber empfunden, der kennt jenes eigenartige, warme Strahlen, das den ganzen Menschen erfaßt wie sonst nirgends auf der weiten Welt! „Ihm bleibt", wie W. Bergengruen so treffend bemerkt, „eine ewigwährende Sehnsucht zurück, die mehr ist als alle Erfüllung, ein Heimweh nach Rom als Abbild jenes höheren Heimkehrverlangens, das in die Brust des Menschen gelegt wurde!"

Turm

Das religiöse Ursymbol der Sumerer war der *Stufenturm* (Zikkurat). Die Darstellung eines solchen auf einem Rollsiegel stammt aus der Zeit um 3000 vor Christus. Der Turm bedeutete ein heiliges *„Hinauf"*, und zwar ein Hinauf in kehrendem Kreise mittels Stufen, die von Rampe zu Rampe hinanführten. Die sumerischen Namen der Türme sind kosmisch: „Grundstein Himmels und der Erde" oder ähnlich. Diese Bauten waren Symbol des Weltenberges. Die oberste Rampe stellte, wie sicher anzunehmen ist, das Heiligtum des höchsten Gottes dar. Die babylonischen Urkunden sprechen alle davon, daß die Spitze des Turmes „bis an den Himmel reichen" (vgl. Gen 11, 4) oder mit ihm wetteifern soll. Mehrere Reste solcher Türme sind in Babylon erhalten. Sie waren nicht allein Heiligtum, sondern auch Sinnbilder der Zusammengehörigkeit in der staatlichen Organisation.

Bei dem in der Genesis erwähnten babylonischen Turmbau war offenbar das religiöse Moment mit gewaltigem Hochmut und Anmaßung Gott gegenüber vermischt, sonst hätte der Herr das Unternehmen nicht vereitelt.

Nach dem allgemeinen Brauch der Antike gab es auch im Lande der Bibel mehrere Arten von *Wach-* und *Befestigungstürmen.* Jede Stadtmauer war mit solchen versehen, namentlich die Tore damit flankiert. Derartige Türme pflegte man mit Schildern und Waffen zu behängen. Außerdem befand sich im Stadtinnern auf dem höchsten Punkt ein mit allen Abwehrmitteln ausgerüsteter Turm, der den Bewohnern als letzte Zuflucht diente, wenn der Feind bereits in die Stadt eingedrungen

---

[1] Rom ist „die Stadt, die zeichenhaft dasteht für die Begegnung der menschlichen Kultur mit dem göttlichen Heilsplan" (Papst Paul VI. in der Osterbotschaft 1964).

war. Mit einem solchen Turm vergleicht die Hl. Schrift Jahwe: „Du bist meine Zuflucht, ein fester Turm gegen die Feinde", betet der Psalmist (Ps 61, 4); und das Buch der Sprüche (18, 10) sagt: „Ein starker Turm ist der Name des Herrn, dorthin eilt der Gerechte und ist geborgen."

Um die Ernte vor Dieben und Tieren zu schützen, wurden auf Feldern und in Weingärten *Wächtertürme* errichtet. Ihre Erwägung im Liede vom Weinberg bei Jesaja (5, 2) und in der sinnverwandten Parabel des Herrn (Mt 21, 33) ist schon an sich symbolisch und wird in der allegorischen Exegese auf das Amt jener bezogen, die in der hl. Kirche mit gotterleuchtetem *Scharfblick* Ausschau halten und wachen, um die Anschläge der Feinde abzuwehren. Ähnlichen Sinn haben die Worte des Hohenliedes (4, 4): „Wie der Turm Davids ist dein Hals, in Schichten von Steinen erbaut; tausend Schilde hängen daran, lauter Waffen von Helden." Auch die Unüberwindlichkeit der Kirche ist hier angedeutet, denn „die Mächte des Todes werden sie nicht überwältigen" (Mt 16, 18). In der Lauretanischen Litanei wird Maria als „Turm Davids" und „Elfenbeinerner Turm" angerufen.

Im „Pastor des Hermas" erscheint die *Kirche* im Symbol eines Turmes. Der Seher vernimmt die Worte: „Siehst du nicht, wie dir gegenüber ein großer Turm über den Wassern aus prächtigen Quadersteinen erbaut wird?" Im Viereck wurde der Turm von sechs Jünglingen ausgeführt und außerdem trugen unzählige Männer Steine herbei ... Es schien, als ob das Gefüge des Turmes aus *einem* Stein hergestellt sei. Hermas vernimmt sodann die Auslegung des Geschauten: „Der Turm, den du bauen siehst, bin ich, die Kirche." In den „Gleichnissen" heißt es nochmals: „Der Turm, das ist die Kirche" (vgl. Visio III, 2. 3; Similitudo IX, 13).

Diese Vision dürfte wohl die Anregung zu einem sehr alten Freskobild in der Katakombe des hl. Januarius zu Neapel gegeben haben, das diesen Turmbau darstellt.

In der altchristlichen Kunst wird die „hl. Stadt" öfters in Kürzung nur durch einen Turm angedeutet.

Leuchttürme wurden bereits im Altertum in der Nähe von Häfen zur Orientierung der Schiffer errichtet. Sie bestanden einst aus mehreren sich verjüngenden Stockwerken (vgl. Art. „Schiff"). Aus dem obersten schlugen Flammen empor. Heutzutage übertreffen Scheinwerfer bei weitem die Helligkeit des einstigen Feuerbrandes.

Auf altchristlichen Grabsteinen ist der Leuchtturm *Symbol des ewigen Zieles*, dem das Lebensschiff zusteuert. Eine dieser Grabplatten gibt die Sinndeutung mit dem beigefügten griechischen Wort *„ἀοράτα"* = das „Unsichtbare".

Kirchtürme waren in frühchristlicher Zeit unbekannt. Den ältesten begegnet man in Syrien und in Ravenna. In Italien steht der „Campanile" etwas abseits vom eigentlichen Kirchengebäude. Mit der Einführung von Glocken wurden seit der Karolingerzeit auch die Türme notwendig, um den Klang aus der Höhe weithin zu tragen. Die mittelalterliche Symbolik der Glocken, Mahner der Menschen zu sein, übertrug man auch auf die Türme und sah in ihnen ein Sinnbild der Prediger, die vom Himmlischen reden. Man deutete sogar die Zahl der Türme. Doch diese etwas gesuchten Gedanken treten zurück vor dem wesentlichen Sinn: Der Kirchturm ist ein steinernes *„Sursum corda"* und zeigt den Menschen von weitem: Hier ist eine heilige Stätte, hier wohnt der Herr!

Säule

Säulen können einem zweifachen Zwecke dienen: Entweder sind sie tragende Bauglieder oder sie ragen allein stehend empor, sei es als Denkmal (vgl. 1 Makk 13, 29; 14, 26), sei es als Symbol. In beiden Fällen sind sie Ausdruck der Kraft und Beständigkeit.

Frei standen die *Pfähle* (Ascheren) und *Sonnensäulen,* die in heidnischen Kulten den Naturgöttern als Symbol sprossender *Naturkraft* errichtet wurden.

Viel monumentaler waren die ägyptischen *Obelisken:* Vor dem Tempeleingang nahmen sie sich aus wie gottgegebene Verheißungszeichen *ewigen Bestehens,* „wie riesige Hieroglyphen, granitene Lettern oder Silben, wie zwei Worte, die nicht nur geschaut, sondern gelesen werden sollten" (Prisse, Hist. de l'Art égyptien p. 190).

Die Obelisken waren dem Sonnengott geweiht, wie auch ihr ägyptischer Name, „Licht der Sonne", bezeugt. Sie stellten gleichsam einen versteinerten Sonnenstrahl dar (vgl. Weiß, Weltgesch. B. I, S. 234). Mehrere dieser Obelisken wurden nach Rom überführt. Auf dem Petersplatz kündet ein solcher den Sieg des Kreuzes.

In der Heiligen Schrift ist zunächst von den tragbaren Säulen die Rede, an denen man die Vorhänge befestigte, die den Vorhof des hl. Zeltes abgrenzten (Ex 27, 10 f; 36, 36. 38; 38, 10 ff). Später beschreibt das 1. Buch der Könige (7, 2 ff) Salomos Libanon-Waldhaus mit seinen Zedernholzsäulen und spricht im selben Kapitel (7, 21) von den zwei frei stehenden Säulen, die Salomo am Eingang der Tempelvorhalle errichten ließ: „Die eine stellte er zur Rechten auf und nannte sie Jachin; die andere zur Linken und nannte sie Booz. Oben liefen sie in Lotosblumen aus."

Die Namen dieser Säulen sind bedeutungsvoll; „Jachin" heißt: „Er (Jahwe) läßt feststehen"; „Booz": „In ihm ist Kraft", d. h., er wird alle kräftigen und aufrichten, die betend zum Tempel kommen. Die Namen wurden aber auch als Wunsch und Gebet für den dauernden Bestand des Tempels aufgefaßt. Diese Säulen bilden mit verändertem Sinn eine auf den wahren Gott bezogene Parallele zu den vorgenannten Obelisken. Auch am Eingang phönizischer Tempel befanden sich ähnliche Zeichen. Hiram, der Bauleiter des salomonischen Tempels, stammte aus Tyrus in Phönizien, war also mit derartigen Baudenkmalen wohlvertraut [1].

Als Vorbild christlicher Erfüllung sind Jachim und Booz Hinweis auf die „Kirche des lebendigen Gottes, die *Säule und Grundfeste der Wahrheit*" (1 Tim 3, 15). Auf dieser Paulusstelle und auf jener anderen, wo der Völkerapostel Jakobus, Kephas und Johannes „Säulen" nennt (Gal 2, 9), beruhen die meisten christlichen Auslegungen des Säulensymbols. Insbesondere ist die *lehrende* Kirche darunter zu verstehen: die *Apostel* und ihre Nachfolger, die den Bau der Ecclesia tragen. Dieser Sinn liegt auch den Silbersäulen am königlichen Tragthron Salomos (= Christi) zugrunde, den das Hohelied (3, 10) beschreibt. Wenn es dann in der Schilderung der erhabenen Gestalt des Gott-Bräutigams heißt: „Seine Schenkel sind Marmorsäulen, auf Sockeln von Feingold" (Hld 5, 15), so ist es wiederum

---

[1] Nach Schedl (Gesch. d. AT III, S. 365) sei auch die Meinung, die in den beiden Säulen des salomonischen Tempels Abbilder der zwei Weltsäulen sieht, zwischen denen die Sonne jeden Tag aufgeht, sehr beachtenswert. Bei der Herbst-Tagundnachtgleiche hätten die Strahlen der aufgehenden Sonne direkt in das Heiligtum geschienen. Da im salomonischen Tempel auch sonst eine kosmische Symbolik nachzuweisen ist, gehörten demnach die Säulen in den Bereich der Sonnensymbolik.

ein Hinweis auf die *Glaubensverkünder,* die den Füßen Christi gleichen, indem sie stark und unbesiegt die Welt durchwandern und die Lehre Christi verbreiten.

Die Säulen des Hauses, das „die Weisheit sich erbaut hat" (Spr 9, 1), werden von einigen Exegeten ebenfalls auf die Prediger und Kirchenlehrer bezogen, öfter jedoch auf die *sieben Sakramente* oder auf die *Gaben des Hl. Geistes,* die der Kirche ihre Kraft verleihen.

Als Gott den Propheten Jeremia mit der schweren Aufgabe betraute, Mahner des verirrten Volkes zu werden, sprach er zu ihm: „Ich mache dich heute zur festen Burg, zur eisernen Säule, zur ehernen Mauer wider das ganze Land" (Jer 1, 18). Jeremia war Vorbild Christi; daher bezieht die Kirche diese Worte im römischen Brevier (Passionssonnt. I. Noct.) auf den leidenden Heiland in seiner *unerschütterlichen Geduld.*

In der Erklärung zu Psalm 74, 4 wendet der hl. Augustinus das Säulensymbol wieder auf die Apostel an: „,Will auch die Erde dann vergehen samt allen, die darauf wohnen: Ich halte ihre Säulen fest!' — *Säulen* nennt er (Gott) *die Apostel* ... (vgl. Gal 2, 9). Was wären diese Säulen, hätte nicht er sie gefestigt? Wie durch ein Erdbeben waren selbst diese Säulen ins Wanken geraten, da bei der Passion des Herrn alle Apostel verzweifelten. Diese Säulen nun, die beim Leiden des Herrn gewankt hatten, wurden gefestigt durch die Auferstehung ... ,Ich halte ihre Säulen fest', spricht er; ich bin auferstanden. Ich habe gezeigt, daß der Tod nicht zu fürchten ist. Ich habe den Furchtsamen bewiesen, daß sogar der Leib im Tode nicht vergeht. Die Wunden hatten sie erschüttert — die Narben haben sie bestärkt. Unser Herr Jesus Christus hätte ohne Wundmale auferstehen können ... doch wollte er etwas haben, womit er die wankenden Säulen festigen könne" (PL 36, 950 gekürzt).

Auf altchristlichen Bildwerken dürfte die einzelstehende Säule als Symbol der Kirche zu deuten sein. Zwei Beispiele dieses Motivs sind durch Abbildungen bekannt. Eine derselben zeigt ein Goldglas, auf dem eine Säule zwischen den beiden Apostelfürsten steht, die andere einen geschnittenen Stein mit einer von zwei Lämmern flankierten Säule. An Stelle eines Kapitäls entsprießen ihr oben zwei Leben andeutende Blätterbüschel, die eine Aureole mit dem Gotteslamm und dem Christusmonogramm einfassen.

Tür

Tür, Tor und Pforte (janua, porta, ostium, *θύρα, πύλη)* waren im Altertum von viel größerer Bedeutung als heute. Ihr Bild, das den Begriff des Geöffnet- oder Verschlossenseins veranschaulicht, ging daher in die übertragene Redeweise und in die religiöse Vorstellung der Antike über.

Da eine breite Mauer jede Stadt umschloß, herrschte an ihrem Tor, wo alles ein und aus ging, das regste Leben. Dort war der Platz und der Markt, der dem römischen Forum und der griechischen Agora entsprach, die Stätte allen Geredes (vgl. Ps 69, 13) und öffentlicher Kundgebung. Vorträge und sogar Gerichtssitzungen wurden dort abgehalten, Streitfragen erörtert usw. Das Wissen um die wichtige Rolle dieser Stadttore erklärt eine Unzahl von Bibelstellen, z. B. „Ihr Mann ist in den Torhallen geachtet, wenn er zu Rate sitzt mit den Ältesten des Landes" (Spr 31, 23).

Das Sionstor steht oft sinnbildlich als Teil für das Ganze (vgl. Ps 87, 1; 147, 2).

Nach altorientalischer Vorstellung hatte der Himmel (als festes Gewölbe gedacht) wie auch die Unterwelt Tore. Die Inschrift eines ägyptischen Sarkophags aus der Ptolemäerzeit enthält ein längeres Gebet, das der Tote bei seinem Hinübergang an die Götter richtet. Es heißt darin: „Führet mich auf eurem Weg, daß meine Seele eingehe durch die geheimnisvollen Tore... Öffnet mir eure Tore in Frieden."

Auch die Bibel spricht von den Pforten des Totenreiches und des Todes. „In der Mitte meiner Tage", klagt Hiskija, „muß ich hinab zu den Pforten der Unterwelt" (Jes 38, 10).

„Tor des Himmels" nennt Jakob (Gen 28, 17) den Ort, an dem er die Engelsleiter geschaut hatte. Im Neuen Testament ist nur in der Apokalypse (4, 1) ausdrücklich von einer „Himmelstür" die Rede: Dem Seher wird hier „eine Tür aufgetan", die ihm den Einblick in die Geheimnisse der jenseitigen Welt gewährt.

Im eschatologischen Sinn bezeichnet die geöffnete Tür den Zutritt zur ewigen Seligkeit, die geschlossene den Ausschluß vom Himmelreich. Einst wurde an den Heiland die Frage gestellt: „Herr, werden nur wenige gerettet? Er sagte zu ihnen: Bemüht euch mit allen Kräften, durch die enge Tür zu gelangen; denn ich sage euch: Viele werden versuchen hineinzukommen, aber es wird ihnen nicht gelingen. Wenn der Herr des Hauses aufsteht und die Tür verschließt, dann steht ihr draußen, klopft an die Tür und ruft: Herr, mach uns auf! Er aber wird euch antworten: Ich weiß nicht, woher ihr seid!" (Lk 13, 23—25). Ähnlich schließt auch die Parabel von den zehn Jungfrauen (Mt 25, 10—12).

Mystischen und zugleich endzeitlichen Sinn haben die Worte des Herrn an den „Engel der Gemeinde von Laodicäa" (Offb 3, 20): „Ich stehe an der Tür und klopfe. Wenn einer meine Stimme hört und die Tür öffnet, werde ich bei ihm eintreten, und ich werde mit ihm und er wird mit mir Mahl halten."

Das „Auftun einer Tür" drückt mitunter die von Gott gebotene Gelegenheit aus, apostolisch zu wirken (vgl. 1 Kor 16, 9; 2 Kor 2, 12; Kol 4, 3) oder den Glauben zu empfangen (Apg 14, 26).

Die heiligste Symbolik der Tür liegt in den Worten Christi: *„Ich bin die Tür.* Wer durch mich eintritt, wird gerettet!" (Joh 10, 7—9). Der Erlöser bezeichnet sich damit als den einzigen Heilsvermittler, als den allein rechtmäßigen Hirten. „Diese Tür müssen die finden", sagt Klemens von Alexandrien, „welche Gott kennenlernen wollen, damit er uns die Tore des Himmels weit auftue. Denn geistig sind die Tore des Logos und werden mit dem Schlüssel des Glaubens geöffnet. ‚Niemand kennt den Vater, nur der Sohn, und der, dem es der Sohn offenbaren will' " (Mt 11, 27); (Mahnrede an die Heiden, 10, 2).

Die zwölf Tore des himmlischen Jerusalems, die in Perlenglanz leuchten und allzeit offen stehen (vgl. Offb 21, 12—13 und 21, 21), versinnbilden die zwölf *Apostel.* In seiner Erklärung zu Ps 87, 1: „Die Tore Sions liebt der Herr mehr als alle Zelte Jakobs", verbindet der hl. Augustinus diese Bedeutung mit der Christussymbolik der Türe: „Warum", so fragt er, „sind die Apostel Türen? — Weil wir durch sie ins Gottesreich eingehen. Sie sind es ja, die es uns verkünden. Und wenn wir durch *sie* eintreten, gehen wir durch *Christus* hinein, denn er ist die Tür. Zwölf Tore zählt Jerusalem: Christus ist sowohl die *eine* Tür als in den zwölf Türen... Hier liegt das Mysterium der Universalität, denn über den ganzen Erdkreis soll die Kirche ausgebreitet werden, und von überallher strömt man ein in diese Stadt. Darum sind es zwölf Tore: Wie viele auch eintreten mögen, sie sind auf die zwölf Tore angewiesen" (Exzerpt aus PL 37, 1103 f).

Einen besonderen Sinn erhalten die Tore Jerusalems und das Tor seines Tempels in der Anwendung auf die Gottesgebärerin und auf die Kirche. Ezechiel schaut im Geiste das Osttor des neuen Heiligtums und vernimmt die Worte des Herrn: „Dieses Tor soll geschlossen bleiben, es soll nie geöffnet werden, niemand darf hindurchgehen; denn der Herr, der Gott Israels, ist durch dieses Tor gegangen; deshalb bleibt es geschlossen. Nur der Fürst darf sich, wenn er als Fürst auftritt, dort niedersetzen ..." (Ez 44, 2—3; vgl. Brevier, Nonkapitel am 8. Dez.). (Im Literalsinn bedeutet dies, daß nur der König vor diesem Tor sein Opfermahl einnehmen darf.)

„Das Tor, das gen Osten sieht, das verschlossen bleibt und nur dem Herrn sich öffnete, ist Maria. — Sie ist die jungfräuliche Magd des Herrn, die verschlossene Pforte, durch die allein der König der Könige eingetreten ist. ‚Wer anders ist dieses Tor als Maria', sagt Ambrosius. ‚Sie ist verschlossen, weil sie Jungfrau ist, sie ist Tor, weil Christus durch sie eingegangen ist ... Dieses Tor sah gen Osten, weil sie das wahre Licht ausgegossen hat in diese Welt, weil sie den Anfang geboren hat, die Sonne der Gerechtigkeit.' Und so kann der syrische Sänger Ephraim, die ‚Zither des Hl. Geistes', von Maria künden: ‚Ein Tor bist du, vom Lichte schimmernd, ein Gezelt, wie von Blitzen erfüllt.'

Nicht mehr sollte das Motiv dieses ezechielischen Bildes weichen. Venantius Fortunatus grüßt Maria als ‚Eingang des hohen Königs und schimmerndes Portal des Lichtes'. Während die abendländische Liturgie in der Antiphon ‚Ave regina coelorum' Maria die Pforte nennt, aus der das Licht hervorgestrahlt ist, sieht die morgenländische Liturgie in der Ganzheiligen das feierliche Portal der Barmherzigkeit und schmückt die königliche Tür der Bilderwand mit dem Bilde der Verkündigung, eingedenk, daß der König der Könige durch die jungfräuliche Pforte geschritten ist. Diese ezechielische Pforte ist auch die Jungfrau-Kirche, .. die sich dem Herrn erschließt und verschlossen nur ihm angehört. In der Kirche aber ist es dann auch jeder Christ, der, erfüllt vom Lichte des Ewigen, eine lebendige Pforte sein darf, durch die allein der König der Könige einziehen soll" (J. Tyciak, „Untergang und Verheißung", S. 127 f). „Pforte des Himmels" heißt eine Anrufung der Gottesmutter in der Lauretanischen Litanei.

In der Ikonostase der byzantinischen Kirche steht die Türe als ganz konkretes heiliges Symbol vor uns, das im Verlauf der Mysterienfeier nach griechischem Ritus immer wieder zur Geltung kommt.

Nach dem römischen Pontifikale wird das Kirchenportal bei der Dedicatio Ecclesiae eigens geheiligt: Zuerst pocht der Bischof in Abständen dreimal mit seinem Hirtenstab an die Tür und ruft dabei mit lauter Stimme: „Attollite portas principes vestras, Ihr Tore, hebt euch nach oben, hebt euch, ihr uralten Pforten; denn es kommt der König der Herrlichkeit." (Ps 24, 7 und 9). Im weiteren Verlauf der Zeremonie salbt der Bischof das Portal mit Chrisam und betet dabei: „Pforte, sei geweiht und Gott dem Herrn befohlen. Sei Eingang zum Frieden durch Ihn, der sich selbst die Türe nannte, Jesus Christus, unsern Herrn, der mit dem Vater, und dem Heiligen Geiste lebt und herrscht, Gott von Ewigkeit zu Ewigkeit, Amen."

Trotz der besonderen Weihe, die dem Kirchenportal zuteil wird, geht dieser Akt als Teil im ganzen Dedikationsritus unter. Dagegen ist in Rom die in Jubeljahren stattfindende Eröffnung und Weihe der „heiligen Pforte" (porta sancta) eine Zeremonie, die ganz selbständig dasteht. In der Petrusbasilika wird sie durch den Papst vollzogen, in den drei anderen Hauptbasiliken durch Kardinäle. Auch hier beginnt der Akt mit dreimaligem Anklopfen mittels eines Hammers. Er wird von entsprechenden Psalmworten (Ps 118: „Aperite mihi . . .“, Vers 19 und 20) begleitet. Sofort fällt mittels technischer Vorrichtungen die eingerahmte Vermauerung und es werden die bronzenen Türflügel eingesetzt. Auf der Schwelle kniend, spricht der Hl. Vater eine Oration, die das Jubeljahr des mosaischen Gesetzes erwähnt und für alle Gläubigen, die durch diese Türe schreiten, Verzeihung und vollen Nachlaß aller Sünden erbittet. Die Jubelpforte ist also Sinnbild des wieder offenstehenden Paradieses und des Zutrittes zu den überreichen Heilsgütern. Die Schließung der Jubelpforte am Ende des Heiligen Jahres ist ebenfalls ein feierlicher liturgischer Akt.

Zur Ausschmückung größerer Kirchenportale hat die plastische Kunst stets ihr Bestes beigetragen. Das älteste Beispiel (5. Jahrhundert) bietet die Holztüre von S. Sabina zu Rom auf dem Aventin. Sie zeigt das konkrete Bild der Entwicklung des Heilsgedankens durch einen Zyklus von Szenen aus dem Alten und Neuen Testament. Beispiele solcher typologischer Gegenüberstellungen finden sich unter anderem auch am Portal von S. Zeno von Verona und an jenem des Hildesheimer Domes. Zur Zeit der Gotik entfaltet sich die Kunst mehr in der *Einfassung* des Portales als auf dessen Flügeln. Der Gedanke „Christus ist die Türe“ drückt sich vor allem aus durch das Lammsymbol oder die Majestas Domini im Tympanon oberhalb des Tores. An diese Zentralfigur schließen sich weitere in oft reicher Fülle an.

Wie es einzelstehende Siegessäulen gibt, so auch ebensolche steinerne *Triumphpforten,* die in Reliefs die Einzelmomente des errungenen Sieges darstellen. Die bekanntesten sind: Der Titus-, Konstantins- und Severusbogen zu Rom. Als symbolischen Ausdruck des Triumphes umgab die altchristliche Graphik und Kleinkunst bisweilen das hl. Kreuz oder das Christusmonogramm mit einem verzierten Torbogen.

Zu festlichem Empfang oder als fröhlichen Willkommensgruß Pforten aus Grün, Blumen und Spruchbändern zu errichten ist ein allzeit bestehender Volksbrauch.

2. GERÄTE

Angel

Nach Ovid (Metam. 14, 651) kennzeichnet die Angel den Fischer wie das Schwert den Soldaten. Auch Plautus erwähnt sie unter den Fischerattributen (Stich. 2, 1. 17).

Wenn Christus von der Aufgabe seiner Apostel spricht, Menschenfischer zu werden, so ist es eine sinnbildliche Anspielung an ihren früheren Beruf als Netzfischer auf dem See Genesareth. Von der Angel ist im Evangelium nirgends die Rede.

Die Katakombenkünstler aber, die ihre Bilder auf möglichst wenige Figuren beschränkten und denen es gar nicht auf historisch genaue Wiedergabe evangelischer Begebenheiten ankam, stellten auf den Fresken unterirdischer Begräbnisstätten nur den Angelfischer dar. In der altchristlichen Sarkophagplastik dagegen findet man beides: Netz- und Angelfischer. Das kleine Idyll ist überall Symbol der *Taufe* und des *Apostolates.* Ein Brief des hl. Paulinus von Nola an Bischof Delphinus, der ihn für Christus gewonnen und ihn getauft hatte, spricht diese Symbolik deutlich aus:

„Wir wollen eingedenk bleiben, daß du uns nicht nur ein ‚Vater', sondern ein ‚Petrus' geworden bist (non solum *patrem* sed *Petrum* factum esse), denn du warfst nach mir die Angel aus, um mich aus den tiefen und bitteren Wogen dieser Welt herauszuziehen" (Epist. 20, 6; PL 61, 249).

Diesem Sinn der Angel stehen auf Grund alttestamentlicher Schriftstellen zwei andere Bedeutungen gegenüber: Nach Habakuk (1, 14. 15) sucht auch der Teufel und sein Anhang die Menschen für sich zu fangen: „Warum behandelst du (Gott) die Menschen wie die Fische im Meer, wie das Gewürm, das keinen Herrn hat? Mit der Angel holt er (der Gottlose) sie alle herauf, er schleppt sie weg in seinem Netz und rafft sie fort in seinem Fischgarn."

Ein dritter Sinn ergibt sich aus der tiefsinnigen Betrachtung der Kirchenväter. Der hl. Gregor d. Gr. schreibt in seinem Kommentar über das Buch Ijob: „Kannst du das Krokodil am Angelhaken ziehen, mit der Leine seine Zunge niederdrücken?" (Ijob 40, 25). Der „Leviathan", von dem hier die Rede ist, „wurde mit der Angel gefangen, weil er durch seine Satelliten nach dem Köder des Fleisches unseres Erlösers schnappte, wobei ihn der Stachel der Gottheit durchbohrte. Gleich einem Angelhaken hielt dieser nämlich den Rachen des Verschlingenden fest, da die Lockspeise des Fleisches sich daran offen darbot, während die Gottheit, die den Feind töten sollte, zur Zeit der Passion verborgen war ... Die Schnur ist die im Evangelium aufgezeichnete Geschlechtsfolge der Stammväter, ... an deren Ende der menschgewordene Christus als Haken gebunden wurde, den dieses Ungeheuer mit aufgerissenem Rachen zu erhaschen suchte, als er in den Wassern des Menschengeschlechtes hing ... Damit also diese Bestie, die auf Tötung des Menschengeschlechtes ausging, die begehrte Speise nicht mehr verschlinge, hielt der Angelhaken den Rachen des Räubers fest und durchstach den, der ihn gefaßt hatte" (vgl. Moralia, lb. 33, IX, 17; PL 76, 682 et sq.).

Diese oder eine ähnliche Väterstelle war es wohl, die Herrad von Landsberg zu einer originellen Komposition in ihrem „Hortus deliciarum" angeregt hat, die als deren ganz entsprechende Illustration gelten kann: Oben hält Gott Vater den Stock der Angel. Die Schnur ist aus senkrecht aneinandergereihten Rundbildchen der Stammväter Christi gebildet. Sie endigt mit einem Kreuz, vor dem eine bekleidete und gekrönte Christusfigur in Orantenhaltung schwebt. Der Längsbalken des Kreuzes verschmälert und biegt sich am unteren Ende zu einem Angelhaken, der den Rachen eines geflügelten Drachens durchbohrt.

Arche

In mehreren Sprachen ist sowohl die Arche Noachs wie die Bundeslade durch dasselbe Wort bezeichnet: lateinisch „arca", griechisch *„κιβωτός"* Auch das deutsche „Arche" kann für beides gebraucht werden, obwohl der heiligste Kultgegenstand des Alten Bundes meistens „Bundeslade" heißt.

1. Noachs Arche: Da Gott selbst vor der Sintflut für die Herstellung der Arche genaue Anweisung gegeben hatte (vgl. Gen 6, 14—16), war er sozusagen ihr Architekt. Man kann diesen Holzbau eher als schwimmendes Haus denn als ein

Schiff ansehen. Im 17. Jahrhundert versuchte ein holländischer Kaufmann die Arche nach den in der Bibel angegebenen Proportionen in kleinerem Maßstab nachzubilden. Dieses Fahrzeug erwies sich als außerordentlich tragfähig. Man konnte ihm um ein Drittel mehr Lasten aufladen als den gewöhnlichen Schiffen; für weitere Seereisen aber war es nicht geeignet. So hatte die göttliche Vorsehung sich in der Zweckmäßigkeit des dem Noach vorgesetzten Planes gezeigt. Das Buch der Weisheit (14, 6) dankt dem Herrn für Seine wunderbare Führung, denn: „So hat auch in der Urzeit beim Untergang der übermütigen Riesen die Hoffnung der Welt sich auf ein Floß geflüchtet und, durch deine Hand gesteuert, der Welt den Samen eines neuen Geschlechtes hinterlassen. Denn Segen ruht auf dem Holz, durch das Gerechtigkeit geschieht."

Als Sinnbild des Heiles in Christo (vgl. 1 Petr 3, 20) wurde die Arche bereits in ihrer Beziehung zu Noach unter den biblischen Typen (S. 301) erwähnt, doch haben die Kirchenväter ihre Symbolik noch erweitert:

„Diese Arche", schreibt der hl. Augustinus, „ist ohne Zweifel ein Vorbild für den hienieden in der Fremde pilgernden Gottesstaat, d. i. für die *Kirche,* die gerettet wird durch das Holz, an dem der Mittler zwischen Gott und den Menschen hing, der Mensch Christus Jesus. Selbst die Maße der Länge, Höhe und Breite sind ein Hinweis auf den menschlichen Leib... Und der Eingang, den die Arche an der Seite erhielt, deutet vollends hin auf die Wunde, da die Seite des Gekreuzigten mit einer Lanze durchbohrt ward. Durch diesen Eingang gehen jene, die zu ihm gelangen, da ja die Sakramente, durch welche die Gläubigen eingeführt werden, daraus entquollen sind" (Gottesstaat XV, 26).

Im unverweslichen Holz der Arche sieht Augustinus ferner „die Heiligen, die Gläubigen, die zu Christus gehören" (vgl. Über das Joh.-Evang., Vortr. 16, 19).

Einen neuen Gesichtspunkt fügt Proklus hinzu: „Christus selbst, der geistige Noach, hat sich aus Maria, der Unversehrten, die Arche seines Leibes gebildet. Damals hat Noach die Arche mit Harz und Pech von außen bestrichen, hier aber festigte Christus die Arche seines (mystischen) Leibes mit dem sicheren Schutz des Glaubens" (Or VII, 3; PG 65, 759).

2. *Arche des Bundes oder Bundeslade:* Die „Arche des Bundes" nimmt unter den Kultgegenständen, deren Herstellung Jahwe (Ex Kap. 25—28) als „Abbilder himmlischer Dinge" (Hebr 9, 23) anordnete, die erste Stelle ein. Sie stand im Allerheiligsten der Stiftshütte und des Tempels. Gott gab sie den Israeliten als Symbol seines Bundes und entsprach damit ihrem Bedürfnis nach einem konkreten Zeichen seiner helfenden und führenden Gegenwart. Mehr als 300 Jahre hatten die Juden in Ägypten gelebt, wo es Götterbilder und -symbole in Menge gab. Sie hatten die feierlichen Prozessionen gesehen, bei welchen man solche Bildnisse in Tempelchen aus kostbarem Metall oder Edelholz umhertrug. Manche waren von geflügelten Gestalten überschattet. Solchen Schreinen dürfte die Bundeslade — abgesehen vom Götterbild — geglichen haben. So paßte sich Gott in seinen Bestimmungen einerseits den Begriffen seines Volkes an, anderseits wendete er die Gefahr eines falschen Kultes ab, da ein bloßer Schrein niemals zum Bild des lebendigen Gottes werden konnte. Die hl. Lade war nur der „Schemel" des Allerhöchsten (vgl. 1 Chr 28, 2 und Ps 99, 5), der über ihr thronte, Symbol seiner Allgegenwart. Sie bestand aus Akazienholz, das mit Platten reinsten Goldes überzogen war. Der Deckel trug zwei goldene Cherubsgestalten, die ihre Flügel darüberbreiteten. Der Name „Sühnestätte" (propitiatorium, *ἱλαστήριον)* deutet den symbolischen Sinn an: Hier zeigt der Herr sich gnädig und bedeckt die Sünden seines

Volkes. In der Bundeslade waren die steinernen Tafeln mit den göttlichen Geboten hinterlegt, sowie ein goldenes Gefäß mit Manna, das an die wunderbare Speisung in der Wüste erinnerte, und der Stab Aarons, der als Erweis des wahren Priestertums Blätter, Blüten und Früchte getragen hatte [1].

Als Vorbild neutestamentlicher Mysterien ist die Bundeslade Symbol des menschgewordenen Gottessohnes. Die erste Strophe des Laudeshymnus am Herz-Jesu-Fest drückt diesen Gedanken aus:

„O Herz, du Lade, deren Schrein die Tafeln des Gesetzes birgt, doch nicht der Knechtschaft, nein, des Heils, der Huld und der Barmherzigkeit!"

Das Symbol wird ebenso auf die Gottesmutter bezogen. Darum enthält die Lauretanische Litanei die Anrufung „Du Arche des Bundes" und preisen auch die Kirchenväter die Allerseligste Jungfrau unter diesem Titel:

„Bundeslade Maria, Du trägst nicht Aarons immergrünenden Stab, sondern das Reis aus Jesse, von dem der Prophet einst gesungen. Nicht die Cherubim der Herrlichkeit sind über dir. Dich umschattet die göttliche Macht des hochherrlichen Vaters" (Modestus v. Jerusalem, Or. in Deiparam; PG 86, 3290).

Buch

Wie Funde bezeugen, verwendete das hohe Altertum für seine Aufzeichnungen Stein, Ton, Holz, Blei und Leder. Als die Kultur voranschritt, schrieb man auf ägyptischem Papyrus und später auf Pergament, dessen Bereitung aus Tierhäuten von Kleinasien ausging.

Die ältesten Bücher waren *Rollen* (volumina), wie sie schon lange vor Christus in Ägypten hergestellt wurden. Sie bestanden aus Blättern, die man zu langen Streifen aneinander befestigte und nach Beendigung der Schrift um einen Zylinder von Holz oder Bein wickelte. Diesen durchzog ein drehbarer Stab mit einem Knauf an beiden Enden. Den Abschluß des Streifens, den man waagrecht in Kolonnen beschrieb, bildete ein zweites Stäbchen, über das man das gelesene Stück aufrollte. Außen brachte man den Titel an. Meistens waren die Rollen einseitig beschrieben, doch gab es Ausnahmen. Bündel von mehreren Rollen wurden durch ein breites Band zusammengehalten oder in einen verschließbaren Behälter (Scrinium) gestellt. Größere Büchersammlungen verwahrte man liegend in Fächern besonderer Schränke. Seit dem 4. Jahrhundert verdrängten die *Codices,* die unseren heutigen Büchern gleichen, allmählich die Volumina, bis sie im 6. Jahrhundert die Oberhand gewannen. Beide Buchformen sind auf den Kunstdenkmälern zu sehen, wo sie auf christlichen Darstellungen meistens symbolische Bedeutung haben.

In der *Hl. Schrift* ist in fünffach verschiedener Bedeutung von Büchern die Rede: Die inspirierten Verfasser sprechen vom „*Buch des Lebens*", von Büchern, die beim göttlichen *Gericht* aufgeschlagen werden, vom Buch des vorgezeichneten *Lebensschicksals,* vom versiegelten Buch der *göttlichen Ratschlüsse* im Weltgeschehen und von *Offenbarungen,* die der Seher unter dem Bilde eines Buches erhält.

Die Idee himmlischer, von der Gottheit geführter Bücher ist in der Antike

[1] Das Aufbewahren der Gesetzestafeln in der Lade „hat seine Parallele in einer Gepflogenheit des alten Orients: In Ägypten wie in Babylonien und im Hethiterreich wurden wichtige Urkunden im Heiligtum deponiert ‚zu Füßen der Gottheit'. Denn die Gottheit ist der beste Garant der Bundestreue" (vgl. C. Schedl, Gesch. d. AT II, S. 175).

25 Granatäpfel und Sittich. Paradiestür im Baptisterium, Florenz (Lorenzo Ghiberti, 1378—1455)

26 Eule. Grabmal des Giuliano de' Medici, Florenz (Michelangelo)

nicht auf Israel beschränkt. Das ägyptische Pantheon hatte in Thot, das babylonische in Nabo einen eigenen Schreibergott. Der Glaube an himmlische Schicksalstafeln, auf denen die Geschicke der Sterblichen stehen, in die sie eingetragen, aus denen sie getilgt werden, ist also altes orientalisches Erbgut. Es beruht auf der Vorstellung von den im Altertum bestehenden „Büchern der Regierung" (= Regierungsbeschlüssen) und solchen, die sich mit den Personalien der einzelnen befassen. Dazu gehörten auch die Geschlechtsregister der Juden.

„Buch des Lebens" ist bildliche Redeweise für „Auserwählung" und bedeutet, daß Gott jene kennt, die, ihrer Auserwählungsgnade getreu, das ewige Leben erlangen.

Die erste Erwähnung einer „Buchführung" Gottes finden wir in der Geschichte Israels (Ex 32, 32 f), wo Mose den Herrn für das abtrünnige Volk anfleht: „Doch jetzt nimm ihre Sünde von ihnen! Wenn nicht, dann streich mich aus dem Buch, das du angelegt hast! Der Herr antwortete Mose: Nur den, der gegen mich gesündigt hat, streiche ich aus meinem Buch." (Weitere Belegstellen im AT: Jes 4, 3; Dan 12, 1; Mal 3, 16; Ps 87, 6; 69, 29.) Das Eingetragensein „zum Leben in Jerusalem", das Jesaja (4, 3) verheißt, erinnert vorbedeutend an die trostvolle Zusicherung, die der Heiland seinen Jüngern gibt: „Freut euch darüber, daß eure Namen im Himmel aufgezeichnet sind!" (Lk 10, 20). In der neutestamentlichen Fassung wird das Bild, fern von allem Fatalismus, „zum Ausdruck für die Heilsgewißheit der Christengemeinde, die sich zum Leben erwählt weiß durch unverbrüchlich ewige Verankerung in Gottes Gnadenrat" (Kittel).

Diese Zuversicht drücken auch die Paulusbriefe aus: Der Völkerapostel spricht (Phil 4, 3) von seinen Mitarbeitern, deren Namen „im Buche des Lebens stehen", und im Hebräerbrief vernehmen die Gläubigen die siegesfrohen Worte: „Ihr seid hinzugetreten ... zur festlichen Versammlung der Erstgeborenen, die im Himmel aufgezeichnet sind" (Hebr 12, 22 f).

Wie es der Apokalypse als Offenbarung über die letzten Dinge entspricht, mehren sich in ihr die Stellen über Verzeichnet- oder Nichtverzeichnetsein im Buch des Lebens (vgl. Offb 3, 5; 13, 8; 17, 8; 20, 12. 15). In die himmlische Gottesstadt darf „nichts Unreines eingehen ... nur jene, die im Lebensbuch des Lammes eingeschrieben stehen" (21, 27).

In der Gerichtsszene der Geheimen Offenbarung (20, 12—15) ist neben dem Lebensbuch noch von anderen Büchern die Rede: „Die Toten wurden nach ihren Werken gerichtet, wie es in den Büchern aufgezeichnet war" (vgl. auch Dan 7, 10). Nach St. Gregor (Moral. lb. 24, 8, 16; PL 76, 295) „ist der Anblick des kommenden Richters gleichsam ein Buch, in dem alle Gebote geschrieben stehen. Wer immer ihn schaut, erkennt nach dem Zeugnis des eigenen Gewissens sofort, was alles er nicht befolgt hat." Die Allwissenheit Gottes, dem alles jemals Geschehene bis ins einzelne gegenwärtig ist, leuchtet im Augenblick des Gerichtes wie ein Blitz in das Dunkel des begrenzten und vergeßlichen Menschengeistes, sodaß göttliches Wissen und menschliches Gewissen hier im Symbol des Buches zusammengeschaut werden.

Gelegentlich erwähnt die Hl. Schrift auch ein Buch, in dem die Bestimmungen, die Gott tagtäglich für die einzelnen Menschen trifft, im voraus verzeichnet sind: „In deinem Buche werden alle aufgeschrieben, und zugezählt, noch ehe einer lebt, sind allen ihre Tage (Ps 139, 16).

Die versiegelte Buchrolle im 5. Kapitel der Geheimen Offenbarung ist in unendlich weiterer Schau ebenfalls ein Buch der göttlichen Führung. Sie versinnbildet die geheimen Ratschlüsse Gottes, die sich im Ablauf der ganzen messianischen

Weltzeit bis zu ihrer Vollendung erfüllen. Daß die Rolle von innen und außen beschrieben ist, zeigt den Überreichtum ihres Inhaltes. Die siebenfache Versiegelung gleicht der eines antiken Testamentes, denn auch Gott erläßt hier sozusagen ein Testament, das seiner Ausführung harrt. Seine Pläne sind noch tief verborgen; kein Geschöpf vermag sie zu erkennen. *Einer* nur kann die Siegel lösen und die Geheimnisse offenbaren: *Christus,* das siegreiche Gotteslamm. Er ist die „magna quaestio mundi", die große Frage der Welt und zugleich ihre Lösung.

Göttliches Wissen und Planen offenbart sich auch da, wo der Herr einem Propheten seine Absichten durch ein symbolisches Buch mitteilt. Ezechiel empfängt eine beiderseitig beschriebene Buchrolle, die alles enthält, was er im Namen Gottes zu verkünden hat (Ez 2, 8—3, 3). Zum Zeichen, daß er die Worte in sein Herz aufnimmt, wird er angewiesen, das Buch zu essen. — Der gleiche Befehl ergeht durch einen Engel an den Seher von Patmos betreffs eines Büchleins neuer Weissagungen, das der Gottesbote ihm reicht (Offb 10, 2 und 10, 8—11).

Das konkrete Buch (*βίβλος,* liber) der Hl. Schrift ist Symbol des Gotteswortes, das in ihm aufgezeichnet ist. In der Kirche des Neuen wie des Alten Bundes wurden die heiligen Bücher stets hoch in Ehren gehalten, kunstvoll ausgeschmückt und mit kostbarem Einband versehen. Die Märtyrerakten enthalten manches Beispiel von Christen, die lieber den Tod erlitten, als die hl. Schriften preiszugeben. Als heiligstes Buch gilt vor allem das *Evangelium,* denn in ihm *spricht Christus selbst,* es repräsentiert gleichsam seine Person. Daher umgibt es die Liturgie mit feierlichen Zeremonien: Es wird von Leuchterakolythen begleitet, inzensiert, stehend angehört, und nur ein höherer Ordo verleiht das Recht, es zu verkünden. Dem *Diakon* wird das Evangelienbuch bei seiner Weihe als besondere Amtsinsignie überreicht. Darum stellt die sakrale Kunst den hl. Laurentius meistens mit einem Buch oder neben einem offenen Bücherschrank dar.

Bei der *Bischofsweihe* wird dem Erwählten vom Konsekrator das hl. Evangelienbuch offen auf Nacken und Schultern und schließlich in die Hände gelegt, mit den Worten: „Nimm hin das Evangelium und verkünde es dem dir anvertrauten Volke..." Das Evangelienbuch gehörte im Mittelalter auch zu den Reichsinsignien der abendländischen Kaiser und wurde ihnen bei der Krönung überreicht. Es sollte den neuen Herrscher an die Pflicht erinnern, für den Schutz und die Ausbreitung des Glaubens Sorge zu tragen.

Am Schlusse der Consecratio Virginum empfangen die gottgeweihten Jungfrauen aus der Hand des Pontifex das *Brevier* als Zeichen ihrer besonderen Aufgabe, das Gotteslob in der Kirche zu feiern.

Die Gläubigen der ersten Jahrhunderte pflegten Teile des heiligen Evangeliums als Phylakterien (Schutzmittel gegen dämonischen Einfluß, Krankheiten usw.) bei sich zu tragen. Auch bei Bränden hielt man es den Flammen entgegen.

Bei Abhaltung eines Konzils oder einer Synode sollte das Evangelium den kommenden Richter inmitten der versammelten Väter vergegenwärtigen. Es war ein uralter Brauch, das offene Evangelienbuch auf einen Thron zu stellen. Cyrillus von Alexandrien erwähnt zum erstenmal diese Gepflogenheit in einem Bericht über das Konzil von Ephesus (431): „Als endlich die hl. Synode in der ‚Maria' benannten Kirche versammelt war, stellte sie Christus gleichsam als Zeugen und Haupt in ihre Mitte: Auf einem heiligen Thron war nämlich dem verehrungswürdigen Evangelium ein Platz bereitet. Es sollte in die Ohren der unheiligen Priester den Ruf ertönen lassen: ‚Übet gerechtes Gericht' (Sach 7, 9) und schlichtet den Streit zwischen dem hl. Evangelium und den Stimmen des Nestorius!" Der gleiche

Brauch wird in der Folge von vielen anderen Synoden und Konzilien, auch von den beiden vatikanischen, berichtet [1]. — Bei Ablegung feierlicher Eide wird durch das Legen der Hand auf das Evangelienbuch Christus als Zeuge angerufen.

In der altchristlichen *Kunst* ist nach Wilpert die Buchrolle Symbol des *göttlichen Gesetzes* oder der *Glaubenslehre.* Die Sarkophagplastik stellt Christus dar mit einem „Volumen" in der Hand, ebenso die Apostel. Rollen als Bündel oder in einem Scrinium stehen oft zu Füßen von Oranten (vgl. d. Art.) als Zeichen, daß die hier beigesetzte Christin in den Glaubenswahrheiten wohlunterrichtet war. Ähnlichen Sinn haben die aus der heidnischen Antike übernommenen *Vorleseszenen,* auf denen ein bärtiger Mann sitzend aus einer Buchrolle vorliest, die er mit beiden Händen hält, während eine stehende Frauengestalt, mit langem Schleier bekleidet, ihm aufmerksam zuhört. Es handelt sich hier offenbar um eine Katechese, die andeutet, daß die Verstorbene die hl. Taufe empfangen hatte.

Die vielen Darstellungen der „*Traditio legis*", d. i. der Gesetzesübergabe durch Christus an die Apostelfürsten, mit dem Spruch „Dominus legem dat", sind einem profanen Hofzeremoniell nachgebildet, bei dem die römischen Kaiser ihren Statthaltern eine Schriftrolle übergaben, auf der die übertragenen Vollmachten verzeichnet standen und die Empfänger mit verhüllten Händen entgegennahm.

Gleichzeitig mit der Einführung der Codices in den allgemeinen Brauch erscheinen diese auch auf Bildern der Majestas Domini, der Apostel, Propheten und Evangelisten.

Gefäße

Das hebräische Wort „keli", dem das griechische „*σκεῦος*" entspricht und das die Vulgata mit „vas" übersetzt, hat nicht allein die Bedeutung von „Gefäß", sondern dient zur Bezeichnung von allerlei Gebrauchsgegenständen: Musikinstrumenten, Waffen, Werkzeugen, Gepäckstücken usw. Der Sinn des deutschen Wortes aber beschränkt sich auf das eigentliche *Gefäß.*

Unter den Geräten des alttestamentlichen Heiligtums befanden sich sehr viele Gefäße für die Opfer- und Reinigungsriten. Bereits das Buch Numeri erzählt im 7. Kapitel, daß die Stammesfürsten Israels goldene und silberne Schüsseln als Weihegaben für das hl. Zelt darbrachten. David und Salomo taten später das gleiche in noch reicherem Maße.

Die Symbolik der Gefäße kann je nach Material, Form, Inhalt und Zweck des Gegenstandes eine sehr verschiedene sein:

Das *irdene* oder *Tongefäß* ist ein Bild des Menschen in der Hinfälligkeit seiner leiblichen Natur und seiner vollkommenen Abhängigkeit vom Schöpfer, der ihn aus Lehm geformt hat. „Herr", ruft Jesaja aus, „du bist unser Vater. Wir sind der Ton, du unser Töpfer, und wir alle sind das Werk deiner Hände" (Jes 64, 7). Darum „weh dem, der rechtet mit seinem Schöpfer, er, eine Scherbe unter irdischen Scherben!" (Jes 45, 9). Ähnliche Worte wie die Propheten des A. B. gebraucht der hl. Paulus, um die Freiheit der göttlichen Gnadenwahl zu erklären: „Wer bist du denn, daß du als Mensch mit Gott rechten willst? Sagt etwa das Werk zu seinem

[1] Beim 2. Vatikanischen Konzil wurde ein kostbarer Evangelienkodex täglich abwechselnd von einem der Konzilsväter auf den provisorischen Altar, der die Stelle eines Thrones vertrat, feierlich übertragen.

Schöpfer: Warum hast du mich so gemacht? Ist der Töpfer nicht vielmehr Herr über den Ton? Kann er nicht aus derselben Masse ein wertvolles und ein wertloses Gefäß herstellen?" (Röm 9, 20—22).

Ehe es in den Brennofen kommt, ist das Tongebilde noch verbesserungsfähig und kann völlig umgeformt werden. Ist es aber im Feuer gehärtet, läßt sich nichts mehr daran ändern. Diese Eigenschaft wenden die Kirchenväter auf den Menschen an: „Solange wir auf Erden sind, geschehe unsre Sinnesänderung. Denn wir sind Lehm in des Meisters Hand." Wenn der Töpfer ein Gefäß anfertigt, biegt er es in seinen Händen, drückt es zusammen und gestaltet es dann wieder um. Wenn er es aber einmal in den Brennofen gebracht hat, kann er ihm nicht mehr nachhelfen. Daher die Notwendigkeit der Umkehr und Reue, solange es noch Zeit ist (vgl. Pseud. Klemens, 2 Kor 8, 2).

Wie der Töpfer das irdene Gefäß zertrümmern kann, wenn es sich als untauglich erweist, so auch Gott den Menschen. Darum spricht der Herr in PS 2, 9 zum Messiaskönig: „Wie Krüge aus Ton wirst du sie zertrümmern" (vgl. Offb 2, 27 und Jer 9, 11).

Abgesehen von seinem materiellen Wert oder Unwert kann das Gefäß einen kostbaren Inhalt bergen; ebenso der Mensch als Gefäß der Gnade. Diesen Gedanken spricht die Heilige Schrift des NT an mehreren Stellen aus: Der Herr nennt z. B. den hl. Paulus ein „vas electionis" (Apg 9, 15) und der Völkerapostel selbst schreibt im zweiten Brief an die Korinther (4, 7): „Diesen Schatz tragen wir in irdenen Gefäßen." Dieses Bewußtsein beseelte die Christen der ersten Jahrhunderte. Der Dichter Prudentius legt dem Engel, der den hl. Vinzenz bei seinem Martyrium tröstete, folgende Worte in den Mund:

„Stell ab (pone) das nichtige Gefäß,
Das irdene Gebilde,
Das aufgelöst vergeht,
Und eile frei zum Himmel!"

In der altchristlichen Epigraphik kommen ähnliche Gedanken in Wort und Bild zum Ausdruck: Auf einer Grabinschrift im Vorhof der Laurentiusbasilika in Agro Verano zu Rom ist zu lesen: „Dionysi vas Christi". Auf Katakombengrabsteinen, die de Rossi in seiner „Roma sotteranea" veröffentlicht hat, deutet die symbolische „Amphora" wohl dasselbe an, was obige Inschrift in Worten ausdrückt [1]. — Überaus sinnig ist das Symbol eines mit Amphoren beladenen Schiffes, auf dessen Vorderteil eine Taube mit Olivenzweig zu sehen ist. Die Forscher erkennen darin ein Bild der hl. Kirche, die vom Heiligen Geist geleitet, die Gottesgefäße (Gläubigen) an das Gestade der Ewigkeit bringt.

Der Mensch gleicht aber nicht nur einem Gefäß, das seinen kostbaren Inhalt verschlossen trägt. Seine Seele soll auch eine Schale sein, die für Gottes Einströmung weit offen steht. Mit himmlischen Gaben gefüllt, kann er sie als *Opferschale* zum Herrn emporheben. „Was sind die Seelen der Gläubigen anders", sagt der hl. Papst Gregor, „als heilige Gefäße, die das Wort Gottes aufnehmen, sodaß aus ihren Herzen das Ganzopfer des Lebens und Gebetes dargebracht werde!"

Ein überaus kostbares Gefäß ist vor allem die jungfräuliche Gottesmutter, die

---

[1] Die antiken Amphoren sind zweihenkelige Tonkrüge, die zur Aufbewahrung von Flüssigkeiten dienten. Unten sind sie zugespitzt, um in Erde oder Sand eingegraben oder auf besondere Ständer gestellt zu werden.

der Engel als „voll der Gnade" grüßt. Der hl. Bischof Germanus preist sie als „Urne aus reinstem Gold, welche die süßeste Gabe für unsre Seelen, Christus, das wahre Manna, enthält" (Anspielung an das Mannagefäß, das zur Erinnerung an die wunderbare Speisung Israels auf dem Wüstenzuge in der Bundeslade aufbewahrt wurde). In der Lauretanischen Litanei wird Maria als „geistliches", „ehrwürdiges" und „ausgezeichnetes Gefäß der Andacht" angerufen.

Einen ganz anderen Gesichtspunkt bietet die Symbolik des *Kelches* und *Bechers*, den Gott den Menschen zum Tranke darreicht.

Am häufigsten ist in der Hl. Schrift des AT vom *Zornesbecher* des Herrn die Rede (vgl. Jes 51, 17. 22; Jer 25, 15 ff und 28; 49, 12; 51, 7; Ez 23, 31—34; Offb 14, 10; 16, 19).

Psalm 75, 9 entfaltet dieses erschütternde Bild besonders anschaulich: „Ja, in der Hand des Herrn ist ein Becher: herben, gärenden Wein reicht er dar; ihn müssen die Frevler der Erde trinken, müssen ihn samt der Hefe schlürfen."

Diesem Kelch des göttlichen Strafgerichtes steht der *Segens-* oder *Freudenbecher* entgegen, bei dessen Genuß der Psalmist frohlockend ausruft: „Du füllst mir reichlich den Becher" (Ps 23, 5). In diesem Kelch sehen die Kirchenväter von Origenes an ein Bild dessen, was die Seele zu heiliger Begeisterung, zu ekstatischer Gottvereinigung führen kann. Näherhin erscheint der Logos selbst als Ursache dieses Zustandes, nach anderen der Hl. Geist.

„Becher oder Kelch" bezeichnet in der Bibel auch den Weinanteil, der jemandem beim Mahle zugeteilt wird, und steht daher metaphorisch für das *zugemessene Los*. Wer Gott besitzt, darf daher freudig singen: „Du, Herr, gibst mir das Erbe und reichst mir den Becher" (Ps 16, 5).

In Ps 116, 13 spricht der königliche Sänger dankerfüllt zum Herrn: „Ich will den Becher des Heils erheben und anrufen den Namen des Herrn." Im Literalsinn ist hier die Weinspende gemeint, die als Dankopfer unter Lobpreis emporgehoben und dann vor dem Altar ausgegossen wurde. In symbolischer Deutung ist der alttestamentliche Heilskelch Bild des eucharistischen im Neuen Bund.

Um den Zornesbecher von der sündigen Menschheit abzuwenden, hat der Erlöser den *Kelch des Leidens* aus der Hand des himmlischen Vaters angenommen, als er im Ölgarten in bitterer Todesangst die Worte sprach: „Mein Vater, wenn es möglich ist, so gehe dieser Kelch an mir vorüber. Doch nicht wie ich will, sondern wie du willst!" (Mt 26, 39. 42; vgl. Mk 14, 36; Lk 22, 42). Jesus hat den Leidenskelch bis zur Neige getrunken. Mit ihm verkosten ihn die Märtyrer. Darum fragte der Herr die Söhne des Zebedäus, die nach den ersten Plätzen in seinem Reiche streben: „Könnt ihr den Kelch trinken, den ich trinken werde?" (Mt 20, 22; Mk 10 38). Dieselbe Frage gilt jedem, der Christus nachfolgen will. — Origenes schreibt in seinem Matthäuskommentar (92, PG 13, 1744): „Wenn also der Heilskelch Kelch des Martyriums ist, müssen wir durch diesen Kelch gerettet werden. Den ganzen müssen wir austrinken — es ist der Kelch des Heiles! —, nichts darf davon verschüttet werden. Den ganzen trinkt, wer als Zeuge leidet, was immer ihm dafür angetan werden mag. Den empfangenen Kelch verschüttet, wer, zum Martyrium geführt, seinen Glauben verleugnet, um nicht leiden zu müssen."

Was der blutige Leidenskelch des Herrn uns erworben hat, bleibt gegenwärtig und erneuert sich immer wieder im *eucharistischen Kelch* bis zum Ende der Zeiten. Beim letzten Abendmahl, das er mit seinen Jüngern feierte, nahm Jesus diesen Kelch, dankte und reichte ihn den Jüngern mit den Worten: „Trinket alle daraus; denn dies ist mein Blut des Neuen Bundes, das für viele vergossen wird zur Vergebung der Sünden" (Mt 26, 27; Mk 14, 23; Lk 22, 17. 20). — Seit dieser denkwürdigen Stunde ist der Meßkelch und jedes eucharistische Gefäß ein hochheiliges Symbol.

Auf Grund der Abendmahlsberichte bezeichneten alte Kirchenschriftsteller den eucharistischen Wein oder die Eucharistie überhaupt als „Becher". Sie sprechen vom „Becher des Lebens" (Const. Apost. 8, 13. 15), vom „mystischen", „pneumatischen", „fleckenlosen" Becher, vom „Kelch des Herrn", „Kelch Christi" usw. „Den Kelch mischen" wird vielfach liturgischer Ausdruck für die Bereitung der Eucharistie. In einem alten Kirchenkalender heißt der Gründonnerstag „Natalis calicis".

Die eucharistischen Gefäße erhalten eine eigene Weihe, abgesehen davon, daß sie durch den Gebrauch beim heiligen Opfer von selbst geheiligt sind und bereits vor der Einführung eigener Weihegebete als heilig galten. Durch kirchliche Bestimmung ist die Segnung nur für Patene und Meßkelch streng vorgeschrieben. Sie werden nicht bloß benediziert, sondern durch Salbung mit Chrisam *konsekriert* und so zu heiligen Sakramentalien. Doch auch für Ziborium, Pixis und Monstranz ist eine Weihe konvenient und allgemein Brauch geworden.

Die Sorge um die heiligen Gefäße wird dem *Subdiakon* bei seiner Weihe ausdrücklich anvertraut. Als Abzeichen dieses Amtes überreicht ihm der Bischof einen leeren Kelch samt Patene und Meßkännchen. — Dem neugeweihten *Priester* aber gibt der Konsekrator einen mit Wasser gefüllten Kelch und die Patene mit Hostie in die gesalbten und gefalteten Hände und spricht dabei: „Empfange die Gewalt, Gott das Opfer darzubringen, die Messe zu feiern, sowohl für Lebende wie für Verstorbene; im Namen des Herrn, Amen."

Die ältesten, als solche sicher erkennbaren Darstellungen eines Kelches befinden sich in den Mosaiken von S. Apollinare in Classe und S. Vitale zu Ravenna (6. Jahrhundert). Der Kelch von S. Vitale hat die Gestalt eines antiken Kantharus mit Henkeln an beiden Seiten. Ähnlich, aber schmäler, ist auch der Kelch von S. Apollinare. Die Henkel erhielten sich noch lange, auch an der heute gebräuchlichen Kelchform. Sie sind mancherorts noch im 13. Jahrhundert nachweisbar.

Darstellungen von Henkelkelchen mit daraus hervorragendem Kreuz samt Weinranken, an denen oft Vögel picken, kommen als Symbol des Martyriums, der Eucharistie oder auch der ewigen Seligkeit in der frühmittelalterlichen Kunst besonders häufig vor.

Kelter

In den Weinleseszenen, die sowohl als Teil des antiken Jahreszeitenzyklus als auch für sich allein dargestellt wurden (z. B.: Deckenmosaik von S. Constanza, Rom), ist meistens auch eine *Kelter* zu sehen. Diese altertümlichen Vorrichtungen, die im Morgenland heute noch gebräuchlich sind, bestehen aus einer ummauerten Fläche, dem Tretplatz, und ein bis zwei tieferliegenden Kufen, in die sich der Saft durch ein Abflußrohr ergießt. In solchen Keltern zertritt man die Trauben mit bloßen Füßen. Was von den Beeren übrigbleibt, wird mittels eines schweren Balkens vollends ausgepreßt. Das Treten besorgen meistens mehrere Personen mit vereinten Kräften. Auf altägyptischen Bildern ist die Einfassung der Kelter höher, als man es in Palästina sehen kann, und mit einem auf vier Säulen ruhenden Dach gedeckt. Von diesem hängen Seile oder Schlingen herab, an denen die Tretenden sich festhalten. Sie begleiteten ihre Arbeit mit fröhlichen Gesängen und Trillern, denn die Wein- und Getreideernte waren Freudenfeste und ihr Jubel sprichwörtlich.

Auch die Oliven wurden gekeltert, allerdings auf andere Weise als die Trauben. An sich aber ist die Symbolik der Öl- und Weinkelter die gleiche. Beide werden bei den Vätern erwähnt, durchgeführt wird sie aber gewöhnlich nur mit Bezug auf den Wein. Das gemeinsame Tertium comparationis liegt in dem gewaltsamen Druck, der die Eigengestalt der Beeren zerstört und ihren kostbaren Gehalt in klare Flüssigkeit wandelt.

In der Bildersprache der Bibel bedeutet die Kelter in den prophetischen Büchern meistens ein *Strafgericht,* das Gott über seine Feinde ergehen läßt, oder am Jüngsten Tag durch endgültige Verwerfung vollzieht (vgl. Joel und Apokalypse). Im allegorischen Gesang des Propheten Jesaja (Kap. 5) aber, der Israel mit einem sorgfältig gepflegten Weinberg vergleicht, bedeutet der „Turm" den Tempel, die „Kelter" den *Altar,* auf dem das Blut der Opfertiere floß.

Drei Psalmen (8, 81, 84) tragen die Überschrift: „Bei den Keltern". Ob es sich da um ein Musikinstrument handelt, das diesen Namen trug, oder ob der Psalm seines freudigen Inhaltes wegen an den Jubel der Weinlese erinnern oder ihn begleiten sollte, darüber sind die Erklärer des Literalsinnes unsicher und nicht einig.

Über den mystischen Sinn der Kelter haben die Kirchenväter viel Schönes geschrieben. Ihre Hauptgedanken sind in Kürze folgende: Nach Origenes bedeutet „Kelter" die Einheit der Kirche, die viele zusammenfaßt. *Ein* Gebet, *eine* Sangesweise bringen sie Gott dar, so wie in den Keltern die Früchte verschiedener Weinstöcke zu *einem* Wein zusammenfließen.

Eusebius von Caesarea und andere übertragen die alttestamentliche Allegorie „Kelter = Altar" auf die vielen Altäre des Neuen Bundes, auf denen die gemeinsamen Gaben der Gläubigen dargebracht werden. Von da strömt in der Gestalt des *eucharistischen Weines das Blut des Welterlösers.* Mit diesem vereint, quillt in der Kirche Gottes auch das *Blut der Märtyrer.* Sie sind Trauben des „wahren Weinstockes" Christus, ausgepreßt unter dem Druck der Verfolgungen und grausamen Qualen.

In der Kelter der Leiden, Prüfungen und Bedrängnisse befindet sich in dieser Zeit die gesamte Ecclesia. „Doch der Druck dieser Kelter", sagt St. Augustinus, „ist reich an Gewinn. Solange die Traube am Weinstock hängt, empfindet sie keine Belastung. Man sieht, sie ist unversehrt, doch es quillt nichts hervor. — Da bringt man sie in die Kelter: Sie wird zertreten, zerdrückt, es scheint, als erlitte sie Unbill, doch diese Mißhandlung ist nicht umsonst, denn ohne sie bliebe die Traube unergiebig. Als *erste Traube* wurde *Christus* in der Kelter zerstampft. Als *diese* Traube im Leiden ausgepreßt ward, entquoll ihr das, wovon ‚der beseligende Becher so wunderbar ist' (Ps 22, 5). ... Sobald du beginnst, in Christus fromm zu leben, kommst du in die Kelter. Mach dich gefaßt auf Bedrängnis. Sei aber nicht dürr, auf daß die Pressung nicht vergeblich sei ... Als *Wein* geht hervor, der als *Traube* zerdrückt wird!" (St. Augustinus zu Ps 55).

Noch eine Jesajastelle (63, 1—5) hat für die mystische Auslegung reichen Stoff geboten: Der Literalsinn schildert Gott als Sieger, der in blutigen Kämpfen gleich einem Keltertreter die Feinde seines Reiches niedertritt. Im übertragenen Sinn aber wird hier der *Erlöser* geschaut, der in seiner *Passion* den Teufel samt seinem Anhang besiegt. Ganz „allein" hat er diese Kelter getreten. Die Wucht der Leiden und der Kreuzeslast preßt sein heiligstes Blut aus und taucht das Gewand seiner Menschheit in Purpur. Am verklärten Leib des Auferstandenen leuchtet seither in alle Ewigkeit das Rot der Wundmale. Da er in den Himmel auffährt, staunen die Engel voll Entzücken und fragen:

„Wer ist dieser Mann, der aus Edom kommt, der aus Bozra kommt in rot gefärbten Gewändern? Er schreitet in prächtigen Kleidern daher und zeigt seine gewaltige Kraft.
Ich bin es, ich, der Gerechtigkeit bringt, der mächtige Helfer.
Warum aber ist dein Gewand so rot, wie das Kleid eines Mannes, der in der Kelter die Trauben zerstampft?
Ich stand allein in der Kelter, keines der Völker hat mir geholfen...
Ich sah mich um, doch niemand wollte mir helfen, ich war entsetzt, weil keiner mich stützte. Da half ich mir mit eigener Hand...“

Die mittelalterliche Kunst dagegen stellt das Bild Christi, des „Keltertreters“, nur von der blutigen und leidvollen Seite dar: Der Heiland stampft Trauben im Keltertrog, wird aber *selber* als mystische Traube vom Kelterbalken niedergepreßt und blutet aus allen Wunden. Am frühesten erscheint dieses Bild im „Hortus deliciarum“ der Äbtissin Herrad von Landsberg (12. Jahrhundert), wo der Kelterbalken die Aufschrift trägt: „Torcular est sancta crux — Die Kelter ist das heilige Kreuz.“ Im ausgehenden Mittelalter wird diese Darstellung immer manierierter.

Kranz und Krone

Der Kranz, aus Blumen oder Blättern in Kreisform zusammengefügt, und die mit Gemmen besetzte Krone aus Edelmetall sind zwar verschiedene Dinge, aber doch nahe verwandt. Beide werden in lateinischer und griechischer Sprache mit dem gleichen Wort „corona, *στέφανος*“ bezeichnet.

Wie wir im folgenden sehen werden, hatte der frische Kranz in der Antike eine Bedeutung, die jener der Zweige ziemlich gleichkommt.

Der älteste Kopfschmuck der Griechen und Römer bestand aus einer Binde von Wolle oder Linnen (Diadema), die zunächst den Zweck hatte, das lange, lose Haar in Ordnung zu halten.

Neben diesen Kopfbinden war seit uralter Zeit bei gewissen Anlässen das Tragen von Kränzen üblich. Den Gebrauch beider bezeugen antike Bildwerke, besonders griechische Vasenbilder, die auch beweisen, daß die Frauen den Schleier *über* dem Diadem oder dem Kranz trugen. Deutlich ist dies aus der apokryphen Schrift „Joseph und Aseneth“ zu ersehen, die an zwei Stellen (Kap. 3, 6 und 18, 6) die Reihenfolge im Anlegen des weiblichen Kopfschmuckes erwähnt [1].

Wir können die Kränze des heidnischen Altertums in ihrer Bedeutung und nach dem Material, aus dem sie bestanden (Blumen, Blätter, Stoff, Wachs, Edelmetall) nur summarisch überschauen, um dann zu sehen, was das Christentum davon übernommen oder abgelehnt hat.

---

[1] Rießler, Altjüdisches Schrifttum außerhalb der Bibel, Augsburg 1928, S. 500: „Sie setzte einen Turban sich aufs Haupt, band um die Schläfen sich ein Diadem, verhüllte ihren Kopf mit einem Schleier“ (Kap. 3, 8).

S. 522: „Sie setzte einen goldenen Kranz sich auf das Haupt. Und in dem Kranz über ihrer Stirne war ein großer Saphir, rund um den großen Stein sechs seltene Steine: ihr Haupt verhüllte sie mit einem wunderbaren Schleier“ (Kap. 18, 6).

Die Grundbedeutung des Kranzes beruht auf Sympathie und Magie: Wie von den Zweigen, so erwartete man auch von den Kränzen eine Mitteilung der frischen Pflanzenkräfte an Menschen und andere Wesen, um ihnen Segen und Gedeihen zu vermitteln oder Übel von ihnen abzuwehren, den Einfluß bösen Zaubers und böser Geister fernzuhalten — überhaupt Glück zu bringen. Daher der uralte Brauch der Griechen, Kinder von zwei bis drei Jahren am Fest der Anthesterien (Blütenfest, Ende Februar) mit einem Blumenkranz zu schmücken, der sie gegen alles Unheil feien sollte.

Wenn die Arvalbrüder [2] sich mit Ähren bekränzten, die mit einer weißen Binde umwunden waren, so wollten sie die Lebenskraft des Kornes auf sich übertragen, um sie bei ihren Umzügen auf Feld und Flur auszustrahlen und ihnen guten Ertrag zu sichern. Beamte werden durch den Kranz für ihr Amt gesegnet, Winzer bekränzen sich, um bei ihrer Arbeit Glück zu haben, Redner zu Steigerung der Inspiration. Tiere und Bäume werden zum Zweck ihrer Erhaltung und Fruchtbarkeit, Brunnen zur Gesundung des Wassers, Häuser zum Heile der Bewohner mit Kränzen behangen. Vor allem aber soll einem jungen Ehepaar durch die *Brautkränze* Glück und Kindersegen gesichert sein.

Die *Siegeskränze* bei Wettspielen beruhten ursprünglich auf dem Natursegen. Der Lorbeerkranz heimkehrender Krieger nach gewonnener Schlacht sollte Reinigung vom Blutvergießen bewirken. Mit der Zeit aber verwischten sich diese Grundbedeutungen, sodaß nur mehr die Idee von Sieg, Ehrung und Auszeichnung mit dem Kranz verbunden blieb (vgl. Art. „Lorbeer").

Die *Bekränzung beim Festmahl* und *Symposion* (Trinkgelage) sollte nicht allein Glück, Freude und Lust ausdrücken, sondern nach antiker Anschauung medizinisch wirken: Rosen-, Veilchen- und Efeukränze galten als gehirnkühlend und als Vorbeugungsmittel gegen Trunkenheit.

Totenbekränzung (meist mit Olivenblättern) war bei den Griechen und Römern allgemein üblich. Dadurch wollte man alles fernhalten, was den Frieden des Entschlafenen stören könnte. Außerdem legte man, wie noch heute, Kränze auf die Gräber, gleichsam als Gabe an die Verstorbenen.

Mit der magischen hängt die *religiöse Bedeutung* eng zusammen: Indem der Kranz vom Tempel, vom Altar und vom Opferpriester, der stets damit geschmückt war, alle bösen Einflüsse, alles Unheilige und Profane fernhalten sollte, wird er zum *Symbol der Weihe an die Gottheit* und zum *Zeichen der Kultfeier* überhaupt. Man bekränzt daher Opfertiere, man huldigt durch Kränze den Göttern in ihren Bildern und schmückt die Mysten zum Zeichen ihrer Einweihung mit einem Kranz.

Zahlreich waren im Altertum die *Blumenkränze.* Plinius zählt deren eine Menge auf (Nat. hist. Lib. XXI an mehreren Stellen). Diese vegetabilischen „Coronae", namentlich wenn sie als Preis verliehen oder als Ehrenzeichen getragen wurden, schmückte man gewöhnlich mit kostbaren Bändern (lemnisci) und Zierat aus Edelmetall. Die „vittae" der bischöflichen Mitren sind darauf zurückzuführen. — In die vordere Mitte fügte man einen großen gefaßten Edelstein. Auch wurden die natürlichen Blätter und Blumen in kostbarem Metall nachgebildet, ebenso die Diademata der Urzeit. So entstand die *Krone,* die goldene Zier der Könige und Hohenpriester. Tiaren und Mitren sind nichts anderes als hohe Kronen, die bei den alten Völkern die verschiedensten Formen annahmen. Besonders mannigfach

[2] „Arvalbrüder" = „Flurbrüder": ein Kollegium von zwölf Priestern im antiken Rom.

und phantastisch sind die Götterkronen: Sie tragen kennzeichnende Symbole der betreffenden Gottheit.

Die Hl. Schrift erwähnt

a) im Alten Testament:

1. Die hohepriesterliche Krone (Ex 28, 36—38):
Diese war eine diademartige Stirnplatte mit den eingravierten Worten: „Heilig dem Herrn." Sie bildete den unteren Abschluß eines linnenen Kopfbundes.
Vgl. auch: Weish 18, 24; Sir 45, 14 (12); Sach 6, 11 (messianisch).
In Ps 132, 18 nennt die Vulgata die hohepriesterliche Krone des Messiaskönigs „sanctificatio".
2. Kronen und Diademe der Könige und besonders geehrter Personen: 2 Sam 1, 10; 12, 30; Ps 21, 4.
3. Huldigungskränze: Jdt 3, 10; 2 Makk 14, 4.
4. Kränze gottloser Schwelger: Weish 2, 8; Jes 28, 1. 3.
5. Brautkränze: Hld 3, 11; Jes 61, 10.
6. Kranz und Krone im übertragenen Sinn, z. B. Der Herr ist „Ehrenkranz" seines Volkes (Jes 28, 5) und dieses „Ehrenkranz" in der Hand des Herrn (Jes 62, 3). Die von Gott geschenkten Produkte der Jahreszeiten werden in Ps 65 „Jahreskranz" genannt.
7. Tempelkränze, worunter in 1 Makk 1, 23 und 4, 57 dekorative Girlanden oder Einfassungen zu verstehen sind.
8. Siegeskränze:
Tob 3, 21 und Weish 4, 2 weisen bereits auf den Kranz hin, der nach dem Kampf und Leid des Lebens dem Sieger von Gott verliehen wird.

Voll entfaltet sich dieses Bild erst

b) im Neuen Testament [3]:

Die Paulusstelle I Kor 9, 24. 25 ist aus der Epistel des Sonntags Septuagesima bekannt: „Wißt ihr nicht, daß die Läufer im Stadion zwar alle laufen, aber nur einer den Siegespreis gewinnt? Lauft so, daß ihr ihn erlangt! Jeder Wettkämpfer lebt aber völlig enthaltsam. Jene tun es, um einen vergänglichen, wir aber, um einen *unvergänglichen Siegeskranz* zu gewinnen" (vgl. ferner: 2 Tim 4, 7. 8; Jak 1, 12; 1 Petr 5, 4).

Besonders häufig spricht die Geheime Offenbarung des hl. Johannes von Kranz oder Krone:

Im 4. Kap. 4, 4 schauen wir die 24 Ältesten auf Thronen, in weißen Gewändern, mit goldenen Kronen auf dem Haupte, die sie im Verlauf der Himmelsliturgie vor dem Throne Gottes niederlegen (4, 10).

In Kap. 6, 2 ist es der erste der vier geheimnisvollen Reiter, der als Sieger auf weißem Roß vor den Augen des Sehers vorüberzieht: „Ihm wurde ein Kranz gegeben, und siegreich zog er aus, um zu siegen."

---

[3] Der „Stéphanos" des griechischen Urtextes wird bald mit „Kranz", bald mit „Krone" übersetzt, doch ist der Sinn der gleiche.

Kap. 14, 14 zeigt das Parusiebild des „Menschensohnes“ mit goldener Krone auf dem Haupt und einer Sichel in der Hand, da die Erntestunde der Welt gekommen ist, Kap. 19, 11—16 das des „Königs der Könige“ auf weißem Roß: „Auf seinem Haupt trägt er viele Kronen“ (vgl. ferner: 2, 10; 3, 11).

Da das Tragen von Kränzen in Kult und Sitte des Heidentums eine so bedeutende Rolle spielt, ist es nicht zu verwundern, wenn Klemens von Alexandrien und mit besonderer Schärfe Tertullian den Christen das Bekränzen des Hauptes verbieten und dagegen sprechen. Das ganze Buch Tertullians „Vom Kranze der Soldaten“ (De Corona militum) ist in diesem Sinne geschrieben.

So sehr aber die Kränze als Kopfschmuck im Urchristentum verpönt waren, so hob man doch in der Literatur und Kunst den symbolischen Sinn des Siegeskranzes hervor.

Besonders gern wird zur Zeit der Verfolgung das Bild des antiken Agons (Kampfspieles), bei dem der Sieger einen Kranz erhielt, auf die Martyrer bezogen, bisweilen aber auch auf den christlichen Lebenskampf im allgemeinen. Im „Pastor des Hermas“ (Gleichn. VIII, Kap. 2, 1) zeichnet der Engel des Herrn diejenigen mit Palmenkränzen aus, die ihre Zweige (Sinnbilder ihrer von Gott verliehenen Gaben) mit Schößlingen und Fruchtansätzen bereichert vorweisen.

Der hl. Ambrosius (De Sacramentis, I, 2; PL 16, 419) ermuntert die Getauften, sich als tapfere Athleten Christi zu erweisen:

„Gesalbt bist du als Wettkämpfer Christi, als einer, der den Kampf mit der Welt ausfechten soll. Du bekennst dich zu diesem Ringen. Wer kämpft, erhofft etwas. Wo ein Kampfspiel, dort ein Kranz. Du ringst in dieser Zeit, gekrönt wirst du aber drüben von Christus, eben für dein diesseitiges Ringen. Folgt auch der Lohn erst im Himmel, so ist doch hier die Stätte, wo man den Preis verdient.“

Wie das lebendige Glaubensbewußtsein unsrer mystischen Einheit mit Christus durch die Taufe dichterische Begeisterung anzuregen vermochte, davon zeugen in mannigfacher Weise die sogenannten „Oden Salomos“. Im folgenden ist der Kranz Sinnbild der Gnadenschätze, die hienieden grundgelegt sind, um sich im Jenseits zu entfalten:

„Der Herr ist auf meinem Haupte wie ein Kranz, von dem ich mich nicht trennen werde. Geflochten ist mir der Kranz der Wahrheit; deine Zweige sind auf mir gesproßt. Denn du gleichst nicht einem vertrockneten Kranze, der nicht sproßt, sondern du bist lebendig auf meinem Haupte und wächst auf mir. Deine Früchte sind voll und reif, angefüllt mit deinem Heil. Halleluja!“ (Gressmann, Die Oden Salomos, Ode 1, in Henneke, Neutest. Apokryphen, S. 438).

Es brauchte wohl einige Zeit, bis bei den Christen die Erinnerung an heidnische Sitten verblaßt und der Abscheu vor der Bekränzung des Hauptes gegenstandslos geworden war. Der Kranzschmuck heiliger Bilder und Statuen ist jedoch schon im 4. Jahrhundert bezeugt. Er führte allmählich zur Bekränzung der Kirche und Altäre bei festlichen Anlässen.

Der Gebrauch von *Brautkränzen,* gegen den sich Tertullian im 3. Jahrhundert ereifert, kam auch bei den christlichen Hochzeitsfeiern ziemlich bald wieder auf: Der hl. Johannes Chrysostomus († 407) spricht davon im 4. Jahrhundert als von einem allbekannten, geheiligten Symbol und erklärt dessen Sinn:

„Deswegen werden den Brautleuten Kränze auf das Haupt gesetzt, als *Symbol des Sieges,* weil sie als Unbesiegte (= jungfräulich) das Brautgemach betreten, als solche, über welche die Begierlichkeit keine Gewalt gewonnen hat“ (in Ep. I ad Tim. 11, 9; PG 62, 546).

Ebenso erwähnen diese Coronatio Sidonius Apollinaris († 482); Gregor von Tours († 594) und Papst Nikolaus I. (858—867) in seinen „Antworten auf die Anfragen der Bulgaren", wo er den lateinischen Hochzeitsritus der damaligen Zeit der Reihe nach durchgeht (Epist. u. Decreta Nicolai Papae I, XCVII; PL 119, 979).

In der griechischen Liturgie bildet die Bekränzung noch heute einen wesentlichen Teil im sakramentalen Ritus der Eheschließung, der davon sogar seinen Namen trägt. *„Στεφανόω"* (= ich bekränze) heißt soviel als „ich vollziehe die Trauung" (gemeint vom Priester und vom Paranymphen, der den Kranz hält). Auf die Bekränzung folgt ein sakraler Reigen, bei dem die Paranymphen die Kränze über dem Kopf der Brautleute halten.

Die Kränze, jetzt meist aus Gold und Silber, auch von künstlichen Blumen oder aus Zweigen, waren ursprünglich alle aus Oliven- oder Rebzweigen. Waren die Brautkränze einerseits Zeichen der bewahrten Keuschheit, Symbole des Sieges über die Begierlichkeit, so deuten sie anderseits den Wunsch an, es möge das Brautpaar einem Baume gleichen, dessen Stamm nach allen Seiten Äste treibt.

Aus dem Hochzeitszeremoniell ging die „Coronatio" auch in den Ritus der „Consecratio Virginum" (Jungfrauenweihe) über, die im Pontificale Romanum steht. Dieser geweihte Kranz sinnbildet an sich die geschlossene Kraft, die Gotteskraft, die sich in der Jungfrau zeigt und sie stark macht wider den Feind. In der koptischen Liturgie gehörte die Corona zum Gewand der Neophyten.

In dem selten gewordenen Ritus der Königsweihe (Pontificale rom.) bildet die Krönung ein wesentliches Moment. Bei der Krönung eines neugewählten Papstes mit dem „Triregnum", d. i. mit den drei Kronen, aus denen die Tiara besteht, spricht der rangälteste Kardinal-Diakon: „Empfange die mit drei Kronen geschmückte Tiara und wisse, daß du Vater der Fürsten und Reiche, Lenker des Erdkreises und Stellvertreter unseres Erlösers bist, dem Ehre sei und Herrlichkeit in alle Ewigkeit, Amen."

Die Bildersprache der hl. Liturgie preist Christus, den König der Könige, als die „Krone aller Heiligen" (Invit. 1. Nov.) und im betreffenden Offizium als die Krone der Apostel, Märtyrer, Bekenner und Jungfrauen.

In der christlichen *Kunst* erscheinen *Siegeskränze* sehr häufig auf den Katakombengrabsteinen, Sarkophagen, Goldgläsern, Lampen und anderen religiösen Gebrauchsgegenständen. Bald erinnern sie in Verbindung mit dem Christusmonogramm, das sie einrahmen, oder mit den Buchstaben *A* und *Ω* an den Sieg des Erlösers, bald an den ewigen Lohn der Dahingeschiedenen, die den Kampf vollendet und den Preis errungen haben.

Mitunter sind es Lämmer (Symbol der Gläubigen), die einen Kranz tragen, oder es hält ihn eine Taube im Schnabel und nähert sich damit einer Orante (Seelensymbol).

Auch unter den Fresken der Katakomben gibt es solche, auf denen Christus einen Kranz über das Haupt von Märtyrern hält, oder es ist die Hand des himmlischen Vaters, die den Kranz aus den Wolken herabreicht. Auf den Mosaiken der altchristlichen Basiliken krönt dieses Motiv fast regelmäßig im oberen Mittelpunkt die ganze Komposition. Der gemmenbesetzte Goldreif oder der Kranz aus goldglitzernden Blättern mit dem typischen großen Edelstein in der Mitte und den flatternden Bändern gilt der dominierenden Gestalt Christi oder eines Titelheiligen.

„Neben den genannten Darstellungen entwickelte sich unter dem Einfluß der johanneischen Vision die bildliche Betonung jener anderen Idee, daß der Sieg, den der Christ erringt, wesentlich das Werk der Gnade ist und daß daher die Krone nicht sowohl seinem Ringen als dem Beistand von oben gebührt. So schließt sich an die apokalyptische Darstellung in S. Paul (Rom), wo die 24 Ältesten ihre Krone dem Lamme darbringen, eine Reihe verwandter Bilder an, auf welchen die Heiligen kostbare, perlenbesetzte Coronae in den Händen, begleitet von anderen Heiligen, besonders von den Apostelfürsten als ihren Helfern und Fürsprechern, vor den himmlischen Agonotetes (Kampfrichter) hintreten, um den einzig durch seine Hilfe errungenen Siegespreis ihm ihrerseits darzubringen." [4] Rom ist reich an derartigen Bildern. Besonders bemerkenswert ist zu Ravenna die Basilika S. Apollinare nuovo durch ihre unverändert erhaltenen Mosaike: Unter der Fensterreihe des Mittelschiffes schreitet eine Prozession heiliger Blutzeugen (auf einer Seite männliche, ihnen gegenüber weibliche) mit Kränzen, die sie auf verhüllten Händen tragen, dem Altare zu [5]. Sie halten gleichsam einen großen, himmlischen Opfergang, Vorbild dessen, was sich bei der Eucharistiefeier in der heiligen Liturgie vollzieht.

Lampe

Um die Symbolik der Lampe (lucerna, *λύχνος)* in ihrer vollen Bedeutung zu erfassen, müssen wir uns in die Urzeiten versetzen, fern von aller Kultur und allen Erfindungen, die der Mensch im Laufe von Jahrtausenden ersonnen hat: Wenn die Sonne unterging, dann brach das „tetrum chaos" (das häßliche Dunkel) herein, vor dem man im Altertum ein gewisses Bangen empfand. Wenn nicht heller Vollmond schien, war man der schwarzen Nacht preisgegeben. Der Mensch mußte all sein Tun einstellen und war von vielerlei Gefahren und Schrecken bedroht. Daher spricht der Psalmist zum Troste der auf Gott Vertrauenden: „Du brauchst dich vor dem Schrecken der Nacht nicht zu fürchten ... nicht vor der Pest, die im Finstern schleicht" (Ps 91, 5. 6). Wohl gab es ein Mittel, die Finsternis zu erhellen: das natürliche Feuer. Doch seine Erzeugung war schwierig. Man mußte oft lange reiben und schlagen, bis endlich der Funke sprang. Nach altjüdischer Tradition hatte Adam mit zwei Glutsteinen, die Gott ihm zeigte, das erste Feuer entzündet. Nun konnte es aber immer Fälle geben, in denen man rasch Licht brauchte. Darum zogen die Urvölker es vor, das gewonnene Feuer beständig unter der Asche des Herdes fortglimmen zu lassen. An ihm entzündeten sie zur Beleuchtung Kienspäne, Schilfbündel oder Pechfackeln. In den Burgen ärmerer Ritter war es noch im Mittelalter kaum anders, während die Reichen sich bereits der Kerzen und Öllampen bedienten, die sich unter der Römerherrschaft auch in den unterworfenen Ländern verbreitet hatten. Die Gebiete, in denen Olivenbäume gedeihen, waren ja der nördlichen Zone in der Benützung von Öllampen längst voraus. Diese „lucernae" waren ursprünglich sehr primitiv: ein kleines offenes Schüsselchen aus gebranntem Ton, in das man für den Docht durch Zusammendrücken der noch weichen Masse einen Schnabel (manchmal auch zwei bis vier) geformt hatte. Dieser Docht bestand aus gedrehten Pflanzenfasern oder Stoffresten. Für die „heiligen Lampen" des jüdischen Kultes benützte man Streifen abgenützter Levitengewänder.

---

[4] Kraus, Realenzyklopädie der christl. Altertümer, B. I, S. 335.

[5] Das Verhüllen der Hände mit einem Ende des Mantels oder Schleiers war bei Darbringung oder Empfang von Gaben ein Zeichen der Ehrfurcht vor dem Herrscher und findet sich auf allen derartigen (auch profanen) Darstellungen der byzantinischen Zeit.

Die primitive Gestalt der Öllampen vervollkommnete sich allmählich. In der hellenistisch-römischen Zeit entstanden geschlossene Formen mit Henkeln, verschließbarem Eingußloch und Luftlöchlein. In Ägypten und Nordafrika wurden die Tonlampen auf der Drehscheibe fabriziert. Später ging man allgemein zur Handtechnik über: Man nahm vom Modell, das oft verschiedenartige Verzierungen, Götterfiguren, Symbole usw. trug, eine zweiteilige negative Form ab und verfertigte damit die nötige Anzahl der Positive durch Aneinanderfügen der beiden Hälften. Viele Lampenfunde tragen den Stempel ihres Erzeugers. Die alten Römer entfalteten großen Luxus in ihren Beleuchtungsmitteln. Doch bestand er hauptsächlich im kostbaren Material ihrer Lampen und Leuchter und deren kunstvollen Ausführung sowie in den wohlriechenden Substanzen, die sie dem Brennöl beimischten. Auch gab man dem Öl gerne einen Zusatz von Salz, um die Leuchtkraft zu verstärken.

Im täglichen Gebrauch wurde die Errungenschaft der Lampen allenthalben unentbehrlich: Wie ursprünglich das Herdfeuer, so bewahrte man fortan die Lucerna die ganze Nacht hindurch brennend, um immer Licht bei der Hand zu haben und so für alle Vorfälle bereit zu sein. Diese Gepflogenheit bestand im Orient noch im 19. Jahrhundert. Reisende, die nachts Palästina oder Syrien durchwanderten, konnten staunend auf Abhängen und in Tälern viele Licht wahrnehmen. Der Grund liegt darin, daß der Orientale — arm oder reich — nie ohne Licht schläft. Anders wäre es ein Zeichen äußerster Armut.

Man pflegte die Lampen auf Ständer aus Metall, Ton oder Holz zu stellen, sehr häufig auch auf Mauervorsprünge oder in kleine Wandnischen. Ein Ölkrüglein zum Nachfüllen gehörte immer dazu, ebenso ein Instrument zum Putzen und Regulieren des Dochtes. Von Lampen für eine größere Anzahl von Flammen sind noch Exemplare erhalten. Göttertempel, Thermen und Zirkusanlagen wurden entsprechend reich illuminiert, erstere als Huldigung an die Götter.

Als *Symbol* ist die Lampe in der Antike Bild des *Lebens und Todes,* eine Darstellung der lebengebenden, sich beständig verzehrenden und dadurch sich stets erneuernden Naturkraft. Darum wurde an Grabsäulen der Lychnos aufgehängt. Er sollte das sich konsumierende Leben versinnbilden, das umso schneller erlischt, je gewaltiger die Flamme lodert.

Sinn und Zweck der *Fackeln* kam jenem der Lampen gleich. Verwendung solcher bei Hochzeitszügen sollte die Fortpflanzung des Lebenslichtes auf die Kinder des jungen Paares andeuten, „denn das Ziel der Ehe ist Hervorbringung neuen Lebens, die Geburt aber Übergang aus der Finsternis zur Sonne und zum Licht" (Eusebius Caes., Praep. evang. III, 1, 5).

Lichter, die man bei den Römern und Orientalen den Königen vorantrug, hatten, auch abgesehen vom Falle notwendiger Wegbeleuchtung, den Sinn höchster Ehrung, da diese Könige als Götter (dii terrestres) angesehen wurden. Diese Sitte erhielt sich mit veränderter Bedeutung in der christlichen Liturgie in den Lichtträgern, die den Kirchenfürsten bei feierlichen Anlässen vorangehen.

Lampen hatten auch *apotropäischen Zweck,* d. h., ihr Licht sollte vor dämonischen Einflüssen schützen. Zur Verstärkung dieser Wirkung brachte man gerne Fratzengesichter (Gorgonenhäupter) am Lampenkörper an: sie sollten die bösen Geister abschrecken.

Interessant ist es, zu sehen, wie sehr der Glaube an solche Wirkungen bei den alten Ägyptern lebendig war: In einem Zauberspruch zur Abwehr eines feindlichen

Elementes geben die Götter den Befehl: „Zündet die Lampen in den Häusern an!" Es gäbe noch mehr Beispiele dieser Art.

An Türen und Häuserecken angebrachte Lampen sollten ebenfalls Schutz bieten gegen das Eindringen böser Gewalten.

Immer hatte das im Finstern aufstrahlende Licht für den Menschen etwas Beruhigendes, Erfreuendes. Den heidnischen Griechen war das Anzünden der Lampe sowohl im Haus als in Kulträumen ein bedeutungsvoller Akt, den sie mit religiösen Zeremonien begleiteten. Der Lichtträger sprach beim Hereinbringen eine Wunschformel oder rief *„φῶς ἀγαθόν"* (gutes Licht), während die Anwesenden den Gruß mit *„χαῖρε φῶς"* (sei gegrüßt, Licht!) erwiderten. Dieser Moment war beim Mahl das Zeichen für die beginnende Fröhlichkeit. Die Römer schalteten beim Erscheinen der Lampe eine kleine Schweigpause ein, worauf die Unterhaltung umso lebhafter wurde. Das Licht ist also hier *Sinnbild der Freude*. Sogar auf Trinkbechern wurden Sprüche angebracht, die darauf hindeuteten.

Wenn die *Heilige Schrift* von Lampen spricht, so geschieht es teils in realem, teils in symbolischem Sinn, der aber stets auf Grundlagen des praktischen Lebens aufbaut. Licht ist Lebensnotwendigkeit zur Erhellung der Nacht, aber auch der fensterlosen oder fensterarmen Räume, die im Orient zur Abhaltung der Hitze vorherrschen.

Im Heiligen und Allerheiligsten der Stiftshütte wie des Tempels gab es keine Fenster. Somit war der siebenarmige Leuchter mit den sieben Lampen nicht allein Zeichen der Anbetung, sondern hatte auch praktischen Zweck.

Die Beleuchtung des Privathauses wird ebenfalls in der Bibel erwähnt (vgl. 2 Kön 4, 10 und Spr 31, 18). Das Verlöschen der Lampe, die zum normalen Leben so unerläßlich ist, galt als Zeichen der Verödung und des Fluches (vgl. Ijob 18, 5. 6; Jer 25, 10; Offb 18, 23).

Die Frau in der Parabel (Lk 15, 8) muß mit einer Lampe in die Ecken des Hauses leuchten, um die verlorene Drachme wiederzufinden. Dieses Bild sorgsamen Suchens, das die Sorge des Herrn um die verlorenen Seelen veranschaulichen soll, ist ganz aus dem Leben gegriffen, ebenso die Parabeln vom wachsamen Knecht und von den zehn Jungfrauen (Mt 25): Die Lampen mußten brennen, da bei unerwartet rascher Ankunft des Herrn oder des Bräutigams keine Zeit geblieben wäre, sie herzurichten. Daher sind sie hier Symbol der *Wachsamkeit und Bereitschaft.* Diese Deutung gibt der Heiland selbst, indem er beide Parabeln mit einer Mahnung zur Wachsamkeit beschließt: „So haltet auch ihr euch bereit, denn der Menschensohn kommt zu einer Stunde, da ihr es nicht erwartet" (Lk 12, 40). — „Seid also wachsam; denn ihr wißt weder den Tag noch die Stunde!" (Mt 25, 13).

Dem hl. Paulus schwebt offenbar das Bild einer kleinen schlichten Tonlampe vor Augen, wenn er an die Korinther (2 Kor 4, 6. 7) schreibt:

„Denn der Gott, der sprach: Aus Finsternis soll Licht aufleuchten, er ist in unseren Herzen aufgeleuchtet, damit wir erleuchtet werden zur Erkenntnis des göttlichen Glanzes auf dem Antlitz Christi. Diesen Schatz tragen wir in *irdenen Gefäßen.*"

Der Mensch gleicht also einem zerbrechlichen Tonlämpchen, das trotz seiner Armseligkeit das Licht Christi tragen und ausstrahlen darf.

Den siebenarmigen Leuchter des Alten Testamentes mit seinen sieben Lampen gebraucht der hl. Johannes in der Apokalypse als Sinnbild der sieben Gemeinden, d. i. der sieben Kirchen Kleinasiens, die hier für die gesamte *Ecclesia* stehen, denn die heilige Zahl Sieben bedeutet etwas Allgemeines, Umfassendes (vgl. Offb 1, 12, 20; 2,1).

Die *Kirchenväter* deuten die Lampe und den Leuchter teils christologisch, teils moralisch. Sie beziehen das Symbol auf Christus, das Licht der Welt, auf sein heiliges Kreuz, das dieses Licht einem Leuchter gleich weithin erstrahlen läßt, auf die Kirche gemäß Offb 2, 1; auf das Gotteswort (vgl. Ps 119, 106), auf die Taufgnade, auf die göttlichen Tugenden oder auf die Herzensreinheit. Aus der Fülle seien hier nur zwei Beispiele angeführt:

„Die Lampen sind das strahlende Licht der Seelen, das durch das Taufsakrament aufgeleuchtet ist. Das Öl bedeutet die Frucht der guten Werke. Die Lampenschalen sind die menschlichen Leiber, in deren Innerem der Schatz eines guten Gewissens zu bergen ist" (St. Hilarius zu Mt 25; PL 9, 1059 f).

„‚Auch des Nachts erlischt ihre Lampe nicht' (Spr 31, 18). — Ihre Lampe ist ihre *Hoffnung*. Auf diese hin müht sich jeder Mensch, was immer er im Hinblick auf sie Gutes tun mag. Und zwar brennt dieses Licht *in der Nacht*, denn was wir erhoffen, sehen wir nicht. Also ist es für uns Nacht. Wenn wir aber weder sehen noch hoffen, so ist es finster und brennt kein Licht. Was ist ärger als solche Finsternis? Damit wir aber im Dunkeln nicht den Mut verlieren, sondern in Geduld ausharren, erhoffen wir, was wir nicht schauen, und lassen wir die ganze Nacht hindurch unsere Lampe brennen" (St. Augustinus, Serm. 37, 11; PL 38, 227).

Der antike Brauch, das Licht, wenn es hereingebracht wurde, zu begrüßen, ging auch in das Christentum über. In diesem Licht sah man ja ein Bild Desjenigen, der gekommen war, „um zu erleuchten, die in Finsternis und Todesschatten sitzen." In seiner Freude darüber ruft der hl. Klemens von Alexandrien die Gläubigen auf, dem wahren Gott entgegenzujubeln: *„χαῖρε φῶς,* Licht, sei gegrüßt!" Es ist wahrscheinlich, daß diese Akklamation auf eine kirchliche Zeremonie zurückzuführen ist.

Auch in den Klöstern herrschte diese Sitte, von der ein Usanzenbuch des 7. Jahrhunderts berichtet: Es war Vorschrift, daß der Lichtträger laut „Lumen Christi" rufe, worauf alle „Deo gratias" antworteten.

Neben der liturgischen und privaten Lichtdanksagung gab es noch einen Lichtsegen, der die abendliche Agape einleitete.

Ein Nachklang all dieser Bräuche ist der Ruf „Lumen Christi, Deo gratias" bei der Lichterprozession der Osternacht.

Wie sehr diese tiefe, freudige Symbolik den Gläubigen geläufig, ja selbstverständlich war, bezeugen verschiedene Inschriften altchristlicher Lampen, wie *„φῶς Χριστοῦ φαίναι πᾶσιν"* — „Das Licht Christi leuchte allen", oder auf einer antiken Bronzelampe aus Selinunt in Sizilien: „Lumen Christi, Deo gratias" (vgl. Dölger, „Antike und Christentum" V, 1, S. 1—41).

Da die gottesdienstlichen Versammlungen in den Anfängen des Christentums in Privathäusern und an Gedächtnistagen der Märtyrer in den Katakomben meistens nachts stattfanden, waren dabei Lampen unentbehrlich (vgl. Apg 20, 8). Neben dem praktischen Zweck hatten diese aber auch einen symbolischen: Sie sollten die Feierlichkeit der Liturgie erhöhen und die Ehrfurcht und Anbetung der Gläubigen ausdrücken.

Die Sitte, an den Gräbern Lichter zu unterhalten, hatten die Christen mit den Heiden gemein, jedoch mit höherer Bedeutung: Ihnen waren sie Symbol des Glaubens, in dem der Dahingeschiedene hinüberging, und des ewigen Lichtes, das er drüben schaut.

Auch an den Ecken und in kleinen Wandnischen der Katakombengänge waren

27

Die Hölle
Hauptsün-
n). Plastik
Thaddäus
Stammel.
Stifts-
bibliothek
n Admont.
1750

28 Adler. Kryptaornament von Monte Cassino. Ende 19. Jh.

Lampen angebracht, um den Besuchern der Grabstätten und den Fossoren bei ihrer Arbeit als Beleuchtung zu dienen. Tonlämpchen, die man in den Mörtel des Grabverschlusses einließ, hatten oft nur den Zweck, das Grab kenntlich zu machen. Ausgrabungen brachten eine Menge solcher Katakombenlämpchen ans Tageslicht.

Erstaunlich ist die Menge der Lampen, die in den römischen Basiliken brannten: Der Liber pontificalis berichtet von diesbezüglichen Schenkungen Konstantins und anderer Stifter. Im Lateran z. B. ergab die Menge der Flammen die Zahl 8730! Sie verteilten sich auf Kronleuchter (fara) und Kandelaber aus kostbarem Metall, die lauter Lampen von verschiedenen Formen — flache und schalenförmige — trugen. Nicht möglichst große Helligkeit, sondern die Pracht des erzielten Eindrucks war das Ideal der Alten.

Von Lampen im übertragenen Sinn spricht die heilige Liturgie dort, wo sie die evangelischen Vergleiche in Missale, Brevier und anderen heiligen Büchern anwendet. Dort finden wir das „Licht auf dem Leuchter" als Symbol der heiligen Kirchenlehrer, die Parabeln vom wachsamen Knecht und von den zehn Jungfrauen mit ihren brennenden Lampen im betreffenden Kommune der heiligen Bekenner oder der heiligen Jungfrauen als Bild der Bereitschaft beim Kommen des Herrn.

Der *kunstgeschichtliche* Reiz altchristlicher Lampen liegt vor allem in ihren Formen und ihrem plastischen Schmuck, der eine Fundgrube von allerlei Symbolen bietet. Bei ihrer Deutung ist jedoch Vorsicht geboten: Nicht jedem dieser Lampenbilder darf man unbedingt christlichen Sinn beilegen, da ja in den ersten Jahrhunderten nach Christus noch viele Lampen aus heidnischen Werkstätten im Umlauf waren.

Die ältesten Tonlampen waren schmucklos, höchstens mit einem perlenartigen Muster am Rande verziert. Etwas später trägt die runde oder ovale Oberfläche (Discus) um das mittlere Bild oder Schriftzeichen eine ornamentale Einfassung, die aus streifenartig gereihten, geometrischen Figuren, Tier- oder Pflanzenmotiven, besonders Palmblättern, besteht.

Kunstvoller gestaltete man die metallenen Lampen. Von solchen aus kostbarem Metall sind nur wenige erhalten geblieben, da sie meistens der Raublust von Plünderern zum Opfer fielen. Dagegen kennt die christliche Altertumskunde viele Bronzelampen. Bei kleinen Exemplaren ist es meistens der Henkel, der zu einem stehenden Christusmonogramm oder einem halbliegenden Kreuz mit einem Täubchen darauf ausgestaltet wird. Bei größeren gab man mitunter dem ganzen Lampenkörper symbolische Formen von Schiff, Fisch oder Delphin. Es gab Hand-, Steh- und Hängelampen, letztere mit Kettchen versehen. Waren die Lampenschalen aus Kristall, wie es in den Basiliken oft der Fall war, so konnte das Licht nach allen Richtungen, auch nach unten, durchscheinen und in Regenbogenfarben glitzern.

Bildlich dargestellt findet man die Lampen nur auf Kompositionen, welche die Parabel der zehn Jungfrauen, eine apokalyptische oder liturgische Szene oder ein altertümliches Stadtbild zum Gegenstand haben. Als Attribut einzelner heiliger Jungfrauen kommen sie sehr selten und erst viel später vor. In den ersten christlichen Jahrhunderten erhielten nämlich nur Märtyrerjungfrauen einen liturgischen Kult. In den Katakomben stellte man sie ebenso wie andere Dahingeschiedene als Oranten dar, in der nachkonstantinischen Mosaikkunst mit einem in der Hand gehaltenen oder über dem Haupte schwebenden Siegeskranz, also niemals mit einer Lampe. Auch in späterer Zeit, wo sich der Kult heiliger Jungfrauen, die nicht Blutzeugen waren, verbreitete, gab man ihnen Attribute, die mit ihrer Lebensgeschichte oder ihren Wundern zusammenhängen, selten die Lampe. Diese bleibt also mehr das *unpersönlich-typische Symbol der klugen, wachsamen Jungfrauen* im allgemeinen und im einzelnen.

Auf alten Grabinschriften gottgeweihter Jungfrauen wurde gerne die brennende Lampe erwähnt. Wilpert kennt vier solcher Beispiele. Eines davon ist das metrische Epitaphium, das der heilige Papst Damasus für seine Schwester Irene in der Familiengruft an der Via Ardeatina verfaßte. Es schließt mit den Worten:

„Nunc veniente Deo, nostri reminiscere Virgo,
Ut tua per Dominum praestet mihi facula lumen.“
(„Jetzt, da Gott kommt, erinnere dich unser, o Jungfrau,
Auf daß durch den Herrn Licht mir verleih' deine Lampe.“)

Leiter

Bereits die ältesten Kulturvölker benützten Leitern nicht nur im Alltag, sondern, nach dem Zeugnis ägyptischer, assyrischer und römischer Denkmäler, auch im Krieg zum Ersteigen von Festungsmauern. Auf heidnischen Grabsteinen erscheinen Leitern als Symbol des Aufsteigens und Sinkens menschlichen Glücks. Es wiederholt sich darin „der kosmische Urgedanke des Durchgangs der Seele durch die Sphären des Alls, sowohl bei der Geburt als bei der Rückkehr zu den himmlischen Ursprüngen“ (Bachofen).

Die Ägypter glaubten, daß die Götter Ra und Horus dem Verstorbenen eine Leiter für den Himmelsaufstieg bereitstellen. Auch in den Mithrasmysterien gab es eine symbolische Himmelsleiter.

Das erste Buch Mose (28, 11—14) erzählt, wie Jakob, der Patriarch, auf der Flucht vor seinem Bruder Esau sich einst im Freien zur Ruhe niederlegte und im Traum eine zum Himmel ragende Leiter schaute, auf der die Engel auf und nieder stiegen. „Was Jakob im Traum sah, war wohl eher die Vorstellung eines der großen Treppenaufgänge, wie wir sie von den Stufentürmen des Zweistromlandes kennen. Das entsprechende hebräische Wort ist ‚sullâm‘, das man am besten von sâlal = ‚aufschütten‘ ableitet; daher ‚sullâm‘, ein ‚aufgeschütteter‘ Treppenaufgang“ (C. Schedl, Gesch. d. Alt. Test. B. II, 70). Die Leiter war zunächst ein Sinnbild der Vorsehung, mit der Gott beständig über die Menschen wacht und dem die Engel dabei zu Diensten stehen.

Als Typus neutestamentlicher Mysterien betrachtet, erschließt dieses Symbol seinen tiefsten Sinn, wenn man es zu einem Wort des Heilands in Beziehung bringt, das er bei der Berufung Nathanaels gesprochen hat: „Ihr werdet den Himmel offen und die Engel Gottes über dem Menschensohn auf und nieder steigen sehen“ (Joh 1, 51).

Wie sich dieser Wechselverkehr in der hl. Kirche ständig vollzieht, zeigt der heilige Augustinus: „Gottes Engel sind die Verkünder der Wahrheit. Emporsteigen mögen sie und schauen: ‚Im Anfang war das Wort und das Wort war bei Gott und Gott war das Wort‘; herabsteigen sollen sie und sehen, daß ‚Fleisch geworden ist das Wort und unter uns gewohnt hat‘ (Joh 1, 14). Aufsteigen, um die Großen emporzurichten, niedersteigen, um die Kleinen zu nähren ... Beides geschieht in der Ecclesia: Auf und nieder schweben die Engel über dem Menschensohn, denn oben ist es der Menschensohn, zu dem sie sich mit dem Herzen erheben, als unser Haupt; und hienieden ist der Menschensohn, das heißt, sein (mystischer) Leib.

Hienieden sind seine Glieder, oben das Haupt. Hinauf steigt man zum Haupt, herunter zu den Gliedern. Christus ist dort, Christus ist hier — Christus ibi, Christus hic!" (Enn. in Ps 44, 20; PL 36, 507).

Der Austausch zwischen Himmel und Erde wird in unsren Gotteshäusern beim Vollzug der hl. Mysterien immerwährende Wirklichkeit. Daran erinnert die Präfation der Altarweihe (Pontificale rom.), wenn sie unter anderen alttestamentlichen Typen auch die Jakobsleiter anführt:

„Es sei dir, o Herr, dieser Altar gleich jenem Stein, den Jakob unter sein Haupt legte und durch Offenbarung eines Traumgesichtes eine geheimnisvolle Leiter schaute, auf der Engel auf und nieder stiegen!"

Wie eine Folge dieses Gebetes klingen die Worte des Meßkanons: „Gott möge die hl. Opfergabe durch seinen Engel auf den himmlischen Altar emportragen lassen."

Kreuzesopfer und Meßopfer sind *eins*. Daher fügen sich die Gedanken harmonisch ineinander, wenn manche Kirchenschriftsteller die Jakobsleiter auf das heilige Kreuz beziehen:

„Wozu war wohl eine Leiter notwendig", fragt der syrische Dichter Jakob von Batnä, „wenn *Engel* darauf emporsteigen sollten? Denn für die Himmelsgeister sind ja keine Stufen erforderlich. Hier erklärt sich das Geheimnis von selbst und zeigt sich der Weg des *Sohnes* an dieser Leiter: ... *Er* erhob sich auf Erden ... und richtete sich empor, damit alle Irdischen durch ihn emporgehoben würden. Das Kreuz hat durch seine Kraft den Zaun der feindlichen Trennung durchbrochen und durch seine Aufrichtung die Himmlischen mit den Irdischen vereint. Es trug und hob die Menschen, auf daß sie zur Höhe gelangten. Wiederum erstreckte es sich abwärts und ließ die Engel zur Tiefe gelangen, um dort Gott zu preisen und das Wunder zu schauen, das ihren Heerscharen verborgen war. Zu ihm blickten auf die Völker und Geschlechter, um zur Himmelshöhe hinaufzusteigen ... Dies ist also das Gesicht Jakobs und seine Offenbarung: In der Leiter erblickte er in Wahrheit den Gekreuzigten!" (gekürzt nach Kösel, Syr. Dichter, S. 334).

Das Kreuz hat also den Menschen den Aufstieg zur Himmelshöhe ermöglicht, und ihr Voranschreiten auf diesem Weg wird von den Lehrern der Aszese, auch für sich betrachtet, mit der Jakobsleiter verglichen. Eucherius faßt den Gedanken in drei Worte zusammen: „Scala: Sanctorum profectus." Johannes Climacus hat seinen Traktat über die Vollkommenheit „Scala coeli" (Himmelsleiter) überschrieben, daher der Beiname des Verfassers „Climacus" (von *κλίμαξ*, Leiter). Sankt Benedikt schreibt im 7. Kapitel seiner Regel: „Brüder, wollen wir daher den Gipfel der vollkommenen Demut erreichen und rasch zur Erhöhung im Himmel gelangen ..., so müssen wir durch unsern aufwärtsstrebenden Wandel jene Leiter aufrichten, die Jakob im Traume erschienen ist."

Der kürzeste Himmelsweg ist das Martyrium. Der hl. Perpetua wurde im Gebet eine hohe, eherne Leiter gezeigt, die bis an den Himmel reichte. Sie war sehr eng und an den Seiten mit allerlei Marterwerkzeugen besetzt. Unten lauerte ein gewaltiger Drache, der den Aufsteigenden nachstellte und sie abschrecken sollte. Perpetua aber trat ihm auf den Kopf und stieg mutig hinauf (vgl. Akten der hl. Perpetua). Die Katakombenmaler scheinen sich an dieser Vision inspiriert zu haben, als sie diese Leiter samt dem Drachen und einem aufsteigenden Mann im Arkosol der Heiligen Marcus und Marcellianus darstellten (Abb. in Wilpert, Katakombenmalereien).

Ein anderes Beispiel bietet der Grabstein einer achtzehnjährigen Jungfrau, auf dem als graphisches Symbol eine Leiter zu sehen ist. Da es sich in diesem Fall nicht um ein Standesabzeichen handeln kann, bedeutet die Leiter auch hier den Himmelsweg.

In der spätbyzantinischen Kunst wird die Jakobsleiter als marianisches Symbol gebraucht. Fulgentius v. Ruspe erschließt uns den Sinn: „Maria ist zur Himmelsleiter geworden, weil durch sie Gott zur Erde niederstieg und durch sie die Menschen zum Himmel aufsteigen dürfen" (Srm. in Nat. Dni. 2; PL 65, 899).

Musikinstrumente

Der Tonkunst ist es eigen, stärker als jede andere auf das empfängliche Gemüt einzuwirken. Je nach der Art ihrer Klänge regt sie an, stimmt heiter oder ernst, freudig oder traurig. Religiöse Musik vermag den Gebetsgeist zu fördern. Dagegen gibt es auch Klänge, die der Hölle entstammen, Leidenschaften aufreizen, ja geradezu wüst, roh und ausgelassen sein können.

Die Alten schrieben der Musik sogar Heilkräfte zu. David vertrieb mit seinem Harfenspiel von Saul den bösen Geist (1 Sam 16, 23), was die Kirchenväter allerdings einer übernatürlichen Ursache zuschrieben, auf die wir im folgenden zurückkommen. Das 2. Buch der Könige berichtet, daß Elisäus, als man durch ihn eine Weisung vom Herrn erwartete, einen Harfenspieler holen ließ, um sich durch sein Spiel in Gebetsstimmung zu versetzen. Als dieser in die Saiten griff, „kam die Hand des Herrn über den Propheten" (2 Kön 3, 15), d. h., er wurde vom Geist der Weissagung erfüllt. Die übernatürliche Macht der religiösen Musik zeigte sich in besonders auffallender Weise bei der Weihe des salomonischen Tempels: „Als sie mit ihren Trompeten, Zimbeln und Musikinstrumenten einsetzten und den Herrn priesen, ‚denn er ist gütig, denn seine Huld währt ewig', erfüllte eine Wolke den Tempel, das Haus des Herrn ... Die Herrlichkeit des Herrn erfüllte das Gotteshaus" (2 Chr 5, 13. 14).

Das Unaussprechliche der Musik liegt in ihrer Fähigkeit, über die Sprache hinaus das feinste Empfinden zu berühren. Allgemein gefaßt kann man sie nicht im eigentlichen Sinn „Symbol" nennen; sie ist zu wenig bestimmbar. Sie vergeht mit dem Schall, auch wenn sie durch ein geschriebenes Notenbild festgehalten wird. Und doch trägt sie in ihrer einzigartigen Ausdrucksfähigkeit eine gewaltige Kraft in sich und kann in einem Tongemälde entfalten, was Worte nicht auszusprechen vermögen. Daher sagt der hl. Augustinus mit Bezug auf religiöse Musik: „Was ist Jubel anderes als bewundernde Freude, die sich in Worten nicht ausdrücken läßt?" (En. in Ps 46, 7; PL 36, 528).

Diesen Gedanken wiederholt der heilige Bischof an mehreren Stellen seines Psalmenkommentars. Die betende Kirche entfaltet in den reichen Neumen ihrer Choralmelodien die ganze Glut ihrer Beschauung, zu der die heiligen Texte anregen. Die Melodien ranken sich hier wie herrlich blühende Schlingpflanzen um den Stamm des Wortes, bald inbrünstig flehend (z. B. im Kyrie des Ord. II), bald in überquellendem Jubel (z. B. im Versikel des Graduale und des Alleluja am Ostersonntag). Auch Orgelspiel und polyphone Gesänge können, sofern sie von theatralischer Effekthascherei und allem Produzierenwollen ganz frei sind, zum Abbild himmlischer Harmonien werden und den religiösen Menschen in rechter Weise zutiefst ergreifen und erheben.

Die ersten melodischen Stimmen, die seit dem fünften Schöpfungstag auf Erden ertönten, waren die der Singvögel. Ihr Sang ist Ausdruck der Lebensfreude, entquollen der Liebeslust, die locken will, weil sie Verbindung sucht, um wieder Leben zu zeugen. Zwar unbewußt und aus natürlichem Drang hervorgebracht, sind diese Lieder, die in der Frühlingsherrlichkeit das Erwachen und Aufblühen der Natur begleiten, der hörbare Jubel der vernunftlosen Kreatur; im tiefsten Grunde aber sind sie Gotteslob.

Zuletzt krönte der Herr seine Werke durch die Erschaffung des Menschen. Man kann wohl annehmen, daß Adam und Eva im Stande der Unversehrtheit in ihrem Paradiesesglück gesungen und gejubelt haben.

Unter den Nachkommen Kains wird Jubal als Stammvater aller Zither- und Flötenspieler (Gen 4, 21) erwähnt. Die Sumerer, das älteste Volk, dessen Denkweise und Religion durch Monumente bezeugt ist und das in allem Irdischen ein Abbild himmlischer Dinge und Vorgänge sah, übertrug diese Vorstellung umso mehr auf die Musik: Den irdischen Weisen und Instrumenten entsprechen demnach überirdische. So war der Sinn der Musik schon bei diesen Heidenvölkern das Erklingenlassen himmlischer Harmonien. Hatten sie wohl ein Ahnen jener Wirklichkeit, die im Neuen Bund durch die Geheime Offenbarung aus dem seligen Jenseits zu uns herüberdringt? In diesem Parusiebuch schwingen Tonwellen himmlischer Harfenklänge, hallt ein Echo von tausendstimmigem Allelujasang, vom Dankeshymnus der Erlösten gleich dem Brausen vieler Wasser, vom neuen Lied derer, die dem Lamme folgen, wohin es geht. Wie könnte auch im Himmel, von dem alles Irdischschöne kaum einen Schatten darstellt, die Musik fehlen, die bereits den Sterblichen hienieden so Herrliches bietet?

Doch die Himmelsidee des antiken Heidentums war zumeist mit der Sternenwelt verbunden. In der astrologischen Entwicklung die mit den Planeten Farben und Töne in Parallele setzt und dies alles in ursächlichen Zusammenhang bringt, entstand die Vorstellung von einer *Harmonie der Sphären.* Dieser Begriff wird auf kosmologische Betrachtungen Platos zurückgeführt, deren orientalische Herkunft außer Zweifel steht. Die Pythagoräer glaubten, den Zusammenklang der kreisenden Planeten in sieben Tönen zu hören (vgl. darüber ausführlich in Kap. I „Alphabet“, S. 30). Das Symbol dieser Sphärenharmonie war die siebensaitige *Lyra* oder Leier. Ursprünglich gab es auch Leiern mit nur drei bis vier, später dagegen mit vielen (bis zu zwanzig) Saiten. Doch die siebensaitige mit der Schildkrötenschale als Resonanzboden war den Griechen eigen. Sie ist *das* Instrument, dem Orpheus seine alles bezwingenden Zauberklänge entlockte (vgl. Art. „Orpheus“, S. 325).

Die Antike wußte auf eine anfangs sehr primitive Weise Saiten-, Blas- und Schlaginstrumente herzustellen. Diese zu kennen, ist grundlegend für das Verständnis ihrer christlichen Symbolik.

Die *Saiteninstrumente* wurden nur durch Zupfen mit den Fingern oder dem Plektrum, einem kleinen Stift oder Häkchen aus Metall oder Bein, zum Klingen gebracht. Was die Hl. Schrift und sonstige alte Literatur als „*Cithara*“ (*κιθάρα*) und *Psalterium* (*ψαλτήριον*) bezeichnet, ist nicht genau nachweisbar. Beide waren Harfenarten, von denen man sich nach assyrischen und ägyptischen Denkmalen eine Vorstellung machen kann. Die zehn Saiten, die man dem Psalterium zuschrieb, beruhen wahrscheinlich auf einer Verwechslung mit dem „Nablus“.

Unter den *Blasinstrumenten* sind die *Flöte* und die aus mehreren aneinandergereihten Pfeifen bestehende *Syrinx* die ältesten. Ihre Anfänge waren höchst einfach: ausgehöhlte Tierknochen, Baumzweige oder Schilfrohre genügten zu ihrer Herstellung. Ägyptische Grabbilder zeigen bereits eine vervollkommnete Form der einfachen wie der Doppelflöte und lassen auf deren häufigen Gebrauch schließen. Dieses Instrument findet sich in der Hand des ägyptischen Naturgottes Osiris und des griechischen Wald- und Weidengottes Pan.

Nach dem System der Syrinx entstanden allmählich durch Anwendung von Windschläuchen an Stelle des menschlichen Atems die Vorgänger unsrer heutigen *Orgeln*. „Organum" (vgl. Ps 150, 4) war jedoch ursprünglich ein ganz allgemeiner Name für „Instrument". Die *Wasserorgel* (organum hydraulicum) wurde um 140 v. Chr. vom Mechaniker Ktesibios in Alexandrien erfunden und in der Folge immer mehr verbessert. Pipin und Karl d. Gr. führten das Instrument aus Griechenland ins fränkische Gebiet ein. Vom 10. Jahrhundert an fand die Orgel zunehmende Verbreitung und wurde zum eigentlichen Kircheninstrument, für das im römischen Rituale eine eigene Segnung vorgesehen ist.

Orgelbegleitung zum Gesang ist Sinnbild des Mitklingens der gesamten Schöpfung beim Gotteslob der Kirche.

Die stärksten Laute brachten die *Posaunen* und *Trompeten (σάλπιγξ)* hervor. Erstere gehören zu den ältesten Instrumenten. Sie wurden aus gebogenen Widder- oder geraden Steinbockhörnern hergestellt und hießen hebräisch „Schofar", in der Vulgata „tubae corneae" (Hornposaunen). Da sie nur wenige, aber dröhnende, weithin hörbare Töne gaben, eigneten sie sich nur zu Signalen. Die Israeliten ließen sie ertönen, um religiöse Feste oder auch Volksversammlungen anzukündigen. Auch im Krieg waren sie von Bedeutung [1]. Beim siebenmaligen Umzug um die Stadt Jericho stießen die Priester in die Posaunen, wonach die Mauern durch göttliche Wunderkraft fielen (vgl. Jos 6, 6—16).

Von Trompeten ist in der Hl. Schrift zuerst im Buch Numeri (10, 1—10) die Rede, wo Gott die Anfertigung von zwei *Silbertrompeten* anordnet. Auch sie sollten während der Wüstenwanderung zunächst nur Zeichen geben, sei es zu Versammlungen, sei es zum Aufbruch aus dem jeweiligen Lager. Die Art der Klänge war je nach dem Anlaß verschieden und setzte die Israeliten dementsprechend in Bereitschaft. Diese Instrumente waren Vorgänger unsrer heutigen Glocken. Nur Priester durften die sakralen Silbertrompeten blasen. Später mehrte sich ihre Zahl, und es gab auch Trompeten aus Kupfer oder Bronze, wahrscheinlich mit erweiterter Tonskala, da sie in der Hl. Schrift zu den Instrumenten gehören, mit denen man im Tempel den hl. Opferdienst begleitete. Sie zu blasen blieb jedoch immer das Vorrecht der Priester.

Die *Schlaginstrumente* hatten den Zweck, den Rhythmus anzugeben und der Musik einen gewissen Glanz zu verleihen.

Die *Pauken* (tympana), auch Tamburin genannt, bestanden aus einer über einen runden oder viereckigen Rahmen gespannten Tierhaut. Sie wurden gewöhnlich von Frauen und Jungfrauen geschlagen. Ihre erste Erwähnung findet sich im Buche Exodus (15, 20). Nach dem Durchzug durch das Rote Meer „nahm die Prophetin Maria, Aarons Schwester, die Pauke zur Hand und alle Frauen folgten ihr mit Pauken und im Reigentanz. Maria sang ihnen vor" (vgl. auch Ri 11, 34; 1 Sam 18, 6; Ps 68, 27).

Zimbeln waren metallene Halbkugeln oder vertiefte Teller mit Handhabe, die beim Zusammenschlagen einen hellen Klang erzeugten. Ein ähnliches Instrument begleitet heute noch die Militärmusik.

---

[1] Das Hornblasen hatte apotropäischen Charakter (C. Schedl, Gesch. d. AT III, S. 213, Anm. 49).

Das *Sistrum* bestand aus einem hufeisenförmigen Metallreifen mit verlängerten, unten verbundenen Seiten und einem Griff, mit dem man durch Schütteln vier Metallstäbchen, die quer durch den Bogen liefen, in klingende Bewegung setzte. Dieses Instrument gehörte in Ägypten zu den Attributen der Göttin Isis. Mit ihm wollte man durch den Klang der vier Stäbchen, als dem Symbol der vier Elemente, die das Naturleben bedingen, das Sprossen der Vegetation magisch fördern. Das Sistrum war auch bei den Israeliten in Gebrauch. Der Vulgatatext erwähnt es an zwei Stellen (vgl. 1 Sam 18, 6 und 2 Sam 6, 5).

Die *christliche Symbolik* der Musikinstrumente gehört zum Schönsten und Tiefsten, das die Vätertheologie bietet. Ihr Gesamtbild führt den spielenden Logos vor, der auf dem Instrument seiner und unsrer Menschheit, ja des ganzen Weltalls, die wunderbarste aller Harmonien hervorbringt. Der Gedanke ist bereits bei Klemens von Alexandrien grundgelegt, der ihn mit einer christlichen Umdeutung der Orpheussage verbindet (s. die Stelle angeführt im Art. „Orpheus", S. 325).

Dieses Bild beherrschte die Urkirche. Der Märtyrerbischof Ignatius von Antiochien sieht die Priester von Ephesus mit ihrem Bischof verbunden „wie die Saiten mit der Zither". Die Gläubigen ermahnt er im selben Sinn: „In Eintracht zusammenklingend nehmet Gottes Klangfarbe an *(χρῶμα θεοῦ λαβόντες)* und singet einstimmig durch Jesus Christus dem Vater!" (Ad Ephes. 4).

Im Herzen eines Christen des 2. Jahrhunderts wird das Bewußtsein, ein Instrument in der Hand des Herrn zu sein, zum Gebet: „Schlage mir die Zither deines Heiligen Geistes, daß ich in allerlei Melodien dich preise, Herr! Nach der Fülle deiner Liebe mögest du mir geben" (Oden Salomos 14; Henneke, Neutest. Apokryphen S. 450).

Die griechische und lateinische Patrologie enthält manches Bild des Logos-Musicus. Paulinus von Nola kleidet es in poetische Form:

„Christus ist wahrhaft Autor unserer Harmonie, Er jener wahre David, der sich der morsch gewordenen Harfe unsres Leibes angenommen hat. Sie war verstummt, gerissen ihre Saiten, der alten Schuld zufolge. Doch hat der Herr sie selber hergestellt, indem er sie zur seinen machte. Da er geplant, sie zu erneuern, hat er, der Meister selbst, sie an sein Kreuzesholz gehängt. Das Kreuz vernichtet alle Sündenmakel, macht alles neu. So war die Harfe nun befähigt, Himmelsweisen anzustimmen; sie ward zum einen Instrument verschiedener Völker, und von des Wortes Plektrum angeschlagen, erfüllt der Frohen Botschaft Leierklang das All mit Gotteslob. Die ganze Welt durchzieht der goldnen Christusharfe Melodie in ungezählten Sprachen, und Lieder hallen Gott entgegen aus gleichgestimmten Saiten" (Poema XX; PL 61, 552).

Im Mittelalter entfaltet Rupertus von Deutz nochmals die Gesamtidee in ihrer ganzen Erhabenheit. Sie wird ihm zum Kommentar der Anfangsworte des Johannesevangeliums:

„‚In ihm — nämlich im (ewigen) Wort — war das Leben.' Oder, um die Worte einer anderen Schriftstelle zu gebrauchen: ‚Was geworden ist, war vor Gott ein herrliches und wonniges Spiel seiner Weisheit!' So spricht nämlich die Weisheit selbst, die da ist Gottes Wort: ‚Der Herr besaß mich schon am Anfang seiner Wege, eh denn er etwas schuf von Anbeginn, Ich ward bestellt von Ewigkeit.' Und weiter: ‚Voll war ich des Entzückens Tag um Tag, war spielend vor ihm allezeit, ja spielend auf dem Erdenrund, und meine Wonne ist's, zu weilen bei den Menschenkindern!' (Spr 8, 22. 23. 30. 31). Dieses Spiel ist das unaussprechliche Wohlgefallen der göttlichen Güte, mit welcher der Schöpfer, bevor er irgend etwas geschaffen hatte, sich in seinem Wort, in seiner Weisheit ergötzte. Groß ist das und geheimnisvoll. Zwar blendet etwas so erhabenes dem Sonnenlichte gleich das Auge der menschlichen Fassungskraft. Ein Sinnbild jedoch läßt es in unsrer natürlichen Vorstellung aufleuchten, wie eine Spiegelung der Sonne, die sich im Wasser schauen läßt: Ein Komponist z. B. wählt kunstgerecht verschiedene Instrumente aus. Durch ihre Verteilung nach einer ihm vorschwebenden Anordnung bewirkt er, daß die Töne, die durch Blasen oder Anschlagen dem leblosen Gegenstand entlockt werden, seine Komposition wiedergeben müssen. War ihm also die Symphonie nicht schon vor der Auswahl der Instrumente gegenwärtig? — ‚spielend' in seinem Geist und Ohr, ‚spielend' im Wechsel verschiedener Tonarten? — Und doch war eins und bleibt nur eins das Tonwerk. Es ändert sich nicht, es vervielfältigt sich nicht, mag auch der Komponist in seiner Freude zu dessen Aufführung vielerlei Instrumente heranziehen. Hierin liegt, wie gesagt, ein Gleichnis: Was sind denn *wir* anderes als Instrumente Gottes, des großen Tonkünstlers? Darum sollen wir mit Zither und Psalter, das ist mit Leib und Seele, dem Herrn lobpreisen. Vor allem ist *unser Herr* (J. Chr.) das Instrument Gottes des Vaters, der zu ihm sprach, als er dem Leibe nach im Grabe lag: ‚Wach auf, du mein Ruhm, wach auf, o Psalter und Zither!' (Ps 56, 9). Ja noch mehr: Die ganze Welt ist ein Instrument des Gotteslobes, obwohl nur der Mensch oder der Engel Gott zu preisen vermag. Es verhält sich da wie mit der Harfe: Nur die *Saiten* lassen die Melodie erklingen, jedoch nicht ohne das Holz. Wie also ein Tonwerk, das die Kunst auf dem Instrument zur Ausführung bringt, dem Wesen nach im Geiste des Komponisten lebte, so war auch das Gefüge der gesamten Welt, die, wie gesagt, ein Instrument des Gotteslobes ist, noch ehe sie ward, Leben im Ewigen Wort" (Johanneskommentar I; PL 169, 21).

Im Rahmen des Großen-Ganzen der Christusharmonie geben die Väter auch den einzelnen Instrumenten, die besonders in den Psalmen so oft genannt sind, eine symbolische Deutung. Bereits die oben angeführte Paulinusstelle erwähnt die *Kreuzesharfe*. Nicetas von Remesiana (5. Jahrhundert) begründet den wunderbaren Einfluß, den Davids Harfenspiel auf Saul ausübte, durch die Symbolik: „Nicht als wäre der Harfe an sich eine solche Kraft eigen gewesen, sondern als Sinnbild des Kreuzes Christi, als das mystische Holz mit den darauf gespannten Sehnen bezwang sie schon damals den bösen Geist." Dieses Bild erweitert der honigfließende Lehrer, Bernhard von Clairvaux, mit der ihm eigenen Innigkeit: „Zur Harfe ist dir der Bräutigam geworden: Das Holz vertritt das Kreuz, der Leib aber gleicht den Saiten, die über die Oberfläche des Holzes gespannt sind. Wäre er nicht ausgespannt ans Kreuz geheftet worden, so hätte er nicht den Klang der (sieben letzten) Worte hervorgebracht, die du noch weiter auskosten kannst. Denn sieh nur genau zu: Sieben Saiten hat die Lyra. Er singt für dich, er spielt dir vor. Dich ladet er ein, ihm zu lauschen, der du vielmehr ihn zum Reden einladen solltest!" (Vitus myst. VIII; PL 184, 655).

Die *Posaunen* und *Trompeten*, denen im Alten Bund vor allem die Aufgabe des Zeichengebens und Verkündens zukam, behielten diesen Sinn als Symbol auch im Neuen Testament. Die Tuba bedeutet die unwiderstehliche Macht der Stimme Gottes. Bei seiner Wiederkunft am Jüngsten Tag „wird der Herr seine Engel aussenden mit lautem Posaunenschall, und sie werden seine Auserwählten von den vier Windrichtungen zusammenbringen" (Mt 24, 31). Der Apostel Johannes hört in der Eingangsvision der Apokalypse (1, 10) die Stimme Christi „gewaltig wie Posaunenschall". In weiteren Visionen (8, 6—11, 15) schaut er sieben Engel, die durch Posaunenstöße das Hereinbrechen furchtbarer Weltkatastrophen, zuletzt aber die ewige Gottesherrschaft verkünden. — Die Kirchenväter beziehen die „Tuba gelegentlich meistens auf die Predigt der Frohbotschaft. Eucherius v. Lyon faßt diesen Gedanken in den *einen* Satz zusammen: „Tuba: Vocis exaltatio in praedicatione divina" (PL 50, 768).

Die Psalmenerklärung des hl. Augustinus enthält eine Fülle von Deutungen der Musikinstrumente. Nach der Art, die den lateinischen Exegeten vorwiegend eigen ist, gibt ihm jede Einzelheit Anlaß zu einer, meist moralischen, Anwendung. Wiederholt betont er den Unterschied zwischen „Cithara" und „Psalterium". Beide sind, sofern sie mit den Fingern gespielt werden, ein Bild des *Handelns.* Doch das Psalterium, dessen Schallboden oberhalb der Saiten liegt, soll die Werke darstellen, die *freudig* und *leicht,* ohne Widerspruch, getan werden, während die von unten her tönende Zither das „Sichrühmen in der *Trübsal*" (vgl. Röm 5, 3) bedeutet. Wir leiden ja nur infolge unserer gefallenen Natur, aus Ursachen, die von unten kommen. Die „zehn Saiten" des Psalteriums versinnbildlichen das freudige Handeln nach den Zehn Geboten. Die *Pauken* werden der gewaltsam gespannten Tierhaut wegen zum Bild der *Abtötung des Fleisches. Zimbeln* stellen die Gott preisenden *Lippen* dar, das gehämmerte Metall der *Trompeten* den Gottespreis *im* Leid, das Horn der *Posaunen* die Beherrschung des niederen Menschen, weil das Horn über das Fleisch emporragt.

Tertullian gebraucht die antike *Wasserorgel* als Beispiel, um den Christen die Mitteilung des hl. Pneuma zu erklären: Nach der Taufe und Salbung „folgt die Handauflegung, wobei durch einen Segensspruch der Hl. Geist herabgerufen wird. Der menschliche Erfindungsgeist soll ein Hauch ins Wasser hineinbannen und die Verbindung beider durch das Spiel der Hände mit einem Luftdruck, der gewaltige Tonstärke erzeugt, beleben können — Gott aber sollte seinem Instrument keine Klänge geistiger Erhabenheit durch heilige Hände entlocken dürfen?" (De Baptismo 8).

Dasselbe Symbol betrachtet der hl. Augustinus von einem ganz anderen Gesichtspunkt: „Organum ist (zwar) ein gemeinsamer Name aller Musikinstrumente. Doch ist bereits die Gewohnheit durchgedrungen, jenes insbesondere als ‚*Orgel*' zu bezeichnen, das durch einen Blasbalg Wind erhält... Vielleicht ist es (im Psalm) erwähnt (um anzudeuten), daß nicht die einzelnen hervortreten, sondern alle gleich der wohlgestimmten Orgel in *einmütiger Verschiedenheit* zusammenklingen sollen. Auch dann werden ja die Heiligen Gottes ihre Eigenart beibehalten, jedoch im Einklang ohne Mißklang, gleichgestimmt, nicht falschgestimmt, wie die liebliche Harmonie der zwar mannigfachen, einander dennoch nie schlagenden Klangfarben" (En. in Ps 150, 4; PL 37, 1964).

Aus dem christlichen Altertum sind außer der Lyra des Orpheus und der Syrinx des Guten Hirten nur vereinzelte Darstellungen von Musikinstrumenten bekannt. Unter den Sinnbildern, die Klemens v. Alexandrien (Paidag. III, 11) den Christen auf Ringen zu tragen gestattet, ist auch die Lyra (Anspielung an den Orpheus — Christus) genannt. Bilder musizierender Engel und harfenspielender Ältester der Apokalypse gehören späteren Zeiten an. Auf früheren Kompositionen bringen die 24 Ältesten Kronen zum Throne Gottes dar.

Schellen und *Glöckchen* waren bereits den alten Völkern bekannt. Im Alten Bund war nach göttlicher Anordnung auch der Saum am Gewand des Hohenpriesters mit solchen besetzt, „sein Ton soll zu hören sein, wenn er in das Heiligtum vor dem Herrn hineintritt und wenn er wieder herauskommt" (Ex 28, 35).

Erst in christlicher Zeit kam es, namentlich in den Klöstern, infolge der Notwendigkeit, Zeichen zu den regulären Übungen zu geben, zu einer Vergrößerung der Glocken. Bis zum Mittelalter blieben sie aber im Vergleich zu späteren Zeiten verhältnismäßig klein. Gregor v. Tours erwähnt im 6. Jahrhundert die Glocken bereits als liturgischen Gegenstand. Um 800 verbreitet sich der Gebrauch von Kirchenglocken im ganzen Abendland, auch in den Dorfkirchen. Seit dem 13. Jahrhundert erhalten sie Namen, Inschriften und Ornamente, bis schließlich die Kunst des Glockengießens im 15. und 16. Jahrhundert ihren Höhepunkt erreicht und Exemplare von außerordentlicher Größe und feierlich-tiefem Klang erzeugt. Ehemals war das Läuten der Kirchenglocken Aufgabe der Ostiarier oder anderer kirchlich-ordinierter Personen.

Glocken sind zwar keine eigentlichen Musikinstrumente, sind ihnen aber nahe verwandt und nehmen vor ihnen als Symbol den höheren Rang ein. Ihr melodischer, weithin hallender Feierklang versetzt das menschliche Gemüt wie von selber in gehobene Stimmung. Er scheint zu sagen: „Hier ist der Herr gegenwärtig, hier wird geopfert, gebetet, Liturgie gefeiert." Bald verkünden die Glocken ein Hochfest des Kirchenjahres, dann vielleicht den festlichen Empfang eines Kirchenfürsten oder sie mahnen zum Gebet für ein heimgegangenes Gotteskind. Dreimal des Tages erinnert ihr Geläute an das Geheimnis der Menschwerdung, Freitags an die Stunde, da der Herr am Kreuz starb.

Die Symbolik der Glocken liegt aber nicht im „Eindruck", den sie hervorrufen. Ihre sinnbildliche Bedeutung besteht vielmehr darin, *Stimme Gottes* zu sein. Die Kirche hat die Glocken kraft einer nur dem Bischof zustehenden Weihe zum *Sakramentale* erhoben, und ihr Klang teilt gewissermaßen der ganzen Umgebung etwas vom Segen mit, der ihnen durch die heilige Salbung zuteil geworden ist.

Neben den religiösen Anlässen kann es auch außerordentliche Ereignisse und Gefahren geben (z. B. Naturkatastrophen, Brand u. dgl.), gegen welche die übelabwehrende Kraft der geweihten Glocken und ihr alarmierender Klang angewendet werden darf. So ist es auch in den Weihegebeten vorgesehen.

Nichts vermag besser in die Symbolik der Glocken einzuführen als der Pontifikalritus ihrer Segnung. Er besteht aus drei Hauptteilen: 1. Waschung mit eigens geweihtem Wasser; 2. Salbung in Kreuzform, siebenmal an der Außenseite mit Krankenöl, viermal von innen mit Chrisam, wobei der Bischof spricht: „Geheiligt und konsekriert werde dieses Zeichen, o Herr, im Namen des Vaters, des Sohnes und des Heiligen Geistes. Zu Ehren des hl. N. sei Friede dir!" 3. Beräucherung: Für diese wird gegen Ende der heiligen Handlung ein Weihrauchgefäß unter die Glocke gestellt, sodaß die aufsteigenden Duftwolken sie ganz erfüllen.

Die Orationen des Ritus vertiefen noch das Verständnis: „Wo immer diese Glocke ertönt, sollen entweichen nachstellende Gewalten, Geisterschatten, Wirbelwind, Blitz, Donner, Sturm und alle Unwetter. Wenn die Christen ihren Klang vernehmen, möge er sie zur Frömmigkeit anregen, sodaß sie zum Schoß der Mutter Kirche eilen, Dir (o Gott) in der Versammlung der Heiligen ein neues Lied singen . . . und so im Tempel deiner Herrlichkeit durch Huldigung und ihre Gebete es verdienen, die unzähligen Herrscharen der Engel einzuladen." — Eine andere Oration gedenkt der Silbertrompeten des Alten Bundes und erwähnt besonders das hl. Kreuz, vor dessen Zeichen die widrigen Gewalten erzittern und in die Flucht gejagt werden sollen. Ein weiteres Gebet weist hin auf den Einsturz der Mauern Jerichos beim Klang der Posaunen und schließt neuerdings die Bitte an, daß Ähnliches die Feinde des Heiles und alle schädlichen Naturkräfte treffen möge. —

Das letzte Gebet gedenkt des Sturmes auf dem Meer, der sich erhob, als Jesus im Schifflein schlief, und bittet den Herrn, sich auch jetzt zu erheben und seinem Volk in allen Nöten beizustehen. Er möge die Glocke mit dem Tau des Hl. Geistes durchdringen. Ihr Klang soll das christliche Volk zum Glauben ermuntern, es im Herrn erstarken lassen, und wenn die Klänge durch die Lüfte hallen, soll Engelshand die versammelten Glieder der Kirche bewahren, die Feldfrüchte schützen und Leib und Seele behüten.

Die Glockenweihe erhält ihren Abschluß durch den Gesang des Evangeliums vom Besuch Jesu bei Maria und Martha. Das Schlußwort „Maria hat den besten Teil erwählt, der nicht von ihr genommen wird" gilt auch den Christen: Der heilige Dienst, zu dem die Glocke ruft, ist ihre höchste Aufgabe auf Erden. Sie wird ihnen nicht genommen, denn sie ist Abbild und Unterpfand der ewig währenden Himmelsliturgie.

Rad

Das Rad (rota, *τροχὸς)* galt seit ältester Zeit als Symbol der *Sonne* und des *Sonnengottes.* Es war das große *Glückszeichen* der antiken Kultur, das man den Rennpferden einbrannte, weil der Sonnengott Schutzpatron der Rennfahrer war. Ihm war der Zirkus besonders geweiht (vgl. Art. „Helios der Wagenlenker"); sein Tempelchen stand inmitten der Teilungsmauer (spina) und sein Bild glänzte von der Spitze dieses Tempels. In Volksbräuchen, die heute noch bestehen (besonders im Odenwald), wird als Fastnachtsfeier ein Wagenrad mit Stroh umwickelt und an einer durch die Achse gesteckten Stange brennend einen Berghang hinuntergewälzt, auch über Felder geführt und schließlich in einen Bach gerollt. Dieser Brauch galt als Sonnenzauber: das Rad, als Abbild der Sonne, sollte sein Urbild zwingen, Felder und Fluren segensvoll zu bestrahlen.

Als *Glückszeichen* war das Rad in der Antike auch Sinnbild der Glücksgöttin Tyche und in späterer Zeit der Nemesis (Schicksalsgöttin), die manche Eigenschaften mit ihr gemein hat. Es gehört auch zu den Attributen des Jupiter als Donnergott.

Von einem anderen Gesichtspunkt aus sah man im Rad ein Bild des bewegten, wechselvollen *Laufes der Zeiten* und des *Menschenlebens.* Plutarch drückt dies in einem Verse aus, der auch den Sinn der Räder als antikes Grabsymbol erklärt:

> Des Rades Drehen bringt die eine Felge erst
> Und wechselweise nun die andre auch hervor.
> Der Sterblichen Geschlecht geht, wie das Pflanzenreich,
> Im Kreise stets: Der eine blüht zum Leben auf,
> Indes der andre stirbt und abgemähet wird."
>
> (in Bachofen, Gräbersymbolik der Alten, S. 17)

Klemens von Alexandrien (Strom. V, 45, 4) erwähnt einen Brauch der alten Griechen, die als Mahnung an die Wandelbarkeit alles Irdischen drehbare Räder in ihren Tempeln anbrachten. — Das Symbol weckte also ernste Gedanken, die sowohl Heiden als Christen mit auffallender Vorliebe in Verse kleideten. Der eine fühlt sich durch das Gehen und Kommen der Generationen dichterisch angeregt, der andere (z. B. Gregor v. Nazianz, PG 37, 787) mehr durch die Vergänglichkeit und Kürze des einzelnen Menschenlebens mit seinem wandelbaren Geschick, ein dritter durch den Wechsel der Jahreszeiten in der Natur. Christliche Schriftsteller übersehen aber nicht die *feststehende Achse,* um die das Rad sich dreht. Paulinus v. Nola läßt seinen Vers in die trostreiche Sicherheit ausklingen, die dem Gläubigen Halt und Hoffnung gewährt:

Es folgen einander die Zeiten,
Der Sommer vergeht und kehrt wieder;
Ein Taglauf verdrängt den andern
Und dreht einem Rad gleich den Erdkreis.
Vergehen muß alles, doch dauert
Der Heiligen Herrlichkeit ewig
In *Christus,* der alles erneuert,
Doch selber unwandelbar bleibt!
(Poema 16, de S. Felice, Carm. 5; PL 61, 476)

Wenn die Kirchenväter durch eine *Schriftstelle* veranlaßt werden, über die Rota zu sprechen, behält das Symbol auch im übertragenen Sinn die Bedeutung von etwas Beweglichem oder Veränderlichem im guten oder im schlechten Sinn:

„Die Seele der Heiligen ist leichtbeweglich in ihrer Bereitschaft zu allem, was Gott gefällt" (Cyrill. Alex., In Sach 9, 16). Die Gottlosen dagegen gleichen einem Rad in ihrem unruhigen Begehren nach Irdischem (Aug. zu Ps 12, 9). Auch Sirach (33, 5) vergleicht das Herz des Toren in seiner beständigen Unruhe mit einem Wagenrad. St. Augustinus legt die Psalmstelle 82, 14 als Bitte um die Bekehrung der Gottesfeinde aus: „Deus meus, pone illos ut rotam" (Vulg.), „mach sie, mein Gott, dem Wirbelrade gleich", d. h. ändere ihre Gesinnung. Das Bild ist hier von den kugelartig zusammengeballten dürren Pflanzen Palästinas genommen, die der Wind umhertreibt.

Die Räder, die Ezechiel (1, 15—21) zusammen mit den vier Lebewesen als Träger des Gottesthrones schaut (bei Daniel 7, 9 sind sie feurig), dürften wohl auf Eindrücken beruhen, die dem Propheten aus der babylonischen Kunst bekannt waren. Im Literalsinn kann man in diesen vieläugigen Rädern ein Bild der Allgegenwart und Allwissenheit Gottes sehen. Die übertragenen Deutungen der Väter beziehen diese Rotae auf die vier Elemente oder die vier Jahreszeiten, andere auf das Gotteswort der Heiligen Schrift des Alten und Neuen Bundes (Gregor d. Gr.). Diese Auslegung stimmt mit Erklärungen des Psalmwortes 76, 19 („Vox tonitrui tui in rota" Vulg.) überein, das aber auch aszetische Deutungen erfuhr. Der hl. Hieronymus vereint beide:

„‚Die Stimme deines Donners (ertönt) im Rade', die Stimme der Frohbotschaft auf dem Erdkreis ringsum ... Man hört nicht nur in Judäa, was du sprichst, sondern man vernimmt es durch alle Zeiten. Das ist allgemein gesagt. Doch wir wollen es auch im besonderen auf den inneren Menschen beziehen: Das Rad berührt nur mit einer kleinen Stelle den Boden, und es bleibt nicht still, sondern läuft fast unentwegt weiter. Es steht nicht, sondern berührt und enteilt. Zudem wendet es sich bei seiner Umdrehung in die Höhe. — So der heilige Mann: Weil er noch im Leibe ist, muß er notwendig an einige irdische Dinge denken ... Hat er aber Nahrung und Kleidung, so begnügt er sich damit, und indem er die Erde berührt, eilt er dem Höheren zu. Wer aber eilends nach dem Höheren strebt, in dem ist dein Wort" (Brev. in Ps 76; PL 26, 1105 gekürzt).

Auch die christliche *Kunst* verwertet das Symbol der Rota als Ausdrucksmittel ethischer und religiöser Ideen. Die einfachste Form, die heute noch die Chorschranken des Domes von Torcello schmückt, stellt einen unbekleideten Jüngling dar, der als Bild des nackten, flüchtigen Lebens, auf zwei geflügelten Rädern dahineilt. Das Motiv erinnert noch an heidnische Ideen. Im 12. Jahrhundert erscheint das Symbol zuerst in entschieden christlicher Fassung. Das Handbuch der Malerei vom Berge Athos gibt für die Ausführung des Sinnbildes genaue Angaben: Das Rad besteht hier aus konzentrischen Kreisen, deren Unterabteilungen teils allegorische Figuren, teils graphische Zeichen der Welt, der Jahreszeiten, der zwölf Monate mit dem Tierkreis und der sieben Lebensalter enthalten. Zwei beflügelte Gestalten — Tag und Nacht — setzen das Rad mittels Stricken in Bewegung. Verschiedene Varianten des Motivs findet man in den Athosklöstern, in der Buchmalerei und besonders in den Fensterrosen mittelalterlicher Kathedralen, wo die Komposition sich zum Überreichtum entfaltet. Neben dem eigentlichen „*Glücksrad*", das die „Fortuna" dreht (so im Hortus deliciarum der Herrad von Landsberg), erscheint die Rota auch als Symbol des Menschenlebens, das die göttliche Vorsehung bestimmt. Die Gestalten in ihrem Hinaufstreben und verzweifelten Abstürzen vom Rade sind meistens sehr drastisch dargestellt. Als Symbol der Unbeständigkeit stellt Giotto eine Frau, die sich auf einem Rad im Gleichgewicht zu halten trachtet, auf einem Fresko in der Capella Scrovegni in Padua dar.

Die Rota wird zum Bild des *Zeitenlaufes* und der *Heilsgeschichte*, wenn das *Bild Christi* gleichsam als feststehende Achse ihren Mittelpunkt bildet. Beispiele dieser Art, ohne figürliches Beiwerk, bieten die Fensterrose des Domes von Orvieto, von Münster i. W. sowie das Siegel der Stadt Tyrnau (Ungarn), das aus dem 13. Jahrhundert stammt. Die vielen Bildzugaben in verschiedenen Kathedralen verteilen sich auf Skulpturen und Glasmalereien mit schönem Farbenspiel. Sie enthalten auch Figuren der zwölf Apostel und der Evangelisten.

Ring

Unter den verschiedenen Arten von Ringen, mit denen sich die Menschen seit ältester Zeit zu schmücken pflegten, haben — abgesehen von der Symbolik der allen gemeinsamen Kreisform (vgl. Kap. 2, S. 61 f) — nur die *Fingerringe* sinnbildliche Bedeutung. Es gab solche von verschiedenem Material: aus Edelmetall, Eisen, Bronze, Elfenbein, Horn, vereinzelt sogar aus Glas. Als Schmuck oder Petschaft waren sie sehr verbreitet. In Griechenland war der Ring das Abzeichen des freien Mannes und besonders der Siegelring sehr geschätzt. Die Römer trugen ursprünglich nach dem Beispiel der alten Etrusker einfache Eisenringe und hielten, namentlich für den Brautring (annulus pronubus), noch lange an dieser althergebrachten Sitte fest. Goldene Ringe blieben anfangs nur den Senatoren und Personen höheren Ranges vorbehalten. Später wurde ihr Gebrauch allgemein gestattet und hörte auf, Unterscheidungsmerkmal besonderer Stände zu sein. Gräberfunde bezeugen die Gepflogenheit, den Toten Ringe mit ins Grab zu geben; sie lassen aber auch auf den Luxus schließen, der zur Kaiserzeit mit diesem Schmuck getrieben wurde.

Im Volksaberglauben spielten auch *Zauberringe* eine große Rolle: Man schrieb ihnen die Kraft zu, vor Krankheiten und sonstigem Unheil zu schützen, unsichtbar oder sichtbar zu machen usw.

Außer einfachen Reifen gab es Ringe mit Verzierung von Edelsteinen, Ziselierungen, Email, Sinnbildern, Namenszügen, vor allem aber mit gravierten Gemmen oder Metallplättchen, deren vertiefte Zeichen als Siegel dienten.

Nach dem Zeugnis der Hl. Schrift war das Tragen von Ringen auch bei den Juden ebenso allgemein wie bei den Ägyptern, unter denen sie lange Zeit gelebt hatten. Das zweite Buch Mose (35, 22) berichtet, daß Ringe einen Teil der für das Heiligtum Jahwes vom Volk dargebrachten Gaben bildeten. Auch in Israel gab es Schmuck- und Siegelringe; letztere übertrafen alle anderen an Bedeutung. Die Übergabe vom Ring des Pharao an Joseph (Gen 41, 42) war das Zeichen der Übertragung aller Vollmachten (vgl. auch 1 Makk 6, 14—15). Mit dem Abdruck seines Siegelringes mußte der Herrscher jedes königliche Dekret bekräftigen (vgl. Est 3, 10; 8, 2. 8. 10); auch was wohlverschlossen bleiben sollte, wurde auf gleiche Weise gesichert (vgl. Dan 6, 17; 14, 10. 13). Das Tragen des Siegelringes an der rechten Hand und den hohen Wert, den man ihm beilegte, beweisen die Stellen Jer 22, 24; Hag 2, 24 und wo es heißt: „Wie sollen wir Serubbabel preisen, der war wie ein Siegelring an der rechten Hand." Dagegen war es bei anderen Völkern gewöhnliche Sitte, den Ringfinger der *linken* Hand, den sogenannten „Herzensfinger", besonders auszuzeichnen. Nach Anschauung der antiken Anatomie soll dieser nämlich durch eine Ader (oder einen Nerv) mit dem Herzen in direkter Verbindung stehen.

Im Gleichnis vom verlorenen Sohn (Lk 15, 22) ist der Ring das *Abzeichen des Sohnes* im Gegensatz zum Sklaven, im Jakobusbrief (2, 2) Zeichen des reichen Mannes.

Dem allgemeinen Brauch entsprechend, trugen auch die Christen Ringe. Äußerungen der Kirchenväter beklagen jedoch den Mißbrauch, den manche damit trieben. Um die Benützung heidnischer Zeichen zu bannen, gibt Klemens v. Alexandrien (Paid. III, 11) eine Reihe von Symbolen an, die für die Gläubigen passend erschienen.

Die Symbolik dieses Schmuckstückes ist eine zweifache: Die *runde Form* ohne Anfang und Ende, namentlich der einfachen, unverzierten Ringe, ist *Sinnbild der Ewigkeit.* Der *Siegelring* erhält seine Bedeutung von der Prägung, die er eindrückt. Dieser doppelte Sinn ist auch jenen Ringen eigen, die durch kirchliche Weihe zum Sakramentale werden. Unter ihnen kommen zunächst die *Eheringe* als die gebräuchlichsten in Betracht: Nachdem der Priester sie geweiht hat, übergibt er sie den Brautleuten, die sich dieselben gegenseitig an den Finger stecken. Die Trauringe sind eigentlich ein *Pfand* als Bürgschaft gegeben, daher der griechische Name *„ἀρραβών"*. Das Weihegebet enthält die Bitte an Gott, daß die ihn tragen, einander unverbrüchliche *Treue* wahren. Auch in der Formel der gegenseitigen Übergabe heißt es (nach dem neuen Einheitsrituale Deutschlands 1950): „Trag diesen Ring als Zeichen deiner Treue!"

Der Ring, den *Ordensfrauen* erhalten, ist den altrömischen Hochzeitsbräuchen entnommen und bedeutet auf übernatürlichem Gebiet das gleiche wie der Ehering: Er ist Symbol und Unterpfand der Vermählung der gottgeweihten Seele mit Christus. Nach dem Wortlaut der Benediktion wird auch hier für die Trägerin des Ringes *lautere Treue* erfleht (quae eum gestaverit, fidem integram, fidelitatemque sinceram teneat). — Wenn der Konsekrator dieses Sinnbild an den Finger der Jungfrau steckt, spricht er: „Ich vermähle dich Christo, dem Sohn des lebendigen Gottes, der dich unversehrt bewahren möge. Empfange also den *Ring der Treue,* das *Siegel des Heiligen Geistes,* auf daß du Braut Christi heißest, und wenn du ihm treu dienst, ewig gekrönt werdest. Im Namen ..." In den zwei folgenden Gesängen jubelt die Jungfrau über ihr Glück, *dem* vermählt zu sein, dem die Engel dienen, und als Unterpfand dieses Bundes seinen Ring zu tragen

(„Annulo suo subarrhavit me"). — Daß gottgeweihte Jungfrauen Ringe trugen, ist in den drei ersten Jahrhunderten nicht nachweisbar, doch erwähnt Pseudo-Ambrosius den Ring der hl. Agnes (Srm. 48; PL 17, 725), indem er an ihre Akten anspielt, denen auch die Breviertexte für das Fest der hl. Martyrin (21. Jänner) entnommen sind.

Der *Bischofs-* oder *Pastoralring* wird als Siegelring in altchristlicher Zeit genannt (vgl. Augustinus Epist. 217, 59) und dürfte auf dem Wege seiner praktischen Verwendung zum Amtsabzeichen geworden sein. Die Übergabe dieser Insignie bei der bischöflichen Consecratio ist erst seit dem 7. Jahrhundert bezeugt. Den Äbten wurde das Privileg seit dem 12. Jahrhundert verliehen und besteht allgemein seit dem 15. Jahrhundert.

Die kirchliche Segnung dieses Ringes bezeichnet ihn als Zeichen des hochheiligen *Glaubens* (sacrosanctae fidei signum). Die heute übliche Form der Übergabe lautet: „Empfange den Ring, das *Siegel des Glaubens* (‚fides' bedeutet zugleich Treue), auf daß du die Braut Gottes, die Kirche, im reinen, lauteren Glauben unversehrt bewahrest. Amen." Nach Optatus (angeführt in Kraus RE) trägt der Bischof den Ring, „damit er wisse, daß er der Bräutigam der Kirche ist und, wenn nötig, wie Christus sein Leben für sie hingeben soll". Ferner: „Damit er die Mysterien der hl. Schriften den Treulosen (perfidis) versiegle, der Kirche die hl. Geheimnisse erschließe."

Im Sakramentar Gregor d. Gr. steht eine ältere Formel der Ringübergabe: „Empfange den Ring als Unterscheidungsmerkmal und Ehrenzeichen, als Zeichen der Beglaubigung, auf daß du siegelst, was zu siegeln ist, mitteilest, was mitzuteilen, bindest, was zu binden, lösest, was zu lösen ist." Aus einer Stelle des hl. Ambrosius (Über den Patriarchen Joseph 7, 40 PL 14, 658), der den Schrifttext ganz im Lichte neutestamentlicher Mysterien schaut, ergibt sich ein weiterer, sehr tiefer Sinn: „Was soll der Ring an seinem Finger anderes, als uns zu verstehen geben, daß ihm (Joseph) das Hohepriestertum des Glaubens (pontificatum fidei) verliehen wurde, damit er selbst *anderen das Siegel* (= den sakramentalen Charakter) *einpräge?*"

Der *Fischerring* ist allein dem Papst eigen. Er dient zur Besiegelung eines jeden päpstlichen Breves und trägt das Bild Petri, der (nach Lk 5, 4—10) das Fischernetz in den Nachen zieht. Dieses Amtszeichen wird dem Papst bei der Annahme seiner Wahl überreicht und nach seinem Tode zerbrochen. Die Symbolik kommt der des Bischofsringes gleich.

Die Altertumsforschung hat viele Ringe wiedergefunden. Sie stammen zumeist aus den Katakomben und aus frühmittelalterlichen Bischofsgräbern. Unter letzteren ist der Pastoralring des hl. Bischofs Arnulf von Metz (614) der älteste; man schreibt ihm aber ein noch höheres Alter (4. Jahrhundert) zu. Die Gemme trägt als Symbol eine Fischreuse zwischen zwei Fischlein, ein Sinnbild des Apostelamtes.

Schiff und Anker

Die Vorstellung von der „Schiffahrt des Lebens" ist den alten Völkern schon Jahrtausende vor Christus eigen. Wir finden sie bei den Ägyptern, Babyloniern, Griechen und Römern. Die Ägypter dachten sich ein glückliches Jenseits, zu dem der Verstorbene am westlichen Horizont von einem Götterfährmann übergesetzt wird. Sie stellten sich vor, der Tote sitze mit dem Sonnengott in der Barke. —

Die Griechen legten dem Leichnam eine Münze in den Mund als Fährgeld zur Überfahrt in die andere Welt. Auch in nordischen Gegenden begegnet man dem Symbol in den schiffsförmigen Felszeichnungen, die aus der Zeit von 5000 bis 1000 vor Christus stammen. Die Eskimos an der Beringstraße bauen noch heute ihre Grabanlagen in Gestalt eines Bootes.

Da die Idee vom *„Lebensschiff"* als poetisches Bild nichts dem Christentum Widerstrebendes enthielt, wurde sie von diesem beibehalten und seiner Auffassung angepaßt. Da tritt zum bisherigen ein neues hinzu: Das *Schiff der heiligen Kirche.* Die beiden Bilder greifen jetzt ineinander: das Lebensschiff des einzelnen und das große Schiff der Ecclesia. Die Kirche ist's, die jedes ihrer Kinder in die Ewigkeit hinüberträgt, und je mehr der Christ mit der Kirche lebt, desto sicherer fährt er der ewigen Heimat zu.

Der hl. Hippolyt († um 235) beschließt seine „Apostolische Überlieferung" (32, 38) mit dem Bilde des Schiffes: „Geliebte, wenn wir etwas ausgelassen haben, so wird Gott es dem Würdigen offenbaren: denn er steuert das Schiff der Kirche, die in den ruhigen Hafen geleitet zu werden würdig ist."

Auf altchristlichen Sarkophagen und Grabsteinen wird der Hafen durch einen Leuchtturm angedeutet, in der charakteristischen Form von drei sich verjüngenden Stockwerken, aus dessen oberstem die Flamme emporzüngelt. — Das Schiff ist also eines der ausdrucksvollsten Sinnbilder für die Heimfahrt der Kirche und der Seelen zur himmlischen Herrlichkeit. Die Kirchenväter schöpfen das Gleichnis bis in die Einzelheiten aus, z. B. Pseudo-Ambrosius („De Salomone" 10; PL 17, 697):

„Unter dem Schiff müssen wir passenderweise die Kirche verstehen, wie sie auf dem Meer der Zeitlichkeit dahinfährt, umtost von häufigen Stürmen, den heftigen Windstößen der Versuchungen. Schäumende Fluten weltlicher Gewalten drohen, sie auf Felsklippen zu werfen. Mögen jedoch Wellen oder Unwetter sie noch so hart mitnehmen, sie kann doch niemals Schiffbruch erleiden, denn auf ihrem Mastbaum, dem Kreuz, wird Christus erhöht, auf dem Hinterdeck thront der Vater, das Steuer lenkt der Hl. Geist. Zwölf Ruderer, die zwölf Apostel, und gleichviele Propheten führen sie durch die irdischen Meerengen dem Hafen zu."

Die Väterstellen ließen sich ins Unzählige häufen; sie übertreffen einander an Schönheit. Die meisten stimmen darin überein, im *Holz* des Schiffes und im Mast ein Bild des *heiligen Kreuzes* zu sehen. So sagt der hl. Augustinus in seinem Johanneskommentar (Vortr. 2, 2):

„Niemand kann das Meer dieser Welt überschreiten, wenn nicht *Christi Kreuz* ihn trägt ... Laß dich tragen vom Schiff, laß dich tragen vom Holz; glaube an den Gekreuzigten und du wirst zum Ziele gelangen können."

Das vom Wind getriebene *Segel* deuten manche auf den *Hl. Geist* oder auf die *Liebe.*

Die dem Schiffe drohenden Gefahren wurden von einigen Vätern, wie auch auf mehreren altchristlichen Kunstdenkmälern (Sarkophagplastik), in die Sage von Odysseus gekleidet, der sich an den Mastbaum festbinden ließ und die Ohren seiner Genossen mit Wachs verschloß, um sein Schiff glücklich an den Felsklippen vorbeizubringen, an die es Sirenen mit ihrem bezaubernden Gesang heranlocken wollen (vgl. Art. „Odysseus", S. 324 f).

Gleich dem Anker gehört auch das Schiffsymbol zu jenen Zeichen, die der heilige Klemens v. Alexandrien den Gläubigen auf ihren Siegelringen zu tragen gestattet. Es gab auch schifförmige Öllampen. In der Kallistuskatakombe stellt ein Wandgemälde ein Schiff dar, das von hochgehenden Meereswogen umhergeworfen wird. Es bedeutet die Kirche in der Verfolgung. Im Schiff steht ein männlicher Orans, über ihm langt die Hand Gottes helfend vom Himmel herunter. Der Orans bedeutet den Christen, der in der Kirche sein Heil und die Aufnahme bei Gott gefunden hat. Daneben kämpft ein Ertrinkender mit den Wellen: Er ist also außerhalb der Kirche und geht zugrunde.

Außer jenen Schiffsymbolen, welche die Heimfahrt in die Ewigkeit veranschaulichen, gibt es auch Darstellungen der Ecclesia als *Fischerboot;* sie bedeuten die Kirche in ihrem *apostolischen Wirken.* Von diesem Motiv gibt es Beispiele in allen Perioden der christlichen Kunst, doch sind die jüngeren weniger Symbol als historische Darstellung aus dem Leben Jesu. Das berühmte Bild von Giotto (13. Jahrhundert), die „Navicella", in der Vorhalle von St. Peter in Rom, ist noch sehr symbolisch gehalten: Es stellt das Schiff der Ecclesia im Sturm auf dem Meere dar; daneben Petrus, der dem Heiland entgegengehen will und im Versinken dessen Hand ergreift. Über dem Schiff strecken heilige Gestalten vom Himmel her helfend ihre Arme aus.

Da für die Bewohner meerumspülter Länder auch alles, was mit der Schifffahrt zusammenhängt, von größter Bedeutung war, lag es nahe, daß auch der *Anker,* der, in den Grund gesenkt, das Schiff im Hafen oder selbst mitten im Meer festhält, zum Sinnbild der *Hoffnung* wurde. In der heidnischen Antike zählt er zu den Abzeichen des Meeresgottes Neptun. Man prägte ihn auf Münzen bedeutender Seehandelsstädte und brachte ihn auf Gräbern von Fischern und Seefahrern als Standeszeichen an.

„Heiliger Anker" *(ἄγκυρα ἱερά)* nannten die Griechen jenen, der nur im äußersten Notfall benützt wurde. Lucian (Fugitivi 13) schreibt: „Es schien nun den Spähenden zweckmäßig, den letzten Anker, den die Schiffer den ‚heiligen' nennen, auszuwerfen."

Im Christentum vertritt der Anker das Zeichen des *heiligen Kreuzes* (vor Konstantin wurde es niemals offen dargestellt) und wird zum Sinnbild der *Heilshoffnung.* Man findet dieses Zeichen gerade in den allerältesten Katakomben (S. Priscilla, S. Domitilla und Teile von S. Callixtus) im 2. und in der ersten Hälfte des 3. Jahrhunderts. Es steht entweder allein oder mit dem Beiwort *ΕΛΠΙΣ* (Hoffnung) oder Pax (Friede) oder einem kurzen Spruch, der diese Worte enthält. Der Anker ist so recht das Bild der Seelenhaltung der ersten Christen: Feststehen im Glauben, Jenseitserwartung, Vertrauen in den Stürmen der Verfolgung, Verankertsein des Lebensschiffleins im Hafen der Ewigkeit. Der hl. Paulus schreibt im Hebräerbrief (6, 19—20): „In ihr haben wir einen sicheren und festen Anker der Seele, der hineinreicht in das Innere, jenseits des Vorhangs; in dieses ist Jesus als Vorläufer für uns hineingegangen, nach der Ordnung Melchisedeks Hoherpriester auf ewig." Der hl. Ambrosius erläutert diese Gedanken in seinem Kommentar zur genannten Stelle: „Wie der ausgeworfene Anker das Schiff trotz Andrang der Stürme vor dem Umhergetriebenwerden bewahrt und ihm Festigkeit verleiht, so führt auch uns der durch die Hoffnung gestärkte *Glaube* zur Anschauung der Dinge, die wir jetzt in Glauben und Hoffnung festhalten."

Die letzte, zeitlich sicher bestimmbare Katakombengrabschrift mit Anker, ist vom Jahr 300. Die Formen und Stellungen dieses Zeichens sind sehr verschieden. Die ältesten sind die einfachsten. Die Einfügung eines Querbalkens gestaltet die Kreuzsymbolik deutlicher.

Als urältestes christliches Zeichen erscheint der Anker zuerst für sich allein. Seit der zweiten Hälfte des 2. Jahrhunderts kamen noch andere Symbole dazu, wie Fisch, Taube, Palme, Guter Hirt usw. Es gibt da ganze Gedankenketten. Die häufigste Zusammenstellung ist die mit dem Fisch, dem bekannten Sinnbild Christi und der Eucharistie.

Auch auf Gemmen von Siegelringen wurde das Ankersymbol eingeschnitten. Mit diesen prägte der Hausvater allen Akten und wichtigeren Gegenständen sein Zeichen auf. Wie schön, wenn dieses Abzeichen ein christliches war! Es verlieh dem ganzen Hause einen gottgeweihten Charakter.

In Griechenland besteht ein religiöser Volksbrauch, nach dem alljährlich am Fest des Winterendes eine *ἄγκυρα σωτηρίας* (ein Heilsanker) nebst einem Kruzifix von einem Priester ins Meer gesenkt wird. Diese Sitte zeigt deutlich den lebendigen Gedankenzusammenhang zwischen Kreuz und Anker als Heilshoffnung im stürmischen Meer der Zeitlichkeit.

Schlüssel

Schlüssel waren im hohen Altertum sehr primitive Instrumente aus Holz oder Metall, mit denen man durch eine kleine Öffnung den inneren Verschluß einer Tür vor- oder zurückschieben konnte. Solche Schlüssel, besonders die der Stadttore, waren ziemlich groß. So wird es verständlich, daß man sie auf die Schulter legte oder an ihr hängend trug.

Da nach allgemeiner Anschauung der alten Zeit sowohl der Himmel als die Unterwelt durch Tore verschlossen waren (vgl. Art. „Tür"), so besaßen bestimmte Götter die Schlüssel dieser Tore. In der Zauberliteratur spielt die Beschwörung der Gottheiten, die den Hadesschlüssel verwahrten, eine große Rolle.

Nach orientalisch-biblischem Sprachgebrauch ist der Schlüssel (clavis, *κλεις) Symbol der Vorsteherschaft* oder der *Verwaltung*. Die Übergabe der Schlüssel, zum Beispiel bei der Eroberung einer Stadt, galt darum bei allen alten Völkern als Zeichen der Machtübertragung. Den königlichen Hausministern wurde bei ihrer Investierung als Zeichen ihrer Amtsbefugnis ein Schlüssel auf die Schulter gelegt. Dem gottentfremdeten Schebna (Jes 22, 15 f) wurde diese Würde auf göttlichen Befehl entzogen und an seiner Stelle Eljakim übergeben: „An jenem Tag (spricht der Herr zu Schebna) werde ich meinen Knecht Eljakim, den Sohn des Hilkija, berufen. Ich bekleide ihn mit einem Gewand und lege ihm deine Schärpe um. Ich übergebe ihm dein Amt ... Ich lege ihm den Schlüssel des Hauses David auf die Schulter; was er öffnet, kann niemand verschließen, und was er verschließt, kann niemand mehr öffnen" (Jes 22, 20—22). Eljakim ist hier Vorbild des Messias; das „Haus Davids" weist hin auf die Kirche und das Himmelreich. Der Erlöser allein besitzt das Recht, die Seelen durch die Kraft seines Leidens in dasselbe eingehen zu lassen. Als Zeichen der ihm vom Vater verliehenen Vollmacht trägt er den Schlüssel auf seiner Schulter: Es ist das *hl. Kreuz,* mit dem er den Himmel öffnet. Daher gehen in der Apokalypse (3, 7) dem Schreiben an die Gemeinde von Philadelphia die Worte voran, die zum Teil die Jesajastelle wiederholen: „So spricht der Heilige, der Wahrhaftige, der den Schlüssel Davids hat, der öffnet, daß niemand schließen kann, und schließt, daß niemand öffnen kann" ... Der Schlüssel Davids ist also jetzt „Schlüssel zum endzeitlichen Palast Gottes, unbegrenztes Herrenrecht über die künftige Welt. Christus allein verwaltet Gnade und Gericht und entscheidet unwiderruflich darüber, ob jemand Zugang erhält zum Heil der Endzeit oder von ihm ausgeschlossen bleibt" (Kittel).

Der Jesajatext erfuhr noch eine dritte Anpassung: Die Kirche hat ihn der Adventsliturgie eingefügt und in der vierten „O-Antiphon" zu einem Sehnsuchtsruf nach dem Erlöser gestaltet. Christus selbst wird hier „Schlüssel" genannt, der dem Gefesselten den Kerker des Sündenelends öffnen soll.

Bereits in der Einleitungsvision der Apokalypse hatte der Herr zum hl. Seher gesprochen: „Erschrick nicht! Ich bin der Erste und der Letzte und der Lebendige. Ich war tot, aber siehe, ich lebe in Ewigkeit. Ich habe die Schlüssel des Todes und der Welt des Todes" (Offb 1, 17. 18). Hier handelt es sich um die Schlüssel des *personifizierten* Todes und der Unterwelt. Diese Mächte hat der Herr durch seine Auferstehung überwunden. Die Gewalt ist ihnen entrissen. Christus hat die Macht, die Pforten der Totenwelt zu öffnen und die Verstorbenen zur Auferstehung zu rufen.

Ein weiteres apokalyptisches Bild (9, 1) läßt den Schlüssel zum Schacht des Abgrundes (= Hölle) schauen. Es ist gleichbedeutend mit einer von Gott zugestandenen Macht, höllische Plagen herbeizuführen, in der Folge aber (20, 1) die bösen Gewalten wieder zu bannen.

Im Lukasevangelium (11, 52) spricht Jesus zu den Schriftgelehrten: „Weh euch Gesetzeslehrern! Ihr habt den Schlüssel zur Erkenntnis beiseite geschafft. Ihr selbst seid nicht hineingegangen, und die, die hineingehen wollten, habt ihr daran gehindert", das heißt, ihr habt sie verhindert, in das Reich Gottes einzutreten und zur Gotteserkenntnis zu gelangen. Anstatt den Menschen die Tür zum Heil zu öffnen, haben die Schriftgelehrten durch Geheimhaltung ihres Wissens den Schlüssel versteckt und durch Vorenthaltung des wahren Gotteswillen den Weg versperrt.

Diesem Verhalten steht das lichtvolle Bild der Kirche mit dem Primat Petri entgegen: Dem Apostelfürsten übergab Christus seine Gewalt mit den Worten: „Ich will dir die *Schlüssel des Himmelreiches* geben. Was immer du auf Erden binden wirst, soll auch im Himmel gebunden sein, und was du auf Erden lösen wirst, soll auch im Himmel gelöst sein" (Mt 16, 19). — Petrus und seinen Nachfolgern ist die Vollmacht erteilt, die von Christus verdienten Heilsschätze autoritativ zu verwalten. Die Gewalt, Sünden und Sündenstrafen nachzulassen, ist damit verbunden. Der Stellvertreter Christi auf Erden besitzt also durch die *Schlüsselgewalt* die Fülle aller geistlichen Vollmachten. Ihr muß von seiten des Menschen der Schlüssel seines Aufgeschlossenseins entsprechen: Dieser ist der *Glaube* als eingegossene Tugend wie als freiwilliger Akt.

Mit der Übertragung gewisser kirchlicher Ämter ist heute noch eine Schlüsselübergabe verbunden. — Zwei gekreuzte Schlüssel mit Tiara sind päpstliches Abzeichen.

In der christlichen *Kunst* sind Schlüssel das Attribut des heiligen Petrus. Die Szene, in der er sie (meist mit verhüllten Händen) von Christus empfängt, wird seit dem 4. oder 5. Jahrhundert auf Sarkophagen und Mosaiken in ähnlicher Weise dargestellt wie die Gesetzesübergabe.

Siegel, Münze

Unter Siegel (sigillum, signum, *σφραγίς)* ist sowohl der Prägestempel als sein Abdruck zu verstehen. Im alten Orient ersetzte das Siegel die Unterschrift der Briefe und Urkunden. Das Zeichen vertrat die Persönlichkeit besser als der Name.

Das Eigentumsrecht über Gegenstände, Tiere, sogar Sklaven wurde in der Antike durch Prägung, Tätowierung oder Einbrennen eines Zeichens kenntlich und unverletzbar gemacht, ebenso alles, was geschützt und gesichert bleiben sollte, wie ein Schatz, ein Geldbeutel u. dgl. Es gab auch abergläubische Stempel, denen man übelabwehrende Kräfte zuschrieb.

Als Siegel dienten ursprünglich Tonzylinder mit eingeritzten Zeichen, dann vor allem Ringe, wofern nicht ein besonderes Instrument in Anwendung kommen mußte. Zur Vermeidung von Mißbrauch trugen die Alten ihr Siegel stets bei sich, sei es an der Hand oder an einer Schnur um den Hals.

Im übertragenen Sinn spricht die Hl. Schrift im Hohenlied (4, 12) von der Braut als dem „versiegelten Quell", der nur dem Bräutigam zugänglich ist. Dann wieder ist er selbst das Siegel, das sie auf ihren Arm und auf ihr Herz prägen soll (8, 6), auf daß alle ihre Handlungen und Neigungen seinen Stempel tragen.

Im Buch Ezechiel (9, 4. 6) läßt Gott seine Getreuen mit dem „Taw" bezeichnen, damit sie vor dem hereinbrechenden Strafgericht verschont bleiben. Ähnlich in der Apokalypse: Ein Engel erscheint von Sonnenaufgang her mit dem „Siegel des lebendigen Gottes". Er ruft den vier Engeln, „denen die Macht verliehen war, das Land und das Meer zu schädigen, mit lauter Stimme zu: „Fügt dem Land, dem Meer und den Bäumen keinen Schaden zu, bis wir die Knechte unsres Gottes mit einem Siegel auf ihrer Stirne bezeichnet haben!" (Offb 7, 2—3). Der Besiegelten waren es 144 Tausend aus allen Stämmen der Söhne Israels (vgl. 7, 4—8). „Das Siegel ist das Zeichen der Gottgehörigkeit: ein Erfaßtsein im Wesen; ein Gezeichnetsein in den Wurzeln. Taufe und Firmung sind grundlegende Siegel, die auf dieses Endgültige vorbereiten. Die Versiegelten gehören Gott. Es sind die Auserwählten, von denen die Gerichtsreden sagen, daß, wenn es möglich wäre, auch sie in den letzten Schrecken versagen müßten. Das ist aber nicht möglich, weil Gott seine Hand auf sie gelegt hat" (Guardini, „Der Herr", S. 692).

„Versiegelt" sind auch göttliche Geheimnisse, die der Herr noch nicht offenbaren will, oder Wahrheiten, gegen deren Erkenntnis die Menschen sich verschließen (vgl. Dtn 32, 34; Jes 29, 11). Der Seher von Patmos schaut: „In der Rechten hält er, der auf dem Thron sitzt, eine Buchrolle; sie ist beschrieben innen und außen und mit sieben Siegeln versiegelt" (Offb 5, 1). Dann tritt das Lamm Gottes heran (5, 7), das allein würdig ist, „das Buch zu nehmen und seine Siegel zu öffnen" (5, 9). Die folgenden Kapitel 6 bis 8 schildern, wie es eines um das andere Siegel löst.

In den Paulusbriefen erhält die „Sphragis" bereits den Sinn des unauslöschlichen Merkmals, des „*Charakters*", den Taufe und Firmung den Christen einprägen: „Durch ihn (Christus)", schreibt der Völkerapostel an die Epheser, „habt ihr das Siegel des verheißenen Heiligen Geistes empfangen" (Eph 1, 13; vgl. 4, 30); und im zweiten Korintherbrief: „Gott ist es, der uns mit euch auf Christus gegründet, der uns gesalbt, der uns das Siegel aufgedrückt und den Geist als Unterpfand in unser Herz gegeben hat." Man könnte diese Siegelung mit der eines Schatzes vergleichen, der ausschließlich Gott gehört, im Hinblick auf die Ewigkeit und die Vollerfüllung unsrer Annahme als Gotteskinder.

Unzählig sind die Väterstellen, die ähnliche Unterweisungen an die Taufschüler enthalten. Die Sphragis bedeutet in den ersten christlichen Jahrhunderten zunächst das *heilige Kreuz,* mit dem man den Katechumenen oder der Gläubige sich selbst bezeichnet [1] „Se signare" heißt „sich bekreuzen". Ein nicht mit dem Kreuz Bezeichneter ist ein *ἀσφράγιστος,* ein Unbesiegelter.

---

[1] Vgl. Kap. I, Buchstabe „Taw".

Über den *Tauf-* und *Firmcharakter* spricht Cyrill von Jerusalem zu den Taufbewerben: „Der Hl. Geist kommt und ist bereit, deine Seele zu versiegeln. Er gibt dir ein Siegel, vor dem die Dämonen zittern, ein himmlisches, göttliches Siegel; denn es steht geschrieben: ‚In ihm seid ihr auch, als ihr gläubig wurdet, versiegelt worden mit dem Geist der Verheißung' " (Eph 1, 13).

Der hl. Ambrosius gibt der Symbolik des Siegels eine erweiterte Deutung, indem er auf eine bereits erwähnte Stelle des Hohenliedes (8, 6) Bezug nimmt:

„ ‚Präge mich wie ein Siegel auf dein Herz, wie ein Siegel auf deinen Arm.' *Christus* ist das Siegel auf deiner Stirn, das Siegel auf deinem Herzen. Auf der Stirn, damit wir stets bekennen, auf dem Herzen, damit wir immerdar lieben, auf dem Arm, damit wir allezeit handeln. Sein Bild leuchte also in unsrem Bekenntnis, es leuchte in unsrer Liebe, es leuchte in unsren Taten und Werken, sodaß womöglich sein ganzes Bild sich in uns ausspräge. Er sei unser Haupt, denn des Mannes Haupt ist Christus; er unser Auge, auf daß wir durch ihn den Vater schauen, er unsre Stimme, mit der wir zum Vater sprechen, er unsre Rechte, mit der wir dem Vater unser Opfer darbringen; er auch unser Siegel als das Zeichen der Vollkommenheit und der Liebe, denn in Liebe hat Gott der Vater den Sohn bezeichnet, wie wir es (Joh 6, 27) lesen: ‚Diesen nämlich hat Gott der Vater besiegelt' " (De Isaak et anima 8, 75; PL 14, 530).

Die Exegese zur Parabel vom Verlorenen Sohn deutet den Ring stets als Zeichen der Besiegelung: „Der Vater ... steckt ihm einen Ring an den Finger, das königliche Abzeichen und göttliche Siegel, das Gepräge der Heiligkeit, den Stempel der Herrlichkeit, die Beglaubigung des Zeugnisses. Denn ‚er besiegelte' heißt, daß Gott wahrhaftig ist" (Klem. Alexandr., Griech. Fragmente PG IX, 760).

Gregor von Nyssa drückt mit anderen Worten das gleiche aus: Er nennt den Ring an der Hand des Verlorenen Sohnes, d. h. das dem Stein eingegrabene Siegel, „die Wiedergewinnung des göttlichen Ebenbildes, nach welchem er geschaffen wurde" (Gebet des Herrn, 2, Rede 4).

In der *Prägung* liegt auch die symbolische Bedeutung der *Münze*, sei es jener, die dem Herrn in hinterlistiger Absicht gezeigt wurde (Mt 22, 20), oder des Denars, den die Arbeiter im Weinberg erhielten (Lk 5 ff), oder jener Drachme, die ein Weib verloren hat und suchen muß (Lk 15, 8). Dieses Weib findet sein Geldstück erst wieder, nachdem es Licht gemacht und das Haus gesäubert hat. „Und du", sagt Origenes, „wenn du die Lampe angezündet hast, wenn du den Hl. Geist um Erleuchtung bittest und das Licht in seinem Lichte schaust, wirdst du in deinem Inneren die Drachme finden. *In dir* wurde ja das Bild des himmlischen Königs errichtet. Als nämlich Gott im Anbeginn den Menschen erschuf, formte er ihn nach seinem Bild und Gleichnis. Und dieses Bild barg er nicht *außen*, sondern *in* dir. Doch konnte man es in dir nicht sehen, solange dein Haus unsauber war, weil Unrat und Schutt sich darin befand ... Jetzt aber ... durch das Wort Gottes vom Irdischen gereinigt, laß das Bild des himmlischen (Adam) in dir erstrahlen" (Origenes, Hom. in Genes. XII, 4; PG 12, 234).

„Als dem Herrn eine Münze gereicht wurde, fragte er nicht: ‚Wem gehört sie?', sondern: ‚Wessen Bild und Überschrift ist das?' (Mt 22, 20), damit sie dem (Kaiser) gegeben werde, dessen sie war. So trägt auch der Gläubige durch Christus als Überschrift den Namen Gottes, als Bild aber den Geist. Ja auch die unvernünftigen Tiere zeigen durch einen Stempel, wem jedes gehört, und werden dieses Stempels wegen als Eigentum betrachtet. So trägt auch die Seele, die gläubig ist und den Stempel der Wahrheit empfangen hat, die Male Christi an sich" (Clemens Alexandr., inter Dubia. Excerpt. ex Theodoto 86; PG IX, 698).

Spiegel

Im Altertum kannte man nur metallene Spiegel, deren Fläche durch stärkste Glättung das Bild vorgehaltener Gegenstände wiedergeben konnte. Wie antike Exemplare und Darstellungen zeigen, waren sie oft kunstvoll eingefaßt, mit einem Griff oder einem Postament versehen, aber nicht aufhängbar. Spiegel dienten vor allem den Frauen als Toilettegegenstand. Nach Cyrill von Alexandrien (De Ador. IX; PG 68, 629) war es in Ägypten Brauch, daß die Frauen den Tempel in linnenem Gewand betraten und in würdiger Haltung links einen Spiegel, rechts ein Sistrum, das Attribut der Isis, trugen. Unter anderen Kostbarkeiten hatten die israelitischen Frauen beim Auszug aus dem Nilland auch Spiegel mitgenommen. Als das hl. Zelt eingerichtet wurde, brachten sie dieselben als Weihegabe zur Anfertigung des „ehernen Meeres" dar (vgl. Ex 38, 8), in dem die Priester sich wuschen, ehe sie ihren heiligen Dienst antraten.

Neben den Toilettespiegeln, die auch Jesaja (3, 23) unter den Gegenständen weiblicher Eitelkeit aufzählt, gab es *Zauberspiegel,* die zu magischen, apotropäischen und prognostischen Zwecken, ja sogar zum Entdecken von Dieben und zum Herbeirufen und Befragen von Geistern dienten.

Im alten Griechenland hatte der Spiegel eine hohe Bedeutung: Er war, wie Bachofen nach alten Zeugnissen nachweist, Bild des durchsichtigen, lichterfüllten Äthers, in dem die Gottheit ihr Ebenbild betrachtet, um nach ihm alle Dinge der Schöpfung zu gestalten. Der Spiegel gehörte zu den Mysteriensymbolen des Dionysos. Man gab darum den „Eingeweihten" Spiegel mit ins Grab oder malte solche auf ihre Aschenurnen. Die kosmische Idee zeigt sich hier in ihrer Übertragung auf das psychische Gebiet: Die vom Körper losgelöste Seele erkennt im Spiegel des Dionysos ihre Befreiung von der Materie, ihren Aufstieg zu einem geistigen, unsterblichen Dasein. Die Symbolik des Spiegels ist also hier eine durchaus religiöse. In der Hl. Schrift aber erreicht sie ihren Höhepunkt, indem sie erhabene Wahrheiten zum Gegenstand hat.

Um die Wesenseinheit des Logos mit dem Vater anzudeuten, nennt das Buch der Bücher die Weisheit: „Sie ist der Widerschein des ewigen Lichts, der ungetrübte Spiegel von Gottes Kraft, das Bild seiner Vollkommenheit" (Weish 7, 26). Dem entspricht das Wort des Heilands: „Wer mich gesehen hat, hat den Vater gesehen" (Joh 14, 9).

Zwei Stellen aus den Apostelbriefen und mehrere Aussprüche der Kirchenväter geben dem Spiegel noch weitere Bedeutungen: Der hl. Paulus meint die Glaubensschau, wenn er schreibt: „Jetzt schauen wir in einen Spiegel und sehen nur rätselhafte Umrisse, dann aber schauen wir von Angesicht zu Angesicht" (1 Kor 13, 12). Im Jakobusbrief ist das Wort, das ist das göttliche Gesetz, der Spiegel, in dem der Mensch das Antlitz seiner Seele, die aber selber ein Gottesspiegel ist, prüfen muß, um zu erkennen, wie es sein *sollte* und wie es *ist,* denn: „Im Spiegel des Menschenherzens soll, durch die Linien der Nachahmung ausgeprägt, das Bild Gottes erstrahlen" (Leo Magn. Srm. 95, 7; PL 54, 464).

„Wie der Spiegel, wenn er kunstvoll und sachgemäß hergestellt ist, auf seinem klaren Antlitz in sich selber die Züge eines sich nahenden Antlitzes ausprägt, so hat auch die Seele sich in entsprechender Weise bereitet, alle stoffliche Befleckung getilgt und das Gegenbild der reinen Urgestalt, der unversehrten Schönheit in sich hervorgebracht" (Gregor v. Nyssa, In Cant. Hom. XV; PG 44, 1093).

Die Urschönheit steht in der Menschheit des Logos vor unsren Blicken. Daher ruft ein altchristlicher Sang des 2. Jahrhunderts den Christusjüngern zu:

„Sieh, *unser Spiegel ist der Herr;* so öffnet die Augen, beschaut euch darin und erkennt, wie euer Antlitz aussieht! Verkündet Lobpreis seinem Geiste und tilgt die Makel aus eurem Angesicht. Gewinnet seine Heiligkeit lieb und ziehet sie an, so werdet ihr immerdar ohne Fehl sein! Halleluja!" (Oden Salomos 13).

Als Vorbild aller Tugenden wird auch *Maria* in der Lauretanischen Litanei „Spiegel der Gerechtigkeit" genannt.

Es war wohl ein Zugeständnis der Kirche an einen naiven Volksglauben, wenn sie im Mittelalter eine Segnung von Spiegeln einführte, die als Sinnbilder des Lichtes und der Klarheit Augenleiden aller Art heilen sollten. Die Formel der Benediktion lautet:

„Allmächtiger, ewiger Gott, würdige dich, diesen Spiegel zu segnen, auf daß jeder Gläubige, der in diesen Spiegel schaut, deinen hl. Namen anruft, auf diese heiligen Worte (der Weihe) vertraut und fest an dich glaubt, von allen Übeln und Schmerzen der Augen und von Blindheit gänzlich befreit und zugleich von teuflischen Plagen und Versuchungen frei werde."

Diese Weihe wurde gewöhnlich am Aschermittwoch vorgenommen, vielleicht auf Grund der Symbolik: Der Mensch soll ja, besonders in der Fastenzeit, das Antlitz seiner Seele prüfen und reinwaschen.

Spinngeräte und Webstuhl

Die Kulturgeschichte der alten Völker bezeugt, daß Spinnen und Weben überall die charakteristische Frauenarbeit war. Daher galten Spindel und Rocken ganz allgemein als Symbol der Weiblichkeit, zu denen sich bisweilen als Anspielung an die weibliche Putzsucht auch der Spiegel gesellte.

Im Schlußkapitel der Sprüche Salomos (31, 13. 19) bildet die Spinnarbeit ein Hauptmerkmal der starken Frau: „Sie sorgt für Wolle und Flachs und schafft mit emsigen Händen ... Nach dem Spinnrocken greift ihre Hand, ihre Finger fassen die Spindel."

Spinnräder kannten die primitiven Völker noch nicht. Die Werkzeuge waren so einfach, wie man sie noch jetzt in Italien und anderen Regionen Südeuropas finden kann: Die Frauen gehen dort umher mit dem Rocken unter dem Arm, der Spindel in der Hand, und mit einer graziösen Bewegung wird der Faden gedreht und auf die Spindel gewickelt.

Auf altchristlichen Steinsarkophagen, die oft reich mit biblischen Szenen geschmückt sind, deuten die Bildhauer das Gesetz der Arbeit an, das Gott über die ersten Menschen verhängt hat, indem sie Adam ein Ährenbündel als Symbol der Feldarbeit beigeben, Eva aber ein Lamm als Anspielung auf die Aufgabe des Wollespinnens, die dem Weibe zukommt. Oder sie stellen den Herrn dar, wie er selber den beiden mit Feigenblättern bekleideten Stammeltern ihre betreffenden Attribute zuweist. An diese Hauptbeschäftigung der antiken Frau erinnert noch manche alte Grabplatte, auf der die Verstorbene als „lanifica (Wollspinnerin) gekennzeichnet wird (vgl. Wilpert, „I Sarcofagi cristiani antichi" I, p. 228). Nach Plutarch war es ein Vorrecht der alten Römerinnen, daß sie zu keinem anderen Dienste als zur Wollarbeit verpflichtet werden durften. Diese Pflicht war aber von solcher Bedeutung, daß sie in den Hochzeitsbräuchen eine gewisse religiöse Weihe erhielt, wobei die Wolle als Sympathiemittel zur Bewirkung weiblicher Tüchtigkeit angewendet wurde.

Wenn die Griechen und Römer die Naturkräfte als mythische Gestalten personifizieren, so veranschaulichen sie häufig ihr Walten im Bilde des Spinnens und Webens. So stellt man sich die Schicksalsgöttinnen (Moiren, Parzen) vor, sei es, daß sie als „anus textrices" in der Unterwelt, ohne aufzublicken, ihr Werk verrichten oder als schöne Jungfrauen dem Menschen seinen Lebensfaden zuspinnen und im Tode abschneiden. Oft wird die Arbeit der Naturgottheiten mit dem kunstvollen Flechten und Wirken verglichen, das dem rohen Stoff Gliederung, symmetrische Form und Feinheit verleiht.

Überträgt man diese heidnischen Vorstellungen ins Christliche, dann wird die Spinn- und Webearbeit zum Bilde der Schöpfertätigkeit Gottes in der wunderbaren Gestaltung der Natur. „Denn du hast mein Inneres geschaffen, mich gewoben im Schoß meiner Mutter" singt der Psalmist (139, 13, 14). „Seine Macht hat die Himmel gewoben", so lautet ein Vers des Canticum Habakuk (3, 3) in einer bei Firmicus Maternus (Vom Irrtum der heidnischen Religion 21, 4) angeführten Version.

Aber auch das Bild vom Lebensfaden wiederholt sich in der Hl. Schrift: König Hiskija klagt auf seinem Krankenlager: „Wie ein Weber hast du mein Leben zu Ende gewoben, du schneidest mich ab, ein gewobenes Tuch" (Jes 38, 12). Ähnlich Ijob (7, 6): „Schneller als das Weberschifflein eilen meine Tage dahin."

Der hl. Hieronymus empfiehlt den Frauen, die unter seiner Leitung standen, an mehreren Stellen seiner Briefe die Kunst des Spinnens und Webens. Doch blieben die hl. Väter nicht bei der äußeren Wertschätzung dieser Arbeit stehen; sie sehen in ihr auch ein Bild der Übernatur. So der hl. Augustinus (Srm. 37; PL 38, 227): „Betrachtet die beiden Werkzeuge der Spinnarbeit, den Rocken und die Spindel: Am Rocken ist die Wolle, die zum Faden gezogen und gesponnen werden muß, um auf die Spindel übergehen zu können, noch von Bändern umwunden. Was also eingehüllt am Rocken haftet, bedeutet das künftig Bevorstehende; was auf die Spindel gewickelt wurde, ist das bereits Geschehene. Dein Werk befindet sich also auf der Spindel, nicht am Rocken, denn der Rocken enthält das, was du tun *wirst*, die Spindel aber was du getan *hast*. Sieh also zu, ob du auf deiner Spindel etwas hast, das du vorweisen kannst. *Das* ist es, das dein Gewissen sicher macht; an dem liegt es, ob du mit Zuversicht zu Gott sprechen kannst: Gib, denn ich habe gegeben; vergib, denn ich habe vergeben; tue, denn ich habe getan! — Lohn kann man nur auf Grund vollbrachter Taten erbitten, nicht für das, was einem zu tun obliegt. Sei also, was immer du tun magst, mit ganzer Seele auf deine Spindel bedacht, denn was am Rocken hängt, muß auf die Spindel gebracht werden, nicht aber läßt sich das Gesponnene wieder auf den Rocken zurückführen. Achte also auf dein Tun, auf daß deine Spindel wohlgefüllt sei und dir Trost, Sicherheit und Zuversicht biete, das Verheißene zu erbitten und zu empfangen."

Proclus von Konstantinopel nennt *Maria* den „geheimnisvollen Webstuhl des Heilsplanes, auf dem in unaussprechlicher Weise das Gewand der Einheit zweier Naturen gewoben wurde" (Or. 1, 1; PL 65, 682).

Hippolyt (Über den Antichrist 4) sieht in der Kirche das Gewand Christi in seiner Weiterentfaltung:

„Nachdem Gottes Wort, fleischlos, wie es war, sich mit dem heiligen Fleisch aus der heiligen Jungfrau bekleidet hatte gleichwie ein Bräutigam mit seinem Gewand, wob es sich dieses fertig in seinem Leiden und Tod am Kreuze, um unsern sterblichen Leib mit seiner Kraft ganz zu durchdringen, Vergängliches mit Unvergänglichem, Schwaches mit Starkem zu mischen und so den Menschen, der verlorengegangen war, zu retten. Webstuhl des Herrn ist also wahrlich das Leiden und der Tod am Kreuze ..." (ähnliche Stellen siehe Art. „Gewand", S. 416).

Stab und Zepter

Viel mehr als heute war ein Stab (baculus, virga, *ῥάβδος)* in jenen Zeiten unentbehrlich, da man außer Reit- und Zugtieren kein Beförderungsmittel kannte und weite Wege zu Fuß zurücklegen mußte. Ein Stab von 1,20 bis 2 m Länge mit einer Kugel, einer Kurve oder einer symbolischen Figur an der oberen Spitze gehörte in der Antike zur Ausrüstung des freien Mannes. Er war Zeichen der *leitenden* und *beherrschenden Gewalt* und damit der *stützenden und schützenden Kraft.* Nach uraltem Menschheitsglauben „verwandelt sich die ruhende Kraft des Stabes in wunderwirkende Dynamik, wenn er in Bewegung gesetzt, wenn die in ihm beschlossene Macht vom Träger auf seine Umgebung übergeleitet wird; denn der Stab verlängert den Arm und damit den Wirkbereich des Menschen; er gestattet ihm, entfernte Dinge in seinen Machtkreis einzubeziehen und sie zu beherrschen. Dabei äußert sich die im Stabe ruhende Kraft in doppelter Weise: *negativ* und *positiv.* Einerseits kann sie *züchtigen,* verletzen, ja töten. Aber der züchtigende Schlag hat auch eine *Lebenswirkung:* er weckt die toten oder schlafenden Energien in dem von ihm getroffenen Menschen. Die Lebenskraft des Stabes, die ihm von seinem Ursprung, dem heiligen, lebentragenden Baume her, innewohnt oder die ihm von einem machtbegabten Träger zufließt, springt auf den Geschlagenen über, verleiht ihm Fruchtbarkeit und neues Leben. Der Schlag vertreibt aus dem Gezüchtigten die bösen Kräfte und Mächte und bewirkt eine Lebenserneuerung und Reinigung, ja eine Verwandlung des ganzen Menschen. So versteht man, daß der Stab wie mit göttlicher Macht geladen erschien, ja daß er gleichsam als lebendiger Schutzgeist aufgefaßt wurde, der seinem Träger Hoheit und Macht verlieh. In Ägypten und im ganzen alten Orient war die Stabsymbolik lebendig ... In der griechischen Antike lebte der schützende Stab im Herolds- oder Hermesstab *(κηρύκειον)* fort, der den Gesandten und Unterhändler unverletzlich machte. Auch das *Skeptron* in der Hand der alten Könige, Richter und Priester birgt göttliche Kraft, die dem Träger Schutz verleiht und die Wahrheit seines richtenden Wortes verbürgt. Der Zepterstab, später zumeist Götterattribut, ist hervorragenden Menschen von dem Himmlischen verliehen" (vgl. „Laacher Hefte" 1950, Nr. 6, S. 45).

Wie ein orientalischer Herrscher das Zepter gebrauchte, davon gibt das Buch Ester (4, 11 und 15, 14. 15) ein sehr anschauliches Bild: Es war unter Todesstrafe verboten, ungerufen vor dem König zu erscheinen. Wer sich gegen dieses Gesetz verging, blieb „nur dann am Leben, wenn der König ihm sein goldenes Zepter entgegenstreckte". Als Ester den Eintritt in die königlichen Gemächer dennoch wagte, „erhob der König (als Zeichen seiner Huld) den goldenen Stab, legte ihn auf ihren Nacken und küßte sie" (nach dem Vulgatatext küßte Ester das *Zepter).*

Die Hieroglyphen der Ägypter bezeichnen den Begriff der Autorität durch einen Mann mit langem Stab. Stäbe der Stammesfürsten und Führer waren durch

Schnitzwerk ausgezeichnet. Der einfache Hirtenstab hatte neben dem allgemein praktischen Zweck auch den, die Schafe leichter zu mustern, zu zählen, in Ordnung zu halten (vgl. Ez 20, 37) und, wenn eines entwischen wollte, es mit der Kurve einzufangen.

Wie Gott die ahnungsreichen Vorstellungen des alten Menschheitsglaubens in die Heilsführung des Alten Bundes einbezog, bezeugen mehrere Bibelstellen:

Als Mose von Gott zum Führer Israels berufen wurde, sprach der Herr zu ihm: „Nimm diesen Stab in die Hand! Mit ihm wirke die Wunderzeichen!" (Ex 4, 17). In diesem „*Gottesstab*" (Ex 4, 20) lag nicht magische, sondern *göttliche Kraft*, eine Kraft, die ihm Jahrtausende vorher aus dem Mysterium Christi zuströmte, das vor Gott ewig gegenwärtig war und gegenwärtig bleibt. Nach Origenes (in Ex Hom. IV, 6) „ist der Stab, durch den dies alles geschah, durch den Ägypten unterworfen und Pharao bezwungen wurde, das *Kreuz Christi*, durch das die Welt besiegt und der Triumph über den Fürsten dieser Welt mit seinen Mächten und Gewalten errungen wird."

Auch *Aarons Stab* war von der Lebenskraft des Heilsmysteriums durchflutet: Ihn allein ließ der Herr grünen, blühen und Mandelfrüchte tragen, während die Stäbe der übrigen Stammeshäupter dürr blieben. So wurde vor den Empörern und dem ganzen Volke Israel bewiesen, wem allein das Anrecht auf die hohepriesterliche Würde zukam (vgl. Num Kap. 17). Die Kirchenväter erkennen in diesem Wunder ein Auferstehungssymbol (vgl. Art. „Mandelbaum").

Mit dem *Wanderstab* in der Hand sollten die Israeliten vor dem Auszug aus Ägypten das Passahmahl essen und diese Ausrüstung auch weiterhin beim rituellen Gedächtnismahl beibehalten. Ihre Wanderung war ja Vorbild der Pilgerreise in das Gelobte Land des Himmels. Der Stab versinnbildlicht hier nach Cyrill von Alexandrien (in Exod. lib. II) „die *Hoffnung*, die uns festigt und durch Geduld aufrechthält". Oft gebraucht die Hl. Schrift das Bild von Stock und Rute für die *Strafgerichte*, die der Herr über die Menschen verhängt: „Weh dir, Assur", spricht der Herr, „du Stock meines Zorns, du Knüppel in meiner wütenden Hand! Gegen ein gottloses Volk schicke ich dich" (Jes 10, 5). In Psalm 89, 33 richtet sich die Drohung gegen das treulose Gottesvolk: „Dann werde ich ihr Vergehen mit der Rute strafen und ihre Sünde mit Schlägen."

Prophetische Schau verkündet den kommenden Messiaskönig im Sinnbild des *Zepters:* Wie im ersten Morgengrauen schimmert er aus dem Segen Jakobs über Juda, den Stammvater Christi: „Nicht weichen wird von Juda das Zepter, von seinen Lenden der Herrscherstab, bis *Der* kommt, dem es gebührt!" (Gen 49, 10). Auch vor Balaams Seherblick dämmert in weiter Ferne „ein Zepter" auf, „das aus Israel ersteht" (Num 24, 17). David, der königliche Sänger aber, zeichnet es bereits in klaren Linien als „eisernen Herrscherstab" (Ps 2, 9; vgl. Offb 2, 27; 12, 5; 19, 15), als ein „Zepter der Gerechtigkeit" (Ps 45, 7) und der „Macht" (Ps 110, 2), aber auch als Hirtenstab, der heilbringenden Trost gewährt (Ps 23, 4).

Die Vätertheologie, deren Fülle hier nur angedeutet werden kann, „preist Christus selbst als ‚Zepterstab der Majestät Gottes' (Clemens Rom. Ad Cor. ep. 1, 16) in der Hand des Vaters, als den einen, wahrhaft lebendigen, göttlichen Stab. Als Logos *ist* Christus Stab, weil ‚in ihm alles besteht' und weil ‚der Vater im Sohn das All regiert'; für uns aber *wurde* er es in tieferem Sinn durch die Tat seiner Erlösung, in der er uns Lahme, Müde, Schwache, Gott unendlich Ferne, ‚wie ein Stab zum Vater emporträgt' " (Cyrill Alex., Glaph. in Ex 2; PG 69, 469).

Aber Christus ist nicht nur selber Stab, er steht vor der Kirche der ersten Jahrhunderte auch als der große Erzieher, Hirte und König, der den lenkenden, heilenden, aber auch züchtigenden Stab *führt* (vgl. Clemens Alex., Paed. 1, 7, 61). Immer aber, ob er nun selbst lebendiges Instrument in der Hand Gottes oder ob er Träger des Zepters der Herrschaft ist, immer vollzieht er sein Heilswerk an der Menschheit in einem wunderbaren Ineinander von Züchtigung und Belebung ... Der heilende, lenkende, züchtigende Herrscherstab, den der Erlöser führt, ist sein heiliges Kreuz. Die Berührung mit dem Leiden des Herrn ist ein Hereinholen in den göttlichen Kraftbereich seiner Passion. Diese göttliche Kraft ist das aus dem Tode aufsprießende Leben der Auferstehung" (gekürzt nach a. Q. S. 46 f).

So wie die Antike, die Hl. Schrift und die Patrologie die Symbolik des Stabes geprägt haben, so besteht sie fort in der Bedeutung jener Stäbe, welche die Kirche bei besonderen Anlässen zu Sakramentalien erhebt. Dabei erklären die Formeln der Weihegebete und der Übergabe den althergebrachten Sinn in seiner jeweiligen Anwendung.

Der *Bischofsstab*, dessen Gebrauch in Spanien und Gallien seit dem 6. Jahrhundert bezeugt ist, allgemein aber erst seit dem 11. Jahrhundert zu den liturgischen Insignien gehört, wird dem neuerwählten Oberhirten als Zeichen höherer geistlicher Vollmacht und Sinnbild des Hirtenamtes am Schluß seiner Consecratio überreicht. Das Benediktionsgebet bittet Gott, den „stützenden Halt menschlicher Schwäche", im Wandel seines Dieners innerlich das zu bewirken, was der Hirtenstab äußerlich andeutet. Die Formel der Übergabe lautet: „Nimm hin den Hirtenstab deines Amtes; eifre milde, die Fehler zu verbessern; halte Gericht ohne Zorn; erweiche das Gemüt der Zuhörer zur Pflege der Tugend; in ruhiger Strenge unterlaß nicht die Strafe."

Während der Stab römisch-katholischer Bischöfe stets von einer Kurve gekrönt ist, die oft kunstvoll gearbeitete heilige Figuren oder Symbole umschließt, ist den byzantinischen und orientalischen Bischofsstäben die Tauform (T) eigen, die meistens im oberen Teil aus zwei verschlungenen Schlangen besteht, deren Köpfe einander zugewendet sind (vgl. Art. „Schlange", S. 288 f).

Äbte und *Äbtissinnen* erhalten bei ihrer Weihe ebenfalls einen Stab, dessen Bedeutung, mit Beschränkung auf die Leitung der eigenen Abtei, der vorgenannten ähnlich ist. Vom Gebrauch dieses Stabes sprechen bereits Zeugnisse des beginnenden 5. Jahrhunderts. Er hängt ursprünglich mit dem Mönchsstab zusammen, der in den Anfängen des monastischen Lebens (4. Jahrhundert) zur Vollständigkeit der Mönchstracht gehörte. Er sollte nach St. Hieronymus „Weggefährte des Mönches" sein. Nebst praktischen Zwecken hatte er auch eine tiefere Bedeutung, in dem er an die Propheten des Alten Bundes erinnerte (vgl. 2 Kön 4, 29), die als Vorläufer der christlichen Anachoreten galten. Der Mönchsstab ist Sinnbild der *Zucht* und *Bereitschaft*, namentlich aber Symbol *Christi* und seines *hl. Kreuzes*, in dessen Kraft der Sieg über die Feinde des Heiles errungen wird.

Nach heute bestehender Usance erhalten die Mönche bei ihrer goldenen Jubelprofeß einen Altersstab, dessen Weihegebete und Konsignierungsformel die Symbolik besonders klar ausdrücken. Das Weihegebet hat folgenden Wortlaut:

„Herr Jesus Christus, Sohn des lebendigen Gottes, Urheber unbesiegter Kraft, der du dich gewürdigt hast, die Welt durch dein heiliges Kreuz zu erlösen und die Feinde des Menschengeschlechtes zurückzuschlagen, wir bitten dich, heilige diesen Stab, der das Sinnbild deines Kreuzes in sich trägt, und gewähre, daß, wer immer sich seiner bedient, mit himmlischem Segen und Gnade erfüllt werde."

Die Überreichungsformel wiederholt die Kreuzessymbolik und bestimmt den Stab nicht allein zur Stütze der körperlichen Kräfte, sondern auch als Mittel, von Christus geistige Stärke gegen sichtbare und unsichtbare Widersacher zu erlangen.

Den *Herrscherstab*, den der gesalbte König aus der Hand des weihenden Bischofs empfängt, bezeichnet das römische Pontifikale als „ein Zepter der Macht und Wahrheit“. Es soll den Herrscher an seine Aufgabe erinnern, „die Schuldigen zu strafen, die Unbotmäßigen zu bedrohen, Irrenden den Weg zu weisen, Gefallenen die Hand zu bieten, Hoffärtige niederzubeugen, Niedrige zu erheben“.

Jeder Rompilger kann sehen, daß die apostolischen Pönitentiare — vor allem der Kardinal-Großpönitentiar — einen Stab (bacchetta) führen, mit dem sie das Haupt eines jeden berühren, der von ihren Beichtstuhl hinkniet und dadurch einen Ablaß gewinnt. Der Brauch erinnert an die Sitte der alten Römer, durch einen Rutenschlag dem Sklaven die Freiheit zu geben. Der Pönitentiar entläßt den Büßer aus der Sklaverei der Sünde.

In der altchristlichen *Kunst* hält Christus auf den meisten Guten-Hirten-Bildern einen Krummstab. Vom 6. Jahrhundert an trägt er auf Darstellungen seiner Wundertaten oder als König der Herrlichkeit häufig ein Kreuzeszepter.

Die byzantinische Kunst gibt den *Engeln* als Boten des Allerhöchsten einen langen Stab als Attribut, was nach Pseudo-Dionysius Areopagita „den Charakter der Führerschaft und der alles nach dem Richtmaß vollendenden Kraft“ bedeutet. Bisweilen trägt auch der hl. Petrus einen Stab. Das Kreuz mit langem Schaft in der Hand des hl. Laurentius ist nicht als solcher aufzufassen.

Auf heraldischen Bischofs-, Abts- und Äbtissinnenstäben, die zum Wappen gehören, ist oft am Knauf ein flatterndes Velum (pannisellus) zu sehen, wie es einst zum Anfassen des Pedum diente. Heute trägt der vorangehende Stabträger ein langes Linnen um die Schultern und verhüllt mit den Enden seine Hände.

Thron und Kathedra

In ihrer Beziehung zu Christus und seinen höchsten Stellvertretern erscheinen Thron und Kathedra fast gleichbedeutend, und doch müssen Ursprung, Sinn und Gebrauch beider unterschieden werden.

Der *Thron (θρόνος)* ein höherer Sitz mit gerader Rückenlehne und Armstützen, mit Kissen und Tüchern belegt und kostbar ausgestattet, stammt aus dem Orient und war Vorrecht ds absoluten Herrschers. Die erhabene Macht über die Untertanen war durch eine mehrstufige Basis angedeutet. Der Thron ist also *Symbol der Herrschergewalt.*

Unter „*Kathedra*“ konnten alle antiken Stuhlarten, trotz unterscheidender Benennungen, verstanden werden. Nicht allein Herrscher, auch Magistratsbeamte, Hausherren, Lehrer, Philosophen, Rhetoren und vornehme Frauen gaben ihrer Würde oder Autorität dadurch Ausdruck, daß sie sich setzten, während die anderen standen. Sie benützten also eine Kathedra, und diese wurde im Laufe der Geschichte zum *Symbol des Lehramtes.*

Die Heiden übertrugen die Vorstellung eines thronenden Herrschers auch auf ihre Hauptgötter. Die Sitte, den Thron eines Gottes auch ohne dessen Bildnis aufzustellen und zu verehren, kam von Asien ins Abendland: Im römischen Cäsarenkult erwies man dem mit den kaiserlichen Insignien: Purpur, Krone und Zepter geschmückten Thron göttliche Ehren. Hier liegt der Ursprung eines altchristlichen Symbols, auf das wir noch zu sprechen kommen.

Dem orientalischen Brauch entsprechend, gebührte auch dem König des Volkes Israel ein kostbarer Thron. Salomo ließ sich einen solchen anfertigen, dessen Pracht alles Bisherige übertraf (vgl. 1 Kön 10, 18 ff; 2 Chr 9, 17 f). Der jüdische Königsthron vertrat den Thron Jahwes über sein Volk. Er war Vorbild der messianischen Herrschaft und ihres gerechten Richtens, wie Jesaja (16, 5) prophezeit: „Dann wird durch Gottes Güte ein Thron errichtet; darauf sitzt im Zelt Davids ein zuverlässiger Richter, der das Recht sucht und die Gerechtigkeit fördert."

Der himmlische Gottesthron, wie Jesaja (6, 1) und Ezechiel (1, 26; 10, 1) ihn schauen, ist Ausdruck der überweltlichen Majestät Gottes: „Der Himmel ist mein Thron und die Erde der Schemel für meine Füße", „wer beim Himmel schwört, der schwört bei Gottes Thron und bei Dem, der auf dem Throne sitzt" (Mt 23, 22).

Auf Erden war *Jerusalem* Thron Jahwes (vgl. Jer 3, 17), der im Tempel als der Stätte seines dauernden Weilens inmitten der Söhne Israels wohnt. „Mensch", spricht der Herr zum Propheten Ezechiel (43, 7), „das ist der Ort, wo mein Thron steht und der Ort, wo meine Füße ruhen; hier will ich für immer mitten unter den Israeliten wohnen" (vgl. Jer 17, 12).

Wie beim irdischen Herrscher ist der Thron vor allem bei Gott auch Symbol seiner richtenden Gewalt. Im Buche Daniel werden im Gesicht von den vier Weltreichen Thronsessel hingestellt, auf denen „der Gerichtshof" (= Gott und seine Engel) sich niederläßt (Dan 7, 9—11; vgl. Ps 9, 5. 8; Offb 20, 11. 12).

Bereits im Alten Bund erscheint die zweite göttliche Person, die Ewige Weisheit, als Mitinhaberin des Gottesthrones. Um ihren Beistand bittet Salomo den Herrn: „Gib mir die Weisheit, die an deiner Seite thront . . . Sende sie vom heiligen Himmel und schicke sie vom Thron deiner Herrlichkeit" (Weish 9, 4. 10). — Der Logos kommt vom Gottesthron herab, um die Ratschlüsse des Allerhöchsten zu vollziehen:

„Während tiefes Schweigen alles umfing und die Nacht in schnellem Lauf bis zur Mitte gekommen war, da fuhr dein allmächtiges Wort vom Himmel nieder, vom Königsthron . . ." (diese Stelle wird im Introitus des Sonntags in der Weihnachtsoktav auf die Inkarnation bezogen).

Deutlicher weisen die Psalmen auf den thronenden Messias hin: „Der Sonne gleich", spricht Gott Vater, „soll sein vor mir sein Thron und wie der Mond, der ewig währt!" (Ps 89, 30. 38; 45, 7; 110, 1).

Als endlich die Fülle der Zeiten gekommen war, sprach der Engel bei der Verkündigung der Geburt Christi: „Gott der Herr wird ihm den Thron seines Vaters David geben. Er wird über das Haus Jakob herrschen in Ewigkeit und seines Reiches wird kein Ende sein!" (Lk 1, 32, 33).

Dieser Thron steht nun sichtbar festgegründet in der *hl. Kirche*, vergegenwärtigt im *Stuhle Petri* auf dem der jeweilige Papst Christi Stelle vertritt, „ex cathedra" unfehlbar die Glaubenswahrheiten verkündet und Irrtümer verurteilt.

„Wie der Mond allzeit besteht, so Christi Thron in der Ecclesia . . . Wir sehen, wie dieser Thron auf dem ganzen Erdkreis, unter den einzelnen Völkern, in den Städten, Dörfern und Landgebieten feststeht, wie er die ganze Welt erfüllt" (Eusebius Caes. in Ps 88, 38).

„Du kannst es nicht leugnen", schreibt Optatus v. Mileve, „daß in der Stadt Rom Petrus zuerst die bischöfliche Kathedra errichtet hat, auf welcher er als

Haupt aller Apostel saß. Darum wird er auch ‚Fels' (Cephas) genannt. In diesem *einen* Sitz soll die Einheit aller gewahrt werden ... Wer diesem einen Stuhl entgegen einen anderen errichtet, ist ein Schismatiker und Sünder. So thront denn Petrus als Erster auf dieser einzigen Kathedra, die unter den Brautgaben (der Kirche) die erste ist" (De Schism. Donat. lb. 2/II; PL XI, 946 et sq).

Die Kathedra, die der hl. Petrus einst gebrauchte, ist als kostbare Reliquie in einem großen Bronzemonument eingefaßt, das sich am äußersten Ende der vatikanischen Basilika unterhalb der „Gloria" Berninis, über dem „Kathedra-Altar", befindet.

Wie die einzelnen Diözesen Teilgebilde der *einen* Ecclesia, so sind die Bischöfe Vertreter des obersten Hirten in ihrem Sprengel. Auch sie haben darum ihre „Kathedra", auf der sie am Schluß ihrer Weihe vom Konsekrator feierlich inthronisiert werden. Diese ist nach dem Altar der wichtigste Einrichtungsgegenstand der bischöflichen Kirche („Kathedrale") und Symbol des bischöflichen Amtes, das den Wechsel der Personen und Zeiten überdauert.

Eine feierliche Inthronisation findet nach dem Pontifikale Romanum auch am Schluß der Königs-, Abts- und Äbtissinnenweihe statt.

„Wenn einst der Herr in Herrlichkeit wiederkommt", werden, der Verheißung gemäß, auch seine Apostel und getreuen Nachfolger „auf Thronen sitzen und die zwölf Stämme Israels richten" (vgl. Mt 19, 28; Lk 22, 30; Offb 3, 21; 4, 4).

(Über das Aufstellen des Evangelienbuches auf einem Thron bei Abhaltung von Konzilien oder Synoden vgl. Art. „Buch".)

Die christliche *Kunst* ist seit dem 4. Jahrhundert reich an Bildern, die Christus auf einem mit Edelsteinen besetzten Thron darstellen. Es gibt aber auch eine Gruppe von *Symbolen*, die auf das Königtum Christi und auf seine Wiederkunft als Richter am Ende der Zeiten hinweisen: Es sind jene Throne, auf denen das Triumphalkreuz, die Buchrolle (oder ein offenes Buch) der Hl. Schrift samt Krone und königlichem Purpurmantel die Stelle der Person Christi einnehmen. Eine alte, vielleicht noch aus dem 4. Jahrhundert stammende Inschrift von S. Crisogono in Rom nennt sie „insignia Christi". Von dieser Gruppe ist das Mosaik Sixtus' II. in S. Maria Maggiore das vollständigste Beispiel. Es wurde mit größeren oder kleineren Veränderungen nicht allein in einigen Kirchen Roms, sondern auch in den Baptisterien von Ravenna, in S. Prisco bei Capua, in Venedig und in der Hagia Sophia zu Konstantinopel wiederholt. In S. Cosmas und Damian zu Rom ist der Thron ohne Lehne und gleicht einem Altar. Vor dem Gemmenkreuz ruht hier das apokalyptische Lamm (vgl. Offb 7, 17; 22, 3), während die siebenfach versiegelte Buchrolle auf der obersten Thronstufe liegt. Auf einigen Exemplaren ist die göttliche Inspiration der Hl. Schrift durch die Geistestaube angedeutet. Bemerkenswert ist die Throndarstellung auf einem Steinsarkophag aus Tusculum (5. Jahrhundert), dessen einzigen Bildschmuck sie bildet: Die Stelle der sonstigen Insignien nimmt hier ein großes Christusmonogramm in Kranzumrahmung ein. Die Bedeutung tritt gerade durch die Verbindung mit einem Sarkophag klar hervor: Der Thron ist *Symbol der Parusie;* er steht bereit für den kommenden König, der einst alle Menschen vor seinem Richterstuhl versammeln wird. — Diesen Sinn hat das Thronsymbol, das spätere Künstler mit den Leidenswerkzeugen Christi verbanden, noch heute in der griechischen Kirche. Es ist unter dem Namen „Etimasia" (von *„ἑτοιμασία τοῦ θρόνου"* = Bereitung des Thrones) bekannt. In der St.-Paulus-Basilika zu Rom haben venezianische Mosaizisten das altchristliche Thronsymbol der Apsidenkomposition in eine griechische Etimasia verwandelt. —

In orthodoxen Kirchen wird diese stets über dem Altar angebracht. „Was ist nämlich der Altar anders als der Thron des Leibes und Blutes Christi?“ (Optatus v. Mileve VI, 1).

Nach dem Konzil von Ephesus entstanden Bilder, die Maria als Königin mit dem Kinde auf dem Schoß zeigen. Dieser Art, die Gottesmutter zu schildern, war eine folgerichtige Entwicklung des Christusthrones: War der Sohn König, so war Maria die „Königinmutter“, ja sie ist selbst nichts anderes als der Thron Christi, den sie der Welt hinhält, damit er sie segne. Darum grüßt sie der hl. Bischof Germanus mit dem Rufe „Ave sanctus Dei thronus!“ (Brevier, 8. Dec. III. Noct.).

Waage

Bereits Jahrtausende vor Christus sahen die Chaldäer das Bild der Waage, die als Meßinstrument für Gewichte den Begriff des Ausgleichens verkörpert, in einem Sternbild, das zur Zeit der herbstlichen Tagundnachtgleiche am Himmel steht. Im altorientalischen Denken galten aber sowohl das frühjahrliche als das herbstliche Äquinoktium als Weltumwandlungspunkte. Die herbstliche Gleiche ist Todespunkt, mit dem das Absterben der Natur beginnt. Bekanntlich ist bei den alten Völkern das Naturgeschehen Symbol des Menschengeschickes (vgl. Art. Jahreszeiten). Darum erinnert die Waage, die den Beginn des kosmischen Sterbens anzeigt, an das Hinscheiden des Menschen und an die Prüfung, die er beim Hinübergang ins Jenseits zu bestehen hat. Man dachte sich diese als eine Abwägung der Seele und der im Leben vollbrachten Taten durch den höchsten Richter. Diese konkrete Vorstellung war der Antike geläufig: Auf einem ägyptischen Totenpapyrus finden wir das Seelengericht dargestellt: Horus, der falkenköpfige Sonnengott von Edfu, führt den Verstorbenen ein. Anubis, der Grabesgott mit Hundekopf, steht an der Waage und beobachtet, ob die Schale mit der Straußenfeder, dem Symbol der Wahrheits- und Gerechtigkeitsgöttin Maat [1], überwiegt oder das Herz des Toten, das in der anderen Waagschale liegt. Thot, der Geheimschreiber des Unterwelts- und Fruchtbarkeitsgottes Osiris, verzeichnet das Ergebnis auf einer Papyrusrolle, die Horus zum Thron des Osiris bringt, während er den Verstorbenen an der Hand führt und ihn vorstellt. Über ihm stehen die Worte: „Gestatte, himmlischer Herr, Erhabener, zu öffnen die Tore des glänzenden Thrones Amuns für das Herz deines Dieners!“

Ähnliche Gedanken finden sich bei den Babyloniern wie in der altpersischen und buddhistischen Literatur und Kunst. Man begegnet ihnen auch bei den Griechen: Es gibt Vasenbilder, auf denen Hermes die Schicksale des Achilles und Memnon gegeneinander abwägt. Auf römischen Münzen hält die personifizierte Justitia eine Waage in der Hand. Auch im Christentum bleibt sie das Attribut dieser Tugend.

Abgesehen von Schriftstellen, in denen die Waage als Meßinstrument im realen Sinn erwähnt wird, ist sie auch in der *Bibel* öfters als Bild für die Abwägung vom Schicksal und Wert des Menschen gebraucht: Von allen Menschen gilt das Wort: „Ein Hauch nur sind die Menschenkinder, und trügerisch der Männer Söhne. Sie schnellen auf der Waage hoch empor, sind leichter als ein Lufthauch allesamt“ (Ps

[1] Grund: Weil die Straußenfeder die einzige Vogelfeder ist, bei der die Fahnen auf beiden Seiten des Schaftes ganz gleich breit sind, also „gerecht“ verteilt.

61, 10 Versio Piana). Alle Völker, ja die ganze Welt ist vor Gott nicht mehr als ein „Schwanken der Waage", als ein „Stäubchen" an ihr (vgl. Jes 40, 15 u. Weish 11, 23). Ijob (6, 2) beteuert seine Unschuld und klagt: „Ach würde doch mein Gram gewogen, legte man auf die Waage auch mein Leid! Denn nun ist es schwerer als der Sand am Meer." Die bedeutendste Stelle ist Dan 5, 27, wo die Waage das Endgericht bedeutet, das dem König Baltassar bevorsteht: „Thekel — gewogen wurdest du auf der Waage und zu leicht befunden!"

Im apokryphen Henochbuch (slaw. Version Kap. 49) heißt es: „Ich schwöre euch, meine Kinder: Bevor es Menschen gab, ward schon die Gerichtsstätte hergerichtet, ein Maß und eine Waage, womit der Mensch geprüft wird. Sie stehen dort schon bereit."

In den „Moralia" des hl. Gregor d. Gr. verklärt das Licht der Erlösung den Ernst dieser Wahrheit. Hier ist *Christus* die Waage, auf der der Vater alles mißt. Rupert von Deutz hält sich teilweise an die Gedanken und Worte des hl. Papstes, wendet sie aber auf den *gekreuzigten Heiland* an: „Durch die Hingabe Christi, des Sündenlosen, in den Tod wurde das Kreuz in der Hand des Vaters zur Waage: Auf der einen Seite trug es die Sünden der Welt in der Schale der Gerechtigkeit; auf der anderen, in der Schale des Erbarmens, alles Unheil des Menschengeschlechtes. Das Leid in der Schale der Barmherzigkeit bekam das Übergewicht, indem es die Schale der Gerechtigkeit in die Höhe trieb und die Sünden in die Meerestiefe abwarf" (Rupertus Tuit., De S. Spiritu, lb. II; 8; PL 167).

Die Symbolik Waage = Kreuz ist durch eine Strophe des Passionshymnus „Vexilla Regis" vielen bekannt:

„O sel'ges Kreuz, an dessen Armen
Der Lösepreis der Welt gehangen!
Als Waage des hochheil'gen Leibes
Der Hölle es die Beut' entriß!"

In der christlichen *Kunst* erscheint das Symbol der Waage erst im 2. Jahrtausend. Im Mosaikenzyklus von Torcello und an der Fassade von S. Trophimus in Arles tritt das Motiv im Rahmen der Weltgerichtsdarstellungen zum erstenmal auf und wird in der byzantinischen wie in der italienischen und nordischen Kunst in allen ihren Verzweigungen beibehalten.

3. GEWANDUNG

Allgemeines

Der Ursprung der Kleidung ist nach Genesis 3, 7 auf ein unwillkürliches Erwachen des Schamgefühls zurückzuführen, das durch die erste Sünde hervorgerufen wurde. Ehe der Mensch im Paradies der Versuchung erlegen war, trug er keine materiellen Kleider; vielmehr war die übernatürliche Gerechtigkeit sein Gewand, Unschuld und Unvergänglichkeit sein Kleid. Das Offenbarwerden der körperlichen Nacktheit ist ein Offenbarwerden der fehlenden Gerechtigkeit, Unschuld und Unvergänglichkeit: Weil der Leib nicht mehr unschuldig und unvergänglich ist, wird er mit einem Gewande verhüllt (vgl. Peterson, Theol. des Kleides, Bened. Monatschr. 1934).

So ist denn das Kleid seit dem Sündenfall für alle Zeiten mit der Person eines jeden zivilisierten Menschen verbunden. Mit dem Fortschritt der Kultur wird die Art der offiziellen Gewandung mehr oder weniger das Sinnbild ihres Trägers: Die Tracht kennzeichnet ein Volk, einen Stand, eine Genossenschaft, das Kultgewand bereits im Heiden- und Judentum den Priester usw.

Im symbolischen Denken und Empfinden der antiken Menschen war das Kleid nicht etwas Zufälliges, Gleichgültiges, sondern Bild oder, besser, Realität eines neuen Menschen, den man mit dem Kleiderwechsel anzog. Die Griechen verlangten, daß jeder, der den Tempel betrat, zuvor seine Kleidung ablege, in fließendem Wasser bade und neue oder frisch gewaschene Kleider anziehe, zum Zeichen, daß man den alten Menschen ausziehen und gewissermaßen vor den Toren des Tempels lassen solle. — Nach einer altbabylonischen Ritualtafel für Beschwörer soll der Kranke sein Kleid ausziehen und mit dem Kleide die Krankheit, den kranken Menschen.

Bei den Mysterien legte der Einzuweihende das Kleid oder die Abzeichen des gefeierten Gottes an und wurde so in diesen umgewandelt und von der Kultgemeinde als solcher verehrt. Dieses „Gott-Anziehen" war also sehr konkret gedacht. Auf diese Weise mit der Gottheit eins zu werden, war wohl die tiefste Symbolik, die man einer solchen Investierung beilegte. Babylonische Priester zogen für gewisse Zeremonien eine Fischhaut über, um damit ihre Vereinigung mit dem Fisch- und Wassergott Ea-Tannes darzustellen.

Die Bekleidung, die der Prophet Elija an Elischa vornahm, indem er seinen Mantel über ihn warf (1 Kön 19, 19), sollte das Zeichen der Berufung sein und dem Jünger den Geist und die Prophetengabe des Meisters mitteilen. Gott hatte diesen Mantel zum wirksamen Symbol gemacht und Wunderkraft in ihn gelegt: Elija selbst schlug mit diesem zusammengerollten Kleidungsstück das Wasser des Jordan, das sich teilte und ihn samt seinem Schüler trockenen Fußes durchgehen ließ. Das gleiche Wunder wiederholte Elischa mit dem Mantel, dem Elija bei seiner Himmelfahrt herunterfallen ließ. Als die Prophetenjünger das sahen, rufen sie: „Der Geist des Elija ruht auf Elischa!" (vgl. 2 Kön 2, 13—15).

Den Flügel des Obergewandes über jemanden ausbreiten war Gestus der symbolischen Besitzergreifung, wie sie durch die Heirat verwirklicht werden soll (vgl. Rut 3, 9 u. Ez 16, 8).

Das *„härene Gewand"* (saccum, cilicium) war schon von alters her Symbol der *Buße*. Im Buche Jona 3, 5—8 heißt es von den bekehrten Niniviten, daß der König „sich in ein Bußkleid hüllte" (indutus est sacco) und das gleiche für Menschen und Tiere anordnete. Auch Judit (9, 1) legte ein Bußgewand an, um sich vor Gott auf ihre Heldentat vorzubereiten, die Israel aus der Hand der Feinde erretten sollte. Der Gebrauch des Ciliciums setzte sich im Christentum fort. Im altchristlichen Ritus erhielt es zum Gebrauch der öffentlichen Büßer eine eigene liturgische Weihe. Als Bild der *Bußgesinnung* ist es in einer Antiphon erwähnt, die am Beginn der Quadragesima während der Bestreuung mit Asche vom Chor gesungen wird.

In der biblischen Bildersprache dient das Gewand oft als Vergleich für Eigenschaften, die dem Menschen anhaften, anderseits für Heil (Ps 132, 16; Jes 61, 10; Bar 5, 1) oder Fluch (Ps 109, 18), die ihm je nach Verdienst von Gott zuteil werden. „Die Priester sollen in Gerechtigkeit sich kleiden" (Ps 132, 9); den Lästerer soll „Schamröte und Schmach wie ein Mantel bedecken" (Ps 109, 29; cf Ps 35, 26). Jerusalem wird aufgerufen, „seine Kraft anzuziehen" (Jes 52, 1). Dereinst wird bei der Auferstehung „das Sterbliche mit Unsterblichkeit bekleidet" (1 Kor 15, 53). Gott selbst umkleidet sich mit Rache gegen seine Feinde (Jes 59, 17). Ein schmutziges Kleid ist Bild der Sündenbefleckung (Sach 3, 3), das weiße Kleid an sehr vielen Stellen der Hl. Schrift, besonders der Apokalypse, Symbol der Reinheit und Heiligkeit.

Der hl. Paulus nennt *Christus* das Gewand, das die Getauften im Bade der Wiedergeburt anziehen sollen (Gal 3, 27; Röm 13, 14). „Darum ist nackt derjenige, der nicht mit Christus Jesus bekleidet ist" (Origenes in Ezech. Hom. VI. 8).

Fast alle *Kirchenväter* erwähnen häufig das Kleid als Symbol in verschiedener Bedeutung. So ist das Gewand bei Origenes (in Lev Hom. IX. 2) ein Sinnbild der *Menschheit Christi.* „Mit einer geheiligten Linnentunika wird der Hohepriester bekleidet. Leinen entsprießt aus der Erde. Mit einer hl. Linnentunika also bekleidet sich der wahre Hohepriester, Jesus Christus, da er die Natur des irdischen Leibes annimmt." Überaus poetisch sind die Gedanken des hl. Ephräm (19. Gesang gegen die Grübler): „Deine Kleidung war die Hülle deiner Menschheit, dein Körper Hülle deiner Gottheit; also hattest du zwei Kleider: Kleid und Körper, dieses Brot des Lebens. Wer sollte nicht staunen ob deiner Wechselkleider? Deinen furchtbar hehren Glanz hat der Leib bedeckt, das Gewand den schwachen Leib; und Brot bedeckt das innewohnende Feuer (der Gottheit)."

Christi Gewand ist nicht allein seine Menschheit, sondern auch sein mystischer Leib, *die Kirche.* „Von vielen Gegenden hat Er uns gesammelt und gewoben, damit wir Schwächere als Einschlag von Größeren gehalten werden ... Aufzug ist die kräftigere Ordnung der Kirche: die Bischöfe und Lehrer, Einschlag die Untergebenen und das geweidete Volk, Fell die Katechumenen, die ihre Kleider von Fellen noch nicht durch die Taufe abgelegt haben" (Methodius von Olympos, Vom Aussatz, 15).

Das Kleid der *übernatürlichen Gerechtigkeit,* das der Mensch im Paradies besessen und verloren hat, das wir wieder zu erlangen suchen, wird uns in der *hl. Taufe* geschenkt. Es ist „die Stola der Unvergänglichkeit, die mit dem Wasser der Taufe gewoben wird" (syrischer Taufritus). „Gewand aus Wasser und Geist" nennen es die Griechen. Das *weiße Taufkleid* ist Sinnbild der Auferstehungsherrlichkeit, zu der wir durch die Taufe geboren werden, Bild des Glanzes und der Schönheit, womit die Seele in der Taufe geschmückt wird (Katech. Rom.). Es ist das Gewand, das der verlorene Sohn empfängt, wenn er in das Vaterhaus zurückkehrt, das „Hochzeitskleid" (Mt 22, 11), das uns würdig macht, am himmlischen Königsmahle teilzunehmen. Wer das Taufkleid anlegt, legt ab das Kleid, das er nach dem Sündenfall trug: das Kleid aus den Blättern des unfruchtbaren Feigenbaumes, die Gewänder aus den Fellen toter Tiere, die unsere Sterblichkeit versinnbildlichen ... — Diese „schmutzigen Hüllen" (Justinus, Dial. 116) streifen wir ab, wenn wir zur Taufe eilen (vgl. Peterson, Theologie des Kleides).

In der Urkirche war man so sehr von diesen Gedanken durchdrungen, daß die Christen vielerorts nicht allein nach der Taufe acht Tage lang ihre weißen Taufkleider trugen, sondern sie auch weiterhin als Festgewand benützten, namentlich zur Feier der Eucharistie. Weiße Kleider galten ja schon bei den Juden wie bei den Römern als Zeichen festlicher Stimmung. Solche Gewandung scheint übrigens mancherorts vorgeschrieben gewesen zu sein, wie mehrere Väterstellen es beweisen. Als der hl. Antonius der Einsiedler, voll Sehnsucht nach dem Martyrium, vor

Gericht erschien, zog er weiße Kleider an, auf daß man schon daraus erkenne, er sei ein Christ (hl. Athanasius, in Vita Ant. c. 23). Clemens von Alexandrien klagt darüber (Paidagogos c. 11), daß „die Christen beim Verlassen der Kirche mit der Kleidung zugleich die Sitten wechseln" (P. Koch S.O.Cist., Die Albe in der christl. Antike). Der hl. Cyrillus von Jerusalem lehrte seine Taufschüler, die symbolischen weißen Gewänder stets zu bewahren (Mystagog. Katech. IV. 8): „Keineswegs sagen wir, daß du immer weiße Kleider tragen sollst, vielmehr behaupten wir, daß du mit den *wahrhaft* weißen und glänzenden, *geistigen* Kleidern angetan sein sollst."

Bei der Taufe legten die Täuflinge ihre alten Kleider ab und damit auch den alten Menschen. Man zog die Kleider aus, weil man sie sich als *Wohnung der Dämonen* dachte. Legte man nun ihre Wohnungen ab, so entzog man sich dadurch gewissermaßen ihrem Einfluß. Das Ablegen der Kleider wurde zum Sinnbild des Bruches mit den alten Leidenschaften und Fehlern.

Wurde das Taufkleid rein und unbefleckt bewahrt, so war es eine Gewähr für den Besitz des ewigen Lebens. — Oft wurden Christen in ihrem Taufkleid begraben, wie viele Grabinschriften es bezeugen. „Gereinigt in der Taufe durch das Blut des Lammes, haben sie ihre Kleider weiß gewaschen und die empfangene Gnade bewahrt" (hl. Victorinus von Pettau, Apoc. 7, 9; CSL S. 81). Das Taufkleid, das uns im Himmel schmückt, ist nach St. Basilius (Ep. ad Palladium; PG 32, 1033) ein Gewand, das „den Tod im Fleisch ausgelöscht hat. Verschlungen wurde das Sterbliche im Gewand der Unsterblichkeit."

Das weiße Kleid ist das *Gewand der Himmelsbewohner,* die Ähnlichkeit mit Gott, der „in Licht gehüllt ist wie in ein Gewand" (Ps 104, 2). In der Apokalypse tragen die Gerechten, besonders die Märtyrer und die Braut-Kirche, weiße Gewänder (Offb 6, 11; 7, 9; 7, 13—14; 16, 15; 19, 8). Fast jedesmal, wenn die Hl. Schrift uns von Engelserscheinungen berichtet, werden diese in blendend weißen Kleidern geschildert (Mk 16, 5; Apg 1, 10). Bei der Verklärung des Herrn am Berge Tabor werden Seine Kleider weiß wie Schnee (Mt 17, 2).

Auch der *menschliche Leib* ist Gewand der Seele. Darum werden wir „jedesmal, wenn wir unsere Kleider ausziehen, an unseren Tod gemahnt" (St. Athanasius, De cruce et passione Dom.). „Was ist nun der Tod? Das gleiche wie das Ausziehen eines Gewandes. Denn wie ein Gewand umgibt der Körper die Seele. Haben wir ihn für kurze Zeit in unserem Tod abgelegt, so werden wir ihn herrlich strahlend wiederbekommen" (Joh. Chrysost. 5. Hom. an die Antiochier).

Das hochzeitliche Kleid des Evangeliums ist nach St. Gregor *die Liebe:* „Es freuen sich die Engel, wenn die Erwählten in den Himmel aufgenommen werden. Wie können wir aber Zuschauer ihrer Feste sein, wenn wir das hochzeitliche Kleid, d. i. die Liebe, die allein uns Schöne verleiht, nicht haben?" (Greg. M. „Moralia", Hom. 38, 9). Darum ruft der hl. Augustinus uns zu: „Da ist das hochzeitliche Kleid: zieht es an, ihr Eingeladenen, um ruhig euch niederlassen zu können. Saget nicht: wir sind zu arm, um dieses Kleid uns anzuschaffen. Bekleidet andere, und ihr werdet bekleidet. Es ist jetzt Winter: kleidet die Nackten. Der Nackte ist Christus! Und habt ihr kein hochzeitliches Kleid, schenkt Er euch eines" (Serm. 96, 7; PL 38, 584).

Aus dem Vorhergehenden läßt sich verstehen, warum seit den Anfängen des *Mönchtums* die *Einkleidung* der Neulinge im Ordensleben ein so wichtiges Ereignis war und blieb. Wer das Kleid des hl. Wandels erhielt, war überzeugt, mit dem Weltkleid auch alle Sünden des bisherigen Lebens abgelegt zu haben. Das neue

Gewand ist gleich der Stola Baptismatis, Sinnbild des neuen Menschen, geschmückt mit Gerechtigkeit und Heiligkeit, Zeichen der Auserwählung, Unterpfand der Glorie, Bekleidung mit Christus. Nach der Antoniusregel macht der Mönchshabit seinen Träger den Engeln gleich, denn sie sagt: „Dein Gewand soll dir zu Flügeln werden, mit denen du dich über ein feuriges Meer emporschwingst." Die dunkle oder schwarze Farbe ist Zeichen der Armut, Demut und Buße.

Doch nicht allein in Ordensgemeinschaften, sondern ziemlich allgemein ist die Einführung in einen besonderen Stand mit irgendeiner Bekleidung, durch eine Uniformierung oder ein Abzeichen verbunden. Im Dienste der hl. Kirche ist dies vor allem bei den verschiedenen Graden des ordo sacerdotalis der Fall: Kleriker erhalten das Superpelliceum, Subdiakone Amikt und Tunicella, Diakone Stola und Dalmatik, Priester die Kasel, Bischöfe und Prälaten die Mitra sowie Handschuhe und Schuhe, Kardinäle den roten Hut und die Cappa magna.

Gürtel

Seit ältesten Zeiten gehörte ein Gürtel (cingulum, *ζώνη, στρόφιον)* zur Männer- wie zur Frauenkleidung. Er bestand in seiner primitivsten Form aus einer einfachen Schnur, die durch den überfallenden Stoff des Kleides bedeckt wurde; doch gab es auch breitere Gürtel aus anderem Material. Ihr Zweck war, der hinderlichen Länge und Breite eines wallenden Gewandes abzuhelfen, was besonders für Soldaten, Handarbeiter und Sklaven notwendig war. Der Gürtel hatte neben seiner Hauptbestimmung auch andere praktische Vorteile und wurde dementsprechend ausgestattet und verbreitert: Man barg darin allerlei kleine Gegenstände, wie Geldbörse (vgl. Mt 10, 9), Messer, Schreibtäfelchen und dergleichen. Soldaten befestigten am Gurt ihr Schwert, wie bereits ägyptische Darstellungen es zeigen. Er gehörte so sehr zur Ausrüstung der Krieger, daß der lederne, metallbeschlagene Gürtel mit den herabhängenden Abzeichen geradezu ihr Merkmal und dadurch Sinnbild des Kriegsdienstes wurde. Der Ausdruck „das Soldatenzingulum nehmen" war gleichbedeutend mit „In das Heer eintreten".

Gürtel vornehmer Leute waren oft reich gestickt und wahre Prunkstücke, die besonders Frauen gerne zur Schau trugen. Außerdem bediente man sich im Altertum auch schmaler Ketten, die ihrer Anmut und Festigkeit wegen sehr beliebt waren. Es gab auch Gürtel, die mehr einem Lendentuch glichen. Sie hießen „bracae" oder „perizomata".

„Ganz ohne Gürtel zu sein war in Rom nur innerhalb des Hauses gestattet. Sobald man ausging oder sich öffentlich zeigte, war das Gürten der Tunika ein Erfordernis des Anstandes. Ungegürtet gehen galt als Zeichen weichlicher Bequemlichkeit oder sittlicher Laxheit. Erst im 3. Jahrhundert weicht in Rom diese strenge Auffassung einer milderen Ansicht. Das zeigt das Vorkommen ungegürteter Tuniken in den Katakombenmalereien ... Im Orient und in Afrika dagegen war das Tragen einer ungegürteten Tunika schon länger in Gebrauch" (Ph. Oppenheim, Das Mönchskleid im christl. Altertum).

Alle erwähnten Arten von Gürteln sind gelegentlich auch in der Hl. Schrift genannt. Aus vielen Beispielen seien nur einige angeführt: Da ist der Linnengurt (balteum), mit dem Aaron und seine Söhne samt allen Leviten angetan werden (vgl. Ex 28, 4; 29, 5. 8; Lev 8, 13; 16, 4). Der des Hohenpriesters war reich mit Buntwirkarbeit verziert (Ex 28, 39; 39, 5); das Buch Sirach nennt ihn „zona gloriae" (Sir 45, 9. Vulg.).

Die Gürtung der Israeliten beim Passahmahl ist, wie ihre ganze Reisekleidung, Symbol der Bereitschaft.

Der Kriegergürtel ist in der allgemeinen Kampfrüstung stets einbegriffen. In der Vulgata kommt er als solcher unmittelbarer zum Ausdruck als in deutschen Übersetzungen des Urtextes, weil dort das Verbum „accingere" gebraucht wird (vgl. Num 32, 17; Ri 3, 16; 18, 11). Psalm 45, 4 ruft dem Messiaskönig zu: „Dein Schwert gürt um die Lenden, starker Held!"

Die Asketen des Alten Bundes trugen *Ledergürtel,* wie von Elija (2 Kön 1, 8) und Johannes dem Täufer (Mt 3, 4) berichtet wird. — Buß- und Trauergürtel waren aus Ziegenhaaren und hießen „Cilicium" (vgl. 2 Makk 10, 25).

In seiner Aufzählung aller Gegenstände, auf welche die Frauen seiner Zeit besonders eitel waren, nennt Jesaja (3, 20) auch die „Prachtgürtel", die namentlich zum Brautstaat gehörten. Wenn Gottes Strafgericht über Israel hereinbricht, werden sie ihnen genommen und ein Strick muß sie ersetzen.

Mehrmals gebrauchen die Propheten das Bild des Gürtels in zweifach symbolischer Bedeutung: Nicht nur als kostbares, hochzeitliches Schmuckstück, auf das man stolz ist, sondern auch sofern er sich fest an die Gestalt anschmiegt. Beide Eigenschaften werden auf das Verhältnis zwischen Gott und seinem Volk bezogen, das in Christus und der Kirche den Vollsinn erreicht (vgl. Jes 49, 18; 60, 4; Jer 2, 32; 13, 1—11).

Metaphorisch werden *Tugenden,* die einen Menschen auszeichnen, mit einem Gürtel verglichen, der ihn ganz umgibt; ja Gott selbst ist mit Macht (Ps 65, 7) und Kraft (Ps 93, 1) gegürtet. Jesaja prophezeit vom kommenden Messias: „Gerechtigkeit ist der Gürtel um seine Hüften, Treue der Gürtel um seinen Leib" (11, 5), und der Psalmist preist den Herrn, daß er ihn „umgürtet hat mit Kraft" (Ps 18, 33 u. 40). Dagegen soll der Fluch den unbarmherzigen Feind umschließen wie ein Gürtel, den er ständig tragen muß (Ps 109, 19).

Christus mahnt zu stetem Bereitsein für sein Kommen mit den Worten: „Legt euren Gürtel nicht ab und laßt eure Lampen brennen!" (Lk 12, 35).

Die hll. Apostel Petrus und Paulus sprechen von der geistigen *Kampfbereitschaft* im Bilde der Umgürtung (Eph 6, 14; 1 Petr 1, 13).

In der geheimen Offenbarung (1, 13) schaut Johannes den „Menschensohn" mit einem „goldenen Gürtel um die Brust". Die in weißes Linnen gekleideten Engel (15, 6) tragen den gleichen Goldschmuck.

Die erwähnten Schriftstellen sowie die antike Praxis lassen erkennen, wie das Christentum die Symbolik des Gürtels auffaßte und warum dieser in der Kleidung der Priester und Mönche eine besondere Rolle spielt. Bereits in den Schriften von Mönchsvätern der ersten christlichen Zeiten ist vom Gürten der Gewänder die Rede. Die Religiosen meiden alle Weichlichkeit und Nachlässigkeit. Der Gürtel ist ihnen Sinnbild der *Bereitschaft* zur Arbeit, da ja das Schürzen der Kleider zu dieser die nötige Bewegungsfreiheit gewährt. Die Symbolik bezieht sich aber vor allem auf die *Gesinnung* der Bereitschaft, die nicht allein der materiellen Arbeit, sondern jeder Art des Gottesdienstes entgegenzubringen ist.

Als Kennzeichen der Soldaten ist der Gürtel dem *Streiter Christi* Ansporn zum *geistigen Kriegsdienst;* als Umgürtung der Lenden bedeutet er namentlich die *Enthaltsamkeit, Keuschheit* und *Jungfräulichkeit.* Besonders der *Ledergürtel, wie* Johannes der Täufer und Elija ihn trugen, mahnt zur *Abtötung.* Die Alten sahen im Leder, da es von toten Tieren stammt, ein Bild der Sterblichkeit, in diesem Fall ein Symbol der Tötung sinnlicher Begierden.

Formeln, die bei der Übergabe des Mönchsgürtels gesprochen werden, ergeben noch einige Gesichtspunkte für die Symbolik: In einem griechischen Euchologium stehen folgende: „Du sollst deine Lenden umgürten mit der Kraft der Wahrheit." In einem anderen Tituale wird der Mönch ermahnt, „die Abtötung des Leibes und die keusche Zucht an sich zu tragen" (vgl. Ph. Oppenheim a.a.O.).

Im Benediktinerorden ist bei der Einkleidung folgende Formel gebräuchlich — für Mönche: „Die Gerechtigkeit sei der Gürtel deiner Lenden. Bleibe eingedenk, daß ein anderer dich gürten und dahin führen wird, wohin du nicht willst!" — Hier wird die bekannte Stelle aus dem Johannesevangelium (21, 18), die das Martyrium verheißt, auf die unbedingte Hingabe zum Gehorsam angewendet.

Für Nonnen: „Der Herr umgürtet dich mit dem Gürtel der Gerechtigkeit und dem Gurt der Reinheit, auf daß du verdienst, in das Brautgemach des göttlichen Bräutigams einzugehen!"

Priester beten heute noch, wenn sie sich zum hl. Opfer ankleiden, beim Gürten der Albe, die Kraft der Enthaltsamkeit und Reinheit möge in ihnen bleiben. Gürtel oder Cingulum sollen als geweihtes Sakramentale die Gnade vermitteln, die sie versinnbildlichen. Der goldene Gürtel des Herrn, von dem die Apokalypse spricht, wird von manchen Exegeten auf die *Liebe* gedeutet. Die Auslegung beruht wohl auf einer Stelle des Kolosserbriefes (3, 14): „Vor allem aber liebt einander, denn die Liebe hält alles zusammen und macht es vollkommen." Sie hält gleichsam alle übrigen Tugenden zusammen wie der Gürtel das Gewand.

Schleier

Im Altertum pflegten sowohl Heiden als Juden sich das Haupt oder das Gesicht zu verhüllen, wenn Ehrfurcht vor Heiligem, Todesangst beim Anblick einer Gotteserscheinung oder Bußtrauer sie dazu bewogen. Was Männer gelegentlich taten, war für Frauen stehende Anstandssitte. Als Hülle benützte man in älterer Zeit ein Mantelende, später eigene Schleier oder Tücher.

Heidnische Priester bedeckten sich zur Opferhandlung mit einem purpurfarbenem Amikt. Auch andere Opfernde traten nach altem Brauch mit verhülltem Haupt zum Altar der Götter, wie es sogar von gefallenen Christen aus der Verfolgung des Decius berichtet wird. Bei Mißwachs und Trockenheit verhüllten Landwirte ihr Haupt als Zeichen der Trauer und des Flehens zur Gottheit (vgl. Jer 14, 3. 4). David tat ebenso, als er weinend und barfuß den Ölberg hinanstieg (2 Sam 15, 30). Mose bedeckt sein Angesicht, als ihm der Herr im Dornbusch erschien (Ex 3, 6). Als später sein vom Verkehr mit Gott strahlender Blick die Israeliten in Furcht versetzte, legte er einen Schleier an („posuit velamen super faciem suam", Ex 34, 33), den er aber wieder entfernte, sooft er vor den Herrn trat (Ex 34, 34 f).

Das „Velamen" *(κάλυμμα)* gehörte, wie bereits gesagt, vor allem zur Kleidung der Frauen. Die gute Sitte verlangte, daß diese, namentlich bei öffentlichem Erscheinen, das Haupt verhüllten. Der Schleier bedeckte Kopf, Nacken, Schultern und, je nach der Weise, ihn anzulegen, auch Hals und Brust. Rebecca verschleiert sich, sobald sie Isaak zum erstenmal erblickt (Gen 24, 65). Thamar ist verhüllt bei der Begegnung mit Juda (Gen 38, 15). Das Abnehmen des Velamen entwürdigte. Als die schuldlose Susanna zur Steinigung geführt wurde, befahlen ihre Ankläger, „sie zu entschleiern" (Dan 13, 32 nach Henne).

Nach altrömischer Gepflogenheit war die Übergabe eines Schleiers an die Frau das Zeichen der *Vermählung*, an dem man sie als Verheiratete erkannte. Daher nannte man die Verehelichten „nuptae" und die Hochzeit „nuptiae" von „obnubere" = bedecken. Wolken heißen „nubes", weil sie den Äther verhüllen (vgl. Isidor v. Sevilla, De eccles. Off. II, 20. 6; PL 83, 811). Der römische Hochzeitsschleier, das „flammeum", war feuerrot mit Safrangelb, der Festfarbe. Er gehörte nicht zur stehenden bürgerlichen Sitte, sondern hatte eine gewisse religiöse Weihe. Den Vermählten wurden die Verlobten gleichgeachtet.

Auch die *Vestalinnen*, die als unverletzbare, keusche Bräute der Gottheit galten, trugen einen Schleier (suffibulum). Er war weiß mit Purpurverbrämung, wurde unterhalb des Halses mit einer Fibula (Spange) zusammengehalten und erinnerte — abgesehen von der Farbe — an das hochzeitliche Flammeum der Bräute.

Die schöne alte Sitte blieb auch im Christentum bestehen. Der hl. Paulus verlangt im 1. Korintherbrief (11, 4—15) ausdrücklich die Verschleierung der Frauen. Viel später bezeugt ein venezianisches Rituale des 16. Jahrhunderts einen mancherorts üblichen Brauch, nach welchem die Brautjungfern während der Trauungsmesse einen Schleier über das junge Paar ausspannten oder der Priester einen solchen über die Schulter des Mannes und den Kopf der Frau legte.

Gleich den Verheirateten sollten auch die gottgeweihten Jungfrauen einen Schleier tragen. Tertullian, der an mehreren Stellen davon spricht, ermuntert sie dazu im Buch „De Virginibus velandis" (Kap. 16):

„Ich bitte dich, Jungfrau, verhülle mit dem Schleier dein Haupt! Ergreife die Waffe der keuschen Zucht, umgib dich mit dem Walle der Schamhaftigkeit, baue eine Mauer deinem Geschlechte, die weder deine eigenen Blicke noch die der Vorübergehenden hindurchläßt. Trage das Gewand der Frau, damit du den Stand der Jungfrau bewahrest. Gib dir den Schein, als wärest du das, was du in Wirklichkeit nicht bist, und sei damit zufrieden, daß Gott allein dich kennt. Übrigens bist du ja wirklich verheiratet: denn du hast dich mit Christus vermählt; ihm hast du deinen Leib übergeben, ihm dich verlobt. Kleide dich nun auch so, wie dein Bräutigam es will. Christus verlangt aber, daß die weltlichen Bräute und Frauen den Schleier tragen, um wieviel mehr sollen dies erst seine Bräute tun!" (PL II, 960).

Im 15. Kapitel (a.a.O.) nennt derselbe Autor den Schleier, unter dem die Jungfrau sich birgt, „gleichsam einen Helm, ein Schild, das ihr Gut schützt gegen die Hiebe der Versuchungen, gegen die Wurfgeschosse der Ärgernisse, gegen Verdächtigungen, Gerede und Mißgunst, ja gegen Neid".

Die Kirche hat den Schleier, den die gottgeweihte Jungfrau bei ihrer Consecratio erhält (vgl. Pontificale Rom.), durch eine besondere Weihe zum Sakramentale und zum heiligen Symbol erhoben. Das Benediktionsgebet richtet sich an Christus, „das Haupt aller Gläubigen, den Erlöser des ganzen (mystischen) Leibes". Die Übergabe geschieht mit den Worten: „Empfange den heiligen Schleier (velamen ‚*sacrum*') als Kennzeichen, daß du die Welt verachtest und dich Christus Jesus wahrhaft und demütig mit ganzem Streben des Herzens (toto cordis annisu) als Braut für immer unterworfen hast. Er möge dich gegen alles Böse verteidigen und zum ewigen Leben führen. Amen." Sofort nach ihrer Verschleierung singt die Jungfrau:

„Ein Siegel hat er meinem Antlitz eingeprägt, auf daß ich keinen Liebhaber zulasse als ihn!" — Damit ist die Symbolik des Velamen klar ausgedrückt: Gleichwie die Vermählte dem einen Mann gehört, dem allein es zusteht, den Schleier zu lüften, der sie anderen verbirgt, so ist die Jungfrau Eigentum des Herrn allein, vor aller Welt verborgen und von ihr getrennt. Das bedeutet aber kein enges, selbstsüchtiges Eingeschlossensein in sich, vielmehr ein Freisein vom Irdischen, um sich desto leichter Christus zu erschließen.

Nach Origenes (in Cant. lb. III [IV], 75) ist *Christus* für die Seele das Velamen, mit dem das Haupt umhüllt wird. Das erklärt vielleicht die tiefste Bedeutung dieses Gewandstückes (vgl. die oben angeführten Worte aus der Benedictio velaminis). Obwohl diese zunächst die gottgeweihten Jungfrauen betrifft, so ist sie doch auch im Kreise männlicher Asketen nicht unbekannt. Für diese erhält die Deutung des Origenes den Sinn, daß sie der *Kirche* als dem *fortlebenden Christus* vermählt sind. Die Mönche orientalischer Riten tragen heute noch einen mit dem Kamealukon (ihrer Kopfbedeckung) verbundenen Schleier. Vielleicht liegt diesem der erwähnte mystische Gedanke zugrunde, vielleicht auch der antike Brauch der Velatio der Opfernden, denn die Christen sind nach den Worten des hl. Petrus (1 Petr 2, 9) „ein königliches Priestertum".

Vom Aussehen des Schleiers im heidnischen und christlichen Altertum geben viele Kunstdenkmäler Zeugnis. Darstellungen von Frauengestalten mit der Palla [1] über dem Kopf sind in den Katakomben sehr selten und gehören fast ausschließlich den zwei ersten Jahrhunderten an. Umso öfter begegnet man *Oranten,* die den *Schleier* tragen. Er ist weiß, meistens an den Enden mit Purpurstreifen oder einem Purpurkreis verziert, zuweilen auch mit Fransen. Länge und Drapierung sind verschieden. Auf einigen Katakombenfresken erscheint der Schleier ganz durchsichtig, was auf den Gebrauch sehr dünner Stoffe schließen läßt.

Auf Bildern der Gottesmutter ist die Verhüllung des Hauptes so verschiedenartig, daß man keine feststehenden Prinzipien herausfinden kann. Sogar auf Katakombenbildern fehlt der Schleier zuweilen ganz. In der byzantinischen Periode, aus der die sogenannten Lukasmadonnen und viele Mosaike stammen, ist die Allerseligste Jungfrau meistens ganz in eine dunkelblaue oder dunkelrote Palla gehüllt, die über den Kopf gezogen ist. Doch gibt es auch da Ausnahmen, z. B. auf dem Triumphbogen von S. Maria Maggiore zu Rom, wo die Theotokos ohne Verhüllung des Hauptes, dafür aber in reichem Edelsteinschmuck erscheint.

Vom Mittelalter an gibt es auch Marienbilder, auf denen langes, herabwallendes Haar die Stelle des Schleiers vertritt. — Bezüglich der Darstellungen anderer heiliger Jungfrauen herrscht — sofern sie nicht ein bestimmtes Ordenskleid tragen — die gleiche Verschiedenheit. Russische Ikonen halten an der byzantinischen Tradition fest.

Schuh

Die Symbolik von Schuh und Fuß ist eng verbunden und gleicht sich in manchen Stücken. Daher wird hier nur das behandelt, was der Fußbekleidung als Sinnbild eigen ist.

Die Schuhe (calceamenta, *ὑποδήματα)* haften an den Füßen und dienen ihnen zum Schutz. Sie gehören zur Vollständigkeit einer besseren Gewandung. Der Umstand, daß sie, wie auch die Sandalen, aus Häuten toter Tiere hergestellt werden, spielt in der Symbolik eine Hauptrolle. Die Kraft, die nach antikem Aberglauben vom Fuß ausgeht, teilt sich auch der Fußbekleidung mit, daher schreibt man ihr

[1] Langes, rechteckiges Gewand aus *einem* Stück, das die ganze Gestalt umhüllt.

ähnliche Wirkungen zu. In einer ganzen Reihe germanischer *Erntebräuche* scheint die Verwendung des Schuhes auf Förderung der Fruchtbarkeit abzuzielen. Ähnlichen Sinn bekunden gewisse *Hochzeits-* und *Rechtsbräuche:* Gregor von Tours (De vitis Patrum Kap, 16) spricht von einer Sitte, nach welcher der Bräutigam der Braut zum Zeichen der geschehenen Verlobung ein Paar Schuhe überreicht. Nach altnordischem Recht wird der Akt der Adoption vollzogen, indem der Vater den Adoptivsohn einen Schuh anlegen läßt, den er selbst zuvor angezogen hatte. So vollzieht er sinnbildlich den Akt der Zeugung mittels des Symbols der Fruchtbarkeit.

Das vom mosaischen Gesetz vorgeschriebene Abnehmen des Schuhes, wenn der Bruder oder der nächste Verwandte eines Verstorbenen, der keinen Sohn hinterließ, seine Schwägerin nicht zur Ehe nehmen will, gehört wohl auch in diesen Ideenkreis. Es liegt darin die Entkleidung vom Rechtsanspruch wie auch eine Degradierung von der Stellung, die der Betreffende im Kreise seiner Verwandtschaft einnahm (vgl. Dtn 25, 7—10).

Wie der Fuß ist auch der Schuh Symbol der *Unterjochung* oder der *Besitzergreifung* (vgl. Ps 60, 10). Von diesem Gedanken führt der Sinn weiter zu dem der *Herrschaft,* der *Würde* und des *Ranges.* Mächtige Könige sandten Geringeren ihre Schuhe zu, welche diese zum Zeichen der Unterwerfung tragen mußten. An die Umkehrung des richtigen Verhältnisses im „Pantoffel" gebietender Ehefrauen erinnert die bekannte Redensart. Vornehme ließen sich durch ihre Sklaven die Sandalen anbinden, während Schüler es sich zur Ehre anrechneten, dies an ihren Lehrern tun zu dürfen. Bei den Römern waren die „Soleae" (Ledersandalen) ein Vorrecht der Freien. Alle Magistraten, die im Senat waren, trugen den roten Senatorenschuh (mulleus oder calceus senatorius), auf dem bei den Patriziern die elfenbeinerne Lunula hinzukam, „als Symbol für das einstige Wohnen auf dem Mond und dafür, daß nach dem Tode die Seelen wiederum den Mond zu ihren Füßen haben werden" (Kastor v. Rhodos, Fragm. 25, nach Plutarch).

Im Bilde der Bekleidung mit Gewändern einer Königsbraut, unter welchem Ezechiel (16, 10) die Wiederversöhnung Gottes mit dem treulosen Volke schildert, werden die kostbaren Schuhe aus violettem Seehundsleder eigens hervorgehoben. Auch in der Parabel vom verlorenen Sohn (Lk 15, 22) gehören die Schuhe zum Festkleid.

Wie der Schuh ein Zeichen der *Herrschaft,* der *Hoheit* und des *Ranges* ist, so andererseits die Entblößung des Fußes, die Ablegung der Schuhe ein Zeichen der *Ehrfurcht, Demut* und *Niedrigkeit,* unter Umständen auch der *Trauer* und *Buße* (vgl. Ez 24, 17. 23). Als Zeichen der Ehrfurcht hatte das Ablegen der Schuhe einen konkreten Grund: Nicht nur wollte man den Staub und Unrat des Weges nicht an heilige Orte bringen, sondern das Material der Schuhe selbst, weil von toten Tieren genommen, galt als etwas Unreines. Darum durfte man heiligen Boden nicht mit ledernen Schuhen berühren. Von Indien bis Rom, bei Pythagoräern und Mohammedanern finden wir die *„ἀνυποδησία,* religiosa" (religiöse Barfüßigkeit). Nur die ägyptischen Priester gingen nicht barfuß, sondern trugen Papyrussandalen, was nur noch mehr den eigentlichen Grund der Ablegung lederner Fußbekleidung ins Licht setzt. Der hl. Cyrillus von Alexandrien (De Adoratione II) bemerkt: „Der Herr befahl dem Mose, jenem Vermittler heiliger Satzungen, seine Schuhe von den Füßen zu lösen (vgl. Ex 3, 5) . . . Daß es für jene, die Überreste von Verwesung und Sterblichkeit an sich tragen, ein Frevel ist, sich Gott zu nahen, das hatte Mose aus dem Brauche der *Heiden* gelernt. Denn auch diese betraten die

Tempel nicht mit Fußbekleidungen, die aus Häuten toter Tiere verfertigt waren. In ihren Gesetzen galt das als eine Art von Unreinheit."

Aus einer Rede des hl. Gregor von Nazianz ließe sich noch ein anderer Grund herauslesen. Er sagt: „Wer sich anschickt, heiligen Boden zu berühren, dem göttliche Spuren eingeprägt sind, soll seine Schuhe ablegen, wie es Mose auf jenem Berge tat, auf daß er nichts Totes an sich trage, noch *ein Hindernis zwischen Gott und Menschen*" (Oratio 45, 19; PG 36, 650). — Das würde der antiken Denkart ganz entsprechen: Der heilige Ort ist gotterfüllt; wer ihn betritt, tritt in Kontakt mit Gott selber, und das strebten die Alten an: die Gottheit *berühren* (vgl. Apg 17, 27), um ihrer teilhaft zu werden.

In der Evangelienstelle Johannes 1, 27: „Ich bin nicht wert, die Riemen seiner Sandalen zu lösen", sehen die Kirchenväter ein Bild der Inkarnation: „Wer weiß nicht", sagt der hl. Gregor d. Gr., „daß die Schuhe aus toten Tieren hergestellt werden? Im Fleische ist der Herr gleichsam beschuht erschienen, denn er hat in seiner Gottheit unseren verderbten Leib angenommen ... Indes vermag das Menschenauge das Mysterium dieser seiner Inkarnation nicht zu durchdringen. Es kann durchaus nicht erspüren, auf welche Weise das Wort einen Leib annahm, wie der höchste und lebenspendende Geist im Schoße der Mutter eine Seele erhielt, wie der Anfanglose ins Dasein trat und empfangen wurde. Der Schuhriemen ist also die Bindung des Mysteriums ... Wenn Johannes also sagt: ‚Ich bin nicht wert, die Riemen seiner Sandalen zu lösen', was heißt das anderes, als in demütiger Offenheit seine Unwissenheit bekennen? Als wollte er sagen: Kein Wunder, daß der höher ist als ich, von dem ich zwar weiß, daß er nach mir geboren ist, dessen Geburtsmysterium ich aber nicht fassen kann" (Hom. 7, 3).

Die Schuhe sind auch Symbol des *Boten* und *Wanderers.* Das gilt namentlich mit Bezug auf das *Apostelamt.* Es darf uns da nicht verwirren, daß der Herr im Matthäusevangelium (10, 10) und bei Lukas (10, 4) seinen Jüngern die Weisung gibt, auf ihrer Mission *keine* Schuhe zu tragen, bei Markus (6, 9) dagegen die Beschuhung mit Sandalen *gestattet.* Es ist da zu unterscheiden zwischen den damals gebräuchlichen Reiseschuhen, die den Fuß ganz bedeckten, und den bloßen Sandalen. Diese *durften* die Apostel tragen, die anderen aber sollten sie nicht eigens verschaffen, sondern einfach so wandern, wie sie gerade waren. Der Träger eines solchen Amtes muß nach St. Ambrosius sich von seiner sterblichen Hülle losschälen, denn „er darf nichts fürchten und auch nicht durch Todesgefahr sich von der übernommenen Pflicht abschrecken lassen" (Lukaskommentar 7, 57). — Der hl. Gregor d. Gr. deutet die Schuhe auf den *irdischen Ballast,* von dem der Glaubensbote sich frei machen soll: „Die Schuhe sind hier die Abbilder toter Werke. Für den, dem das Predigtamt anvertraut ist, schickt es sich nicht, die Last weltlicher Geschäfte zu tragen, damit ihn nicht der Druck solcher Last am Aufschwung zu himmlischer Predigt hemme" (Hom. 17, 5).

Nun aber folgt die positive Seite der Symbolik: Welches sind die Schuhe, die dem Dienste der hl. Geheimnisse und dem Christen überhaupt angemessen sind? — Zunächst ist es der hl. Paulus, der die Epheser (6, 15) ermahnt, „beschuht" zu sein „mit der Bereitschaft, die frohe Friedensbotschaft zu künden". — Der hl. Ambrosius läßt uns an der Braut im Hohenliede die Schuhe des Apostolates und der Himmelswanderung betrachten: „ ‚Schön sind geworden deine Schritte in den Schuhen, Tochter Aminadabs' (Hld 7, 1 nach LXX). Es besteht kein Zweifel, daß die Schritte hier das Voranschreiten der Kirche oder der Seele bedeuten. ‚Wie schön sind die Füße derer, die den Frieden künden, das Gute verheißen' (Jes 52, 7).

Jedenfalls bewundert der Prophet die Fortschritte der evangelischen Predigt und Unterweisung ... Was soll es (im Hohenliede) mit dem Zusatz, daß die Schritte der Kirche ‚schön' sind, da sie ‚Schuhe' trägt? — Wir haben gelesen, daß Mose die Weisung vernahm: ‚Löse die Schuhe von deinen Füßen' (Ex 3, 5), womit offenbar die Mahnung erteilt wird, sich nicht von fleischlichen Banden umstricken zu lassen. Es ist also die bewundernswerte Schönheit jener Seele gemeint, die ihr Fleisch nur als Schuhwerk behandelt und durch dieses keine Behinderung erleidet, vielmehr anmutsvoll dahinschreitet ... Die Seele beschuht sich also mit dem (in Zucht gehaltenen) Leibe, die Kirche mit der Gnade, auf daß sie den Lauf des diesseitigen Lebens und den Hinübergang (ins Jenseits) in herrlicher Weise vollende ... Benützen wir also unseren Leib wie eine Fußbekleidung zu den gewöhnlichen Werken: Als Diener, nicht als Gebieter, zur Willfährigkeit, nicht zum Genuß, zum Gehorsam, nicht zum Widerstreit!" (zu Ps 118, Srm 17; PL 15, 1445 gekürzt).

Die Symbolik der Beschuhung zum Apostelamt erklärt auch den Sinn der *liturgischen Fußbekleidung,* die von Päpsten, Bischöfen, Kardinälen höheren Ranges und durch Privileg auch von Prälaten zu den Pontifikalfunktionen angelegt werden. Das Gebet, das dabei zu sprechen ist, bittet um die Gnade der Bereitschaft zur Verkündigung des Evangeliums des Friedens. Beim Anlegen der „Caligae" (Strümpfe) ein Gebet zu verrichten scheint nur vereinzelt üblich gewesen zu sein, da sie mit den Schuhen als ein Ganzes angesehen wurden.

Liturgische Gewänder

Paramente wie auch ältere Ordenstrachten gehen auf dem Wege verschiedener Umformungen auf die Gewandung der römisch-griechischen Antike zurück. In den ersten christlichen Jahrhunderten unterschied sich die Kleidung, die der Priester bei liturgischen Funktionen trug, nicht von der damals üblichen. Doch vertauschte der Klerus zur Feier der hl. Geheimnisse das Alltagskleid mit Festgewändern. Diese bestanden aus einer langen gegürteten, mit zwei Purpurstreifen (clavi) besetzten Ärmeltunika (tunica talaris), einem faltenreichen Umwurf (pallium) und Sandalen. Seit dem 4. Jahrhundert wurde die Paenula, ein den ganzen Körper umschließendes Gewandstück, besonders viel benützt und von Priestern am Altar getragen. Sie ist die Urform der Glockenkasel, die man später zum Zwecke leichterer Armbewegung an den Seiten mehr oder weniger beschnitt. Seit dem 9. Jahrhundert wurden die Paramente benediziert. Eine ins einzelne gehende Symbolik legte man ihnen erst im Mittelalter bei. Diese bezog sich auf Christus in seiner Passion oder auf die moralische Disposition, die dem Träger geziemt. Letzterer Sinn ist heute in den liturgischen Texten der Ordines und der Meßvorbereitung festgelegt:

Das *Humerale,* auch *Amikt* genannt, ist Sinnbild der „castigatio vocis", was wohl am besten mit „*Zucht im Reden*" zu übersetzen ist. Bezugnehmend auf das Anlegen über den Kopf heißt es im Vorbereitungsgebet „galea salutis, *Helm des Heiles*" (vgl. Eph 6, 17).

Die Albe bedeutet *Herzensreinheit,* das *Zingulum Enthaltsamkeit* (vgl. Art. Gürtel).

Der *Manipel* (ursprünglich ein Schweißtuch) wird bei der Übergabe an den Subdiakon als Sinnbild der „*Frucht guter Werke*" bezeichnet, wohl wegen des gleichlautenden Wortes „manipulum" = Bündel, Garbe. Im Ankleidegebet heißt es „manipulum fletus et doloris", vielleicht anspielend an Ps 126, 5. 6: „Die mit Tränen säen, werden mit Jubel ernten. Sie gehen hin unter Tränen und tragen den Samen zur Aussaat. Sie kommen wieder mit Jubel und bringen ihre Garben ein."

Die *Stola* ist das charakteristische Amtsabzeichen der Diakone, Priester und Bischöfe. Nach mittelalterlichen Liturgikern versinnbildlicht sie das Joch des Herrn, wie es auch die Formel der Übergabe dieses Gewandstückes bei der Priesterweihe ausdrückt. Das heute übliche Gebet beim Anlegen der stola faßt sie jedoch als Symbol der heiligmachenden Gnade und der ewigen Verklärung auf.

Mit der *Kasel* wird der Neugeweihte bei der Ordination mit dem eigentlichen priesterlichen Gewand und Sinnbild der *Liebe* bekleidet, die Gott im Empfänger mehren und vollenden möge. Im Missale bedeutet sie das „*Joch des Herrn*".

Die *Tunicella* ist das „Gewand der *Freude*", die Dalmatik ebenfalls Symbol der Freude und Gerechtigkeit.

Die *Pontifikalhandschuhe* bedeuten *Reinheit* und *Segenskraft.*

(Über liturg. Fußbekleidung: vgl. Art. „Schuhe" — Mitra: vgl. Art. „Horn")

Weit über dieser Einzeldeutung der Paramente steht ihre allgemeine, wesentliche Symbolik: Der Liturge bekleidet sich mit *Christus*, an dessen Stelle er handelt. Seine eigene Person tritt vollständig zurück. Er geht in die hll. Mysterien ein, in das Gebiet des Sakralen, Überirdischen, Überzeitlichen, vollständig gesondert von allem Gewöhnlichen, Profanen. Als Ausdruck dessen ist auch seine Gewandung von der alltäglichen ganz verschieden.

4. SPEISEN

Brot

Unter allen zubereiteten Nahrungsmitteln ist Brot (panis, *ἄρτος)* das allgemeinste und unentbehrlichste und als solches in der Heiligen Schrift genannt (vgl. Sir 29, 28; 39, 31). „Brot soll des Menschen Herz stärken" (Ps 104, 15), seine Kraft „stützen", darum vergleicht es der Prophet Ezechiel (5, 16; 14, 13) mit einem „Stab", der bei einer Hungersnot „zerbricht". Brot ist Zukost bei jeder Mahlzeit, Mundvorrat auf weiten Wegen. Es wird Bild und Ausdruck für Lebensunterhalt im weitesten Sinn und drückt in übertragener Redeweise analoge Begriffe aus.

Nach dem Sündenfall sprach Gott zu Adam: „Mit Schweiß im Gesicht wirst du dein Brot essen" (Gen 3, 19). Das gilt nicht nur buchstäblich, sondern umfaßt noch mehr: Der Mensch muß nunmehr seinen Bedarf mühsam erarbeiten. Weil aber ohne Gottes Segen all unser Tun vergeblich ist, lehrt der Heiland uns beten: „Gib uns heute das Brot, das wir brauchen" (Mt 6, 11). — Doch „nicht nur von Brot lebt der Mensch, sondern von jedem Wort, das aus Gottes Mund kommt" (Mt 4, 4). Diese Stelle aus dem Deuteronomium (8, 3), die Jesus zum Teufel, der ihn versuchen wollte, entgegenhält, zeigt, daß es auch eine geistige Speise gibt: Gottes Wort, Gottes Wille.

Durch die *eucharistische Verwandlung* erhält das Brot seine höchste und heiligste Bedeutung, in der seine Symbolik der des *Getreides* gleicht (vgl. d. Art. S. 191).

Bereits in den Opferriten des Alten Testamentes war das Brot besonders geheiligt und Vorbild der Eucharistie, namentlich im ständigen Opfer der zwölf Schaubrote, die sich in der Stiftshütte wie im Tempel auf einem besonderen Tisch befanden und jeden Sabbat erneuert werden mußten. Ihr richtiger Name heißt: „Brot des Angesichtes", weil sie immer vor dem Allerheiligsten des Herrn lagen. Ihr Sinn war zunächst, Brot des *Lebens* zu sein, jenes höheren Lebens, das von Gott kommt und das er denen gibt und unterhält, mit denen er seinen Bund geschlossen hat. Noch mehrere Brote sind in der heiligen Geschichte Typen des heiligsten Mysteriums: Das Opferbrot Melchisedechs, die ungesäuerten Brote des Passahmahles, das Manna in der Wüste, das Aschenbrot des Elija usw. Zuletzt ist eine der beiden wunderbaren Brotvermehrungen Jesu symbolisches Vorspiel und unmittelbarer Übergang zu jener Rede, in der er spricht: *„Ich bin das lebendige Brot,* das vom Himmel herabgekommen ist. Wer von diesem Brote ißt, wird leben in Ewigkeit" (Joh 6, 51).

Der hl. Paulus sieht im *ungesäuerten Brot* ein Bild der christlichen *Lauterkeit* (vgl. 1 Kor 5, 7. 8. und den folgenden Art. „Sauerteig").

Die Kirchenväter stellen der Zubereitung des Brotes das allmähliche Werden der Täuflinge zum *einen Christusbrot* gegenüber.

Dieser Gedanke ist bereits in einem eucharistischen Gebet der Urkirche grundgelegt, das in der Didaché und mit geringer Änderung in den apostolischen Konstitutionen überliefert ist: „Wie dieses gebrochene Brot auf den Bergen zerstreut war und zusammengebracht *eins* wurde, so möge deine Gemeinde von den Enden der Erde zusammengebracht werden in dein Reich!" (Did. 9, 4).

In mehreren Predigten des hl. Augustinus ist dieses Bild eingehender ausgeführt. So in einer Osteransprache an die Neophyten: „ ‚Ein Brot und ein Leib sind wir viele' (1 Kor 10, 17). In diesem Brot ist euch dargelegt, wie ihr die Einheit lieben sollt. Ist etwa dieses Brot aus *einem* Körnlein bereitet? — Waren es nicht *viele* Weizenkörner? — Doch ehe sie zum Brote wurden, waren sie getrennt. Sie erlitten dann eine Zermalmung. Wird nämlich der Weizen nicht gemahlen und mit Wasser vermengt, so gelangt er nie zu dieser Form, die man ‚Brot' nennt. So werdet auch ihr zuerst durch die Übung des Fastens und durch den sakramentalen Exorzismus gleichsam gemahlen. Die Taufe und das Wasser kamen dazu. Nun gleicht ihr dem Teig, damit ihr zur Brotform gelanget. Doch ohne Feuer gibt es kein Brot. Was bedeutet also das Feuer? Das ist das *Chrisma,* denn das Öl unsres Feuers ist das Sakrament des Hl. Geistes" (Srm. CCXXVII, In die Paschae IV; PL 38, 1100).

Christus selbst aber „ist das Brot, das gesät wurde in der Jungfrau, durchsäuert im Fleische, zubereitet im Leiden, gekocht im Ofen des Grabes, gewürzt in der Kirche, geopfert auf den Altären. Dieses Brot teilt er als himmlisches Brot täglich den Gläubigen aus" (Petrus Chrysol., Über d. Math.-Ev., Pred. 67).

Als Sinnbild der Eucharistie gehört das Brot zu den häufigsten Motiven der Katakombenkunst, sei es in Darstellungen der Brotvermehrung, bei der Christus mit einem Stabe die Brotkörbe (meistens sind es sieben) berührt oder in symbolischen Zusammenstellungen von Brot und Fisch. Die Form der eucharistischen Brote unterschied sich in altchristlicher Zeit nicht von der im Hausgebrauch üblichen.

Sauerteig und „Azyma"

Wie die Genesis berichtet, lebten die Menschen ursprünglich nur von Pflanzenkost, seit der Sintflut aber auch von Tierfleisch (vgl. Gen 9, 3. 4). Sorgfältigere Zubereitung ihrer Nahrung lernten sie wohl erst durch allmähliche Versuche und Erfahrungen. So entdeckten sie — vielleicht zufällig — daß Hefe, d. i. der Satz (eigentlich Pilz), der sich beim Gären von Wein, Bier u. dgl. bildet, den aus Mehl und Wasser gekneteten Teig auftreibt, indem er darin den Gärungsprozeß fortsetzt. Das Brot wird dadurch zuträglicher, haltbarer und schmackhafter. Hefe (faex, *τρύξ)* dürfte also das ursprüngliche Ferment gewesen sein. Doch ergab sich schließlich, daß ein zurückgelegtes Stückchen bereits gesäuerten Teiges den selben Zweck erfüllt und leichter zugänglich ist. Solchen „Sauerteig" (fermentum, *ξύμη)* benützten bereits die Ägypter und andere Völker des alten Orients. Von ihnen lernten auch die Hebräer diesen Vorteil kennen. Für weiße Brotsorten wird jedoch auch heute die Hefe vorgezogen. Da es 8 bis 10 Stunden dauert, bis das Ferment seine volle Wirkung ausübt, begnügte man sich in eiligen Fällen mit ungesäuertem Brot.

So geschah es auch, nach dem Bericht des Buches Exodus, in jener Nacht, da die Ägypter die Israeliten zu schleunigem Abzug drängten: „Das Volk nahm seinen Brotteig mit, noch ehe er gesäuert war. Ihre Backmulden trugen sie, in ihre Mäntel eingewickelt, auf den Schultern" (Ex 12, 34). Erst auf der nächsten Lagerstation Sokoth konnten sie die ungesäuerten Brotkuchen als Reisezehrung backen (vgl. Ex 12, 39). Zur immerwährenden Erinnerung an diese „Nacht der Wache für den Herrn, da er sie aus Ägypten wegführte" (Ex 12, 42), gebot Jahwe die alljährliche Feier des Paschafestes, das auch „Fest der ungesäuerten Brote" genannt wird:

„Dieser Tag soll ein Gedenktag für euch sein. Ihr sollt ihn zu Ehren des Herrn festlich begehen. Von Geschlecht zu Geschlecht sollt ihr ungesäuertes Brot essen. Gleich am ersten Tag sollt ihr den Sauerteig aus euren Häusern entfernen. Denn jeder, der vom ersten bis zum siebenten Tag Gesäuertes genießt, soll aus Israel ausgerottet werden" (Ex 12, 14. 15). Die Verse 18—20 wiederholen diese Anordnung, ebenso Kap 13, 3. 6. 7. und kurze Stellen in anderen Büchern des Pentateuchs.

Warum dieses strenge Gebot? — Zunächst um dem Volk für alle kommenden Geschlechter das Gedächtnis an Gottes Wundertaten aufs Tiefste einzuprägen.

Der zweite Hauptgrund besteht in der altüberlieferten Symbolik des Sauerteiges: Bereits die ältesten Völker sahen in der Säuerung des Brotes eine Korruption, eine beginnende Zersetzung und Fäulnis, daher ein Bild der geistigen Verderbnis und der alles durchsetzenden Sünde. Opferbrote, die man den Göttern darbrachte, mußtem immer ungesäuert sein, denn alles Durchgorene galt als unrein. Es gehörte zu den ländlichen Frühlingsriten, sich zur Zeit, da die Natur alles erneuert, zu Ehren der schaffenden Gottheiten des gesäuerten Brotes zu enthalten und nur Ungesäuertes zu essen. Erst das Brot der neuen Ernte, die im Orient viel früher beginnt als in gemäßigten Zonen, durfte man wieder säuern. Da der Monat Abib, in dem Israel aus Ägypten fortzog, gerade in diese Jahreszeit fiel, wäre ein Zusammenhang mit dem genannten Brauch nicht ausgeschlossen. Er bestünde in der Wandlung eines Ritus der Naturreligionen in eine Liturgie zu Ehren des Schöpfers alles Seins, die im geistigen Sinn ein Zurücklassen der heidnischen Korruption, ein Freiwerden von der Knechtschaft Ägyptens bedeutet, um dann im Lande der Verheißung die Azyma eines neuen Lebens zu genießen.

Obwohl die Opfer des Alten Bundes nicht mehr bestehen, halten die Juden heute noch streng und gewissenhaft an der Feier des Passahs mit allen Einzelheiten fest.

Ausschluß alles Unreinen war auch der Grund des gesetzlichen Verbotes, gesäuertes Brot auf dem Altar Jahwes darzubringen (vgl. Ex 23, 18; 34, 25; Lev 2, 4. 5. 11; 6, 16. 17 [hebr. 9. 10]). Nur für die Erstlinge am Pfingstfest (= Erntedank) und als Beigaben zu Friedopfern war Gesäuertes vorgeschrieben (Lev 7, 13). Diese Brote wurden nicht auf den Altar gelegt. Sie dienten teils zum Unterhalt der Priester, teils aß man davon beim Opfermahl. Darum sollte ihre Zubereitung dem gewohnten Geschmack entsprechen. Das Backen der Opferbrote war Aufgabe der Leviten (vgl. 1 Chr 23, 29). Nach altjüdischer Tradition (vgl. Jos. Flav. Antiq. jud. III 6, 6) waren auch die Schaubrote ungesäuert, obwohl das Buch Levitikus nichts diesbezügliches vorschreibt.

Im Neuen Testament erscheint der Sauerteig ebenfalls als ein Bild der Korruption: Christus warnt seine Jünger vor dem „Sauerteig", d. i. vor der Lehre und der Heuchelei der Pharisäer (vgl. Mt 16, 6. 12; Mk 8, 15; Lk 12, 1).

Der Völkerapostel rügt im 1. Brief an die Korinther das schwere Vergehen der Unzucht, das ein Mitglied der Christengemeinde begangen hatte. Vor diesem Ärgernis warnend, schreibt er: „Wißt ihr nicht, daß ein wenig Sauerteig die ganze Masse durchsäuert (corrumpit)? „Schafft den alten Sauerteig fort, damit ihr neuer Teig seid! Ihr seid ja schon ungesäuertes Brot; denn als unser Paschalamm ist Christus geopfert worden. Laßt uns also das Fest nicht mit dem alten Sauerteig feiern, nicht mit dem Sauerteig der Bosheit und Schlechtigkeit, sondern mit dem ungesäuerten Brot der Reinheit und Wahrhaftigkeit" (1 Kor 5, 6—8).

Der hl. Paulus scheint diese Worte gerade zur Zeit des Osterfestes, im Lichte des alttestamentlichen Vorbildes, geschrieben zu haben. Die hl. Liturgie ruft sie in der Epistel des Ostersonntags allen Gläubigen zu und wiederholt sie die ganze Osterwoche hindurch in mehreren Teilen des Stundengebetes. Damit will die Kirche ihre Kinder ermahnen, die durch das Opfer Christi erlangte Taufgnade unversehrt zu bewahren und alles hinauszuschaffen, was ihr entgegen ist.

Der Vesperhymnus des Osteroffiziums gebraucht ein Bild, das den Höhepunkt der dargelegten Symbolik berührt: Die *hl. Eucharistie* als *das wahre ungesäuerte Brot* des Neuen Bundes:

„Christus ist unser Ostermahl,
Das Lamm, das hingeschlachtet ward.
Als Azyma der Lauterkeit
Liegt sein geopfert' Fleisch bereit!"

Ein einziges Mal gebraucht die Hl. Schrift, und zwar der *Heiland selbst,* das Sinnbild des Ferments im *guten Sinn:* „Mit dem Himmelreich ist es wie mit dem Sauerteig, den eine Frau nahm und unter drei Sea Mehl mengte, bis das Ganze durchsäuert war" (Mt 13, 33). — Damit meint der Herr, daß die Kirche durch die Verkündigung des Evangeliums Ähnliches bewirken soll wie der Sauerteig im Brot: Die Menschheit werde von der heiligen Lehre durchdrungen, durch sie umgewandelt und gehoben, sodaß sie vor Gott bestehen könne. Die Worte „bis alles durchdrungen ist", deuten an, daß die Ecclesia berufen ist, ihren Einfluß auf alle Geschlechter, durch alle Zeiten und an allen Orten zu verbreiten, ja das Angesicht der Erde zu erneuern.

Ei

Das Wunder neuen Lebens, das im Ei verborgen liegt, sagte den primitiven Menschen der Antike viel mehr als unsrer Zeit, die es in seiner Alltäglichkeit vielleicht kaum beachtet. In dreifacher Weise war es ihnen Sinnbild: als Weltei, als Symbol der Fruchtbarkeit und des Heiles und als Kultgegenstand. Doch diese Symbolik beruht immer auf der *einen* Grundidee: Das Ei ist *Beginn des Werdens,* Anfang der Entwicklung *(ἀρχή τῆς γενέσεως).*

Die meisten alten Völker stellten sich das Weltall in seinem Uranfang als riesiges Ei vor, das aus dem Munde des höchsten Gottes hervorging oder von ihm gebildet wurde. Zur Erinnerung daran hingen die Ägypter an der Decke des Tempels ein Ei auf. Es gibt eine Darstellung des Gottes Ptah, wie er als Töpfer das Weltei auf der Drehscheibe formt. Durch Reibung zersprang dieses Ei und es folgte die Scheidung und Weiterentwicklung. Diese Vorstellung äußerte sich bei den einzelnen Völkern mit einigen Verschiedenheiten.

Eine zweifache Naturkraft, die zeugende und die empfangend-bildende, bewirkt, wenn sie sich verbindet und durchdringt, alles organische Leben in der Welt. Im Ei schafft sie vereint ein neues Lebewesen. Demselben Prinzip, das Leben gibt, schrieb man aber auch die Fähigkeit zu, Gesundheit und Schönheit zu verleihen, und so wurde das Ei auch zum Symbol jeglichen Heiles und Gedeihens. Da zeigt sich nun wieder der Glaube der antiken Welt und des einfachen Volkes an die Mitteilbarkeit der Naturkräfte: Was Leben enthält, muß auch Leben spenden können. Die Heiden gebrauchten daher das Ei als Lustrationsmittel und zur Förderung des Gedeihens in Haus und Familienleben. Im Frühjahr gelegte Eier galten als besonders lebenskräftig und wirksam. Die alten Germanen vergruben solche in der Erde, um ihre Fruchtbarkeit zu fördern.

In den orphisch-bacchischen Mysterien gehörte auch das Ei zu den heilig gehaltenen Kultgegenständen („Veneratione colitur", sagt Macrobius, 5. Jahrhundert n. Chr. in Saturn. conv. 7, 16). Die „salus", das „Heil", an das man dabei dachte, ist jenes höhere, das jenseits der Grenzen der leiblichen Existenz und des irdischen Daseins liegt. Das Ei, in seiner physischen Bedeutung Urquell natürlichen Lebens, wird auf jener höheren Stufe Symbol einer neuen Existenz, in der die Seele, die von der groben Hülle der Materie befreit, gleich dem Küchlein, das der dunklen Eierschale entschlüpft, sich im himmlischen Licht eines reineren Daseins erfreut. Aus diesem Grund wurde das Ei bisweilen auf Gräbern der Initiierten dargestellt. Das Symbol ist hier ein Ausdruck der Hoffnung auf ein ewiges Leben.

Diese Bedeutung des Eies scheint auch bei den Gnostikern, deren Lehre Heidnisches und Christliches vermischte, eine Rolle gespielt zu haben. Im 52. Hymnus gegen die Irrlehren (5—8) lenkt der hl. Ephräm der Syrer die von Marcion unrichtig angewendete Symbolik in die richtigen Bahnen und deutet das Ei auf die *Auferstehung des Fleisches.* Er beschließt seine lange Ausführung mit den Worten: „Wenn der Erlöser den Körper losgerissen hätte und die Seele (allein) hätte emporfliegen lassen, siehe, dann hätte unser Herr den Vergleich der Leugner obsiegen lassen; wenn aber gleich einem Ei die Gräber aufsprangen und die Körper aufstanden, die Begrabenen auferweckt wurden, dann hat unser Herr uns die Siegeskrone gegeben."

Der hl. Augustinus bezieht das Ei auf die *christliche Hoffnung* (im Anschluß an Luk 11, 12):

„Die Hoffnung wird, wie mir scheint, mit dem Ei verglichen, denn die Hoffnung

29 Pelikan. Mosaik von Mataré. Südtor des Kölner Domes. 20. Jh.

30 Engelkapelle. Fresko von Herbert Boeckl. Basilika Seckau, Steiermark. 20. Jh.

ist noch nicht zur Wirklichkeit geworden. Auch das Ei ist ein Etwas, aber es ist noch nicht das Küchlein. Vierfüßige Tiere bringen Junge zur Welt, Vögel aber die *Hoffnung* auf Junge. Die Hoffnung also treibt uns dazu an, daß wir das Gegenwärtige verachten, das Künftige erwarten, indem wir, vergessend, was hinter uns liegt, mit dem Apostel dem Künftigen zustreben ... Wohl sind wir gerettet, aber wir stehen noch im Hoffen. Was man erfüllt sieht, ist kein Hoffen mehr, denn wie soll man noch erhoffen, was man sichtbar vor sich hat? (Röm 8, 24). — Das ist das Ei; aber das Küchlein ist noch nicht vorhanden. Die Schale deckt es, man sieht es nicht, weil es verhüllt ist. In Geduld möge man es erwarten; es muß durchwärmt werden, um zum Leben zu gelangen ... Legen wir also unser Ei, das ist unsere Hoffnung, unter die Flügel jener Henne (nämlich der göttlichen Weisheit" [Mt 23, 37]) (St. Augustinus, Srm. 105 De Verb. Ev. V, 7).

Der hl. Seherin Hildegard von Bingen wurde das Ei als Bild für die Wesensverwandlung der eucharistischen Gestalten von Gott gezeigt. Der Herr sprach zu ihr:

„Wenn der Vogel das Ei in seinem Neste liegen sieht, so breitet er mit Begier seine Flügel darüber, und indem er es durch seine Wärme ausbrütet, bringt er das Küchlein hervor, sodaß die Schale des Eies zurückbleibt und das Vöglein ausschlüpft. — Was bedeutet das? — Sobald die Opfergabe des Brotes und Weines auf dem meinem Namen geweihten Altar zum Gedächtnis meines Sohnes dargebracht worden ist, durchstrahle ich, der Allmächtige, sie wunderbarerweise mit meiner Kraft und Herrlichkeit und wandle sie zum Leib und Blut meines Eingeborenen" (Scivias II, Vis. 6; PL 197, 529).

Die liturgische Weihe der Ostereier hatte in Zeiten, wo das vierzigtägige Fasten noch strenger und auch der Genuß von Eiern verboten war, den Zweck, schädliche Wirkungen, nach der langen Entbehrung zu verhüten und auch — wie heute noch — Segen für Leib und Seele zu erwirken.

Das christliche Volk schrieb den Ostereiern, auch abgesehen von ihrer Weihe, besondere Kräfte zu. Man wählte zur Segnung mit Vorliebe die am „Antlaßtag" (Gründonnerstag) gelegten Eier, denen man, wie die alten Germanen, schon von Natur aus eine besonders heilsame Kraft zuschrieb [1].

Die Formel der Eierweihe steht seit dem 12. Jahrhundert in den meisten Ritualien; sie lautet:

„Wir bitten dich, o Herr, daß die Gnade deiner Segnung auf diese von dir geschaffenen Eier herabkomme, damit sie zur heilsamen Speise deiner Gläubigen werden, die sie mit Dank gegen dich genießen, *zu Ehren der Auferstehung* unsres Herrn Jesus Christus, der mit dir lebt und herrscht von Ewigkeit zu Ewigkeit. Amen."

Milch und Honig

Milch, die erste Nahrung der Kinder, und Honig, das Erzeugnis der jungfräulichen Bienen (vgl. Art. Biene), gehörten in der Antike und im altliturgischen Brauchtum so sehr zusammen, daß man sie auch in der Darlegung ihrer Symbolik kaum trennen kann.

---

[1] Über die verschiedenen, teils irrigen Überlieferungen betreffs der Ostereier im Volksbrauch und ihrer Färbung, siehe S. 267 ff. in Fischer-Wagner, „Paschalis Sollemnia" (Jungmann-Festschrift), Herder 1959.

Die Milch entsteht durch Umsetzung der Nährstoffe und führt so die von der Mutter genossene Nahrung in anderer Form dem zu fester Speise noch unfähigen kleinen Körper des Neugeborenen zu. Ihr Nährgehalt ist so beschaffen, daß sie dem zarten Organismus wirklich alles bietet, was er zu seiner Entwicklung braucht, und zwar mühelos, ohne Zubereitung, ohne Arbeit. Diese in die Natur gelegte Gottesgabe wird von der Mutter mit zärtlichster Liebe aus der eigenen Substanz geboten und das Neugeborene begehrt sie unablässig.

Die Milch der Herdentiere und ihre Zubereitung zu Butter und Käse gehörte nebst Pflanzennahrung zur einfachen Kost der Urvölker. Der Hauptbesitz der alten Zeltbewohner, auch der Patriarchen Israels, bestand ja in Herden, von deren Produkten sie hauptsächlich lebten (vgl. Gen 13, 5—10; 18, 8; 29, 2—9; 30, 31 bis 43; 31, 18—19; 32, 5—21; 33, 8—11; 46, 31—34; Ex 2, 16—19; 3, 1; Ijob 20, 17 29, 6).

Es ist leicht zu verstehen, daß eine so vorzügliche Gabe der Natur auch bei den Heiden der antiken Welt höhere Gedanken weckte. Sie erschien ihnen als Götterspeise und Göttergeschenk, daher spielte sie zusammen mit dem Honig, der als Inbegriff der Süßigkeit galt, in ihren Mysterien eine bedeutende Rolle und wurde auch als Labsal der Dahingeschiedenen auf den Gräbern ausgegossen. Milch und Honig stellten gewissermaßen ein seliges Leben dar und galten als vergöttlichend. Ihr Genuß war daher eine Art von Sakrament und gehörte zu den Einweihungsriten mancher Religionssysteme, z. B. im Attis- und Mithraskult. Zudem bestand im profanen Leben die Volkssitte, neugeborenen Kindern als Zeichen ihrer Aufnahme (susceptio) in die Familie Honig und Milch oder Salz und Honig zu reichen. Man hielt diese Substanzen für reinigend und übelabwehrend. Auch die alten Germanen glaubten, daß der Genuß von Muttermilch und Honig das Kind vor Aussetzung oder Tötung schütze.

Den bildlichen Sinn erschließt uns auch hier die *Hl. Schrift.* Der hl. Paulus schreibt an die Korinther: „Vor euch, Brüder, konnte ich aber nicht wie vor Geisteserfüllten reden, ihr wart noch Diesseitsmenschen, kleine Kinder in Christus. Milch gab ich euch zu trinken statt fester Speise; denn die konntet ihr noch nicht vertragen" (1 Kor 3, 1. 2). Ähnlich im Hebräerbrief 5, 12.

Die beiden Paulusstellen versinnbilden durch die Milch eine Darlegungsweise der Glaubenswahrheiten, die dem Fassungsvermögen noch zu irdisch gesinnter Neuchristen angemessen ist. Die Worte des Völkerapostels enthalten also einen leichten Tadel und gebrauchen den Vergleich mit einiger Geringschätzung. Sie legen aber den Grundpfeiler für die Sinndeutung: *Milch* = Anfangsgründe der christlichen *Lehre.*

Im ersten Petrusbrief (2, 2) dagegen wird die Symbolik bedeutend tiefer und reichhaltiger: „Wie neugeborene Kinder verlangt nach der unverfälschten Milch des Wortes *(τὸ λογικὸν ἄδολον γάλα ἐπιποθήσατε),* damit ihr durch sie heranwachst und das Heil erlangt. Denn ihr habt erfahren, wie gütig der Herr ist."

Hier erscheint die symbolische Milch als Gabe der zärtlichen Liebe des Herrn, die den Getauften Entfaltung und Vollendung des göttlichen Lebens verleihen soll. Das ist *mehr* als unverfälschte, christliche Wahrheit allein, das ist *sakramentale* Gnade, eucharistische Nahrung! Klemens von Alexandrien versteht unter dem *„λογικὸν γάλα"* des Petrusbriefes die *Milch des Logos,* des Ewigen Wortes, also eigentlich nicht *„rationable* lac", sondern *„verbale* lac". Die deutsche Sprache vermag die Prägnanz des Ausdrucks nicht wiederzugeben.

Im Lichte dieser neutestamentlichen Schriftstellen, die mit Absicht vorangestellt wurden, kann nun der übertragene Sinn der alttestamentlichen umso klarer hervortreten.

Im Buche Exodus (3, 8) verheißt Gott dem Mose, sein Volk „aus der Gewalt der Ägypter zu erretten" und es in ein Land zu führen, „das von Milch und Honig überströmt". Diese Benennung ist in der Hl. Schrift sprichwörtlich für das „Gelobte Land" und wird mehrfach wiederholt. Im Literalsinn bedeutet sie ein Land, das durch üppige Weideplätze und fruchtbaren Boden alle Bedingungen zum Überfluß an kräftiger, wohlschmeckender Kost bietet. Der übertragene Sinn aber weist auf die höchsten Güter hin, die uns im Gottesreich der Kirche hienieden und einst in der ewigen Seligkeit zuteil werden, daher auch die Verwendung dieser Stelle im Introitus der Ostermontagsmesse mit Bezug auf die Neophyten (vgl. auch Jes 55, 1).

Leicht erschließt sich nun auch der Sinn jener Stellen des Hohenliedes, in denen entweder von der Milch oder von der Mutterbrust die Rede ist. Sie sind durchwegs symbolisch zu verstehen und veranschaulichen die Fülle lauterster, übernatürlicher Lebensnahrung, die der Bräutigam Christus und die Braut Kirche zum Genusse bieten, oder die unendliche Liebe (Mutterbrust) des Herrn als Quelle der göttlichen Mysterien (vgl. Hld 1, 1. 3; 4, 5. 10. 11; 5, 1; 7, 3. 12; 8, 1). Die Homilien des hl. Gregor von Nyssa bieten dazu den schönsten Kommentar.

Eine Stelle aus den Klageliedern des Jeremia (4, 7), die in echt orientalischer Weise die entschwundene Schönheit der Fürsten Israels beklagt, wurde nach einer anderen Bibelversion zum Vers eines Responsoriums des österlichen Apostel- und Martyrerofficiums umgedeutet, das die Glorie der Heiligen bewundert. Der Vulgatatext lautet: „Ihre Fürsten strahlten heller als die Sonne, weißer als Milch, röter war ihr Leib als Korallen, ihre Gestalt war wie Saphir." Das Responsorium weicht ziemlich stark davon ab:

„Weißleuchtend sind seine Geweihten geworden, alleluja; ihr Glanz verherrlicht Gott, alleluja. Und gleichwie Milch sind sie gefestigt [2], alleluja, alleluja. Sie schimmern mehr denn Schnee, weißer als Milch, rötlicher denn altes Elfenbein, schöner als Saphir."

Der hl. Irenäus (Ende 2. Jahrhundert) versteht unter „Milch" die Glaubenswahrheiten und warnt vor der „gefälschten Milch" der Irrlehrer (Geg. d. Häres. III, 17, 4). In derselben Schrift (Buch IV, 38, 1) bezieht er das Symbol auf die Menschwerdung des Logos:

„Wie die Mutter ihrem Kinde vollkommene Speise reichen könnte, das Kind aber die starke Speise nicht vertragen kann, so war auch Gott imstande, dem Menschen die Vollkommenheit von Anfang an zu gewähren. Der Mensch aber war unfähig, sie aufzunehmen, denn er war noch ein Kind. Und deswegen kam unser Herr in den letzten Zeiten, indem er alles in sich rekapitulierte, zu uns, nicht wie er selber hätte können, sondern wie wir ihn zu sehen vermochten. Er hätte nämlich in seiner unaussprechlichen Herrlichkeit zu uns kommen können: aber wir waren nicht imstande, die Größe seiner Herrlichkeit zu ertragen. Und deshalb gab er, der das vollkommene Brot des Vaters war, sich uns gleichsam wie Kindern als *Milch* — denn das war seine menschliche Ankunft —, damit wir gleichsam von der Mutterbrust seines Fleisches genährt, durch solche Milchnahrung gewöhnt

---

[2] D. h., wie Milch durch Schlagen, Schütteln, Wärme, Zusatz von Ferment usw. festere Formen annimmt, so wurden die Märtyrer durch Prüfung und Verfolgung in Gott gefestigt.

würden, das Wort Gottes zu essen und zu trinken, und damit wir imstande wären, das Brot der Unsterblichkeit, das der Geist des Vaters ist, in uns zu bewahren."

Die weitläufigste Erklärung der Milchsymbolik verdanken wir dem hl. Klemens von Alexandrien in seinem zwischen 200 und 202 verfaßten Paidagogos (I, 34 ff). Von der oben angeführten Stelle des Korintherbriefes ausgehend, führt er aus, wie die Glaubenslehre als Milch des Logos uns gleich neugeborene Kindlein nährt, damit wir zur Vollendung in der himmlischen Seligkeit heranwachsen.

„Der Logos wird alles für das Kind: Vater, Mutter, Erzieher und Ernährer. ‚Esset mein Fleisch', so steht geschrieben, ‚und trinket mein Blut.' Diese für uns geeignete Nahrung spendet der Herr, und er reicht uns sein Fleisch dar und vergießt sein Blut, und nichts fehlt den Kindern zum Wachstum ... Durch Ihn sind wir zum Glauben an Gott gekommen und fliehen an die sorgenstillende Brust des Vaters, des Logos, der begreiflicherweise allein uns Unmündigen die Milch der Liebe spendet; und wahrlich allein die sind selig, die an dieser Brust trinken ... Sofort nach unserer Geburt werden wir also mit der Milch, der Nahrung des Herrn, benährt, und sofort nach der Wiedergeburt werden wir mit der Frohen Botschaft von der Hoffnung auf die Ruhe, im Jerusalem droben, geehrt, wo es, wie geschrieben steht, *Honig und Milch* regnet."

Klemens von Alexandrien erkennt in dem Symbol eine Bedeutung von unendlicher Weite, die er im Worte *„Logos"* zusammenfaßt: Das inkarnierte Wort als göttliche Nahrung in der Glaubenswahrheit, im Sakrament und in der ewigen Seligkeit, die in der altchristlichen Arkansprache oft „refrigerium" (Erquickung, Erfrischung) genannt wird. Das erschließt auch den Sinn des Milchgefäßes in der Katakombenkunst:

Man begegnet dort wiederholt einem Motiv, das bei oberflächlicher Betrachtung eine nebensächliche Rolle zu spielen scheint, in Wirklichkeit aber zu den tiefsinnigsten der christlichen Symbolik gehört: es ist das *Milchgefäß*. Bald erscheint es unter den Attributen des Guten Hirten in seiner Hand, neben ihm stehend oder an einem Baume hängend, bald losgelöst von der Hirtenszene, umgeben von ein bis zwei Schäflein in verschiedener Haltung. Einzelne Fälle zeigen es auch neben einer Orante oder für sich allein, auf einem Pflanzenornament ruhend, von einem Nimbus umgeben, wodurch es schon deutlich genug auf einen verborgenen Sinn schließen läßt. Noch auffallender spricht dieser aus einer der ältesten Malereien der Domitillakatakombe: Hier sehen wir das Milchgefäß in Verbindung mit einem Hirtenstab und einem Lamm, das freudig springend zu ihm hinaufblickt. Selbstverständlich hat das Gefäß *als solches* im vorliegenden Fall keine Bedeutung, sondern nur als Träger seines Inhalts, der anders nicht darstellbar wäre. Ganz klar wird die Arkansprache der Katakombenbilder durch die Märtyrerakten der hl. Perpetua († 203), die eigenhändige Aufzeichnungen hinterließ:

„Ich sah einen ausgedehnten Garten und in seiner Mitte einen altersgrauen Mann sitzen im Gewande eines Hirten; der war groß und molk die Schafe, und viele Tausende in weißen Kleidern standen umher. Und er erhob sein Haupt, sah mich an und sagte zu mir: Willkommen, Kind! Er gab mir vom Käse der Milch, die er molk, einen Bissen; ich empfing ihn mit zusammengelegten Händen und aß ihn, wobei die Umstehenden sagten: Amen. Und beim Laut der Stimme erwachte ich, noch essend das Süße, was immer es war ..." (Acta, Kap. 4).

Die Gebärde, mit der die Martyrin die Gabe des Hirten entgegennimmt, spielt deutlich an die rituelle Haltung an, in der die ersten Christen die hl. Eucharistie empfingen. Hier ist sie Symbol des Communio aeterna. Sinnverwandt ist die

Vision der Martyrin Quartillosia: Sie sah, wie ein Jüngling von wundersamer Größe in den Kerker trat und ihr und ihren Gefährten zwei Schalen voll *Milch* brachte. Er gab davon allen zu trinken, und die Schalen wurden nicht leer. Da sprach der Jüngling: „Siehe, ihr seid gesättigt, und doch ist noch Überfülle da ..." (Akten der afrikan. Mart. Montanus u. Lucius, † 259).

Ein liturgischer Brauch, der zwar im 6. Jahrhundert aus dem abendländischen Rituale schwand, im koptischen und armenischen Ritus dagegen noch heute gepflegt wird, bestand in der Darreichung einer Mischung von Milch und Honig unmittelbar nach der Taufe und Eucharistie. Dieser Akt und seine Symbolik ist in der altkirchlichen Literatur mehrfach erwähnt. Die meisten Zeugnisse deuten das Verkosten von Milch und Honig als Symbol des *Kindseins.*

An die eucharistische Lebensnahrung und ihre vergöttlichende Wirkung spielt ein den (unechten) Akten der hl. Agnes entnommener Gesang ihres Festes an: „Milch und Honig habe ich aus seinem Munde empfangen, und sein Blut ziert meine Wangen."

Auch die gottgeweihten Jungfrauen singen, nachdem sie im feierlichen Pontifikalamt dem Herrn durch die Consecratio Virginum vermählt wurden, diese Antiphon unmittelbar nach Empfang der hl. Kommunion.

Die äthiopische Fassung der Kirchenordnung Hppolyts enthält im Gebet über die vom Volke dargebrachten Opfergaben eine Erwähnung der Milch: „Heilige diese Milch, die zu einer festen Masse geworden ist, und laß uns eins werden mit deiner Liebe." Die festgewordene Milch (wahrscheinlich Käse) erscheint hier als Sinnbild der hl. Gemeinschaft.

Im Sakramentarium Leonianum ist uns eine Weiheformel erhalten geblieben, die in der Vigilmesse der beiden großen Tauftage, Ostern und Pfingsten, während des Kanons vor den Worten „per quem haec omnia" usw. über Wasser, Milch und Honig gebetet wurde:

„Segne, o Herr, auch diese geschaffenen Gaben von Wasser, Honig und Milch, und tränke deine Diener aus jener Quelle ewigen Lebenswassers, die da ist der Geist der Wahrheit, und nähre sie mit der Milch und dem Honig, wie du unsren Vätern Abraham, Isaak und Jakob versprochen hast, sie in das Land der Verheißung zu führen, das Land, das von Milch und Honig überströmt. Vereinige also deine Diener, o Herr, mit dem Heiligen Geiste, wie Milch und Honig hier verbunden sind, zum Sinnbild der Vereinigung himmlischer und irdischer Substanz in Christo Jesu unserem Herrn. Durch den du dies alles ..."

Die Beziehung des Symbols auf die Einigung der göttlichen und menschlichen Natur in Christus läßt vermuten, daß die Formel zur Zeit der christologischen Streitigkeiten des 5. Jahrhunderts entstanden ist.

Der Hymnus, mit dem der heilige Klemens von Alexandrien seinen Paidagogos beschließt, bietet ein Stück uralter Liturgie:

„Immer strömendes Wort, Unermeßliche Zeit, Ewiges Licht, der Barmherzigkeit Quelle, Vollender edler Tat der mit sittsamem Leben Gott Preisenden, Christus Jesus! Himmlische Milch, die aus den süßen Brüsten der Braut, den Liebesgaben deiner Weisheit entquillt, nehmen wir Unmündige mit kindlichem Mund als Nahrung zu uns. Aus der Mutterbrust des Logos, mit des Geistes Tau lassen wir uns erfüllen. Darum laßt einfältiges Lob, untrüglichen Preis dem König Christus als heiligen Lohn für die Lehre vom Leben uns singen vereint; laßt uns geleiten mit schlichtem Sinn den gewaltigen Sohn!"

5. WAFFEN

Allgemeines

Die Waffen der alten Welt waren bis auf Unterschiede der Formen und des Materials im wesentlichen überall die gleichen. Sie haben als Vollrüstung symbolische Bedeutung. Einzelstücken, wie Helm, Panzer, Schild, Lanze, Schwert, Pfeil und Bogen, wird mehr oder weniger ein besonderer Sinn beigelegt, jedoch nicht mit gleicher Bestimmtheit und Einheitlichkeit.

Da die Völker aller Zeiten überirdischen Wesen menschliche Gestalt und Tätigkeit zuschrieben, kam es auch zur Vorstellung einer *bewaffneten Gottheit*. Dieser Gedanke spielt vielfach in der Mythologie, wo die Waffen gewöhnlich in *Naturerscheinungen* bestehen: Der Blitz wird zum Pfeil, die Wolke zum Schild, der Sturm zum Kriegswagen, der Donner zum Doppelbeil usw.

Die biblischen Bücher des Alten Testaments schildern auch Jahwe in voller Rüstung: „Der Herr zieht in den Kampf wie ein Held, kriegerische Leidenschaft regt sich in ihm“ (Jes 42. 13). „Er legte die Gerechtigkeit an wie einen Panzer und setzte den Helm der Hilfe auf“ (Jes 59, 17).

Das Anlegen des Panzers ist Zeichen der Initiative zur Betätigung der Gerechtigkeit. Der Psalmist bittet den Herrn, ihm Recht zu schaffen wider seine Feinde: „Streite, Herr, gegen alle, die gegen mich streiten, bekämpfe alle, die mich bekämpfen! Ergreife Schild und Waffen; steh auf, um mir zu helfen! Schwing den Speer und die Lanze gegen meine Verfolger! Sag zu mir: ‚Ich bin deine Hilfe!‘ “ (Ps 35, 1—3). Auch in Ps 45, 4—6 wird der königliche Bräutigam (Typus Christi) als Kämpfer geschildert.

Das Buch der Weisheit (5, 18—22) läßt Jahwe zum Schutz der Gerechten und zur Rache an den Feinden als Bewaffneten auftreten: „Als Panzer zieht er Gerechtigkeit an, und sein Helm ist strenges Gericht. Als Schild nimmt er unüberwindliche Heiligkeit, und grimmigen Zorn schärft er zum Schwert; zusammen mit ihm kämpft die ganze Welt gegen die Toren.“

Eine andere Stelle desselben Buches (18, 14—16), die im Introitus des Weihnachtssonntags auf die Geburt Christi bezogen wird, klingt in ihrem ursprünglichen Zusammenhang ganz kriegerisch: Es handelt sich da um die Bestrafung der Ägypter durch Tötung ihrer Erstgeburt: „Als tiefes Schweigen alles umfing und die Nacht in der Mitte ihres Laufes war, da sprang dein allmächtiges Wort vom Himmel, vom königlichen Thron als harter Krieger mitten in das dem Verderben geweihte Land. Es trug das Schwert deines unerbittlichen Befehls, trat hin und erfüllte alles mit Tod ...“

Auch der Satan hat seine Rüstung, von der Christus im Lukasevangelium (11, 21. 22) spricht: „Solange ein bewaffneter starker Mann seinen Hof bewacht, ist sein Besitz sicher; wenn ihn aber ein Stärkerer angreift und besiegt, dann nimmt ihm der Stärkere die Waffe weg, auf die er sich verlassen hat, und verteilt alles, was er erbeutet hat.“

Mehrmals gab die Analogie zwischen Kriegsführung und geistigem Kampf den heiligen Schriftstellen Anlaß, beides zu vergleichen: „Die Waffen, die wir für unseren Feldzug einsetzen“, sagt der hl. Paulus, „sind nicht irdisch, aber sie vermögen durch Gottes Macht Festungen zu schleifen, Pläne zu durchkreuzen und alle hohen Bauten niederzureißen, die sich gegen die Erkenntnis Gottes auftürmen“

(2 Kor 10, 4). „Darum legt die Rüstung Gottes an, damit ihr am Tag des Unheils standhalten, alles vollbringen und so bestehen könnt! Seid also standhaft, gürtet euch mit der Wahrheit; legt als Panzer die Gerechtigkeit an, und zieht als Schuhe die Bereitschaft an, für das Evangelium vom Frieden zu kämpfen! Vor allem greift zum Schild des Glaubens! Mit dem könnt ihr alle feurigen Geschosse des Bösen auslöschen. Ergreift den Helm des Heiles und das Schwert des Geistes, das ist das Wort Gottes" (Eph 6, 13—17; vgl. Röm 13, 12 u. 1 Thess 5, 8).

Das Kampfmotiv durchzieht die Zeit der Christenverfolgungen. Darum schreibt der hl. Ignatius von Antiochien im Brief an Polykarp (6, 2): „Suchet dem zu gefallen, dem ihr Kriegsdienst leistet und von dem ihr auch den Lohn empfanget. Keiner von euch werde fahnenflüchtig erfunden. Eure Taufe bewahret als Schild, den Glauben als Helm, die Liebe als Lanze, die Geduld als Vollrüstung!"

Wie die angeführten Stellen zeigen, ist die Beziehung mancher Waffen zu gewissen Tugenden keine feststehende, sondern fügt sich in den allgemeinen Gedanken ein. Ausgeprägter ist nur die Symbolik von Schild, Schwert und Pfeil und Bogen. Die Lanze ist weniger als Symbol denn als Erinnerung an das Leiden Christi bedeutsam.

Die Mosaikkunst des 6. Jahrhunderts hat im erzbischöflichen Palast zu Ravenna ein Bild geschaffen, das *Christus* als *siegreichen Kämpfer* darstellt: Er trägt ein Panzerhemd, darüber den römischen Soldatenmantel (Chlamys) und hält als Waffe den Kreuzstab in der Hand. Seine beschuhten Füße treten einen Löwen und eine Schlange nieder, wodurch eine messianische Anwendung des 91. Psalms gegeben ist. Der Kreuznimbus um das Haupt des Siegers kennzeichnet diesen als göttliche Person.

In einer Handschrift des 9. Jahrhunderts befindet sich eine ähnliche Komposition als Illustration des 91. Psalms. Doch hier ist die Figur des Kämpfers viel bewegter. Er trägt zudem einen Helm und an Stelle des Kreuzstabes eine Lanze, die er in den feurigen Rachen der Schlange stößt.

Pfeil

Pfeil (sagitta, *βέλος)* und Bogen (arcus, *τόξον),* die ältesten Waffen der Menschheit, gehören zusammen. Man trug die Pfeile in einem Behälter, dem Köcher, der an der Schulter hing. Im Krieg wurden sie oft, um sicherer zu töten, in Gift getaucht oder mit Brennstoff umwickelt und entzündet abgeschossen. Im Alltag benützten die alten Völker allgemein Pfeile als Jagdwaffe.

Im biblischen Literalsinn hat der Pfeil oft ähnliche Bedeutung wie das Schwert und steht mit diesem manches Mal im selben Vers als gemeinsames Bild des Strafgerichtes und Krieges. So in Psalm 7, 13. 14: „Wenn ihr euch nicht bekehrt, zückt er sein Schwert, spannt seinen Bogen, hält ihn schußbereit (Symbolik des Bogens: vgl. Art. „Regenbogen", S. 109). Schon richtet er auf euch das tödliche Geschoß: wie Feuerbrand sind seine Pfeile."

Ijob klagt: „Die Pfeile des Allmächtigen stecken in mir" (6, 4). „Seine Pfeile umschwirren mich, schonungslos durchbohrt er mir die Nieren, schüttet meine Galle zur Erde" (16, 13. 14). Damit sind die vielfältigen Leiden des Schwergeprüften gemeint.

Unter verschiedenen Bildern für die Vergänglichkeit des Erdenlebens erwähnt das Buch der Weisheit (5, 12) auch den Pfeil: „Wie wenn ein Pfeil auf das Ziel geschossen wird: die geteilte Luft strömt sofort wieder zusammen, sodaß man seine Bahn nicht mehr erkennt. So sind wir ins Dasein getreten, um hinzuschwinden."

In dichterischer Redeweise steht „Pfeil" für „Blitz" (vgl. Sir 43, 14; Ps 18, 15; 77, 18).

Die Kirchenväter verbinden die Symbolik des Pfeiles zuweilen mit der Erinnerung an den Mythos von Eros (= Amor oder Cupido) und Psyche in seiner christlichen Deutung (vgl. den Art. S. 321). Arnobius der Jüngere (Comm. in Ps 44, 6; PL 53, 388) schreibt um die Mitte des 5. Jahrhunderts: „ ‚Seine Pfeile aber sind scharf.' Allen ist es bekannt, wie die Liebhaber der Welt den unreinen Geist sich vorstellten in der Gestalt des Cupido, wie er den Bogen spannt und die Pfeile abschnellt, die zur sinnlichen Liebe verwunden. So also wird dieser unser Amor scharfe Pfeile abschnellen, ganz gewaltig wirksam, um die Liebe zum Himmelreich zu entflammen, sodaß die Menschen Vater und Mutter entsagen und auf alles verzichten, was sie besitzen, ja darüber hinaus sich selbst verleugnen und ihm nachfolgen. Diese Pfeile befreien die Freunde des Königs, die Feinde töten sie. Im Herzen nämlich werden sie getroffen, wo sie ihre Eingebungen finden. Wenn nämlich diese Pfeile in unseren Herzen den Sieg errungen haben, dann empfangen wir in unsrer Seele den Thron Christi."

Was die Pfeile Gottes sind, erklärt der hl. Augustinus (Enn. in Ps 119; PL 38, 1600): „Die ‚scharfen Pfeile des Mächtigen' sind Gottes Worte. Sieh da! Sie werden abgeschossen und durchdringen die Herzen. Sind die Herzen aber von den Pfeilen des Wortes Gottes durchbohrt, so entzünden diese die Liebe; sie töten nicht. Der Herr versteht es, Liebespfeile zu entsenden, und niemand schießt besser, um Liebe zu erwecken, als wer es mit dem Worte Gottes tut. Ja er trifft das Herz des Liebenden, um ihm zu helfen; er verwundet ihn, um ihn zum Liebenden zu wandeln."

Gottes Pfeile sind aber nicht allein die in seinem Namen geschriebenen oder gesprochenen Worte, sondern vor allem sein wesenhaftes Wort, der *Logos*. Jesaja spricht als Vorbild des Messias: „ ‚Er machte mich dem glatten Pfeile gleich' (Vulg.: sicut sagittam electam, einem *erlesenen* Pfeil gleich, Is 49, 2). Der erlesene Pfeil ist das (ewige) Wort Gottes; der Köcher, in dem der Pfeil verborgen ist: das Mysterium der Menschwerdung" (Hieron. Comm. in Zachar. lb. II, 9, 13; PL 25, 1486).

„Indem der Herr sich aber als erlesenen Pfeil bezeugt, zeigt er, daß er noch mehrere Pfeile hat, die nicht einzigartig sind. Diese sind die Propheten und Apo-
sicut sagittam electam, einem *erlesenen* Pfeil gleich, Jes 49, 2). Der erlesene Pfeil
und vielen Söhnen der eine unvergleichliche Pfeil, der Eingeborene Sohn Gottes. ... Und weil der Herr Jesus selbst die Liebe ist, sind seine Geschosse Liebespfeile, mit denen er jene verwundet, die ihm nachfolgen" (Idem in Is lb. 13, 49; PL 24, 464).

Die bisher angeführten Väterstellen sprachen alle vom *Gottespfeil*. Doch gibt es auch einen Pfeil, den der *Mensch* zu Gott entsendet; es ist das *Gebet*. Origenes schreibt: „Von der Seele des Beters geht gleichsam ein Geschoß aus, geschärft durch die Erkenntnis und Vernunft oder durch den Glauben des Frommen, um die Gott feindlichen Geister, die uns mit den Fesseln der Sünde umschlingen wollen, durch die geschlagenen Wunden niederzuwerfen und zu vernichten."

Betet der Mensch im Namen und Auftrag Christi, dann ist auch *sein* Pfeil

Christus, der Logos, und der vom Vater entsandte Pfeil nimmt seinen Weg zurück zum Herzen Gottes.

Die hl. Theresia von Avila hatte ein Gesicht, in dem ein Engel ihr Herz mit dem brennenden Pfeil der Gottesliebe verwundete. Sie wird daher meistens mit diesem Symbol dargestellt.

Schild

Der *Schild*, der je nach Form und Größe den Krieger ganz oder teilweise deckte (die größte Art hieß scutum, *(θυρεός)*, bot Widerstand durch sein festes Material und durch seine Wölbung.

In der Hl. Schrift wird der Schild zum Bilde des *göttlichen Schutzes*. Zu Abram sprach der Herr in einem Gesicht: „Fürchte dich nicht, Abram! *Ich bin dein Schild*" (Gen 15, 1). Und der letzte Segen des Mose klingt aus in die Worte:

„Wohl dir, Israel! Wo ist ein Volk, das so siegreich wäre wie du — durch Jahwe, den Schild, der dich schützt, durch seine Kraft, dein prächtiges Schwert?" (Dtn 33, 29).

Auch der Psalmist gebraucht mehrmals den Vergleich: „Schild und Schutz ist dir seine Treue", heißt es in Ps 91, 4. An mehreren Stellen übersetzt die Vulgata das Wort „Schild" mit „protector".

Wenn der hl. Paulus den *Glauben* als Schild bezeichnet, der alle Brandpfeile der Hölle zunichte macht, so schließt dieser Glaube das lebendige Bewußtsein des Schutzes und der Hilfe Gottes ein. Das Bild ist also ganz einheitlich.

„Mit Recht", sagt der hl. Johannes Chrysostomus, „nennt der Apostel den Glauben ‚Schild' *(θυρεός)*, denn wie der Schild dem ganzen Leib gleich einer Wand als Vorhalt dient, so auch der Glaube; alles prallt an ihm ab. An ihm, so heißt es weiter, könnt ihr alle Brandgeschosse des Bösen löschen, denn nichts vermag diesen Schild zu durchdringen ... ‚Geschosse' nennt der Apostel die Versuchungen und die bösen Begierden. Mit Recht fügt er das Wort ‚brennend' hinzu, denn so sind die Leidenschaften" (Hom. XXIV in Ep. ad Eph 6, 16; PG 62, 169).

Schwert

Der symbolische Sinn des Schwertes (gladius, *μάχαιρα, ῥομφαία)* ist eindeutig: Was dieses als materielle Waffe vollzieht, das tut das geistige Schwert: die üble Rede zum Unheil, das Gotteswort zum Heil.

An vielen Stellen der Hl. Schrift ist „Schwert" gleichbedeutend mit *Krieg* und Tod oder Attribut des Kämpfers (vgl. Offb 6, 4). In *Gottes* Hand ist es Zeichen seiner *Strafgewalt* und *Züchtigung*, bald drohend gezückt, bald furchtbar wütend (vgl. Jer 47, 6. 7).

Menschenhände führen das Schwert im Angriffs- oder Verteidigungskampf und in der Ausübung richterlicher Gewalt. Oft sind sie dabei beauftragte Werkzeuge Gottes. An Ezechiel erging das Wort des Herrn: „Sag zum Land Israel: So spricht Gott der Herr: Ich greife dich an. Ich ziehe mein Schwert aus der Scheide und rotte bei dir die Gerechten ebenso wie die Schuldigen aus ... Dann werden alle erkennen, daß ich, der Herr, mein Schwert aus der Scheide gezogen habe. Und es wird nicht mehr in die Scheide zurückkehren" (Ez 21, 8—10). Es folgt das sogenannte „Schwertlied“, das in poetischer Form das Hereinbrechen der Babylonier über das schuldige Judenvolk besingt (Ez 21, 14—22).

„*Jus gladii*“ hieß bei den Römern das Recht über Leben und Tod (vgl. Röm 13, 4), das auch den Provinzstatthaltern gegeben war.

Im Kampf für Gottes Sache wird das Schwert zum „*heiligen Schwert*“: Um seine Truppen zu ermutigen, erzählt ihnen Judas der Makkabäer ein Traumgesicht, in welchem der Prophet Jeremia ihm erschien und ihm ein goldenes Schwert überreichte mit den Worten: „Nimm hin das heilige Schwert, das Gott dir schenkt! Mit ihm wirst du die Feinde schlagen“ (2 Makk 15, 16).

Im übertragenen Sinn bezeichnet das Schwert die *Eindringlichkeit des Wortes.* In der Erzählung seiner Berufung sagt Jesaja: „Der Herr hat mich schon im Mutterleib berufen ... Er macht meinen Mund zu einem scharfen Schwert“ (Jes 49, 1. 2). Der Prophet ist hier Vorbild des Messias.

Böse, *feindselige Reden* sind ein „scharfgeschliffenes Schwert“ (Ps 57, 5), das den Nächsten verwundet (vgl. auch Ps 59, 8; 63, 4).

Im Neuen Testament erhält das Schwert seine heiligste Bedeutung: „Denn lebendig ist das Wort Gottes“, schreibt der hl. Paulus (Hebr 4, 12), „kraftvoll und schärfer als jedes zweischneidige Schwert, durchdringend bis zur Scheidung von Seele und Geist, von Gelenk und Mark, richtend über die Regungen und Gedanken des Herzens.“

Der hl. Apostel Johannes schaut zu Beginn der Geheimen Offenbarung (1, 16) den Gottessohn: „Aus seinem Mund kommt ein Schwert, zweischneidig und scharf.“ — An den „Engel der Gemeinde von Pergamus“ ergeht dann die Botschaft: „Dies spricht er, der das zweischneidige und scharfe Schwert trägt“ (2, 12) ... Die Mahnung schließt mit den Worten: „Daher kehr um! Sonst komme ich schnell zu dir, und ich werde sie mit dem Schwert meines Mundes bekämpfen“ (2, 16).

Im hl. Evangelium (Mt 10, 34) spricht der Heiland von der tiefgehenden Wirkung seines Schwertes: „Ich bin nicht gekommen, den Frieden zu bringen, sondern das *Schwert.* Denn ich bin gekommen, den Sohn mit seinem Vater zu entzweien, die Tochter mit ihrer Mutter, die Schwiegertochter mit ihrer Schwiegermutter. So werden des Menschen Feinde seine eigenen Hausgenossen.“

In diesem Sinn erklärt der hl. Augustinus die Stelle des 44. Psalms (Vers 4): „Dein Schwert gürt um die Lenden, starker Held!“ — „Dein Schwert — was ist es anders als dein *Wort*? Mit diesem Schwert hat er (Christus) die Feinde niedergestreckt, mit diesem Schwert den Sohn vom Vater, die Tochter von der Mutter, die Schwiegertochter von der Schwiegermutter getrennt. Wir lesen das im Evangelium ... Durch was immer für ein Schwert diese Scheidung geschehen mag — *Christus* hat es gebracht! Und wirklich, Brüder, sehen wir dies auch an tagtäglichen Beispielen: Ein junger Mensch möchte Gott (allein) dienen. Der Vater ist dagegen — sie sind entzweit: Dieser verspricht ein irdisches Erbe, jener liebt das himmlische. Der eine will so, der andere anders. Der Vater soll nicht meinen, es geschehe ihm Unrecht: *Gott* allein wird ihm vorgezogen, und dennoch überwirft er sich mit seinem Sohn, der Gott dienen will! Stärker aber als fleischliche Bande ist das trennende geistige Schwert“ (PL 36, 500).

Tief und schmerzvoll war das Schwert, das nach der Prophezeiung des greisen Simeon das Herz der Gottesmutter durchdringen sollte (vgl. Lk 2, 35). Darum wird die „Mater dolorosa“ häufig mit einem oder sieben Schwertern in der Brust dargestellt. — Auf manchen Weltgerichtsbildern sieht man aus dem Munde des göttlichen Richters ein Schwert ausgehen; es versinnbildlicht seinen entscheidenden Urteilsspruch. Der hl. Erzengel Michael, der Sieger über die höllischen Mächte, hält häufig ein Schwert in der Hand; ebenso ist ein solches Attribut mehrerer Märtyrer, die mit dem Schwert hingerichtet wurden, wie auch Attribut der personifizierten Gerechtigkeit.

Im Ritus der *Königsweihe* (Pontificale romanum) erhält das Schwert die Bedeutung eines Sakramentale und wird dadurch zu einem *heiligen Symbol.* Zu Beginn des Pontifikalamtes liegt es mit den anderen königlichen Insignien auf dem Altar. Nach dem Allelujavers überreicht es der Bischof dem neuen Herrscher mit den Worten:

„Empfange das vom Altar genommene Schwert aus unsern obwohl unwürdigen Händen, die aber durch apostolische Vollmacht konsekriert sind. Es wird dir als königliches Abzeichen verliehen und durch unsre bischöfliche Segnung zur Verteidigung der hl. Kirche von Gott bestimmt. Sei Desjenigen eingedenk, von dem der Prophet weissagte, als er sprach: ‚Gürte, du Held, dein Schwert um die Hüfte' (Ps 45, 4), auf daß du durch ihn rechtmäßige Gewalt ausübest, die Anschläge der Bosheit machtvoll vernichtest und die hl. Kirche samt ihren Gläubigen treu verteidigest und schützest" ... (es folgt eine längere Aufzählung von Pflichten).

Die Umgürtung mit dem Schwert wird von der Ermahnung begleitet, zu gedenken, daß die Heiligen nicht durch das Schwert, sondern durch den Glauben Reiche besiegt haben. Darauf zieht der König seine geheiligte Waffe aus der Scheide, schwingt sie kraftvoll, streicht sie am linken Arme ab und zieht sie wieder ein.

Die im Malteserorden noch übliche Ritterweihe ist ebenfalls mit einer Segnung und Übergabe des Schwertes verbunden.

LITERATURVERZEICHNIS

Anwander, Die Religionen der Menschheit, Freiburg i. Br. 1927
Aurenhammer, Lexikon der christlichen Ikonographie, Wien 1959—1967

Bachofen, Versuch über die Gräbersymbolik der Alten, Basel 1825
— Systematisch angeordnete Auswahl aus seinen Werken, Leipzig 1926
Balthasar, Urs. v., Geist und Feuer, Salzburg 1938
— Der versiegelte Quell, Salzburg 1929
Bamm, Welten des Glaubens, München - Zürich 1959
Bauerreis, Arbor vitae, München 1938
Baumann, Die Hauptvisionen Hesekiels
Baumgarten — Poland — Wagner, Die hellenische Kultur, Leipzig 1908
Becker, Bild — Symbol — Glaube, Essen 1965
Beissel, Bilder aus der Geschichte der altchristlichen Kunst, Freiburg i. Br. 1899
Benediktinische Monatsschrift, Einschlägige Artikel, Beuron
Bibel und Liturgie, Blätter für Volksliturgisches Apostolat, Einschlägige Artikel, Klosterneuburg
Bibliothek der Kirchenväter (Kösel), Kempten - München
Biser, Die Gleichnisse Jesu, München 1965
Blankenburg, W. v., Heilige und dämonische Tiere, Leipzig 1943
Bouillerie, Symbolisme de la nature, Paris 1864
Buchberger, Lexikon für Theologie und Kirche, Freiburg i. Br. 1965
Bückmann, Das Sakrament der Ehe im byzantinischen Ritus, Paderborn 1940

Cabrol-Leclercq, Dictionnaire d'archéologie chrétienne et de liturgie (DACL), Paris 1923 bis 1953
Carus — Sterne, Herbst- und Winterpflanzen, Prag 1886
Casel, Jahrbücher für Liturgiewissenschaft, Münster 1932 ff
— Das christliche Kultmysterium, Regensburg 1935
Clemen, Visionen und Bilder in der Offenbarung Johannis
Cornelius a Lapide, Commentaria in Scripturam Sacram, Paris 1891

Dalmann, Arbeit und Sitte in Palästina, Gütersloh 1928
Daniélou, Vom Geheimnis der Geschichte, Stuttgart 1955
— Les symboles chrétiens primitifs, Paris 1961
Dölger, Das Fischsymbol in frühchristlicher Zeit, Münster 1922 ff
— Sol Salutis, Münster 1925
— Antike und Christentum, Münster 1929 ff
Döring, Christliche Symbole, Freiburg i. Br. 1933
Dursch, Symbolik der christlichen Lehre, Tübingen 1899

Ehrlich, Kultsymbolik im Alten Testament und im nachbiblischen Judentum (Symbolik der Religionen III), Stuttgart 1959
Eisenhofer, Handbuch der katholischen Liturgie, Freiburg i. Br. 1932
Eliade (Mircea), Die Religionen und das Heilige, Salzburg 1954
Ernst, Die „himmlische Frau" im 12. Kapitel der Apokalypse

Esche, Adam und Eva. Sündenfall und Erlösung (Lukas-Bücherei zur christlichen Ikonographie), Düsseldorf 1957
Etudes carmélitaines, Le cœur, Paris 1950

Fehrle, Deutsche Feste und Volksbräuche, Leipzig 1920
Feldhohn, Blühende Wüste, Patmosverlag, Düsseldorf 1957
Fohrer, Die symbolischen Handlungen der Propheten, Zürich 1953
Fonk, Streifzüge durch die biblische Flora, Freiburg 1910
— Die Parabeln des Herrn, Innsbruck 1927
Franz, Die kirchlichen Benediktionen im Mittelalter, Freiburg i. Br. 1909
Franziskus von Retz, Defensorium Immaculatae Virginitatis, 15. Jahrhundert

Görres, Die christliche Mystik, Regensburg 1836
Goldammer, Elemente des Schamanismus im Alten Testament (Ex orbe religionum II. Festschrift Geo Widengren, 266—285), Leiden 1972
Gollinger, Das „Große Zeichen" von Apokalypse 12 (Stuttgarter Biblische Monographien II), Würzburg - Stuttgart 1971
Gougaud, L'Art chrétien celtique, Paris 1911
Guardini, Von heiligen Zeichen, Bonn 1927
Guldan, Eva und Maria, Eine Antithese als Bildmotiv, Graz 1966

Hahn, Christologische Hoheitstitel, Göttingen 1964
Hehn, Kulturpflanzen und Haustiere, Berlin 1911
Heiler, Erscheinungsformen und Wesen der Religion, Stuttgart 1961
Heller, 200 biblische Symbole, Stuttgart 1962
Hempel, Das Bild in Bibel und Gottesdienst, Tübingen 1957
Henneke, Neutestamentliche Apokryphen, Tübingen 1924
Hildegard v. Bingen, „Wisse die Wege", übersetzt von M. Böckeler, Salzburg 1954

Jeremias, Handbuch orientalischer Geisteskultur, Leipzig 1929
Jungmann, Missarum sollemnia, Wien 1948
— Der Gottesdienst der Kirche, Innsbruck 1955
Jungmann — Sauser, Symbolik der katholischen Kirche, Stuttgart 1960

Kalt, Biblisches Reallexikon, Paderborn 1931
Kaufmann, Handbuch der christlichen Archäologie, Paderborn 1913
Keel, Die Welt der altorientalischen Bildsymbolik und das AT. Am Beispiel der Psalmen, Köln 1972
Keller, Antike Tierwelt, Leipzig 1909—1913
Kirchgässner, Die mächtigen Zeichen. Ursprünge, Formen und Gesetze des Kultes, Freiburg i. Br. 1959
Kittel, Theologisches Wörterbuch zum Neuen Testament, Stuttgart 1933 ff
Klos, Die Sakramente im Johannesevangelium. Vorkommen und Bedeutung von Taufe, Eucharistie und Buße im vierten Evangelium (Stuttgarter Bibelstudien 46), Stuttgart 1970
Koch, Walter, Edelsteine im AT und NT, Göppingen 1937
König, Religionswissenschaftliches Wörterbuch. Die Grundbegriffe, Freiburg i. Br. 1956
Koren, Volksbrauch im Kirchenjahr, Salzburg 1934
Kraus, Realenzyklopädie des christlichen Altertums, Freiburg i. Br. 1882—1886
Krause, Religion der Kelten, Leipzig 1933
Kretschmer, Psychologische Weisheit der Bibel. Urbilder des Seins und Werdens im biblischen Schöpfungsbericht, München 1955
Künstle, Ikonographie der christlichen Kunst, Freiburg i. Br. 1928
Lauchert, Geschichte des Physiologus, Straßburg 1889

Léon-Dufour, Wörterbuch zur biblischen Botschaft, Herder, Freiburg i. Br. 1964
Lesky, Barocke Embleme in Vorau und anderen Stiften Österreichs, Graz 1963
Linnemann, Gleichnisse Jesu. Einführung und Auslegung, Göttingen 1961
Lissner, Aber Gott war da, Freiburg i. Br. 1958
Lorinser, Das Buch der Natur, Regensburg 1879
Lother, Der Pfau in der altchristlichen Kunst, Leipzig 1929
Louf, In uns betet der Geist, Johannesverlag, Einsiedeln 1974
Lubienska de Lenval, Die Liturgie der Gebärde, Klosterneuburg 1959
Lübkers Reallexikon des klassischen Altertums, Leipzig 1882
Lurker, Symbol, Mythos und Legende in der Kunst, Straßburg 1958
— Wörterbuch biblischer Bilder und Symbole, Kösel - München 1973
— Der Baum in Glauben und Kunst, Straßburg - Baden-Baden 1960
Lützeler, Die Kunst der alten Völker, Freiburg i. Br. 1940

Mahnke, Unendliche Sphäre und Allmittelpunkt, Halle 1937
Maria Laach (Abtei), Die betende Kirche, Berlin 1927
Menzel, Christliche Symbolik, Regensburg 1854
Migne, Patrologia latina et greca, Paris 1879—1890
Mohlsdorf, Christliche Symbolik in der mittelalterlichen Kunst, Leipzig 1926
Moschner, Bild und Ewigkeit, Freiburg i. Br. 1954
Mowinckel, Psalmenstudien. 2 Bände, Oslo 1921—1924. Neudruck: Amsterdam 1961

Ohler, Mythologische Elemente im Alten Testament. Eine motivgeschichtliche Untersuchung, Düsseldorf 1969
Ohly, Hohelied-Studien. Grundzüge einer Geschichte der Hoheliedauslegung des Abendlandes bis um 1200, Wiesbaden 1958
Oppenheim, Das Mönchskleid im christlichen Altertum, Freiburg i. Br. 1931
— Symbolik und religiöse Wertung des Mönchskleides im christlichen Altertum, Münster 1932
— Die Consecratio Virginum als geistesgeschichtliches Problem, Rom 1943
Osleder, Goldgrund, Purpur und Farbe, Manuskript 1959

Pangritz, Das Tier in der Bibel, Basel - München 1963
Patai, Zum Wesen der hebräischen Mythologie
Peterson, Theologie des Kleides, Aufsätze in: Benediktinische Monatsschrift, Beuron 1934
Petzold, Über Symbole und Sinnbilder der Bibel
Pinsk, Die sakramentale Welt, Freiburg i. Br. 1938
Pitra, Spicilegium solesmense, Paris 1855
Plinius, Naturalis historia, Ex officina Hackiana 1669

Rahner, H., Griechische Mythen in christlicher Deutung, Zürich 1945
— Mater Ecclesia, Einsiedeln 1944
— Der spielende Mensch, Einsiedeln 1952
— Einschlägige Aufsätze in: Zeitschrift für katholische Theologie, Innsbruck
— Gedanken zur biblischen Begründung der Herz-Jesu-Verehrung, Freiburg i. Br. 1954
— Symbole der Kirche. Die Ekklesiologie der Väter, Salzburg 1964
Rambosson, Histoire et légendes des plantes, Paris 1871
Rech, Inbild des Kosmos. Eine Symbolik der Schöpfung. 2 Bände, Salzburg 1966
Reifenberg, Symbol als Sinnbild und Sinnspruch
Rießler, Altjüdisches Schrifttum außerhalb der Bibel, Augsburg 1928
Rietschel, Sinnzeichen des Glaubens, Kassel 1965
Rosenberg, Vom Wesen des Symbols. Die biblischen Symbole des Lebensbaumes und des Lebenswassers (Psychotherapie und Seelsorge. Hg. von W. Bitter), Stuttgart 1954

Rüd, Zur Symbolik des Aschenkreuzes, Aufsatz in „Bibel und Liturgie", Klosterneuburg 1956
Rudolph, Der Beitrag der Religionswissenschaft zum Problem der sogenannten Entmythologisierung

Salzer, Die Sinnbilder und Beiworte Mariens in der deutschen Literatur und lateinischen Hymnenpoesie des Mittelalters. Nachdruck Darmstadt 1967
Sauer, Symbolik des Kirchengebäudes, Freiburg i. Br. 1924
Sauser, Zur Bedeutung des Symbolbegriffs für die christliche Ikonographie
Schäfer, Handbuch der Malerei vom Berge Athos, Trier 1855
Schedl, Geschichte des Alten Testamentes, Innsbruck 1955—1962 (Band 1—3)
Scherer, Philosophische Gedanken zum Symbolverständnis
Schmidt — Pauli, Elemente und Naturalien in der Kirche, Paderborn 1937
Schnackenburg, Das Evangelium nach Markus, Patmosverlag, Düsseldorf 1966
Seel, Der Physiologus, Zürich - Stuttgart 1960
Silberstein, Die Pflanze im Alten Testament
Spitz, Die Metaphorik des geistigen Schriftsinnes. Ein Beitrag zur allegorischen Bibelauslegung des ersten christlichen Jahrtausends, München 1971
Sühling, Die Taube, Supplement der römischen Quartalschrift, Freiburg i. Br. 1930

Timmers, Christlijke Symboliek en Iconografie, Verlag Fibula, Bussum 1974

van der Meer — Chr. Mohrmann, Bildatlas der frühchristlichen Welt, Gütersloh 1959
Vereno, Vom Mythos zum Christos. Versuch einer Analyse der Wirklichkeit in der Geschichte, Salzburg 1958
— Der ontologische und der gnoseologische Aspekt religiöser Symbole
— Tradition und Symbol. Die Bedeutung altüberlieferter Weisheit für den modernen Menschen
Vergote, Symbolische Gebärden und Handlungen in der Liturgie
Vigouroux, Dictionnaire de la Bible, Paris 1895—1912
Voelkl, Zusammenhänge zwischen der antiken und der frühchristlichen Symbolwelt
Vollbach, Frühchristliche Kunst, München 1958

Weinreb, Die Symbolik der Bibelsprache. Einführung in die Struktur des Hebräischen, Zürich 1969
Weiß, Weltgeschichte, Band I und II, Graz 1899
Willam, Das Leben Jesu im Land und Volk Israel, Freiburg i. Br. 1961
Wilpert, Die Katakombengemälde und ihre alten Kopien, Freiburg i. Br. 1891
— Fractio panis, Freiburg i. Br. 1895
— Die Gewandung der Christen in den ersten christlichen Jahrhunderten, Köln 1898
— Die Malereien der Katakomben Roms, Freiburg i. Br. 1903
— Die römischen Mosaike und Malereien der kirchlichen Bauten vom 4. bis 13. Jahrhundert, Freiburg i. Br. 1916
— I Sarcofaghi cristiani antichi, Rom 1929

31 Erzengel. Plastik von Schneider-Manzell. Pfarrkirche Hinterbrühl, Wien. 20. Jh.

32 Kasel von Josef und Franziska Mikl. Salzburg-Parsch. 20. Jh.

SINNDEUTUNG DER ABBILDUNGEN 1 BIS 32

1. Dieses Kupfertransparent des Sonnengottes ließ man im unterirdischen Mithras-Heiligtum (neuentdeckt auf dem Aventin) während der Mysterienfeier aufleuchten. Der Kult des Mithras (= Helios) war unter den römischen Soldaten noch in frühchristlicher Zeit sehr verbreitet. Man könnte dieses strahlenumkränzte Haupt fast für einen Christuskopf halten!

2. Schiff: Hier Symbol der Kirche. Der Kreuzesmast trägt eine Taube, Symbol des Hl. Geistes, der die Kirche lenkt, oder der Seele, die in ihr dem ewigen Gestade (angedeutet durch das Christusmonogramm) zusteuert.

3. Orante: Symbolik S. 316.

4. Mahlszene: Der Bildausschnitt hat von den sechs Mahlgenossen des Katakombenbildes nur die drei mittleren und einen Teller mit zwei Fischen entnommen. Das Original zeigt außerdem einen Korb mit Broten und einen am linken Tischende erhöht sitzenden Mann, der als Hauptperson das Brot bricht, daher der Name „Fractio panis" des von Wilpert ausführlich besprochenen Gemäldes. Die Deutung auf die eucharistische Feier ist klar: sie war durch das Wunder der Brotvermehrung, das hier durch Brotkorb und Fische angedeutet, vorgebildet (vgl. S. 257 und 429).

5. „Anastasis": Ein Motiv, dem man auf altchristlichen Sarkophagen mit einigen Varianten der Nebenfiguren öfter begegnet. Das Kreuz ist hier Trophäe des Sieges, den Christus durch sein Sterben und seine Auferstehung über den Tod errungen hat. Es ist überragt vom Konstantinischen Christusmonogramm, den ein Lorbeerkranz umrahmt, an dem zwei Tauben (= erlöste Seelen) picken. Ein Adler (ebenfalls Siegessymbol) hält den Kranz im Schnabel. Unter dem Kreuz sitzen zwei Soldaten in der traditionellen Haltung besiegter Barbaren, die man neben den Reichstrophäen abbildete.

6. „Dextrarum junctio": Wie die Inschrift bezeugt, hatte Septima Severa den Sarkophag, dessen Mittelstück das Bild zeigt, für ihren Gatten, den Prätoriumspräfekten Flavius Julius Catervius, und für sich selbst ausführen lassen. Die „Dextrarum junctio" (Verbindung der rechten Hände) gehörte bereits bei den alten Römern zum Ritus der Eheschließung und blieb auch im Christentum ihr stetes Sinnbild. Über den Ehegatten hält Gottes Hand den Siegeskranz, den Preis nach vollendetem Lebenslauf. Als Eckfüllung dienen zwei Tauben mit Olivenzweig, Symbol des ewigen Friedens, und das Christusmonogramm.

7. Dieses Fußbodenmosaik einer frühchristlichen Kirche bei St. Peter im Holz, Kärnten (einst das „Teurnia" der Römer), besteht aus einer Zusammenstellung verschiedenartigster Symbole, über die man nur mutmaßen kann, da die Namen der Stifter unbekannt sind. Das zweitoberste Quadrat, in dem eine Taube wie brütend auf einem Henkelkelch sitzt und von zwei Schlangen bedroht wird, dürfte man vielleicht als Sinnbild des vom Heiligen Geist (Taubengestalt) bewirkten Wandlungswunders deuten, durch das die heiligen Gestalten zum Heil- und Bewahrungsmittel gegen die Nachstellungen des Bösen werden. — Der Baum mit den Vögeln (unmittelbar darunter) erinnert an die Parabel vom Senfkorn (Mt 13, 31 f).

8. Kampf von Hahn und Schildkröte, vgl. S. 226.

9. Kreuz als Lebensbaum: Die Inschrift deutet das Pflanzenmotiv als mystischen Weinstock Christi, d. i. die Kirche.

„Unter dem Gesetz war sie verdorrt, das Kreuz brachte sie zum Grünen." Die Kreuzgruppe wurde erst bei der Restaurierung des Mosaiks im 12. Jahrhundert eingefügt. Um dafür Platz zu finden, drängte man die zwölf Tauben, Sinnbild der Apostel oder der erlösten Seelen, enger zusammen. Zu den übrigen Symbolen des Bildes vgl. Hirsch S. 261f; Gotteshand mit Siegeskranz S. 380; Lebensstrom S. 73; Lämmerprozession S. 273.

10. Guter Hirte: vgl. S. 305.

11. Christus als Kämpfer: vgl. S. 306.

12. Kantharus mit Weinranken: Unter der Zahl ähnlicher Darstellungen ist dieses ravennatische Relief eines der schönsten. Die Pfauen als Unsterblichkeitssymbol deuten auf das ewige Leben, das Christus durch das eucharistische Opfer (Henkelkelch mit Weinranken und Monogrammkreuz) verleiht.

13. Dieses Gemmenkreuz mit Rundbild des Erlösers in der Balkenkreuzung beherrscht als Mittelpunkt das Apsidenmosaik von S. Apollinare in Classe (Ravenna). Die weitere Umgebung bilden die Halbfiguren von Mose und Elija sowie drei Lämmer als Symbole der drei Apostel, die Zeugen der Verklärung Christi waren. Die Darstellung ist also Sinnbild des Taborerlebnisses, das aber zugleich an die Wiederkunft des Herrn am Jüngsten Tag erinnert.

14. Adler (koptische Grabstele): vgl. S. 222.

15. Lebensbrunnen: Die acht Säulen, die das Ziborium über dem Lebensborn tragen, entsprechen dem Oktogon der frühchristlichen Baptisterien und zeigen, daß die ganze Darstellung das Taufwasser und seine Wirkung, das Gnadenleben, andeutet. Dieses ist versinnbildlicht durch die ringsum sprossenden Pflanzen und die Tiere, die von allen Seiten herannahen.

16. Evangelistensymbole: vgl. S. 311 f.

17. Romanisches Kruzifix: vgl. S. 21 f.

18. Radfenster: vgl. S. 397, letzter Absatz. — Statt des Christuskopfes bildet hier eine sechsteilige Rosette das Zentrum der Rota. Vgl. S. 66: Hexagon.

19. Personifikation der Ecclesia: Entsprechend einer Vision der hl. Hildegard stellt das Bild das Opfer Christi als „Hochzeitsgabe der Braut-Kirche" dar (Abbildung nach M. Böckeler: Hildegard v. Bingen, „Wisse die Wege", Verlag O. Müller, Salzburg 1954). Die Kirche in goldenem Gewand mit Königskrone schöpft aus den Quellen des Erlösers das Heil für das Leben der Welt. Der Strom, der die Form des senkrechten Kreuzbalkens in das untere Feld weiterführt, bedeutet den Odem Gottes, den Hl. Geist, der die Konsekration der Opfergaben auf dem Altar bewirkt. Das Meßopfer aber vergegenwärtigt alle Mysterien der Erlösung. Vgl. das Kanongebet „Unde et memores" und die kleinen Rundbilder.

20. Der Schöpfer mißt die Welt: vgl. „Allgemeines" über die geometrischen Figuren, S. 60.

21. Eucharistische Taube: vgl. S. 243.

22. Drei Hasen mit gemeinsamen Ohren: ein kurioses Dreifaltigkeitssymbol, erwähnt S. 260.

23. Löwe, der seine Jungen erweckt: vgl. S. 276, die Fabel aus dem Physiologus, und S. 278 Hinweis auf das Bild.

24. Einhornsage: vgl. S. 250.

25. Granatäpfel: vgl. S. 159. Granatäpfel werden in Num 13, 24, unter den Produkten des Gelobten Landes aufgezählt, das ein Sinnbild des himmlischen Paradieses ist. Darum hat wohl der Künstler, der die „Paradiesestür" des Baptisteriums von Florenz schuf, sein Werk mit diesem Symbol geschmückt. Die Taufe eröffnet ja den Zugang zur ewigen Seligkeit.

26. Eule: vgl. S. 223.

27. „Hölle“: Diese bronzierte Holzskulptur aus der Serie der „4 Letzten Dinge“ in der Stiftsbibliothek von Admont stellt den Höllensturz der 7 Hauptsünden dar. Der Zorn als menschliche Ganzfigur reitet auf dem Laster der Unlauterkeit, einem Wesen halb Mensch, halb Tier, dessen Schweinskopf mit phantastischen Hörnern und Bart besonders auffällt und irrtümlich zur Benennung „Ziegenbock“ führte. Die übrigen Laster sind nur durch charakteristische Köpfe symbolisiert.

28. Der Adler, der als Ornament mit ausgebreiteten Flügeln sich über die Weltkugel erhebt, ist hier Symbol des über alles Irdische erhabenen Sinnes St. Benedikts und seiner heiligen Schwester Scholastika, deren Reliquien in der Krypta von Monte Cassino beigesetzt sind.

29. Pelikan: Ein Motiv, das im Mittelalter häufig dargestellt wurde, kam auch in den letzten Jahrzehnten an einer Tür des Kölner Domes wieder zur Geltung. Über die Sage vom Pelikan, der seine Jungen mit dem eigenen Blute tränkt, vgl. S. 229.

30. Die Hauptschönheit von Böckls Fresko in einer Nebenkapelle der Seckauer Basilika liegt in den Farben. Den Mittelpunkt der Komposition stellt das apokalyptische Lamm dar, die Gestalten unter ihm die vier Lebewesen.

31. Gruppe der drei Erzengel: Raphael hält einen Fisch in der Hand (vgl. Buch Tobias), Gabriel ein Lilienzepter, Michael einen Stab. Die Einheit der Gruppe wird durch die gemeinsamen zwei Flügel angedeutet.

32. Kasel mit großzügig-moderner Ausschmückung: Ein großes Taukreuz, Symbol der Erlösung (vgl. S. 20), erhebt sich über einem Quadrat, Sinnbild des Universums (vgl. S. 50, Zahl 4, und S. 64, Quadrat). Das kleinere Quadrat an der Seite bedeutet unsere kleine irdische Welt, die noch auf volle Erlösung wartet.

SACHREGISTER